개정판

문화 이론 사전

개정판

문화 이론 사전

앤드루 에드거, 피터 세즈윅 엮음

박명진, 이영욱, 김창남, 정준영, 손병우,

주은우, 주형일, 양은경, 김예란 옮김

문화 이론 사전(개정판)

엮은이 앤드루 에드거, 피터 세즈윅
옮긴이 박명진 외
펴낸이 한기철
편집인 이리라
편집 이여진, 한나래, 이은혜
마케팅 조광재

2012년 7월 20일 1판 1쇄 박음
2012년 7월 30일 1판 1쇄 펴냄

펴낸곳 한나래출판사
등록 1991. 2. 25. 제22–80호
주소 서울시 마포구 합정동 월드컵로3길 39(합정동 388–28) 합정빌딩 2층
전화 02) 738–5637 | 팩스 02) 363–5637 | e–mail hannarae91@naver.com
www.hannarae.net

Cultural Theory: The Key Concepts, 2nd edition
by Andrew Edgar and Peter Sedgwick

ISBN 978–89–5566–133–0 93330

* 이 도서의 국립중앙도서관 출판시도서목록(CIP)은 e–CIP홈페이지(http://www.nl.go.kr/ecip) 와 국가자료공동목록시스템(http://www.nl.go.kr/kolisnet)에서 이용하실 수 있습니다. (CIP제어번호: 2012002798)

차례

CONTRIBUTORS

|지은이|

이 책을 엮고 집필한 **앤드루 에드거**Andrew Edgar와 **피터 세즈윅**Peter Sedgwick은 영국 카디프 대학교에서 철학을 강의하고 있다. 이들이 쓴 책으로는 《문화 이론: 주요 사상가들*Cultural Theory: The Key Thinkers*》이 있다. 또한 철학, 사회학, 문화 연구 등 관련 분야의 연구자들인 **기든 콜더**Gideon Calder[GC], **리처드 코크런**Richard Cochrane[RC], **스티븐 호튼**Stephen Horton[SH], **고든 휴스**Gordon Hughes[GH], **크리스타 넬울프**Christa Knellwolf[CK], **케빈 밀스**Kevin Mills[KM], **크리스토퍼 노리스**Christopher Norris[CN], **제시카 오스본**Jessica Osborne[JO], **시바 쿠마 스리니바산**Shiva Kumar Srinivassan[SKS], **로빈 바커바스** Robin Wackerbarth[RW], **크리스토퍼 래이트**Christopher Wraight[CW]가 이 책의 집필에 참여했다.

|옮긴이|

박명진은 서울대학교 언론정보학과 교수이다. 서울대학교 불문학과를 졸업하고, 프랑스 니스 대학교에서 불문학과 석사, 파리 제3대학교에서 영상 커뮤니케이션 박사 학위를 받았다. 책으로는 *De-Westernising Media Studies*(공편저), 《문화, 일상, 대중》(공저), 《비판 커뮤니케이션 연구의 동향과 그 쟁점》(저서), 《비판 커뮤니케이션과 문화 이론》(편저) 등이 있으며, 논문으로는 〈기호학과 커뮤니케이션 연구〉, 〈구조주의와 사회과학〉 등이 있다.

이영욱은 전주대학교 도시환경미술학과 교수이다. 서울대학교 미학과를 졸업하고, 같은 대학원에서 박사 과정을 수료했다. 책으로는 《미술과 진실?》(저서), 《새로운 장르 공공 미술》(역서), 《실재의 귀환》(역서), 《포스트식민주의란 무엇인가?》(역서) 등이 있으며, 논문으로는 〈아방가르드/이방가르드/타방가르드〉, 〈현대 미술과 대중 문화: 양자가 제기하는 몇 가지 미학적 질문〉, 〈네오 아방가르드: 해석과 재해석〉 등이 있다.

김창남은 성공회대학교 신문방송학과 교수이다. 서울대학교 경영학과를 졸업하고 같은 대학원 신문학과(현 언론정보학과)에서 석사와 박사 학위를 받았다. 책으로는 《삶의 문화, 희망의 노래》(저서), 《대중 문화와 문화 실천》(저서), 《대중 문화의 이해》(저서), 《김민기》(편저), 《노래 1, 2, 3, 4》(편저), 《대중음악과 노래운동 그리고 청년문화》(편저), 《노래 운동론》(편저), 《통하면 아프지 않다》(편저), 《인사이더를 이기는 아웃사이더의 힘》(편저), 《아뿔싸, 나는 성공하고 말았다》 등이 있다.

정준영은 한국방송통신대학교 문화교양학과 교수이다. 서울대학교 사회학과를 졸업하고, 같은 대학원에서 석사와 박사 학위를 받았다. 책으로는 《만화 보기와 만화 읽기》(저서), 《텔레비전 보기: 시청에서 비평으로》(저서), 《대중 매체의 이해와 활용》(2, 3판)(공저), 《문화, 일상, 대중》(공역) 등이 있으며, 논문으로는 〈조선 후기 신분 변동과 청자 존대법 체계의 변화〉(박사 학위 논문) 등이 있다.

손병우는 충남대학교 언론정보학과 교수이다. 서울대학교 신문학과(현 언론정보학과)를 졸업하고, 같은 대학원에서 석사와 박사 학위를 받았다. 책으로는 《풍자 바깥의 즐거움 — 텔레비전 코미디》(저서), 《미디어 문화 비평》(저서), 《라캉 정신 분석 사전》(공역), 《문화, 일상, 대중》(공역) 등이 있으며, 논문으로는 〈문화적 감수성의 단절과 조우〉, 〈The Imaginary Memory of an Ancient Heroine〉, 〈방송 심의의 쟁점과 대안〉, 〈대중 문화와 생애사 연구의 문제 설정〉 등이 있다.

주은우는 중앙대학교 사회학과 교수이다. 서울대학교 사회학과를 졸업하고 같은 대학원에서 석사와 박사 학위를 받았다. 책으로는 《시각과 현대성》(저서), 《경계의 섬, 오키나와: 기억과 정체성》(공편저), 《당신의 징후를 즐겨라!》(역서), 《프로이트와 비유럽인》(역서) 등이 있고, 논문으로는 〈식민지 도시와 근대성의 영화적 재현〉, 〈라캉과 영화 이미지〉, 〈자본주의 사회의 일상 생활과 현대성의 경험〉 등이 있다.

주형일은 영남대학교 언론정보학과 교수이다. 서울대학교 신문학과(현 언론정보학과)를 졸업하고, 프랑스 파리 제5대학교에서 석사와 박사 학위를 받았다. 책으로 《이미지를 어떻게 볼 것인가?》, 《사진: 매체의 윤리학, 기호의 미학》, 《영상 매체와 사회》, 《내가 아는 영상 기호 분석》, 《문화의 세계화》(역서), 《소리 없는 프로파간다》(역서), 《중간 예술》(역서), 《일상생활의 혁명》(역서), 《미학 안의 불편함》(역서), 《합의의 시대를 평론하다》(역서) 등이 있다.

양은경은 충남대학교 언론정보학과 교수이다. 서울대학교 신문학과(현 언론정보학과)를 졸업하고, 같은 대학원에서 석사와 박사 학위를 받았다. 책으로는 《문화와 계급》(공저), 《세계화와 미디어 연구》(공역), 《문화, 일상, 대중》(공역) 등이 있고, 논문으로는 〈1990년대 한국 문화 연구의 형성과 권력 효과〉(박사 학위 논문), 〈동아시아 텔레비전의 지역화와 한류〉 등이 있다.

김예란은 광운대학교 미디어영상학부 교수이다. 서울대학교 신문학과(현 언론정보학과)를 졸업하고, 런던 대학교 골드스미스 칼리지에서 석사와 박사 학위를 받았다. 논문으로 〈'참여'의 디지털 문화 산업적 형성에 관한 연구〉, 〈Idol Republic: the Global Emergence of Girl Industries and the Commercialization of Girl Bodies〉 등이 있다.

일러두기

- 한글 표기를 원칙으로 하되, 필요에 따라 외국어와 한자를 병기하였다.
- 한글 맞춤법은 '한글 맞춤법' 및 '표준어 규정'(1988), '표준어 모음'(1990)을 적용하였으나 혼란이 있는 경우는 출판사의 원칙을 따랐다.
- 외래어의 우리말 표기는 개정된 '외래어 표기법'(1986)을 원칙으로 하되, 그중 일부는 현지 발음에 따랐다. 몇몇 용어 중 관용으로 굳어 버린 경우나 표기상 구별이 필요한 경우는 예외로 하였다.
- 사용된 기호는 다음과 같다.

  영화, 잡지, 텔레비전 프로그램 등: 〈 〉

  책이름: 《 》

  옮긴이 주: [ ], *

  관련 항목: ➔ / 참고 문헌: 📖

1999년 첫 선을 보인 《문화 이론 사전*Key Concepts in Cultural Theory*》이 2007년에 이름을 조금 바꿔 개정판으로 다시 나왔다(*Cultural Theory: The Key Concepts*). 개정판의 주된 특징은 다음과 같다. 우선, 초판 간행 이후 과학 기술 분야에서 이루어진 새로운 결과물에 대한 문화적 해석이 담긴 용어가 추가되었다. 그리고 초판에는 없었던 기초 학문 분야의 용어들이 더해졌다. 한편, 예술 운동과 관련된 용어들은 배제되었다.

개정판 번역을 시작하면서 우리는, 용어의 의미를 집약 정리하는 것 외에도 이론의 영역을 획정하는 것 또한 사전의 중요한 구실이라고 보고, 개정판 원본에는 빠진 초판의 항목을 살려두기로 하였다. 아울러 초판 번역 문장을 전체적으로 다시 검토하여 어색한 부분을 좀더 자연스러운 표현으로 고치기 위해 노력했다. 이 과정에서 우리는 수차례 윤독을 실시했고, 그때마다 발견되는 번역 오류들을 고치면서 사전 번역의 어려움을 다시 한 번 실감했다.

2003년 《문화 이론 사전》 초판이 한국에서 번역 출간된 이후 독자들에게 꾸준한 사랑을 받아온 데에 번역자로서 고마움과 보람을 느낀다. 이번에 번역된 개정판도 앞으로 문화에 관심을 갖고 있는 독자와 연구자들에게 작은 도움이 되기를 바란다.

《문화 이론 사전》의 편집을 맡아 수많은 외국 학자 이름과 외래어들의 한글 표기를 꼼꼼하게 점검하는 한편, 자연스러운 한국 말투를 살리는 데 심혈을 기울인 한나래출판사 여러 분께 다시 한 번 감사의 뜻을 전한다.

이 책에는 오늘날 문화 이론을 다루다 보면 흔히 만나게 되는 350여 가지의 핵심 개념이 수록되어 있다. 문화 이론은 다루는 연구 대상도 다양하지만 그 이론 속에 문학, 언어학, 문화 연구, 사회학, 철학, 정신분석학 등 여러 학문적 담론으로부터 빌어온 다양한 개념과 용어들이 복잡하게 섞여 있다.

물론 그런 개념들은 다른 학문 영역에서 차용되어 왔다 해도 문화 이론이라는 영역에서 재정의되면서 새롭게 정교화되고 있다. 따라서 이 책의 각 항목에서 개개의 용어와 개념이 비교적 분명하게 설명되어 있기는 하지만 이를 일반 어휘 사전 같은 보편 타당한 정의로 받아들이지는 않는 것이 좋다. 그 개념들을 문화 현상의 폭넓은 지도 위에 위치시킴으로써 그 의미를 이해하고, 좀더 진전된 연구를 위한 수단으로 삼고자 하는 것이 이 책의 의의이자 목적일 것이기 때문이다.

이 책에서 다루어진 항목들은 문화 이론에서 사용되는 주요 개념에만 국한되지 않으며 그 개념들에 더 깊은 학문적, 지적 기반을 부여하는 다학제적인 관련성을 가진 개념들도 폭넓게 다루고 있다. 다만 문화 이론에 포함되는 개념이라도 대중 음악이나 영화 영역에 속하는 특수한 개념과 용어들은 다루고 있지 않다. 그 부분과 관련해서는 이 책과 함께 이미 출간된 《대중 음악 사전》(한나래)이나 《영화 사전》(한나래)을 함께 참고하면 큰 도움을 얻을 수 있을 것이다.

이 책은 사전의 형식을 취하고 있지만 개념과 용어라는 프리즘으로 문화 이론의 다양한 영역을 들여다보는 일종의 입문서라는 성격 또한 가지고 있다. 따라서 필요한 용어나 개념을 그때그때 찾아보는 방식으로 사용할 수도 있겠고 수록 순서대로 혹은 순서와 상관없이 전체를 섭렵해 보는 방식으로 활용하여 문화 현상과 문화 이론을 전반적으로 이해하는 데 도움을 받을 수도 있을 것이다.

이 책을 번역하는 과정에서 역자들은 스스로의 무지와 학문적 깊이없음을 절감해야 했다. 문화 이론에 연관된 너무도 다양하고 폭넓은 개념들을 제대로 이해하고 표현하기에 우리 각자의 지식은 너무 짧았고 좁았다. 다행히 사회학, 미학, 커뮤니케이션학 등 여러 학문의 전공자들이 함께한 탓에 서로의 단점을 다소 보완할 수 있었고, 힘겨운 번역 작업을 이나마 마무리할 수 있었던 데에는 지난 12년 동안 지속해 온 '문화 이론 독회' 활동에서 다져진 팀워크가 작은 힘이나마 뒷받침되었던 것 같다. 이 책이 담고 있는 '문화 이론'의 폭과 깊이를 아우르기에 우리의 능력은 부족했지만 가능한 한 충실한 번역이 될 수 있도록 긴 시간을 두고 역자들 서로 간에 지속적인 논의와 상호 검토를 꾸준히 해왔다. 하지만 일부 오역이나 실수는 피할 수 없었을 것으로 생각한다.

사실 이런 종류의 번역 과정에서 흔히 부딪치게 되는 문제는 매끄러운 번역이 쉽지 않다는 점이다. 개념이나 용어에 대한 설명이 일반적으로 군더더기 없고 밀도 높게 서술되는 데다가 개별 단어나 문장의 의미를 훼손하지 않으면서 전체를 표현하기 위해서는 다소 착종된 직역에 의존해야 하는 경우가 많기 때문이다. 개별 개념의 의미를 최대한 살리면서 전체적으로 읽기 쉬운 문장이 되어야 한다는 모순된 요구를 충족시키기 위해 최선을 다했지만 한계가 있었음을 밝혀 두고 싶다.

독자 여러분들의 질책과 날카로운 지적을 고맙게 받을 것이다. 이 책의 출간을 도와 주고 계속 늦어진 작업을 참을성 있게 기다려 준 한나래출판사에 감사의 뜻을 전한다.

우리가 1999년에 《문화 이론 사전》의 초판을 발행한 이후로 세상이 많이 변했다. 아마도 가장 명백한 변화는 9·11 테러와 '테러에의 전쟁' 착수 이후 국제 정치에서 일어났다고도 할 수 있다. 그러나 어쩌면 새로운 세기의 시작과 함께, 훨씬 더 심연에서 느리게 움직이는 문화적 변화들이 있다고도 할 수 있다. 새로운 테크놀로지들이 우리의 삶에 미치는 영향력의 증대도 여기에 해당한다. 생명 공학 그리고 특히 유전학은 인간됨이 무엇을 의미하는지에 대한 우리의 이해에 근본적인 변화를 약속한다. 마찬가지로 인터넷의 확산, 그리고 사이버 문화를 구성하는 다양한 가상 세계와 우리 삶의 통합은 우리의 자아 정체성 및 다른 사람들과의 상호작용에 엄청난 변화를 약속한다. 심지어 지구 온난화와 공해 등 환경 문제도 문화 이론가들이 무시할 수 없는 것이 되었다. 환경적 변화는 우리의 문화에 영향을 미칠 것이며, 우리 문화는 환경 훼손에 대처하고 점검하기 위한 자원을 양성할 것이다. 따라서 문화 이론은 이 모든 현상에 개입해야만 한다. 이 개정판은 이론과 문화에 있어 이러한 더욱 긴급한 몇몇 국면에 대한 설명을 시도하고 있다.

우리는 또한 개정판을 기회로 우리 책의 초점을 다소 변화시키고자 하였다. 어쩌면 초판에 담겼어야 했을 교육, 스포츠, 여가 등의 개념이 이번에 새로 실렸다. 아울러 우리는 인문학적 주제로부터 제공된 문화 이론들로 우리의 범위를 넓혔다. 예를 들면 우리는 이제 독자적 학문으로서 시각 연구의 등장을 인정할 뿐만 아니라 고고학과 역사 항목까지 담았다. (이것들 대신 예술 운동 관련 항목들이 삭제되었다. 미학과 건축에 대한 실질적인 항목들은 남아 있지만, 다양한 음악 장르들 관련 항목도 빠졌다.)

빠르게 변화하는 문화와 정치 세계에서 세상에 대해 사고하고, 가능한 미래에 대해 상상하고, 그러한 미래의 틀을 만드는 도덕적, 정치적, 미학적 주장의 윤곽을 그리기 시작하는 문화 이론가들의 창조성은 점점 더 중요해졌다. 우리는 이 개정판이 새롭고 흥미로운 21세기 문화에 적절한 자원을 제공하기를 기대한다.

앤드루 에드거, 피터 세즈윅

'문화'라는 단어가 의미하는 것이 무엇이냐고 물으면, 우리는 틀림없이 다양한 여러 대답을 떠올리게 되고 대부분의 경우, 그러한 질문이 제기된 방식에 따라 대답 또한 영향을 받을 것이다. 문화 이론이 다루는 것은 문화의 모든 측면(실제로는 그렇지 않다고 해도 적어도 원칙적으로는 그렇다)에 대한 연구이다. 이러한 점에서, 이 영역은 가장 명확하면서도 동시에 가장 애매한 방식으로 규정된다. '문화'가 인간의 경험에 내재적인 것이기 때문에 바로 이 내재성은 '문화'라는 용어를 단일한 의미로 규정하는 것을 어렵게 만든다. 문화 이론가들도 일반적으로 '문화'라는 단어가 여러 가지 의미를, 즉 의미의 다양성을 가지고 있다고 생각한다(최근 몇 년 동안 포스트모더니즘과 관련된 주요한 사상 가운데 몇몇은 빈번히 이러한 생각의 출발점이 되어 왔다). 또 이 다양성은 문화 이론의 독특한 특성으로 종종 거론되어 왔다. 명백히 '문화'라는 단어의 의미에 대해 다원주의를 주장하는 것은 종전 직후의 시기로 거슬러 올라가는 계보를 갖는다. 유럽의 제국주의가 종식되자, 근대 서구 사회에서 다문화주의가 고조되었고 지리적, 사회적 이동이 증가했으며 사회적 역할들이 다양해졌다. 동시에 문화 연구 내에서의 작업(스튜어트 홀과 같은 사람들의 저술 활동과 연관된)도 문화적 영역에서의 인종, 계급, 그리고 젠더에 대한 문제들에 관심을 기울이고 있었다. 그렇게 하면서, 그것은 문화 이론 안에서뿐만 아니라 다른 학문 영역 안에서 논쟁의 형식과 내용에 큰 영향을 미쳤다. 이러한 전개는 '인종'과 '젠더'라는 명칭하에 분류되는 인간 정체성의 문제와 같이, 규범적이거나 자연화된 영역으로, 전통적으로 간주되던 것을 재조사할 필요를 깨닫게 만들었다. 이러한 것들을 단순한 사실의 문제로 생각하던 의견들 대신에, 문화 이론가들은 그것들이 만들어졌다는 관점을 일반적으로 내세웠다. 간략히 말해 그들은 자연화된 개념들이 사실은 사회적 형태의 다원성에 대해 새롭게 싹트기 시작한 지식에 따라 문제시될 수 있는 사회적 구성물이라고 주장했다. 이러한 맥락에서 '문화'는 미리 규정된 주제들에 대해 미리 만들어지고 자연화된 의미를 부여하는 것이라기보다는 주체성의 구성에 관계된 문제들에 대해서뿐만이 아니라 권력, 재현, 담론 같은 문제에 대해서도 중점적으로 다루는 논쟁의 공간이자 대상이 된다.

이 때문에, '이론'이라는 것도 동시에 중요한 문제가 된다. 이론의 구성은 무엇에 대한 이론인가와 밀접히 연관되어 있기 때문이다. 비록 그것이 명백하다 할지라도, 문화 이론이 단순히 '문화'의 사례들을 논의하거나 정리하기만 하는 것은 아니라는 것을 언급할 필요가 있다. 문화 이론은 문화를 '이론화한다.' 이론은 하나의 설명이다. 그 설명 도식에 따라 다양한 현상에 의미가 부여된다. 문화에 대한 연구에 적용할 수 있거나 적절한 수많은 방법론이 있다. 이 방법론들은 폭넓은 학문 분야와 접근 방식 안에서 발달했다. 그것은 문화의 의미 *meaning*와 의의*significance*에 대한 여러 가능한 견해들(예를 들어, 분석적인 대륙 철학, 문화인류학, 마르크스주의, 정신분석학, 사회학)을 제공한다. 문화 이론은 전통적으로 두 가지 방식에서 그것들에 의존했다. 첫 번째는, 그 여러 분야에서 유래한 이론적 틀을 채택하여 그것들을 점유함으로써 — 예를 들어, 주로 포스트구조주의 안에서의 발달과 관련해, 언어 철학의 영역 내에서 의미에 대한 접근 방식에 의존함으로써 말이다. 두 번째는, 그 학문 영역의 주제를 형성시킨 개념 가운데 몇 개에 대항해 반응하면서이다. 진리에 대한 철학 내의 논쟁이 적절한 예가 될 것이다. 진리는 비판적 문화 이론가들이 미셸 푸코 같은 사상가들의 작업에 의존해 비판하려고 한 개념이다. 이용할 수 있는 이론의 범위는 문화 이론의 소문난 다원성을 반영한다. 문화 이론과 독점적으로 연결될 수 있는 이론적 관점은 없기 때문이다. 사실, 이 이론적 다양성은 '문화'라는 단어와 연결될 수 있는 의미가 많다는 것을 반영한다.

문화 이론은 '문화'라는 단어와 연결된 의미가 많다는 것을 스스로 밝히면서 출발한다. 이것은 문화에 대해 말하고 이론화하는 활동이 새로운 것이 아님을 의미한다. 문화 이론의 무대에서 종종 비난받기는 하지만, 플라톤(BC 428~347)의 저술은 필연적으로 문화적 고려를 포함하는 일련의 문제들을 다룬다. 예를 들어, 인간 정체성의 구성과 인간 관계의 본성에 관계된 존재론적 질문이나 정치학, 윤리학, 미학에 대한 질문들이 있다. 그러므로 우리가 인간 문화의 의미에 대해 물을 때, 인간 삶의 정치적, 미적, 또는 윤리적 영역과 관련된 문제도 제기하는 것이다. 플라톤의 철학적 텍스트들도 이러한 문제와 관계가 있다. 동시에, 문화에 대한 설명을 구성하고자 하는 모든 시도는 그 일(인식론에 관련된 문제)에 적합한 지식 양식들을 전제한다. 또한 언어, 재현, 형이상학의 문제들과 관련 있는 철학적으로 규정된 다른 문제들을 만난다. 물론 문화 이론은 문제의 순전히 '철학적'인 범위를 자신의 출발점으로 삼을 필요가 없다. 이미 언급했듯이, 관점들은 문화 이론에 적합한 다른 학문 영역(예를 들어, 인류학, 경제학, 정신분석학 또는 사회학) 내에서 제공되었다. 철학처럼, 그러한 학문 영역들도 문화 이론가들과 관련된 질문에 대해 독특한 설명 모델을 제공할 수 있다. 그러므로 문화 이론이 그 자신의 주요 관심들 가운데 몇몇에 대해서뿐만 아니라 방법론적으로도 이 영역들과 연결되어 있다는 것은 놀라운 일이 아니다.

출발점으로 돌아가서 이야기하자면, 문화 이론이 보통 이러한 학문 영역들과 다른 점은 다학제적*multidisciplinary* 접근 방식을 옹호한다는 데 있다. 이 접근 방식은 이런 여러 담론들과 그와 관련된 주제들 사이에서 전통적으로 구성된 경계선을 초월하고자 한다. 또한 문화 이론가들이 다루는 문제의 범위는 그러한 경계선의 적합성에 대해 의문을 제기하는 관점과 종종 연결되어 있다. 예를 들어, 사회의 경제적이고 이데올로기적인 요소들 사이의 변증법적 관계에 대한 분석을 통해 사회 구조를 조사하고자 하는 마르크스주의의 몇몇 형태에서, '문화'는 부차적인 문제로, 경제적 관계의 일차성에서 파생될 수 있는 것으로 쉽게 간주되었다. 문화 이론은, 인간 사회를 그렇게 이해한다면, '문화'라는 단어의 의미를 구성하는 일 자체가 위험에 처한다는 관점을 내세운다. 동시에, 문학 비평의 장에서, 문화 비판 이론은 '문학'에 대한 일반적 정의들을 뒤엎으려고 노력해 왔다. 그리고 그렇게 함으로써 그러한 텍스트를 읽는 것을 사회적이거나 역사적인 요인들(역사주의와 연관된 접근 방식)에 의해, 또는 언어와 의미에 대한 특수한 개념들(자크 데리다의 저술에서 파생한, 언어에 대한 하나의 관점을 채택하는 것이 적절한 예이다)을 지지하면서 재정의하고자 했다. 그래서 문화 이론 안에서의 작업은 전형적으로 대단히 자기 반영적*self-reflective*이다. 다시 말해, 문화 이론은 하나의 방법론이나 학문적 분과가 자기 자신의 연구 주제를 구성하는 과정에서 수행할 수 있는 역할에 대해 아주 잘 인식하고 있다. 따라서 비판적 학문 분과들에서 발견되며 위대한 작품이라는 명백히 정전*canon*으로 구성되는 바로 이 선별 과정은 그 자체가 정당하고 실로 중요한 연구 대상이다. 위대한 예술 작품들은 단지 식별되고 분석되기를 기다리며 거기에 있는 것이 아니다. 오히려, 그 작품들은 적극적으로 위대하다고 승인되는 것이며, 그 작품에게 귀속되어 있거나 분석과 찬미를 통해 평가된 가치들이 사회 전체의 권력 구조의 정당화를 함의하는 것으로 보인다. 그러므로 '고급' 예술에 기울이는 비판적 관심을 보완하려면, 그 진지한 학문적 관심을 만화책, 대중 음악 또는 다른 대중 장르 같은 외견상 품격이 떨어지는 것처럼 보이는 연구 대상에도 기울여야 한다.

그러므로 문화 이론을 연구하는 것은 명확한 방법론과 단순히 규정된 연구 주제의 우위를 떠맡는 것에서 시작할 수 없다. 이러한 방법론과 연구 주제를 바탕으로 나중에 우리는 주어진 일련의 규칙에 따라 분석에 착수할 수 있을 것이다. 문화가 일상생활 세계에 존재하기 때문에, 그것의 연구 주제와 방법은 이 세계 안에 내재된 다양성을 반영하는 데 적합해야 한다. 따라서 그것은 자기 반영성이 필요하다. 그러나 이러한 반영성은 칭찬할 만하지만, 문화 이론을, 예를 들어 영문학, 철학 그리고 사회학 사이에 있는 것을 불편하게 만들 수 있다. 사실, 문화 이론의 수많은 특성들은, 문화 이론이, 비록 부지불식간이라 하더라도, 자기 자신이 아닌 것을 가지고 자신을 규정함으로써 스스로의 학문 영역의 경계를 세우고 있는 것일지도 모르며, 또 단지 다른 학문 영역에 대한, 따라서 자기 반영성에 대한 피상적인 이해만으로 스스로를 규정하는지도 모른다는 의심을 불러일으킨다. 이러한 생각은 문화 이론에 있어서 독특한 것은 무엇인가에 대한 질문을 제기한다. 그러므로 단순히 다원성을 주장하는 것이 이러한 독특함에 대한 대답으로 충분히 정당한지, 더 정확하게는 문화 이론이 한편에서는 문화인류학과 문화사회학의 급진적 요소들에 의해, 다른 한편에서는 문학과 예술 비평, 음악학 그리고 철학의 급진적 요소들에 의해 더욱 올바르게 이해되는 것은 아닌지 물어볼 수 있을 것이다. 여러 관찰을 통해 이 점에 대해 밝혀 줄 것이다.

우선, 문화 이론은 전통적 학문의 경계를 거부하며 반드시 방법론적인 동시에 정치적인 급진주의를 가져온다고 추정하는 데에는 어느 정도 위험이 있다. 제도적 경계선에 대한 비판 자체가 사유의 제도적 형태들과의 급진적인 방법론적 단절을 나타낸다는 결론이 반드시 도출되는 것은 아니다. 많은 현대 비판 이론에서의 주체성에 대한 취급이 적절한 예이다. 포스트모던한 '주체 비판'은, 종종 짐작되듯이, 자유주의 담론 같은 더욱 전통적인 담론 형태와 근본적인 결별을 가져온다. 그러나 다양성의 정치에 대한 단순한 지지가 자유주의의 핵심 사상들 중에 적어도 하나 — 즉 사회적 다양성과 다수성이 공공선*public good*(존 스튜어트 밀이 《자유론*On Liberty*》(1859)에서 전개한 관점)이라는 원칙 — 와 어떻게 근본적으로 결별한 것인지 분명하지 않을 뿐더러 그것이 자유주의의 문제 일부로부터 벗어나 있는지도 분명하지 않다. 주체성에 대한 규범적 개념과 그에 동반하는 제도들에 대해 재고하는 것을 의미하는 방법론적 단절이 그 자체만으로 정치적 급진주의의 기반을 제공한다는 결론이 도출되지는 않는다(결국 파시즘과 관련 있는 사상가들은 주체성에 대한 자유주의적*liberal*이고 인간주의적 관점들을 비판하는 데에도 역시 열성적이었고 이러한 점에서 그들 자신의 '급진적' 의제를 추구하였다). 게다가, 급진주의에 대한 스스로의 확신이 그 자체를 순진하게 만들 위험이 있다. 이 순진함은 어떤 점에서는 우리가 극복하고자 하는 순진함만큼이나 답답한 것일 수 있다. 문화 이론은 그 고유한 다학제적이거나 심지어 반학제적*anti-disciplinary* 특성을 찬양하는 와중에 다른 학문 영역에 대한 단순한 캐리커처를 제공하게 된다. 여기에서 아주 저명한 문학 비평가와의 대담이 갑자기 떠오르는데, 그 대담의 참여자들은 '모든' 철학자들이 보편적이고 무조건적인 '진리'(이것은 분명히 사실이 '아닌' 것이다)라는 개념을 받아들이고 있으면서도 현대 이론은 그런 낡은 사상 형태들과의 급진적이고 진보적인 단절을 대변한다고 주장한다는 견해를 지지했다.

문화 이론이 지배적으로 통합적인 패러다임이 없는 '반학문 영역*anti-discipline*'으로서 독특하다고 말하는 것은 전혀 모르고 하는 말이다. 비교하자면, 토머스 새뮤얼 쿤Thomas Sammuel Kuhn이 과학적 패러다임의 개념을 처음 제시하면서 사회학은 하나의 지배적 패러다임이 없기 때문에 과학이 아니라고 주장했다는 점을 상기하는 것은 그럴 만한 가치가 있다.

쿤의 '과학'이란 개념을 가지고 논쟁할 수는 있지만, 그가 사회학을 연구 주제에 대해 서로 겹치고 모순되는 일련의 복잡한 접근 방식들이라는 관점으로 정의한 것은 합리적으로 논박될 수 없다. 사회학 내에는 수량화가 가능한 자료에 기반한, 실증주의로부터 파생된 접근 방식이 해석학, 현상학, 대화 분석, 마르크스주의, 페미니즘 등의 다른 접근 방식들과 나란히 함께 포함되어 있기 때문이다. 바로 이러한 다양한 접근 방식이 서로 충돌하므로 사회학자들도 독특하고 정치적으로 휘말린 사회적 실천 행위로서의 사회학의 지위에 대해 인식하고 있으며 이는 매우 자기 반영적이다. 마찬가지로 철학이 하나의 통합적 패러다임에 의거해 작용한다고 주장하는 것은 철학에 해를 끼치는 일일 것이다. 우리는 문화 이론이 기존 학문 영역들의 복잡하고 역동적인 속성을 하찮은 것으로 만들어야만 반영성을 독점할 수 있다고 생각할 것이다. 그렇게 독점권을 주장할 경우 문화 이론은 바로 제대로 된 정보와 지식에 근거한 다학제적인 차용의 가능성을, 즉 자신이 기존의 학문 영역들로부터 구하고자 하는 바로 그것을 위태롭게 만들 것이다.

이러한 혐의에 대한 변호 차원에서 또 하나의 사실이 개략적으로 제시될 수 있을 것이다. 문화 이론가들이 실증주의 및 그 실증주의가 파생되어 나온 과학적 조사 모델이 중요한 질문들을 이해하는 데 부적합한 것이라고 비판하는 데 자주 개입했다고 해도, 실증주의적인 과학적 분업에 대한 철저한 비판이 문화 이론에만 특유한 것이라고 볼 수는 없다. 마르크스주의자들, 특히 다양한 부문(카를 마르크스, 독일 관념 철학, 정신분석학)에서 영향을 받은 프랑크푸르트학파의 헤겔주의적 마르크스주의자들은 1930년대에 과학적 전문화 배경에 대한 광범위하고 정치적으로 민감한 비판을 가했다. 사실, 이 비판 이론 시기에 '전통 이론'에 반대하여 막스 호르크하이머가 한 작업은 현대의 비판 이론의 정설*orthodoxy*이 지금 무엇을 위해 존재하는가 하는 것에 대해 많은 것을 시사한다. 이러한 발전과 완전히 연동하는 데 실패할 위험이 있다는 것에 주의를 기울이는 것이 단지 바퀴를 다시 발명하는 것 같은 헛된 노력은 아니다. 그렇게 하는 것은 오히려 다음 사실, 즉 문화 이론의 대표적 인물이 자신의 위치를 철학적으로 엄밀히 정당화하는 데 사용해야 하는 것이 사실은 전통적 학문 분야들 안에서 일이 이루어지는 방식에 대한 불만의 약간은 잘못된 표현으로 간주된다는 사실을 인식하는 것이다. 이러한 인식이 없다면, 학문 영역의 다원성을 지지하는 것은 유행*fashion* 진술, 즉 단어들의 안과 둘레에 동시에 괄호를 치며 그럼으로써 그것들에 관해 흥미로운 어떤 것을 폭로하기를 의도하지만 사실은 거의 그렇게 하지 못하는 비판 이론가의 경향에 가까운 젠체하는 문체론적*stylistic*인 자세가 될 위험이 항상 있다.

이러한 관찰들의 요점은 최신 문화 이론의 업적들을 기각해 버리는 것이 결코 아니다. 오히려, 우리는 문화 이론을 그것의 고유한 역사적이고 지적인 맥락 안에 보다 더 깊이 위치시키는 일의 중요성을 옹호하고 있다. 그렇게 함으로써, 학문 연구에 대한 교조적이고 실증주의적인 접근 방식들에 대한 더 철저한 성찰과 반대를 용이하게 할 수 있을 것이다. 아마도 이것은 문화 이론이 정확히 어떤 종류의 학문 영역인가 하는 질문을 다시 제기하는 것이다. 그리고 그것은 독특한 하나의 학문 영역 또는 반反학문 영역이 되기보다는 수많은 다양한 학문 영역(사회학, 인류학, 철학, 음악학 그리고 문학 비평을 포함한) 속에서 현행의 역동성을 단지 드러내는 것일 수 있다고 제안하는 것이다. 그러면, 더욱 올바르게, 문화 이론은 20세기 전체에 걸쳐 학문적 연구의 교조적 접근 방식들에 반대해 제기되어 온 의심과 비판들의 축적을 표시하는 것이라고 이해될 수 있다. 이러한 의심들은 근대성과 계몽의 기획에 대한 비판 속에서 정점에 이르렀으며, 우리들로 하여금 그 같은 지적인 변화가 대중 교육으로의 이동, 2차 세계 대전 이후 나타난 정치적 다원성에 대한 감수성의 증가를 포함한 다른 사회적, 경제적, 정치적 과정들과 밀접히 연관되어 있다는 것을 인정하지 않을 수 없게 만든다.

이러한 성찰들의 결과로, 이 사전을 편찬하면서 우리는 문화 이론에서만 현저하게 나타난 주요 개념들에 국한하지 않았다. 이에 더하여 우리는 그 개념들에 더 깊은 기반과 지적인 엄밀함을 부여하는 개념적이고 문화적인 도구들로 우리가 다루는 범위를 확장하려 노력했다.

이러한 종류의 작업에는 어쩔 수 없이 누락된 곳과 빈 곳이 있을 것이다. 포함할 것과 배제할 것에 대한 판단은 종종 어느 정도 우연의 산물인 것처럼 보인다. 그리고 우리가 한 선택에 전적으로 만족하는 사람은 아무도 없을 것이다(심지어 우리들 자신도 전적으로 만족하지는 못한다). 그러나 배제된 것과 누락된 것에 대한 약간의 대략적인 기준은 제시될 수 있을 것이다. 이 책은 접근 방식에 있어서 가능한 한 일반적이고자 했다. 그리고 문화 연구에 대한 폭넓고 종종 다학제적인 관련성을 가진 개념들을 살펴보려고 했다. 그러므로 우리는 '주요 개념 시리즈*Key Concepts Series*'로 이미 존재하거나 계획된 책들이 차지하는 부분들을 피하려고 시도했다. 따라서 대중 음악이나 영화에 대한 특수 용어들은 별로 다루지 않았다. 그것들은 대중 음악이나 영화에 대해 이미 존재하는 주요 개념 시리즈가 훨씬 더 잘 다루고 있기 때문이다. 마찬가지로, 우리는 식민주의에 대한 주요 개념 시리즈가 가까운 장래에 발간되어 우리가 여기에서 다룬 관련 용어들을 보완해 주길 바란다. 폭넓게 그리고 아마도 자의적으로 배제된 두 학문 영역은 역사학과 고고학이다. 역사학의 경우, 관심 있는 독자들은 E. H. 카(Carr, 1987)나 헤이든 화이트(White, 1987)의 책을 보는 것이 더 나을 것이고 고고학에 관심 있는 사람들은 이언 호더(Hodder, 1992)의 책을 보면 유용할 것이다.

앤드루 에드거, 피터 세즈윅

가부장제
patriarchy

문자 그대로 보면 '가부장제'라는 용어는 '아버지의 지배'라는 의미가 있다. 대다수의 페미니스트 이론가들은 여성에 대한 남성의 지배와 억압을 통해 사회가 구조화되는 방식을 가리키려고 이 용어를 채택했다. 따라서 가부장제는 물질적, 상징적 자원(수입, 부, 권력 등 포함)이 가족, 성, 국가, 경제, 문화, 언어 같은 사회 제도를 통해, 남녀 사이에 불평등하게 배분되는 방식을 말한다. 가부장제의 작용에 대한 단일한 분석은 존재하지 않지만 그것의 본질과 역사적 발전에 대한 논쟁은 페미니즘 학파들이 발전하고 분화되는 데 중요한 역할을 했다. 가부장제를 이론화하는 데에서 많은 핵심 논점들을 찾을 수 있다. 초기의 주요 논점은 남성 지배를 생물학에 연결시키는 데 대한 거부였다. 우리가 알고 있는 인간 사회 모두에서 가부장적 구조를 찾을 수 있지만 가부장제를 출산과 양육에서의 남녀 역할과 같은 생물학적 상수로 환원하는 것은, 가부장제가 본질적이고 바꿀 수 없는 자연적 관계라는 것을 시사한다. 반면, 페미니즘은 가부장제가 전적으로 문화적인 것은 아니더라도 적어도 그런 자연적 관계들의 문화적 해석이라고 주장한다. 심리학적, 특히 정신분석학적 이론들은 가부장제를 어린아이의 초기 사회화와 연관시킨다(특히, 오이디푸스 단계에서 어린아이가 엄마와 단절되는 것). 자크 라캉Jacques Lacan의 정신분석학에 대해 페미니스트들, 예를 들어 줄리아 크리스테바Julia Kristeva와 엘렌 식수Hélène Cixous는 지배 문화와 언어, 이성(라캉의 '상징계')이 본래부터 가부장제적이라는 주장으로 반응한다. 그래서 그들은 '여성적 글쓰기*écriture feminene*'에서 표현된 가부장제 이전 단계를 회복하여 그를 통해 여성이 남성 언어에서의 왜곡의 바깥에서 스스로와 접합될 수 있도록 하고자 한다. 가부장제와 계급, 인종과 같은 다른 형태의 억압 사이의 관계에 대해 다양한 이론화가 이루어졌다. 여기서 제기된 질문은 가부장제가 다른 지배의 형태보다 우선적인가의 여부, 상이한 지배의 형태들이 서로 상호 작용하고 강화하는 방식 등이었다. 그래서 사회주의 페미니스트들은 전형적으로 가부장제를 계급 착취에 연결시키려고 했다(Barrett, 1980). 인종과 종족의 중요성은 전체 포괄적인 가부장제 이론이 여성들 내부의 분리에 무관심하다는 잠재적인 결함을 보여 주었다. 착취와 지배가 모든 여성에게 동일한 방식으로 이루어지는 것은 아니며 여성은 그래서 단일하고 동질적인 집단으로 이론화될 수 없다. [AE]

Mies, 1986; Spivak, 1987; Walby, 1990.

가설 연역적 방법
hypothetico-deductive method

가설 연역적 방법(H–D)은 자연과학의 방법론을 기술하기 위한 수많은 시도 가운데 하나이다. 과학 철학 기본적으로 H–D 모델로 기술되는 과학의 방법론은 다음과 같다. (i) 가설을 미리 설정한다. (ii) 설정한 가설에서 다양한 진술들을 추론한다. (iii) 이 진술들을 실험으로 검증한다. 가설이 실험적인 검증 과정에서 입증되지 못하면, 기각한다. 그러나 실험으로 가설을 지지할 수 있다면, 그것은 잠정적으로 인정한다.

이 방법론은 귀납법의 문제에 대한 해결책의 하나로 제안되었다. 거칠게 표현하자면, 이것은 제한된 수의 관찰들이 한 대상 집단의 모든 구성원들에게 유효하다는 이론이나 법칙을 지지하기 위해 어떻게 행해질 수 있는가 하는 문제이다. H–D 모델에서 우리는 어떤 가설도 실험에 의해 절대적으로 입증되었다고 받아들이지 않는다. 바꾸어 보면 우리는 한정된 수의 관찰로 어떤 보편적 법칙이나 이론이 파생된다고 보지는 않는다. H–D 모델의 가장 잘 알려진 지지자는 칼 포퍼Karl Popper이다. P. 립톤P. Lipton과 같은 과학 철학자들은 과학의 방법론에 대한 이와 같은 기술이 여전히 인기가 있는 것은, 현재 활동 중인 과학자들이 그것이 과학자로서 자신들이 실제로 하고 있는 것을 밀접하게 반영한다고 느끼기 때문이라고 주장한다.

H–D 방법에 대한 수많은 비판들이 있는데, 그 가운데 하나는 H–D 방법이 사실상 과학자들이 행하는 것에 대한 기술적인*descriptive* 설명이라기보다는 추론적인 재구성의 측면이 강하다는 것이다(Gjertsen, 1989: 106~10). 그러나 아마도 가장 타격이 큰 비판은 피에르 뒤엠Pierre Duhem의 작업 결과로서 제기된다. ➔ 의미 뒤엠에 따르면, 지금까지 이론적 고립 상태에 있는 하나의 가설을 검증한 과학자는 없다. 오히려 과학자들은 암묵적으로 여러 가설들의 총집합을 사용한다. 상황이 이러하다면 '어떤' 가설이 기각되거나 잠정적으로 인정될지 아는 것은 불가능하다. [SH]

Duhem, 1962; Lipton, 1991; Popper, 1959.

가치
value

어떤 것을 평가하는 것*to value*은 그것에 값어치를 부여하는 것이고 그것을 일정한 위계 안에 위치시키는 것이라고 정의할 수 있다. 가치에 대한 세 가지 중심 영역들이 문화 이론과 관련되어 있다. 미학적인 것, 도덕적인 것, 경제적인 것이다.

미적 가치는 문화적 재화들과 활동의 값어치를 포함한다. 정통 미학은 부분적으로 특정한 예술 작품에 가치를 부여하는 데 근거를 제공하는 원칙들에 관심을 둔다. 미학이 그 자체로는 특정한 예술 작품들을 평가하는 것(이것은 보다 정확히는 예술 비평의 임무이다)과 관련되지 않을 수 있다고는 해도, 미학이 예술에, 특히 사회(그중에서도 18세기 이후의 유럽 사회)의 지배적 계급이 소비하는 문화적 산물에 주의를 기울이는 그것들이 가치 있는 대상들이며 활동들이라는 것을, 그리고 미적 가치와 같은 것이 존재한다는 것을 전제하고 있다. 18세기 말에 발표된 임마누엘 칸트Immanuel Kant의 《판단력 비판*Critique of Judgement*》(1987)은 미(따라서 예술)로부터 파생된 즐거움과 유용하고 비예술적인 대상(음식 같은)에 대한 단순한 감각적 즐거움 사이의 구분을 제안하고 옹호한다는 점에서 중요한 의미가 있다. 미적 가치의 자율성과 판별성은 점점 더 도전받아 왔다. 한편으로, 정치적으로는 예술과 이데올로기가 연계되어 왔다. 미적으로 가치 부여된 지배 계급의 예술은 지배 계급의 정치적, 도덕적 가치들을 정당화하고 선전하는 역할을 수행하는 것으로 설명된다. 다른 한편으로, 미적 가치는 경제적 가치와 연결될 수 있다. 미학의 첫째 목표가 대상들에게 궁극적으로 환영적인 미적 가치를 부여하는 것이 아니라, 별로 쓸모가 없을 것에 경제적 가치를 부여해 주는 것이라고 주장할 수도 있다. 미적으로 가치 평가된 대상들은 높은 가격으로 거래될 수 있는 것이다(Bourdieu, 1984).

하나의 분과 학문으로서 사회학의 발달은 가치들에 대한 경험적 연구에 집중되어 있다고 볼 수도 있는데, 그 가운데에서도 특히 에밀 뒤르켐Emile Durkheim의 '도덕적 사실*moral facts*' 개념(1982)이 그러하다. 한 사회의 통합과 안정성은 사회화 과정을 통해 사회의 합의된 가치들(뒤르켐의 '집단 의식' 개념 안에 요약되어 있는)을 내면화하는 데에 달려 있는 것으로 보인다. 1960년대까지 사회학에 대한 지배적인 미국적 접근 방식이었던 기능주의는 도덕적 가치에 대한 합의가 안정된 사회의 전제 조건이라고 가정했다. 이러한 가정은 하나의 단일 사회 안에 뚜렷하게 다른 가치 체계들을 가진 넓은 범위의 대안적 하위 문화들이 있음을 인식하는 일탈 사회학에 의해 점점 더 도전 받았다. 이와 유사하게, 1960년대에 사회학 내에서 주요 세력으로 재부상한 마르크스주의는, 서로 갈등하는 집단들이 서로 상충하는 가치 체계들을 옹호하고 장려하며 협상하려 하기 때문에, 합의적 가치들이란 그 자체가 정치적이고 무엇보다도 이데올로기적이며 헤게모니적인 실천의 산물이라는 것을 더욱 더 인식하도록 이끌었다. 처벌(1977)과 성(1981)에 대한 미셸 푸코Michel Foucault(1971)의 작업은 가치 체계들을 뒷받침하는 동시에 또 그 안에서 가치들이 주입되는 권력 투쟁에 대한 니체적 관점을 사회학에 복원시키는 데에 기여했다.

경제적 가치에 대한 질문은 상품에 부여된 가치와 가격의 설명에 집중되어 있다. 마르크스주의는 노동 가치 이론에 호소함으로써 특징지어 지는데, 이 이론에 따르면 재화의 교환 가치는 그것을 생산하는 데에 들어간 노동 시간의 양에 달려 있다. 이와 대조적으로, 정통 경제학은 가치(또는 가격)를 시장에서의 공급과 수요의 상호 작용에 의지해 설명한다. [AE]

Hechter et al., 1993; Squires, 1993.

가치 자유
value-freedom

사회학자 막스 베버Max Webber가 주창한 관점이다. 이 관점에서는, 과학적 조사(예를 들어, 사회학이라는 분과 학문 내에서 이루어지는 분석들)에 연루된 사람들은 자신들이 연구하는 개인, 공동체 또는 제도에 대해 가치 판단하는 것을 피해야 한다고 말한다. → 객관성 [PS]

갈등 이론
conflict theory

사회학에서 '갈등 이론'은 1950년대와 1960년대에 구조 기능주의의 정통성에 도전하기 위해 등장한 여러 이론들을 지칭한다. 기능주의자들은 갈등을 바람직하지 않고 일탈적인 것으로 보면서, 안정된 사회들은 일반적으로 조화를 이룬다고 가정하는 경향이 있었다. 따라서 기능주의는 사회가 서로 다른 집단들 사이의 장기적, 구조적 갈등에 의해 특징지어질 수 있는 가능성을 거부한다. 갈등 이론의 근원은 G. W. F. 헤겔G. W. F. Hegel과 마르크스의 정치·철학, 게오르그 짐멜Georg Simmel, 사회적 다원주의, 엘리트 이론 등으로 거슬러 올라간다. 갈등 이론은 크게 두 가지 형태로 분류될 수 있다. 마르크스주의는 사회 갈등이 단일하면서 가장 중요한 축을 따라 발생한다고 보는 이론들 가운데 가장 전형적인 이론이다. 마르크스주의에서 이것은 계급 갈등인데, 생산 수단과 경제에 대한 통제를 두고 일어나는 갈등이다. 그 설명에 따르면, 갈등이 궁극적으로 사회의 안정성을 훼손시킬 것이라고 주장한다(마르크스주의에서는 계급에 기반한 혁명으로 이어지고, 엘리트 이론에서는 쇠진한 구엘리트가 생동하는 신엘리트로 대체된다). 그와 달리, 짐멜의 저작에 기반하여 루이스 A. 코저Lewis A. Coser(1956)가 발전시킨 갈등 이론에서는 갈등이 광범한 축들을 따라 발생하며, 그런 갈등이 개방적이고 다원화된 사회의 성장과 안정에 도움이 된다고 주장한다. (따라서 갈등의 엄밀한 의의는 그것이 발생하는 사회적, 정치적 구조에 달려 있다고 본다. 개방적인 사회들은 갈등을 이겨내고 그로부터 혜택을 받을 수 있지만 폐쇄적이거나 권위주의적인 사회에서는 그것이 불가능하다.) 코저의 주장에 따르면, 계급 분화 같은 단일한 축 위에 모든 갈등들의 좌표를 매길 수는 없다. 따라서 어느 개별자의 역할이 어떤 다툼에서는 그의 동지가 될 수 있지만, 다른 경쟁에서는 그의 적이 될 수도 있다. 그런 다원주의적 갈등은 사회를 통합하는 데 도움을 준다. 전형적으로 갈등은 공통적으로 수용하고 승인한 사회 제도 안에서, 점진적 개혁의 동기와 새로운 아이디어를 산출하며 작동되기 때문이다.

[AE]

Collins, 1975.

개념 미술
conceptual art

'개념 미술'이란 용어는 20세기 후반의 예술 창작에 대한 서로 다른 무수한 접근 방식들을 포괄할 수 있다. 이 용어는 1960년대 초에 처음 만들어졌으며, 어떤 물리적이거나 감각적인 재료보다는 아이디어(또는 개념)를 재료로 삼는 예술을 일컫는다. 그 점에서 개념 미술은, 전통적으로 서구 미학이 미술 작품이 제공하는 매력적이거나 적어도 흥미로운 감각적 자극을 강조했던 것에 의문을 제기한다는 점에서, 미니멀리즘과 많은 공통점을 갖는다. 개념 미술은 아이디어에 관한 것이고, 그래서 그 아이디어를 발굴하거나 구체화하는 데 사용되는 재료들 또한 순수하게 개념적이거나(구두 지시 또는 묘사가 물품을 대체한다), 사용 과정에서 파괴될 수 있다. 따라서 개념 미술 작업의 유일한 기록은 작품의 디자인과 구성에 대한 사진이나 다른 문서일 수 있다. (클라우스 올덴버그Claus Oldenberg*의 작업 〈조용한 도시의 기념비*Placid City Monument*〉는 묘지 일꾼들이 센트럴 파크에서 커다란 구멍을 파고 다시 메우도록 한 것이다.) 최상의 상태에서 개념 미술은, 미술 작업을 제작하고 제시하는 것의 토대를 이루는 과정들에 초점을 맞춤으로써, 문화 연구에 많은 것을 제공한다(그리고 실상 최상의 개념 미술은 곧 문화 연구이다). 예를 들어, (개념 미술의 정의를 조금 넓게 잡는다면) 크리스토Christo**의 설치 행위는 전형적으로 공공 기념물이나 건물(가장 유명한 것으로 라이히스타크Reichstag[독일 국회의사당])을 포장하는 것과 관련 있다. 여기서 핵심은 아무리 장관壯觀이라도 단명할 수밖에 없는 완성된 산물이라기보다, 정치적이고 관료제적인 계획 과정들, 상업적 함의(포장된 라이히스타크는 관광객들을 끌어들인다) 그리고 그런 성취의 전제 조건이 되는 물류 과정과의 연루에 있다. 그렇게 예술은 노골적으로 사회적, 정치적, 문화적 맥락 안에서 만들어지고 이해된다. 비슷하게 영국의 '미술과 언어Art & Language' 그룹의 작품은 전통적으로 전시 공간으로 사용된 갤러리의 정치적 본질에 대한 고도의 자의식을 보여 준다. 하지만 그 최악의 상태에서 개념 미술은 진부해지거나(예를 들어, 진짜 의자 하나, 한 의자 사진, 한 의자에 대한 묘사로 이루어진 코수스Kosuth의 설치 작품 〈하나와 의자 세 개*One and Three Chairs*〉), 아니면 관객을 배척하는 자아–탐닉적인 사적 언어로 빠져든다. [AE]

* 스웨덴계 미국의 설치 미술가로 일상용품을 비약적으로 확대한 작품으로 유명하다.

** 불가리아 출신 미국의 설치 미술가로 대규모 포장 작업의 대지 미술로 유명하다.

Harrison, 1991; Lucie–Smith, 1995.

개인/개인주의
individual/ism

한 사람 또는 자아. 더 이상 쪼개질 수 없는 어떤 것이라는 의미로 받아들여질 때, 개인은 종종 집단과 대비된다. 개인 자아들이 (i) 더 이상 줄일 수 없고, (ii) 자신들의 고유한 성향과 욕망에 따라 자신들의 합리성을 사용할 능력을 부여받았고, (iii) 자유로운 시민 행위자들이어야 한다는 견해는 개인주의와 연관된다. 이것은 개인을 시장에서의 자유로운 행위자로 인식하고 이와 같은 견지에서 정치적이고 사회적인 자유의 관점을 지지한다. 그것은 종종 애덤 스미스Adam Smith의 저술의 영향(예를 들어, 1980년대에 영국에서 자유 시장 개인주의를 지지했던 마거릿 대처Margaret Thatcher에 대한 그의 사상의 영향)과 연결되는 관점이다. [PS]

Avineri & De–Shalit, 1992; Lukes, 1973b; MacPherson, 1962; Morris, 1991.

객관성
objectivity

가치 중립적이거나 가치 중립적이어야만 하는 진정한 지식. 따라서 객관적 지식이란 사물이 겉으로 어떻게 보이는가가 아니라 실제로 어떤 것인가에 대한 지식이다. 물리학 같은 자연과학에서는 이론의 적용, 그리고 무엇보다도 실험의 증명과 관련해 객관성이 필수 불가결한 관념이다. 객관성은 우리 지식과는 독립적이고 진정한, 외부 세계가 존재하며 이 세계를 정확하게 기술하는 것이 가능하다는 것을 전제한다. 이런 과학관에 기초하여 과학 방법론은 실체를 알아 낼 규칙을 제공하고자 한다(이것의 한 갈래를 실증주의에서 찾아볼 수 있다). 프리드리히 니체Friedrich Nietzsche 같은 철학자들은 이런 관념에 대해 비판했다. 니체가 보기에 이해 관계와 결부되지 않은 지식이란 존재하지 않는다. 즉 그 주제에 대해 이해와 관심을 가지고 있지 않거나 따라서 그 주제와 관련해 어떤 가치를 전제하지 않는 지식이란 존재하지 않는다. 푸코 역시 유사한 노선을 취했다. 이런 태도에서는 무엇보다도 가치 객관적인 지식을 열망하는 것 자체가 역사적, 문화적 산물이라는 점을 함축한다. → 실험, 자아, 인식론 [PS]

거대 서사

grand narrative

장 프랑수아 료타르Jean-François Lyotard의 포스트모더니즘에 대한 설명과 연관된 용어. 거대 서사(또는 메타서사)는 현실에 대한 명확한 설명을 제공하고자 하는 서사 형식이다(예를 들어, 고전 마르크스주의에서 말하는 것처럼 노동자들의 혁명이 최고조에 이르러 발전의 연속으로 역사를 분석하는 것). 료타르의 후기 작업에 비추어 보자면, 메타서사(또는 담론의 메타장르들)는 분석 철학자 버트런드 러셀Bertrand Russell이 다음과 같이 말한 것처럼 계급의 논리적 아포리아(또는 '이중 구속')에 기초한다. "이 장르는 장르들 묶음의 일부이고 그 속에서 관건이 되는 것은 오로지 다른 것들 속의 하나이다. 따라서 그 대답이 최상은 아니다. 혹은, 그것은 장르들 묶음의 일부가 아니다. 따라서 그것은 관건이 되는 모든 것을 포함하지는 않는다. 그것은 스스로 관건이 되는 것을 제외하기 때문이다"(*The Differend: Phrases in Dispute*, section 189). [PS]

📖 Lyotard, 1988, 1989.

건강
health

모든 사회는 인간의 육체적, 정신적 상태를 해석하고 평가하며 특히 '정상적인 사람'(또는 건강한 사람)과 비정상적인 사람(건강하지 않은 사람) 사이의 경계를 나누는 것 같다. 문화 이론가, 철학자, 사회학자들은 모두 건강과 질병*illness*의 문화적 구성에 대해, 그리고 건강하지 않음을 정의하고 진단하고 치료하는 권력을 지닌 의료 전문가들에 대해 많은 관심을 쏟았다.

건강과 질환의 본성이라는 문제가 건강과 '질병*illness*' 및 '질환*disease*'의 의미에 대한 철학적 탐구의 중심에 있는 것 같다(Seedhouse, 2001). 넓게 보면 '질병'은 대개 편치 않은 경험을 가리키는 데 사용된다. '질환'은 그것이 객관적, 신체적으로 드러난 것이다. 하지만 질환의 이론과 관련해서는 논쟁이 매우 치열하다. 서구의 건강 관리 시설에서 지배적인 질환의 모델은 생물의학*Biomedical* 모델이다. 이 모델은 19세기 유럽에서 출현했다. 건강을 신체의 속성 또는 좀더 특정하게 신체가, 어떤 이유에서든 최적으로 기능하지 못하게 된 것으로 이해한다. 그래서 질환은 주로 생리학적 현상으로 취급된다. 의사의 업무는 질환 또는 비정상성을 제거하는 것인데, 특히 '건강'이 질환의 부재라는 순전히 소극적인 의미로 이해되는 한에 있어서 그렇다. 이 생물의학적 모델을 따르면 환자와 의사의 관계는 주로 질환에 걸린 신체에 대한 관계이며 사회적, 심리학적 또는 문화적 존재로서의 관계가 아니다. 이것에 대해 철학자 데이비드 시드하우스David Seedhouse는 건강을 상품으로 보는 것이라고 해석했다(Seedhouse, 2001). 건강은 내가 소유하는 무엇이다. 만약 그것을 잃으면 의료적 개입을 통해 나는 그것을 대체할 수 있고 다른 모든 상품처럼 나는 그것의 손실이나 훼손에 대비해 보험을 들 수 있다. 이 모델은 개입주의적인 건강 관리 체계, 특히 환자의 치료를 위해 새로운 기술(특히 의약품 산업이 제공하는)을 개발하고 적용하는 체계를 정당화한다.

생물의학 모델은 감염과 상해를 포함해 건강을 잃는 많은 원인이 있을 수 있다는 점을 인정한다. 따라서 그것은 역시 19세기에 발생한 공중 보건의 실행과 나란히 존재할 수 있었다. 하지만 공중 보건은 이미 질환이란 현상을 더 넓은 관점 속에 위치한다. 질환에 대한 한 개인의 취약성은 그 또는 그녀가 살아가고 일하는 환경에 종속되는 것으로 여겨진다. 이런 접근법은 의료 행위의 강조점을 치료에서 예방으로, 특히 주거 상황과 위생의 개선, 오염의 감축을 통한 예방으로 옮긴다. 질병의 분포를 통계적으로 분석하고 질병과 그외 환경적이고 생활 양식상의 요인에 대한 통계적 관계를 탐구하는 역학*edidemiology*의 중요성이 20세기에 등장한 것도 다소 직접적으로는 이로부터 기인한 것이다. 계급과 건강 상태 사이의 관련에 대해서는 잘 알려져 있다(Townsend, 1982를 보라). 질환을 앓을 가능성이 사회학적, 문화적 요인과 연관되어 있다는 인식이 생기면서 개인이 고위험 행위(흡연, 고지방 음식 섭취 등)를 피하도록 더욱 강조하기도 한다. 이런 접근법은 개인이 생활 양식을 선택하는 자율성을 과장할 위험이 있다.

생물의학 모델은 20세기의 의료 철학에서 점점 더 많은 공격을 받게 되었다. 좀더 '전체적*holistic*'인 입장은 질환을 단순히 신체의 현상으로 보는 것이 아니라 환자의 정신적 편안함*well-being*과 생활 양식에 연결된 것으로 다룬다. 이것은 세계보건기구의 건강에 대한 정의('단지 질환이 없거나 허약하지 않은 것 뿐 아니라 완전한 육체적, 정신적, 사회적 편안함의 상태')에 요약되어 있다(1946년 헌장에 나와 있다). 이 정의는 지나치게 이상주의적이라고 자주 비판받기는 하지만 건강이 긍정적 성취라는 점을 강조한다. 우리는 단지 우리 신체의 최적 기능을 잃어버림으로써만이 아니라 우리 신체에 현존하는 잠재력(그리고 아마도 우리의 정신적이고 영적인 능력)에 대해 취하는 태도를 통해 질환에 걸린다. 그래서 물리적 장애는 없지만 움직이지 않는 '건강하지 않은' 생활 양식을 지닌 것이 휠체어에 갇혀 있지만 적극적이고 충만한 삶을 사는 사람이 더 건강하다고 주장할 수도 있다(Seedhouse, 2001). 이런 접근법은 특정 생활양식을 다른 것에 비해 중시하는 매우 지시적인*prescriptive* 것으로 여겨질 수 있다.

이것은 철학적 분석을 또 다른 중요한 문제로 이끌어 간다. 건강한 상태의 정상성은 어떻게 결정되는가? 좋은 건강의 규범을 자연적(또는 생리학적) 요인(예를 들어 종의 정상적인 기능(Boorse, 1975; 1977))에 기본으로 두는 사람과 정상성의 문화적 구성을 강조하는 사람들 사이에 논쟁이 진행되었다(Canguilhem, 1978을 보라). 이런 맥락에서 미셸 푸코의 초기 저작은 질병과 의학에 대한 비판적, 역사적 논의의 발전에 중요한 역할을 수행했다. 정신병(1971)과 병원(1976)에 대한 그의 연구는 질병과 그것의 치료에 대한 근대적 개념들의 역사적 구성을 탐구했다. 푸코는 정신병이 계몽주의의 구성물이라고 주장한다. 정신병은 '비이성적임'을 표상했으며 그와 대립되는 계몽이 찬양한 '이성'이 정의될 수 있었다. 정신적으로 아픈 것은 사실상 계몽된 것의 '타자'이다. 다른 '질환들' 특히 비정상적인 것으로 가정된 성적 행위 관련 구성에 대해 역사학과 사회학에서 많은 연구가 이루어졌다(Porter, 1996; 1997: 258~262와 702~704를 보라).

건강과 의료의 사회학은 의료 전문직의 본성과 와병臥病의 실행이라는 두 지배적인 영역을 탐구했다. 의료 전문직은 크게 현대 사회에서의 전문직에 대한 패러다임적 예로 접근되었다(Freidson, 1970). 이런 연구의 다수가 (문화이론의 관점에서 탤컷 파슨스와 같은 기능주의 사회학자들에 의해) 미국에서 이루어졌지만 여전히 독보적인 것은 푸코의 초기 저작이다. 병원에 대한 연구인 《병원의 탄생*The Birth of the Clinic*》(1976)에서 그는 하나의 제도로서 병원의 대두(그가 초기에 정신병원의 역사를 탐구했듯이)와 의료 전문직과 환자 사이의 관계를 모두 다뤘다. 푸코는 특히 환자를 병적 특성이 있는 신체로 대상화하는 '의학적 시선'을 통해 의사가 행사하는 권력을 탐구했다. 환자에 대한 그리고 다른 전문직과 관련한(그리고 특히 적법한 의료 행위와 '대안' 의학 사이의 경계선에 대한 감시와 관련한) 의료 전문직의 권력에 대한 탐구는 계속되고 있다(Armstrong, 1983; Starr, 1982).

오늘날 사회의 과잉 의료화에 대한 비판적 논의는 이런 전통 속에 둘 수 있다. '의료화*medicalisation*'라는 용어는 이반 일리히Ivan Illich(1976)와 가장 밀접하게 연관되어 있다. 일리히는 오늘날의 사회에서 점차 삶의 더 많은 국면 속으로 의료가 부당하게 침입하고 있으며 그래서 더 많은 현상과 습관들이 의료 문제로 규정된다(그래서 생물의학 모델의 틀 안에서 취급된다)고 주장했다. 앤 오클리Ann Oakley의 출산 연구는 이것을 아주 잘 보여 준다. 그녀는 출산에서 의료적 개입이 늘어나서 내포된 위험을 줄이기는 했지만 그중 다수가 불필요한 것이며, 첨단 기술의 개입으로 가장 중요한 정서적 경험에서 엄마를 소외시키키게 되었다고 주장한다. 점차 엄마의 경험은 그녀를 둘러싼 기술과 의료적 전문성에 의해 정의되며 그녀의 개인적 반응은 무시된다(진통제가 주입되었으므로 그녀는 아플 리가 없다는 말을 듣게 될 정도로까지)(Oakley, 1984).

와병의 실행에 대한 사회학적 관심이 있다. 탤컷 파슨스Talcott Parsons의 '병자 역할*sick role*' 개념은 이 연구에서 핵심적이었다(1975). 파슨스의 주장은 사람이 아프면 자신의 사회적 역할과 전형적으로 연관되는 규범과 의무로부터 면제된다는 것이다(그래서 사람들은 더 이상 일하러 가거나 가족을 돌봐야 한다고 여기지 않는다). 하지만 병자 역할은 환자에게 새로운 의무를 부여하는데, 그것은 주로 의사의 지시에 따르는 것과 그래서 가능한 한 빨리 회복하는 것이다. 파슨스의 연구는 생물의학 모델을 전제하고 있다는 점 때문에 비판을 받았다. 병자 역할은 빠른 기술적 치료가 잘 듣는 급성 질병에만 들어맞는다. 하지만 사회학자 아서 W. 프랭크Arthur W. Frank가 주장하듯이 오늘날에는 만성 질병이 늘고 있다(1975). 질병에 걸리는 것이 더욱 전형적인 것이 되고 있으며 그다음은 계속 아픈 채로 있든지 아니면 차도를 보이는 것이다. 병자 역할은 그런 상태에는 부적합하다. 그래서 프랭크의 인식 중 문화 이론과 관련해 좀더 중요한 점은 만성 질환에 대한 반응이 생물 의학 모델이 충고하는 기술적 교정이 아니라 환자 측에서 자기 질병을 이해할 수 있고 그들 삶의 서사적 통합성을 회복할 수 있는 문화적 자원을 찾는 것이라는 점이다. 병자로서의 자신에 대해 적합한 얘기를 할 수 있게 됨으로써만 그들은 미래의 삶에 대한 방향을 발견할 수 있게 될 것이다.

프랭크의 연구는 질병과 서사(Charton, 2004를 보라)에 대한, 질병 체험의 문화적 구성에 대한 문헌의 증가와 잘 맞아떨어지는 것처럼 보인다. 수전 손택Susan Sontag의 《은유로서의 질병*Illness as Metaphor*》(1979)은 문화 이론에서 가장 중요한 에세이 중 하나이다. 유방암에 대한 스스로의 경험에 응답하면서 손택은 미학적 이미지가 의료적 실체의 지각을 틀짓는 방식을 탐구한다. 그녀는 암에 대한 20세기의 해석과 19세기의 결핵(TB: Tuberculosis) 문화 사이의 연결점을 탐구한다. 결핵의 낭만적 구성은 결핵 환자의 외모가 유행이 되도록 했다(비록 그것은 선택적 이미지이로 예를 들어 환자의 숨결에서 나오는 악취를 무시한 것이지만). 폐결핵 환자는 핵심적인 낭만적 인물이자 방랑자이고 보헤미안이다. 폐결핵 환자는 죽음에 직면하고 그래서 그들 자신의 개인성을 탐구한다. 후에 손택은 이런 분석을 에이즈로까지 확대했다(1989). [AE]

Bury & Gabe, 2006; Lupton, 2003; Purdy & Banks, 2001.

건축
architecture

건축의 개념은 모든 형태의 건조 유형을 포함할 수 있다(주택, 사원, 사무 빌딩 등). 혹은 좀더 유명해지고 인상적이고자 하는 건조에 초점을 두기 위해 건물과는 대립되어 사용될 수도 있다. 좀더 포괄적인 의미에서 문화에 대한 광범위한 이해를 위해서는 건축에 대한 이해나 개입이 근본적이라고 주장할 수 있다. 이러한 생각에 대한 가장 극단적인 탐구 가운데 하나는 아마도 마르틴 하이데거Martin Heidegger(1993)의 존재와 거주의 관계에 대한 성찰에서 발견할 수 있을 것이다. 건물을 거주에 연결시키면서 하이데거는 거주를 인간 실존의 근본적인 형태로 표상했다. 유의미한 장소의 견지에서 건물은 인간들이 스스로 살아가는 환경을 조직할 수 있는 능력과, 그에 따라 그들의 문화 세계를 명확히 하고 도약시키는 능력을 표현한다. 따라서 전체로서의 인간성뿐 아니라 특정한 문화가 스스로를 이해하고 표현하는 것은 건축을 통해서라고 이야기될 수도 있다. 우리가 다른 문화들의 타자성을 인식할 수 있는 것은 그 문화들의 건물들과의 대면을 통해서이다. 좀더 좁은 의미에서 보면 건조된 환경은 정치적 위계의 산물이며, 이러한 위계의 표현이라는 것이 요점으로 드러난다. 우리가 대면하는 환경은 전형적으로 그들 뜻대로 건조를 시도했던 상이한 권력 집단들을 반영하는 것이다. 더 나아가, 예를 들어 미셸 푸코와 질 들뢰즈Gilles Deleuze가 보여 준 바에 따르면, 건축은 주민을 통제하는 수단으로 이해될 수 있다.

건축의 중요성에도 불구하고 문화 연구는 필시 그것을 단지 에둘러 다뤄 왔을 뿐이다. 한편으로, 건축 이론과 실천은 포스트모더니즘 개념의 초기 출처로서 문화 연구에 영향을 미쳤다. 다른 한편으로, 문화 연구는 모더니스트 경험에 있어 근본이 되는 건축 공간에 대한 반응을 새롭게 했다. 이는 도시 생활이나 도시 일반에 대한 연구를 통해서 혹은 호텔 로비나 쇼핑몰과 같은 특수한 공간들을 통해서 이루어졌다.

포스트모더니즘 개념은 이론상으로나 실천상으로 20세기 건물을 지배해 왔던 모더니스트 건축(예를 들면, 바우하우스Bauhaus와, 르 코르뷔지에, 루트비히 미스 반 데어 로에Ludwig Mies van der Rohe[주로 '미스'로 칭함], 그리고 약간의 일탈자이지만 프랭크 로이드 라이트Frank Lloyd Wright로 대표되는)의 위기와 실패에 대한 하나의 반응을 표시하기 위해 건축 이론에서 전개되어 왔다. 현대 건축의 역사는 아마도 너무 쉽게, 일련의 구호들로 요약될 수 있다. 르 코르뷔지에Le Corbusier의 "집이란 생활을 위한 기계이다"라는 언급이나, 건축은 "빛 아래 모여진 매스들 *masses*의 훌륭하고 정확하며, 장엄한 유희이다"라는 언급은 실로 인용할 만한 가치가 있다. 그러나 이 모든 것들 가운데서 첫 번째로 가장 근본적인 것은 미국 건축가 루이스 설리번Louis Sullivan의 격언인 "형태는 기능을 따른다"(1896년에 만들어진 구호)는 것이다. 르 코르뷔지에의 것을 포함한 다른 모든 건축 구호들과 마찬가지로, 그 구호는 올바로 이해되기보다는 잘못 이해된 채로 많은 영향을 미쳤다. 그러나 그것은 현대 기능주의의 기초를 다지는 설리번의 위상을 표시한다. 건물의 그 어떤 부분도 그것이 건물 안에서 행하는 기능을 표현할 수 있도록 디자인되어야 한다. 하중을 견디는 빔은 하중을 견디는 빔처럼 보여야 한다. 이는 건축적 사유에서의 전환, 즉 장식으로부터 벗어나(이는 아돌프 루스Adolf Loos가 장식과 범죄를 연계시켰을 때(1966) 가장 극적으로 나타났

다) 새로이 갱신된 합리주의를 향하는 전환을 표현한다.

건축적 합리주의는, 특히 그 유럽적 형태에 있어서 명백히 정치적인(전형적으로는 사회주의) 프로그램을 구체화하는 경향이 있으며, 건축과 사회의 연관 관계에 대해 반성한다. 결정적으로 이러한 발전은, 그 모든 실질적인 다양성에도 불구하고, 모든 사회 문제의 해결을 위한 보편적인 이성에의 계몽주의적 호소로 이해될 수 있다. 합리주의는 실로 건물의 기술적인 가능성들(높이 솟은 건물들에서의 강철과 콘크리트 그리고 유리의 사용으로 촉진되는)과 대량 생산에 대한 강조로 이끌어진다. 부분적으로 두 번에 걸친 세계 대전 사이에 값싼 주택에 대한 필요에 부응하여, 건축가들은 조립식 주택의 가능성을 탐구했다. 그러나 이를 떠받치는 것은 건물이 보편적인 합리성에 따라 계획되면서 그것이 세워지는 특정 환경이나 거주지로부터 분리되는 경향이다. 이를 넘어서서 이성은 또한 단순히 개별 건물의 디자인이 아니라 택지 개발의 디자인 그리고 심지어 전체 도시의 도시 계획 디자인에도 적용되었다. 1933년 당시 르 코르뷔지에의 생각에 깊이 빚지고 있던 4회 국제현대건축회의Congrès Internationaux d'Architecture Moderne는 회의가 끝난 후 〈아테네 헌장*Athens Charter*〉을 발간했다. 그 헌장은 '기능적 도시'에 대한 합리적인 접근법을 제시했다. 그것의 온건한 의도에도 불구하고, 도시 거주자들의 위상은 합리적으로 관리되는 기능적 다수 공간들의 수동적인 점유자로 강등되었다. 로버트 얀 반 펠트Robert Jan van Pelt의 아우슈비츠가 도시의 고전적인 기능(죽은 자의 숭배, 미래, 정부, 거주, 부양 혹은 거래의 찬양)을 충족시켰다는 주장은 이러한 도시 계획 개념에 대한 반어적이며 불온한 진술이다.

로버트 벤투리Robert Venturi는 아마도 최소한 모더니즘에 대한 핵심적인 비판자로서는 최초가 될 것이다. 더욱 논쟁적으로, 비슷한 위치의 크리스토퍼 젠크스Christopher Jencks와 톰 울프Tom Wolfe 등은 결과적으로 대안적인 건축 개념을 대중화했다. 포스트모더니즘은 다수의 관습적인 디자인 요소들을 사용해서 건축 환경에서의 의미 복원을 강조한다. 상업적 기호의 장소들(라스베가스에 한정되지 않는)에 대한 벤투리의 분석에서, 장식은 미국 문화의 표현으로 가장 강력하게 복원되었다. 포스트모더니즘은 단일한 세계와 탈역사적인 이성의 관념을 거부하는 가운데 실로 '다가적*multivalent*'이다. 은유를 사용하거나 역사적 양식들을 혼성 모방하면서 증대된 유희성과 모호성은 가장 엄격한 모더니스트의 구조에 도전했다. 마이클 그레이브즈Michael Graves의 오레곤 포틀랜드의 관공서(공공 서비스) 건물(1980~1982)은 그 다양한 선들과 재질로 뉴욕에 있는 미스의 시그램 빌딩(1954~1858)의 기념비적인 강철과 유리만큼이나 전형적인 포스트모더니즘 건물이 되었다. 마찬가지로 도시 계획은 거주자들을 계획 과정에 참여시키고 지역 환경에 민감한 지방 양식들을 활용하려 하는 공동체 건축의 도전을 받게 되었다.

건축 이론의 영역 밖에서는 도시 경험이 전형적인 현대적 경험으로서 사회과학의 발전에서 중심적인 위상을 차지해 왔다. 짐멜, 베버, 발터 벤야민Walter Benjamin과 같은 저자의 책에서는 19세기와 20세기 초반의 도시 경험이 검토 대상이었다. 예를 들어, 짐멜의 대도시에 대한 설명(1950b)에서처럼 직접적으로, 혹은 벤야민의 샤를 보들레르Charles Baudelaire와 파리에 대한 연구(1973a)에서처럼 문학 작품에 나오는 도시에 대한 성찰을 통해 간접적으로 말이다. 레이먼드 윌리엄스Raymond Williams의 도시와 시골의 긴장에 대한 선구적인 연구는 1973년에 출간되었다. 포스트모더니즘에 관한 논쟁은 다시 한 번 도시에 대한 관심을 새롭게 했으며, 마셜 버만Marshall Berman, 장 보드리야르Jean Baudrillard, 프레드릭 제임슨Fredric Jameson, 엘렌 식수, 폴 비릴리오Paul Virilio의 작업들만이 이에 속했던 것은 아니다. 이러한 글쓰기의 다양성에도 불구하고 공통된 관심은 어떻게 도시 경험 그리고 그 의미의 복수성을 이해하고 구체화할 수 있을 것인가 하는 것이다. 이는 현대 건축 이론이 기술적으로 전향된 기능주의에 힘입어 의미의 논점을 무시했던 사태를 더욱 명확히 드러낸다. 게다가 20세기 후반의 도시의 발달은 몇몇 포스트모더니스트들의 핵심 주제를 예시한다. 예를 들면, 생산에서 소비로의 이동, 증가하는 고급 주택화 그리고 도시를 규정하고 재형태화할 때 관광의 역할 등이 그렇다. N. 리치N. Leach는 저서 《건축 다시 생각하기*Rethinking Architecture*》에서 건

축의 문화 이론에서 핵심적인 대표적 텍스트들을 전문적으로 한데 모은 바 있다. [AE]

Kolb, 1990; Watkin, 1977, 1992.

결정론
determinism

철학에서 결정론은 일반적으로 자유 의지와 대비되어 왔다. 후자가 인간이 스스로 선택하고 행동할 수 있다는 입장을 취한다면, 전자는 우리의 선택이 다른 힘에 의해 결정되고 따라서 우리의 행동은 이를테면 인과적 용어들로 설명될 수 있다고 본다. 더 광범위한 '문화적' 수준에서 볼 때, 결정론 개념은 유비적*analogous*인 것이다. 결정론자란 사회적, 문화적 활동들이 더 내재적 힘(가령 주체성 형성에 있어서 권력 관계의 역할)으로부터 인과적으로 유래한다고 주장하는 사람들이다. 결정론자는 전통적 마르크스주의자들이 그랬듯이 이데올로기와 그에 따른 문화적 형식들이 경제적 관계의 구조, 즉 토대를 직접적으로 반영한 결과로 나타난다고 본다. 또는 사회적 다원주의처럼 자연 세계에서와 마찬가지로 '적자생존' 원리에 입각하여 어떤 사회 유형들이 가장 나은지를 결정하는 기본 사회적 법칙이 존재한다고 본다. 아니면 언어가 사고를 결정한다는 입장을 취한다. 심리학자 B. F. 스키너B. F. Skinner가 주장한 극단적인 인과적 결정론은 마이클 오크숏Michael Oakeshott의 반론을 맞는다. 요컨대 결정론자들이 진리 주장을 하려면 그 이론 자체를 결정론 내에서, 즉 자기 반영적으로 해명해 낼 수 있어야 한다. 즉 스스로의 틀에 입각해 본다면 철저한 결정론 역시 사전에 결정되는 것이며 이는 곧 인식론의 문제와 연결된다. 사회적 수준에서 이런 관점은 주로 개인들이 얼마만한 자율성을 가지고 있느냐 하는 물음과 관련이 있다. [PS]

Honderich, 1993; Oakeshott, 1975; Skinner, 1974.

경험주의
empiricism

인간의 모든 이해에서 경험의 우선성을 강조하는 철학적 접근법. 경험주의는 우리의 생각과 개념들이 모두 궁극적으로 세계에 대한 우리의 경험에서 유래한다고 주장하는 철학자 존 로크John Locke(1632~1704)의 저서 《인간 이해에 관하여*An Essay Concerning Human Understanding*》(1690)로부터 기원한다. 인간의 마음은 백지와 같아서 경험에 의해 '쓰여진다'고 하는 로크의 진술은 유명하다. 로크와 접근법을 조금 달리하지만 비숍 버클리Bishop Berkeley 주교와 스코틀랜드 계몽 철학자 데이비드 흄David Hume도 경험주의의 대표적인 철학자들로 여겨진다. 로크와 흄의 저서들은 임마누엘 칸트에게 영감을 주어, 특히 보편적으로 타당한 지식의 가능성에 대한 흄의 회의론에 대한 반응으로써 《실천 이성 비판*Critique of Pure Reason*》(1781)을 집필하게 하였다. 흄의 《인간 본성론*Treatise of Human Nature*》(1739)(나중에 《인간 이해에 관한 고찰*An Enquiry Concerning Human Understanding*》로 재출간됨)은 널리 알려져 있다시피 인간의 모든 추론의 기반이 관습 또는 습관에 자리잡고 있다(다른 말로 하자면 사회 구조들은 우리의 개념적 능력들에 대하여 결정적 효과를 미친다)고 주장하는 경험주의적 접근법을 전개한 것은 유명하다. [PS]

Hume, 1990; Locke, 1975; Priest, 1990; Woolhouse, 1988.

계급
class

비록 한 계급을 확인하는 데 기여하는 적절한 경제적 요인들이 무엇인지에 대해서는 논란이 있다 하더라도, 계급은 주로 경제적인 집단이라고 이해될 수 있다. 따라서 마르크스주의 전통에서 계급은 생산적인 부의 소유라는 관점에서 규정된다. 반면, 다른 전통에서는 수입과 직업의 차이에 유의한다. 계급 분화는 전형적으로 사회의 계층화에 근본적인 것으로 여겨진다. 그리고 그 자체로 권력과 문화에서의 차이와 연계될 수 있다. 결정적으로 계급은 전형적으로 개인의 집합체로 이해되지 않는다. 여기서 계급 분석은 이들 개인이 나누어 갖고 있는 몇몇 공통 속성들을 분류하는 데 관심을 가질 것이다. 차라리 계급은 이를 구성하는 개인과 관계없이 하나의 현실을 가지는 사회적 실체로서 이해된다. 이와 같이 계급은 개인 인간 주체의 구성을 설명하는 데 중대한 인과적 요인이 될 수 있다.

마르크스와 프리드리히 엥겔스Friedich Engels의 유명한, 다소 거침없는 언급, 즉 이제까지의 모든 역사는 계급 투쟁의 역사였다는 언급은 계급에 대한 마르크스주의적 접근 방식에 근본적인 것을 표현한다(1985). 주어진 어떤 시점의, 주어진 어떤 사회 분석도 두 주요 계급 사이에 존재하는 잠재적이거나 혹은 명백한 갈등에 초점을 맞출 수 있다. 종속 계급은 사회의 활동적인 경제적 생산자일 것이다. 하지만 그 계급의 성원에게는 생산 과정에 대한 통제권이 없을 것이고 따라서 그들이 생산하는 가치 전부를 유지할 수 없고 그 생산물의 할당과 배분을 결정할 수도 없을 것이다. 이것은 지배 계급이 사회의 경제적 자원들(혹은 생산 수단)의 비축을 소유하고 통제하고, 그로써 이러한 자원들로 생산되는 무엇이든 그 운명을 통제할 것이기 때문이다. 그러므로 지배 계급과 종속 계급 사이의 관계는 착취의 관계일 것이다. 비록 착취의 세부적인 본성이 특정 역사 단계 혹은 그것이 일어나는 생산 양식에 달려 있을지라도 이는 마찬가지이다. 예를 들면, 자본주의에서 지배 계급은 자본을 소유하고 있는 부르주아지이다. 반면 종속 계급은 프롤레타리아트이다(오로지 그들이 생존하기 위해서는 팔아야 하는 노동력만 가진 성원들). 착취는 잉여 가치의 전유를 통해 생겨난다. 이 잉여 가치는 말하자면 프롤레타리아가 그의 노동력을 판 대가가 그가 만든 산물이 팔리는 교환 가치보다 적다는 것이다. 부르주아지와 프롤레타리아트가 자본주의 내에서 중요 역사적 행위자라고 인정되는 한편, 마르크스는 다른 계급들이 존재한다는 것은 인정한다. 역사의 어떤 시기에서건, 이들 계급들은 선행하는 역사적 단계의 잔여일 수 있으며(예를 들면, 자본주의에 살아 남은 봉건 귀족과 같은 것), 혹은 이후 중요해질 계급의 초기 형태일 수도 있다(봉건제 후기에 존재했던 상업 자본가와 같은). 다른 집단들은 자본주의에서의 소부르주아*petit–bourgeois* 생산자들(소매 상인, 혹은 개인 사업가를 포함하는), 즉 스스로를 노동의 필요성으로부터 해방할 수 있는 생산적 자산을 충분히 소유하지 못한 계급들처럼, 모호한 계급적 위상을 가질 수 있다(Marx, 1976을 보라).

마르크스주의에서 계급 갈등은 계급들의 갈등하는 이해 관계의 견지에서 이해된다. 현존하는 경제 관계들을 지속시키는 것이 지배 계급의 관심사라면 종속 계급의 관심사는 그러한 관계의 종말을 보는 것이다. 혁명의 형태로 나타나는 공공연한 계급 갈등은 그러나 적어도 상당 부분 사회 안에 존재하는 이데올로기적 기제(교육 제도나 종교 그리고 매스 미디어와 같은 것들)를 통해 억제된다. 이데올로기 이론에 따르면 지배 계급은 자신의 위치를 순전히 물리적 힘(혹은 폭력 수단의 통제)을 통해 유지하는 것이 아니다. 오히려 폭력의 위협은, 단기간 제공된 풍요 속에서, 지배 계급의 지배에 정당성을 부여하는 믿음의 구조를 통해 보완된다. 따라서 이데올로기의 영향 아래서 종속 계급은 객관적으로 그들 자신의 장기적인 이해 관계에 반하는 믿음들을 간직하게 된다. 이데올로기라는 논점은 문화 연구의 핵심 논점이 되었고, 더욱 정교한 이데올로기 이론(헤게모니 개념에 집중하는 상당수 이론들)은 종속 계급이 지배 계급의 이익에 기여하는 세계를 단지 수동적으로 받아들이는 것만은 아니며 오히려 자신들의 경험에 비추어 다소간 효과적으로 저항하고 타협한다고 주장한다. 그래서 문화는 근본적인 계급 불평등의 관점에서 구조로 볼 수 있다.

마르크스주의 전통이 모든 사회적 불평등의 경제적 차이들을 지적함으로써 설명하려는 경향이 있는 반면(그리하여 지배적인 경제 계급이 정치적으로나 문화적으로도 지배 계급이 될 것으로 예상되는 것과 같이), 막스 베버의 사회학적 분석의 전통에서는 사회적 불평등에 대해 좀더 다층화된 설명이 선호된다(1946c). 베버는 권력과 사회적 지위의 차이를 분석함으로써 계급에 대한 경제적 분석을 보충한다. 베버가 계급의 경제적 규정 인자에 접근하는 방식은 마르크스보다 좀더 다양하다. 첫째로 베버는 모든 사회적 차이들이 경제적 차이로 무너져 들어갈 수 있다는 것을 전제로 삼지 않는다(예를 들면, 19세기 독일 귀족 회의Junta는, 경제적으로 강력했던 부르주아지의 존재에도 불구하고 정치 권력을 유지하고 있었음을 언급하면서). 게다가 베버에게, 최소한 동시대 자본주의를 존중해서 본다면 한 개인의 계급적 위상이 오로지 그/그녀의 생산 수단에만 의존하는 것이 아니라, 시장을 통해 실현되는 것이었다. 따라서 베버는 시장 기회에 대해 이야기하는데, 그것은 한 개인이 축적된 자본의 소유권, 노동 능력, 그리고 결정적으로는 고도의 기술 수준을 비롯한 다양한 자원들을 노동과 자본 시장에 가져오는 것이다. 서로 다른 자원들은 서로 다른 수준과 종류의 물질적, 상징적 보답(혹은 삶의 기회)을 얻게 해줄 것이다. 이는 베버학파가 마르크스주의의 프롤레타리아 계급 내에서 차별화함으로써, 육체 노동자들보다 지식인들과 경영자 혹은 관리자들에게 주어지는 더 높은 수준의 물적 보답과 지위를 설명할 수 있게 했다. 따라서 이는 그들이 엄밀하게는 노동자로 규정되어야 하지만, 그들의 단기적인 혹은 외관상의 계급적 이해 관계, 자기 이해, 그리고 문화적 정체성은 자산을 소유한 부르주아지와 좀더 가깝다는 점에서, 그 집단의 모호한 계급 위치를 조명해 주었다(예를 들면, 이 집단들에 대한 분석은 E. O. 라이트E. O. Wright(1985)의 계급 이론의 핵심이 되어 왔다). 게다가 사회적 지위의 차이, 혹은 다른 사회적 지위와 관련된 명성과 존경의 차이에 대한 분석은 다른 계급과 연관된 독특한 라이프스타일에 대한 분석으로 이어질 수 있다(그리하여 계급은 다시금 순수한 경제적 현상이라기보다는 문화적 현상으로 보여지게 되었다).

베버학파적인 계급 분석은 계급에 대한 설명을, 순전히 직업의 차이 정도로 그러니까 영국에서 설립된 레지스터 제너럴의 사회 경제적 집단 분류Registrar General's Classification of Socio-Economic Groups(직업에 따른 분류, 고용자와 경영자, 중간 비육체 노동자, 숙련 노동자 그리고 자가 고용 비육체 노동자, 반半숙련 노동자, 비숙련 노동자)와 비슷한 것으로 축소시켜 버리는 수도 있다. 계급 이론에 대해 엄격한 구축없이 그렇게 분류해 버리면 계급을 현실적인 사회적 실체로 묘사하거나 설명하지도 못할뿐더러 우리의 생활을 구성하는 역할을 설명하기보다는, 행정적 필요에 따라 다양한 개인들의 집합에 꼬리표를 붙이는 것밖에 되지 못하게 된다. 모든 계급 분석에서 드러나는 더 큰 문제는, 그것의 사회 경제적 집단들로의 축소가 예증하듯이, 여성의 입장을 설명하는 데 실패한다는 점이다. 정확히 계급 분석은 경제 활동에 대해서 주로 수행되기 때문에, 여성은 임금 수령자처럼 활동적이지 않다는 이유로, 혹은 그녀들이 임금 수령자라면 그녀들의 임금(과 연계된 경제적 위상)이 그녀들의 배우자에 비해 이차적이라는 이유로, 분석에서 배제되기도 하고 그렇지 않으면 배우자의 계급이 그녀들에게 할당되어 왔다. 사회주의 페미니스트들은 남성과 여성 사이의 관계를, 남성에 의한 여성 노동의 착취에 초점을 맞춤으로써(예를 들면, 미지불 가사 노동이나 혹은 남성과 여성 임금 사이에 지속되는 차이를 주목하여)(Barrett, 1980) 그것을 일종의 계급 관계와 유사한 것으로 분석하려고 시도해 왔다. 사회 이동 [AE]

Bennett et al., 1981; Eaglton, 1991; Edgell, 1993; Giddens, 1973; Giddens & Held, 1982.

계급 의식
class consciousness

마르크스주의 이론에서 계급 의식은, 특히 프롤레타리아트 구성원들이 갖고 있는 스스로에 대한 계급 일원으로서의 자기 이해를 가리킨다. 마르크스는 즉자적인 계급과 대자적인 계급을 구분했다. 즉자적인 계급이란 공동의 경제적 위상으로 규정되는 한 사회 집단이다. 대자적인 계급은 경제적·사회적인 구조 안에서 그 계급의 위치 결정과 결과적으로 사회 변화에 대한 그 계급의 이해 관계의 결정에 대해 집단적으로 인지한다. 대자적인 계급과 진정한 계급 의식을 소유한 집단은 이데올로기와 허위 의식의 환영을 던져 버릴 것이다. 마르크스에게 이러한 변형은 자본주의 아래에서 증가하는 생산의 집단화를 통해 성취되는 것이며, 그리하여 지배적인 개인주의적 생각들은 더 이상 억압된 프롤레타리아트에게는 무의미하게 될 것이다.

비마르크스주의 사회학에서 '계급 의식'이라는 용어가 사용되기는 하지만 잘 정의되거나 주목받지는 못한다. 그것은 개인이 자신의 계급적 위치에 대한 인식이나 그러한 앎을 구체화하는 방식을 가리킨다. 예를 들면 계급 의식의 요소는 한 사람이 특정 계급에 귀속되는 것(그리하여 '노동 계급'이라는 표식을 받아들이는 것)으로 스스로를 동일시하거나 다른 계급(소유자들이나 경영자들)을 자신의 적으로 인지하는 것을 포함한다. [AE]

Lukács, 1971; Marx, 1968; Marx & Engels, 1985.

계몽주의
the Enlightenment

18세기 후반 프랑스에서 일어난 지적 운동(영국에서도 '스코틀랜드 계몽주의' 형태로 있었다). 핵심 사상가는 장 달랑베르Jean d'Alembert, 드니 디드로Denis Diderot, 흄, 칸트, 장 자크 루소Jean–Jacques Rousseau, 스미스, 볼테르 등이다. 칸트의 격언 "용기를 내어 이해하라!*Dare to understand!*"는 계몽 사상에 박차를 가한 낙관주의를 잘 요약해서 보여 준다. 이 사상에는 다수의 중요한 태도들이 특징적으로 나타난다. 지적이고 과학적인 문제뿐만 아니라 사회 문제도 해결할 수 있는 이성의 능력에 대한 믿음, 전통과 제도적 종교의 퇴행적 영향으로 보이는 것에 대한 공격적으로 비판적인 전망(기독교계에 대한 볼테르의 유명한 일갈 "파렴치를 분쇄하라!*Crush the infamy!*"), 인본주의에 대한 신념과 진보의 이상, 관용의 정치와 사상의 자유에 대한 신봉 등이다. 대다수가 종교에 대해 비판적 자세를 유지했지만, 디드로처럼 계몽 사상가들 전부가 무신론자임을 공언한 것은 아니었다. 볼테르는 비기독교 신앙을 열정적으로 유지했고, 흄은 종교 문제에 관해서는 냉담한 불가지론자였다. 그래도 흄은 뉴턴의 《프린키피아*Principia*》 이후 이룩된 물리학의 진보에 기대어 형이상학적 신념에 대하여 계몽주의 사상가들의 전형적인 냉소적 태도를 보여 주며 그가 기적을 믿는 행위를 비판한 것은 아주 유명하다. 흄의 사상은 종종 이성에 대한 계몽주의의 신념을 거슬렀고, 한편 루소의 글들은 종종 낭만주의의 발전과 연결된다.

위르겐 하버마스Jürgen Habermas 같은 연구자들은 칸트가 기초를 잡은 기본적인 계몽 프로젝트를 계속 고수한다. 이는 지식의 담론과 정치·사회적인 비판의 합리적 기반을 명료화하는 것을 목표로 삼는 비판적인 근대성 기획에 대한 지지이다. 료타르는 포스트모더니즘을 옹호한 악명 높은 초기 저서에서 역시 (칸트의 저서들, 주로 《판단력 비판》에서 발견되는) 비판적 이성 발전의 한 핵심 계기, 말하자면 포스트모더니티의 출발점으로서 계몽을 든다(Lyotard, 1979). 19세기와 20세기의 다른 사상가들도 계몽 프로젝트에 반대하는 반응을 보이거나, 다양한 방식으로 그것을 재정립하려고 시도했다. 예를 들면, (i) 니체의 사상은(최근에는 포스트모던 반계몽주의와 연결짓고 있지만,) 1870년대 말에서 1880년대 초에 나온 책을 보면, 의심할 바 없이 계몽주의의 전통에 큰 빚을 지고 있다. 예를 들어, 《인간적인, 너무나 인간적인*Human, All-Too-Human*》(1878~1880)을 처음 출간했을 때 볼테르에게 헌정했으며, 계몽주의 사상의 영향으로 보이는 방법론적 회의주의를 채택하고 있다. (ii) 막스 호르크하이머Max Horkheimer와 테오도르 W. 아도르노Teodor W. Adorno는 《계몽의 변증법*Dialectic of Enlightenment*》(1947)에서 계몽주의의 비판적 이상을 지지함과 아울러 계몽주의적 합리성 개념에 깔린 방법론적 핵심 전제들을 해명하려고 노력했다. [PS]

Berlin, 1979; Gay, 1988a; Habermas, 1988.

계보학
genealogy

윤리적(니체) 또는 인식론적(푸코) 담론 형식들의 분석 방법. 니체는 저서 《도덕의 계보학에 대하여*On the Genealogy of Morals*》(1887)에서 최초로 계보학적 접근 방식의 윤곽을 그렸다. 그리고 푸코의 작업은 니체에게 많은 빚을 지고 있다. 니체의 텍스트는 도덕의 기초와 '선*good*,' '악*evil*,' '나쁨*bad*'과 같은 가치 속성들의 의미가, 흔히 그러한 것으로 상정되는 것처럼, 이타적 또는 공리적인 가치 평가의 양식에서 도출되는 것이 아니라고(또 여기에 덧붙인다면, 어떤 신의 인정으로부터 도출되는 것도 아니라고) 주장한다. 오히려 윤리 체계들은 그것의 계보학적인 측면에서, 즉 사회적이고 역사적인 과정들로 생산한다고 이해한다. 무엇보다도 니체에게 도덕은 '선'을 구성한다는 공평 무사한 개념이 '아니다.' 오히려 그보다는 특정 사회 집단들의 이해의 표현이다. 따라서 그의 주장에 따르면, '선'에 대한 인식은 두 가지 상이한 사회적 관점과 그에 따른 평가 체계를 나타내는 두 가지 파생 양식을 갖는다. 첫째, '선'의 원래 의미는 고대에 살았던 귀족 계급의 관점을 나타낸다. 이러한 의미대로라면, '선'은 '신의 사랑을 받는 것'을 의미했고, 귀족들이 자신의 신분을 확인하는 표현이었다. '나쁨'은 이차적 현상, 즉 사회적 하급자('평민,' '일반인' 등)에 대한 귀족의 반응을 나타냈다. 따라서 귀족(또는 주인)의 도덕은 가치의 전수자로서 귀족의 신분에 대한 확언 위에서 전제되었다. 둘째, 니체가 윤곽을 그린 두 번째 의미에서의 '선'은 노예들이 억압자들(귀족들)을 묘사하기 위해 부여한 명칭인 '악'으로부터 파생된 가치 평가의 이차적 양식이었다. 따라서 니체가 명명한 노예의 도덕이란 부정적 평가인 '악'의 이차적 결과로 간주되는 '선'의 개념에서 파생된다. 이런 방식으로, 부정은 노예의 '창조적인 행동'이다. 니체의 주장에 따르면, 노예의 도덕은 헤브라이 전통과 기독교의 도덕이며, '분노'의 도덕이다. 즉 이 도덕의 계보는 노예를 지배하는 귀족/주인의 권력에 대한 노예들의 분노의 계보이다. 질 들뢰즈의 말대로 그것은 능동적이거나 긍정적인 것이라기보다는 '반발적' 도덕이다.

니체의 계보학적 방법은 사실상 그의 초기 저작물들 중의 하나인《인간적인, 너무나 인간적인》에서 윤곽이 그려진 계획에 대한 하나의 변종이다. 그 저작물의 서두에서 그는 종교적이고 도덕적인 감정과 가치가 '화학 작용*chemistry*'을 일으킨다고 주장한다. 달리 말해, 니체는 가치들(그리고 게다가 느낌/감정)은 그 기원을 밝혀내고자 하는, 인과적이고 역사적인 설명을 만들어야 뜻 깊게 이해될 수 있다고 취한다. 여기까지의 계보학적 접근은 여태까지 가치 있다(또는 심지어 신성하다)고 여겨져 온 것들이 유물론적 방법론으로 적절히 설명될 수 있다고 보는 니체의 철학적 사고와 상당 부분 들어맞는다. 푸코의 계보학적인 연구 방법도 마찬가지로 지식의 담론을 구성하는 역사적 조건을 그 출발점으로 잡는다. 예를 들면, 17세기 이후 광기에 대한 임상학적 정의와 치료에 대한 그의 분석은 지식을 구축하는 사회적 관계(무엇보다도 권력 관계)가 중요함을 강조하고, 객관적인 지식을 표현한다고 주장하는 담론의 기초가 되며 그 담론들에 숨은 영향과 관심을 정성스러운 역사적 분석을 통해 드러내고자 한다. 적어도 푸코의 계보학적 방법에서의 핵심은 그것을 지식의 형식에 적용하면서, 자신의 담론 자체가 역사적 요인의 산물이라는 비판을 스스로에게 열어 놓고 있다는 점이다(아래에 있는 피터 듀스Peter Dews의 비판을 참조하라. 그는 푸코의 방법론에 대해 니체주의적 비판을 하고 있다).

Dews, 1988; Foucault, 1977b; Minson, 1985; Nietzsche, 1968a, 1986.

고고학
archaeology

과거의 물질적 잔존물을 복구, 분석, 해석해서 인간의 과거를 연구함. 따라서 고고학은 물질 문화에 대한 연구, 말하자면 인간 활동의 물리적 잔존물에 대한 연구이다. '고고학'이란 용어는 또한 분과 학문 그 자체일 뿐만 아니라 연구되는 바로 그 물질 문화를 지시하기 위해서 사용할 수도 있다. 처음에는 먼 과거 혹은 '선사*prehistory*'에 관심을 두었지만, 현대 고고학은 이제 모든 역사적 시대에 방법을 적용해서 역사학(과 참으로 사회학)을 보완한다.

고고학과 문화 이론의 관계는 서로 도움을 주는 관계다. 고고학 자체는 자기 자신의 고유한 이론을 만들어 내기보다는 다른 사회(및 자연)과학에서 이론을 빌려오는 편이다. 그런데 이렇게 빌려와 새롭게 적용한 것이 그 이론을 새롭게 조명하는 데 기여한다. 특히 자연과학에서 유래한 방법(방사성 탄소 연대 측정법*radiocarbon dating*이나 지구 물리 탐사*geophysical surveys* 같은)과 문화 이론을 연관시킴으로써 말이다. 또한 '고고학'은 특히 푸코(1970; 1972) 같은 몇몇 문화 이론가들이 자신의 방법론에 대한 유용한 은유로 사용하기도 했다.

고고학은 르네상스 시대의 고대에 대한 관심과 진기한 골동품 수집에서 발전되어 나왔다. 고대 유적지에 대한 체계적인 연구는 영국 윌트셔Wiltshire 카운티에 있는 에이브버리Avebury 등의 고대의 기념비들을 연구한 윌리엄 스터클리William Stukely 같은 이들에 의해 18세기 초에 시작되었다. 스터클리는 이 기념비를 민담이 전하듯 거인이나 악마가 아닌 고대의 인간이 창조했음을 입증했다. 미국에서는 토머스 제퍼슨Thomas Jefferson(웨일스어를 구사하는 제3대 대통령)이 1784년 버지니아 주에서 참호를 파다가 아메리카 원주민의 무덤*burial mounts*을 체계적으로 발굴하게 되었다. 스터클리처럼 제퍼슨도 발굴이 인간 활동의 시간적으로 연속된 층위를 드러낸다는 것을 깨달았다. 그리하여 제퍼슨은 무덤들이 서로 다른 시기마다 재사용되었다는 사실을 증명할 수 있었다. 18세기 초의 폼페이Pompeii와 헤르쿨라네움Herculaneum의 발견은 고전적 고대에 대한 계몽주의의 관심(특히 예술사가이자 고대 고고학*classical archaeology*을 확립하는 데 기여한 요한 요하임 빙켈만Johann Joachim Winckelmann의 작업에서 명백한)을 자극했다(Winckelmann, 2001을 참조하라). 체계적이고 잘 기록된 유적지 발굴은 1860년까지는 시작되지 않았다. 고대에 대한 관심으로부터 진정한 고고학적 연구로의 결정적인 변화는 고립된 개별(그러나 의심의 여지없이 미학적으로 즐거운) 고기물古器物들에 대한 관심으로부터 그것들이 발견된 더 넓은 맥락을 이해하고 그럼으로써 고기물 자체는 오직 맥락에 대한 그것의 관계가 완전히 기록되고 분석될 때만 탐구자에게 인간 생활과 사회적 실천에 관한 정보를 올바르게 알려줄 수 있다는 점을 인식하려는 시도로 이행하면서 일어났다.

19세기에는 필연적으로 고고학에서 큰 영향력을 갖는 역사적 시간*historical time*에 관한 사고의 의미 있는 변화를 맞았다. 지질학의 발전과 다윈의 진화론은 시간과 인간 역사에 대한 성서적 설명에 도전했다. 인간의 역사는 기독교 경전을 곧이곧대로 해석했을 때 산출되는 5000여 년보다 훨씬 더 큰 시간 축에서 전개된 것으로 인식되었다. 인간에게 '선사' 시대가 있음이 19세기 중반에 받아들여지게 되었다. 존 러벅John Lubbock의 《선사 시대 *Prehistoric Times*》는 1865년 출판되자 베스트셀러가 되었다.

덴마크 학자 크리스티안 톰센Christian Thomsen의 《북구 고대성 안내서 *A Guide to Northern Antiquities*》(1836년 덴마크어로 출판되었고 1848년 영어로 간행되었다)는 각각의 시대에 사용할 수 있는 테크놀로지의 측면에서 고기물을 분류하고 그에 따른 인간 역사를 분류했다. 이에 따라 석기 시대, 청동기 시대, 철기 시대라는 세 시기가 제안되었다. 그리스와 터키에서의 발굴들(하인리히 슐리만 Heinrich Schliemann 같은 사람들에 의한)은 문학에서 알려진 고대 그리스보다 시기적으로 앞선 청동기 시대 문화가 실존했음을 증명했다.

19세기 후반과 20세기 초에는 발굴 기술이 정련되어, 중동에서의 대규모 유적지가 발굴되고(호메로스와 같은 그리스 텍스트와 기독교 구약성서의 사건이 역사적으로 실재한지를 탐구하려는 욕망으로 고무된), 유럽과 북미에서도 유적지가 대규모로 발굴되었다. 이 시기에는 주로 유적지를 묘사하고 기록하는 데 열을 올렸다. 이 초기 과학적 고고학자들이 관심을 갖는 보다 넓은 이론적 질문은 문화적 변동의 본질에 초점을 두었다. 이집트와 그리스가 서구 문화의 발전에 중심 역할을 수행했다는 가정은 이론가들을 전파론적*diffusionist* 문화 변동 모델로 밀어 붙였다. 즉 사상과 문화적 혁신은 지리적으로 다양한 지역에서 독립적으로 발전되었다기보다는 이집트 같은 문명의 중심 지역들에서 주변부로 전파되었다거나 이민의 물결 속에 운반되었다는 것이 지배적인 가정이었다.

20세기 초반의 가장 중요한 고고학자는 V. 고든 차일드V. Gordon Childe였다. 그는 여전히 전파 이론에 의존하면서도, 유럽과 중동에 걸친 선사 시대 변동들에 대한 비교 연구에 기초하여 영농과 문명의 발전을 탐구하였는데, 이를 위해 역사적 변동에 대한 마르크스주의적 접근법을 채택했다(Childe, 1927). 이러한 선사 시대의 혁신은 산업 혁명과 유사한 혁명으로 보였다. 차일드는 이 사건을 지칭하기 위해 각각 '신석기 혁명*Neolithic Revolution*'과 '도시 혁명*Urban Revolution*'이란 용어를 고안해 냈다(Childe, 1956과 1964를 보라). 종교가 기술적 변동을 막는 보수적인 힘으로 작용하는 가운데 초기 세속 엘리트들의 진보적인 관리를 통해 혁신이 일어났다고 본다는 점에서, 차일드는 정통 마르크스주의 이론과 달리 갈등 모델보다는 합의 모델로써 작업했다.

전후 시기에는 고고학이 이론적으로 정교화되는 의미 있는 발전이 있었을 뿐만 아니라, 고고학자가 이용할 수 있는 과학적 방법에도 큰 발전이 있었다. 다른 전문 과학자들과의 협력 역시 점점 더 중요해졌지만, 그중에서도 후자와 관련하여 중요한 것은 고기물의 연대를 측정하는 한층 신뢰성 있는 방법의 도입, 특히 방사성 탄소 연대 측정법의 도입이었다. 식물학자들은 과거 인간 집단이 이용하고 먹었던 식물을 조명할 수 있었고, 해부학자들은 동물의 뼈를 감정할 수 있었다. 고고학자가 연구하는 인간 활동의 증거는 이제 건물이나 도기 파편 같은 물질적 고기물들을 넘어 확장될 수 있었다. 이 새로운 자료의 구역을 이용한 첫 번째 이론적 진전은 미국에선 줄리언 스튜어트Julian Stewart와 고든 윌리Gordon Willey가, 영국에선 그래엄 클라크Graham Clark가 주창한 '문화 생태학*cultural ecology*'이었다. 그들의 작업은 문화가 자신들의 환경과 상호 작용하는 방식에 초점을 맞추었으며, 특히 클라크는 유적지에 거주하고 이용한 방식을 알려 줄 유기물 잔해를 찾고자 했다.

'과정' 고고학(*'processual' archaeology* 혹은 신고고학*New Archaeology*)은 생태학적 접근에 의존하고 그것을 통합하였지만 한 걸음 더 주요한 이론적 전진을 의미했다. 루이스 빈포드Lewis Binford(Binford & Binford, 1968)와 데이비드 클라크David Clark(1968)의 저작에서 이러한 발전이 결정적인 초점 대상이 되었다. 과정 고고학자들은 고고학의 이전 접근법을 비과학적이라고 비판했다. 그들은 초기의 고고학이 문화 변동을 설명하지 못하고 특정한 유적지에 대한 단순한 기술이나 내러티브만 제공해 왔다고 주장했다. 설명은(전형적으로는 수량화되는 자료에 의거함으로써) 경험적으로 검증되고 단 하나 혹은 몇몇 유적지를 넘어 일반화되는 가설을 요구했다. 과정적 접근법은 과학적 방법의 실증주의적 이해에 많은 빚을 지고 있다. 실제로 사회학과 문화인류학에서 지배적인 체계 이론과 기능주의적 설명에 크게 의존했다. 한 사회는 자신의 환경과 상호 작용하는 하나의 체계로 보인다. 더 정확히 말해, 인간의 행태는 문화적 현상과 비문화적 현상의 상이한 하위 체계가 접합된 것으로 보인다. 이 하위 체계는 동물 운동의 자연적 하위 체계, 지질학적·기상학적 과정, 인구 동학의 문화적 하위 체계, 한 사회 내에서의 경제, 정치 및 여타 하위 체계의 분화, 다른 사회의 실존(따라서 사회들 사이에 존재할 수 있는 경제적 및 의례적 교환이나 갈등 같은 과정) 등을 포함할 수 있다. 비교 연구는 문화 변동에 대한 일반화된 설명(과 따라서 지구적 고고학*a global archaeology*의 발전)이 생겨날 수 있게 해주었다.

포스트과정 고고학*post-processual archaeology*은 과정 고고학에 대한 비판으로서 1980년대에 출현했다(Hodder, 1986). 비판의 핵심은 자연과학에서 유래한 설명 모델을 과정 고고학이 과도하게 신뢰한 것, 그리고 사회의 생존 혹은 경제적 생산성을 과도하게 강조한 것이었다. 이 두 논점은 연결되어 있다. 과정 고고학은 사회가 그 자신의 환경에 적응하는 과정에 초점을 맞춤으로써 그 사회의 문화는 많은 부분을 간과하는 것 같았다. 결정적으로, 과정 고고학자들은 문화가 물질적 고기물에 의미를 부여하는 상징적 과정을 인식하지 못한다. 그리하여 포스트과정 고고학은 한 문화의 거주민이 그 환경을 의미 있는 것으로 경험하고, 그 경험을 통해 환경 속에 자신들의 장소 형성 방식을 탐구하는 이론적 도구로서 해석학, 현상학, 구조주의(뿐만 아니라 마르크스주의, 페미니즘 및 기든스의 구조화 이론*theory of structuration*과 같은 사회 이론들)에 의존했다. 이는 또한 일반화될 가설에서 벗어나 상이한 문화의 특수성과 변별성의 설명으로 방향을 돌리게 한다. 간단하게 예를 들면, 거대한 거석 기념비(무덤, 북미 원주민들의 묘지, 헨지*henges*와 같은 것들, 말하자면 거석들*megaliths*)에 대한 과정적 혹은 기능주의적 접근이 사회의 유지와 재생산(예를 들면 권력 구조의 정당화)에서 이 기념비가 수행하는 기능을 강조한다면, 포스트과정적 접근들은 기념비들의 상징적 연상(따라서 예를 들면 무덤과 집의 연계, 문화가 죽음을 이해하는 바를 접합해 내는 역할)을 강조할 것이다.

인지과정 고고학*cognitive-processual archaeology*은 상징적인 것을 더 강조함으로써 포스트과정적 비판을 통합하려는 과정 고고학자들의 시도를 대표한다. 비록 포스트과정적 접근에 내재한 상대주의의 위험과 현대의 고고학자가 과거 한 개인의 경험과 이해들을 신뢰성 있게 재창조할 수 있다는 가정을 의심하면서도, 설명에 대한 극단적인 실증주의적 접근은 포기하게 된다. 인지과정 고고학자들은 이렇게 해서 보편적인 문화 법칙을 구축하려는 열망을 포기하는 대신, 자신들의 가설의 검증 가능성을 계속 주장한다. 사회 내에서의 이데올로기와 정치적 갈등의 중요성에 대한 마르크스주의와 페미니즘의 통찰, 또한 사회학 및 여타 사회과학에서 빌려오거나 자극 받은, 이론의 본성에 관한 한층 정교해진 철학적 반성들이 기꺼이 통합된다. 특히, 고고학자들은 과거와 씨름할 때 고고학적 설명이 과거에 대해 그러는 만큼이나 현재(와 우리 자신에 대한 우리의 이해)에 관해 많은 것을 드러낸다는 것을 인정한다. 고고학자는 사회와 분리된 관찰자가 아니라 사회의 산물이며, 그 사회의 선입관과 문화적 편견들은 그들이 과거와 씨름하는 방식에 드러날 것이다. [AE]

Renfrew, 2003; Renfrew & Bahn, 2004; Shanks & Tilley, 1992.

공동체주의
communitarianism

비록 그 분파들은 인식론 영역까지 확장시키지만 기본적으로는 윤리와 정치 문제에 대한 접근으로서, 특정 문화 공동체 안에서 작용하는 규범만이 도덕적 또는 정치적 올바름을 따질 수 있는 유일한 근원이라고 보는 입장이다. 다시 말해서 공동체주의자들은 문화적 맥락을 초월하는 도덕이나 정치 개념에 정당성을 부여하고자 하는 어떠한 입장(가령 정치적 정의의 기본 원리에 합리적 정당성을 부여하는 롤스의 '원초적 입장' 공식 같은 것)도 거부한다. → 자유주의

공동체주의적 접근법과 연관되는 주요 사상가들로는 얼래스데어 매킨

타이어Alasdair MacIntyre, 마이클 샌델Michael Sandel, 찰스 테일러Charles Taylor, 미카엘 발저Michael Walzer 등이 있다. 윤리 문제에 대한 매킨타이어의 접근은 (도덕적 존재로 여겨지는) 인간 주체란 무엇인가에 대하여 일관된 설명을 하려면 개인이 사회적 관행*practices*과 전통 속에 있다는 것을 깨달아야 한다고 주장한다. 윤리적 행동이 의미하는 이러한 '공유성'(공동체성)은 매킨타이어의 관점에서 윤리적 행동의 필수 조건이고, 따라서 '인간적 선*human good*'이 의미하는 어떤 개념화에서도 핵심적인 속성이 된다. 샌델의 연구는 자아에 대한 롤스의 개념화를 비판해 왔다. 샌델은 롤스가 자신의 자유주의 정치학을 뒷받침하기 위해 자아에 대한 형이상학적 설명을 구성해 왔고, 따라서 정치적 주체 형성을 설명하면서 개인적 정체성의 사회적 차원은 무시해 왔다고 주장한다. 마찬가지로 테일러는 개성, 도덕성 그리고 추론 능력의 접합에 필요하다고 본 공유된 언어적 전제 조건에 집중하는 비슷한 접근법을 택해 왔다. 따라서 테일러의 관점에서 보면 (언어적 규범의 구조를 공유하는) 공동체는 필연적으로 주체성, 행위*agency*, 윤리적 정의 등과 같은 개념을 전제한다. 발저 또한 선을 구성하는 본질은 공유된 의미 영역에 의존하므로 정의에 대한 어떤 개념화도 한 정치 공동체의 공통된 의미 구조에 의존해야 한다는 입장이다. 따라서 공동체주의자들은 윤리적 언어의 사회적 차원을 전면에 내세운다. 이런 측면에서 보자면 이 사상가들이 취해 온 입장과 일부 포스트모더니즘 주창자들(미셸 푸코, 장 프랑수아 료타르, 리처드 로티 등)의 생각 사이에 공통점이 있다고 할 수도 있다. 물론 포스트모더니즘의 반인식론적 태도(칸트가 구성한 선험적 인식론을 다른 방식으로 극복하는 것이 아니라)가 적어도 찰스 테일러에게는 전혀 확립되어 있지 않은 것이란 점은 분명하다. [PS]

📖 Avineri & De-Shalit, 1992; Bell, 1993; MacIntyre, 1981, 1988; Mulhall & Swift, 1996; Sandel, 1982; Taylor, 1990, 1997; Walzer, 1983.

공리주의
utilitarianism

어떤 행위는 그 효과나 결과를 계산해서 도덕적 값어치로 환산해 평가될 수 있다고 주장하는, 윤리 문제에 대한 하나의 접근 방식이다. 이 관점은 제러미 벤담Jeremy Bentham(1748~1832)과 존 스튜어트 밀John Stuart Mill(1806~1873) 같은 사상가들과 연결된다. 공리주의는 일반적으로 행위의 값어치를 이해하기 위한 기초를 제공하는 것으로서 '최대 다수의 최대 행복'을 주창하는 금언이나 효용*utility*의 원칙과 연관이 있다. 공리주의는 도덕적 딜레마에 봉착한 사람이 그 행위에 의해 영향을 받을 최대 다수의 사람들에게 최대의 행복(이 맥락에서 '행복'은 쾌락의 현존과 고통의 부재를 의미한다. 반면 '불행'은 고통의 현존과 쾌락의 감소를 의미할 것이다)을 주는 방식으로 행위해야 한다고 주장한다. 20세기에 공리주의자는 두 종류로 나뉘게 되었다. (i) '행위 공리주의자들*act utilitarians*'은 개별 행위는 효용의 원칙에 따라 판단되어야 한다고 주장한다. (ii) '규칙 공리주의자들*rule utilitarians*'은 상이한 행위는 상이한 유형으로 하위 구분될 수 있으며, 각각의 행위는 그 유형의 모든 경우에 적용되는 하나의 규칙 아래 가져올 수 있다고 주장한다.

공리주의 이론에 대한 비판도 많다. 첫 번째, 어떤 행위의 결과들을 하나도 남김없이 다 평가한다는 것이 가능한가? 두 번째, 하나의 행위로부터 '최대 다수'가 이익을 얻는다 하더라도, 그 결과로 고통받는 소수는 어떻게 할 것인가? 세 번째, 공리주의자들은 '행복'이 수량화될 수 있는 것이라고 전제한다. 그러나 '행복'이나 '쾌락'이 정확히 무엇인지 보여 줄 수 있는 방법이 없으며 따라서 그에 대해 보편적으로 적용할 수 있는 어떤 정의도 없다. 네 번째, 적어도 암묵적으로 공리주의자들이 주장하는 것처럼, 사회적, 문화적 삶의 의미가 행복이나 쾌락의 추구로 환원될 수 있는가도 명백하지 않다(이는 니체가 지적한 것이다. 그는 약간은 냉담하게 '영국인*English*'(즉 공리주의자)만 인간성*humanity*이 아니라 행복을 얻으려 애쓴다고 지적한다).

공리주의 이론의 여러 면은 자유주의의 문화적 정체성의 관점을 드러낸다. 예를 들어, 그것은 행위자가 운명의 주인이며 기본적으로 자기 이익을 추구하는 존재(그들 모두가 자신의 쾌락들을 최대화하려 하는 한, 이러한 최대화는 좋은 것이다)라고 전제한다. [PS]

Glover, 1990; Mill, 1985; Plamenatz, 1958; Scarre, 1996; Sen & Williams, 1982; Singer, 1993.

공시성/통시성
synchronic/diachronic

공시성과 통시성 사이의 구분은 페르디낭 드 소쉬르Ferdinand de Saussure가 그의 언어학을 발전시키면서 사용했다. 그리고 구조주의의 많은 작업에 근본이 되었다. 현상에 대한 공시적 접근 방식은 역사의 한 순간에서 접근하거나, 역사의 외부에 존재하는 것으로서의 그것에 접근한다. 통시성은 현상의 역사적, 시간적 측면과 관련 있다. 언어의 역사적 기원과 발전에 관심을 두던 19세기 언어학의 접근 방식과는 반대로, 소쉬르의 구조 언어학은 언어를 변하지 않는 구조로서 연구한다. [AE]

과두정
oligarchy

소수에 의한 정부. 이 용어는 아리스토텔레스Aristotles까지 거슬러 올라갈 수 있다. 그는 정부를 세 가지 유형으로 분류했다. 군주정 또는 일인에 의한 지배와 귀족정 또는 소수에 의한 지배, 그리고 민주정 또는 다수에 의한 지배가 그것이다. 니콜로 마키아벨리Niccolò Machiavelli(1469~1527)와 제임스 해링턴James Harrington(1611~1677) 등 아리스토텔레스의 전통과 연결되어 있는 사상가들은 혼합 정부 형태를 옹호했다. 이 형태에서는 이들 모델 각각이 견제와 균형 체계 속에 결합되어 전제정, 과두정, 또는 무정부 상태로 전락하는 것을 막아 준다. 따라서 과두정은 타락한 정부의 형태를 의미하는데, 권력을 행사하는 소수가 부패에 빠져 더 이상 사회 전반의 이익에 봉사하지 않고 자신들의 개인적 이해만을 추구한다. [PS]

과학 철학
philosophy of science

과학 철학을 이해하는 한 방법은 그것이 세 가지 관심 영역, 즉 과학의 인식론, 과학의 형이상학, 그리고 과학의 사회적 역할과 기능으로 나누어져 있다고 생각하는 것이다.

과학의 인식론자들은 다음과 같이 묻는다. "과학 이론은 진리인가?" "과학 이론은 어떻게 세계와 관련되는가?" 과학의 형이상학자들은 과학이 기술하는 세계의 수수께끼 같은 측면과 관련된 질문을 탐구한다. 예를 들어, 우주에는 '자연 법칙'이 실제로 존재하는가 아니면 그것은 우리가 세계에 대해 생각하는 편리한 방법에 불과한 것인가가 그것이다. 과학 철학은 과학자 개인의 책임에 대한 질문과 결합하여 사회 내에서 과학의 기능도 고려한다.

과학 논쟁에서 형이상학과 인식론의 논점 사이를 분명하게 구분하기란 어렵다. 명확히 형이상학적인 논점은 양자 물리학의 독특함에서 생겨난 논점이다. 양자 물리학 이론에서는 광자와 같은 '대상'이 입자 같은 속성과 파동 같은 속성을 모두 보일 수 있다고 얘기하는 것 같다. 그런 현상이 이런 양식으로 움직인다는 '사실'은 곧 "그 대상이 실제로 무엇과 같은가?"라는 질문을 불러일으킨다. 이런 종류의 질문은 형이상학의 영역에 속하는 것이다. 하지만 양자 역학 같은 이론을 통해 우리가 어떻게 세계에 대해 배우는가 같은 질문은 인식론의 논점이다.

아마 과학의 주제를 보면 과학의 인식론적 논점을 이해하기가 더 쉬울 것이다. 조잡하지만 여전히 대중적인 전통적 과학관에서 과학은 이론의 실험적 검증 과정을 통해 점점 더 정확한 세계의 그림을 그려 낸다. ➔ 귀납 따라서 우리는 개별 과학자들의 노력을 통해 천천히 그러나 확실하게 세계를 더 잘 알게 된다. 이 모델은 과학적 진보가 비교적 점진적이라고 시사한다. 그리고 그 속에서 과학자는 이전의 위대한 인물들의 저작 위에 꾸준하게 새로운 것을 쌓는다. 이런 과학 모델이 진실이려면 우리가 그에 대한 세계와 우리의 관계에 대해 특정한 관점을 가져야 한다. 여기서 시사된 관점이 좀더 일반적으로 '리얼리즘'이라 알려진 것이다. 이 관점은 두 가지 명제에 의존한다.

(i) 독립 명제: 물리 세계는 존재하며 그것은 우리의 지각과 독립해 있다.

(ii) 지식 명제: 우리는 이 세계가 '실제' 존재하는 그대로 알 수 있다.

여기서의 기본적인 인식론적 논점은 세계가 우리의 직접 지각에서 독립되어 있다면 그에 대한 우리의 지식은 어떤 방식으로든 매개되어 있다는 점이다. 과학의 맥락에서 세계에 대한 준거의 매개체는 다양한 과학 이론들이다. 하지만 세계에 대한 접근이 우리가 지니고 있는 이론을 통하는 것이라면 우리가 지니고 있는 이론이 세계를 있는 그대로 표상해 준다고 어떻게 확신할 수 있는가? 특정 이론을 통해서만 세계에 도달한다면 이 이론이 세계에 대한 정확한 표상인지 아닌지 어떻게 확인할 수 있는가? 우리가 세계를 스스로에게 표상하기 위해 이론을 사용한다면 우리는 결코 이론의 '바깥에 서서' 우리가 의존하는 이론체가 주는 세계에 대한 지식이 맞는지 틀리는지 점검할 수 없다. 이는 우리가 이론과 독립된 관점을 전혀 지니지 못했기 때문이다. 우리가 세계에 대한 객관적 접근법을 가지고 있지 못하다는 것을 시사하는 모든 관점을 일반적으로 '반리얼리즘'으로 부른다.

과학의 인식론에서 제기되는 상호 연관된 논점은 진보와 방법론의 논점들이다. 위에서 요약한 전통적 관점의 결과, 과학은 점진적으로 세계에 대해 점점 더 정확한 그림을 그려 가는 것으로 보였다. 여기서 진보란 과학자들이 이론을 개선하여 세계의 진정한 구조를 '더 잘' 표상하게 되는 것으로 정의된다. 하지만 이론들이 외부 실체의 진정한 본성에 대한, 항상 개선되는 '그림'이 아니라면 그것들은 과연 무엇인가? 만일 그것들이 그저 세계를 보는 여러 방식 가운데 하나일 뿐이라면 이론을 바꾸면 세계에 대한 그림도 변화한다. → 패러다임 여기서 세계에 대해 우리가 갖게 된 새로운 그림이 과거 그림보다 '더 낫다'는 직접적인 함축은 존재하지 않는다. 그것들은 그냥 서로 다를 뿐이다. 그래서 '과학의 진보'라는 관념 전체가 사라지는 것처럼 보인다.

과학의 지식 산출 능력에 핵심은 방법론, 즉 사실 수집과 이론 검증에서 과학이 채택하는 방법과 절차이다. 사실 과학의 방법론은 과학의 규정적 특징 가운데 하나이다. 많은 과학 철학자들이 방법론이야말로 과학을 형이상학과 같이 다른 분과와 구분짓는 것으로 간주한다. 이 관점을 강력하게 지지한 사람들은 논리 실증주의자들이었다. → 실증주의 아마도 과학 철학 내에서의 주요한 논쟁은 과학 방법론이 무엇인가 또는 실상 과학이 단일하고 통합된 방법론을 갖고 있느냐이다. 이 논쟁은 과학 철학사 내내 진행되어 온 것이었다. 귀납주의자들이 논쟁을 촉발시켰다. 반증주의*falsificationism*의 창시자인 칼 포퍼는 귀납법과 관련된 문제를 맡았다. 그 후 뒤엠–콰인Duhem–Quine 가설의 지지자들이 포퍼를 비판했다. → 전체론, 의미 쿤과 파울 파이어아벤트Paul Feyerabend 같은 철학자들은 뒤엠과 콰인의 업적을 발전시켜 전통적인 과학관에 훨씬 더 강하게 도전했다.

과학의 사회적 역할과 기능에 초점을 맞추면 상이한 논점이 제기된다. 거의 대부분의 과학자들이 과학은 도덕적으로 자율적이라는, 즉 그것은 기본적으로 그 판단이 가치 자유적이라는 명제를 받아들이는 것 같다. 다른 말로 하면 과학자들이 실험이나 이론과 관계된 결정을 내릴 때 사용하는 방법은 '과학적' 기준만 포함하고 있고 그래서 그들이 과학 내에서 내리는 선택에 도덕적 고려는 부적합한 것으로 제외된다. 하지만 그런 명제가 진실이라 하더라도 분명 과학의 이론 구축에 대한 것이다. 그것은 과학적 발견의 결과에 대해서는 전혀 설명하지 않는다. 예를 들어, 과학자들이 핵의 사용으로 환경에 미치는 대규모의 효과를 고려했어야 하는가? 특정 과학자들이 채택하는 실험 방법과 연관된 도덕적 질문, 이를테면 동물을 고통스러운 과학적 테스트에 사용하도록 허용할 수 있는가 같은 질문들 역시 제기된다.

이와 연관된 하나의 논점은 사회적 경향이나 압력이 과학에 영향을 미치는가 아닌가 하는 것이다. 과학자는 독립적이고 공정한 존재인가 아니면 우리들 다수처럼 재정적, 정치적 고려에 의해 영향을 받는 존재인가? 예를 들어, 특정 회사를 위해 작업하는 과학자는 연구를 할 때 그 조직의 사업상 필요에서 나온 지침을 따르리라고 가정하는 것이 합리적일 것 같다. 또 정부가 바뀌면 연구 방향에 과학자의 판단이 영향을 받게 되리라는 시사도 전혀 근거없는 것은 아니다. 특히, 그의 작업이 국가의 연구비 보조에 의존하고 있다면 말이다. 만일 그렇다면 이는 적어도 과학자가 인간 지식의 경계를 확장하려는 열정만으로 추동된다는 대중적 관점을 어느 정도까지 제한할 것이다. [SH]

Chalmers, 1982, 1990; Feyerabend, 1975; Gillies, 1993; Kolakowski, 1972, 1990; Popper, 1959, 1963.

관료제
bureaucracy

현대 사회학에서 이 용어를 이해하는 바로는, 관료제는 결정을 내리는 권력이 확인 가능한 개인이 아니라 관청들에 부여되는 행정 형태이다. 관료제는 이미 산업화 이전의 사회(봉건제 중국을 포함하여)에서 존재해 왔던 반면, 막대한 이론적, 경험적 연구 대상이 된 것은 관료제가 20세기 자본주의의 조직과 조정을 위해 수행한 근본적인 역할에 대해서였다.

관료제 이론을 위한 고전적인 자원은 막스 베버이다. 1920년대에 출판된 연구에서 막스 베버는 관료제의 특징을 구분하는 데(비록 이런 특징이 관료제의 특정 경험 사례에 모두 존재할 리는 없다 할지라도) 기여한 여섯 가지 부분 모형(혹은 이념형)을 제시했다(Weber, 1946b). 베버가 제시한 특성은 다음과 같다. 첫째, 복잡한 임무가 쪼개지고 개별 관청에 명확하게 할당되는 고도의 전문화, 둘째, 명확하게 규정되는 권위와 책임의 사슬을 지닌 위계, 셋째, 추상적인 규칙이 안정적 체계로 지배하는 활동, 넷째, 동료나 고객에 대한 감정적이거나 사적인 애착 없이 비개인적으로 일하는 관리, 다섯째, 기술적 지식, 능력, 전문성에 입각해서 선발되고 승진되는 인사, 마지막으로 한 관리로서 그/그녀의 사적 활동과는 전적으로 분리되어 있는 관리들의 활동이라고 할 수 있다(따라서 전문적 지위를 개인의 이득을 위해 활용할 수 없다). 베버에게 이러한 구조는 현대 산업 사회의 복합적인 활동을 조직하는 가장 효율적인 방식이다. 그와 같이 관료제는 선진 사회의 불가피한 특징이다. 비단 산업 분야에서뿐 아니라 사회생활의 거의 모든 영역에서 그렇다. W. J. 몸젠W. J. Mommsen은 생활의 총체적인 관료제화에 대해 쓴 바 있다(1974). 베버 자신도 자본주의에서의 관료제의 늘어나는 영향력에 대해서뿐 아니라, 자본주의 사회와 소비에트 공산주의 사회 양쪽 모두에서 관료들이 수행하는 지배적인 역할의 견지에서 수렴 현상을 예측한 바 있다.

관료제가 기술적으로 효과적이라 할지라도 베버에게는 또한 민주주의에 바람직하지 않은 결과를 낳는다. 거의 모든 사회적 활동이 관료제에 의해 미리 규정된 단계들을 거쳐야 하는 데다, 관료제적인 구조가 유연하지 못하고 변화에 반응하는 것이 무디기 때문에, 혁신적인 활동이나 관료제의 제한된 기준으로 이해할 수 없는 활동은 제약을 받는다. 게다가 기술적인 전문성이 민주주의적으로 설명하기 힘든 관료제의 사무실 안에 집중되기 때문에, 관료제의 결정과 절차는 쉽게 견제 받지 않는다. 따라서 관료제는 우리 모두를 가두는 '철창'이 된다.

마르크스주의는 아마도 관료제 이론에 거의 아무런 기여도 하지 않았다고 할 수 있다. 관료제는 마르크스와 엥겔스가 활동하던 당시에는 그리 확대되지 않았다. 그들은 일반적으로 관료제에 반감을 가졌던 것 같다. 고전적인 마르크스주의 문헌은 행정 구조가 자본주의에서 갖는 중요성을 명백하게 과소 평가한다(따라서 경영 계급의 중요성에 대해 거의 아무런 이야기도 하지 않는다). 그래도 관료제에 대해 언급할 것을 많이 갖고 있는 마르크스주의자는 통상 마르크스주의와 베버의 이론을 융합하려는 경향이 있다. 《역사와 계급 의식*History* *and Class Consciousness*》(1971)에서 헝가리의 마르크스주의자 게오르그 루카치 Gyeörgy Lukács는 베버적인 관료제와 합리화 설명을 이용하여, 마르크스의 상품 물신주의 이론을 사회 총체의 물화에 대한 설명으로(따라서 사회가 개인을 인간 행위와 선택의 산물로서보다는 자율적이고 준자연적인 대상으로 대면하는, 현대 자본주의의 특징적인 이데올로기 형태를 설명하는 데) 확장시켰다. 이는 다시금 프랑크푸르트학파, 특히 아도르노에 영향을 주어, 후기 자본주의를 총체적으로 관리되는 사회로 특징 지었다. [AE]

Beetham, 1996.

교육
education

개인이 그가 속한 사회의 문화와 지식 속으로 인도되는 과정. 따라서 교육은 사회화라는 넓은 과정의 일부이다. '교육'은 더욱 공식적으로 조직화된 사회화 과정들, 특히 국가에 의해 규제되는 사회화 과정을 지칭하는 것으로 이해될 수 있다.

교육에 대한 논의들은 두 가지 주요 주제를 중심으로 구분될 수 있다. 첫째, 교육의 성격과 목적, 그리고 교육이 향상될 수 있는 방식에 대한 철학적 관점이 있다. 현대적인 토론의 전조는, 서구 전통의 철학적 토론은 최소한 플라톤의 《국가*Republic*》(1998)까지도 거슬러 올라갈 수 있다고 하지만, 17세기 영국의 철학자 존 로크(Locke, 1964)의 작업과 18세기 장 자크 루소의 《에밀*Emile*》(1991)에서 발견된다. 교육에 대한 상이한 접근은 단순히 교육의 목적에서가 아니라, 인간의 본성과 유년기에 대한 상이한 가정을 훨씬 더 중요하게 반영한 것이다. 따라서 로크에게 어린이는 경험에 의해 쓰여지게 되는 백지 상태이다. 좋은 교육은 어린이가 적절한 경험에, 그리고 훌륭한 기반의 지식에 노출되는 것을 보장하는 것이 핵심이다. 로크는 신체적 체벌을 상당히 반대했다. 루소는 (원죄에 대한 기독교 교리에 맞서) 아동의 본질적 선함을 주장했다. 문화가 그러한 선함을 타락시킨다. 따라서 교육은 이상적으로, 특히 어린이가 스스로 배우는 환경을 제공함으로써, 선함이 번성하도록 해야만 한다. 19세기에 교육에 대한 국가적 개입이 증대하고, 20세기에 복지 국가가 발전하면서 교육에 대한 생각은 점차 사회 정책의 문제와 연결되었다. 여기서 두 가지 핵심적 관심사가 확인된다. 한편으로 교육이 공명정대한 사회를 조직하는 데 기여하는 부분에 대한 문제가 있다. 특히 이것은 능력주의에 대한 교육의 공헌에 초점을 맞추게 되었다. 교육을 통해 어린이가 그들의 문화적 또는 경제적 배경과 관계없이, 자신의 재능을 발견하고 스스로를 발전시킬 수 있어야 한다. 정의와 교육 사이의 관계는 미국의 실용주의 철학자 존 듀이John Dewey(1974)가 교육과 민주주의 사이에서 찾아낸 밀접한 연관에서도 역시 볼 수 있다.

다른 한편으로, 교육은 사회적 통합의 원천으로 확인되어 왔다. 20세기 초반에 사회적 통합의 이슈는 대부분 계급 차이의 측면에서, 따라서 모두에게 공통적인 문화를 찾거나 사회 속의 서로 다른 계급에 적절한 교육 형태를 찾는 문제라는 관점에서 제시되어 왔다. 1970년대에 이르러서야 G. H. 반톡G. H. Bantock(1975)은 엘리트를 위한 고급 문화에 기반한 교육과 노동자 계급을 위한 '대중 커리큘럼'의 차별화를 방어할 수 있었다. 교육에 대한 그러한 접근은, 본질적으로 가치 있는 것으로 보이는 고급 문화에 기반한 '학교' 교육이 통치 엘리트와 중간 계급에 봉사한다고 전제하면서, 정신 노동과 육체 노동 사이의 구별을 전형적으로 반영한다. 실용성을 지향한 교육이나 직업 교육은 노동 계급의 요구라고 알려진 것에 맞춰져 있다. 최근 현대 사회의 늘어나는 다문화적 혹은 다원주의적 성격에 직면하여, 사회 통합의 이슈는 다른 형식을 띠며 더욱 뚜렷한 문제로 떠오르고 있다. 학교에 몇몇 '핵심 커리큘럼'의 형태를 접합하고 부과하려는 정부들의 시도들은, 책임 있는 시민의 기술과 태도를 가르치려는 욕구와 함께, 부분적으로는 이러한 현상에 대한 반응이라고 볼 수 있다.

교육에 대한 토론의 한 측면이 교육은 무엇이어야만 하는가라면, 다른 측면은 교육이 무엇인가이다. 두 가지 측면은 상호 보완적이다. 사회 정책은 교육이 어떻게 작동하는가를 알고, 훨씬 더 중요하게는 왜 그것이 작동하지 않는가를 알 때에만 효율적일 수 있다. 따라서 어떤 개인과 집단이 교육 과정에서 더욱 교육 효과가 저하되는 이유에 대한 관심을 갖고 교육을 사회학적으로 연구한 오랜 역사가 있어 왔다. 교육적 성취와 무성취에 대한 설명과 관련하여 세 가지의 광범위한 접근을 확인할 수 있다.

결정주의적 접근은 한 개인의 교육적 성취가 그들의 생물학적 또는 사회적 배경과 같은 외적인 요인에 의존한다고 전제한다. 생물학적 요인들, 특히 타고난 지능이나 재능이 무시되어서는 안 되지만, 교육이 성취에 어떤 영향도 가질 수 없다고 주장하는 순수한 결정주의는 거의 경험적으로 뒷받침되지 않으며 사회 정책에 제한된 함의를 지닌다. 더욱 중요하게는, 사회적 결정주의는 다른 사회화 과정과 대면하였을 때 공교육의 효율성에 대한 의심을 불러일으킨다(Halsey et al., 1980).

둘째, 이데올로기적 과정으로서 교육의 역할을 탐구하는 중요한 비판적 연구들이 있다. 교육은 계급 사회의 불평등성에 거짓 정당성을 부여하는 것으로 보인다. 루이 알튀세르Louis Althusser(1971)는, 초기 마르크스주의의 주장들에서 특히 안토니오 그람시Antonio Gramsci의 주장을 따라, 교육을 이데올로기적 국가 기구의 일부로 보았다. 이러한 맥락에서 이데올로기 개념은 교육에 대한 마르크스주의 접근에 일차적으로 연결되는 반면, 더 광범위한 이슈는 교육의 수사학과 현실의 차이, 말하자면 교육이 공식적으로 성취하고자 원하는 것과 실제로 성취하는 것 사이의 차이에 대한 인정이라는 면에서 이해할 수 있다. 이러한 차이에 대한 훨씬 간단한 요약은 '감추어진 커리큘럼'이라는 사고로 표현된다(Bowles & Gintis, 1976을 보라). '명시적인' 커리큘럼은 학생들이 배우도록 해야 하고 그를 통해 학생들이 능력을 갖추어야 하는 것으로서 공식적이고 공개적으로 정의되는 과목의 문제인 반면, '감추어진' 커리큘럼은 아동을 사회에 통합하는 데 기여하는 사회적 기술, 가치, 인성적 특성 전반을 언급한다. 결정적으로, 이러한 특성은 공정하고 균형 있는 사회를 만들지 못한다. 오히려 아동들은 계급 체제 속에서 자신의 위치를 받아들이도록 배우고 미래의 직업적 지위들, 예컨대 공장 노동자와 같은 지위를 위해 필요한 사회적 능력과 태도를 흡수한다.

교육에 대한 이러한 접근은 젠더 재생산이라는 교육의 기능(Stanworth, 1983)과 인종 불평등에 대한 교육의 역할(Anyon, 1980)을 탐구하는데도 사용되었다. 교사들은 자신도 모르는 사이에 종종 남학생과 여학생에 대해 다르게 기대하며, 그들의 작업을 서로 다른 (그리고 성별 전형성에 따른) 기준에 따라 평가할 것이라고 오래도록 주장되었다. 유사하게, 이른바 통합적인 국가적 커리큘럼은 지배 계급이나 지배적 인종 집단의 가치를 고취하는 것으로 볼 수 있다. 역사 교육은 명백한 예를 제공한다. 영국의 예에서처럼 제국주의 시절의 가치와 성취를 지속적으로 찬양하는 역사에서, 소수 인종 집단들의 역사는 주변화되거나 배제된다.

부르디외의 '문화 자본'이나 '아비투스' 개념은 이러한 현상을 분석한 강력한 해석 도구를 제공한다(Bourdieu, 1977). 학교는 어떤 형태의 사회적 능력과 행위를 장려한다. 특정 배경의 (그리고 일반적으로 경제적으로 더욱 특권화된) 학생은 학교의 기대에 더욱 익숙할 것이다. 확실히 가정과 학교의 문화와 기대 사이에는 유사성이 있기 때문에, 학교 환경에 훨씬 더 쉽게 적응하고 성공할 것이다. 학교 교육, 권위의 수용, 언어 능력, 그리고 엘리트 문화에 대한 인지에 긍정적인 태도라고 평가되는 문화 자본을 결여한 학생은 고군분투해야 할 것이다. 따라서 접근의 평등성에 기반하여 모든 학생에게 제공되는 공동의 커리큘럼은 불평등을 재생산할 것이다. 왜냐하면 확실히 부적절한 문화 자본을 가진 학생은 그들에게 제시된 바로 그 기회로부터 혜택을 볼 수 없을 것이기 때문이다.

번스타인(Bernstein, 1977; 1996)은 언어 사용에 집중해서 노동자 계급 학생의 문화와 학교 문화 사이의 유사한 긴장을 확인했다. 그는 자연 언어가 사용될 수 있는 상이한 두 가지 방식이 있다고 주장한다. '제한된 코드'로 만들어진 발화는 고도로 맥락 의존적이다. 발화의 의미는 특정 공동체에 내재된 당연시된 가치와 사상의 지식을 통해 해석될 것이다. 반대로 '정교한 코드'의 발화는 그것을 지지하는 의미, 가정, 가치를 설명함으로써 특정 맥락으로부터 독립하려 한다. 기본적으로 노동 계급 가족들은 제한된 코드 내에서만 언어 습득을 장려하는 반면, 정교한 코드는 학교에서 사용되고, 그럼으로써 노동자 계급 학생들이 불이익에 처하게 된다고 주장된다.

이데올로기의 관점에서 이루어진 교육에 대한 접근들은 학생을, 교육에 능동적으로 참여하며 때로는 교육이 제공하는 가치와 가능성을 능동적으로 거부하는 행위 주체로서보다는, 교육의 수동적인 수용자로서 다루는 경향이 있어 비판받을 수도 있다. 따라서 세 번째 접근, 즉 교육에 대한 '자발주의적' 접근은 교육 과정에 대한 이러한 능동적인 참여를 탐구한다. 예를 들어, 지루(Giroux, 1983)는 학교가 "상대적으로 자율적인" 제도라고 주장해 왔다. 교사와 학생은 둘 다 비슷하게, 감추어진 가치와 문화적 혹은 정치적인 지위들의 침묵을 인지하면서 교과 과정에 비판적으로 참여할 기회를 갖는다. 폴 윌리스Paul Willis(1977)는 노동자 계급 학생들이 교사들이 대변하는 중산 계급 가치를 분명하게 거부할 수도 있음을 주장했다. 여기서의 쟁점은, 학교에서 잘 수행하기 위해 필요한 문화 자본이나 언어적 기술을 결여한 학생에 대한 것이 아니라, 학생들이 학교가 약속하는 화이트칼라 직업들에 대하여 열망하기보다는 그들 가족의 노동자 계급 문화(그리고 직업) 속에 머무르도록 학생 편에서 자율적인 결정을 한다는 것이다.

Illich, 1971; Moore, 2004; Robbins, 2006.

교환 가치
exchange-value

교환 가치는 마르크스주의 경제학의 주요 개념 가운데 하나이다. 마르크스는 상품 가치의 두 가지 형식을 확인했다. 사용 가치는 어느 정도 확인이 되는 인간의 필요나 욕망을 충족시킬 물건이라는 가능성에 기반을 둔다. 그러나 물건의 '가치'는 그것이 인간 노동의 산물이라는 점에 있다. 마르크스의 노동 가치론에 따르면 상품의 가치는 그것을 생산하는 데 소비된 노동 시간의 양에 달려 있다. 마르크스는 소비된 실제 노동 시간은 관련이 없다는 점(그래서 단지 많은 시간을 소비한다는 이유만으로 느리거나 게으르거나 숙달되지 않은 노동자의 생산물이 빠르고 유능한 노동자의 생산물에 비해 더 가치 있는 것은 아니다)을 지적하면서, 이런 단순 관찰에 의미를 부여한다. 마르크스는 그것보다는 "사회적으로 필요한 노동 시간"에 주목하는데, 이것은 "주어진 사회의 표준적인 생산 조건 아래에서, 그리고 그 사회에서 일반적으로 행해지는 평균 정도의 노동 기술과 강도로" 주어진 양의 유용한 상품을 생산하는 데 필요한 시간이다(1976: 129). 이 가치는, 상이한 종류의 상품(즉 상이한 사용 가치를 지닌 상품)이 교환될 때, 교환 가치로 이해된다. 따라서 리넨 10야드를 생산하는 데 다섯 시간이 걸리고 코트 한 벌을 생산하는 데 스무 시간이 걸린다면, 리넨 40야드는 한 벌의 코트와 같은 가치를 지닌다. 교환 가치는 (엄밀히 말해 화폐 가격과 똑같은 것은 아니지만) 화폐 가격으로 표현된다. [AE]

Cunningham–Wood, 1988.

구문론
syntax

이것은 한 언어 내에서 문장과 명제들로 단어를 배열하는 방식을 규정하는 규칙이다. 언어의 구문 패턴은 실제로 개별 단어가 어떻게 서로 관계를 맺는지 명시한다. 어떤 언어라도 그 언어의 구문론적 구조를 결정하는 기본 규칙을 통해 실제로 무한한 수의 단어 조합이 가능하지만, 구문론적 규칙에 대한 준수는 '잘 형성된' 문장이 구성되도록 해 준다. 어린아이들이 단어들을 다르게 조합함으로써 새로운 문장을 구성한다는 사실을 보고, 노엄 촘스키Noam Chomsky는 모든 인간에게 사회적, 문화적 차이를 초월하는 공통의 문법 능력이 있다고 주장한다. [PS]

Chomsky, 1957.

9·11

2001년 9월 11일 미국을 강타한 계획된 테러리스트 공격을 짧게 지칭하는 말. 공격은 오전 8시 46분 납치된 비행기(American Airlines Flight 11)가 뉴욕의 세계무역센터 북쪽 타워에 박히며 폭발하는 것으로 시작되었다. 오전 9시 3분에는 두 번째 비행기(United Airlines Flight 175)가 남쪽 타워로 날아들었다. 약 30분 후 납치된 세 번째 비행기가 펜타곤 건물에 충돌하며 폭발했다. 네 번째 비행기(미국 정부의 중심부인 국회의사당을 향해가던 Flight 93)는 승객과 납치범이 싸운 끝에 펜실베이니아에 추락했다. 이 일련의 공격으로 2973명이 사망하였다. 이 공격은 1980년대에 오사마 빈 라덴 Osama Bin Laden이 설립한 수니파Sunni 이슬람 무장 집단 알카에다Al-Qaeda의 소행으로 밝혀졌다. 알카에다는 2차 대전 후 이슬람 세계에 대한 미국의 영향력이 커지는 것에 반대해 설립되었다(예를 들면 알카에다는 이스라엘을 파괴하고 미국군을 중동에서 몰아낼 것을 주장한다). 뉴욕에서 펼쳐진 그날의 사건에 대한 미디어의 생생한 보도는 9·11이란 용어를 그토록 풍부한 상징적 용어(특히 서구인들의 마음속에)로 만드는 데 기여했다. 남쪽 타워와 이후에 이어진 두 타워의 충격적 붕괴를 생방송한 TV 보도는 글로벌 뉴스 방송과 이어진 다큐멘터리 및 다른 프로그램들에서 반복되면서 증폭되었고 지워지지 않는 상징성을 갖게 했다. 9·11의 여파로 이후에 일어난 사건들과 함께 아마도 이 상징의 힘은 공격자들의 가장 큰 희망을 실현한 것으로 남을 것이다. 자본주의 미국의 산업·금융·문화적 힘의 아이콘은 불과 몇 시간 만에 잔해로 변해 버렸고, 종교 근본주의자의 강력해진 힘으로 프레임된 도상학 내에서 재해석될 수밖에 없게 되었다. 정말로 두려운 것은 무자비한 자살 공격자만이 아니라 이 공격이 미국 국내선 비행기를 이용해 너무나 쉽게 행해졌다는 사실이었다. 남쪽 타워가 붕괴되는 이미지의 상징적 힘은 이런 사실과 결코 작지 않은 연관이 있다. 서구 글로벌 권력의 아이콘이었던 쌍둥이 타워는 마찬가지로 글로벌 경제와 산업적 이익의 표상 격인 기계에 의해 붕괴되었다. 비행기는 텔레커뮤니케이션 산업처럼 지리적 공간과 나아가 문화적 정치적 공간을 축소시키는 데 기여해 왔고, 멀리 떨어진(지금까지 서구 사회의 다수 사람들에게 거의 닿지 않는 곳이었던) 목적지를 여행할 수 있는 편리함을 가져다주기도 했지만 그뿐 아니라 취약함, 다시 말해 불안정성에 대한 두려움도 가져다주었다.

2001년 9월 11일의 역사적 혹은 문화적 의미를 당장 평가하기는 어렵다. 비록 그에 관한 여러 가지 평가가 이미 시도된 것을 막을 수는 없었지만 말이다. 하지만 한 가지는 확실해 보인다. 그 공격이 서구와 중동의 문화적 관계에 대해 새로운 질문을 제기했다는 점이다. 한편으로 이스라엘의 팔레스타인 정책과 이스라엘에 대한 미국의 지지에 관한 아랍의 불만이 과거 어느 때보다도 고조되었다. 동시에 9·11에 대한 미국의 공격적 대응은, 논란의 여지는 있지만, 9·11 공격 이후 미국이 받았던 정당한 연민을 사라지게 했을 뿐 아니라 공격의 저변에 깔려 있던 위기를 더욱 심화시켰다. 미국의 첫 번째 대응은 아프가니스탄의 알카에다 근거지를 공격하고 근본주의자들인 탈레반Taliban 지도자를 축출하는 것이었는데, 이는 언제 끝날지 모르는 결과를 가져왔다. 탈레반의 완전한 소멸을 기대했으나 이는 이루어지지 않았다. 결과적으로 아프가니스탄은 이슬람 군사주의와 서방 사이의 투쟁을 상징하는 지역으로 남았다. 뒤이어 2003년 3월 미국은 영국의 지원을 받아 이라크를 공격했는데, 이는 양극화를 더 심화시켰고 분노만 불러일으켰다. 미국이 사담 후세인Saddam Hussein이 9·11과 연루되었다는 주장으로 이 공격을 정당화하고자 했다는 사실은 이들의 도구적인 정치적 가치관을 보여 준다. 이런 주장은 결과적으로 거짓으로 판명났지만 그런 주장이 설득력있었다는 사실(이 공격에 대한 미국 내의 애초의 광범위한 지지가 그걸 말해 준다)은 9월의 공격으로 타격받은 미국인의 감수성에 대한 광범위한 증거를 제공한다.

9·11 이후 수많은 주장들이 폭포수처럼 쏟아졌다. 신보수주의 주창자들은 9·11을 저지른 사람들의 행동을 설명하는 방법으로 '반문명적 악*unprincipled evil*'의 개념을 불러냈다. 이런 관점은 '이슬람 근본주의'를 '진정한 이슬람'에 대한 비합리적이고 단순무식한 문자적 곡해로 보며 단지 자유

로운*liberal* 사회의 원칙에 통렬하게 반하는 것 정도로 간주하는 경향이 있다(Elshtain, 2003을 보라). 반면 노엄 촘스키 같은 좌파 사상가는 2001년 9월 11일의 공포스러운 사건은 지난 수십 년간의 미국 대외 정책에 대한 깊은 불만의 표현으로 이해되어야 한다고 주장했다(Choamsky, 2002). 9·11보다 앞서 제출되었던 두 가지 특별한 테제가 다시 새롭게 조명되었다. 1989년 구 소련의 붕괴를 두고 자유 시장 질서의 멈출 수 없는 우월성을 증명하는 것이며 갈등 없는 세계가 도래했다고 선언했던 프랜시스 후쿠야마Francis Fukuyama의 '역사의 종언' 테제(Fukuyama, 1992)는 처음 발표되었던 시점에 비해 더욱 설득력이 떨어진 것 같았다. 반면 전후 시대는 점점 이념이나 경제적 갈등 대신 문화적 갈등에 의해 특징지어진다는 새뮤얼 헌팅턴의 개념은 적어도 일부 사람들에게 분명한 설명력이 있는 것으로 받아들여졌다(Huntington, 1998; Ruthven, 2002). 이는 흔히 '문명의 충돌' 테제로 알려져 있다. 이 테제가 가진 설득력의 핵심은 부인할 수 없는 단순함에서 온다. 이 테제는 9·11 공격에 대해 엄청나게 큰 힘을 가졌음에도 (서구인에게) 눈에 잘 보이지 않는, 따라서 합리적인 조사라는 게 필요 없는, 일련의 보이지 않는 힘의 결과로 설명할 수 있게 해 준다. 이런 관점의 문제는 '문화'라는 단어를 절대적이고 불가해한 어떤 것으로 변형시켜 버리는 한편 역사의 정치적이고 사회적인 차원을 주변화시켜 버린다는 데 있다. 문화가 다른 문화와 절대적 경계로 나뉘어 있다는 관점은, 마치 국민 국가의 경계가 외부 영향을 전혀 받지 않도록 해 준다고 보는 것(실제로 어떤 나라도 그런 경우는 없다)과 마찬가지로 설득력을 갖기 어렵다(Sen, 2005를 보라). 존 클라크John Clark의 중요한 연구(Clark, 1997)가 보여 주듯이 적어도 계몽주의 시대 이후 동양적 사고는 서구에 지대한 영향을 미쳤고 닫힌 문화적 경계의 개념이 거짓임을 보여 주었다.

혹자는 9·11 직후 미국 대통령 조시 부시가 선포한 테러와의 전쟁(Bush, 2001a), 즉 이른바 "자유의 적"(Bush, 2001b)을 때려잡기 위한 전쟁이 미국의 문화적 패러다임의 핵심을 일깨웠다고 주장했다. 보스트도르프(Bostdorff, 2003)에 따르면 부시는 청중들에게 "청교도적인 종교적 규약의 수사학"에 호소하는 담론을 제공했다. 이 종교적 규약을 받아들임으로써 미국의 젊은 세대는 기성 세대, 즉 2차 세계 대전 세대의 신앙적 권위*authority*에 사실상 종속되게 되었고 그것을 재활성화하게 되었다. 종교적 규약은 도덕적 이원론(스스로 자임한 테러리스트 지도자 대 민주적으로 선출된 정치인, 반문명적 악 대 '미국의 가치')의 언어를 함께 가져왔는데, 이는 경제적 실용주의('미국 경제에서의 지속적 참여와 자신감의 필요성'에 대한 요구)와 결합되었다. 하지만 선 대 악이라는 분리의 잠재력을 지닌 수사학은 서구 정치인들만큼이나 테러리스트도 잘 이용할 수 있는 것으로 계몽에 거의 도움이 되지 않는데, 이는 미국이 무슬림 세계에 저지른 범죄에 대한 빈 라덴의 언급(Bin Laden, 1998)이 잘 보여 준다. 그와 같은 수사학은 '문명의 충돌'이라는 관점을 신뢰하는 데 기여하게 되는데, 이는 의도와 무관하게 빈 라덴의 요구(서방 세계라는 '악'에 대항한 양극화된 '성전'에 대한)를 뒷받침하며 사태를 더 악화시키는 결과를 낳게 된다(Barber, 2002). 데리다(Derrida, 2003) 또한 유사한 논점을 제기한 바 있다. 데리다는, 테러리스트의 잔학 행위에 대한 서방의 대응이 서방 세계의 활력의 근원인 법률적 절차를 제한하는 경향으로 나타난다(9·11의 여파와 함께 강력히 추진되었던 미국의 '애국법Patriot Act'을 보라. Dworkin, 2005 참조)고 보았다.

보스트도르프가 말한 종교적 수사학의 문제는 하버마스(Habermas, 2003)도 언급한 바 있다. 그가 말했듯이 종교적 수사학에 의존하는 경향은 쌍둥이 빌딩의 붕괴를 '성서적 이미지'로 반복해 보여 주는 것에서 함축적으로 드러난다. 이어진 부시의 보복적 언어들이 구약성서의 울림을 가지고 있는 것은 서방의 세속 사회가 가진 뭔가 기괴한 특성을 보여 준다. 하버마스에 따르면, 9·11 공격은 근본주의라는 '유독 현대적인 현상'처럼 지구적인 비중으로 나타나는 현대화의 불안한 결과를 드러내는 것으로 해석되어야 한다. 서방에서 현대화의 결과는 그것의 상대적으로 완만한 속도뿐 아니라 구체적인 보상(전통의 상실을 통해 개선된 삶의 조건) 때문에 경시된 측면도 있다. 그럼에도 교회와 국가의 분리에서 가장 명백하게 표현되는, 현대성을 규정하는 특성(세속적 구성 요소) 가운데 하나가 오늘날까지도 서구 사회에서 불안감을 불러일으킨다. 이는 서방 세계 역시 변화의 와중에 있다는 것, 즉 '세속화의 서양적 *occidental* 과정'이 현재 진행 중인 현상이라는 것을 말해 준다. 사회적 변화와 문화적 변화의 시간 격차가 긴장을 만들어 내는 것이다. 오늘날 비서구 사회에서 세속화로 인한 전통의 소멸은 더욱 트라우마적인데, 이는 단지 유례없는 속도 때문만이 아니라 전통의 지속적인 파괴가 어떤 측면의 보상도 이루어지지 않기 때문이기도 하다. 세속화는 문화적 식민화의 모습으로 겪게 되었다. 바로 이것이 서방 세계가 스스로도 세속화를 완결짓지 못한데다 그것을 인식하지 못하고 있는 것과 결합하여 문명 충돌의 위협이 드러나도록 한다. 하버마스는 이에 대한 유일한 해결책으로 서방 세계의 입장에서 서구적 전통의 종교적 내용을 비판적으로 포섭하기 위한 구체적 시도 — 세속적이지만 단호하게 '**비패배주의적인** 이성*nondefeatist reason*'을 통한 — 가 모색되어야 한다고 본다. 그와 같은 합리성의 형식은 문화와 합리성 자체의 종교적 기원을 존중해야 하고 그렇게 함으로써 종교와 세속, 동방과 서방 사이의 분리를 무너뜨리고자 — '민주적 상식'에 입각한 상호 이해의 언어를 계발함으로써 — 노력해야 한다.

Barber, 2002; Borradon, 2003; Bostdorff, 2003; Chomsky, 2002; Elshtain, 2003; Habermas, 2003; Huntington, 1998; Morgolis et al., 2005; Ruthven, 2002.

구조주의
structuralism

광범위한 분야에서 사용되어 온 접근 방법(사회과학, 인류학, 문학 비평 등)이다. 구조주의라는 용어는 러시아의 구조주의 이론가인 로만 야콥슨Roman Jakobson이 창안했으나, 그 기원을 소쉬르의 저서인 《일반 언어학 강의*Course in General Linguistics*》(1916)로 보는 것이 일반적이다. 여기서 소쉬르는 의미 작용 과정에 대한 과학적인 이론을 구성하고자 했고, 그것을 기호론–기호에 대한 과학이라고 칭했다. 소쉬르의 관점에서 본다면, 모든 언어(여기서 언어란 단지 말하되 언어뿐만 아니라 모든 형태의 커뮤니케이션을 뜻한다)는 관계의 구조적인 체계로서 분석될 수 있다. 의미는 언어 기호들의 지시 기능보다는 언어 기호들 간의 관계에 의해서 결정된다는 것이다. 따라서 기호가 의미를 가지게 되는 것은 기호가 다른 단어들과의 관계 때문이지 특정한 대상물을 가리키기 때문이 아니다. 이어 소쉬르는 언어가 랑그와 파롤이라는 두 가지 근본적인 체계로 나뉜다고 주장하였다. 랑그는 언어의 근본적인 구조적 요소를 형성하고(화자가 언어를 구사할 수 있다면, 언제든지 사용 가능하도록 이미 짜여 있는 의미들의 망), 파롤은 이러한 요소들이 개인의 발화를 통해 실용화되는 실제 사용 영역이다.

구조주의에서 중요시되는 개념 가운데 하나가 이항 대립이다. 이로부터 의미란 다른 기호들 간에 내재하는 대립적 관계(좋은–나쁜, 밝은–어두운 등)에 의해 결정되며 그 대립성이 의미 구성에 절대적인 힘을 발휘한다는 주장이 성립한다. 야콥슨에 따르면, 이항 대립의 개념은 모든 언어의 기본적인 구조를 설명하기 위해 사용되었다. 이 개념을 중심으로 수많은 종류의 비판적 연구가 발전하였다 — 예컨대 구조주의 문학 비평에서는 대립의 개념을 문학 텍스트에서 발견되는 의미 조직을 과학적으로 해석는 도구로서 사용했다. 여기에는 개별 텍스트 내에 숨겨진 특정한 의미를 찾아내기 위해서 객관적이고 보편적인 의미에 대한 이론이 사용될 수 있다는 강한 믿음이 깔려 있다. 마찬가지로, 인류학자인 클로드 레비스트로스Claude Levi–Strauss의 구조주의 연구는 인간 사회와 문화 내에서 작동하는 보편적인 구조를 해명하는 데에 집중하였고, 루이 알튀세르의 구조주의적 마르크스주의는 마르크스의 사상을 구조주의적 틀 안에 재접합하는 것을 꾀하였다(이데올로기의 본질에 관한 이론이 가장 중요하다).

그러므로 구조주의는 모든 언어적, 사회적 관계를 구성하는 객관적인 조건을 설명하는 시도라고 할 수 있다. 구조주의 그 자체가 객관적인 과학임을 자임한다. 구조주의자들은 구조를 강조함에 따라 경험주의와 인간주의에 대해 줄곧 비판적인 입장을 취해 왔다. 이는 구조주의자들이 원칙적으로 의미를 주어진 구조에 종속된 인과 관계의 산물이라고 전제하기 때문이다. 그래서 구조주의자들은 행위 주체, 개인적 혹은 공유된 이해 관계, 공동체 등과 같은 문제는 대체로 무시하거나 구조적 인과론의 분석 틀이라는 제한된 범위 내에서 설명해 왔다.

구조주의적 접근법에 대해 다양한 비판이 가능하다. 그리하여 구조주의 자체의 진전 속에서 철학자 자크 데리다Jacques Derrida(《쓰기와 차이*Writing and Difference*》(1967)에 실려 있는 그의 논문 "힘과 의미화Force and Signification"를 참조하라)와 문학 비평가인 롤랑 바르트Roland Barthes 같은 저자들은 구조주의의 분석적 방법론이 주장하는 객관성에 대해 혹독한 공격을 가했다(이들 모두 포스트구조주의에 합류하였다). 이들은 언어 구조 혹은 사회 구조가 고정적이고 보편적이라는 견해에 의문을 던졌다. 다른 종류의 비판도 제기되었다. 예를 들어, 구조주의의 제한된 관점에서 설명되는, 구조와 주체가 접합의 관계에 있다는 논리는 인간 주체 형성에 관한 문제들을 환원론적으로 다루는 오류를 범한다는 것이다. 또한 구조주의는 변화라는 사실을 적절히 설명해 내지 못한다. 만일 의미가 견고한 구조에 의해 결정되는 것이라면, 어떻게 역사가 가능한가라는 질문은 구조주의 분석 영역의 바깥으로 밀려날 수밖에 없는 것이다. 왜냐하면, 구조 자체가 변화할 수 있는 것이라면 (i) 변화 과정이 구조에 내재해야 한다. 그렇다면 '구조' 개념 그 자체가 문제시된다. (ii) 변화 자체가 구조 외부에 존재해야 한다. 그렇다면 구조가 사회적 관계나 의미 형성에 있어 결정적인 인자가 아니며 구조 역시 다른 종류의 인과적인 요소들에 종속될 뿐이라는 결론이 나온다. 또한 후기 루트비히 비트겐슈타인Ludwig Wittgenstein이 제시한 '의미는 사용'이라는 명제 역시 의미가 구조적인 문제라는 견해와 대립적인 것으로 이해할 수 있다. '사용'을 구성하는 요소가 반드시 구조적 은유로 설명할 수 있는 것이 아니기 때문이다. 이항 대립의 개념 역시 상당히 문제시된다. 예를 들어 '이것은 닫힌 문이다'와 같은 문장의 의미가 '이것은 열린 문이다'라는 문장과 이항 대립적이라고 주장하는 것이 타당한지는 분명치 않다. [PS]

Clarke, 1981; Culler, 1975; Derrida, 1978; Harland, 1987; Jameson, 1972; Kurzweil, 1980; Lévi–Strauss, 1968a, 1977; Pettit, 1975; Saussure, 1983; Sturrock, 1979.

구조화
structuration

구조화는 영국의 사회 이론가 앤서니 기든스Anthony Giddens가 발전시킨 개념이자 이론이다. 이것은 개인적인 인간 행위*human agency*와 전체로서의 사회 안정과 유형화된 특성 사이의 관계를 설명하고자 제시된 것이다. 한편으로, 기능주의나 구조주의 같은 정통*orthodox* 사회 이론들은 사회의 조직화된 본성을 배타적으로 강조하는 경향이 있었다. 그래서 사회는 사회를 구성하는 행위자*agent*들과 별도로 존재하는 것으로 (그리고, 자연적 힘이 그러하듯이 행위자들의 행동을 속박하고 결정하는 힘으로) 제시되었다. 다른 한편으로, 사회 이론의 다른 쪽(상징적 상호 작용론과 해석학을 포함한)은 자신들이 살고 있는 사회 세계를 창조하고 운영하는 사회적 행위자들의 기술*skills*을 강조했다. 기든스는 이 양극단에 존재하는 부분적인 진리를 인정했다. 사회는 유형화되어 있기 때문에 사회의 개별 구성원의 고립되고 자기 이익적인 행동은 계획되거나 서로 협조된 것이라는 외양을 띤다. 예를 들어, 연례적인 사회 통계들은 많은 일상적 사건과 활동의 발생이 놀라운 안정성을 갖는다는 것을 보여 준다. 더욱이, 이러한 안정성과 질서가 개인 행위자의 통제 바깥에 있다는 바로 그 이유 때문에, 사회가 그들을 구속하고 통제하는 것 같다. 그러나 행위자들은 고도의 능력을 갖고 있다. 그들이 가진 방대한 양의 지식과 기술의 범위는 복잡하고 독특한 상황을 그들이 이해하고 다른 사람들과의 관계를 관리할 수 있게 해 준다.

그러므로 기든스는 '구조의 이중성'에 대해 말한다. 사회 구조, 다시 말해 사회적 삶의 조직되고 지속적인 특성은 사회의 구성원들에게는 외적인 것인 동시에 내적인 것(행위자를 사회의 능력 있는 구성원으로 만들기 때문에)이라는 점에서 이중적이다. 기든스가 다소 불가사의하게 말했듯이, "사회 체계들의 구조적 속성은 그 속성이 반복 순환적으로 조직하는 실천 행위들의 매개체이자 결과이다"(1984: 25). 사회 구조는 주로 사회의 구성원들이 자신의 사회 생활을 조직하는 능력으로 존재한다. 그러므로 사회 구조는 능력 있는 행위자가 이용할 수 있는 규칙과 자원의 집합이다. 그것은 행위자의 기억 속에 존재한다. 하지만 기든스가 제시한 핵심 요점은 행위자들이 그것에 대해 의식적으로 인식할 필요는 없다는 것이다. 그들의 능력 가운데 많은 부분이 비담론적인 것이다. 다시 말해서, 행위자들은 그들이 아는 것을 말로 설명할 수 없을 수도 있다. 그러나 그들은 주어진 상황 속에서 어떻게 '행동할'지를 안다. 그들은 '실천적 의식*practical consciousness*'을 가지고 있다. 실천 행위에 있어서, 사회 구조는 행위자들에게 어떤 외부적인 것으로 현실화된다. 특수한 상황에서 행위자의 행동 결과는 그들이 단순히 의도한 이상인 것처럼 보인다. 기든스는 시간과 공간을 가로질러 연결되는 제도적 관계로서의 사회 구조들이 가진 외적 안정성을 분석하기 위해 사회학뿐만 아니라 지리학에도 의존한다. 사회 구조가 행위자에게 외적인 것으로 행위자와 만난다는 것은 행위자에게는 중요한 것이다. 기든스의 '존재론적 안전*ontological security*' 개념은 이 점을 포착한다. 능력 있는 사회적 행위자들은 사회 세계와 자연 세계가(그리고 이 세계와 관계되는 자신의 자아 정체성이) 안정적이고 안전하다고 믿는다. 세계는 일상적인 관행으로 만들어져 있다. 이 일상적인 관행에 대한 기대를 깨뜨리는 것은 무엇이든 대단히 성가신 것(그리고 곤혹스러움에 대한 어빙 고프만의 분석과 민속 방법론자들에 의해 실행된 《규칙 위반 실험 *breaching experiments*》 안에서 이용된 특성)이다.

요약하자면, 기든스는 사회적 삶을(그리고 중점적으로 사회의 재생산을) 하나의 원*circle*처럼 표현한다. 행위자는 다른 사람들과 상호 작용한다. 당연하게 받아들여지는 행위자의 사회적 능력은 그들로 하여금 상황을 이해하도록 하며 반복되는 일상적 실천 행위에 의거해 그 상황에서 살아가도록 한다. 행위자는 그들의 사회적 행동을 가능하게 하는 바로 그 조건을 그에 따라 창조한다(그리고 유지한다). 그에 따라 사회에 대한 그들의 지식과 사회적 능력은 그들이 성공적으로 상호 작용을 수행하거나 그 안에서 만나는 어려움을 해결하는 것을 통해(사회와 함께) 재생된다. → 행위와 구조 [AE]

Cohen, 1989; Giddens, 1984; Held & Thompson, 1990.

국민 국가, 민족 국가
nation state

현대적인 의미에서 정치적 공동체는 법률적 약호와 정부 구조, 국가 원수, 국경, 군사 방어 체제 등에 자치권을 갖는다는 점에서 다른 공동체와 구별된다. 국민 국가는 통합적 형태로 정체성을 드러내는 여러 가지 상징적 특성 — 국기, 국가, 대중적인 자기 이미지 등 — 을 갖고 있다. 국민 국가가 국민*nationhood*의 소유와는 동의어가 아니라는 사실은 유의할 가치가 있다. 정치적 자치권을 갖지 못한 민족들이 국민 국가의 정치적 자치권을 획득하려는 국민적 투쟁이 19세기에 절정에 올랐다(예를 들면, 이탈리아 국가 또는 1872년 프러시아의 영도하에 이루어진 독일의 국가 통일). 마찬가지로 오늘날 국가의 지위를 갖지 못한 민족들이 아직 있다(예를 들면, 웨일스와 스코틀랜드). 여기서 국민 국가가 국적*nationality*이나 종족성, 문화, 언어 등과 같은 개념으로 결정되는 것은 아니라는 사실이 수반된다. 이와 관련해서 좀더 근본적인 것은 정치적, 사회적, 경제적 조직 양식이다. 즉 국민 국가는 정치적 자치권, 그리고 사회적 관계의 체계라는 점에서 서로 다른 규범*norms*과 약호, 상대적으로 독립적인 경제적 정체성을 가진다. [PS]

Tivey, 1981.

국제(국제주의) 양식
international style

미국 건축 사학자 헨리 러셀 히치콕Henry-Russell Hitchcock이 만들고 건축가 필립 존슨Philip Johnson이 발전시킨 용어이다.* 1920년대에 등장하기 시작한 새로운 건축을 설명하기 위한 것이었으며, 궁극적으로는 부피, 규칙성, 기술적 완벽에 대한 기능적인 강조로 모더니즘의 기본 원리를 요약함으로써 건축의 이론과 실천의 통일체를 내세웠다. 유럽의 합리적인 근대 건축은 명백한 정치적 기획의 맥락에서 전개되는 경향이 있었던 반면, 국제 양식에 대한 히치콕과 존슨의 설명은 아마도 전쟁 중과 전쟁 후의 비정치적이고, 전형적으로 상업적으로 편향된 미국 건축에 더 잘 들어맞는다. 국제 양식의 원리에 대한 존슨의 최종 요약 가운데 하나는 다음과 같다. "구조적 정직성, 반복되는 단위 리듬, 대량의 유리를 통해 표현되는 투명함, 평평한 지붕, 완전한 컨테이너로서의 상자, 장식 없음." 이것은 의문의 여지없이, 필연적으로 근대 건축의 다양성을 과도하게 단순화하고는 있지만, 상업용이든 가정용이든 간에 전 세계에 걸쳐 발견되는 많은 근대 건축의 아주 특징적인 것을 표현하고 있다. [AE]

* 헨리 러셀 히치콕과 필립 존슨은 1932년 뉴욕 현대미술관에서 열린 'Modern Architecture International Exhibition'을 기획했다. 이 전시를 통해 '국제 양식'이라는 용어가 알려졌다.

Hitchcock & Johnson, 1966.

권력
power

다양한 의미를 지닌 용어. 가장 흔히 사용되는 의미는 어떤 개인이나 특정 사회 집단에 대해 다른 개인이나 집단이 폭력이나 통제를 행사하는 것이다. 이런 관점에서 권력은 개인과 사회 양자의 구성에서 외부적인 것이다. 예를 들어, 자유주의 국가 이론에서는 흔히 입법 권력이 영역 내 개인의 행위를 국가가 정당화된 힘을 사용해 능력을 제한하는 것이라고 파악한다. 그런 관점에서 권력의 행사는 본성상 '선험적'으로 강제적인 것은 아니다. 합법성의 한계 내에서 행사된 권력은 정당한 것으로 받아들여지기 때문이다. 이에 반해 자유주의자들은 개인이 자유롭게 선택하지 않은 방식으로 행위하도록 압박하는 권력의 행사는 강제적인 것으로 본다.

권력과 권위가 반드시 동의어는 아니다. 예를 들어 시민적 인간주의의 주창자들 가운데 한 사람인 17세기 정치 철학자 제임스 해링턴은 '실질적' 권력(실제로 권력을 소유한 것)과 법률상 권위(권리에 의한 권위, 즉 정당화에 의한 권위)를 구분한다. 해링턴은 이중 하나가 없어도 다른 하나를 가질 수 있다고 지적한다. 그에게 권위가 없는 권력은 근대 또는 '고딕*Gothic*' 정부 형태의 핵심 측면이었는데, 그것은 전제 군주에 의한 '실질적' 권력의 소유와 상응하는 것으로 전제 군주는 그/그녀의 통치 영역 안에 있는 시민에게 책임을 지지 않아 시민의 동의라는 권위가 없는 통치가 된다.

프랑스 철학자 미셸 푸코는 '권력'이라는 용어의 의미를 재정의함으로써 큰 영향력을 발휘한 사상가로 인정된다(일차적으로 포스트구조주의 또는 포스트모더니즘의 주창자들 사이에서, 푸코는 시기에 따라 양자 중 어느 것과 동일시되기도 했다). 푸코는 니체를 따라 전통적인 이론 내에서 파악한 것과 현저하게 다른 방식으로 권력을 재정의하고자 한다. 니체의 관점에서 권력은 개인 또는 집단들 사이에 존재하는 관계에서의 차이를 표현하는 것이 아니라 실재의 전체에 스며들어 그 본질이 되는 것이다(특히, 《권력의 의지*The Will to Power*》 1968b, 1067절을 보라). 유사하게 푸코는 권력이 개인이나 집단에 행사되는 무언가로 존재하는 것이 '아니라' 집단들 사이에 존재하는, 그래서 똑같이 개인과 집단 정체성 자체 사이에 존재하는 관계 모두를 구성하는 것으로 파악한다. 푸코의 분석에서 중요한 것은 권력이 사회 실재와 주체성 같은 사회적 형태를 구성하는 데만 머물지 않는다는 주장이다. 또한 그는 지식의 담론이 실상 권력 관계의 표현이며 그 자체로 권력의 구현이라고 주장한다. 푸코의 이런 주장은 영국 철학자 토머스 홉스Thomas Hobbes에까지 거슬로 올라가는 관점이라고 할 수 있다. 홉스는 지식을 권력의 표현으로 보았다. 실상은 홉스를 훨씬 넘어, 예를 들어 고대 그리스 인물로서 플라톤의 동일한 제목의 대화편에 등장하는 고르기아스Georgias에까지 거슬러 올라간다. 이런 관점에서 권력은 아주 보편적이고 사회 관계에 내재적이어서 그것을 형이상학적 개념으로 간주할 수밖에 없게 된다. [PS]

Foucault, 1980; Harrington, 1992; Mill, 1984; Nietzsche, 1968b.

권위
authority

사회학과 정치 철학에서 권력의 정당한 사용을 지시하는 개념. 행위자는 실로 기꺼이 혹은 충실하게 권위를 지니는 다른 행위자의 명령에 복종한다. 권위에 대한 복종은 폭력적인 위협이나 강제로 얻어내는 것이 아니다. 사회 이론에서는 베버가 처음으로 권위에 대해 분석했다. 그는 무슨 이유로 특정 행위자가 권위를 갖게 되는가에 집중했다. 그는 설명을 위해 세 가지 이념형을 제시했다. 권위는 우선 합법적–합리적일 수 있다. 그 경우 권위는, 전형적으로 몇몇 통상적이며 공공적인 법제정 과정을 통해 혹은 규칙의 효율성 내지는 필연을 예증함으로써(관료제의 경우), 규칙과 법률에 부여된다. 전통적인 권위는 다시금 다소간 잘 규정된 규칙을 따른다. 그러나 그러한 규칙은 최근의 공적 형성 과정보다는 전통적인 실천과 관습 그리고 우주론에 뿌리박고 있다. 카리스마적인 권위는 규칙이 아니라 특정 지도자의 인격(그리고 존엄과 영웅적 자질)과 실로 그 지도자의 가르침과 본보기에 좌우된다.

정치 철학에서 권위의 문제는 홉스의 작업에서 결정적인 근대적 정식화를 얻어낸 것으로 볼 수 있다. 홉스는 (뜻밖에 내란으로 인한 사회적 무질서에 직면하여) 권위의 필요성이라든지 개인이 그것에 복종해야만 하는 근거에 관련해 효과적으로 접근했다. 베버적인 견지에서 본다면, 홉스의 설명은 합법적–합리적인 유형이다. 홉스에게는, 군주가 사회 질서를 유지하고 평화를 보장한다면, 군주와 자유로운 사회 계약을 체결하는 것이 합리적이다. 이러한 접근법은 자유주의적인 전통에서 발전되었다. 한 국가는, 그 규칙과 법이 모든 합리적인 시민이 받아들일 만하다면 그들이 추구하고자 하는 특정 이해들과는 관계없이 권위를 갖는다. 잠재적인 시민이 그들 스스로의 재능과 이해 관계를 잊고 하나의 사회를 계획하는 곳인바, 존 롤스John Rawls(1972)의 '원초적 입장*original position*'과 관련한 사유 실험은 그러한 사회 계약론적 설명의 가장 세련된 현대판이다. 대조적으로 공동체주의적인 정치 철학은 전통적 권위의 우위성을 제시한다. 자유주의와는 모순되는 방식으로 여기서 행위자는 이미 특정 공동체와 문화에 뿌리 박힌 것으로 이해된다. 따라서 행위자의 권위는 그 공동체 내에서 당연시되는 가치에 따라 판단한다.

빌프레도 파레토Vilfredo Pareto와 게타노 모스카Gaetano Mosca와 같은 정치적 '현실주의자'들은 권위와 권력을 구분하는 것을 반대한다. 그들이 볼 때 모든 복종과 굴종은 궁극적으로 사회 구성원 대부분에게 강제된다. 권위와 권력 사이의 구분은, 좀더 미묘하게는 이데올로기에 대한 설명으로 의문시된 바 있다. 특히 마르크스주의에서, 행위자가 단순히 물리적 폭력뿐만 아니라 위협, 그리고 지배 집단이나 계급이 사상에 대한 통제(예를 들면, 매스 미디어나 종교, 교육 등에 대한 통제를 통해서)로 강제될 수 있음이 처음 언급되었다. 한 국가가 시민에게 권위를 세울 수 있는 것은, 오로지 그 시민들이 그 국가가 그들의 최대치의 이익을 위해 움직이지 않는다는 것을 알아차리는 데 필요한 문화적 자원과 정보들을 차단당하기 때문이다. 국가가 권위를 유지하는 데에 점차 더 어려워하는 까닭에 대해 하버마스(1976b)는 정당성의 위기 이론에서 분석한 바 있다. [AE]

Barry, 1989; Hampton, 1997.

권위주의적 인성
authoritarian personality

아도르노 등(1950)이 수행한 연구와 관련 있으며, 에리히 프롬Erich Fromm과 빌헬름 라이히Wilhelm Reich의 작업에서 등장한 개념. 어떤 인성 구조는 자아가 반민주적인 정치적 신념을 수용하게 만든다고 가정했는데, 위계적이며 권위적인 부모 자식 관계, 스테레오타입의 형성, 엄격함, 억압적 거부를 그 특징으로 보았다.

Christie & Jahoda, 1954.

귀납
induction

귀납법은 과학 방법론에 대한 일반적 설명을 제공하는 첫 번째 시도이다. 이 설명은 오랜 역사를 지니고 있어서 프랜시스 베이컨Francis Bacon(1561~1626)의 작업으로까지 거슬러 올라갈 수 있다. 이 모델에서 과학자는 수많은 관찰을 수행하기 시작한다. 일단 관찰 단계가 완결되면 그다음에 과학자는 그가 수행한 관찰을 토대로 일반 법칙이나 이론을 구성한다. 그다음에 이 법칙이나 이론은 미래의 유사한 현상을 예상할 때 사용될 수 있다.

이 절차에 대한 형식적 정의는 귀납의 원리를 통해 제공된다. 즉 "한 집단의 대상들 가운데 관찰된 모든 구성원이 일정한 특성을 갖고 있다면, 이 집단의 모든 구성원은 이 특성을 공유한다." 여기서 진술된 것처럼 이 원리에는 명백한 오류가 존재한다. 즉 고려되는 집단의 모든 구성원을 관찰한 것은 아니다. 바꾸어 말하면, 귀납법을 따르는 과학자가 하고 있는 것은 한 집단의 제한된 구성원을 관찰하여 그것을 바탕으로 그 집단의 모든 구성원에 대한 어떤 주장을 하는 것이다. 예를 들어, 호주의 검은 백조에 대한 유명한 사례가 있다. 비교적 최근까지도 흰 색깔 이외의 다른 색깔을 지닌 백조가 발견되지 않았기 때문에 모든 백조는 희다고 생각되어 왔다. 귀납법을 따르면 이것은 제한된 수의 관찰로부터 세상 어디를 불문하고, 과거든 현재든 모든 백조는 흰색이었고, 흰색이며, 흰색일 것이라고 결론지을 수 있다는 주장에 도달하게 된다. 불행하게도 검은 백조가 호주에 존재한다는 것이 밝혀졌다. 따라서 그러한 일반화는 정당하지 못한 것처럼 보인다. 이것은 귀납의 유명한 문제에 대한 한 설명이다.

이러한 문제에 답하려는 다양한 시도가 있어 왔다. 대표적인 해결 방법은 "한 집단의 대상 가운데 관찰된 모든 구성원이 일정한 특성을 갖고 있다면, 이 집단의 모든 구성원은 아마도 이러한 특성을 공유할 것이다"라고 말하는 귀납의 원리를 채택하는 것이다. 하지만 '개연성' 개념 및 귀납법에 대한 그 개념의 적용과 관련된 수많은 문제들이 있다. 대안적으로 칼 포퍼는 과학의 방법론에 대한 설명으로 귀납법을 포기하고 오류의 증명을 채택할 것을 제안했다. ➔ 과학 철학 이것은 가설을 공공연하게 받아들이기보다는 잠정적으로 인정하는 것을 뜻한다. 또한 토머스 쿤은 귀납의 거부를 제안했다. 그러나 쿤의 동기는 포퍼와는 다소 달랐다. 쿤에게 있어 귀납의 문제가 나타내는 문제는 과학에 전적으로 합리적 기반을 제공하려는 어떤 시도도 근본적인 실수라는 것이다. ➔ 과학 철학 [SH]

Chalmers, 1982; Kuhn, 1970; Popper, 1972; Russell, 1988.

규범
norm

규범은 사회적 행위의 유형을 지배하는 규칙이다. 규범의 예에는 법, 도덕적 원칙과 지침, 관습, 에티켓의 규칙 등이 있으며 바람직한 가치와 목표를 표현할 수도 있다. '규범'은 서로 구분되어야 할 두 가지 의미가 있다. 하나, 규범은 사회 속에서 일상적 행위를 포괄한다(그래서 이때 규범은 통계적으로 정상적인 행위를 지칭한다). 다른 한편, 규범은 실제 행위가 이 이상과 일치하느냐와는 무관하게, 원하거나 정해진 행위 유형을 가리킨다. 특히, 이 후자의 의미에서 규범은 긍정적이거나 부정적 처벌이 따를 것이다. 말하자면 순응하면 보상을 받거나 어기면 벌을 받는다. 예를 들어, 부드럽게 승인하거나 흘겨보는 것에서부터 막대한 재정적 보상이나 장기간의 징역형에 이르는 다양한 형태 중 어떤 상벌을 받느냐는 그에 관여된 규범이 어떤 종류인가에 따라 달라질 것이다.

개별 인간이 어린 시절의 양육 또는 사회화를 통해 사회의 규범을 배운다는 관념은 개인이 어떻게 능력 있는 사회적 행위자가 되는지, 그 문화의 기대에 주로 순응하는 존재가 되는지를 설명해 준다. 뒤르켐의 초기 사회학은 규범의 상실, 즉 아노미가 초래하는 비용을 강조했다. 규범의 지도가 없으면 삶이 방향성을 잃고 무의미해진다. 하지만 기능주의 사회학에서 보이는 이런 접근법은 규범이 어떤 특수한 사회적 사건과도 독립하여 존재하며(그리고 지금 여기에 어떤 규범이 적용되는가에 대해 아무런 모호성이 없으며) 사회 속에는 그 규범에 대한 일반적 합의가 있는 것으로 가정할 위험성이 있다. 상징적 상호 작용론은 특히 능력 있는 사회적 행위자들 사이의 상호 작용을 통한 사회의 구성에 집중하기 때문에 규범이 타협의 주제로 더 잘 이해될 수 있다고 주장한다. 적합한 규범에 대한 합의는 사람들이 참여하는 사회적 사건이 어떤 종류인지를 알아채는 데 필요한 행위와 얽혀 있을 것이다. 대조적으로 마르크스주의 사회학자들은 규범이 자명한 합의의 공간으로 이해될 수 있는지에 대해 의문을 제기한다. 이 입장에서는 오히려 사회 내의 권력 구조 면에서(그래서 이데올로기의 일부로) 규범의 부과와 수용을 분석해야 한다고 시사한다. [AE]

규칙
rule

언어 분석에서 중요성이 점점 더 늘어난 용어로, 이 영역에서는 때때로 그 의미가 '관습*convention*'과 유사하게 사용되었다. 규칙에 기초한 언어관은 의미가 구성되는 것은 규칙 혹은 관습에 의한 것이지, 단어들이 비언어적인 사태를 지시하는 방식을 통해서가 아니라고 주장한다. 후기 비트겐슈타인의 작업은 전후 시대에 언어의 규칙에 대한 분석에 (주로 '언어 게임*language games*' 개념을 통해) 큰 추동력을 제공했다. 규칙에 기초해 언어를 설명하는 훌륭한 예가 장 프랑수아 료타르의 《논전: 논쟁 중의 어구들 *The Differend: Phrases in Dispute*》(1983)이다. 이 개념화에서, 특수한 말하기 방식을 구성하는 규칙은 담론의 한 장르를 형성한다. 하나의 장르는 하나의 목적 *purpose*이 있으며, 규칙은 그 목적을 성취하기 위해 무엇을 해야 하는가를 말해 준다. 이러한 개념은 요리와의 유비를 이끌어낼 수도 있다. 만일 케이크를 만들고 싶다면, 요리의 장르는 이 목표를 달성하려면 따라야 하는 규칙을 그 속에 담고 있다. 규칙은 특수한 목표에 의존하기 때문에 규칙이 그 자체로서 의무적인 것은 아니라는 결론이 나온다 — 당신이 특수한 규칙을 따라야 한다고 당신에게 말하는 규칙은 없다. 규칙은 당신에게 어떻게 '잘할' 수 있는가를 말해 주지도 않는다. 체스의 규칙을 따르지만 게임을 잘 못할 수 있다 (만일 어떤 남자가 체스 게임에서 자기 상관에게 져준다면, 그는 다른 내기를 건 또 다른 게임을 하는 것이라고 주장하고 싶더라도 말이다). 관습이 하나의 특수한 맥락에서 한 공동체의 성원들에 의해 규범으로 채택되는 하나의 행동 양식(예를 들면, 만났을 때 악수하는 것, 방에 들어가기 전에 노크하는 것, 결혼식같이 특정 맥락에서는 일정한 스타일의 옷을 입는 것)을 의미하는 것으로 간주될 때, 규칙과는 사회적 상호 작용의 수준에서 다르다. 이런 의미로 채택된 관습은 또한 특정한 장르의 정체성이 기초를 이루고 있다(예를 들면, 문학에서 소설 형식은 적어도 이론적으로는 모든 소설이 이러저러한 방식으로 공유하는 일련의 관습들을 규정한다. 비록 어떤 개별 소설의 '목표'도 그 장르를 특징짓는 관습에 순응하는 방식으로 규정되지는 않더라도 말이다). [PS]

그라마톨로지
grammatology

I. J. 겔브I. J. Gelb의 《문자 연구*The Study of Writing*》의 초판 부제는 "그라마톨로지의 기초*The Foundations of Grammatology*"(1963년의 2판에서는 이 부제가 없어졌다)였다. 겔브는 그 용어와 그의 계획에 대해 다음과 같이 설명했다. "이 책의 목적은 완벽한 문자 과학의 기초를 세우는 것이다. …… 우리는 새로운 과학에 '그라마톨로지'라는 이름을 붙일 수 있다."

언어학자 페르디낭 드 소쉬르는 이미 일반적인 언어 연구는 과학적 기초 하에 이루어져야 한다고 주장했다(그의 《일반 언어학 강의》를 참조하라. 1916년 프랑스에서 처음 발간되었다). 소쉬르는 주어진 시점의 언어 상태에 집중하기 위해, 이전까지의 역사적 접근 방법을 거부하면서 모든 언어의 구조적 기초를 형성하는 불변의 원리를 드러내고자 했다. 그 결과로 나온 이론은 언어를 이론적으로, 상이한 소리의 조합들 사이의 대비로 인해 의미가 생산되는 기호 체계로 해석하였다.

일반 언어학 분야에서 이룬 그의 성취에도 불구하고 소쉬르는 문자를 그 자체의 권리를 지닌 인간 현상으로서 연구할 필요가 있다고 생각하지 않았다. 그는 그것을 다양한 종류의 어려움과 위험을 내포한, 언어의 파생적이고 부차적이며 도구적인 형식으로서 보는 데 만족했다.

겔브의 그라마톨로지는 그가 일반 언어학의 그림자로부터 문자 연구를 해방시킬 수 있는 문자 이론을 제안하려고 하지 않았다는 이유 때문에 실패라고 평가되어 왔다. 그의 접근은 역사적인 채로 남아 있으며, 소쉬르 이전의 낡은 연구 모델과 단절하지 않았다. 그는 단순히 문자 체계를 세 가지 진화 형식들, 즉 단어 문자*logographic*(단어 기반 체계), 음절 문자*syllabic*(음절 기반 체계), 음소 문자*alphabetic*(소리의 단위들이나 음소에 기반한 체계) 가운데 하나에 속하는 것으로 구분했다.

훨씬 더 최근에 와서, 로이 해리스Roy Harris는 소쉬르가 일반 언어학에서 추구했던 것을 그라마톨로지에서 하고자 했다. 그는 《문자의 기호들*Signs* *of Writing*》(1995)에서 "유일한 커뮤니케이션의 복합 형식"으로서 문자의 체계적 분석을 위한 이론적 틀을 제시했다. 겔브와 달리, 그는 말하기에 기반한 형식에 국한하지 않고, 수학과 음악의 표기 체계에 대한 연구 분야도 포함시켜 분석했다.

《그라마톨로지*Of Grammatology*》(1967년 프랑스에서 처음 발간되었다)에서 자크 데리다는 아주 다르고 훨씬 더 철학적인 방침을 취했다. 그는 플라톤(문자를 진실, 존재, 기원과는 완전히 동떨어진 것으로 그 가치를 폄하한)에서 소쉬르(문자를 언어의 질병이라고 묘사한)에 이르기까지 서구적 사고에서 문자보다 말하기를 우월하게 평가함을 드러냈다. 데리다는 말하기가 더 먼저 진화했다는 것은 인정하면서 이 역사적인 우연성이 불합리하게 '존재의 형이상학' 속으로 확장되어 왔다고 주장한다. 서구 형이상학에 근본적으로 중요한 가치 평가적인 대비의 전체적인 네트워크(존재/부재, 내부/외부, 육체/정신 등)가 말하기/문자의 위계 주위에 밀집에 있음을 볼 수 있다.

이러한 생각의 전통과 단절하기 위해서 데리다는 이른바 '**원문자***arche-writing*'를 강조하였다. 이것은 말하기를 비롯해 모든 인간의 실천이 기초를 이루고, 규범*prescript*, 프로그램*programme*, 또는 접미사*–graphy*를 지닌 다양한 단어(*choreography, cinematography* 등)같이 기록의 은유를 통해서만 표현되는 선행적 구조 또는 체계를 말한다. 그는 심지어 플라톤, 루소, 소쉬르와 같은 문자 모독자들도 언어를 설명하려면 이러한 은유를 지속적으로 사용할 수밖에 없었다고 말한다. [KM]

Derrida, 1976.

근본주의
fundamentalism

종교적 신념에 대한 고도로 보수적인 접근. 종교의 근본으로 여겨지는 원칙에 대한 회귀, 그리고 경전 해석의 현대적 이론에 대한 거부로 특징지어진다.

이 용어는 원래 1920년대 북아메리카의 보수적 신교도에게 적용되었다. 1910년부터 1915년 사이 캘리포니아 석유 부호 두 사람이 돈을 대 《기본 교리*The Fundamentals*》를 출간 배포한 바 있는데, 이 책은 기독교의 근본 교리를 재천명하고자 한 것으로 20권 분량이었다. 이 재천명의 중심에는 1910년 (북)장로교회의 장로회 총회에서 채택된 다섯 개 근본 교리가 있다. 그것은, 신의 예지로 이루어진 성경이 절대적이며 글자 그대로 진실하다는 것, 그리스도의 처녀 수태, 인간의 죄에 대한 그리스도의 초자연적 속죄, 그리스도의 육체적 부활, 그리고 복음서에 기록된 기적들의 진실성 등이다. 이와 같은 근본주의적 회귀는 경전 해석에 대한 자유주의적 신학과 접근 방식, 특히 '축자적(또는 문자 그대로의)' 해석 가능성을 완전히 부정하는 접근 방식에 대한 반동으로 쉽게 이해된다. → 해석학

경전 해석에 대한 접근을 넘어서 기독교 근본주의는 신자의 사회적, 문화적 실천에도 중요한 영향을 미쳤다. 전형적으로 근본주의자들은 자신의 입장이 신성하게 주어진 절대적 진리라는 생각을 견지하는 까닭에 다원주의, 개인주의, 표현의 자유는 물론이고 여성의 평등권에 대해서도 반대하는 도덕적 정치적 가치를 지닐 수 있다. 그와 같은 태도는 예컨대 아르카디안의 목가적인 초기 기독교처럼 완벽한 종교적 믿음과 실천의 시기로 여겨지는 시대에 대한 향수와 임박한 세상의 종말과 최후의 심판에 초점을 맞추는 지복천년주의를 반영하는 것으로 볼 수 있다.

다른 종교와 세속적 신념 체계에 대한 반대는 종종 '불신자'와 이교도라는 악마와 싸우기 위한 폭력적 행동을 낳기도 한다. 기독교 근본주의자들의 폭력적 행동 사례는 상대적으로 드문 편이다. 이는 아마도 기독교적 가치가 이미 근본주의자들이 속해 있는 서방 세계에 광범위하게 자리 잡고 있고, 근본주의자가 세속으로부터 아예 떨어져 나오지 않는 한 정책 결정에 압력을 행사하는 민주주의적 구조를 효과적으로 사용할 수 있기 때문이다. 1980년과 1984년 대통령 선거에서 미 공화당이 보수 기독교도를 동원한 것이나

제리 폴웰Jerry Falwell*이 이끄는 '도덕적 다수Moral Majority'**가 보여 준 압력 집단으로서의 역할 같은 것이 그 예가 된다. 그렇지만 근본주의자들의 낙태 반대 행동에는 폭력이 연관되어 왔다.

근본주의자들이 세상의 전통과 관습의 변화, 과학적 진보에 대해 종교적 진리의 절대 불변성을 견지하는 한 근본주의는 교육이나 다른 문화 제도에 강하게, 때로는 폭력적으로 개입하곤 한다. 아마 이런 개입의 가장 유명한 예는 '스코프스 몽키 재판Scopes Monkey Trial'***일 것이다. 성경에 대한 글자 그대로의 해석, 특히 창조를 묘사한 창세기 1장을 글자 그대로 받아들이는 근본주의자들에게 다윈의 진화론은 일반적인 공격 대상이 되었다. 1925년 장로교 신도 윌리엄 제닝스 브라이언William Jennings Bryan은 테네시 주의 공립학교에서 진화론 교육을 금지시키려는 시도를 했다. 좀더 최근에는 캔사스 주에서 창조론을 진화론과 나란히 교육시켜야 한다는 제안이 성공적으로 받아들여진 바 있다.

최근에는 영국과 미국에서 지적 설계론*doctrine of intelligent design*****의 과학적 지위와 다윈주의의 대안으로서 지적 설계론의 정당성에 관한 논란이 이루어지고 있다.

사회학적으로 근본주의는 대체로 주변 집단 혹은 사회적으로 양가적인 집단에서 나타나는 것으로 보인다. 그러니까 근본주의자들은 꼭 전통적으로 힘없고 억압받는 사회 계층으로부터 출현하는 것이 아니다. 그보다는 사회적 운세가 최근 들어 역전되었거나 사회적 신분 상승에 대한 열망(그러니까 현대화의 이득을 즐길 수 있는)이 좌절된 집단에서 더 많이 출현하는 것으로 보인다. 본래의 신교도 근본주의자들은 경제 위기로 인해 권력으로부터 최근 밀려난 집단에서 나타났다. '근본주의자'란 용어는 비기독교 종교 집단의 특정한 신봉자들(특히 무슬림)로 쉽게 이전되고 있지만 이런 이전은 문제적일 수 있다. 특히 코란의 글자 그대로 신성한 진리라는 믿음은 모든 무슬림 신앙의 특징이다. 마찬가지로 기독교적인 종교와 세속의 분리는 이슬람에서는 덜 분명하다. 그렇기에 사회적·교육적 정책의 기반을 종교적 교의에 두어야 한다는 요구는 이슬람의 신앙과 실천에서 좀더 전형적으로 나타난다. '근본주의'라는 용어에 대한 다양한 대체 용어는 '근본주의'(기독교 내부이든 외부이든)라는 용어가 포괄하는 범주 내의 어떤 것, 그리고 그것이 인식되는 방식 — 복고적, 급진적, 군사적, 극단적 등등 — 의 어떤 측면을 가리킨다(Bruce, 2000: 12).

다양한 종교에서 (힌두교, 유태교, 불교 등을 포함해) 다른 신앙을 가진 자를 폭력적으로 공격하는 근본주의의 유사 경향이 나타나기도 한다. 인도에서 일어난 힌두교도들의 무슬림 공격이라든가, 스리랑카의 실론 불교Sinhala-Buddists와 타밀 불교의 근본주의자들 사이에서 벌어지는 갈등 같은 것, 종교법으로 세속법을 대체해야 한다는 요구(예를 들어 이스라엘에서 안식일에 모든 공공 교통을 중단시켜야 한다고 주장하는 유태교 근본주의자들의 요구) 같은 것들이 그런 예다.

이슬람교에서는 '근본주의자'란 용어보다 '전통주의자'란 용어, 혹은 좀더 정확히 '이슬람주의자'라는 용어가 더 선호된다. 이슬람주의 운동은 19세기에 시작되어 20세기까지 지속되었는데(이는 자말 알 딘 알 아프가니Jamal al Din al-Afghani(1837~1897)와 무하마드 압두Muhammad Abduh(1849~1905), 라시드 라이다Rashid Rida(1865~1935) 등에 의해 시작되었다), 이는 서구의 과학 기술과 초기 이슬람 형식에의 복귀를 결합함으로써 이슬람 사회를 개혁하고자 하는 시도였다(그 결과 610년에서 855년에 이르는 초기 선지자*salaf* 시대 이후에 이루어진 발전은 모두 거부되었다). 20세기 들어 이슬람형제회Muslim Brotherhood(1927년에 이집트에서 설립)가 초기 이슬람 사회의 교훈을 다시 한 번 추구하면서 초기 이슬람주의자들의 통합주의적 접근을 거부하는데, 이는 서구 식민주의와 세속주의라는 위협에 대응하기 위해서였다. 이슬람형제회는 자신들의 목적을 위해 부분적으로 재산과 개인에 대한 폭력적 공격을 활용하기도 했다(여기에는 두 이집트 수상에 대한 암살이 포함된다). 1960년대 중동의 긴장이 고조되면서(아랍 진영이 이스라엘에 패배했던 1967년의 '6일 전쟁'을 포함해) 이슬람 급진주의의 정치적 관심이 아랍 민족주의 개념으로부터 좀더 급진적인 이슬람주의적 접근으로 전환한 것으로 보인다. 1979년 이란 왕의 폐위는 이슬람 정치가 민족주의에 입각한 서구의 세속주의 모델로부터 '근본주의적' 신정 정치의 추구로 전환하는 결정적인 계기였다. 이후 수십 년간 정치 운동(탈레반의 아프가니스탄 통치 같은)이나 알 카에다와 연관된 테러리즘, 그리고 살만 루슈디Salman Rushdie의 1988년 소설 《악마의 시*Satanic Verse*》의 출간에 대한 항의(그리고 이어진 법적 판결 또는 이란의 영적 지도자 아야톨라 호메이니Ayatola Khomeini가 내린 살해 명령) 등의 예처럼 좀더 호전적인 이슬람이 대두했다. 9·11을 전후한 일련의 사건들은 거의 불가피하게 초기 이슬람 근본주의와 세속, 혹은 서구 기독교 세계 사이의 갈등이라는 측면에서 조명될 수밖에 없다. 그러나 단순히 대립 구도로만 가정하면 서방 국가들이 자신들의 이해에 부합했을 때 근본주의 운동을 지원했었다는 사실을 간과하게 한다.

근본주의가 근대화에 대한 반동으로 이해되기도 하지만 이는 좀 문제가 있다. 아마도 근본주의자들이 흔히 사회 정치적으로 양가적인 지위(그저 단순히 근대화에 의해 권력을 잃은 것이 아니라)를 가진 까닭에 근대화에 대한 전면적인 거부는 드물다. 근본주의자들은 근대화와 연관된 문화적이고 윤리적인 실천을 — 특히 제국주의는 물론이고 소외, 이기적 개인주의, 쾌락주의가 서구 문화의 특징이라고 주장하며 — 가혹하게 비판한 반면, 서구 기술의 주요 양식들은 이슬람주의적 발상의 예로 지속적으로 포용해 왔다. 20세기 말과 21세기 초의 근본주의자들은 특히 의미심장하게도 현대 커뮤니케이션 기술을 창의적이고 강력하게 채용해 왔다. 미국과 여타 지역의 기독교 근본주의자들은 텔레비전과 인터넷을 이용하는 방식을 재빨리 찾아냈고 서구 세계 밖의 이슬람 집단들은 좀더 강력한 미디어 통제를 피해 오디오 카세트, 좀더 최근에 와서는 CD와 DVD를 활용해 그들의 메시지를 선전해 왔다. [AE]

* 제리 폴웰은 미국 기독교 근본주의의 대표 주자로 침례교회 목사이다. 그는 보수주의 핵심 인물로 9·11 직후 미국을 하느님이 보호하는 나라로 보는 국수주의 발언을 해 큰 논란을 불러 일으키기도 했다.

** 도덕적 다수는 미국의 침례교 목사인 제리 폴웰이 만든 기독교 우파 단체이다. 이 단체는 낙태, 동성애자 시민권 등의 사안에 반대의 목소리를 높였으며, 공화당 대통령 후보였던 로널드 레이건의 당선에 큰 영향을 끼친다.

*** 스코프스 몽키 재판은 1925년 테네시 주 테이턴의 공립학교 교사 존 스코프스가 진화론을 가르쳤다는 이유로 고발되어 유죄가 된 사건을 말한다.

**** 지적 설계론은 탐구 대상이 '의도적 존재'인지 '우연적 존재'인지 규명하는 탐구이다. 탐구 대상에서 의도적 요소인 디자인(설계)이 있는지를 찾고 그것이 의도임을 증명하는 방식으로 탐구한다. 여기서 설계자를 지적 존재라고 하는데, 지적 존재가 누구인지는 탐구 범주 밖의 일이다.

Antoun, 2001; Brasher, 2001; Bruce 2000; Ruthven, 2004.

기계적 연대/유기적 연대
mechanical solidarity/organic solidarity

뒤르켐의 사회학에서 산업 사회 이전의 결속과 산업 사회의 결속을 각각 설명하는 용어. 산업 사회에서는 복잡한 노동 분업이 이루어져 각각의 사회 구성원이 특정 분야 전문가이고 타인과의 협동과 교환 없이는 그 자신의 필요를 충당할 수 없다. 따라서 사회는 개개인이 사회로부터 분리될 수 있는 자원을 가지지 못하기 때문에 결속된다. 반면 뒤르켐은 산업 사회 이전의 사회가 전문화된 역할의 부재로 특징지어진다고 본다. 각각의 가족 단위는 원칙적으로 나머지 사회로부터 독립적으로 살 수 있다. 결속은 공유된 가치를 집단 의식 구체화한 억압적 법률 — 이는 전형적으로 신성한 성질을 부여받는다 — 로써 유지된다. 이런 법률을 위반한 어떤 개인이라도 전형적으로 사회로부터 추방되는 심각한 벌을 받게 된다. [AE]

기능주의
functionalism

기능주의는 20세기 전반기 내내 문화인류학과 사회학의 지배적 패러다임이었다. 가장 기본적으로 기능주의는 주어진 사회적 또는 문화적 제도를, 그 특정 제도가 전체로서의 사회에 갖는 영향력 측면에서 설명하고자 한다. (따라서 기능주의는 제도나 사회가 등장하는 역사적 설명에 대한 하나의 대안이다.) 기능주의 설명은 모든 제도가 이상적으로는 사회 안정을 유지하여 한 세대에서 다음 세대로 사회를 재생산하는 데 참여한다고 가정한다. 종종 생물학적인 유기체와 비교하면서 사회는 항상성恒常性의 특성을 갖는다고, 즉 사회의 다양한 부분들은 전체로서의 사회를 유지하기 위해 작동한다고 가정된다. 예를 들면, 현대 가족의 기능은 아이들을 육체적으로 양육하고 사회화하는 것이다. 따라서 (도덕성 또는 사회의 규범과 가치를 포함한) 문화는 한 세대에서 다음 세대로 전수되고 대부분 변하지 않으며, 경제는 유익한 역할을 수행할 수 있는 개인을 공급받는다.

미국의 사회학자 로버트 K. 머튼Robert K. Merton(1968)은 현재적 기능과 잠재적 기능 사이의 차이를 제안했다. 사회 제도의 잠재적 기능은 사회적 행위자들이 의식하지 못하는 기능이다. 그러한 기능은 행위자들이 자신의 개별적 행위를 실행할 때 품을 수 있는 어떤 계획적인 의도를 넘어서게 된다. 따라서 비를 염원하는 춤을 추기 시작하는 사제나 무당들은 스스로 날씨를 통제하려고 시도하는 자라고 간주할 수도 있다. 그러나 기능주의 사회학자나 인류학자들은 그보다는 나쁜 날씨가 지속되면서 발생하는 스트레스에 직면해, 그러한 의례가 집단의 사기를 높여 그 집단을 안정시키고 통합하는 데 기여한다고 말할 것이다.

기능주의의 가장 복잡한 생각은 탤컷 파슨스(1951)가 대부분 발전시켰다. 그는 인공 두뇌학에서 가져온 체계 이론 접근법을 사용하였다. 하나의 체계는 외부 환경에 대해 그것의 통합성을 유지하는 것으로 이론화된다. 하나의 사회가 하나의 체계로 취급된다면, 사회 체계가 다른 모든 체계들처럼 통합을 유지하고 살아남기 위해서 수행해야만 하는 네 가지의 '기능적 필요 조건'이 존재하게 된다. 충족되어야 하는 첫 번째 기능적 필요 조건은 외부 환경에 대한 적응이다. 사실상 이것은 한 사회에서 (외부 환경의 자원들을 사회에 쓸모 있게 만들기 위한) 경제의 임무이다. 두 번째의 필요 조건은 목표 달성이다. 사회 속의 어떤 제도들은 (정치 제도와 같이) 그 사회를 지도할 수 있어야만 한다. 세 번째 필요 조건인 통합은 내적 질서를 유지한다(경찰과 교육의 임무에서 볼 수 있는 것이다). 마지막 필요 조건인 원형의 유지*pattern–maintenance*는 자신들에게 요구되는 기능을 수행하고자 하는 체계 구성원들의 동기를 필요로 한다. 이러한 필요 조건은 문화적 하위 체계로 충족된다. 따라서 파슨스에게 문화란 그 자체가 하나의 체계로 이해되는 것이다(따라서 그것은 모든 체계의 네 가지 필요 조건들을 갖게 될 것이다). 원칙적으로 체계들 내의 하위 체계에 대한 파슨스의 분석은 무한히 계속될 수 있거나, 적어도 그 자신이 또한 하나의 체계인 개인적인 사회적 행위자까지 내려갈 수 있다.

기능주의는 사회 갈등과 사회 변화를 다루기 힘들다는 점에서 비판받아 왔다. 기능주의는 사회가 핵심 규범과 가치에 대해 실질적인 합의가 이루어진, 대체로 동질적인 전체라고 가정하는 경향이 있다. 문화에 대한 분석에서 볼 때, 기능주의는 합의가 조작되거나 경쟁적일 수 있다는 함의를 갖는 이데올로기 이론에 대해 어떤 연구의 여지도 주지 않는다. 아울러 계급 갈등에 대한 마르크스주의 모델에서 제안한 것처럼, 또는 갈등을 정치적으로 활기에 넘치고 개방된 사회의 신호로 보는 갈등 이론가의 설명에서처럼, 사회 내의 하위 집단 간의 갈등을 인정할 여지가 거의 없다. 합의된 규범의 일탈은 '역기능적'인 것으로, 즉 사회 전체에 혼란을 가져오는 것으로 비난받는다. 갈등에 대한 이와 같은 설명에 내재한 보수주의는 사회적 변화를 다룰 때도 나타난다. 사회는 마르크스주의가 제안하듯이 혁명적인 변화를 통해서가 아니라, 사회적 기능들이 지속적으로 정교해지는 분화(따라서 하위 체계들의 창조)를 통해서 변화한다. 사회가 정교해질수록 새로운 전문적 제도들이 이전에 다른 곳에서 만족스럽지 못했던 기능들을 수행하기 위해서 생겨날 것이다. 따라서 산업 사회 이전에는 가족이 대부분 자녀 교육을 책임졌으나, 산업 사회에서는 학교가 전문적인 교육 제도로 등장한다.

기능주의의 가장 큰 결함은 아마도 그것이 의미를 다룰 수 없다는 것, 그리고 자신들이 살 수 있고 이동할 수 있는 의미 있는 사회적 세계를 능동적으로 인지하고 구성할 수 있는 사회적 행위자들의 능력을 인지할 수 없다는 점일 것이다. 이러한 이유로, 사회과학에서 기능주의의 패권에 대한 최초의 중요한 도전은 상징적 상호 작용론으로부터 나왔다. 체계 이론과 연결된, 기능주의에 대한 더욱 정교해진 생각이 최근 부활하는 것을 볼 수 있다. 특히, 독일의 사회 이론이, 니클라우스 루만Niklaus Luhmann(1982)의 작업이 그러하다. 이러한 기능주의적 이론은 위르겐 하버마스(1984, 1987)의 작업에도

영향을 미쳤다. ⓐ 유기체의 유비 [AE]

Ⓑ Giddens, 1977; Radcliffe–Brown, 1952.

기표/기의
signifier/signified

기호학에서, 하나의 기호는 기표와 기의라는 두 가지 구성 요소로 분석된다. 기표는 기호가 나타나는 물리적 형태로서, 말해지거나 글로 쓰여진 단어('기억')나 대상(허브, 허브의 그림) 등이 이에 해당된다. 기표는 기표를 발화, 사용, 제시하는 개별적인 행위와 구별된다. 그래서 각기 다양한 악센트와 억양을 가진 여러 명의 사람들이 각기 그들의 방식대로 '기억'이란 단어를 발성하는 경우에도 우리는 바로 이 발화들에 공통적인 하나의 기표를 인식하게 될 것이다. 기의는 기호가 지시하는 개념이다(위의 예에서 기억이라는 개념이 기의이다). 중요한 점은, 기의는 실재 세계에 존재하는 개별적인 대상이나 사건이 아니라는 사실이다. 단어 '기억'이 특정 기억하는 행위를 의미하지 않는 것처럼, '허브'라는 단어 역시 어느 특정한 허브를 가리키는 것이 아니다. 동일한 예로, 식물 도감에 나와 있는 로즈마리 허브의 사진은 '로즈마리임*rosemary–ness*'이라는 뜻을 나타내는 것이지 사진 작가가 하나의 모델로 사용한 그 특정한 식물을 의미하는 것이 아니다.

하나의 기표가 다수의 기의를 가질 수 있고 하나의 기의가 다수의 기표를 가질 수 있다는 점 역시 주의해야 한다. 그래서 기표로서의 단어 '기억,' 로즈마리 허브나 양귀비꽃 모양의 조화 등은 모두 기억이라는 추상적 개념을 기의로서 공유한다. 마찬가지로, 시에서 사용된 단어 '로즈마리'는 요리책이나 식물 도감에 나타난 로즈마리와는 다른 뜻을 나타낼 수 있다. 기표와 기의 사이의 관계는 대체로 자의적이며 특정한 기호 체계를 규정하는 문화적 관습에 따라 결정된다. [AE]

Ⓑ Barthes, 1967b.

기호
sign

기호란 자기가 아닌 다른 것을 대신하거나 지칭하거나 표상하는 어떤 것으로 이해할 수 있다. 하나의 기호는 두 가지 요소로 나뉘어 분석된다. 기표는 글로 쓰여진 단어('장미'), 대상(장미의 줄기와 꽃), 트레이드마크, 사진 이미지, 향내, 색깔 등과 같이, 기호가 취하는 물질적 형식이다. 기의는 기표가 가리키는 추상적 개념이다(그래서 장미나 장미의 이미지가 기호로 주어졌을 때 사랑이라는 개념을 '사랑'이라는 단어 그 자체보다 더 적절하게 나타낼 수 있다. 바르트가 "'열정적' 장미"라고 부른 기호로서의 장미가 그 예이다). 기호는 모든 커뮤니케이션 행위에서 의미를 운반하고 생성하는 가장 중요한 단위라고 할 수 있다. 기호의 의미는 기호의 사용 및 적합성을 규정하는, 관습적이고 문화적으로 특정한 규칙들의 세트(또는 약호들) 안에서 그것이 차지하는 위치로 결정된다. → 기호학 [AE]

Silverman, 1983.

기호학/기호론
semiology/semiotics

'기호학*semiology*'과 '기호론*semiotics*' 두 용어 모두 기호에 관한 이론임을 뜻하며, 기호와 기호 시스템들을 연구하여 의미와 커뮤니케이션에 관련한 문제들을 해명해 나가는 방법론이다('기호론'은 17세기에 영국의 철학자 존 로크가, '기호학'은 20세기 언어학자인 페르디낭 드 소쉬르가 창안했다. 전자가 후자에 비해 더 자주 사용되는 경향이 있다). 기호에 대한 학문의 시초는 고대 그리스 시대에까지 거슬러 올라가는데, 징후를 질병의 기호로서 연구하였던 의학의 경우가 하나의 예이다. 이와 유사하게 근대 기호론은 기호로서 기능하며, 의미를 생성하고 교환할 수 있는 모든 것을 그 대상으로 삼았다. 예컨대 동물 기호론*Zoosemiotics*은 동물 커뮤니케이션 안에 존재하는 자연적 과정들을 탐구한다. 그러나 기호론이 문화 연구에서 중요시되는 이유는 인간 문화 안에서의 커뮤니케이션, 즉 인간의 커뮤니케이션을 실현하는 (자연적인 과정에 대한 상대적 의미에서의) 인위적인 과정을 통찰할 수 있는 시각을 제공하기 때문이다. 기호론이 광범위한 인간 행위와 생산물의 유의미한 관계들을 지각하고 분석할 수 있는 힘을 지녔다는 점에서, 문화 연구 영역에서 이용할 수 있는 가장 중요한 이론적 도구의 모음이라 해도 과언이 아닐 것이다. 기호론은 문화 연구 범주에 속하는 문학 텍스트, 대중 가요, 사진, 광고, 이정표, 음식과 의류 등과 같은 다양한 종류의 인공물들에 똑같이 생산적으로 적용될 수 있다. 그리하여 기호론은 문화 연구가 전통적인 문학 비평이나 미학의 가치 평가적 연구와 결별하는 데에 결정적으로 기여하였다. 이는 기호론이 텍스트들의 가치를 평가하는 대신 텍스트들이 의미를 획득하는 과정과 다양하게 해석되는 방식을 이해하는 것에 목적을 두었기 때문이다.

기호론적 관점에서 볼 때, 언어는 기호 시스템의 대표적인 모델이고 소쉬르의 언어학은 근대 기호학 발전에 커다란 영향을 미쳤다. 소쉬르 언어 연구의 요지는 언어(그리고 하나의 언어에 포함되는 단어나 기호)가 그에 선재하는 (초언어적) 실재*reality*와 단순히 상응 관계에 있는 것이 아니라는 점이다. 오히려 언어는 우리가 경험하는 실재를 구성하는 것으로 이해된다. 예컨대 단어 '허브'는 선재하는 실재의 한 부분을 지칭하는 것은 아니다. 허브, 꽃, 채소를 구분하는 것은 우리가 이 세 가지 종류의 식물의 차이를 인지할 수 있게끔 하는 언어를 가졌는지 여부에 따라 결정되기 때문이다(이러한 차이를 구별하지 않는 언어를 상상하는 것은 어렵지 않다. 그리고 영어를 말할 줄 모르는 상대방에게 그 차이를 설명하는 것이 얼마나 어려우리라는 것을 쉽게 짐작할 수 있다. 만일 우리가 그 다른 언어에 능통할지라도 말이다). 그리하여 소쉬르는 하나의 기호 시스템으로서의 언어는 그것의 구성 기호가 바깥 사물과 맺는 관계를 통해서가 아니라, 기호들 간에 존재하는 동일성과 차이 관계들을 통해서(그러므로 전적으로 언어 내에서) 작동한다고 주장했다. '허브'를 이루는 부분적 의미들 가운데 하나는 허브가 '채소'가 아니라는 것이다. 마찬가지로, 또 하나의 상식적인 예를 들자면, 영어에서의 '*man*'은 '동물이 아님*not-animal*,' '여인이 아님' 그리고 '소년이 아님'이라는 뜻을 갖는다. 나아가 이것은 '연약하지 않은,' '감정적이지 않은'과 같은 연상적 의미들로 확장해 나갈 수 있을 것이다. 그러므로 '*man*'이라는 단어의 의미는, 현재 언어 사용자들의 속한 문화에서 남성성이 이해되는 특정한 방식에 의해 결정된다. 또 다른 예를 들어 보겠다. 여기서는 기호의 구조가 자의적이라는 점이 특히 강조된다. 서양 문화권에서는 전형적으로 '흰색'이 긍정적인 감정과 사건에 관련된다(흰색 웨딩드레스). 흰색은 그러므로 검정색이 아니다. 검정색은 부정적인 감정과 사고에 연관되기 때문이다. 동양 문화권에서도 흰색과 검정색 사이의 대비가 존재하지만 그 연상 작용은 서양 문화권과 반대이다. 그래서 동양에서 흰색은 장례식과 관련된 색깔로 인식된다.

위의 예들로부터 어떻게 기호론의 대상이 하나의 기호 체계 언어로부터 다른 형태의 기호 체계로 옮겨 가게 되는지 알 수 있을 것이다. 예를 들어, 한 사람이 옷 입는 방식을 선택하는 것은 유의미한 행위이다. 검은 드레스는 어떠한 사회적 상황에서는 적절하지만 다른 상황에서는 그렇지 않은데 이것은 바로 검은 드레스가 그 옷을 입은 사람에 대한 메시지를 전달하기 때문이다(그녀는 애도 중이다. 그녀는 정장을 차려 입었다. 혹은 그녀는 섹시하다). 문장으로 구성된 문어나 구어의 의미를 지배하는 관습이 존재하는 것처럼, 선택된 옷의 의미를 지배하는 관습적인 규칙이 존재하는 것이다. 이 규칙들이 작동하여 다양한 가능성 가운데 특정한 한 품목의 옷이 선택되고 (흰색이나 노란색 또는 파란색의 드레스 대신 검은색 드레스), ➔ **계열체** *paradigm*선택된 품목들 간의 결합이 이루어진다. ➔ **통합체** 그래서 우리는 색깔(하나의 기호)이 스타일, 바느질선, 질감 등(다른 기호들)과 결합한 방식을 인식함으로써, 같은 검은색 옷이지만 장례식복, 사무실용 정장, 파티용 드레스 각각을 구분할 수 있다. 이것은 하나의 문장이나 구어, 문어로 구성된 하나의 텍스트가 단어들 간의 결합을 통해서 의미를 만들어 내는 것과 같은 이치이다.

'남성'과 '검은색'의 예들에서 알 수 있는 사실은, 기호가 전형적으로 다양한 의미를 가지는데, 그 가운데 일부는 순전히 사전적 의미(남성은 여성이 아니다)이고 다른 일부는 암시적인 의미(남성은 감성적이지 않다)라는 것이다. 이것을 각각 기호의 외시 의미와 함축 의미로 구분하는데, 전자는 기호의 가장 직설적이며 안정적인 의미에, 후자는 기호의 연상된 의미, 즉 그 기호가 불러일으키는 더욱 감정적이고 표현적인 평가적 뉘앙스에 해당한다. 실제로 어떠한 기호도 완전히 외시 의미만을 가질 수는 없다(수학이나 형식 논리학에서 사용되는 기호들은 예외적일 수 있다). 예컨대, '말*horses*' 대신 '준마*steeds*'라는 단어를 선택하여 말하는 것은 작지만 중요한 의미의 변화를 갖는다. 함축 의미와 외시 의미를 구분함으로써, 롤랑 바르트는 소쉬르 고유의 기호론을 한층 발전시켰다. 바르트는 함축 의미를, 그 기호가 사용되고 해석되는 문화의 가치 체계를 드러낸다는 관점으로 이해해야 한다고 주장하였다. 중요한 사실은 이렇듯 문화적 특수성을 지니는 평가 구조가 그 사회의 권력 배분 구조와 연결되어 있다는 것이다(그래서 예를 들어 남성성이 — '남성'이라는 기호에서 — 합리성, 실행, 힘과 같은 요소들을 연상시킨다면 이 사실은 그 사회가 가부장적임을 나타내는 것이다). 우리가 함축 의미를 외시 의미인 것으로 혼동하고 마치 자연스럽고 불변의 의미인 양 당연하게 받아들이는 상태가, 곧 바르트가 신화라 칭한 단계이다. 신화에서 평가적이며 그래서 궁극적으로 정치적인 기호의 함축적 의미는 감추어지게 된다. 그래서 독자가 텍스트를 읽을 때 그 지배적인 가치 체계를 미처 눈치채지 못한 채 그 안으로 빨려 들어갈 수 있는 것이다. 순진한 독자라면 광고 안의 남성과 여성이 표현된 방식, 그리고 이들이 양자 간에 또는 다른 요소들과 엮어진 방식을 단순하게 따라 읽으면서, 남성성과 여성성에 대한 기성의 가치평가적 의미들을 자연스럽게 체득하게 될 것이다. (이러한 점에서 J. 피스크와 J. 하틀리J. Hartley는 바르트가 신화학이라고 부른 기호론을 이해함으로써 이데올로기론에 다다를 수 있을 것이라 주장했다.)

바르트의 작업에서도 충분히 보여지듯, 문화 연구 영역에서 활용되는 기호론적 분석력에 비교할 때 소쉬르의 기호론 연구는 분명히 한계가 있는 듯하다. 소쉬르의 기호론에 대해 일찍이 러시아 이론가인 V. N. 볼로시노프V. N. Voloshinov가 대안을 제시한 바 있다. 그는 소쉬르가 언어학 또는 기호의 체계를 강조함으로써, 언어에 허위적 객관성을 부여했다고 지적했다. 볼로시노프의 관심은 초역사적인 언어 구조보다는 특정한 사회적 상황에서 이루어지는 언어와 의미의 실현 문제에 있었다. 따라서 그는 모든 사회 구성원들이 동일한 언어를 공유한다 하더라도 각 계급마다 상이한 정치적 목적을 가지고 언어를 전유할 것이기 때문에 기호를 잠재적인 계급 투쟁의 장으로서 이해할 수 있다고 보았다. 기호는 '사회적 다강세성*social multiaccentuality*'으로 구성되며, 이것은 위기나 혁명 상황에서 가장 극명하게 나타난다는 것이다.

소쉬르의 기호론은 우리의 경험 세계를 구조화하고 나아가 창조하는 데에 있어 언어가 차지하는 역할을 지나치게 강조했다는 점에서도 비판받곤 한다. 이러한 경향이 지나치면 기호론이 반리얼리즘의 한 유형인 것으로 오해될 우려가 있기 때문이다. 즉 언어 및 기호 체계의 외부 세계가 우리에게 가하는 제약, 또는 기호가 그러한 비언어적 외부 세계를 지시하는 방식들에 가해지는 규약을 간과할 우려가 있다는 것이다. 이를 해결하기 위한 많은 연구가 이루어져 왔는데, 지시의 문제에 대한 탐구도 그 가운데 일부이다. 특히, 미국 철학자 찰스 샌더스 퍼스Charles Sanders Peirce의 연구가 주목을 받아 왔는데, 이는 바로 그의 기호론이 애초부터 기호와 초언어적 대상과의 관계를 보다 정치하게 다루어 왔기 때문이다.

퍼스의 기호 이론은 세 가지 요소를 주축으로 한다. 퍼스가 '기호*sign*'라고 부른 것은 '대상*object*'을 통해 '해석체*interpretant*'로 연결된다. (C. 후크웨이C. Hookway로부터 빌어 온) 하나의 간단한 예가 이 관계를 가장 잘 보여 준다. 만일 내가 벗겨진 나무 껍질을 본다면 이것은 주위에 사슴이 있다는 것을 알려 주는 기호가 될 수 있다. 그 나무 껍질이 기호이고 그 껍질을 벗긴 실제 사슴이 대상이며, 사슴에 대한 나의 사고가 해석체이다. 그러므로 해석체란 기호를 읽는 독자가 애초에 주어진 기호에 대해 갖게 되는 심적 반응인 것이다. 중요하게도 퍼스는 기호가 일련의 해석체들로 연결된 사슬을 파생시킨다고 주장하였고 이는 기호가 자명하거나 투명한 의미를 지니지 않는다는 점을 시사하는 것이다. 독자 개개인이 기호를 자기 나름대로 해석할 따름이다. 따라서 독자는 기호와 그에 대한 해석체에 의해 실제 대상과 항상 분리되어 있다. 그러나 퍼스는 해석의 사슬이 발전해 나감에 따라(적어도 과학자 집단 간의 커뮤니케이션에서 사용되는 특정 유형의 기호들에 있어서), 해석체(즉 독자의 이해)는 점차 대상에 보다 알맞도록 만들어질 것이라고 주장하였다. 결과적으로 언어 외부에 존재하는 대상이 기호와 기호 체계에 압력을 가한다고 볼 수 있는 것이다. 퍼스에게 있어서 각 문화마다 식물을 분류하는 방식은 다양하지만 식물학자와 요리사가 식물들을 실제로 다루고 연구함으로써 마침내는 허브와 채소를, 그리고 로즈마리와 당근을 구분하는 것이 가능해진다.

한편, 퍼스의 기호학은 세 가지 기호 유형에 대한 유용한 개념 틀을 제공한다. 상징*symbols*은 관습에 의해 그 지시 대상에 연결되는 기호이다. 예컨대 단어 '개'와 실제의 개 사이에 물리적 혹은 여타 다른 공통점이라곤 없다. 깃발은 국가를 나타낼 수는 있지만 추상적인 고안물이나 다름 없다. 반대로 지표*indices*는 대상과 인과적 또는 존재론적인 연결 고리를 갖는다. 그래서 벗겨진 나무 껍질은 지표이다. 그것은 사슴에 의해 생겨났기 때문이다. 연기는 불의 지표이다. 마지막으로 도상*icons*은 대상과 어떤 특질들을 공유한다. 따라서 지도는 재현적인 그림이나 사진들이 그러하듯이 도상적이다. [AE]

Barthes, 1967b, 1973; Eco, 1976; Fiske & Hartley, 1978; Hookway, 1985; Innis, 1986; Peirce, 1986; Saussure, 1983; Voloshinov, 1973.

낙인찍기
labelling

낙인 이론은 일탈*deviance* 연구에서 중요한 설명 도구이다. 이 이론은 E. 레머트E. Lemert(1951)가 제안했지만 주로 하워드 베커Howard Becker(1963)의 작업과 밀접히 연관된다. 이는 상징적 상호 작용론에 기반한다. 이 이론에 따르면, 한 개인이 일탈자가 되는 것은 단지 그가 일정한 행동 규범(법률과 같은)을 위반했기 때문이 아니다. 그보다 '일탈'은 개인에게 씌워지는 낙인으로 볼 수 있다. 통상적인 행동 규칙에 대한 최초의 위반이 의미를 가지게 되는 것은 오직 다른 사람들이 이에 반응하면서부터이다. 이 이론에서 인간은 오직 다른 사람들과의 상호 작용을 통해서만 개인적 정체성 혹은 자기 이해를 형성한다. 그러므로 만일 다른 사람들이 당신의 행동을 부정적으로 인식하고 그래서 당신에 관해 혹독하게 이야기하고 당신의 행동을 부정적 언어로 묘사한다면 당신은 스스로를 그런 견지에서 생각하게 될 것이다. 그리고 당신의 개인적 정체성은 그러한 맥락을 통해 구축될 것이다. 예컨대 상습범이니 마약 중독자, 정신병자, 강도, 유아 추행자 같은 낙인은 중립적인 것이 아니다. 그것은 그 대상이 되는 류의 사람에 대한 비판의 의미를 애초부터 가지고 있다. 사람들은 자기 정체성 속에 이런 낙인을 집어넣음으로써, 거기에 맞추어 다르게 살고 행동하는 방식을 배우게 된다. (예컨대 고프만

(1961)은 정신병동에 새로운 환자가 정신병자로서 행동하는 방식을 배워 가는 과정을 분석한 바 있다.) 일탈자는 '정상적' 사회로부터 격리되며 여타 일탈자들의 무리에 몸담게 된다. 개인이 일상적인 근거에서 만나게 되는, 그래서 개인의 자기 정체성 형성에 영향을 미치는 타자들은 변화한다. 일탈자가 '정상적'인 행동과 언어 규범으로부터 전형적인 '일탈적' 하위 문화로 옮겨 감에 따라 상대적으로 정도가 낮은 규칙 위반(마리화나 흡연 같은)은 좀더 심각한 형태의 일탈(좀더 강한 마약 복용)로 '증폭'된다. 개인의 자기 정체성이 재구축되는 과정은 자동적인 것이 아니라는 사실이 확인된다고 하겠다. 낙인의 부과는 저항을 받기도 한다. 경제적 혹은 지적, 교육적 자원이 많은 사람들은 낙인에 저항할 수 있는 힘을 더 많이 갖는다(예를 들어, 법정에서 좀더 적절한 자기 방어를 할 수 있는 자원을 가짐으로써).

[AE]

Fine, 1977; Gove, 1980.

낭만주의
romanticism

유럽 문화에서 낭만주의 시기는 대략 1780~1850년경에 해당한다. 낭만주의적 예술 작품은 일반적으로 쉽게 거기에 해당하는 것들로서 확인할 수 있는 반면(예를 들면, J. M. W. 터너와 들라클루아의 회화, 워즈워스와 바이런의 시, 그리고 리하르트 바그너의 음악), 낭만주의 예술가들과 사상가들이 무엇을 공유하고 있는가는 정확히 공식화하기가 어렵다. 낭만주의는 아마도 단 하나의 정합적인 교의보다는 일군의 태도들과 주제들로 보는 것이 최상의 접근법일 것이다. 그 핵심에는 이성과 질서에 대한 계몽주의적 강조에 대한 반작용, 그리고 따라서 예술에서의 고전주의에 대한 반작용이 있다.

원래 '낭만적'이라는 말은 단지 로망스어*the romance languages*를, 그래서 라틴어보다는 토속 프랑스어로 글쓰는 것을 가리키는 것일 뿐이었다. 1755년에 존슨 박사Dr. Johnson는 '낭만적*Romantick*'이라는 말을 "이야기*tale*나 로망스를 닮은, 야생의…… 있을 법하지 않은, 허위의……, 공상적인, 야생의 경치로 가득한"으로 정의했다. 이 정의는 이미 낭만주의적 관심사들의 어떤 것을 포착하기 시작하고 있다. 낭만주의적인 것은 감정에 대한 회복된 호소, 그리고 중요하게는 두려움과 고통이라는 더 어두운 감정에 대한 갱신된 호소를 통해 고전주의의 구속을 깨고 나온다. 이리하여, 계몽주의가 (뉴턴 역학으로 예화되듯이) 자연에 대해 이성과 질서의 원천으로서 관심을 가진 데 비해, 낭만주의는 자연에서 유기적 성장과 다양성을 발견했다. 낭만주의자들에게 있어, 자연적인 것과 초자연적인 것은 서로 얽혀 있어 계몽주의적 사고에는 낯선 감정적이고 정신적인 힘을 자연에 부여한다. 이에 덧붙여, 낭만주의는 중세 문화와 심지어 이교 문화에 대한 회복된 관심을 표지하는 것이었다. 낭만주의자들은 그러므로 고딕적인 것으로 방향을 돌렸고(이는 고딕 건축의 부활에서 정점에 달했다), 고전주의가 그리스와 로마의 신화를 바라보았던 곳에서 낭만주의는 유럽 신화와 민속 문화를 바라보았다(예를 들면, 독일의 '니벨룽겐의 노래 *Nibelungenlied*,' 핀란드의 '칼레발라*Kalevala*'). 무엇보다도, 낭만주의는 예외적인 개인을 예찬했다.

18세기 말과 19세기 초에 저술 활동을 하였던 프리드리히 폰 슐레겔Friedrich von Schlegel과 아우구스트 빌헬름 폰 슐레겔August Wilhelm von Schlegel은 낭만주의의 발전에 있어 핵심적인 인물이다. 두 사람 모두 낭만주의 예술 작품의 유동적이고 파편적인 본성을 강조한다. 프리드리히에게 있어 낭만주의 시는 항상 생성*becoming*의 상태에 있으며, 따라서 결코 고전 예술이 열망하는 완벽이나 조화로운 정합성을 성취하지 않는다. 슐레겔에게 낭만적인 것이란 해석의 문제 속에, 그리고 예술 작품의 궁극적인 불가해성 속에 싸여 보호된다. 그의 낭만적 아이러니의 원칙은 시의 역설적인 본성을 강조하며, 그렇기 때문에 시에서 결코 어떤 객관적이거나 한정적인 의미도 도출될 수 없다. 극예술에서 셰익스피어는 그의 등장 인물들로부터 그가 거리를 두는 아이러니컬한 분리 때문에 예찬된다. 그는 이렇게 함으로써 하나의 관점을 편들면서 극을 끝맺지 않고 등장 인물의 대립을 통해 모순적인 입장들을 묘사해 낼 수 있다.

철학에서 낭만주의의 발생은 장 자크 루소와 연관되는데, 이는 인류에 대한 당대 문명의 타락화 효과에 대한 그의 비평, 또 그의 소설 《줄리, 또는 신엘로이즈*Julie, ou la Nouvelle Héloïse*》의 감정적이고 감상적인 음조, 그리고 《고백록*Confessions*》의 자기 탐구, 이 모두가 그러하다. 루소가 고귀하고 타락하지 않은 인류의 이미지를 되찾기 위해 문명에 선행하는 자연 상태의 이미지로 향하듯이, 독일 철학자 요한 고트프리트 헤르더Johann Gottfried Herder(1744~1803)는 민속 문화와 비유럽 문화로 향하며, 그것을 유럽 문명의 원시적인 선행자로 이해하는 것이 아니라 그들 스스로 타당성이 있고 의미와 우수함에 대한 스스로 기준이 있는 것으로 이해한다. 헤르더는 칸트의 합리주의에 대한 반작용으로 글을 쓰지만, 칸트 자신은 낭만주의와 복합적인 관계에 있다. 그의 윤리학은 이성이 지배하고 있지만, 그의 지식 이론과 미학은 지식과 이성의 한계를 탐구한다('믿음을 위한 공간*room for faith*'을 마련하기 위해 과학적 조사를 제한하면서). 그렇지만 순수한 낭만주의 철학자의 예는 칸트를 재해석한 아르투어 쇼펜하우어Arthur Schopenhauer(1788~1860)이다. 세계를 의지의 계속적인 분투라는 견지에서 바라보며 예술이 이로부터 숨돌릴 수 있는 몇 안 되는 위안의 원천들 가운데 하나를 제공한다는 그의 비관적인 설명은 원형적인 낭만주의 예술가 리하르트 바그너Richard Wagner에게 큰 영향을 끼쳤다.

[AE]

Cranston, 1994; Honour, 1979; Le Huray & Day, 1987; Lovejoy, 1948; Praz, 1970; Rosen & Zerner, 1984; Simpson, 1988; Wu, 1994.

내용 분석
content analysis

내용 분석은 커뮤니케이션 연구 방법의 고유한 한 분야이다. 이 방법은 주관적인 편향을 배제하고 계량화할 수 있는 (통계적) 결과를 산출하려고 한다. 내용 분석은 개별 텍스트보다 다량의 표본에 대한 분석에 아주 적합하다. 표본 안에서 분석 단위의 통계적 출현 빈도(정도)를 중요하게 본다. 예를 들어, 파업을 보도하는 텔레비전 뉴스에 대한 내용 분석은 특정 산업에서의 파업 행위가 전체 산업에서의 파업 행위에서 차지하는 실제의 비중과 비교하여 그 산업에서의 파업 행위에 할애하는 보도의 비중(또는 파업 보도에 할애한 전체 방송 시간 비중)에 초점을 맞출 수 있다. 그래서 이를테면 전체 파업 보도의 50%가 자동차 산업과 관련된다면, 그런데 자동차 산업 관련 파업이 전체 파업의 (또는 산업 활동 중단 일수의) 5%에 불과하다면, 이것은 선별적인 보도의 한 형태가 될 것이다. 내용 분석에서 주관적인 편파성을 방지하려면 분석 유목과 단위들을 명료하게 규정하여 분명하게 적용할 수 있게 하는 것이 대단히 중요하다. [AE]

Weber, 1990.

내재주의와 외재주의
internalism and externalism

인식론상의 주제이지만, 문화 이론에서의 논점에도 관련되어 있다. "지식이란 무엇인가?"라는 질문에 대한 한 가지 대답은 지식은 **"정당화된 진실한 신념"**이라는 것이다. (플라톤은 자신의 대화록 《테아이테토스*Theaetetus*》에서 이 고전적 정의를 제공하였다.) 따라서 어떤 것이 진정한 지식의 항목이라고 간주되려면 그것은 다음과 같은 세 가지 기준을 충족시켜야만 한다. (i) 그것은 진리임에 틀림없다. (ii) 우리는 그것이 진리라고 믿어야만 한다. (iii) 우리의 신념이 적절한 근거를 가지고 있어야 한다. 즉 적절한 증거를 기반으로 하거나, 타당한 추론의 과정을 통해서 도달되거나 자명한(선험적인) 진리의 문제로 알려져야 한다. 언뜻 보기에 이것은 꽤 잘 작동하는 정의인 듯하다. 그러나 위의 세 가지 조건이 충족되지만 지식이라는 용어에 대해 우리가 가진 일상적인(철학적일 뿐만 아니라 직관적인) 의미에서의 진정한 지식을 창출하지 않는 사례들에서 보듯이, 여전히 이 정의에는 몇 가지 문제점이 있다. 따라서 우리는 X를 믿을 수 있고, X는 진리일 수 있고, 더욱이 우리는 신념에 근거를 가질 수도 있지만, 이러한 특수한 경우에 그 근거들은 옳은 근거들이 아닐 수 있다.

하나의 대안적인 — 최근에 더욱 선호된 — 접근 방식은 신념과 신념의 대상 사이의 인과 설명적 연결 고리의 존재에 의존해 정당화하는 것이다. 이 접근 방식은 지식이 어떤 구별되는 정신의 상태이며, 그러한 특정한 상태에 있다는 것이 무엇인지를 맨 처음 아는 사람만이 지식에 접근할 수 있다는 전통적인('내재주의적인') 생각과 단절하기 때문에 종종 '외재주의적'이라고 불린다. 반대로 지식이라고 올바르게 간주되는 것(정당화된 진실한 신념)은 올바른 종류의 인과적 자극들에 노출되었는지, 또는 올바른 종류의 지식 지휘적인 학습 경험으로부터 적절한 결론을 이끌어 냈는지를 토대로 우리가 주장할 권리가 있다. 그래서 외부의 관찰자는 우리의 신념이 진정한 지식으로 평가받았는가, 또는 필요한 정당한 기준을 충족시키는 데 실패했는가의 여부를 판단하는 데 있어서 좋은 — 어쩌면 더 나은 — 위치에 있을 수 있다. 그러므로 외재주의는 정신, 지식, 특권화된(1인칭) 인식적 접근에 대한 데카르트적 사상에 대하여 오늘날 광범위하게 퍼진 불만의 일부이다.

포스트구조주의자들과 포스트모더니스트들도 데카르트의 사상에 대해 여전히 남아 있는 집착을 열심히 부정한다. 여기에서 그들은 다양한(주로 프랑스의) 자료들에서 실마리를 찾는다. 그 자료 가운데 자크 라캉의 주체의 정신분석학적 '탈중심화*decentering*,' 니체에게서 파생된 미셸 푸코의 회의적인 지식의 계보학, 플라톤에서 데카르트를 거쳐 에드문트 후설Edmund Husserl과 하이데거에 이르는 서구의 로고스 중심적인 사상적 전통에 있는 다양한 텍스트에 대한 자크 데리다의 해체적 독해가 있다. 그러나 (외재주의적 관점에서 볼 때) 이것은 편협한 데카르트적(주체 중심적) 인식론이 내적 자원의 한계와 충돌할 때 초래되는 일종의 극단적인 반동적 전개라는 주장이 있을 수도 있다. 어쨌든, 문화 이론가들은 여기에서 요약된 것과 같은, 지식과 진리의 논점에 대해

완전히 다른 접근 방식을 채택하는 대안적인 접근 방식들을 알고 있어야만 한다. [CN]

Dancy, 1985; Gettier, 1963; Goldman, 1986; McCulloch, 1995; Shope, 1983.

노동
labour

경제학에서 노동은 자본, 토지(혹은 자연 자원), 기업과 함께 생산의 네 요소 가운데 하나이다. 다시 말해, 노동은 경제적 생산을 위해 필요한 네 가지 투입 요소 가운데 하나이다. 정통 경제학에서 노동은 생산을 위해 고용되어 있거나 사용 가능한 사람들, 또는 좀더 추상적으로 생산의 능력(지적이거나 육체적인 기술, 노력 등으로 이해되는)을 포함한다. 마르크스주의 경제학에서 노동은 모든 경제적 가치의 기원이다. 노동 가치론 덧붙여 프롤레타리아 자본주의 내의 종속 계급은 생활에 필요한 상품을 위해 그들의 노동력을 교환해야 한다는 특징을 갖고 있다. [AE]

노동 가치론
labour theory of value

노동 가치론은 상품과 서비스의 가치를, 유용성(또는 사용 가치)과 반대되는 맥락에서, 생산에 소요된 비용을 통해 설명하려는 시도이다. 노동 이론의 요소들은 적어도 17세기 정치 철학자 존 로크에까지 거슬러 올라갈 수 있는데, 그는 사유 재산의 전유를 노동과 자연 자원을 혼합할 수 있는 개인의 능력이라는 견지에서 분석한 바 있다(1980). 영국 경제학자 데이비드 리카르도David Ricardo(1772~1823)가 처음으로 이 이론에 체계적인 설명을 부여했는데(Ricardo, 1951), 이는 부분적인 '가치의 역설'에 대한 반응이었다. 즉 공기나 물처럼 가장 필요한 것들이 대개 공짜이거나 극히 값이

싼 반면 명백히 쓸 데 없는 사치품들(예컨대 금과 다이아몬드)이 매우 비쌀 수 있다는 것에서 보듯 상품의 유용성이 그 가치를 결정하는 것이 아니라는 것이다. 노동 이론은 이런 현상을 노동의 양(또는 노동 시간)이라는 맥락에서 설명한다. 다시 말해 어떤 것을 생산하는 데 직접 투입되거나, 기계와 다른 자본재의 생산에 소요됨으로써 간접적으로 투입된 노동의 양을 통해 설명하는 것이다. 물은 쉽게 발견할 수 있고 또 쉽게 소비자에게 전달된다. 반면 다이아몬드를 발견하여 채취하기 위해서는 막대한 시간이 필요하다. 실제로는, 생산에 투여된 실제 노동의 양이란 개념은 사회적 평균 노동 시간이란 개념보다 적절하다고 할 수 없다(그렇지 않다면 이 이론은 게으른 사람이 생산해 낸 생산물이 효율적으로 일을 잘하는 사람의 생산물보다 더 가치 있다는 주장을 함축하게 된다). 이 이론이 마르크스주의 경제학에서 기본적인 것이긴 하지만, 19세기 후반 이후 정통 경제학에서 유용성*usefulness*에 기초한 좀더 복잡한 가치론으로 대체되었다. (이는 T. H. 마셜T. H. Marshall의 한계 효용 이론에서부터 시작된다.) → 잉여 가치 [AE]

Meek, 1973.

농업
agriculture

문화 연구는, 산업 사회의 도시 생활과 인구의 많은 부분이 경험하는 일상생활에 중점을 두는 가운데, 상대적으로 농업에 대해 별달리 많은 이야기를 하지 않았다(문화인류학과는 대조적으로). 그러나 농업이 하나의 근본적인 문화(그 이름이 제시하듯) 형태이며, 그 자체로 인류가 자신의 목적에 따라 자연을 대면하고 변형하는 핵심 장소임을 지적하는 것은 중요하다. 농업은 따라서 많은 고급 문화와 대중 문화의 주제로 적합하다(BC 1세기 경 베르길리우스Virgil의 《농사시*Georgics*》에서부터 토머스 하디Thomas Hardy의 《웨섹스*Wessex*》를 거쳐, 영국의 라디오 연속극*soap opera*의 정수 〈디 아처스*The Archers*〉('시골 풍습에 대한 일상적인 이야기')에 이르기까지). 그러나 농업은, 예를 들면 오늘날의 곡식과 가축의 유전자 조작에 대한 관심에서 드러나듯이, 문화와 자연의 상호 관계가 조정되는 경계로 지속된다. 그러한 관심은 현존 농업 산물들이 그 자체로 이미 수세기 동안 지속된 문화적 조작의 산물이라는 사실을 숨길지도 모른다. [AE]

Newby, 1988.

능력주의
meritocracy

능력주의 사회는 직업에 따른 위계 → 사회 계층 를 가진 사회이다. 서로 다른 직업은 서로 다른 보수, 권력, 지위를 가진다. 그러나 능력주의 사회에서 개인들은 실력에 따라, 다시 말해 그들이 가진 재능과 자격, 주어진 직업에서 요구되는 업무의 성격에 대한 적절성 등에 따라 위계를 오르내린다. → 사회 이동 최고의 보상을 받는 직업은 그만큼 사회적으로 중요하고, 습득하는 데 오랜 시간이 걸리는 귀한 기술과 지식을 필요로 하는 직업이며 그만큼 최고 수준의 책임을 수반하는 직업이다. (적절한 사람이 직업 수행을 위해 필요한 훈련을 쌓도록 동기 부여하기 위해서는 재정적인 보상과 여타의 보상이 필요하다고 가정된다.)

자유주의 사상가 존 롤스는 능력주의를 정의롭고 공정한 사회의 기초라고 옹호하는 매우 영향력 있는 주장을 내놓았다(1972). 그러나 그는 자신이 '경직된 능력주의'라 부르는 것을 공정한 기회 균등과는 애써 구별하고자 했다. 경직된 능력주의 사회에서 개인의 교육은 그의 부모가 제공할 수 있는 수준에 달려 있다. 따라서 성공한 부모의 자녀는 좀더 나은 교육을 받음으로써 특권적인 직업을 가질 가능성이 높아진다. 이는 사회 내의 광범위한 불평등을 만든다. 롤스는 그러므로 모든 사람이 균등하게 접근할 수 있으며 부모의 배경과 무관하게 개인의 재능이 인식되고 계발될 수 있는 교육 제도를 옹호한다. [AE]

Young, 1958.

ㄷ

다다
Dada

1916년 무렵 취리히와 뉴욕에서 거의 동시에 등장한 현대 예술 운동의 하나이다. 부분적으로는 1차 세계 대전에 대한 허무주의적이고 무정부주의적 반응으로 볼 수도 있다. 그것은 비합리주의를 강조했으며, 기존의 예술 관습과 제도에 근본적으로 도전한다는 결의를 강조했다. 익살, 반어법, 불경스러움 등은 충격을 주겠다는 의도였다. 더 의미심장한 것은 다다가 예술계의 사회, 경제, 정치적 제도에 대한 자기 반성을 스스로의 생산으로 구현해 낸 첫 번째 예술 운동 가운데 하나라는 점이다. 다다의 스타일상 전형적인 요소들을 규정하기란 어렵지만, 몽타주와 콜라주의 사용은 중요하다(최소한 전통적 예술 표상의 유창함과 일관성을 뒤엎고자 했다는 점에서라도 그렇다). 다다는 곧장 (비교적 온순한) 초현실주의에 영향을 미쳤다. 하지만 다다가 가장 중요한 영향을 끼친 것은 20세기의 3분기부터라고 할 수 있는데, 즉 마르셀 뒤샹Marcel Duchamp(소변기를 예술 작품으로 전시한 〈샘*The Fountain*〉(1917))과 여러 사람들이 시도한 '기성품' 전시 행위가 개념 예술과 더 나아가 포스트모던한 접근의 중요한 선구자가 되면서부터라고 할 수 있다. (얼마나 많은 다다이스트들이 전구를 예술로 변용시켰던가?) [AE]

Hedges, 1983; Lewis, 1990; Lynton, 1980; Richter, 1965.

다원주의
pluralism

다원주의는 동일성보다 이질성, 같음보다 차이, 권력의 집중보다 분산을 장려한다. 다원주의는 그 명칭에 걸맞는 갖가지 방식으로 사회 이론의 틈을 채워 왔다. 그것은 경험적 또는 형이상학적 주장(자연 속에서 실재와 문화, 진리, 가치, 또는 실천이 단순히 바꿀 수 없을 만큼 다원적이다)의 형태를 취할 수도 있고 규범적 의제(다양화, 퇴화*devolution*, 개방성에 가치를 부여하는)의 형태를 취할 수도 있으나 대개 두 가지는 서로 연결될 것이다.

존 밀턴John Milton과 로크에서부터 칸트와 밀을 거쳐 I. 벌린I. Berlin과 롤스에 이르는 자유주의 사상은 신념과 사회적 실천에서의 차이에 대한 관용에 관심을 불러일으켰다. 그것은 바람직한 삶에 대한 어떤 단일 개념의 우월성(그래서 국가가 그것을 강제할 수 있는 권리)에 대한 회의주의가 기반일 수도 있고, 자신의 목적을 선택하고 그 행위에 책임질 능력이 있는 자율적 개인이라는 개념이 기반일 수도 있다. 다양한 아포리아와 딜레마가 출현했다. 경쟁하는 이상들 사이에서 국가가 중립적으로 남아 있는 것이 가능한가 혹은 바람직하거나 책임 있는 일인가? 다른 사람에게 언론의 자유를 주지 않는 사람들에게도 언론의 자유를 주어야 하는가? 자유(대의) 민주주의가 정말로 시민 성향을 완전히 다양하게 접합시키고 추구하도록 허용하는가? 선의 관념이 사회 조직의 특정한 역사적 형태들(에 선행하여 존재하기보다)로부터 나올 가능성을 자유주의는 어떻게 설명하고 제공하는가? 등이 그것이다. 의미심장하게도 오늘날 다원주의의 사고는 찰스 테일러와 미카엘 발저 같은 공동체주의 사상가들의 저작과 위르겐 하버마스의 담론 윤리에 강한 영향을 받았다. 양자는 모두 전통적 자유주의의 원자론적 개인주의를 거부하고 주관성이 본질적으로 '사회적' 본성을 지닌다는 설명을 선호한다.

이는 정치학에서 주로 미국의 '대중*polyarchic*' 민주주의 이론의 전통과 연관된 다원주의의 형태를 낳았다. 특히, 파슨스와 로버트 달Robert Dahl로 대표되는 '대중' 민주주의 이론의 전통은 일련의 비교적 자율적인 포럼과 제도를 통한 광범위한 권력과 권위의 분산과 서구의 민주주의적 실천을 연결시킨다. 이것은 국가의 잠재적인 폭정에 대항하는 한 방식으로서, 경합하는 이익집단들과 여타의 분파들이 정치 과정에서 명확한 점검을 하고 균형 잡는 역할을 한다. 그 이전의 고전적 자유주의에서처럼 이 입장은 특히 마르크스주의자들에 의해 자유주의적 자본주의 사회의 체계적 불평등에 대한 직접적 옹호론, 즉 궁극적으로 설명할 수 없는 엘리트의 전형적인 권력 집중을 은폐하는 연막이라고 비판받았다.

비트겐슈타인은 우리의 일상 언어 관행에서 드러나고 그 속에서 수행되는 삶의 형태를 탐구함으로써 철학을 재정립했다. 이는 상이한 언어 게임과 사고 방식, 담론이 서로 소통 불가능하다는 더 광범위한 주장에 앞서는 것이다. 이로부터 모든 본질주의*foundationalism*에 대한, 즉 사회 역사적 맥락이 초월적이라고 주장하고 역사, 합리성, 진리를 '메타서사적'으로 설명하는 것에 대한 포스트구조주의의 회의주의가 출현했다. 특히, 료타르의 저작은 '문장 규칙*phrase–regimen*'과 담론 '장르'의 복수성을 어떤 단일하고 자기 증명적 *self–authenticating* 설명(이것이 역사 기술이든, 과학이든, 아니면 정치적 정의에 대한 이론이든)으로 환원시키려는 모든 시도를 거부했다. 그리고 계몽이 생성한 담론에 전형적인 도구주의적이고 인지적인 장르가 근거 없이 배제적이며 '테러리스틱한' 사회적 영향을 미친다는 것을 발견한다. 그의 다원주의는 현대성이 억압한 담론적 실천에 대한 '증언'을 요구하는 데서 그 윤리적 표현을 발견한다.

유사하게 다원주의적 힘은 에르네스토 라클라우Ernesto Laclau와 샹탈 무페Chantal Mouffe 등이 사회주의 이론을 '포스트마르크스주의적'으로 방향 전환시키는 데 바탕을 이루고 있다. 이들은 사회주의 이론이 포함하고 있는 것처럼 보이는 근본주의적, 본질주의적, 실증주의적 측면을 털어 내고 우연적이고 유동적이지만 구성적인 정치적 정체성들의 본질에 근거하여 철저하게 반환원주의적인 '급진적 민주주의'를 정립하고자 한다. 포스트모더니즘의 신성한 삼위일체 인종, 계급, 젠더을 둘러싼 논의에서 나온 '차이의 정치'는 문화적 다원주의에 대한 현재의 승인을 전형적으로 보여 준다. 이것이 문화적 상대주의를 의미하는 것이며, 단일한 세계관을 권장하는 것을 주저하는 것에서부터 더욱 문제가 있는(그리고 논쟁의 여지는 있지만 자기 반박적인*self-refuting*) '무엇이든 좋다' 식의 접근법, 모든 관점이 엄밀한 동등성을 지닌다는 접근법으로의 전이를 의미하는 것인가? 고전적 자유주의 이래 다원주의 이론의 한 특징은 해방적인 회의주의 또는 오류 가능성주의*fallibilism*로부터 미끄러져 나와 상이한 관점과 실천들 사이의 판단을 노골적으로 거부하는 경향으로 나아가는 것이었다. [GC]

Dahl, 1956; Laclau & Mouffe, 1985; Lyotard, 1988; Walzer, 1985; Young, 1990.

다의성, 다강세성
multiaccentuality

볼로시노프의 사상(1973: 21~24)에서 다의성은 서로 다른 계급에서 서로 다른 의미를 갖는 기호의 특성을 지칭한다. 이런 특성은 기호에 부여되는 의미가 사회적 가치에 대한 평가적 강조를 포함하며 서로 다른 계급들은 경제적, 사회적 이해 갈등으로 인해 서로 다른 사회적 가치를 가진다는 사실에 기인한다. 볼로시노프가 이야기하듯이 다의성은 '기호 공동체' — 특정한 기호 집단을 사용하는 개인들의 집합 — 가 특정한 계급과 상응하기보다는 다양한 계급들로 구성된다는 사실 때문에 가능하다.

볼로시노프에게 다의성은 기호가 '계급 투쟁의 영역'이라는 사실을 포함한다. 이 말은 다의성으로 말미암아 기호가 계급 투쟁의 매개체가 될 수 있을 뿐 아니라 특정한 기호의 의미를 둘러싼 투쟁 — 기호, 혹은 언어 자체의 개념 확장까지 포함하기도 하는 — 이 계급 투쟁의 일부이기도 하다는 사실까지 지적하려는 것으로 보인다. 즉 그는 지배 계급이 종속 계급과의 전반적 투쟁의 일부로서 특정 기호가 단 하나의 변화 불가능한 '계급 초월적' 의미만을 갖는 것으로 표현하려 하며 이를 통해 지배 이데올로기에 접합된 의미로 고정시키려 한다고 주장한다. 이러한 시도가 상대적으로 성공하고 있기 때문에 서로 다른 계급이 기호에 서로 다른 의미를 실질적으로 부여해도 일반적으로 명확하게 드러나지 않는다. 그것[계급 사이의 의미 차이가 명확히 드러나는 것]은 오직 사회적 위기 혹은 혁명적 변화의 시기에만 이루어진다.

다의성에 대한 볼로시노프의 설명은 그의 기호 개념이 갖고 있는 또 다른 측면과 연결된다. 기호를 다의적*polysemic*인 것으로 묘사하는 것이나 기호에 의한 세계 재현이 사회적 가치와 이해로 중개된다는 주장은 기호가 '실존*existence*'을 직접적으로 반영한다기보다는 그것을 굴절시킨다는 그의 관점(1973: 23)과 연관된다(Weber, 1985: 95~96; Gardiner, 1992: 70을 보라). 그리고 기호는 서로 다른 계급들에 의해 서로 다른 강세에 종속된다는 그의 묘사를 통해, 또 기호에 부여된 의미는 계급의 가치가 역사적으로 변함에 따라 변화한다는 것을 용인함으로써, 그의 논의는 기호의 변덕스러운 성격 — 볼로시노프(1973: 68~69)는 바로 이 점에서 기호를 신호*signal*와 구분한다(Gardiner, 1992: 15; Williams, 1977: 35~41를 보라) — 을 설명하는 데 도움이 되는 것 같다.

스튜어트 홀Stuart Hall은 1960년대 이래 비판적 미디어 연구에서 이데올로기 투쟁에 대한 사고의 일부 발전 과정과 볼로시노프의 다의성에 대한 설명에 내재된 입장 사이에 유사성이 있다는 점에 주목했다(1982). 이를테면 언어에서의 계급 투쟁이 서로 다른 두 개의 기의 집합 사이에서 일어난다기보다는 똑같은 기의 집합에 대한 서로 다른 강세의 형식으로 이루어진다는 관점, 그리고 계급 구성원들이 기호에 부여하는 의미는 이데올로기 투쟁에서 대항 계급의 성공의 결과라는 관점, 즉 의문의 대상이 된 계급의 경제적 환경에 의해 제시된 의미에서 벗어난다는 관점이 그러하다. 또한 홀의 에세이는 볼로시노프의 개념이 인종과 성별 관계의 맥락에서 벌어지는 이데올로기 투쟁의 분석에 적용될 수 있음을 보여 준다. 그러나 이는 '의미를 둘러싼 투쟁'의 중요한 측면 가운데 볼로시노프의 개념이 조명해 줄 수 없는 부분, 특히 의미 작용의 수단에 대한 접근을 둘러싼 투쟁이라는 부분이 존재함을 보여 주기도 한다. [RW]

담론
discourse

담론은 기술적인*technical* 의미로만 봐도 하나의 의미를 갖고 있지 않다. 물론 간단하게 '담론'은 화자들 사이의 대화를 뜻한다. 하지만 가령 언어학에서만 보더라도 담론은 단순 부분의 합 이상의 의미 구조를 구성하기 위해 언어 요소들이 결합하는 방식을 뜻하기도 한다. 이런 식의 의미 변조는 문화 연구에서 중요시되는 담론 개념 안에서도 나타난다. 다양한 이론들이 전개된 가운데, 미셸 푸코와 장 프랑수아 료타르의 책에서 제시된 담론 개념들이 문화 이론에 적절하다.

푸코의 관점에서 보자면, 다양한 사회적 실천과 제도들은(예컨대 교육과 정치, 종교와 법) 모두 담론 형식(즉, 사회적 체험 세계에 관해 말하는 방식)에 의해 구성되고 그 안에 자리잡는다. 이런 관점에서 볼 때 담론은 사회적 맥락 안에서 의미를 생산하고 조직하는 수단이다. 여기서 언어가 핵심 개념이 된다. 담론을 구체화한 것이 언어이기 때문이다. 그렇게 하나의 담론은 하나의 '담론 구성체'를 구성한다. 따라서 담론들은 사회 세계에 대한 인간 체험을 언어를 통해 체계적으로 조직하는 지식의 양식들을 구성하는 의미화 방식으로 이해된다. 이런 관점에서 볼 때 담론 구성체의 포괄적 역할뿐만 아니라 배제적 역할도 그 핵심 기능이 된다. 즉 담론 구성체는 어떤 특정 맥락에서 무엇이 지식으로 간주되고 동시에 무엇은 지식으로 간주되지 못하는지를 정당화하는 규칙을 제공한다. 따라서 푸코에 따르면 담론 영역은 억압적 기능을 가질 수 있다. 주체성 같은 개념들은 자유주의와 같은 정치적 전통 안에서 일반적으로 이해되던 방식으로는 이해될 수 없다는 주장이 이런 담론 개념에 수반되어 나온다. 자유주의자에게 주체는 대체로 문제시되지 않는 정치적 실체인 반면, 푸코식 담론 분석 관점에서 주체성 자체는 담론 곧, 언어가 구성해야 한다. 그렇다면 모든 담론 형태를 다 '억압적'인 것으로 특징짓는 것은 이상해 보일 수 있음을 아울러 이야기해야 한다. 담론에 의해 구성되지 않는 주체가 없다면 누가 또는 무엇이 '억압되는지'를 물을 수 있기 때문이다.

료타르의 '담론 장르' 개념은(《논전: 논쟁 중의 어구들》(1983)을 보라) 푸코의 담론 구성체 개념과 조금 비슷하다. 하지만 료타르는 대륙 철학 측 저자들뿐 아니라 분석 철학의 전통 안에 있는 텍스트들(루트비히 비트겐슈타인의 초기 저작과 후기 사상, 버트런드 러셀, 사울 크립키 등)을 조망하고 나서 자신의 관점을 제안하게 되었다. 료타르의 개념은 이 두 전통의 교잡 수정을 대표한다. 분석 철학 측으로부터 그는 사울 크립키Saul Kripke의 《이름과 필연*Naming and Necessity*》(1980)에서 고유 명사들의 기능을 기술하는 데 사용한 '엄격한 명명*rigid designation*'과 같은 개념과 비트겐슈타인의 '언어 게임' 개념을 채택한다. 크립키는 고유 명사의 기능을 고착, 즉 아무리 여러 가지 가능성이 있는 세상에서도 동일한 특질을 명기하는 역할이라고 주장한다. 이는 '최초의 명명식*initial baptism*'을 통해 이루어지며, 그의 관점에 따르면 심지어 '금*gold*'도 이런 의미에서는 고유 명사로 간주된다. 분석 철학에서는 여기에 사후적 본질주의*a posteriori essentialism*의 채택이 수반된다. 대륙 철학의 전통으로부터 료타르는 포스트구조주의의 몇 가지 기본 가정들을 받아들인다. 가령 주체성은 언어를 통해 구성된다고 보는 관점 같은 것들이다. 료타르의 설명에 따르면, 하나의 담론 장르란 특별한 규칙에 따라 현실성을 조직하는 한 방법이다. 이 규칙들은 우리에게 언어의 기본 단위인 '구'(句, *phrases*)를 함께 연결시키는 방법을 일러 준다. 이런 관점에서 담론 장르들은 다음과 같은 특징을 갖는다. 첫째, 앞서 언급했듯이, 구절들이 정당하게 연결되는 규칙을 제공한다. 둘째, 정해진 의도가 있어서 구절들은 특별한 목표에 근거해서만 연결된다. 따라서 료타르식 관점에서 담론은 의미를 조직화하는 기반으로 여겨진다. 기본 언어 단위들이 본질적으로 그 자체로서는 '담론적'이지 않더라도 말이다. 하나의 구절이 약호화하여 특별한 의미를 부여받으려면 어떤 담론 장르에 의해 '포착'되어야 한다.

푸코와 료타르 등의 저서에 나타난 담론 개념의 공통점은 문화와 사회의 문제들을 우리가 어떻게 이해해야 하는가에 관한 이슈에 부딪쳤을 때 담론으로 이해되는 언어가 일차적이라는 의견이다. 더욱이 이런 설명에 따르면 사회 구조에 대한 합리적 설명이 문제시될 수 있다. 따라서 료타르식 관점에 따르면, 담론 장르들의 복수성은 무엇을 진실로 여길 것인지를 정립할 때 어떤 단일 장르를 우선시하는 주장을 막아 준다. 모든 장르들이 특별한 목적에 따라 조직되고 목적은 다원적이기 때문에 어떤 단일 장르도 이런 목적을 위해 메타서사를 수립하는 과제에 적합하다고 할 수 없기 때문이다. 이와는 분명히 다른 접근법을 취하는 위르겐 하버마스는 이런 식의 태도를 비판해 왔다. 하버마스는 담론이 '이상적 대화 상황' 같은 규제적 이상*regulative ideal*의 형태를 취할 수 있다면 설명될 수 있다고 본다. 그러면 특정 권력이나 이해 관계의 문맥 규정 압력에 종속되지 않는 사고의 비판 공간을 확보하는 데 도움이 될 것이다. [PS]

Foucault, 1972; Kripke, 1980; Lee, 1992; Lyotard, 1988; Schiffrin, 1993; White, 1987.

대륙 철학
continental philosophy

'대륙 철학'이라는 말은 일반적으로 유럽 대륙 주요 국가의 철학자들의 저작에 적용된다. 하지만 '대륙 철학자'라는 동질적인 범주로 묶기 어려운 광범위한 철학적 문제들에 대한 다양한 접근이 이루어지고 있다. 그럼에도 불구하고 지난 100년 동안 한편에서는 영미 분석 철학으로 다른 편에서는 대륙적 전통에 따른 철학으로 분리되어 온 것이 사실이다. 이는 제도적 수준(즉 유럽 주요 국가들과 영국과 미국의 대학 체계)에서 생겨난 분리로 보는 것이 가장 적절할 것이다. 이렇게 분리되는 핵심적인 계기가 있다면, 그것은 대륙 쪽보다는 분석적 전통 안에 있는 철학자들의 작업에서 찾을 수 있을 것이다(가령 버트런드 러셀과 고트롭 프레게). 예를 들어 헤겔 철학이 대학 체계 안에서 지배적이던 시기의 영국 철학도였던 러셀은 젊은 시절 헤겔 철학의 신봉자이기도 했다. 그러나 어느날 그는 헤겔뿐만 아니라 쇼펜하우어와 니체 같은 사상가들에게서 나타나는 과도한 형이상학적 사유와 관념론을 의심의 눈초리로 보게 되었다(그의 《서양 철학사*A History of Western Philosophy*》(1946)에서 이런 태도를 잘 엿볼 수 있다). 그런 사유 대신 러셀과 여러 분석 철학자들은 주요 철학적 개념(가령 의미, 준거, 언어 등)의 정의를 분명하게 내리는 데 집중한 엄격한 분석적 담론을 제안했다. 무엇보다도 분석 철학의 엄격성이 지닌 특징은 우선 담론의 논리적 형태에 대해, 그리고 그에 수반하여 '필연성' 같은 용어의 의미에 대한 형이상학적 이해에 몰두한다는 점에서 찾을 수 있다. 분석 철학자들은 일반적으로 의미에 관한 이슈를 명료히 하고자 해 왔다. 그리고 대륙적 전통 안에 있는 사상가들에게 특징적인 그리고 극히 최근까지 나타난 모호한 관념론적 사유를 피해 보고자 했다(하이데거의 《존재와 시간*Being and Time*》은 읽을 가치조차 없다고 한 영국 철학자 길버트 라일Gilbert Ryle의 유명한 거부 선언이 아마도 이런 태도를 나타낸 가장 악명 높은 사례일 것이다). 대륙 철학을 감히 정의하고자 한다면, 그 '사변적' 특성에 대한 평판에 비춰 볼 것이 아니라 차라리 지식에 관한 논쟁의 맥락 안에 둠으로써 더 잘 이해할 수 있을 것이다. 지식의 문제는 분석 철학과 대륙 철학 양대 전통에 공통적인 관심사로 비교와 대조가 가능할 것이라는 점에서 그런 접근이 특히 유용하다. 다음에 정리하는 내용에 물론 예외는 있다. 하지만 '대륙 철학적' 접근이라는 표제 아래 이루어지는 논의는 여러 분석 철학자들의 분석과 분명한 차이를 보이는 게 사실이다.

분석 철학자들이 논리 형이상학적이라는 용어 안에서 지식에 관한 문제를 탐구하려고 했다면(비트겐슈타인의 초기 텍스트 《논리 철학 논고*Tractatus Logico-Philosophicus*》(1921)를 보라), 여러 중요한 대륙 철학자들은 지식에 대해 중요한 의미가 있을 물질적/시간적 요인을 특히 강조하면서 연구해 왔다. 예를 들어, 지식 형성에 대한 니체의 설명은 그 가능성의 근원이 되는 물질적 조건 분석에 몰두한다. 정말로 니체에게 '지식'은 일련의 우연한 사건들의 결과물이다. 그런가 하면 사고의 논리적 전제는 세상이 어떻게 되어 있는지에 대한 존재론적 증거(객관성과 진실의 범주로서)가 아니라 세상에 관하여 다르게 사고하지 못하는 인간의 무능력을 나타내는 지표로 여겨질 수 있다. 니체의 관점에 따르면, 우리가 논리적으로 사고한다는 것은 인류가 발전한다는 물질적 조건의 증거이지, 세상이 논리적으로 엄격할 것이라고 선언할 자격이 우리에게 있다는 뜻은 아니다(니체의 《권력의 의지*The Will to Power*》(1968b)에 이런 논의들이 여러 형태로 담겨 있다).

지식이 가능하려면 필요한 '선험적*a priori*' 조건들을 밝히고 있는 《순수 이성 비판*Critique of Pure Reason*》(1964)에서의 칸트의 기획을 다루는 분석 철학과 대륙 철학 측 주석가들은 이런 논점을 더 깊이 있게 접근하고 있다. 칸트가 말하는 '선험성'이란 모든 경험적 체험으로부터 독립되어 있음을 뜻한다. 칸트에게 모든 지식은 곧 경험에 관한 지식이다. 하지만 그렇다고 해서 경험 가능성 자체가 경험에서 유래된 것이라고 할 수는 없다. 분석 철학 분야의 주석가들(가령 Stroud, 1984: 153)은 일반적으로 이 독립성이 형이상학적 의의를 갖는다고 여겨 왔다. 스트라우드에 따르면 선험성은 언제나 경험으로부터의 독립성을 의미하고, 우리 '안'에서 발견될 수 있는 주관적 조건들(즉 주체가 무언가를 알려면 가져야 하는 그런 특성들)과 연관된다. 스트라우드가 말하는 그런 조건이란 마음*a mind*이 지식을 얻기 위해 갖고 있어야 하는 속성이다(1984: 160). 스트라우드에게 주관적 조건이란 인간의 '특성' 또는 속성이다. 마음이 지식을 가지려면 마음 역시 필수적으로 그 조건을 지녀야 한다. 여기서 관여되는 종류의 필요성은 형이상학적이다. 즉 그것은 지식이 우리에게 가능하려면 필요한 그런 조건을 설명한다. 이런 의미에서 채택된 필요 조건은 그것들이 조건이 되어야 하는 것에 앞서서 존재할 필요는 없다. 따라서 선험성 개념이 경험에 선행한다는 의미로도 받아들여질 수 있음을 스트라우드의 논의는 무시하고 있다. 그에 비해 미셸 푸코 같은 사상가는 대륙 철학의 전통이 칸트의 선험성 개념을 어떻게 규명해 왔는가를 돌아보면서 그 의미를 사뭇 다른 관점에서 본다(푸코의 《말과 사물*The Orden of Things*》(1970), 《지식의 고고학*The Archcology of Knowledge*》(1972)).

푸코는 칸트의 비판적 기획이 (근대성의 시대를 연) 유럽 철학사상 전환기를 이룬다고 보고, 프랑스와 독일 철학의 전통 속에 남아 있는 칸트의 유산을 살펴본다. 그래서 그는 이 유산에 대한 전승된 대륙 철학의 해석에 대하여 설명한다. 푸코의 관점에 따르면, 지식 이론에 대한 고전적 개념화는 지식의 조건에 대한 탐구를 곧, 표상들 간의 관계에 대한 문제(즉 경험에 대한 표상이 현실에 지도를 그려 주는 방법의 문제)로 다루는 특징을 갖는다. 그에 비해 칸트의 근대적 설명은 지식의 조건들을 표상 수준에 놓으려고 하지 않고(Foucault, 1970: 241, 254), 대신 표상의 이슈에서 비켜서 "그 형식을 불문하고 모든 표상이 자리를 잡을 수 있는 기반으로서"(같은 책: 242, 254~255) 그 조건의 문제를 다룬다. 푸코에 따르면 그런 출발점은 "표상의 기원과 근원"에 대한 분석의 등가물이다(같은 책: 243, 256). 이런 관점에서 지식의 조건들에 대한 칸트의 관심은 그에 선행하는 조건들의 문제에 집중하는 것이 된다. 이 점은 주체를 "경험적–선험적 이중체*empirico–transcendental doublet*"로 보는 관점을 은연중에 칸트에 귀속시키는 푸코의 태도에서 정점에 이른다(같은 책: 318, 329). 푸코가 논하기를 이런 관점은 인간 지식에 대한 두 가지 종류의 분석을 낳았다. 첫째, 지식의 "해부–생리학적 조건"에 관심을 갖는 환원론적 경험주의, 둘째, 지식의 역사적 조건을 탐구하는 초월적*transcendental*, 변증법적 형식의 분석이다(같은 책: 319, 330). 푸코는 두 가지 분석이 모두 지식을 가능하게 하는 논리적/형이상학적 조건을 설명하는 것이 아니라 지식의 탄생을 설명한다고 본다. 전자는 사실에 입각해 지식의 역사적 발전을 밝혀 내려고 하고(실증주의), 후자는 지식의 역사적 조건들을 설명하고자 한다(변증법)(앞의 책: 320, 331). 두 경우 모두 지식의 선행 조건들을 분석하는 것이다. 그래서 푸코는 지식의 타당성은 그 선행 조건들에 달려 있는 칸트의 필연성 개념을 채택한다. 이런 의미에서 '선험성'이란 경험에 대해 시간상으로 앞서는 것이다.

이러한 비교는 그 두 전통이 그들이 질문하는 바에 의해서(이 경우 질문은 지식의 필요 조건들을 다룬다)가 아니라, 질문을 어떻게 다루느냐로 서로 갈리는 경향이 있음이 분명하다. 니체와 푸코는 둘 다 사회 관계에 대한 물질적 분석을 통해 스스로 생성되는 권력 문제에 주목하여 그에 대한 윤리적·정치적 질문들을 탐구한다. 그러나 이러한 시간적·물질적 양식의 중요성에 대한 강조가 그 두 사람에게서만 나타나는 건 아니다. 마르틴 하이데거의 《존재와 시간》에서도 비슷하게 존재의 의미에 대한 존재론적 문제를 성공적으로 해석할 때 시간성*temporality*이 근본적인 관건으로 여겨진다. 마찬가지로 질 들뢰즈는 시간성을 '되어 감*becoming*'의 존재론에 대해 설명하는 기반을 만들기 위해 채택한다.

물론 이미 언급했듯이 이런 설명에 예외는 있다. 그리고 '대륙 철학'을 철학적 탐구가 어떻게 수행되어야 하는가에 관한 원칙을 모두 아우르는 용어로 해석하는 것도 정확한 게 아님을 다시 한 번 강조한다. 예를 들어, 자크 데리다는 물질적 양식을 포함하는 쪽이 아니라, 지식에 대한 형이상학적 태도를 문제로 설정하는 의미 작용 과정들에 대해 설명하는 쪽으로 접근해 왔다. 그러면서 동시에 형이상학적 사고의 영역에 확고하게 자리잡은 채 푸코가 시도한 역사화된 프로젝트에 대해서는 큰 의문을 제기하기도 한다(《글쓰기와 차이*Writing and Difference*》(1978)에 있는 "코기토와 광기의 역사"에서 푸코에게 가한 데리다의 비판을 보라). 마찬가지로 장 프랑수아 료타르도 분석 철학과 대륙 철학의 전통을 모두 아우른 사상가로 기술되어야 할 것이다. 실제로 그의 주장들은 헤겔, 니체, 하이데거뿐만 아니라 러셀, 프레게, 비트겐슈타인의 책들에 대한 지식에 기반하여 구축되었다. [PS/AE]

Foucault, 1970; Hylton, 1990; Kearney & Rainwater, 1996; Silverman & Welton, 1988; Stroud, 1984; West, 1996.

대중 문화
popular culture

'대중 문화'에 대한 단순한 정의, 즉 일반 대중에게 호소하고 그들이 가장 잘 받아들일 수 있는 문화라는 정의는 문화 연구에서 그 용법이 지니는 수많은 복잡성과 미묘함을 가릴 수 있다. 이 용어는 자주 다른 형태와 대립되는 문화의 형태를 가리키거나 그 다른 형태에 대한 동의

어 또는 보어, 두 가지로 사용된다. 따라서 '대중 문화'의 정확한 의미는 예를 들어 민속 문화, 매스 컬처, 또는 고급 문화의 어느 것에 관련되느냐에 따라 달라질 수 있을 것이다. 덧붙여 대중 문화는 대중 음악이나 텔레비전 프로그램 같은 개별 인공물(종종 텍스트로 취급되는)이나 집단의 라이프스타일(그래서 집단의 독특한 정체성을 수립하는 데 기여하는 인공물과 관행, 이해의 유형) 모두를 가리킬 수 있다.

1930년대와 1940년대 미국과 유럽 사회학을 지배했던 매스 컬처 이론은 대중 문화를 산업 생산과 연결시켜 민속 문화와 대립되는 것으로 설정했다. 민속 문화가 사람들의 자발적 생산으로 여겨지는 반면 대중 사회 이론들은 산업적인 생산과 분배 수단(영화와 라디오, 대중 음악과 같은)에 종속되는 대중 문화의 형태에 초점을 맞춰 사람들에게 부과되는 것으로 이론화했다. 따라서 이 접근법은 수용자가 상품의 수동적 소비자라고 가정하는 경향이 있다. 이 상품들의 메시지와 목적은 이데올로기라는 비교적 정교한 이론의 맥락에서 해석되어 대중은 새로운 매스 미디어에 의해 조종되는 것으로 간주되었다. 아마도 이러한 접근법들 가운데 가장 정교한 것으로 프랑크푸르트학파의 문화 산업 개념을 들 수 있을 것이다.

1950년대 이후 매스 미디어의 사회학과 문화 연구의 발전, 특히 리처드 호가트Richard Hoggart와 버밍엄 현대문화연구소의 업적과 함께 대중 문화의 소비자들은 점차 능동적인 존재로 간주되었고, 따라서 대중 문화의 메시지가 의사 소통되는 과정은 점차 복잡해졌다. 사람들의 행위는 두 가지 수준으로 정의할 수 있다. 첫 번째는 대중 문화의 생산자이다(그래서 대중 문화는 산업 사회의 민속 문화가 된다). 두 번째는 좀더 정교한 수준으로 사람들은 이 문화의 해석자가 된다. 따라서 예를 들어 헤게모니 이론을 이용한 매스 컬처의 보급은 산업적인 생산과 분배 기술을 사용함에도 불구하고 단순히 수용자에게 메시지를 부과한다고 볼 수 없다. 오히려 수용자는 문화적 인공물 또는 텍스트를 자신의 용도에 맞게 해석하고 협상하고 전유하여 자신의 환경과 삶의 경험에서 의미를 만들어 낼 것이다. 바로 커뮤니케이션에 대한 좀더 정교한(그리고 특히 기호학적이고 구조주의적인) 접근법들이 메시지의 해석은 결코 자명할 수 없다는 사실을 강조하면서 수용자는 더 큰 해석적 기술을 지닌 존재로 따라서 단지 지배 계급의 관심에 불과한 문화의 해석에 저항할 능력이 있는 존재로 인정된다. 예를 들어, 여성 잡지의 분석은 즉각 독자를 여성성이라는 특정 이데올로기적 구성물(그래서 특정 상품 소비의 유형들)에 통합시키는 약호의 체계와 다른 기제들을 인식할 수 있지만, 또한 잡지는 독자들이 이 구성물에서 즐기고 탐닉할 수 있고 그러면서도 그것을 허구로 간파하는 공간을 열어 주는 것을 인식할 수도 있다. 따라서 대중 문화는 이데올로기적 투쟁으로 그리고 어떤 문화 정치에서도 핵심적인 요소로 이해될 수 있다.

대중 문화의 인공물들은 젠더, 연령, 인종 등으로 사회를 분화시키고 그들 집단의 자기 이해를 구성하는 데 기여한다. 예를 들어, 대중 음악은 10대의 젠더와 계급, 종족 정체성을 접합(그리고 실상 독특한 연령 집단으로서 '10대'를 구성)하는 핵심적 역할을 한다. 하지만 다수 대중 문화가 생산과 분배에서 산업 자본주의의 자원에 계속 의존한다는 바로 그 이유 때문에 대중 문화 산물을 선택할 때 자본주의의 이해(비록 이것들이 이윤 극대화라는 순수한 상업적 이해라고 하더라도)와 소비자의 문화적·정치적 이해 사이에 긴장이 남게 된다. 예를 들어, J. 피스크J. Fiske는 문화적 인공물이 순환하는 재정적 경제와 문화 경제 사이를 구분한다. 전자가 교환 가치의 생산에 관련되고 그래서 부의 축적과 지배적인 경제 질서에 소비자를 통합하는 데 관련되는 반면, 후자는 수용자에 의한 수용자를 위한 의미와 즐거움의 생산에 관련된다. 문화 경제 내에서 의미의 생산이 부의 생산에서처럼 쉽게 통제되지 않는다는 바로 그 이유 때문에 의미의 생산자로서 수용자는 통합의 재정적 힘에 저항하는 상당한 힘을 지닌 것으로 인정받는다. 따라서 피스크는 대중 문화를 자본주의에 대한 저항의 핵심 으로 간주한다.

[AE]

Fiske, 1989; Hall et al., 1992; Storey, 1996, 1997; Strianti, 1995; Waite et al., 1989.

대중 음악
popular music

대중 음악 연구는 문화 연구의 많은 영역에서 친숙한 궤적, 즉 경멸적이고 엘리트주의적인 대중 사회 이론에서 개인적, 집단적 정체성의 창조적 표현과 접합으로서의 대중 음악에 대한 관심이라는 궤적을 밟아 왔다. 1930년대부터 지배적이었던 대중 사회적 접근법은 음악 산업의 생산물인 대중 음악이 고도로 표준화된 상품이라고 가정한다. 대중 음악 간의 차이는 대부분 피상적인 것이며 엄격한 공식 안에서 친숙한 요소를 단순히 재배치하는 것에 머물러 있다는 것이다. 이 음악의 소비자는 주로 수동적이다(여가 시간의 활동으로서 음악을 소비한다. 여기서 여가 활동은 노동자가 피로를 풀고 다음날의 작업을 위해 준비하는 과정이라는 점에서 노동 과정의 단순한 일부가 된다). 따라서 대중 음악(특히, 리듬의 권위주의적 힘에 대한 강조에서)은 듣는 사람을 현대 자본주의의 그/그녀의 존재로 '적응시킨다'(Adorno, 1994). 결정적으로 한편에서는 대중 음악, 그리고 다른 한편에서는 좀더 미학적, 정치적으로 타당하고 진정한 음악 사이의 이분법이 수립되었다. 대중 음악은 제조되어 인위적으로 구성되고 유지되는 집합체, 즉 '매스'에 부과되는 것으로 간주된다. 고급 예술 음악이든(아도르노에게서처럼), 재즈이든(홀과 훼널에게서처럼, Hall & Whannel, 1964) 포크이든(L. 로셀슨에게서처럼, Rosselson, 1979) 진정한 음악은 사람들의 진정한 이해를 표현한다. 그런 이항 대립은 매우 지속적으로 현존하고 있다.

대중 음악의 정치경제학은 매스 미디어의 정치경제학과 결합하여 1960년대와 1970년대에 출현했다(Golding & Murdock, 1991). 대중이 음악 생산물에 접근하는 방법을 결정하는 경제적 기제를 조사한다는 점에서 대중 사회의 가정들을 어느 정도 재생산했다. 음반 스튜디오, 음반 제조, 나아가 음반 판매 체인의 상업적 통제는 시장에서 판매되는 음악을 철저히 제한하는 것으로 간주되었다. 대중 음악에 대한 문화 연구의 접근법은 이에 대한 반작용으로 볼 수 있는데, 특히 문화 연구가 소비는 활동이며 소비자가 산업에 저항할 수 있는 활동이라고 주장하는 한에서 그렇다. 그래서 홀과 P. 훼널P. Whannel

은 대중 음악과 그에 연관되어 있는 상품들(잡지, 콘서트, 포스터, 영화 등과 같은)을 정체성의 감각을 탐구하고 수립하기 위해 선택한다고 주장한다(1964). 따라서 상업적인 대중 음악은 10대에게 정서적, 성적 이행의 어려움을 다룰 수 있는 가치 있는 자원들('안내하는 허구들')을 제공한다. 따라서 10대들은 단지 음반 산업이 제공하는 것만을 구매하는 것이 아니다. 실상 출시된 전체 음반 중 10%만이 실제 산업에 이윤을 남긴다(이는 제공된 것을 대규모로 거부함을 시사한다).

이 접근법은 하위 문화 연구 내에서 발전했다(Hall & Jefferson, 1976). 여기서는 종속 집단 또는 소수 집단이 '부모' 문화의 가치와 태도에 저항하면서 대중 음악을 이용한다는 점을 강조한다. 특정 형태의 대중 음악은 하위 문화 집단이 동일시하는 일련의 핵심 가치를 반영하는 요소 가운데 하나로 선택될 것이다. 따라서 선택은 임의적이나 우연적으로 이루어지지 않는다. 음악은 의미를 갖는다. 폭주족*bikers* 문화에 대한 폴 윌리스의 분석이 이를 예시한다(1978). 고전적인 1950년대 록 음악은 역사적으로 통합된 음악의 총체로써 곧바로 오늘날의 대중 음악과 대립된다는 점에서 중요하다. 이런 식으로 폭주족들은 팝 음악의 소비자와 분리된다. 고전적 로큰롤(예를 들어, 엘비스 프레슬리Elvis Presley와 버디 홀리Buddy Holly)은 남성적 가치를 표출한다. 마지막으로 운전의 리듬은 움직이는 삶을 표출한다(따라서 음악은 오토바이 타기 자체에 대한 가상의 사운드트랙을 제공한다). D. 헵디지D. Hebdige(1979)가 기호론을 드러내 놓고 사용한 하위 문화와 음악에 대한 이런 접근법은 펑크와 그 선배들을 분석한 것에서 극단으로까지 발전한다.

대중 음악에 대한 문화 연구의 접근법이 하위 문화의 기호론에 도달했다면 그것은 여전히 대부분의 청년 문화에 전형적이고 좀더 평범한 음악 소비에 대립되는 이들 하위 문화의 이국적 저항을 과도하게 강조한다고 비판받을 수 있다(그래서 진정한/제조된 음악의 구분이 남아 있다는 강한 혐의가 든다). 음악의 제조와 소비에 대한 민속지학적 접근법은 이런 배경을 탐구한다. (영국의) 밀턴 케인스Millton Keynes에 대한 루스 피니건Ruth Finnegan의 연구는 풍부하고 다양한 음악 제작의 세계를 드러낸다(1989). 지식을 갖춘 아마추어 음악가들은 개인적 표현과 혁신을 중시하면서 복잡한 사회적 관계망의 일부를 이루는데, 그것은 지역 공동체를 함께 묶고 지역 공동체를 정의하는 데 기여한다. 악단은 단지 음악가들의 집단이 아니라 오히려 추종자들과 조력자들의 지원을 받는 음악가들이다. 그들은 악기와 장비뿐만 아니라 연습과 연주 공간 같은 자원을 위해 기존 사회 제도들(학교와 대학, 주점과 가족과 같은)의 지원에 의존한다. 그리고 공동체에 통합됨으로써 대립과 반역적 자세의 표현은 약화된다. 하지만 사이먼 프리스Simon Frith가 관찰하듯이 이 세계 역시 젠더와 계급에 의해 구조화되어 있다(1992). 여성들은 주로 악단에서 배제되거나 악단을 지원하는 데 집안일을 돌보는 전통적 역할로 주변화된다. 나아가 프리스는 대중 음악이 지배적인 노동 계급 활동이라고 보지 않는다. 중산 계급 젊은이들은 대중 음악 활동에 참여할 뿐 아니라 전형적으로 그들의 예술을 증진시키고 발전시키는 데 필요한 자원(돈과 시간)에 더 많이 접근할 수 있다. 또 그들은 아마추어적인 음악 제작을 전문적인 음악 제작으로 전환시킬 가능성도 더 높다. [AE]

📖 Frith, 1981.

대항 문화
counterculture

'대항 문화'라는 용어는 1960년대 중간 계급 청년 운동(가령 히피 운동)의 등장에 맞춰 지배 문화의 가치에 의문을 제기하는 집단을 지칭하기 위해 만들어진 것이다. 히피 대항 문화는 월남전 반대를 중심에 두면서 또한 소비주의, 노동 윤리, 기술에의 종속 등 자본주의의 가치와 목표에 대한 불만을 표현하였다. 일반적으로 대항 문화 개념은 이제 지배 문화에 반대하는, 좀더 정확하게 얘기하자면 비교적 분명하고 반성적인 방식으로 반대하는 소수 집단의 가치와 신념과 태도로 의미가 확장되고 있다. 그런 측면에서 보자면, 기독교의 등장도 유태인과 로마의 지배 문화에 반대하여 나타난 대항 문화였다. 영국 자본주의 초기의 퀘이커교도들과 감리교 신자들은 성공회의 지배적 가치에 반대하는 대항 문화를 대표했다. ➔ 하위 문화, 청년 문화

[AE]

Hill, 1975; Roszak, 1968; Yinger, 1982.

대화 분석
conversation analysis

대화 분석은 사회학, 그 가운데 특히 민속 방법론을 통해서 등장했다. 대화는 고도로 조직화된 사회적 사건이다. 대화의 참여자들은 자신이 말을 해야 하거나 해도 좋을 때, 또 정당하게 끼어 들 수 있을 때, 또는 다른 사람의 침묵을 존중하여 이야기를 하지 말아야 할 때를 잘 알고 있다. 따라서 대화에서 참여자들은 사회적 상호 작용을 감당하는 자기의 능력*competence*을 드러낸다. 대화 분석은 일차적으로 대화를 기술하는 데 관심을 기울인다. 전화 대화의 처음 5초에 관하여 계급 연구들이 이루어져 왔다.

[AE]

Atkinson et al., 1984; Moerman, 1988; Sacks, 1992.

데카르트주의
cartesianism

엄밀히 말하면 철학자 르네 데카르트René Descartes (1596~1650)의 사상 또는 그와 관계 있는 것을 뜻하는 용어. 그러나 '데카르트주의'는 개인적인 정체성의 이슈들, 자아의 본성, 그리고 인식론상의 문제들이 품고 있는 형이상학적 관점도 의미하게 되었다.

우리들이 어떤 확실한 지식을 가질 수 있는지를 묻는 동시대 회의주의자들의 저작에 대한 답변 중에, 데카르트의 저작은 우리가 지닐 수 있는 최

소한 하나의 확실한 지식이 있을 수 있음을 보여 주려 했다. 그의 주장에 따르면, 이러한 견해에 도달하려면 '방법론적 회의'라고 불리는 것을 채택해야 한다. 그에 따라 데카르트는 자신의 모든 신념들을 '파괴하기'로 결정하며, 그런 연후에 안정적이고 지속적인 과학으로서 지식의 토대를 구축하려고 시도한다. 그러기 위해서는 단지 모든 사람들의 견해에 의문을 제기하는 것, 곧 그것들이 오류라기보다는 '명확하지 않다'는 것을 보여 주는 것으로 충분하다. 예를 들면, 우리들이 자주 진리로 받아들이는 것은 경험(감각으로부터)에서 나온 믿음이다. 그러나 그 감각이라는 것도 우리를 속일 수 있다. 따라서 그것들이 유래한 많은 믿음들을 의심해 보아야 한다. 그러나 몇몇 믿음들은 의심할 수 없다. 예를 들면, "내가 여기 있다는 것, 불 곁에, 겨울 가운을 입고, 내 손에 이 종이를 들고 있으며 등등." 그러나 이러한 회의를 한 걸음 더 진행시키면서 데카르트는 '우리가 어떻게 깨어 있을 때와 잠자고 있을 때를 구분할 수 있을 것인가?' 하고 묻는다. 감각이 있다는 것은 상상의 산물일 수 있다. 그럼에도 불구하고, 비록 몸이 있다는 감각이 단지 하나의 꿈이라도, 거기에는 무언가 리얼한 어떤 것들('좀더 단순하고 보편적인,' 그것으로 몸이 만들어지는), 즉 양과 형태와 크기 그리고 수의 개념 같은 것들이 존재한다.

따라서 우리는 합성 개념(그것들은 대상을 특정한 크기와 형태 등을 가진 것으로 인식한다)에 의존하는 자연과학(물리학, 천문학 등)과 그렇지 않은 여타 형태의 지식(예를 들면, 기하학, 수학)을 구분할 수 있다. 우리가 자고 있건 깨어 있건 2+3=5이고, 사각형은 네 변을 가지고 있다. 몇몇 사람들은 전지 전능한 신의 존재가 이러한 믿음들이 진실이라는 것을 보증한다고 주장할 수 있을 것이다. 그러나 '나는 아주 불완전해서 언제나 기만당할 수 있다'고 상정해 보라. 그러면 심지어 이러한 지식들마저 의심스럽게 된다. '신이 아니라 [……] 몇몇 악의적인 악마 그야말로 최상의 힘과 영리함을 지닌 악마가 그의 모든 힘을 우리를 속이기 위해 사용한다'고 생각해 보라. 나는 2+3=5라고 생각할 수 있다. 그러나 나는 속고 있는 것이다. 그렇다면 어쩌란 말인가?

데카르트에 따르면, 한 가지만이 진리로 남는다. 비록 내가 기만당하고 있더라도, 나는 계속해서 생각하고 있다. "'나는 있으며, 나는 존재한다'는 이 명제는, 그것이 나에 의해 내 마음 속에서 제안되고 인식될 때마다 필연적인 진리라는 것을 나로서는 결론 내리지 않을 수 없다." 이는 "나는 생각한다. 고로 나는 존재한다*cogito, ero sum*"라는 문구에서 가장 훌륭하게 표현된다. 그러나 생각하는 '나'라는 것은 무엇을 말하는가? (1) 인간 육체라는 기계적 구조가 있다. (2) 걷고, 먹고, 그들의 감각으로 지각하는 등의 인간이 추구하는 활동들이 있다. 데카르트의 견해에 따르면 이 활동들은, 물리적 재료들과 다른 종류의 실체인, '영혼'이나 '마음'의 행위들이다.

몸의 속성은 물리적인 것이다. 그것은 보여지며, 움직이고, 특정 공간을 점유한다. 그러나 '자기 운동의 힘'은 우리가 물리적인 몸에 부여할 수 있는 속성이 아니다. 만일 그가 말하는 악의적인 악마가 존재한다면, 데카르트는 심지어 몸의 존재마저도 의심할 수 있다고 생각한다. 그러나 생각하는 자아는 그럴 수 없다. "지금 나는 필연적으로 진실된 것 말고는 어떤 것도 받아들이지 않으려 한다. 즉 나는 마음이다. 혹은 지성 혹은 오성 혹은 이성 [……] 생각하는 사물이다." 데카르트는 실로 그가 마음이며, '인간 육체라고 불리는 사지로 만들어진 구조가 아니다'라는 생각을 고수한다. 이런 식으로 데카르트의 마음 몸 (또는 '데카르트적') 이원론은 굳건하게 자리를 잡게 된다. 그의 주장에 따르면, 그에 있어 본질적인 것은 그가 몸이 아닌 마음이라는 것이다. 다른 말로 하면 그는 본질적으로 생각하는 사물이며, 마음은 본질적으로 몸과 다르다는 것이다.

인식론적 관점에서 본다면 데카르트의 주장에서 특기해야 할 사항은 인식의 토대를 형성하는 것은 주체성('나는 생각한다')이다. 게다가 데카르트가 제안하는 주체성 개념은 실로 사회 세계에 의해 속박되지 않는 종류의 것이다. 실로 그것은(적어도 일컬어진 바에 의하면) 사회적/물질적 영역과 상관없이 유래한다. 따라서 인간 주체와 그것이 경험하는 외부 세계의 관계는 주체를 세계 '밖에,' 그 세계에 연루되지 않은 일종의 관찰자로서 위치시키는 모형으로 설명한다. 이러한 견해에 대해서는 여러 가지 비판이 있어 왔다. 예를 들면, 독일 철학자 마르틴 하이데거(1889~1976)는 이러한 데카르트주의의 중심적인 전제 조건들에 직접적으로 대립되는 주체에 대한 설명을 제공했다. 하이데거에게 주체(혹은 좀더 정확히는 현존재)는 경험의 수동적인 관찰자가 아니며, 자신의 세계에 적극적으로 연루되어 있다. 따라서 하이데거의 견해에 따르면, 인간 주체는 성냥이 '성냥갑 안에' 있다고 이야기될 때와 같은 의미로 세계 '안'에 있는 것이 아니다. 차라리 우리는, 우리의 실제적인 존재로부터 분리될 수 없는 구체적인 의미에서 '세계 안'에 있다. 따라서 우리의 세계는, 극장의 칸막이 좌석에 앉은 관객이 극에서 전개되는 사건들을 바라본다고 이야기하듯, 그것을 외적인 '객관적인' 시각으로 바라볼 수 없다. 차라리 우리는 적극적으로 우리의 세계에 관계하며, 이 관계가 바로 그 세계를 구성한다. 따라서 예를 들면 대상을 개념화할 수 있는 우리의 능력에 덧붙여, 우리는 또한 실제 세계에서 우리가 잡아 쥘 수 있는 사물로서 그것들에 관계할 수 있다(하이데거의 용어를 사용한다면 그것들은 단순히 '도구적으로 존재*present-at-hand*' 하지 않고 '가능적으로 존재*ready-to-hand*'한다). 하이데거의 견해에 따르면 데카르트주의는 우리들에게 어떻게 우리 세계 속의 대상에 대한 이와 같은 후자의 관계 방식이 가능한가에 대해 적절한 설명을 제공하지 않는다. 그것은 인식과 인식되는 것 사이에 화해할 수 없는 쐐기를 박기 때문이다.

데카르트주의적 명제는, 전통적인 과학적 담론 형태들이 이러한 모형과 많은 것을 공유하는 주체 개념(즉 수동적이며, 중립적인 관찰자)을 전제하는 한에서, 중요한 문화적 지류들을 갖고 있다. 마찬가지로 현대 철학사(통상 데카르트 이후의 철학을 의미하는)는 데카르트주의의 많은 중심적 신조들에 대한 비판적인(그리고 가끔은 그렇게 비판적이지 않은) 관여로 특징지어진다. [PS]

Descartes, 1986; Heidegger, 1993; Mulhall, 1996.

도시성
urbanism

도시성 또는 도시화*urbanisation*는 읍이나 시에 사는 인구 비율의 증가와 이러한 널리 퍼진 도시 생활의 사회적, 문화적 효과들을 뜻한다. 도시화는 시골에서 도시로의 인구 이동에 의해서뿐만 아니라 도시 인구의 출생률이 사망률보다 낮다는 사실에 의해 발생한다. 도시화는 역사적으로 최근의 일이다. 예를 들어, 영국에서 1800년에 약 24%의 인구가 도심에서 살았다. 1900년에 이 수치는 77%였다. 그러나 도시 근교의 성장으로, 그리고 제조 공업의 쇠퇴에 따른 읍과 도시 구조의 변화로, 도시화 비율은 완화되고 심지어는 쇠퇴하는 경향을 전형적으로 보인다.

불가피하게 겹치는 부분이 있지만, 도시 생활 문제에 접근하는 두 가지 폭넓은 방식이 있다. 한편에는 도시적 실존에 관해 독특한 것이 무엇인가에 대한 기술과 묘사가 있다. 다른 한편에는 이러한 라이프스타일을 설명하려는 시도들이 있다. 첫 번째 접근 방식이 아마도 문화 연구에 더 적합할 것이다. 19세기에 도시는 이미 찰스 디킨스Charles Dikens와 오노레 드 발자크 Honore de Balzac 같은 소설가들과 샤를 보들레르 같은 시인들의 주요 소재가 되었다. 20세기 초에 문화 이론과 사회 이론 안에서는 게오르그 짐멜, 발터 벤야민, 시카고학파의 작업이 발견되고, 많은 현대의 작가들이 모더니즘, 포스트모더니즘 그리고 페미니즘적인 접근 방식들을 제공했다. 짐멜(1950)에게 있어서, 대도시의 생활은 정신적 자극의 상대적 증가로 특징지어진다. 농촌의 삶, 또는 작은 공동체 안의 생활은 개인적 자유가 결여되어 있기는 하지만, 보다 감정적이고 안정적이다. 그러나 대도시 생활의 과다 자극은 역설적으로 자신의 정체성을 찾는 개인을 위협한다. 자극의 과잉, 그리고 타인들의 위협은 색다른 것과 기이한 것에 대한 끝없는 추구 속에서 표현된 신중함이나 무관심한 태도를 낳게 한다. 19세기 파리에 대한 벤야민의 분석(1973a)은 도시에 대한 일련의 눈부신 단상적인 독해들을 제공한다. 이들 가운데 가장 유명한 것은 '산보자*flâneur*'의 이미지이다(그리고 이것은 짐멜이 도시의 인간을 특징짓는 것과 다르지 않다). '산보자'는 (에드가 앨런 포의 《군중 속의 남자*The Man of the Crowd*》(1982)처럼) 익명적으로 도시를 어슬렁거리면서 일시적인 인상들의 연속 속에 도시를 소비한다.

루이스 워스Louis Wirth(1938)는 도시 사회학에 대한 시카고학파의 전통을 따르며 도시적 경험을 개인적 관계의 상실, 따라서 타인과의 교제에 있어서의 더 커진 도구성이라는 측면에서 요약한다. 그는 도시 환경 자체의 특징들 — 인구의 크기, 밀도, 이질성 — 에 호소하며 이러한 라이프스타일을 설명한다. 도시 사회학에서 뒤이어 나온 접근 방식들은 하나의 독특한 도시적 경험이 있다는 가정에 의문을 제기한다. H. J. 갠스H. J. Gans는, 예를 들어, 일시성과 이질성의 조건하에서 형성된 도시적 관계의 비인격성, 익명성 그리고 피상성을 인지하지만, 그러한 조건들은 도시 인구의 일부에만 적용되며 계급과 고용 기회 같은 사회학적 요인에 기대어 이해될 필요가 있다고 주장한다(1968). 그러므로 도시는 다른 사회적, 정치적 힘이 작용하는 맥락으로 더 간주된다. 따라서 마셜 버만은 도시, 현대 예술, 그리고 현대화 사이의 관계를 조사한다(1983). 현대 지리학에서 데이비드 하비David Harvey(1989)와 M. 카스텔스M. Castells(1989)는 마르크스주의적 연구틀 안에서 작업하면서 도시의 구조와 발전에서 자본주의와 국가의 역할을 분석한다. 반대로 포스트모더니즘의 주창자들은 20세기 후반의 도시에서 도시가 소비와 스펙터클의 중심으로 변형되고 있음을 발견한다. 라스베가스는 원형적*archetypal* 도시 경험으로서의 파리를 대체한다. 윌슨(1991)의 페미니즘적 접근 방식은 도시를 여성에 대한 위협과 위험의 장소로서뿐만 아니라 긍정적인 장소로서 분석하며 도시에 대한 많은 연구 작업들 안에 있는 남성적 편향성에 대해 질문한다. ➔ 건축

[AE]

Leach, 1997; Pahl, 1968; Saunders, 1981; Soja, 1989.

라이프스타일
lifestyle

1960년대와 1970년대 사회학에서 발전된 용어로 다양한 사회 집단과 계급에 연관된 소비와 (물질적 상징적 재화의) 사용 패턴을 의미한다. 문화 연구에서 이 용어는 개인이 여러 가지 가능한 것들 가운데 특정한 아이템이나 행동 패턴을 선택하여 자신을 표현하는 상징적 약호 *codes*로 삼고자 할 때 집단 또는 개인적 정체성의 중심이 되는 것으로 이해된다. 라이프스타일의 선택은 지배적 사회 질서에 대한 저항의 형식으로 보일 수 있다. 그러나 라이프스타일에 대한 분석은 특정한 라이프스타일의 선택이 어느 정도 진정으로 자유롭고 창조적인 선택인지, 아니면 일상생활에 대한 광고와 다른 매스 미디어의 영향에 의한 것으로 지배적 사회 질서에 대한 통합의 의미를 갖는 것인지 하는 문제 또한 제기하고 있다. [AE]

Chancy, 1996; Giddens, 1991.

랑그
langue

소쉬르의 언어학에서 랑그는 언어 아래 깔려 있는 구조와 요소들을 지시한다. 그러니까 랑그는 의미 단위를 선택하고 조합하는 규칙과 함께 발화자가 사용할 수 있는 레퍼토리들로 구성된다. [AE]

Barthes, 1967; Holdcroft, 1991.

리얼리즘
realism

(i) 문학과 미학에서 리얼리즘이라는 용어는 예술 작품과 그것이 재현하는 것 사이의 어떤 유사성 혹은 박진성을 통해 작동하는 것으로 가정되는 예술적 재현의 양식을 가리킨다. 이렇게, 얀 베르메르Jan Vermeer의 그림이나 월터 스콧Walter Scott*의 소설은 현실의 삶에서 경험한 방식과 유사한 사건 묘사나 서술을 제공하는 것으로 보인다. 대조적으로, 에드바르드 뭉크Edvard Munch가 그린 표현주의 그림은 기껏해야 현실의 뒤틀린 이미지를 제공한다. 마르크스주의 문학 비평과 미학에서는, 리얼리즘이 모더니즘과 대립적인 위치에 있었고, 이는 어느 쪽이 정치적으로 더 진보적인가에 대한 중요한 논쟁들을 동반했다. 한편, 게오르그 루카치는 리얼리즘(예를 들면, 발자크의 작품에서의 그것)을 사회적 총체성, 즉 우연으로 보이는 사회적 사건들의 표면 아래에 작동하는 사회적, 경제적, 정치적 힘들을 표현하는 데 기여하는 것으로 옹호하였다. 다른 한편, 프랑크푸르트학파 내의 이론가들은 리얼리즘이 예술적 이미지의 생산을 관장하는 관습*conventions*에 대해 반성하지 못한다(그렇기 때문에 리얼리즘은 사회를 실제로 그것이 그러한 대로 표현하기보다, 단지 사회에 대한 자연화되고 이데올로기적인 설명을 재생산할 뿐이다)고 비판하였다(Bloch et al., 1977을 보라).

어떤 비마르크스주의 철학자들, 가장 주목할 만한 사람으로 넬슨 굿맨Nelson Goodman(1976)은 리얼리즘적 작품들과 비리얼리즘적 작품들 사이의 구별을 의문시해 왔다. 정확히 무엇에 예술 작품과 현실 사이의 유사성이 존재하는가를 설명함에 있어서의 수많은 문제들을 집어냄으로써(예를 들면, 하나의 그림은 또 다른 그림과 유사하고 두 그림 중 어느 쪽이든 자신들의 주제와 닮은 것보다 훨씬 더 서로와 가깝게 닮았지만, 그럼에도 불구하고 하나의 그림이 또 다른 그림의 재현인 경우는 매우 드물다는 점을 지적함으로써), 굿맨은 사실 리얼리즘이란 해석의 관습에 의해 지배되며 따라서 고도로 인위적이라는 점을 시사한다. 이렇게 되면 우리는 상당히 혼란스러워지는데, 리얼리즘 회화와 그 주제 사이의 관계는 단지 우리가 이 해석적 관습들을 우리의 발달 과정에서 그토록 잘, 또 매우 초기에 학습했다는 이유 때문에 직접적이거나 자연적인 것일 뿐이라고 생각할 수 있게 되는 것이다.

(ii) 철학 일반에서는, 리얼리즘이란 어떤 사물들이 인간 관찰자나 그것에 관해 제공될 수도 있는 묘사와 상관없이 존재한다는 교의*doctrine*이다. 아서 C. 단토Arthur C. Danto가 지적했듯이, 철학은 자명하게 존재하는 대상들(탁자와 같은 것)에 대하여 "그것은 실재하는가?"라고 분별 있게 질문할 수 있는 그런 드문 문화에서만 출현한다. 사실상, 철학은(그리고 단토에게 있어서는 예술 역시 그러하다는 점이 지적될 수 있다) '실제' 세계가 실재하지 않는 어떤 것(이미지, 외양, 환영, 표상, 감각적 인상, 또는 개념 등과 같은 것)과 대립하여 정립될 수 있는 문화를 전제한다(Danto, 1981: 78~80). 따라서 만일 예를 들어 내가 나는 탁자의 존재에 대한 직접적인 증거를 가지고 있지 않으며 오직 그것을 보고, 냄새 맡고, 만지는 것의 감각적 자료만을 가지고 있을 뿐이라고 주장할 수 있다면, 나는 그 탁자의 실재를 의심할 수도 있다. 따라서 만일 내가 정신적인 존재라면, 나는 오직 이 감각적 자료들만이 실재할 뿐이며 실재하는 것은 탁자가 아니라고 주장할 수도 있다.

과학 철학에서는 보다 엄밀하게 말해, 리얼리즘이란 과학에 대한 하나의 설명을 가리키는 것으로, 이 설명도 역시 과학적 탐구 대상들은 탐구의 과정 자체와 상관없이 존재한다고 전제하며, 그리고 나서는 과학이 그 탐구의 대상에 대한 이론적 모델을 건립함으로써 진보한다고 주장한다. 탐구의 대상 자체는 관찰될 수 없는 것일 수도 있지만(예를 들어, 원자나 분자의 경우에서처럼), 모델은 관찰 가능한 사건에 대한 예측이 이루어질 수 있게 해 줄 것이다. 모델은 실험 증거에 비추어 실재를 더 정확히 재현할 수 있도록 거듭해서 수정될 수 있다. ➂ 이성 [AE]

* 영국의 작가 월터 스콧(1771~1832)은 《아이반호》, 《웨이벌리》 등의 역사 소설과 서사시로 유명하다.

Ⓑ Bhaskar, 1975; Chalmers, 1982; Harré, 1970.

마르크스주의
marxism

마르크스주의는 칼 마르크스Karl Marx와 프리드리히 엥겔스의 저작으로부터 비롯된 사회, 경제, 정치, 철학적 유파의 접근 방식을 지칭한다. 마르크스의 저작에 대한 해석은 매우 다양하며 마르크스의 저작을 발전시킨 이론도 헤아릴 수 없이 다양하다. 경제적 토대가 사회의 나머지 부분의 성격과 구조를 어느 정도 결정하는가가 마르크스주의의 핵심적인 논쟁거리이지만 마르크스주의는 대체로 사회 분석에서 경제적 행위에 우선성을 두는 접근법을 공유한다. 사회는 지배 계급에 의한 종속 계급들의 착취에 따라 구조화된 것으로 이해한다. 따라서 역사적 변화는 전형적으로 경제적 토대의 발전이라는 맥락에서 분석되는데, 이는 계급 갈등과 혁명으로 분명하게 나타난다. 정치 철학으로서 마르크스주의는 여전히 비착취적 사회(공산주의)의 실현과 결부되어 있는데, 이는 자본주의 내 종속 계급인 프롤레타리아의 해방을 통해 이루어진다. 특히, 마르크스주의의 초창기에 중심적 논쟁은 프롤레타리아 혁명이 어느 정도 역사적 변화의 동력에 의해 초래되는 불가피한 사건인가, 또는 마르크스주의 정당이 정말 혁명을 가져오게끔 되어 있는가에 관한 것이었다. 마르크스는 문화에 관해 직접 말한 바가 거의 없기 때문에 그의 저작을 문화 연구에 적용하는 방식은 대단히 다양하다. 마르크스주의적인 문화 연구에서 아마도 가장 보편적인 것은 문화가 이데올로기를 통하여 계급 투쟁에 연루된다는 인식일 것이다. 그것은 문화가 계급 분화된 사회의 산물이며 기존 권력 관계의 유지와 정당화에 기여하거나 그 권력에 저항하는 데 참여한다는 것을 의미한다. 마르크스주의, 그러니까 문화에 대한 마르크스주의적 이론화에는 크게 세 가지 접근법이 있다.

고전적 마르크스주의는 1870년대와 1880년대에 엥겔스(1947)가 이루어 낸 작업에서 카우츠크Kautsk와 G. V. 플레하노프G. V. Plekhanov 그리고 나중에 레닌과 트로츠키가 이끌어 냈다. 여기서 마르크스주의는 사회 변화에 대한 과학적 설명이다. 이는 교조적인 형식으로 구 소련의 공식적인 마르크스주의 교의가 되었다. 이 고전적 마르크스주의에 밀접하게 연관된 문화 이론은 플레하노프의 반영 이론이다. 《예술과 사회*Art and Society*》(1912)에서 그는 예술 사회학을 발전시켰는데, 이는 예술을 정치나 경제적 현실로부터 분리시키는 이른바 '예술을 위한 예술'의 교의에 대해 명백한 반대를 표명한 것이다. 문화는 여기서 '사회적 삶의 거울'로 간주된다. 스탈린주의자 안드레이 주다노프Andrei Zhdanov가 이를 사회주의적 리얼리즘의 끔직한 교의로 만들었다. 단지 예술이 사회의 반영이라는 플레하노프의 입장과 비교할 때 주다노프에게 예술가는 인간 영혼의 엔지니어로서 노동자 계급을 교육하고 혁명적 발전의 현실을 묘사하는 사람이다. 문학 이론으로서 사회주의 리얼리즘을 대표하는 인물은 게오르그 루카치이다. 루카치에게 19세기 리얼리즘 소설은 정치적으로 가장 진보적인 소설 형식을 제공한 것으로 간주된다. 예를 들어, 발자크는 (그의 극단적인 정치적 보수주의에도 불구하고) 그의 작품들이 사회의 겉모양만 묘사하는 데서 나아가 그 아래 깔려 있는 사회적 힘들을 드러내 주었다는 점에서 찬양 받는다.

역설적으로 루카치의 초기 저작들, 특히 《역사와 계급 의식》(1923)은 서구 마르크스주의의 발전에 지대한 영향을 미쳤다. 루카치는 마르크스를 독일 철학 전통의 상속자로 보며 마르크스의 사회 이론을 헤겔적 관념주의의 유물론적 변형으로 본다. 마르크스주의는 과학이라기보다는 인문주의 철학이 되었다. 이는 자연과학의 방법으로 사회를 설명하려 시도하는 사회과학의 실증주의 접근에 도전했다. 반면 서구 마르크스주의는 객체화된 사회를 그 사회의 인간 구성원의 통제 아래에 들어가도록 되돌리는 문제에 초점을 맞춘다. 그런 까닭에 여기서는 소외(루카치와 프랑크푸르트학파의 저작에서는 물화)의 이론, 실로 소외의 은유가 주된 중요성을 갖는다. 인류는 그 집이 되어야 할 이 세상에서 편안하지 않다는 것이다. 그러므로 문화는 사회 내에서 복잡한 위치를 가지며 그 미학적 가치는 정치적 가치와 뒤섞인다. 반면 퇴행적 문화는 이데올로기로 이해된다. 그것은 기존 사회 질서가 자연스럽고 정당한 것으로 보이게 만드는 사고와 논리의 범주를 재생산한다. 예를 들어, 발터 벤야민은 파시즘이 '독창성'이나 '천재' 같은 전통 미학의 핵심 범주를 사용하는 것을 비판한다(1970b). 반면 진보적인 문화는 소외의 표현이며 정치적 저항의 행위로 해석된다. 독일 철학자 에른스트 블로흐Ernst Bloch를 예로 들면, 그는 다양한 문화의 형식 속에 좀더 낫고 정의로운 사회를 향한 유토피아적 열망이 담겨 있는지를 탐구한다. 아도르노와 막스 호르크하이머Max Horkheimer를 포함하는 프랑크푸르트학파의 이론가들은 특히 고급 문화를, 인간의 다양한 사고를 보장하고, 지배적이고 경제적으로 동기화된(그리고 실증주의적인) 사고의 이데올로기적 환상에 도전할 수 있는 얼마 되지 않는 공간 가운데 하나로 이해한다. 마찬가지로 베르톨트 브레히트Bertolt Brecht의 연극, 특히 소외 효과 *alienation effect*의 개념은 정치적으로 보수적인 연극의 환상을 깨트린다. 이탈리아 마르크스주의자 안토니오 그람시가 발전시킨 헤게모니 이론은 지배 계급이 단지 세계에 대한 자신의 해석을 종속 계급에게 일방적으로 강요할 수 없음을 인식해서 이데올로기 이론을 발전시킨다. 즉 세계에 대한 어떠한 해석도 교섭적이며*negotiated* 그래서 문화는 계급 투쟁의 영역이 된다.

1960년대 루이 알튀세르의 반인간주의적이고 구조주의적인 마르크스주의가 마르크스주의의 새로운 발전을 보여 주었다. 서구 마르크스주의의 헤겔주의는 거부되었고 좀더 과학적인 접근이 선호되었다. 나아가 소비에트 마르크스주의의 경제 결정론 역시 의심 속에 내던져졌다. 경제는 단지 '최종 심급'에서 결정적 요소로 간주되었고 다른 사회 영역에 상대적 자율성이 주어졌다. 알튀세르는 살아 있는 실천으로서(단지 지적인 반영으로서가 아니라) 이데올로기의 개념을 열어 주었다. 이는 일상 문화에 대한 새로운 접근 방식을 제공했으며 이것이 문화 연구의 새로운 출현에 의미 있는 역할을 했다. 예술과 문학에 대한 이런 논의의 함의는 피에르 마슈레이Pierre Macherey(1978, 1995)에 의해 가장 의미 있게 탐구되었다. 마슈레이는 창조성의 개념과 작가의 개념을 거부했고 평가 또는 해석으로서의 비평 개념을 거부했다. 문학 텍스트의 생산은 이데올로기 원재료들의 위와 안에서 작동하는 결정적인 물질적 실천으로 간주되었다. 문학은 이데올로기에 대한 '내재적 비판'을 생성하며 이데올로기와 그것의 물질적 존재 조건 사이의 관계를 드러낸다.

문화 연구가 점점 더 포스트마르크스주의적 단계로 이동한다는 주장이 가능하다. 보드리야르나 료타르를 포함하는 영향력 있는 사상가들이 애초에 마르크스주의의 영향으로부터 벗어나 마르크스주의에 입각한 문화 이해에 의문을 제기할 뿐 아니라 좀더 특별하게는 그런 이해 밑바탕에 깔려 있는 정치와 역사에 대한 설명에도 의문을 제기하는 것으로 보인다. [AE]

Bottomore, 1983; Kolakowski, 1978; Lunn, 1982.

만화
comics

카툰, 연재 만화, 만화책은, 어쩌면 정통 미학과 비평에서뿐만 아니라 문화 연구에서도(특히, 텔레비전이나 대중 음악과 같은 여타 대중 문화들에 부과되었던 주목의 양과 비교해서도) 상대적으로 무시되어 왔다. 그 서사를 기껏해야 시각적 이미지와 문학적 텍스트의 상호 작용을 통해 전개되는 복합적인 텍스트로서 주목했던 만화(그리고 그것과 가까운 일가인, 카툰)에 대한 관심과는 별도로, 20세기 내내 만화와 카툰은 청년 문화, 하위 문화, 정치적 저항 등에 중요한 역할을 했다.

만화는 정치 카툰에서 그 중요한 선구자를 갖고 있다. '카툰'이라는 용어는 19세기까지 (유머 잡지 〈펀치*Punch*〉에 실린 정치 패러디 디자인이 영국 국회의사당에 벽화로 그려진 바 있으나, 많은 사람들이 그 사실을 알지 못했던) 고급 미술의 영역(그곳에서 카툰은 예비적인 소묘를 지시한다)에서 분리되지 않았다. 그러나 정치 카툰이라고 인정될 만한 것이 18세기 후반 영국에서, 특히 제임스 길레이James Gillray와 토머스 로랜드슨Tomas Rowlandson의 작업에서 나타났다. 그들의 이미지들은 공적 인물들(왕실 가족, 군대의 지도자, 심지어 [영국의 영웅 넬슨 제독과의 스캔들로 유명한] 해밀턴 부인Lady Hamilton을 포함하여)을 언급하거나 비웃었다. 프랑스의 미술가인 앙리 도미에Henri Daumier는 1832년 감옥에 수감되었는데, 그가 그린 삽화가 루이 필립Louis Philippe을 공격했다는 것이다. 정치 카툰은 전 세계를 통해 주류 신문들의 대중적이며 중요한 특성으로 남아 있었던 반면(그리고 민주주의 아래서 정치 논평, 비판, 이데올로기의 중요한 자원으로서), 1960년대는 '지하*underground*' 만화의 출현이 목도되었다. 로버트 크럼Robert Crumb의 《잽*Zap*》은 마약 사용과 성적 표현의 논점들을 접합하는 가운데, 만화를 대항 문화의 가치들과 연결시켰다.

정치적으로 예리하다기보다는 통상 재미있는 무엇에 가까운 연재 만화는 19세기 마지막 10년 미국에서 리처드 F. 아웃콜트Richard F. Outcault의 〈호건의 뒷골목*Hogan's Alley*〉이 (의미심장한 상업적 성공과 함께) 〈뉴욕 월드*New York World*〉 신문에 연재되기 시작하면서 성립되었다. 연재 만화는 새로운 컬러 인쇄 기법을 활용하기 위한 시도로, 아웃콜트의 중요 인물(옐로우 키드)이 밝은 노란색의 잠옷용 셔츠를 입은 채 등장했다. 1893년 아웃콜트의 각 만화들이 하나의 만화책으로 모였으며, 윌리엄 랜돌프 허스트William Randolph Hearst에 의해 〈뉴욕 저널*New York Journal*〉의 부록으로 출판되었다. 오리지널 만화책이 나타나기 시작한 것은 1930년대이다. 그 후 곧 순수한 유머 만화에서 모험과 환상에 기반한 만화로의 이동이 미국에서 생겨났으며, 가장 유명한 것으로는 제리 시겔Jerry Siegel과 조 슈스터Joe Shuster의 《슈퍼맨*Superman*》(디시 코믹스DC Comics에서 출판됨)과 곧이어 나온 《배트맨*Batman*》, 《캡틴 아메리카

Captain America》, 《캡틴 마블*Captain Marvel*》 등이 있다. 전후 시기에 만화책의 주제가 다양해져서 서부극, 로맨스, SF 만화에까지 이르렀다. 1960년대에는 만화책의 이미지들이(벤 데이Ben Day 점으로 된 인쇄 방법까지 포함하여) 로이 리히텐슈타인Roy Lichtenstein에 의해 팝 아트의 핵심 요소로 차용되었다.

영국에서 만화는 미국과는 아주 상이한 발전의 길을 걸었고, 미국보다 더 먼저 나왔다. 미국의 연재 만화가 신문과 연결되었던 반면, 영국에서는 만화가 어린이들을 위한 별도의 출판물로서 등장했다. 정규적인 주인공을 가진 현대적 의미에서의 만화 《앨리 슬로퍼의 휴일*Ally Sloper's Half–Holiday*》이 처음 출판된 것은 1884년이다. 이를 뒤이어 1890년에 《코믹 커츠*Comic Cuts*》와 《칩스*Chips*》가 나왔다. 미국의 만화가 새로운 기술에 의해 동기 부여되었다면, 영국 만화는 1870년 교육법의 결과 생겨난 대량의 가독 인구의 부상이 동기가 되었다. 1930년대 후반은 아마도, 《베노*Beano*》와 《댄디*Dandy*》의 출간과 함께, 영국 만화에서 가장 특별한 발전이 이루어진 시기일 것이다. 이들 만화의 유머와 그리고 그것을 이은 많은 만화의 유머는 그들 선구자의 만화보다 훨씬 무정부적이었으며 권위를 존중하지 않았다. 비록 권위적인 인물들이 가끔 그들의 어린 악동들보다 좀 나은 것처럼 보일지라도, 그들은 꼴사나운 포악함을 통해 자신들의 권위를 표현했다.

어린이들에게 팔리는 잡지라는 영국의 만화에 대한 이해는 그 용어의 범위를 어린이와 청소년에게 팔리는 일련의 잡지까지 확장했다(연재 만화가 그것들의 핵심 구성 요소이건 아니건). 〈잭키*Jackie*〉(사진 이야기 형태로 된 연재 만화에 대한 하나의 변종을 의미심장하게 실었던) 같은 잡지는 문화 연구에서, 그것이 동시대 이데올로기에서 젠더와 성의 접합이라는 역할의 견지에서 지속적인 관심을 받은 최초의 문화적 산물 중의 하나이다(McRobbie, 1989, 1991).

만화책은 1980년대 '그림 소설*graphic novel*'의 등장과 함께 의미심장한 부활을 경험했다. 전형적으로 이들은 초영웅 만화의 주제를 선택했지만 이제는 새로운 리얼리즘과 반어와 깊이를 갖고 출현했다. 실로 프랭크 밀러Frank Miller의 《배트맨: 어둠의 기사의 귀환*Batman: The Dark Knight Returns*》(1986)은 은퇴 상태에서 되돌아온 중년의 브루스 웨인의 관찰을 드러냈다. 앨런 무어 Alan Moore와 데이브 깁슨Dave Gibbon의 《워치맨*Watchman*》(1987)은 초영웅이 실제로 존재하고 상당히 허점이 많은 현실 세계의 남성과 여성이라는 함의를 통해 작동했다. 아트 슈피겔만Art Spiegelman의 《쥐: 생존자의 이야기*Maus: A Survivor's Tale*》(1987)와 《여기서 내 문제는 시작되었다*And Here My Troubles Began*》(1992)는 의인화된 동물 연재 만화적인 관습을 사용하여 아우슈비츠의 생존자들에 대한 이야기를 시도한다. [AE]

Barker, 1989; McCloud, 1993; Pearson & Uricchio, 1991; Sabin, 1993.

매개
mediation

매개는 두 가지의 구별되는 뜻을 가질 수 있다. 가장 단순하게, 보통의 영어 용법에 가장 근접한 뜻으로 이는 서로 다른 두 가지 사이에 존재하는 것을 지시한다. 매스 미디어 연구에서 매개는 메시지를 수용자에게 전달하는 어떤 것(혹은 사람)을 의미한다. 리포터는 사건과 수용자를 매개한다. 또 허구 속의 형사는 수용자와, 경찰과 범죄에 대한 수용자의 이해 사이를 매개한다. 독일 철학에서(예컨대 프랑크푸르트학파와 다른 마르크스주의 형식들) 매개는 좀더 기술적인*technical* 용법으로 '구성'에 가까운 의미로 사용된다. 즉 마르크스주의에서 주체가 객체에 의해 매개됨을 관찰하는 것은 인간 주체 — 개인 또는 사람 — 가 실질적으로 창조되는 것인지 아니면 그에게 작용하는 객관적인 힘 — 그것이 생물학적 법칙이든 아니면 사회적 압력의 강제력이든 — 에 의해 구성되는 것인지를 관찰하는 것이다. 마찬가지로 사회 세계에 대한 우리의(주관적인) 이해는 이데올로기적이고 문화적인 틀에 의해 형성되고 구성된다. 이런 틀은 우리의 경험과 지각을 매개한다. [AE]

매스 미디어
mass media

매스 미디어는 대규모로 정보와 영상 이미지를 생산 유통시키는 제도를 지칭한다. 역사적으로 서구의 매스 미디어는 구텐베르크가 1450년경부터 인쇄기를 상업적으로 사용한 것에서 시작된다. 초창기에 인쇄술로 생산된 것은 주로 종교적이거나 문학적인 작품들, 그리고 의학 법률 텍스트들이었다. 16, 17세기에 정기 간행물과 신문이 정기적으로 발간되기 시작했다. 19세기에는 산업화와 함께 책과 신문 산업이 크게 팽창했다. 20세기에는 전자 미디어(영화, 라디오, 텔레비전)의 도입과 급속한 확산이 이루어져 일상생활의 경험과 조직화에 지배적인 요소가 되었다.

20세기 매스 미디어에 대한 의미 있는 이론화 시도는 대중 사회 이론의 틀에서 시작되었다. 1920년대에서 1940년대에 이르는 시기에 가장 의미 있는 발전을 이룬 — 나치즘과 파시즘의 대두에 대한 반응으로서만이 아닌 — 대중 사회 이론은 산업 사회의 대중을 심미적이거나 도덕적인 가치나 전통으로부터 단절된 채 무비판적이고 비합리적이며 감정적인 상태로 타락한 존재로 보았다. 그렇게 볼 때 좀더 많은 수용자를 확보하려고 좀더 대중적 취향의 기본 요소에 호소하는 한(그래서 모든 내용을 대중의 최소 공통 분모에 맞추는 한) 대중 오락 미디어는, 그런 대중을 만들어 낸 중심 기구로 비쳐진다. 미디어는 전통적이고 지역적인 문화의 차별성을 침해하며 그 내용이 가진 감정적 성격으로 인해 메시지에 대한 이성적 반응을 방해한다. 오락은 라디오를, 특히 정치 선전의 도구로, 또는 좀더 구체적으로 마르크스주의의 시각에서는, 이데올로기의 핵심적 기구 가운데 하나로 사용함으로써 보충된다. 대중 사회 이론은 미디어가 지나치게 많은 힘을 가진 것으로 보면서 수용자를 메시지에 수동적으로 반응하는 희생자 정도로 보는 경향이 있었다. 경험적 연구, 즉 효과 연구는 미디어의 해로운 영향, 정치적으로나(민주주의를 억제함으로써) 도덕적으로(예컨대, 폭력을 부추긴다든가) 해로운 효과를 찾는 경향이 있었다. 미디어의 힘이 이렇게 크다는 가정은 역설적으로 미디어 자체의 이익에 기여했다. 즉 그것은 미디어가 그만큼 광고의 강력하고 효과적인 수단이라는 것을 의미하는 것이었기 때문이다.

미디어 연구의 좀더 미묘한 접근은 전쟁 후 사회학의 기능주의의 틀 속에서 나타났다. '이용과 충족' 연구는 수용자들의 다양성과 적극성을 인정한다. 수용자들에게 사회적, 물리적 환경에서 비롯된 주관적인 욕구가 있고 이를 미디어가 충족시킨다고 보는 것이다. 미디어가 수행하는 중심 기능은 현실 도피(미디어 소비를 통해 일상생활의 중압감으로부터 합법적으로 벗어나게 된다는 의미에서), 인간적 관계의 수립(미디어 프로그램이 사람들 사이의 논의 주제로 이용되는 것을 포함하여), 개인의 정체성 형성(프로그램에 표현된 가치들이 개인이 가진 가치를 재강화하는 것으로 보인다) 등이다.

1950년대에 해롤드 이니스Harold Innis와 마셜 맥루언Marshall McLuhan 등 일군의 캐나다 학자들이 등장하는데, 이들의 중심 논제는 커뮤니케이션의 지배적 형식과 사회 구조 사이의 인과 관계에 관한 것이었다. 이니스는 미디어를 '시간 편향적 미디어*time biased media*'와 '공간 편향적 미디어*space biased media*'로 구분한다(Innis, 1950, 1951). 전자는 점토판이나 돌 같은 것으로 이동이 쉽지 않은 대신 오래 지속된다. 그래서 이는 장기간 전통이 재생산되는 안정적 사회 현상으로 이끈다. 반면 후자는 종이와 같은 것으로, 지속성이 떨어지는 대신 쉽게 이동할 수 있다. 따라서 이는 광범위한 영토에 걸쳐 행정적 정치적 권위가 확산되는 것을 돕는다. 맥루언은 새로운 미디어 기술의 발전이 인간의 지각에 근본적인 영향을 준다고 주장한다(1994). 인쇄술의 등장과 함께 커뮤니케이션이 (과거의 구두 커뮤니케이션과 달리) 인쇄된 페이지에 의해 지배되면서 인간 감각이 좀더 구획화 특수화하게 되었다. 시각이 실로 지배적으로 되었지만 이는 표현된 정보를 선적이고 단일하며 무한하게 반복되는 방식으로 다룬다. 사고는 좀더 표준화되고 분석적으로 변화한다. 인쇄술은 또한 개인주의를 낳기도 했다. 독서는 조용하고 사적인 행동이다. 전자 미디어는 이니스나 맥루언의 공간 편향적 미디어인 활자 문화에 도전한다. 전자 미디어는 그 놀라운 즉시성과 편재성으로 공간과 시간의 차이를 없애 버린다. 현대 미디어는 언제 어디서나 우리와 맞닥뜨리기 때문에 굳이 찾을 필요가 없다. 마찬가지로 다양한 미디어를 읽거나 소비하는 행위는 더 이상 특정한 시간대에 제한되지 않는다. 다양한 장소에서 오는 정보, 심지어 다양한 역사적 시대에서 오는 정보들이 하나의 신문, 혹은 저녁 시간대 TV 속에 나란히 놓인다. 현대의 미디어 경험은 정보들을 시공간 속에 재위치시키는 것이며, 이를 통해 맥루언이 말하는 '지구촌'이 되는 것이다. 맥루언의 이론은 1970년대에 와서 유행에서 밀리기는 했지만 최근의 포스트모던 사고와 많이 유사하다.

1960년대와 1970년대 미디어 이론의 새로운 경향은 특히 텔레비전에 대한 관심이 엄청나게 늘었다는 점이다. 여기에는 두 가지의 상반된 입장이 있다. 하나는 문화적 생산을 결정하는 물질적 토대에 관심을 집중한다. 매스 미디어의 정치경제학은 미디어 생산(그리고 그 내용과 가치 지향성)을 지탱하는 제도적 구조에 초점을 맞춘다. 예컨대 머독과 골딩(Murdock & Golding, 1977)은 미디어 조직들을 다국적 자본주의와 연계시키는 소유와 통제 구조에 주목한다. 다른 하나는 해석과 해독을 필요로 하는 텍스트로서 미디어 내용을 강조한다. 증가하는 기호학의 영향은 미디어 수용자의 역할에 대한 근본적인 재평가를 가져 왔다. 수용자는 더 이상 단순히 미디어의 희생자가 아니며 미디어 산물에 적극적으로 개입하고 미디어 생산자의 이데올로기적 의도에 거슬리는 방식을 포함하여 다양한 방식으로 미디어를 해석하는 존재로 여겨진다. 버밍엄 현대문화연구소와 스튜어트 홀의 작업이 여기서 결정적인 역할을 했다. 이들로 인해 문화 연구는 매스 미디어 자체의 이론화보다는 구체적인 미디어(TV, 대중 음악, 소니 워크맨 등등)에 관한 특유의 이론과 설명에 의해 선도되었다.

하버마스와 보드리야르는 현대 사회의 경험과 발전 과정에서 매스 미디어의 위치에 대한 두 가지의 구별되는 일반론을 내놓은 바 있다(1989a). 하버마스의 이론은 공공 영역의 개념에 집중된다. 17, 18세기 유럽에서 등장한 부르주아의 공공 영역은 국가에 대한 비판적 자성의 공간이 되었는데, 처음에는 커피 하우스나 살롱 등에서 주도되었다가 팸플릿, 잡지, 신문 등에 주도권을 넘겼다. 실제로는 이 공공 영역이 오직 재산 있고 이성적인 남성 부르주아의 참여만을 허용하는 배타성을 띠었지만, 하버마스는 이로부터 공중 이성의 개방적이고 민주적인 이용의 원리를 발견했다. 오늘날의 전자 미디어는 이 공공 영역에 대해 복잡하고 변증법적인 영향을 미치는 것으로 보인다. 긍정적으로 볼 때 현대의 제작 기술은, 복합적이고 비판적이며 문화적으로 요구되는 자료를 널리 보급할 수 있다. 하지만 실제로는 문화 소비가 점점 더 사유화되어 가며 공공 영역을 파괴하고 대중에 호소하려는 저질 문화에 지배된다. 정치에서 이런 현상들은 정치적 논쟁이나 정책 형성의 질을 점점 떨어뜨려 마치 정치 연극이 지배하는 무대처럼 만들어 버린다.

보드리야르는 현대 자본주의를 상징적 교환(엄격한 경제적 교환에 대비되는 것으로서)의 맥락에서 이해한다(1990b, 1990c, 1993). 현대 세계는 기호와 그 지시 대상, 즉 현실 세계 사이의 구분이 무너질 정도로 기호와 이미지와 표상들에 의해 지배된다(그래서 사람들은 더 이상 사람들의 실제 욕구나 관심에 대해 이야기할 수 없게 된다). 매스 미디어(특히, 텔레비전)는 기호의 생산과 교환에서 중심적이다. 보드리야르가 민주 사회에 미치는 매스 미디어의 영향에 관한 비판적 이론을 그려 내기 위해 주목하는 것이 바로 기호의 소비가 갖는 성격이다. 보드리야르의 소비자는 소파에 기대 감자칩을 먹으며 채널을 이리저리 돌리는 전형적인 카우치 포테이토족이다. 한편으로, 텔레비전은 세계를 쉽게 소비할 수 있는 파편으로 변형시켰지만, 미디어가 조율하는 정보의 범위는 어느 한 개인이 받아들이고 이해할 수 있는 것보다 더 많으며 따라서 그 정보는 단지 표피적인 '흥미 위주의 호기심*ludic curiosity*'만을 유발한다. 다른 한편으로, 미디어는 사적인 공간을 삼켜 버렸다. 비록 사적으로 소비되는 것이 전형적이긴 하지만 미디어는 우리의 가장 친밀한 순간들에 끼어들어 이를 공공화해 버린다. 더 이상 어떤 것도 금기가 아니다. 미디어의 즉각성은 비판적 성찰의 가능성을 방해한다. 예를 들어, 여론 조사는 진정한 공중에 호소력을 갖지 못한다. 이는 공중을 조작하지도 못한다. 공중(그리고 공공적인 것과 사적인 것의 구분도)이 더 이상 존재하지 않기 때문이다. 정치적 의견의 표현은 그저 예/아니오의 선택으로 환원된다. 마치 슈퍼마켓 상표나 영화의 선택과 거부와 같이. 보드리야르에게 저항은 이런 시스템에 참여하기를 거부하는 것에 달려 있을 뿐이다. [AE]

Giner, 1976; McQuail, 1994; Stevenson, 1995.

맥락(문맥)주의
contextualism

문장이 그것이 생겨난 맥락과 독립해서는 아무런 의미도 갖지 않으며, 행위 또한 맥락으로부터 독립해서는 어떤 도덕적 가치도 갖지 못한다는 철학적 주장. 언어 철학에서 맥락주의는 어떤 단어이건 간에 의미가 있거나 진위가 판별될 수 있으려면 특정한 맥락을 지시해야만 한다는 사실에 대응한다. 따라서 '그녀는 문화 이론가이다'라는 문장은 '그녀'라는 단어에 의해 누가 지시되는가에 따라 진위가 달라질 수 있다. 그러나 모든 문장들의 의미와 진위가 맥락 의존적이라고 결론지으려면, 이러한 주장은 좀더 진전될 필요가 있다. '부르디외는 문화 이론가이다'는 문장은, 겉보기에는 맥락과 상관없이 진실이고 유의미한 것으로 보일 수 있다. 그러나 이 문장이 '날씨가 어때요?'라는 질문에 대한 답변이라면 어떨까? 그것은 전적으로 무의미하다(MacIntye, 1981: 195를 보라). 의미에 대한 맥락주의 이론은 경쟁하는 화자들이 다양한 맥락에서 언어를 적절하게 사용하기 위해서는 꼭 숙달해야 하는 규칙들을 해명하려고 노력한다(예를 들어 Habermas, 1987: 120~126d을 보라).

윤리학에서 맥락주의는 한 행위의 도덕적 가치가 어떤 추상적인 원리에서 도출될 수 있다는 점을 지지하는 도덕 이론과 대립하곤 한다. 윤리에 대한 이 같은 비맥락주의적인 접근 방식은 칸트와 그렇게 강력하지는 않지만 공리주의자들에 의해 대표되는 서구의 도덕적 전통 내에서 지배적인 위상을 차지해 왔다. 맥락주의의 접근 방식은 20세기 후반에 점차 강력해지기 시작했다. 핵심적인 발전은 [생명 윤리학 분야의 선구자] 조셉 플레처Joseph Fletcher의 '상황적 윤리학*situational ethics*'인데, 그는 행위의 가치란 그 행위가 수행되는 맥락이나 상황과 분리될 수 없다고 주장한다.

맥락의 중요성은 첫 번째로, 건축을 참조할 때 명확히 예증될 수 있다. 건축의 경우 맥락에 대한 감각은 현존하는 건물의 의미와 새로운 건물 디자인을 해석하는 데 있어 결정적이다(Gadamer, 1975: 138~142를 보라). 여기서 맥락은 인접한 건물의 존재와 디자인을 환기시킬 뿐 아니라, 피터 스미슨Peter Smithson의 말처럼, "우리가 그것을 발견할 수 있다는 것을 전제로 인간 관계의 패턴과 사용의 패턴, 움직임의 패턴, 정지와 고요, 소음 등의 패턴, 형태의 패턴들이 지닌 맥락 속"(1975)에서 드러난다.

두 번째로 우리는 고고학을 참조할 수 있다. 이 경우 '맥락'은, 한 유물이 발견되는 조건들을 지시하는, 매우 기술적인 용어이다. 유물이 그 자체로 위대한 아름다움을 간직하고 있을지라도, 만일 그것이 발견된 맥락으로부터 벗어난 그 경우, 그 유물의 시대, 그것이 어떻게 사용되고 얼마나 중요한 역할을 했는지에 관해서는 그 어느 것도 확인하지 못할 수 있다는 것이 요점이다. 그러한 정보는 유물이 여타 유물들과 맺는 관계, 그것의 제작자와 사용자들의 라이프스타일과 실천들에 대한 표식들을 분석함으로써만 정확하게 규정될 수 있기 때문이다. 따라서 맥락으로부터 벗어난 유물은 고고학자에게 아무런 실질적인 중요성도 갖지 못한다(Renfrew, 2003: 55~58을 보라). 전문적인 고고학자가 금속 탐지기주의자들(그리고 고고학적 장소로부터 '보물'을 탈취해 가는 사람들)에 대해 오랫동안 품어 온 의심은 유물에 대한 효과적인 해석에서 맥락에 대한 지식이 갖는 중요성과 관련한 이 같은 인식을 반영한다.

모더니즘
modernism

'모더니티,' '모더니즘' 개념의 정확한 의미는 그것이 시작되고 사용되어 온 맥락에 의존하는 바가 크다. 즉, '모더니티'의 개념은 전형적으로 어떤 것, 특히 막 지나쳐 와 새롭게 대체된 일정한 역사적 기점에 대한 반동이라는 함의를 갖는다. 즉 ('최근의'라는 뜻을 가진) 라틴어 'modernus'(혹은 'modo')로부터 파생된 용어로서 모더니티는 기독교 시대(성 아우구스티누스St. Augustinus의 저작에 따르면 15세기부터 시작된)를 이교도의 과거와 대조시켜 특징짓는 용어이다. 이런 구분은 중세 유럽을 통해, 그리고 르네상스로 들어오면서 다양한 시각으로 수정되었다(예컨대, 모던 시대로서 르네상스는 처음에 그에 앞선 '중세' 시대에 대한 반동으로 이해되지 이제 와서 재평가된 이교도 시대(또는 고대)에 대한 반동으로 이해된 것은 아니었다). 17세기와 18세기에 모더니티는 계몽주의와 연관된다. 이는 현재에 대한 역사적 이해의 수정을 동반한다. 시간과 역사에 대한 이해는 기독교적 중세 시대, 심지어 르네상스에서조차 기독교 교리의 입장에서 세계의 내재적 종말에 대한 기대에 의해 형성되었다. 좀더 세속적인 계몽주의는 역사가 거의 무한하게 열려 있는 미래 속으로 펼쳐지리라는 것을 전제한다. 덧붙여 기술적, 산업적 발전은 사회적 변화와 연관되면서 이 시기 동안 더욱 눈에 띄게 빨라졌다. 그렇게 해서 모더니티는 단지 가장 최근 또는 가장 새로운 것이라는 의미에서 벗어나 이제 가장 진보적인 것을 의미하게 되었다. 그렇게 해서 현대 사회 이론가 위르겐 하버마스가 여전히 모더니티의 '미완의 프로젝트'를 옹호할 수 있게 된 것이다(1983). 그와 같은 프로젝트는 모더니티가 단지 기술적인 목표뿐 아니라 좀더 중요하게는 정치적이고 도덕적인 목표(특히, 과거의 미신과 무소불위의 권위로부터 인간성의 해방이라는)가 있음을 주장한다. 이런 맥락에서 현대적 의미의 '모더니즘'은 1848년의 정치혁명에서 출현한 것으로 볼 수 있다.

사회학적 사고에서 모더니티는 전형적으로 전통적인 것, 다시 말해 산업화 이전의 사회와 대비되는 것으로 위치한다. 분과 학문으로서 사회학은 어떤 의미에서 모더니즘에 대한 이론화로부터 출현했다고 할 수 있다. 19세기 말 에밀 뒤르켐의 저작에서 현대 사회는 복잡한 노동 분화라든가 개인적 정체성과 고립성에 대한 의식의 강화라는 맥락에서 산업화 이전 사회의 기계적 연대에 대비된다. 독일 사회 이론가 페르디난트 퇴니스Ferdinand Tönnies는 이와 유사하게 산업화 이전 사회의 통합되고 동질적인 '공동체'를 현대 '사회'의 분화, 소외, 인공성과 구분했다. 막스 베버의 저작에서 모더니즘의 발전은 사회 생활의 모든 국면에서 합리화의 증대와 연관된다. 이런 합리주의는 도구적으로 가장 효율적인 목표 달성 수단을 결정하기 위해 모든 사회적 행위(경제에서부터 법과 정치적 관리를 거쳐 건축과 음악에 이르기까지)가 치밀한 검증의 대상이 된다는 사실을 수반한다. 이런 설명에서 모더니티는 결코 순전히 좋은 것이 아니다. 단순하고 명료한 진보로서 모더니티의 관념은 의문 속에 내던져진다. 현대 사회에서 실존의 문제와 긴장이 구원에 내던져진 것처럼(뒤르켐의 아노미로부터 마르크스의 소외 이론을 거쳐 개인적이고 정치적인 자유와 자발성을 거세하는 베버의 관료제 철창에 이르기까지).

예술이나 다른 문화 영역에서 모더니즘은 19세기 말을 향해 가며 이루어진 좀더 자기 성찰적인 예술 형식의 발전을 가리키는 경우가 많다. 즉, 1845년에 보들레르는 〈현대적 삶 속의 화가The Painter in Modern Life〉라는 의미 심장한 제목의 에세이를 통해 프랑스 화가 콩스탕탱 기Constantin Guys에 관해 쓴다. 그러나 미술에서 모더니즘은 전형적으로 에두아르 마네Edouard Manet(1832~1883)와 그의 영향하에서 이루어진 인상주의의 발전과 연관된다. 결정적으로 이들의 작품에서 리얼리즘 예술은 의문의 대상으로 내던져진다. 그와 함께 예술가의 관심은 회화의 표면적인 주제로부터 그리기의 과정 자체로 옮아간다(작곡가 A. F. W. 쇤베르크가 언급한 것처럼 화가들은 나무를 그리는 것이 아니라 그림을 그린다). 비슷한 변화는 음악(2차 비엔나학파Second Vienna School의 작품에서 보듯 20세기 초에 조성 체계의 관습으로부터의 단절이 나타난다)이나 문학(마르셀 프루스트Marcel Proust나 제임스 조이스James Joyce 같은 작가들에 의해 리얼리즘 소설의 관습적 서사에 의문이 제기된다)에서도 발견된다. 그러나 예술 매체 자체의 테크닉이나 형식에 관심이 커지는 것은 모더니스트 예술의 한 측면에 불과하다는 주장이 제기될 수 있다. 형식에 대한 이 같은 강조는 예술 작품을 예술 바깥의 어떤 것과 분리시키는 데 기여한다(이 같은 분리는 추상 표현주의 회화의 실천에서뿐 아니라 좀더 중요하게는 클레멘트 그린버그Clement Greenberg(1992)와 마이클 프리드Michael Fried(1992) 같은 비평가들에게 그런 작품들이 이론화되고 옹호되는 방식에서 극에 달한다). 반면에 모더니즘 예술로 정당하게 정의될 수 있는 많은 예술은 정치적 사회적 변화에 좀더 많은 연관을 맺거나 '현대의' 사회적 삶에 적합한 예술을 생산하려는 기획에 개입되어 있다. 예컨대 미래주의는 산업 사회의 성취와 현대적 기술의 힘과 스피드를 찬양하고자 한다. 르 코르뷔지에나 바우하우스의 현대 건축은 과거의 관습과 장식으로부터 벗어나 합리주의 시대에 걸맞은 빌딩 디자인과 도시 계획을 추구했다.

예술과 건축에서 모더니즘은 엘리트주의와 고립주의를 특징으로 하는 경향이 있었고 이에 따라 광범위한 대중의 입맛에는 맞지 않게 되었다. 모더니즘의 위기는, 그것이 모더니즘의 발전에서 사실상 배제되어 온 여러 대안적 목소리들에 문을 닫아온 것을 감추고, 보편주의의 열망(그리고 어떤 특권적 위치에서 문화와 건축을 독점적으로 재단하려는 경향)을 드러내게 되면서 찾아왔다. → 포스트모더니즘

[AE]

Berman, 1983; Bradbury & McFarlane, 1976; Giddens, 1990; Habermas, 1988.

모순
contradiction

(예를 들어, 한 사건의 상태에 대한) 주장 (f)를 담은 명제 (p)가 다른 명제 (q)에 의해 부정될 때, 그 두 명제는 모순된다고 말한다. 한쪽 명제 (p)의 진실은 다른 명제 (q)의 거짓을 필연적으로 함축한다. 두 개의 상호 배제적 상황이 동일한 사례에 동시에 적용될 수 없다는 것이 논리학의 '모순율'이다. 즉 어떤 것이 존재하는 동시에 존재하지 않을 수는 없다. 그래

서 '모순율'은 '타당성'을 지닌 주장을 만드는 규칙이 될 수 있다. 헤겔과 마르크스의 저작에서 모순은 중요한 역할을 한다. 예컨대 헤겔 변증법의 힘은 모순 개념에 의존한다. 헤겔에게 모순은 존재의 본질적 원리인데, 변증법적 과정을 통해 극복된다.

사회·정치의 영역에서 모순 개념은 시민 기구들 사이의 기본 관계에서 나타나는 일련의 문제들을 명시하는 데 사용되어 왔다. 가령 시민 사회에서는 모순이 개별 사회 기구들이 자기만의 특수한 목적을 추구(x의 목적과 y의 목적이 통분될 수 없는 경우)하거나 상호 병립할 수 없는 이해 관계를 지닐 때 생겨날 수 있다. [PS]

몸
body

최근까지도 몸은 철학, 정치, 문화 이론에서 무시되거나 주변적인 것으로 취급받아 왔다. 실로 철학에서 인간의 행위와 사람의 정체성은 전통적으로 마음에 있는 것으로 간주되었다. 마음(혹은 영혼)은 영원하며, 그 합리성은 모든 지식의 원천이었다. 철학의 핵심적인 문제(예를 들어, 17세기 이래 데카르트의 저작으로부터)는 마음과 몸의 관계였다. 아마도, 특히 17~18세기 영국 경험주의 철학 전통에 속하는 몇몇 사상가들(데이비드 흄과 같은)만이, 세계에 대한 경험이 전적으로 우리 몸의 감각 기관에 의존한다고 인정함으로써, 인간의 몸에 대해 무언가를 이야기한 것으로 여겨진다. 그러나 심지어 이러한 잠재적 가능성마저도 시각과 청각을 지식의 원천으로 강조함으로써 질식되어 버렸다. 명백하게 신체적인 감각인 후각과 미각 그리고 촉각이 더욱 더 무시될수록, 그것이 우리의 몸을 통한 세계에 실제로 참여하는 함의도 무시된다. 18세기 말 칸트는 자신의 《판단력 비판》(1790/1987)에서 감각의 문제적 위상에 대해 논증한 바 있다. 한편으로, 그는 우리가 (도덕적 선에서의 순수하게 이성적인 기쁨이나 음식이나 마실 것을 통한 순전히 물리적인 유쾌함과 대립되는) 아름다움의 즐거움을 느낄 수 있는 것은 오로지 이성적인 동시에 감각적인(육체로 체현된) 창조물이기 때문이라고 주장한다. 그러나 다른 한편으로 아름다움은 촉각, 후각, 미각이 아닌 시각과 청각에 의지한다.

19세기 중반 마르크스의 인간에 대한 견해, 즉 근본적으로 노동을 통하여 자신의 환경을 창조하고 변형시키는 존재에 대한 견해는 육화에 대한 몇 가지 이해를 제공했다. 하지만 세계에 대한 육체로 체현된 실천적 경험의 중요성이 철저하고 상세하게 철학에서 취급된 것은 아마도 오로지 19세기 말 미국 실용주의에서라고 할 수 있을 것이다. 우리의 몸을 세계를 조작하고 시험하기 위해 사용할 때, 우리가 활용하는 관습화된 기술과 능력, 다름 아닌 이러한 것들로 전달되는 세계에 대한 당연시된 지식의 중요성이 전면으로 부각된 것은 바로 이 실용주의에서였다. 20세기에 이러한 시각은 하이데거의 작업, 예를 들면 그의 '현존재*present to hand*'와 '도구적 존재*present at hand*' 개념에서 발전되었다(1962: 102~107). 통상적으로 대상은 아무 생각 없이 사용된다. 우리는 하나의 도구가 잘 작동하는 동안에는 그것을 깊이 생각하지 않는다. 그러나 작동이 실패할 때, 우리는 뒤로 물러서서 의문을 제기하고 그것을 살펴본다. 따라서 우리는, 단지 실제로 실패하게 될 때, 세계에 대한 의식적이며 이론적인 지식을 얻게 된다. 데카르트의 가정과는 달리 우리는 세계에 대해 단지 성찰만으로 지식을 얻어 낼 수는 없다. 우리는 세계에 대해 성찰하는 이성을 필요로 하지만 그 이성은 오로지 육체적인 참여를 통해서만 얻어질 수 있다. 따라서 하이데거는 실용주의자처럼 심지어 데이비드 흄처럼 데카르트의 철학하는 방식을 직접적으로 비판하면서 몸을 철학적 사유에 도입했다. 하이데거는 더 나아가, 우리가 죽을 수밖에 없다는 사실을 받아들여야 한다고 요구하면서, 인간 존재에 대해 우리가 자기 이해를 하려면 몸이 필수적임을 강조했다. 하이데거적인 접근 방식은, 특히 모리스 메를로퐁티 Maurice Merleau–Ponty에 의한 '살'의 분석(다시금 의식이 하나의 특정한 세계 속에서 육화된다는 주장으로부터 시작되는)(1962)과 장 폴 사르트르Jean–Paul Sartre(적어도 희생자의 자유를 그/그녀의 살 내부에서 장악하고 소유하려는 시도로서의 고문에 대한 스펙터클한 분석에서)(1958: 303~359)를 통해, 프랑스 현상학의 발전에 영향을 주었다.

서구 철학 이론에서 몸은 다시 한 번 최근까지 무시되었다. 예를 들면, 자유주의는 합리성을 강조하는 인간 존재 모형을 채택했다. 그것이 관심을 둔 것은 인간 지성이었다. 실로 육체적 욕망의 무제한적인 추구는 정치 질서에 대한 위협으로서 이론화될 수 있는 것일지도 모른다. 게다가 자유주의는 다소간 잠재적인 일련의 이분법을 가정하는 경향이 있다. 이성은 비이성에 반해 정립되며, 마음은 몸에, 남성은 여성에 반해 정립된다. 젠더 차이에 대한 그리고 여성을 정치로부터의 배제한 자유주의의 전통적인 맹목성은 부분적으로는 이러한 이성, 마음, 남성성의 연계를 통해 이해될 수 있다.

서구 정치 이론에서는 1970년대 후반과 1980년대 초반 존 롤스(1972)의 작업을 통한 자유주의 이론의 재생과 더불어 공동체주의로부터의 자유주의에 대한 새로운 비판 또한 나타나게 되었다. 이러한 논쟁 선상에서 마이클 샌델은, 롤스의 인간 존재 모형이 탈육체화되고 탈토착화되었다는 이유로, 롤스(따라서 동시대 자유주의)를 비판했다. 말하자면 롤스는 인간 존재를 육체적이며 문화적인 경험, 곧 인간 존재를 그 나름의 특정한 존재로서 형성하는 경험으로부터 인위적으로 끌어냈다는 것이다. 결과적으로 롤스는 선택 능력이 있는 합리적인 인격체로서의 인간 존재가 육체화된 생활에 앞서 존재한다는 가정 때문에 비난받았다. 샌델은 선택하고, 가치를 유지하며, 우리 스스로에 대해 한 개인으로 인지하는 바로 그 능력은 단지 육체적 경험으로부터만 나타날 수 있으며, 결코 그것에 앞서 존재할 수 없다고 주장한다.

문화 이론의 경우에는 서구 미술의 핵심 주제인 누드에 대한 중요한 문헌이 존재한다. 부분적으로 이 문헌은 한 문화사가의 정통적인 접근 방식, 예를 들면 역사적으로 다양한 문화적 규범에 따른 몸의 이상화에 대한 팀 클라크Tim Clarke의 분석(1956)으로부터 유래한다. 좀더 최근에는 페미니스트와 그 밖의 사람들이(예를 들면, 존 버거John Berger(1972)) 누드를 정치적 문맥 위에 놓은 바 있다. 그들은 누드에 내적인 미학적 가치를 귀속시키는 것을 서구 문화의 가부장적이거나 이데올로기적인 구조의 부분으로 보고 의문을 제기했다

(Diprose, 1994; Grosz, 1994; Irigaray, 1985a).

몸의 이해는 문화 연구에서 몸을 의미의 장소로 인정함으로써 발전되었다. 기호학적인 접근 방식이 몸에 채택된 것이다. 움베르토 에코Umberto Eco가 몸의 특성을 '소통 기계'로 부여한 것이 효과적이었다(1986). 몸은 단순히 자연의 한 동물적 사실로서 그곳에 있는 것이 아니라 문화 속으로 편입된다. 몸은 실로 옷과 보석 그리고 여타 장식을 통해 그리고 몸 자체의 꾸밈(예를 들면, 문신이나 머리 모양, 몸 만들기 그리고 살 빼기)을 통해 문화와 문화적 정체성이 표현되고 접합되는 핵심 장소이다. 개인에게 강요된 문화적 기대에 저항하거나 순응할 수 있는 것도 몸을 통해서이다. 따라서 사회학은 '몸에 집중된 실천들'(Turner, 1984를 보라)의 분석으로 시야를 돌릴 수 있었다. 푸코의 감옥 체계와 국가 징벌의 발전에 대한 분석은 훈육의 주체로서의 몸에 초점을 맞췄다(1977a). 결정적으로 몸은, 실질적인 감시이건 아니면 예상된 감시이건, 감시 체계를 통해 훈육되고 형성된다. 따라서 몸에 대한 분석은 점차 그것을 사회적 속박과 구성의 산물로서(이것은 또한 고프만의 작업에서 발견되는 주제이다), 또는 언어와 담론의 산물로서, 그 안에서 몸이 토론되고 분석되는 것으로(예를 들면, 의료 과학이나 정신 의학 혹은 범죄학의 언어에서처럼) 보는 경향이 있다. [AE]

무의식
unconscious

무의식 개념은 지그문트 프로이트Sigmund Freud 이전에도 있었지만, 그것이 급진적인 차원을 갖게 된 것은 바로 정신분석학을 통해서였다. 프로이트의 메타심리학에서, 무의식은 지각과 의식 사이에 오는 것으로 규정된다. 그것은 (감정들의 더 큰 '묶음'이 특징이 되는 의식의 이차 과정과는 반대되는 것으로서의) 일차 과정의 영역이다. 그것은 집중*cathexes*의 유동성, 전위*displacement*의 유동성, 응축*condensation*, 상징 체계*symbolism*, 그리고 주관적인 실재*Real*에 의한 외부 현실의 대체로 특징지어진다. 그것은 시간 감각이 없다. 그것은 논리적 모순도 없다. 상반되는 경향이 그 안에서 공존한다. 이것은 유아기를 함께하지만 유아기로 환원되는 것은 아니다. 프로이트의 초기 위상학적 모델에서, 무의식은 전의식*preconscious*과 의식*conscious*에 대립하는 것이다. 정신*psyche*이 이드*id*, 에고*ego*, 슈퍼에고*superego*로 구분되는데, 프로이트의 후기 구조적 모델에서는 무의식이 덜 중요한 것이 된다. 이때 프로이트가 이 모든 행위자*agency*들의 대부분이 무의식적일지도 모른다고 주장한다. 이 개념은 피분석자의 기억 속에 외상적인 의미를 가진 틈새들이 있다는 사실 때문에 필요하다. 게다가 프로이트는 정신 생활에서의 이러한 틈새가 주체와는 '다른' 누군가에게 속하는 것으로 이해되어야 한다고 주장한다. 라캉이 "무의식은 타자의 담론이다"라는 자신의 공식에서 채택하고 있는 것이 바로 이러한 개념이다.

'무의식'이라는 용어는 '억압*repression*'이라는 개념과 엄격히 구별되어야 한다. 억압된 것이 무의식의 원형이라 하더라도, 후자가 더 넓은 범위를 갖는다. 억압된 모든 것은 무의식이지만 모든 무의식이 억압된 것은 아니다. 의식과 무의식 사이의 마지막 분열이 사춘기까지 나타나지 않는다 해도, 무의식은 억압 행위를 설명하기 위해 유아*infant* 안에 전제되어야 한다. 어떤 사람에 대해 '억압된 사람'이라는 대중적 묘사가 내포하는 것처럼 억압은 신경증 환자의 특징적 요소가 아니다. '신경증 환자'는 단지 그 안에서의 억압에 실패한 주체이다. 모든 주체는 오이디푸스 단계에서 일차적 억압을 겪어야만 한다. 라캉에게 이르면, 의미의 사슬로부터 이 최초의 기표가 떨어져 나오는 것은 구조적 필연이다. 라캉주의자들은 이것을 '덤' 기표*signifier en plus*라 지칭한다. 이차적 억압은 일차적 억압의 파생물이다. 즉 그것은 일차적 억압과 연관된 콤플렉스 관념들과의 외상적인 연계를 담고 있는 기표들의 표현을 왜곡한다. 억압되는 것은 항상 기표이지 감정이 아니다. 감정들은 기표의 논리와 관련해 전위될 수 있을 뿐이다. 그러므로 무의식의 형성물들은 스스로를 해석에 제공하는 요소(욕망)과 그것에 저항하는 요소(환상*phantasy*) 사이의 상호작용으로 이해될 수 있다. 따라서 (포스트모더니즘적인 오해와는 반대로) 라캉주의적 분석가 자크 알랭 밀레르Jacques–Alain Miller는 무의식은 욕망의 환유로 환원될 수 없는 것이라고 주장했다. 무의식은 언어처럼, 그리고 '동시에' 언어와는 다르게 구조화된다. 라캉에게 있어서, 결국 무의식은 대안적 존재론을 필요로 하는 단지 '다른' 장면*scene*이 아니다. 그보다도 '전*pre*'존재론적이다. 보다 근본적으로, (실수를) 너그럽게 보면, 그것은 실현되지 않은 것들의 질서이다.

[SKS]

Freud, 1991a; Klein, 1992, 1993; Lacan, 1977a, 1995; Laplanche & Pontalis, 1973; Miller, 1988.

문학 비평
literary criticism

문학 비평은 문학 텍스트에 대한 분석과 해석, 평가를 포괄한다. 문학 비평은 텍스트의 의미를 규정하고 특정 작품의 사회적 적절성에 관련하여 질문을 한다. 문학 비평의 역사를 살펴보면 그 초점이 작가로부터, 독자의 역할과 텍스트가 쓰여진 역사적 시대에 대한 논의를 수렴하면서 점차 텍스트로 옮겨 왔음을 알 수 있다.

문학 비평의 등장은 문화와 사회의 의미를 의식하고자 하는 욕망과 함께한다. 여러 가지 의미에서 문학 비평은 해방적 기획(계몽주의의 유산)의 일부라 할 수 있다. 그것은 역사적 맥락에서 자신을 이해하려는 시도이다. 정신의 능력을 향한 자의식적 태도는 비평의 보증서 가운데 하나이다. 또한 상상력의 세밀한 분석은 문학 이론을 낳는데, 문학 이론은 시인과 거짓말쟁이 사이를 단순히 등치시키는 시도로부터도 멀리 떨어진 것일 뿐 아니라 리얼리즘을 둘러싼 복잡한 문제들을 흥미롭게 다루는 것이기도 하다.

문학 비평에서 가장 중요한 논쟁은 늘 텍스트와 역사적 리얼리티의 관계에 관한 것이었다. 문학은 의심할 바 없이 외적인 리얼리티를 가리킨다. 그러나 그것이 어떤 종류를 가리키는가를 측정하는 것은 대단히 어려운 문제이다. 사회적 관계의 경험을 재현함으로써 텍스트는 사회적 자리매김에 영향을 미친다. 즉 허구적 내러티브가 아무리 낯설고 거리감 있는 것이어도 텍스트는 늘 특정한 관점으로 쓰여지며 특정한 이데올로기적 입장에서 독자에게 영향을 미치는 수사학을 구사한다. 문학이란 타이틀을 가질 권리가 있는 문학 작품은 그 자체의 전제들과 비판적으로 관계하기 때문에 기술記述적인 기준과 규범적인 기준 사이의 긴장을 극화한다. 즉 비평의 임무는 문학이 특정한 관습과 유형화된 가정들이 경합하도록 허용하는 수단을 알아내는 것이다. 그러한 임무를 위한 중요한 출발점은 텍스트의 발화 양식을 분석하고 그것이 독자에게 투사하는 주체성이 어떤 종류의 것인가를 묻는 일이다. 여기서 아이러니 분석은 텍스트의 논점에서 드러나는 모순과 논리적 비정합성을 규정하는 일만큼 중요하다. 신비평적 읽기에서는 시가 어떤 주장들로 구성된다고 가정하거나 그것의 의미를 풀어 해석해 내는 일이 정당하지 않다고 주장하지만, 최근의 비평 이론들은 의미 있는 비평적 방법론이 다원적 의미들에 집중되고 있으며 다양한 해석들이 서로 갈등하는 방식에 대해 논의하고 있음을 계속 지적한다.

원래 성서에 대한 주석 기술로 시작된 비평은 성스러운 글들을 자기 현시적인 실체 — 성서는 성스러운 정신의 직접적 계시로 간주되기 때문에 — 로서 다루었다. 그러나 20세기의 해석학 이론은 개별 텍스트의 문구를 이해하는 일이 오로지 경험을 가상으로 연출하는 사전 지식을 기초로 해서만 가능함을 지적한다. '해석학적 순환'의 개념은 문학 텍스트에 내포된 지각을 정확히 재생산하는 직접 경험의 지각에 확실히 도달하는 일이 어려움을 가리킨다. 특히, 언어와 이데올로기에 대한 해체주의적 비평으로 가장 첨예한 논쟁의 대상은, 관념 작용*ideational* 영역에 즉각적 접근이 존재한다는 생각이다.

신비평의 외양을 취할 때 문학 비평은 텍스트의 의미에 권위를 부여한다. 객관적으로 존재하는 '페이지 위의 단어들'에 배타적으로 초점을 맞추면 해석의 자의성을 줄일 수 있음에도 불구하고 신비평과 구조주의는 객관성에 대한 그들의 호소를 이내 단념할 수밖에 없었다. 포스트구조주의자와 해체주의

자의 견해에서 다원적 텍스트를 환영하는 문학 미학이 성립하면서 오독의 문제는 회피하게 된다. 이제 텍스트 자체는 단 하나의 의미로 환원되는 실체로 여겨지지 않게 되었다. 그러나 이런 관점은 텍스트가 거의 무엇이든 의미하는 것으로 이해될 수 있으며, 비평의 임무는 그럴 듯하거나 고려할 만한 옵션들을 넓은 범위에서 적절한 해석을 선택하는 일이 되어 버린다는 결함이 있다.

문학 비평 분야에 속하는 또 다른 문제는 문학과 비평의 관계에 관심을 갖는 것이다. 비평 자체가 텍스트적인 장르이기 때문에 텍스트와 해석 사이에는 어떤 일반적 차이도 존재하지 않는다고 여겨져 왔다. 대중 문학의 지위에 관한 논란에서 오늘날 중요한 주제인 문학적 가치에 대한 논의는 영화를 비롯한 매스 미디어가 다른 어떤 예술 형식보다도 대중의 상상력에 즉각적인 영향력을 행사하는 시대에 매우 두드러진 관심사이다. 문학 비평에서 이런 이슈들은 문학의 의미를 설명하는 시도가 이데올로기 투쟁의 주요 영역임을 분명히 보여 준다. [CK]

Eagleton, 1983; Lodge, 1972; Rice & Waugh, 1989; Wellek, 1986.

문화
culture

'문화'는 맥락에 따라 의미가 달라질 수 있다는 점만으로도 쉽게 정의 내리기 어렵다. 하지만 문화 연구에서 핵심적으로 사용하는 개념은 문화인류학에 기반을 둔 개념이다. 그러면 '고급' 문화 쪽으로만 관심이 기우는 것을(가령 매튜 아놀드Mattew Arnold, 리비스 등의 글들과 엘리트 관점의 대중 사회론들에서는 여전히 그런 경향이 있다) 피할 수 있다. 그로부터 인간은 모두가 인간이 창조한 세계 안에 살고 있으며, 그 안에서 의미를 찾는다는 인식이 나타난다. 문화는 우리 모두가 맞닥뜨리고 우리 모두가 그것을 통해서만 움직이는 복합적인 일상 세계이다. 문화는 그것이 무엇이든 인간이 자연으로부터 물려받은 유산을 능가하는 지점에서 시작된다. 따라서 농업과 원예처럼 자연 세계에 대한 경작은 문화의 근본 요소이다. 가장 중요하고 일반적인 문화의 두 요소는 아마도 인간의 건설·건축 능력과 (모든 형태의 기호 체계를 포괄하는 가장 넓은 의미에서의) 언어 사용 능력일 것이다.

질리안 로즈Gillian Rose는 유태인의 바벨탑 신화를 사용해서 이러한 맥락을 조명하고 있다(1993). 인간은 바벨탑을 쌓음으로써 하늘에 다다르려고 했다. 하느님은 그 탑을 파괴했을 뿐만 아니라, 더 이상의 시도를 막기 위해 언어를 다양화함으로써 커뮤니케이션을 못하게 막았다. 이 이야기는 종종 언어의 알레고리로 여겨진다. 하지만 로즈는 한 걸음 더 나가 그것을 언어와 건축의 알레고리로 본다. 그러면 그 이야기는 문화 연구의 핵심 주제인 공동체, 문화 간 갈등, 권력, 법과 도덕 그리고 지식 등에 대한 논평으로 보인다. 이 주제들 가운데 몇 가지는 윤곽을 그릴 수 있다. 로즈의 주장은 바벨탑이 건축 프로젝트일 뿐 아니라 도시 건설을 나타내기도 한다는 것이다. 다양한 문화 곧, 다양한 관습과 신념과 가치들이 하나의 도시 안에 모이기 때문에 도시는 중요한 문화적 분수령이 된다. 사람들은 도시에 살면서 비로소 자신에게 어떤 문화가 있는지를 자각하게 된다. 거기에는 늘 당연시해 오던 것에 동의하지 않는 자가 언제나 있게 마련이기 때문이다. 문화적 존재로서 우리의 자의식은 이러한 맞닥뜨림과 그에 따른 권력 행사(타자의 습격으로부터 자신의 가치관을 지켜 내려고 투쟁하므로)에 기반을 두고 있다. 바벨 설화와 전체 인간 문화의 핵심은 탑 도시 건설을 통해 인간이 어떤 영원 불멸성을 쟁취해 냈다는 점이다. 개인은 죽지만 그의 세대가 쌓은 건물들은 살아 남아 미래의 한 부분을 차지할 것이다. 문화는 그것을 이룩한 개인들이 죽더라도 유지된다. 비록 미미할망정 바로 그만큼 시간에 대한 우리의 이해가 변형되고 역사에 대한 우리의 이해가 창조된다. 하지만 로즈가 말한 이런 '다다름*reach*'은 소박한 자기 확신을 상실케 한다. 고립된 초기 유태 유목 부족이 가졌던 통합성과 보편성은 저마다 보편성을 내세우는 다수의 다른 문화들과 맞닥뜨리면서 의문에 빠지게 된다. 역설적으로 바로 그 순간 우리는 문화적 존재로서의 자신을 깨닫게 된다. 우리가 문화적 존재로서의 자신을 깨닫는 순간 우리는 새로운 일을 할 수 있고 원칙적으로 뭐든지 마음대로 할 수 있다는 권능을 깨닫지만 동시에 역설적으로 무엇이 옳은 일인가에 대한 확신을 더 이상 할 수 없게 되고, 무언가를 할 때마다 타자들과 갈등을 겪게 된다.

따라서 문화 연구는 필연적으로 인공물, 그리고 의미를 발견하고 방어하려는 정치적 투쟁과 관계를 맺게 된다. [AE]

Jenks, 1993a; Williams, 1986.

문화 산업
culture industry

'문화 산업'이란 용어는 프랑크푸르트학파의 이론가인 막스 호르크하이머와 테오도르 아도르노가 《계몽의 변증법》(1972)에서 대중 문화의 생산을 지칭하면서 만든 것이다. 이렇게 상호 안티테제 관계에 있는 문화와 산업을 결합시켜 교묘하게 모순된 조어를 한 까닭은 고도의 도구적 합리성이 지배하고 관료제화한 후기 자본주의 사회의 문화가 빠질 수 밖에 없는 운명을 포착하고자 한 것이다. 문화 산업 논의는 경제적인 것으로 보일지도 모른다. 또, 《계몽의 변증법》의 중심 주제인 변증법적 유물론에 대한 재해석의 한 부분으로 보일 수도 있다. 라디오, 영화뿐만 아니라 광고까지 포괄하는 문화 산업은 사용 가치(소비자가 상품에서 얻는 효용성)를 자본주의 체제에서 생산되는 그 무엇으로 변형시키는 데 기여한다. 광고와 매스 미디어가 결합하면서 특정 생산물보다는 자본주의적 라이프스타일이 더욱 촉진된다고 할 수 있다.

사용 가치가 생산에 흡수되어 버렸다고 하는 이런 설명에 나란히 하여, 20세기 자본주의에서 생산력과 생산 관계 사이의 관계가 처한 운명에 대한 아도르노의 분석이 따라나온다. 19세기 자본주의에서 사용 가치의 독립성은 인간 주체에게 진정한 자율성을 주었고 따라서 자본주의를 불안정하게 만들 저항의 잠재성이 있었다. 이런 자율성이 이제 점차 상실되고 있다. 비슷하게 경영 관리 기술은 산업 효율성을 증진시키는 생산력의 한 부분으로 발전했는데, 지금은 생산 관계의 근본이 되어 있다. 그래서 시장 교환과 재산 소유는 관료적 조직에 종속되고, 고용된 사람이든 실업자든 마찬가지로 복지 수당 청구자가 된다. 마르크스가 자본주의의 몰락을 가져올 것으로 보았던 생산력과 생산 관계 사이의 모순은 이런 총체적 관리 사회에서 제거된다.

문화 산업론은 비판자들, 특히 문화 연구에 속하는 사람들에 의해 자주 경시된다. 예를 들어, 호르크하이머와 아도르노는 인간 주체가 문화 산업의 수동적 희생양이라고 분명하게 가정한 적이 없고, 문화 산업이 계급 지배의 도구라고도 하지 않았다. 현대 자본주의의 총체적 관리는 모든 사람을 포섭하며 구속한다. 그래서 자산을 소유한 부르주아지는 자본주의 체계로부터 지속적인 물질적 혜택을 입기는 해도, 체계 자체에 대해서는 무산 계급과 마찬가지로 무력하다. 그런데 이와 같이 무력한 주체들은 그 체계와 끊임없이 투쟁하고 그 안에서 살아남는다. 호르크하이머와 아도르노는 문화 산업의 생산물에 대한 소비가 다양하다고 암시한다. 예컨대 아마추어 무선 통신 햄은 주어지는 대로의 기성품을 받아들이기보다는 자신의 무선 기구를 구비하여 작동함으로써 어떤 자율성과 개별성을 유지하고자 한다. 다른 사람들은 현실 세계에서 그들을 마비시킬 불행에 순응하는 데 영화와 같은 문화 산업 제도들의 덮개를 이용한다. 심지어 문화 산업 안에서도 그 생산품들이 다 동질적이지는 않다. 오슨 웰스Orson Welles*와 후기 미켈란젤로 안토니오니Michelangelo Antonioni**는 아도르노가 자율 예술의 속성으로 제시한 비판적이고 자기 반영적인 잠재력을 영화가 갖고 있음을 잘 보여 준다. 베티 데이비스Bette Davis***는 위대한 연기의 전통을 지키고 있다. 텍스트의 미묘한 차이를 그대로 믿어 준다면, 워너브러더스 애니메이션들은 디즈니와 다르게 권위에 대한 순진한 굴종적 태도를 보이지 않는다. [AE]

* 오슨 웰스(1915~1985)는 미국 영화 감독으로 〈시민 케인〉, 〈상하이에서 온 여인〉 등의 작품이 있다.

** 미켈란젤로 안토니오니(1912~2007)는 이탈리아 영화 감독으로 〈정사〉, 〈밤〉, 〈욕망〉 등의 작품이 있다.

*** 베티 데이비스(1908~1989)는 미국 영화 배우로 〈이브의 모든 것〉, 〈데인저러스〉 등 여러 작품에 출연했다.

Adorno, 1991a; Cook, 1996; Held, 1980.

문화 상대주의
cultural relativism

다른 문화에서는 근본적으로 다른 도덕, 관습, 신념 체계의 기준이 작용하기 때문에 그 문화권 바깥의 기준으로 그 가치를 판단할 수 없다고 보는 입장. 그래서 문화 상대주의는 다른 문화들의 가치 체계 사이의 근본적으로 통약 불가능성*incommensurability*을 지지한다. 그로부터 그 관점은 지식의 문제 ➔ 인식론 에 상대주의를 갖도록 하느냐 아니냐의 문제가 되는데, 그것은 지식 주장의 구성과 관련하여 적용하는 타당성 규칙(가령 비모순율)이 문화적으로 구성된다는 관점을 지지하느냐에 따른다. 하지만 문화 상대론자의 입장을 취하면 인식의 타당성이라는 관념을 방어하기가 매우 힘들어질 수밖에 없다. 다른 문화나 맥락이 만들어 낸 타당성 개념 역시 똑같이 문화적으로 생산된 것이고 따라서 통약 불가능한 것이기 때문이다. 후기 비트겐슈타인의 저서에서 유래한(또는 병행하는) 언어와 의미의 특수한 모델에 의탁함으로써 더 최근의 문화 상대주의를 규정할 수 있다. 따라서 해석 공동체를 구성하는 관행과 절차에 관하여 상대주의적 입장을 보이는 자유주의와 포스트모더니즘에 대한 리처드 로티Richard Rorty의 신봉은 비트겐슈타인의 '의미는 사용'이라는 명제에 빚지고 있다. 문화 상대론자는 주변적인 주장과 문화들의 전망을 드러내는 데 관심을 갖는다는 지적도 있지만, 사실이 그런지는 전혀 분명하지 않다. 혹자는(크리스토퍼 노리스의 《학자들의 논전*The Contest of Faculties*》(1985)과 비교해 보라) 문화와 지식의 상대주의에 대한 로티의 신념이 문화 제국주의의 망령을 불러온다고 주장하였다. ➔ 문화인류학 [PS]

Hollis & Lukes, 1982; Margolis, 1991; Norris, 1985; Rorty, 1991.

문화 연구
cultural studies

'문화 연구'라는 용어는 문화에 대한 모든 측면의 연구로 널리 사용되고 있다. 마찬가지로 사회학, 역사학, 민속학, 문학 비평 그리고 심지어 사회 생물학 등 문화가 이해되고 분석되는 다양한 방식들을 통괄하는 용어로 쓰이기도 한다. 좀더 엄밀하게 어떤 특징적인 학문 연구 분야를 지칭하는 데 쓰인다. 그것의 역사적인 뿌리는 1950년대 말과 1960년대 초 이루어진 레이먼드 윌리엄스와 리처드 호가트의 연구, 그리고 호가트와 스튜어트 홀의 지휘 아래 이루어진 1964년 버밍엄 대학의 현대문화연구소 설립으로 거슬러 올라간다. 이 연구소를 중심으로 문화에 대한 다학문적 접근이 등장했다. 사회과학에서 유래한 정통의 접근 방법뿐만 아니라 페미니즘, 마르크스주의, 기호론 등 더 근본적인 접근법까지 도입되었다. 이런 여러 접근법은 새로운 문제 제기를 촉진시켜 '문화'라는 용어가 정확히 무엇을 뜻하는가 하는 재개념화에 이르게 하였다. 특히 문화 연구는 문학 비평, 미학, 음악학 같은 전통적인 비평 분야에서 사용해 왔던 문화에 관한 기존 개념에 반대되는 입지를 택했다고 볼 수 있다. 그런 전통적 학제들은 전반적으로 문화 산물을 생산되고 소비되는 사회적·역사적 맥락을 분리한 채 대상으로서나 텍스트로서 철저하고 합리적으로 다룰 수 있다고 여긴 반면, 문화론의 대표적인 연구자들은 인종, 계급, 젠더 등과 같은 다른 사회적 실천, 특히 정치 구조와 사회적 위계와의 분명한 관계 속에 문화 산물들을 위치시키려고 한다. 이런 접근 태도가 지닌 하나의 함의는 연구 대상이 되어야 할 문화 산물이란 지식인과 예술 엘리트들이 선별한 세련된 작품만이 아니라, 오히려 사회의 모든 국면과 영역에서 마주치게 되는 물질적이고 상징적인 산물들이 더 중요하다는 것이다.

따라서 문화 연구는 두 가지 접근 사이에 자리하는 것으로 볼 수 있다. 예컨대 한쪽은 전통 음악학의 주제나 영문학의 정전 텍스트 등으로 대표되는 세련된 고급 또는 엘리트 문화를의 특권화를 데 분명하게 반대하는 입장을 취하는 문화적 접근이고, 다른 한 쪽은 사회과학 특히 문화인류학과 문화사회학을 긍정적으로 도입한 접근이다. [AE]

Grossberg et al., 1992; Hall, 1980, 1996; Inglis, 1993.

문화인류학
cultural anthropology

인류학은 말 그대로 인간 또는 인류를 연구하는 학문으로서 체질 인류학과 문화인류학 두 가지로 대별된다. 체질 인류학은 인간 형태의 체질적 변이를 연구한다. 19세기만 하더라도 인간 신체의 편차는 조악한 진화론의 관점에서 이해되었고, 유럽 백인의 형체가 다른 (더 원시적이라 상정한) 인간의 형체보다 우월하다는 것을 정당화하는 데 자주 이용되었다. 하지만 지금의 체질 인류학은 진화가 아니라 다양한 환경에 적응한 결과로 나타나는 인간 형태의 다양성만을 강조한다. 20세기 초 문화인류학도 신뢰할 만하고 더 근본적인 사회과학으로 성장하면서 비슷한 변화가 나타났다. 즉, 처음에는 인간 사회와 문화의 진보에 관심을 가졌지만(어쩌다가 사용하는 '원시적' 사회라는 말에 여전히 반영되어 있듯이), 인간 문화의 다양성에 대한 인식과 서로 다르지만 동등하게 복합적이고 타당한 구조와 논리들로 이 문화들이 지탱되고 있다는 인식으로 점차 바뀌었다.

적어도 근대 인류학에서 최초의 위대한 인류학자는 아마 마르셀 모스 Marcel Mauss(프랑스)와 프란츠 보아스Franz Boas(미국)일 것이다. 모스는 에밀 뒤르켐의 조카이자 제자였는데, 인류학에 비교론적 접근을 발전시켰다. 다른 연구자들이 수집한 산업화 이전의 소규모 사회들에 대한 광범위한 민속지학적(다시 말해서 기술적) 데이터를 가지고 작업함으로써 그는 사회 문화적인 삶이 조직화되는 공통된 패턴들을 발견하고자 했다. 모스는 《선물*The Gift*》(1966)에서 선물 교환을 분석했다. 그는 선물이 호혜적인 도덕적 의무를 수반한다고 이해했다. 선물은 뒷날 어떤 형태로든 보답해야 한다. 선물 교환은 따라서 '총체적인 사회적 사실'로서 설명될 수 있을 것이다. 다시 말해, 선물 교환은 경제, 법, 정치, 종교 등 사회의 전 영역에 걸친 함의를 갖는 행동이다. (그러므로 정치 권력은 잠재적 지도자의 선물 수여 능력과 그를 통해 수령자들로 하여금 정치적 연대로 보답함으로써 그들을 자기 휘하에 묶어 두는 능력으로 보증된다.) 모스가 인류학의 이론적 측면(그가 적어도 타문화들의 복합성을 인식했다는 점에서)과 문화의 인지적 국면(문화가 인간에게 자연 세계와 사회 세계를 이해하고 분류하는 기반을 제공한다는 뜻에서(Durkheim & Mauss, 1963))을 발전시켰다면 프란츠 보아스는 인류학의 실증적 측면을 증진시켰다. 기상 관측 연구를 수행하는 동안 함께 생활한 이누이트(에스키모)인들에 대한 현지 조사를 통해 보아스는 문화 연구에서 일상생활의 세부 사항을 기술하는 것이 얼마나 중요한가 하는 것과 따라서 현장 연구와 민속지학적 연구 방법이 매우 중요하다는 것을 강조했다.

브로니슬라프 말리노프스키Bronislaw Malinowski는 뉴 기니 트로브리안드 섬 주민들에 대한 연구를 통해 제대로 된 인류학 연구의 모델을 제시했다(Malinowski, 1922). 그것은 사회에 대한 세밀한 민속지학적 기술과 기능주의적 설명 틀을 함께 사용하는 것이었다. 그 결과 말리노프스키는 사회의 다양한 특징과 제도를 그것들이 수행하는 기능, 즉 문화를 유지하고 재생산하기 위해 어떤 필요를 충족시키는가를 통해 설명하고자 하였다. 2차 대전 이전의 인류학은 E. E. 에번스프리처드E. E. Evans-Pritchard(1951)와 A. R. 래드클리프브라운A. R. Radcliffe-Brown(1952) 등 걸출한 영국 인류학자들의 기능주의적 접근이 대세를 이루었다. 한편, 미국에서는 여러 연구자 가운데 특히 루스 베네딕트Ruth Benedict와 마거릿 미드Margaret Mead(1928)가 중요한 연구를 하고 있었다. 베네딕트는 자신의 연구(1935)에서 지배적 주제의 접합(또는 일본 문화의 경우에는 두 가지 주제, 즉 군사적인 것('칼')과 미학적인 것('국화') 사이의 충돌(Benedict, 1989))이라는 관점에 입각하여 문화들에 대한 대단히 정연한 해석을 내리고 있다. 베네딕트와 미드의 연구는 미드의 스승인 보아스가 그랬던 것처럼 문화가 인성 형성에 어떤 역할을 하는가에 집중했다. 자연-양육 논쟁 — 다시 말해서 인성과 그 밖의 특성들은 유전적으로 물려받은 것이냐 아니면 문화적으로 습득한 것의 영향이냐에 관한 논쟁 — 에서 문화인류학자들은 전형적으로 '양육' 쪽을 지지했다. 베네딕트는 그 가운데에서도 극단적인 입장이었는데, 새로 태어난 인간은 텅 빈 백지와 같아서 문화가 원하는 아무 특성이나 그 위에 적을 수 있다고 주장했다(따라서 사회화의 중요성을 가장 강조했다). 현실에서 이 입장은 일탈자처럼 순응하지 않는 이들의 행태를 설명하는 데 어려움이 있다.

모스와 A. R. 래드클리프브라운의 연구에서 큰 영향을 받은 클로드 레비스트로스는 전쟁 직후 구조주의 인류학 발전을 이루었다. 그는 《친족의 기본 구조*Elementary Structures of Kinship*》(1969)에서 혼인 규칙을 모스의 전체적 사회적 사실처럼 폭넓게 다루었다. 혼인을 지배하는 규칙들(예를 들어, 배우자로서 친사촌을 선호하는 널리 퍼진 관습)은 남성 지배 씨족들 사이에 의미 있는 교환을 뒷받침하는 것으로 여겨졌다. 딸을 출가시키고 부인을 맞이할 때 여성은 씨족들 사이에 전달되는 '메시지'이다. 레비스트로스는 신화에서 발견되는 구조에 관한 래드클리프브라운의 연구에 소쉬르의 기호학을 접목시켜, 특히 신화의 의미를 분절하는 이항 대립의 사용을 분석했다. 레비스트로스는 네 권짜리 그의 대작 《신화학*Mythologies*》(1970, 1973, 1977, 1981)과 《야생의 사고*The Savage Mind*》(1966)에서 인간 문화가 분류 체계를 조직하는(그리고 진정 자연 세계에 대한 그들의 이해를 사회 세계의 분절과 통합하는) 방식을 탐구할 뿐 아니라, 특정 신화의 이야기들과 분류 체계를 포괄하는 이 구조들이 인간의 정신 작용에 기반이 되는 심층 구조를 드러낸 것으로 제시한다. 다양하게 나타나는 특수한 신화와 신념들은 상대적으로 제한된 의미 단위들(또는 상징들)을 사용하는 것으로 보인다. 문법적 변형과 비슷한 규칙들이 이 요소들의 조합을 결정한다. (결과적으로 특수한 신화들은 소쉬르의 파롤과 비슷하고, 심층 구조는 랑그와 비슷하다.)

A. R. 래드클리프브라운의 연구가 구조주의에 영향을 미쳤다면, 에번스프리처드의 연구는 문화 상대주의를 둘러싼 논쟁을 촉발시켰다. 비트겐슈타인학파의 영국 철학자 피터 윈치Peter Winch는 다른 문화들의 통약 불가능성을 탐구하기 위해 아잔데 부족 내에서의 마법 실행에 대한 에번스프리처드

의 설명을 도입하였다(Winch, 1958). 다시 말해, 윈치는 모든 가치들과 모든 지식 주장들이 자신을 발생시킨 특정한 문화(또는 비트겐슈타인의 용어로 '삶의 형식')와 관련해서만 타당하고 의미 있다는 상대주의적 입장을 발전시켰다. 만일 그렇다면 이 가치와 신념들은 그 자체의 틀 안에서가 아니고는 결코 이해될 수 없다는 논리가 된다. 그래서 인류학자들은 연구 대상이 되는 문화 속으로 들어가야 하며 발견한 것들을 서구 문화의 가치와 신념에 맞춰 번역하려 들지 말라는 요구를 받았다. 윈치식의 접근은 모스나 레비스트로스가 행한 비교와 설명 방식에 대립된다. 그들의 연구 방식은 개별 문화의 고유성을 침해하며, (기능주의나 구조주의처럼 외부의 과학적 문화의 용어가 아니라) 그 자체의 용어로 이해하고 해석하라는 원칙에도 위배된다고 보았기 때문이다. 그보다는 좀 덜 극단적인 입장에서 문화인류학은 다른 문화들의 인지 체계로서의 다양성과 정당성을 꾸준히 존중한다. 이로부터 문화인류학에는 다양한 현상들에 대해 각 문화가 서로 다르게 지식을 조직하는 방식과 관련된 일련의 하위 분야들이 등장하게 되었다. 예를 들어, '민속 약학'은 비서구 문화에서 제약 지식을 정립하는 방법을 연구하고, '민속 식물학'은 식물 분류와 지식 등을 연구한다. [AE]

Ingold, 1996; James et al., 1997; Leach, 1982; Strathern, 1995.

문화 자본
cultural capital

계급 소속은 적어도 마르크스주의의 전통 안에서는 경제적 자본(공장 설비, 원자재, 재정 등)에 대한 개인의 접근성과 통제력 측면에서 규정된다. 피에르 부르디외Pierre Bourdieu(1973)는 계급으로 나뉜 자본주의 사회에서의 교육 체계의 작동을 설명하면서 문화적 자원에 대한 개인의 접근성이 그와 유사함을 발견했다. 아이들이 취학 전 가정에서 습득하는 문화적 능력(정보와 기능을 포함하여) 정도는 저마다 다를 것이다. 그렇다면 교육 체계가 지배 계급 아이들에게 유리하게끔 명시적으로 차별하지는 않을 것이다. 모든 어린이는 동일한 평가 범주에 따라 '중립적으로' 수행 능력을 평가받을 것이다. 하지만 이 범주들은 지배 문화에서 파생될 것이다. 지배 계급의 아이들은 문화 자본에 대한 부모의 투자에 힘입어 더 나은 성과를 거둠으로써 '상징 권력'이란 형태로 이윤을 산출할 것이다. [AE]

문화적 재생산
cultural reproduction

'문화적 재생산'은 피에르 부르디외(1973)가 만든 용어로 지배 계급의 문화, 따라서 정치 권력이 교육 체계를 통해 세대를 이어 유지하는 과정을 지칭한다. 더 일반적으로 보자면 그 용어는 사회가 어떻게 장기간에 걸쳐 비교적 안정된 상태로 유지되고 존속하는가를 조명한다. 이러한 존재의 지속성은 죽거나 그 사회를 떠난 사람들을 대신할 새로운 탄생이라는 뜻에서 육신의 재생산 이상의 것을 요구한다. 그 사회의 문화가 새 세대에게 전수되어야 한다. 따라서 문화적 재생산은 사회의 안정화에 기여하는 사회화의 역할, 즉 개인이 자기 사회의 문화를 내면화하는 과정과 긴밀하게 연결된다. 부르디외가 분명하게 정의하듯이, 문화 전수에서 제기되는 문제 의식은 사회가 조직되는 방식의 안정성이나 그 문화의 핵심 가치와 신념의 안정성뿐만 아니라, 사회 내 정치 구조와 지배와 착취 구조의 안정성에 더 중심이 가 있다. 그렇다면 문화 재생산은 정치 구조에 정당성 또는 권위가 주어지는 과정이라 할 수 있다.

전통적 마르크스주의의 관점에서 볼 때 사회적 재생산은 노동의 재생산을 위한 필요 조건이다. 다시 말하면, 이는 노동자의 육체적 재생산 문제일 뿐만 아니라 그 과정에서 주거, 교육, 보건 같은 사회 문화적 제도와 더 주요하게 관련되는 문제다. [AE]

Jenks, 1993b.

물화
reification

물화는 축자적으로는 주관적이거나 인간적인 어떤 것이 생명 없는 대상으로 변형되는 것이다. 따라서 사회 이론과 문화 이론에서 가장 일반적인 의미로는 (궁극적으로 볼 때 대체로 의식적이고 의도적인 인간 행위들의 산물인) 인간 사회가 외적이고, 자연적인 것으로 보이며 구속적인 힘으로서 그 구성원들과 마주 대하게 되는 과정을 지시한다. 보다 정밀하거나 기술적인 의미에서, 물화(또는 원래의 독일어로 사물화*Verdinglichung*)의 이론은 게오르그 루카치(1923)가 마르크스의 상품 물신주의 이론에서 개발하였다. 마르크스는 자본주의에서 인간 존재 간의 관계들(즉 시장에서의 교환 관계 안에서 인간들의 만남)이 사물 간의 관계라는 외양을 띠게 되는(그럼으로써 인간 간의 관계들이 교환되는 상품에 내재하는 것으로 나타나는 속성들 — 교환 가치들 — 에 의해 지배되는) 과정을 분석하였다. 루카치에게 있어서 이러한 전도는, 점점 더 합리화되고 관료제화되는 사회에서 인간 관계 안에 있는 질적이고 독특하며 주관적인 것이 상실되고 인간 관계가 관료와 경영자의 순수한 양적인 관심사에 의거하여 관장되어, (단지 경제에서만이 아니라) 모든 사회 관계들에서 명백하게 되는 것이다. ⊕ **프랑크푸르트학파**

[AE]

G. Rose, 1978; Thomason, 1982.

미
beauty

미학의 핵심 개념. 미학에서 미는 그야말로 예술 작품을 심사숙고할 만한 가치가 있는 것으로 만드는 속성을 지시하는 것으로 간주된다. 플라톤 이래 미는 진, 선과 더불어 핵심적인 인간 가치로서 여겨졌으며, 미와 이 개념 중 하나 혹은 둘 모두와의 연계는 20세기까지 여러 미학 이론들에서 다양한 분석의 대상이 되었다. 현대 미학은 결정적으로 칸트의 《판단력 비판》(1987)에서 제기된 미와 미적 즐거움의 문제 제기에 반응한다. 칸트적 전통에서 미적 대상은 관찰자가 그 대상에 대해 가질 수 있는 어떤 실제적인 이해 관심과 독립하여 가치 평가된다. 그리고 미에 대한 판단은 도덕적 판단과 유사한 것으로 간주된다.

미학 개념으로서 '미'가 갖는 중심성은 두 가지 문제 때문에 의문에 부쳐진다. 한편으로 일상 언어에서 '미'는, 예술 작품을 평가하는 데 있어 독점적인 개념이 되지 못하며, 심지어 지배적인 개념조차도 아니다. '아름다운,' '우아한,' '고귀한,' 혹은 '흥미로운' 같은 개념 간의 관계를 보라. 다른 한편으로 예술 작품은, 그것들이 일상 언어 세계에서 '아름답다'고 평가되지 않는 사건이나 대상들과 관여됨에도 불구하고 가치 평가가 가능하다. 이 문제는 최소한 아리스토텔레스와 그의 비극에 대한 논의('왜 우리는 파괴적이고 비도덕적인 사건과 인물에게서 즐거움을 이끌어 내는가?'라는 질문과 더불어)까지 소급된다. 게다가 20세기에 많은 예술가들은 미에 가치 부여하는 것을 중단한다(혹은 실로 그것에 공공연히 도전한다). 따라서 '추'는 예를 들어 표현주의에서는 미와 동등하거나 심지어 그보다 우월한 위상을 갖게 된다. 미학에서 미의 지속적인 사용은 예술 작품의 가치라는 뜻으로 사용되는 것을 넘어서서, 정상적인 용례와 분리되어, 신중하지 못하게 기술적인 용어로 축소시킬 위험이 있다. 미학의 최근 논쟁, 특히 포스트모더니즘과 연계된 논쟁에서는 미의 중심성이 숭고에 대한 관심으로 도전받고 있다. [AE]

미니멀리즘
minimalism

미니멀리즘은 시각 예술에서 1950년대에, 음악에서 1960년대 말에 시작된 운동을 가리킨다. 그러나 이 용어에 대한 간단 명료하거나 합의된 정의는 존재하지 않는다. 시각 예술에서 미니멀리즘은 거의 변화가 없는 내용의 작품(예를 들어, 로버트 라우센버그Robert Rauschenberg가 1952년

전시했던, 캔버스 전체가 완전히 흰색이거나 검정색인 작품은 미니멀리즘의 중요한 선구이다), 또는 거의 똑같게 대량 생산된 요소들로 구성된 많은 작품들(영국에서 가장 덜 알려진 사례로는 아마도 칼 안드레Carl Andre의 〈평형*Equivalent VIII*〉 — 내화 벽돌*fire bricks*의 배열로 이루어진 이 작품을 테이트 갤러리가 1972년 구입하였을 때 많은 찬사와 분노를 동시에 불러일으킨 바 있다 — 을 들 수 있을 것이다)을 지칭하는 경향이 있다. 이 두 가지 형식에서 미니멀리즘은 거의 2000년 가까이 서구 미학을 지배해 온 가치에 도전하게 된다. 정통 미학은(현대 예술에 적용될 때조차) 회화나 조각에서 감각적으로 관심을 끄는 표면(특히, 기계적으로 제조된 표면보다는 수공적으로 제작된 표면)에 특권을 부여하고 부분들의 복잡한 집합을 조화롭고 통일된 전체로 배열하기를 기대하는 경향이 있다. 미니멀리스트적 예술은 부분들을 아예 가지고 있지 않거나 있더라도 그 부분들이 너무나 단순해서 이를 전체로 배열하는 데 별다른 노력이나 상상력을 필요로 하지 않는다(예컨대 안드레의 벽돌들은 둘 혹은 세 개의 층으로 말끔하게 쌓여 있다). 결과적으로 미니멀리스트 작품에 관해서는 더 이상 말할 것이 없다. 그것은 단지 공간에 배열된 것일 뿐이다.

음악에서 미니멀리즘이란 용어는 현대주의자, 즉 고급 예술 음악(피에르 불레즈Pierre Boulez와 그 외의 모든 음렬주의 작품을 예로 들 수 있다)의 복잡성에 대한 반동을 지칭한다. 미니멀리스트 작곡(예를 들면, 스티브 라이히Steve Reich, 테리 라일리Terry Riley, 에노Eno)은 '맥시멀리스트' 작곡에서 수립된 복잡한(그리고 종종 청각적으로 지각 불가능한) 상호 관계들을 거부하며, 명확한 리듬과 함께 단순한 요소들을 반복하고, 음악의 극적인 발전이 거의 없거나 아예 없이 단순한 멜로디를 반복하는 식을 선호한다. 미니멀리스트적 시각 예술과는 대조적으로 미니멀리스트 음악은 감각적으로 매우 매력적이다. 서구 예술 음악의 정전에서 요구하는 집중적 청취를 거부하고 사운드에 대한 열광적 포기를 선호하는 한, 이 역시 시각 예술에서와 마찬가지로 정통 미학에 대한 도전을 담고 있다. (마이클 니먼Michael Nyman의 미니멀리스트 사운드 트랙은 피터 그리너웨이Peter Greenway의 영화에서 중요한 요소가 된 바 있다.) [AE]

Lucie-Smith, 1995.

미학
aesthetics

미학은 철학의 하위 분과로 예술과 미의 문제를 다룬다. 미학은 비록 많은 측면에서 잘 정의되어 있지 않고 고도의 논쟁 대상인 철학 영역이긴 하지만, 그것의 원칙적인 관심사는 '예술'의 개념을 규정하고, 우리들이 어떻게 예술 작업을 예술 작업으로서 인정하게 되는지에 대해 설명한다. 예술과 비예술 혹은 '실제' 세계와의 관계에 의문을 제기하며(이로써 예술에서의 재현(혹은 모방)과 표현의 역할에 관해, 또는 예술이 도덕적이거나 정치적인 행위와 맺는 관계에 대해 문제를 제기한다), 비평의 철학(예술 작품이 어떻게 해석되고 평가되는가를 탐구하는)을 제공하는 것으로 볼 수 있다.

취미 판단에 대한 논의는 고대 그리스 이래 철학사 내내 지속되어 왔다. 플라톤의 《대 히피아스*Hippias Major*》는 미 개념에 대한 논의를 포함하고 있으며, 아리스토텔레스의 연극 구조의 분석(특히, 비극)은 가끔은 잊혀지기도 했지만 예술과 예술 비평에 지속적인 영향력을 행사해 왔다. 하지만 예술에 대한 다양한 성찰들이 철학사를 통해 지속되었을지라도, 미학이 잘 규정되고 자기 확신을 가진 철학의 한 분과로서 나타나기 시작한 것은 18세기부터였다. 이러한 일이, 예술이 공예로부터 분리되는 사태를 따라 나타난 것 혹은 그에 대한 반응으로 보여지게끔 나타난 것은 우연이 아니다. 공예의 존재를 정당화하거나 설명하고자 하는 요구는 거의 없다. 이와는 달리 예술 작업은, 그것이 점점 더 정치적, 의식儀式적, 혹은 종교적 용례로부터 벗어나게 됨에 따라, 문제적이 되었다. 1746년 샤를 바퇴Charles Batteux*는 순수 예술*fine art*(*beaux arts*)이라는 신조어를 만들어 냈다. 그는 이 용어가 지칭하는 작업들이 공통적으로 미의 속성을 나누어 가지고 있다고 주장했다. '미학'이라는 용어는 1750년에 알렉산더 고트립 바움가르텐Alexander Gottlieb Baumgarten이 쓴 《미학*Aesthetica*》이 출간되면서 만들어졌다. 그러나 흄의 에세이 〈취미 판단의 기준에 관하여Of the Standard of Taste〉(1757)는 미학에 대한 확신을 잠식하는 근본적인 문제를 제기했다. 취미 판단이 순수하게 주관적인가 아닌가

하는 것이었다. 만일 그것이 주관적이라면, 미적 대상에 대한 합리적 논의는 무의미한 것이 된다. 칸트의 《판단력 비판》(1790/1987)은 미학의 생존력에 관한 의심을 복합적이고도 탁월하게 반응했다. 칸트는 그의 인식론과 도덕 철학에서 발전된 개념에 호소하여, 미적 판단을 인간 정신의 보편적인 구조 안에 기초 지을 수 있었다(그리하여 진정한 미에 대한 판단은 모든 사람들이 동의할 수밖에 없는 것이 되었다). 그리고 그는 미적 경험을 단지 감각적일 뿐인 즐거움과 분리하였다. 이는 무관심성*disinterestedness* 개념을 통해 이루어졌는데, 관람자들은 실제적인 목적을 대상에 부과하지 않고 미적 대상과 대면하게 된다. 헤겔과 쇼펜하우어는 칸트에 힘입어 확신을 갖고 미학을 그들의 거대 철학 체계 속에 구축할 수 있었다.

19세기에 미학이 융성하는 것을 볼 수 있었다면, 20세기는 다시금 의심과 공격의 부활을 볼 수 있었다. 1907년에 행해진 강연에서, 에드워드 벌로프Edward Bullough는 미학의 유용성에 대한 의심과 대면했다(1957). 미학은 명백히 예술가들이 새로운 작업을 창출하도록 돕지 못하며(그리고 실로 '예술'과 '미'를 실제적으로 규정하는 보편적이며 일반적인 정의는 예술가들을 방해한다), 청중들이 예술을 이해하도록 이끌지도 못한다(철학적인 설명은 청중들 앞에 있는 특정 예술품을 해명하기에는 지나치게 일반적이다). 좀더 거칠게는 1960년대 미국 화가인 바네트 뉴먼Barnett Newman이 다음과 같이 선언한 바 있다. "미학과 예술의 관계는 조류학과 새의 관계와 같다." 이는 새가 조류학을 몰라도 모든 일을 잘해 나갈 수 있듯이 예술가가 미학을 몰라도 잘해 나갈 수 있다는 것이다.

미학에 대한 사회학적 비평은 철학 안에서 비롯된 비평보다 좀더 파괴적이다. 그리고 문화 연구는 미학의 잠재적인 엘리트주의에 대한 대응으로부터(좀더 자세히 말하면, 리비스가 옹호한 문학 비평적 접근으로부터) 성장해 나왔다고 할 수 있을 것이다. 예를 들어, 피에르 부르디외의 작업(1984, 1993)에서와 같은 문화 사회학의 전개는 예술의 이데올로기적 토대(즉 그렇게 많은 미학 관련 저술에서 당연시되는 고급 문화와 대중 문화의 구분)뿐 아니라 이 이데올로기를 영속화하는 미학의 역할 그리고 그 자신의 문화적, 정치적 뿌리를 찾아내는 데 실패한 미학의 역할에도 문제를 제기한다. 이는, 미학이 중산 계급의 여가 오락을 실체 없이 정당화하고 찬미하는 것이나 다름 없다고, 말하는 것이다. 미학의 중요 목적은 예술 작품의 경제적(신비스러운 '미학'이 아니라) 가치를 유지하는 것일 수도 있다.

철학 내에서 볼 때, 최근 미학 내부의 발전은 예술이 생산되고 소비되는 사회 문화적 맥락에 더욱 민감해져 왔다. 미국의 철학자 아서 C. 단토는 모던과 포스트모던 예술이 등장하면서 그리고 의식적으로 자신의 위상을 성찰하는 예술 형태들이 등장하면서(이는 1917년 뒤샹이 소변기를 예술 작품 〈샘〉으로 전시한 것에서 가장 극적으로 예시되었다), 그 예술 자체가 오늘날 철학적 문제를 제기한다고 제시한 바 있다. 예술은 정확하게 무엇이며, 바로 그 예술의 한계와 목적은 무엇인지를 질문한다. 단토는 이에 따라 예술이 무엇인지 그리고 특정 예술 작품이 어떻게 해석되는지는 그 예술 작품이 산출되는 특정한 역사적, 문화적 조건, 심지어 정치적 조건들에 깊숙이 의존한다고 인정한다(Danto, 1981). 그 핵심 용어인 예술계를 통해 예술 제도론은 부르디외와 여타 학자들이 함축하는 정치적인 비평 없이도 최근의 예술에 대한 사회학적 설명으로 수렴된다. 예를 들면 조지 디키George Dickie(1984)는, 20세기에 융성한 예술 형태들의 다양성을 인정하는 가운데 (개념 미술의 발전에 국한하지 않고), 한 대상이나 행위를 예술로서 인정하고 규정하는 기준이 예술을 다루는 갤러리나 저널과 같은 제도 내부에서 출현했다고 주장한다. 한 예술 작업이 하나의 예술 작업인 이유는 그것이 그 자체 비평가와 감식가, 갤러리 경영자, 예술가 그리고 청중들로 이루어진 예술계의 승인을 통해 '세례를 받았기' 때문이다.

독일에는 아마도 칸트와 헤겔의 전통을 따르는 최후의 거대 예술 이론가라고 할 만한 아도르노가 있다. 그의 《미학 이론*Aesthetic Theory*》(1984)이 갖는 역설과 위력은, 그것이 사회학과 마르크스주의가 제기한 미학과 예술에 대한 비판을 열렬히 포용하면서도, 예술(그리고 특히 20세기 아방가르드 예술)이 아직도 이데올로기에 저항하는 역할을 지닌다고 주장하는 데 있다. 아도르노는 예술이 특정 사회의 산물이라는 것(따라서 예술의 생산과 소비는 그 사회 안의 여타 인공품과 상품의 생산과 긴밀하게 결합된다는 것)을 받아들인다. 그러나 그에 따르면,

예술은 아직 그 사회적 결정론으로부터의 자유와 지시의 기회가 있다. 따라서 그것은 예술가들과 청중들로 하여금 당대의 지배 문화가 용인하지 않는 방식으로 생각하게 해줄 수 있다. 예술은 그 자체로 이데올로기와 정치적 억압에 대한 저항의 희망을 살아 있게 한다. [AE]

* 근대적 예술 개념을 확립한 샤를 바퇴(1713~1780)는 《하나의 원리로 환원되는 예술》(1746)에서 순수 예술 개념을 설명했다.

Cooper, 1992, 1997; Eagleton, 1999; Graham, 1997; Maynard & Feagin, 1997.

민속 방법론
ethnomethodology

'민속 방법론'이란 용어는 1960년대에 인기를 끈 일상생활의 사회학적 접근법을 지칭하기 위해 '민중적 연구 방법*people's methods*'이라는 뜻을 제안하며 해롤드 가핑클Harold Garfinkel이 조어하였다. 민속 방법론은 사회 구성원들이 질서 잡힌 사회 세계를 창출해 가는 방식에 관심을 갖는다. 그렇게 그것은 사회적 행위자*social agent*로부터 독립되어 그들에게 의사–인과론적*quasi–causal* 영향을 미치는 사회 현실을 전제하는 기능주의와 마르크스주의 같은 사회학의 접근법들과 대립된다. 민속 방법론은 사회 구성원들이 사실상 커다란 인식 기술 또는 능력을 지니고 있으며 상호 협동을 통해서 유의미하고 질서 있는 사회적 이벤트를 끊임없이 생산해 낸다고 주장한다. 따라서 민속 방법론자는 어떤 사회적 질서도 당연시하기를 거부한다. 사회 질서는 결코 다만 거기에 있는 것이 아니라, 관여된 사람들로 인하여 그 존재가 지속된다. 이런 평범한 사회 구성원들의 능력은 모든 행동과 발화의 지표성에 대한 인식에 기반을 둔다. 다시 말해서 사회적 행동들은 독특한 맥락 안에서 독특한 의미를 갖는다. 평범한 구성원의 능력은 비교적 비슷하게 공유된, 따라서 일반적인 이해와 절차들을 끌어들이는 데 놓여 있다. 그런 연후에 독특한 의미들을 창조할 수 있고, 사회적 사건의 특수한 성격에 다가갈 수도 있다. 따라서 그 언어를 사용하는 사회 구성원들 대부분이 이해할 수 없는 언어로 사회적 행동과 사회 구조를 설명하는 사람(과학적 전문인)이 진정한 사회학자는 아니다. 사회가 어떻게 작동하는가에 관한 전문적 식견이 있는 사람의 감각으로 볼 때 진정한 사회학자는 평범한 구성원 자신이다. 민속 방법론은 우리가 이미 가지고 있되 당연시하는 능력을 스스로 의식하게끔 해주려고 노력할 뿐이다.

민속 방법론자들이 사회를 연구하면서 주로 사용하는 두 가지 핵심적인 접근법은 '위반' 실험과 대화 분석법이다. 위반 실험에서 실험자는 사회의 다른 구성원들이 당연시하는 관습을 일부러 치받는다. 이제는 고전이 된 한 실험을 보자. 가핑클은 한 반 학생들에게 집에 돌아가면 하숙생처럼 행동하라고 지시했다. 부모들은 자기 자식들의 행동을 괴상하고 불손하게 여겼다. 아이들은 집에서 어떻게 행동하고, 부모는 아이들에게 어떻게 행동해야 하는지 당연시되어 온, 그래서 의식하지 않았던 관습들이 실타래 풀리듯 드러났다. 대화 분석은 어떻게 특정한 사회적 상호 작용 사례들이 유지되는가를 문서화하려고 노력한다. 고전적인 연구들은 전화 대화의 질서를 결정하는 당연시된 규칙들, 즉 말 교대하기에 대해서뿐만 아니라(전화를 받는 사람이 먼저 말을 하게 되어 있다. 그러니까 전화를 받을 때 아무 말도 하지 말아 보라. 그리고 어떻게 되나 보자), 누가 대화 주제들을 통제하며 언제 대화가 원만하게 끝나는지에 관해서 해명하려고 했다.

민속 방법론은 전통적인 사회학의 이슈들을 워낙 많이, 심지어 권력 문제들까지 무시한다고 비판받았다. 하지만 페미니스트 사회학자들에게는 민속 방법론의 기법들이 통계학에 바탕을 둔 실증주의 사회학 접근법에 대한 매력적인 대안을 제공해 왔다. 예를 들어, 대화 분석에서 남성이 여성보다 대화의 주도권을 더 많이 가지고 있음을 단순히 보여 주기만 해도 권력에 관한 논점과 민속 방법론과의 연결이 시작될 수 있다. [AE]

📖 Garfinkel, 1967; Heritage, 1984; Hilbert & Collins, 1992; Turner, 1974.

민속 음악
folk music

민속 음악에 대한 가장 단순한 정의는 문화적으로 동질적인 공동체 내에서 세대 간에 구전되어 온 음악이다. 그것은 대체로 기원 미상이라고 여겨진다. '민속*folk*'은 또한 시골의 공동체라는 뜻도 암시해서 민속 음악은 산업 사회 이전의 문화가 존속한다는 것을 나타낸다. 그러나 이러한 단순한 정의는 다소 문제가 있다.

아마도 민속 노래의 수집에 핵심적인 시기는 19세기 말과 20세기 초가 될 것이다(비록 민속 문화에 대한 관심이 민속 문화 연구의 초기 주창자 헤르더가 속한 유럽 낭만주의에 특징이었지만). 민속 노래에 대한 연구에는 몇 가지 동기들이 있다. 첫째, 순식간에 사라지는 문화로 인식되는 것들을 보존하고자 했다(예를 들면, 영국과 애팔래치아 산맥에 있던 세실 샤프Cecil Sharp의 작품). 민속 노래 수집은 이 음악에 대한 수많은 가정에 대해 재빠르게 의문을 제기했다. 민속 노래는 예술적인 노래나 대중적인 노래들처럼 개별적 존재가 아니라는 점이 드러났다. 그것은 불려질 때마다 변화할 것이다(심지어 동일한 사람이 연속해서 노래하는 경우조차도). 더욱이 반드시 작자 미상도 아니다. 심지어 19세기에도 상업적인 대중 음악들이 '민속' 전통에 통합되었다.

민속 노래 연구를 위한 두 번째 동기는 수많은 유럽 사회 내에서 민속 전통의 회복이 뚜렷한 민족 정체성 형성에 중요할 것이라는 인식이었다(따라서 예를 들면, 20세기 초 체코, 헝가리, 웨일스 작곡가들은 민속 노래를 음악 재료로 사용하였다). 이 두 가지 동기는 전前산업 사회를 이해하려는 문화인류학자들의 관심보다는 정치적, 사회적 불만족에 더욱 크게 기인하면서 '민속'이라는 생각이 구성되는 방식의 어떤 것을 가리킨다. 민속 공동체를 재발견하고자 하는 열망은 산업적 현재에 대한 비판적 반응이거나 정치적 긴장들을 구체화하는 방식임을 암시한다. 20세기 중반 A. L. 로이드A. L. Lloyd의 선구적 작업은 '민속'에 다소 신화적인 과거 시골 생활을 연관시키는 것을 문제삼음으로써 이러한 비판적 반응을 확장했다. 로이드는 도시 공동체의 민속 음악에 눈을 돌리면서 노동 계급 문화 내에 풍부한 음악적 전통이 있음을 밝혔다. 어떤 면에서 이러한 접근은 그 자체로 (부패한 상업 대중 문화의 손이 닿지 않은 노동자 계급 문화에 대한) 새로운 신화가 될 수 있다.

민속 음악에 대한 관심의 세 번째 동기는 그것이 서구 예술 음악 작곡가들에게 부활의 원천이 된다는 것이었다. 17세기 초반 이후부터 지배적 위치를 차지해 왔던 서구 음악의 음조 체계는 대부분 고갈된 듯했다. 대부분의 청취자들에게 이러한 체계(또는 음악 언어)는 자연스러운 것처럼 비춰졌지만, 그것은 사실상 관습과 약호화의 산물 그 자체였다. 많은 민속 음악들은 5음 음계 또는 선법 음계로 쓰여졌기 때문에 예술 음악 및 대중 음악과는 아주 다른 소리를 낼 수 있었다. 그것은 음악이 소리를 어떻게 내는가에 대해 당연시되어 왔던 기대를 무너뜨리는 데 유용하였다. 따라서 그것은 (영국의 본 윌리엄스Vaughan Williams와 G. 홀스트G. Holst 같은) 수많은 작곡가들 자신의 고급 예술 전통에 새로운 활력을 불어넣어 주는 원천을 제공하였다.

'민속 음악'이라는 개념은 '민중*people*'의 구비□碑라는 원래의 의미에서나, (우디 거스리Woody Guthrie, 피트 시거Pete Seeger, 봅 딜런Bob Dylan 등의 전통에서 명백히 드러나듯이 작자 미상의 민속 음악의 스타일에 기반을 둔 것일지라도) 대중 음악의 특정 장르라는 보다 최근의 의미에서나 복잡한 구성물이다. 그것은 문화적 세계가 실제로 존재하는 방식을 묘사하는 것일 뿐만 아니라 정치적 열망의 표현으로서 취급되어야만 한다. [AE]

Harker, 1985; Lloyd, 1967; Vaughan Williams, 1963.

민속지학
ethnography

민속지학은 문화인류학과 가장 밀접한 연구 방법이다. 게다가 리처드 호가트(1957), 필 코헨Phil Cohen(1980), 폴 윌리스(1977, 1978), 안젤라 맥로비Angela McRobbie(1991) 등의 작업을 통해 문화 연구의 발전에 중심 역할을 수행하였다. 민속지학은 특정 사회 집단에 대해 장기간 밀착 관찰한다. 민속지학자는 그 집단 구성원의 행태를 기술하는 것보다, 그 집단의 안에서부터 문화를 이해하는 데 관심을 더 기울인다. 인류학자 클리포드 기어츠Clifford Geertz는 이것을 눈의 경련과 윙크의 차이를 알아채는 것에 비유한다. 윙크와 눈의 경련은 육체의 움직임으로서는 같아 보일지도 모른다. 그래서 사진으로는 그 차이를 구분할 수 없다. 하지만 윙크는 사회적 관습의 지배를 받고 따라서 의미를 담고 있다. 물론 눈의 경련이 어떤 경우 윙크로 오해받을 수는 있지만 말이다(그 반대도 마찬가지). 기어츠는 이렇게 적고 있다. "바로 그것이 전부다! 행동의 언어, 문화의 단편, 그것이 바로 몸짓이다"(1973: 6). 민속지학자의 중요한 작업 과제가 그 집단의 일상생활에서 특별한 사건이나 행동들을 상세하게 기록하는 것이기는 하지만, 그들이 오로지 고립된 몸동작들에 관심을 갖지는 않는다. 민속지학자는 이 특수한 자료로부터 그 집단 안에서의 행동을 지배하고 거기에 의미를 부여하는 규범과 가치와 규칙의 전 영역을 해명하는 데 궁극적으로 관심이 있다. 따라서 민속지학자가 맞닥뜨리는 중심된 문제는 이해와 해석의 장애물들을 어떻게 극복할 것인가이다. 이는 연구자 자신의 것과는 다를지도 모르는 가치, 의미들과 화해하기 어려움, 그리고 자기 자신의 가치관을 연구 대상이 되는 문화에 부과할 위험성을 깨닫는 어려움과 연관된 것이다. 예를 들어 맥로비(1981)는 청년 하위 문화들에 대한 대다수의 남성 중심적 민속지학적 연구에서 여성이 배제된 것에 대해 비판한다. → 현장 연구, 참여 관찰 [AE]

Stanley & Roland, 1988.

민족주의
nationalism

민족주의는 그 자체로 단지 정치적 현상으로서만이 아니라 문화적 정체성의 문제를 표상한다. 마찬가지로 민족을 어떻게 규정하든 합법성이나 관료제, 그리고 명확한 국경의 존재 등 정치적 개념뿐 아니라 종족적, 역사적, 그리고 언어적 기준에 대한 설명도 해야 한다. 민족주의자는 민족에 대해 여러 가지 특별한 요구를 하는데, 그것은 특수한 역사적 상황에 따라 상대적 중요성이 달라진다. 일차적 주장은 민족이 자치에 대한 권리를 갖는다는 것, 그리고 민족 구성원은 자신의 행위를 스스로 통제할 자유를 갖는다는 것이다. 이런 자율성의 당연한 결과로서 민족주의자들은 민족 구성원들이 정치적 또는 문화적(인종적, 언어적) 기준에 따라 정의되는 공통의 정체성 공유를 전제(또는 요구)한다. 이 정체성의 개념은 — 개개인의 기획이 민족의 기획 속으로 포섭되는 — 목표의 통합이라는 의미를 창출하는 데까지 확장할 수 있다.

이런 식으로 규정되는 민족주의 개념은 18세기 말에 크게 유행한 근대적 현상이다. 고대에도 유사한 사상이 존재하기는 했지만 민족주의의 발전은 특히 유럽과 북미에서 근대 국가 발전에 수반하는 현상이다. 미국의 독립 선언(1776)과 프랑스 혁명(1789)은 민족주의의 시작을 알리는 사건으로 흔히 인용된다. 그렇긴 하지만 지적인 운동으로서 민족주의의 뿌리는 모호하다. 물론 루소와 헤르더의 계몽주의 전통 속에 담뿍 적셔 있기는 하지만, 공유된 문화 유산으로의 복귀에 기반한 신뢰할 만한 존재를 추구하는 민족주의적인 호소는 낭만주의와 S. G. 피히테S. G. Fichte, 헤겔의 저작 등에 퍼져 있는 주제들과도 공통점이 있다. 그러나 정치적 힘으로서 민족주의에 대한 분석적 연구는 19세기 후반에 이르러서야 이루어졌고 학문적 관심이 널리 퍼진 것은 포스트식민 시대에 이르러서이다.

정치적 문화적 이론 속에서 민족의 논쟁적인 성격을 감안하면 민족주의에 대해 보편적으로 받아들여지는 이론이 여전히 희미하게 남아 있는 것은 놀라운 일이 아니다. 특히, 민족주의의 정치적 차원과 문화적 차원 가운데 어느 편이 더 상대적으로 중요한가 하는 문제에서 이론가들의 관점이 갈린다. "정치적인 단위와 민족적인 단위가 일치해야 함을 주장하는 정치적 원칙"으로 민족주의를 규정하는 에르네스트 겔너Ernest Gellner의 관점은 전자의 측면을 강조하는 예이다. 반면 인류학자 클리포드 기어츠로 대표되는 이른바 '원초주의자*primordialist*'라 불리는 입장은 민족주의가 모든 인종적 정신*psyche* 속에 깊게 내재된 있는 사회적 질서의 패턴으로부터 나온다고 주장한다. 대조적으로 에릭 홉스봄Eric Hobsbawm과 엘리 케두리Elie Kedourie는 민족주의가, 임의적이고 우연적인 민족 구성을 선언하는 대신 표피적인 문화유산을 구축함으로써 전통을 만들어 내고자 하는 사회적 엘리트 집단의 발명품이라고 주장했다. 덧붙여 학자들은 '좋은' 민족주의와 '나쁜' 민족주의(애국주의와 쇼비니즘)의 구분이 있는가도 의견이 나누어진다. 그러나 그 성격에 대한 의견의 불일치에도 불구하고 민족주의는 현대 사회에서 유력한 이데올로기로 남아 있다. 그리고 지구화라든가 매스 커뮤니케이션, 그리고 다국적 기구들과 같은 잠재적 위협에 직면하며 그 인기는 점차 줄어드는 것으로 보인다. [CW]

Gellner, 1983.

바로크
baroque

16세기 말부터 18세기 중반 사이 유럽의 시각 예술(건축을 포함), 음악 그리고 문학(정도가 덜했지만)에서 지배적인 측면을 식별하는 용어. 어원은 불명확한데, 원래는 경멸적인 의미로 쓰이다가, 19세기 말에 가서야 비로소 현재의 의미를 획득했다.

신학적–정치적 견지에서 바로크는 반종교 개혁 그리고 로마 가톨릭 교회의 가치와 정치적 위상을 재천명하는 것과 긴밀히 연관되어 있다. 따라서 바로크는 로마에서 가장 강력하게 대두되었으며, 신교에 맞서 구교 국가들에서 융성했다.

시각 예술과 건축에서 바로크 양식은 매너리즘의 풍부한 움직임과 정서적 표현 그리고 전성기 르네상스 원리와 견고함의 융합이 특징이다. 따라서 복합적이면서도 잘 구조화된 부분들이 함께 모여 마찬가지로 복합적이지만 통합된 전체를 산출한다. 지안 로렌조 베르니니Gian Lorenzo Bernini가 만든 로마에 있는 산타 마리아 델라 빅토리아 성당(1645~1652)의 코르나도 예배실처럼, 건축과 조각 그리고 회화는 전형적으로 통합된다. 거기에서는 한편, 카라바지오Caravaggio(1573~1610) 작업에서 자연에 대한 관찰을 강조하는 것처럼 박진성*verisimilitude*에 대한 현저한 관심처럼 — 하늘 경치 속에 빠져드는 것처럼 보는 사람의 눈을 현혹시키려는 열망을 일으키는 '트롱프뢰유*trompe l'oeil*'(눈속임 천정화)에서 극에 달하듯 — 바로크는 스펙터클하기도 하다. 스펙터클의 역할은, 17세기 로마 그리고 프랑스의 루이 14세 거대한 건물 프로그램에서 볼 수 있듯, 교회(또한 세속) 권력의 재천명으로 어렵지 않게 연결된다. 또한 이 시기는 스펙터클한 극장 디자인과 무대 공학의 시기이기도 하다. 아마도 작품을 실현하는 데 있어 단순히 정서적 참여뿐만 아니라 육체적인 참여까지도 고무하기 위하여 관람자의 위치에 대해 숙고했다는 것이 바로크 미학의 핵심 요소라고 할 수 있을 것이다. 바로크의 가장 친근한 시각적 이미지로는 베르니니의 〈성 테레사의 희열*The Rapture of St Teresa*〉(1645~1652), 루벤스(1577~1640)의 여러 작품, 벨라스케스Velazquez의 〈시녀들*Las Meninas*〉(1656)(이는 푸코가 《사물의 질서*The Order of Things*》(1970)의 서문에서 한 분석 때문만은 아니다)을 들 수 있다. 아마도 영국의 바로크 작품 가운데 가장 유명한 것은 건축가 크리스토퍼 렌 경Sir Christopher Wren의 후기 교회들(세인트 폴 대성당(1675~1710)을 포함하여)과 혹스모어와 벤브루의 교회들과 집들일 것이다.

유럽의 고급 음악에서 바로크 양식은 17세기 초(대표적인 인물은 클라우디오 몬테베르디)부터 18세기 중반(헨델과 바흐에서 정점에 이르는)까지 지배적이었다. 바로크 회화에서와 마찬가지로 음악에서도 근본은 스펙터클이었다. 그리고 오페라는 여러 측면에서 가장 전형적인 바로크 음악 형식이었다. 바로크 음악은 '스틸로 안티코*stilo antico*'[16세기 다성 음악 양식]와의 근본적인 단절이자, 멜로디 라인과 음형화된 베이스(작곡가가 연주되어야 할 코드들을 지시하는 음형과 함께 오로지 음악의 멜로디와 베이스 라인만 쓰고, 세부적인 내적 라인의 실현은 연주자에게 맡기는 식)에 기초를 두고 작곡된 최초의 음악적 실천(팔레스트리나Palestrina 식의 복잡한 대위법 음악으로 예시되는)을 나타낸다. 이론상으로 이러한 접근은 (예를 들면, 오페라나 혹은 마드리갈*madrigal* 텍스트의) 대사들이 매우 정확하게 들리게끔 해준다. 실제로 ('스틸로 안티코'를 지배한 좀더 미묘한 박동에 대립하여) 음악의 리듬 구조에 더 큰 강조가 주어지며, 따라서 음악적 시간의 재접합이 강조된다. 몬테베르디의 오페라 〈오르페우스*Orpheus*〉의 오프닝 팡파레는 바로크의 가장 스펙터클한 도입부를 표상한다.

'바로크' 개념은 발터 벤야민의 《비극*Trauerspiel*》(1977)에 대한 복합적인 연구에 힘입어 문화 연구에서 가장 심오한 공명을 가진다. '애도극'은 셰익스피어의 비극들에서 예증되며(벤야민은 〈햄릿〉에 많은 관심을 가졌다), 또한 스페인의 극작가 페드로 칼데론Pedro Calderón(1600~1681)이나 독일의 여러 극작가들의 작품에서 확인된다. 벤야민의 분석은 원칙과 파격 사이의 긴장 속 — 무엇보다도 바로크적 표현 수단인 알레고리의 핵심적인 역할 — 에 있는 극의 미적 형식(따라서 바로크 양식 자체)과 그것의 정치적인 것에의 접합 내지 정치적인 것 안에서의 정착 양자를 모두 탐색한다. 궁극적으로 벤야민의 분석은 바로크의 미적 형식과 자본주의의 성장 사이의 밀접한 연계를 암시한다. [AE]

Hauser, 1962; Palisca, 1991.

바우하우스
Bauhaus

1919년 바이마르에 세워진 건축과 디자인 학교. 1925년 데사우로 이사했으며 1932년 다시 (지역 나치당의 반대로) 베를린으로 장소를 옮겼다. 그리고 1933년 문을 닫았다. 이 학교는 건축에서의 모더니즘을 발전시키고 선전해 내는 데 핵심적인 기관이었다. 첫 교장은 발터 그로피우스Walter Gropius였으며, 교수진으로는 (바실리 칸딘스키와 파울 클레를 포함하여) 표현주의와 밀접한 여러 예술가들이 포함되어 있었다. 그로피우스가 바우하우스에 도입한 철학은 윌리엄 모리스William Morris의 사상에 공감하여 디자인과 산업 생산 사이 그리고 미술과 공학 사이의 관계에 관심을 두었다. 공예에 기반한 디자인은 산업적 대량 생산에 생명력 있는 기여를 할 것으로 여겨졌다. 철제관으로 만든 의자는 바우하우스가 일상의 예술품들에 대해 행사했던 영향력을 전형적으로 보여 준다. 대상의 목적이 그것의 디자인을 규정하는 것으로 간주된 (장식을 배제한) 건축에 대한 기능주의적인 접근에 따라 바우하우스 양식은 비인격적이며, 기하학적인 그리고 엄격한 선과 형의 정제를 표명했다.
[AE]

Whitford, 1984.

반복
repetition

반복과 욕동, 무의식, 전이는 자크 라캉에 따르면 정신분석의 네 가지 근본 개념들이다. '반복'이라는 용어가 해체주의적인 반복/복창*iteration* 개념과 유사하기 때문에, 이 둘을 구별할 필요가 있다. 자크 데리다에 따르면 반복/복창은 언어 기호가 사용될 때 가능한 조건들을 결정한다. 기호가 인지 가능한 것은 그것이 하나 이상의 경우에서 반복되고 복창될 수 있기 때문이다. 달리 말하자면, 상징적인 수준에는 '단 한 번 기록에 남는 어구*hapax legomenon*' 같은 것은 존재하지 않는다. 비록 데리다의 반복/복창 이론이 정확하더라도, 반복*repetition*과 뒤섞여서는 안 된다. 반복에는 반복/복창의 인지적 필요성이나 언어적 기능을 초과하는 무엇이 존재한다. 정신분석이 분리해 내려 하는 것은 바로 이 요소이다. 존 포레스터John Forrester가 지적하듯이, 정신분석에서의 반복은 칸트적 범주에 가깝다. 그것은 해석의 원칙이며, 경험적 혹은 임상적 일반화로 환원될 수 없다.

주체는 무엇을 반복하는가? 그리고 왜 반복하는가? 주체가 반복하는 것이 증상이다. 주체는 그렇게 하려는 무의식적 강박 때문에 증상을 반복한다. 여기서 '증상'이라는 용어는 두 가지 의미로 이해될 수 있다. 증상은 주체가 수행하도록 강제됨을 느끼는 행위이거나 수행을 금지 당하는 행위이다. 다시, 증상이란 주체가 행위하는 리비도적 모태*matrix*인 것이다. 그것은 주체의 성적 삶을 지표화한다. 전자의 경우에서, 증상의 반복적 측면은 의례의 기능을 한다. 반복은 주체를 공격하는 불안을 내쫓고 불안이 예기치 않게 주체의 의식 속으로 침입해 들어가지 못하게 막는다. 반복은 실존의 구두점을 찍는 형식이 된다. 그러므로 반복은 불안을 통제하려는 시도가 되며 쾌락 원칙의 보호망 아래 포섭될 수 있다.

그렇지만 정말로 프로이트의 흥미를 끌었던 것은 쾌락 원칙을 넘어서는 반복이다. 여기서 주체가 반복하는 것은 외상*trauma* **그 자체**이다. 프로이트는 외상을 주체가 자극에 의해 압도되는 상황이라고 정의했다. 이는 반복을 필요로 하는데, 주체는 그 자극들을 소급적으로 통제하려 하기 때문이다. 그러나 이 소급 통제의 시도에서 프로이트는 그 기능이 실존적 충격 흡수 장치가 되는 것을 넘어서는 '악마적인' 힘을 간파해 냈다. 반복은 과잉적인 성격을 띰으로써 죽음에 대한 예행 연습이 되었던 것이다. 그것은 유기체가 그 자신의 방식대로 죽을 수 있도록 유기체를 그 물질적 기원으로 귀환시키는 메커니즘이었다. [SKS]

Derrida, 1982; Fink, 1995; Forrester, 1990; Freud, 1984; Lacan, 1979; Laplanche & Pontalis, 1973.

발화
utterance

V. N. 볼로시노프에게, 발화는 "언어*language*라는 구체적 현실"의 기본 단위이다(1973: 93). 이것은 '언어학적 형태*linguistic form*' 같은 개념들과는 구분되어야 한다. '언어학적 형태' 같은 개념들은 발화와는 달리 언어의 현실로부터 분리해 도출된 것이지만 소쉬르를 포함한 일부 이론가들은 그럼에도 불구하고 그 현실과 일치한다고 암시하려는 경향이 있다(Voloshinov, 1973: 71, 79, 82, 98을 보라). 비록 볼로시노프가 때때로 '화행*speech act*'을 '발화'의 동의어로 사용하기는 하지만, 그의 저술을 보면, 그 개념은 모든 언어 사용 형태들을 포괄하며 구술 언어뿐만 아니라 문자 텍스트나 사상에도 적용된다.

볼로시노프에 따르면, 발화는 대화적이며 사회적이다. 그는 대화적 특성의 윤곽을 그리면서 자신이 속했던 바흐친학파Bakhtin Circle 지식인들 내부에서 제공된 대화주의*dialogism* 개념에 대한 더 유명한 개념들(결코 유일한 것은 아니지만)의 일부를 발전시킨다(Morson & Emerson, 1990; Hirschkop, 1986; Morson, 1986을 보라). 각각의 발화는 진행되는 대화의 한 요소 — 또는 '구두 커뮤니케이션의 연속적 과정' 속의 한 '계기' — 이며, 결과적으로 각 발화는 이전의 발화나 발화들에 응답하며 발화자가 말하려는 것에 대한 잠재적 반응이나 거부에 대한 발화자의 예상에 의해 형성된다는 이론을 포함한다(Voloshinov, 1973: 95와 72~73을 보라).

발화의 사회적 본성에 대한 볼로시노프의 생각은 발화가 사회적으로 위치지어지고 정향되며 결정된다고 요약할 수 있다. 《마르크스주의와 언어 철학*Marxism and the Philosophy of Language*》*에서 발화의 사회적 성격에 대한 설명은 대화적 성격에 대한 설명과 중첩된다. 주요한 요소는 발화의 수신성 *addressivity* 이론이다. 발화는 항상 수신자 쪽으로 정향된다. 수신자가 발화자와 함께 있는 사람일 필요는 없다. 또 실제 사람일 필요도 없다고 볼로시노프는 밝힌다. 그보다는 수신자는 특정 사회적 집단의 '대표자' 형태로 전제될 수 있다(1973: 85). 볼로시노프(1973: 86)는 발화를 발신자와 수신자에 의해 똑같이 결정되는 것으로, 또 발신자와 수신자 '사이의 호환적 관계의 산물'로서 이론화하고, 그럼으로써 발화는 사회적으로 또는 공동으로 만들어지는 것으로 생각될 수 있다고 암시한다.

발화에 대한 이 이상의 성찰들은 볼로시노프의 논문인 〈생활에서의 담론과 시에서의 담론Discourse in Life and Discourse in Poetry〉에 담겨 있다. 거기에서, 그는 구두화된 구성 요소에 덧붙여 발화자와 '수용자*receiver*'가 드러내는 비구두화된 맥락이 발화의 일부분이라는 이론을 제안한다(Clark & Holquist, 1984: 204). 그는 일상생활에서의 발화의 맥락을 포함할 수 있는 세 가지 요소들 — 관련 대화자들 공동의 시공간적 상황, 상황에 대한 그들의 공유된 지식과 이해, 그리고 그에 대한 공유된 평가 — 을 설정한다(1988: 11). 그는 발화의 상정된 맥락은 그 의미에 기여한다고 지적한다. 그리고 일상적 발화를 미적인 구두 발화와 비교하면서 미적인 구두 발화는 그 의미를 전자처럼 비구두화된 맥락에 의존할 수 없음을 이론화한다.

덧붙여 그는 일상적 발화에서는 모든 발화들이 갖고 있는 '사회적 본질'의 측면이 상대적으로 더 분명하다고 주장한다. 특히, 일상적 발화의 억양은 이 점에서 의미 있는 것이다. 그것은 공동 음가의 표현을 통해서 발화들을 둘러싼 사회 환경과 발화들이 연결되어 있음을 보여 준다. 또한 억양은 발화자 또는 저자와 '청자*listener*' 사이에뿐만 아니라, 발화자와 발화의 주제 혹은 '주인공' 사이에도 역시 '사회적 상호 작용' 관계가 존재한다는 것을 드러내 준다(1988: 17).

비록 마하일 바흐친Mikhail Bakhtin은 볼로시노프(1973: 97)와는 달리 스스로를 마르크스주의적 언어 철학에 기여하는 사람으로 이해하지 않지만, 볼로시노프가 제공한 것들과 유사한 발화 이론들이 바흐친(1986)에 의해 전개된다. 더욱이 바흐친의 저술들에서는 발화와 문장 사이의 관습적인 구분이 더 크게 강조된다. 전자는 특히 담화 커뮤니케이션에서 문장이나 문장들을 사용하는 것으로 묘사된다. 유사한 비교가 위르겐 하버마스(1979)의 작업에서 나타난다. 거기에서 발화는 보편 화용론의 대상으로서 이론화되는데, 하버마스는 이 보편 화용론을 추상적 문장에 관심을 쏟는 언어학과 대비시킨다. [RW]

* 《마르크스주의와 언어 철학》은 원저자에 대한 논란이 끊이지 않는 대표적인 텍스트 가운데 하나이다. 이 책은 볼로시노프의 이름으로 출간되긴 했지만 바흐친이 쓴 것으로 알려져 있다. 바흐친이 쓴 글을 출판상의 문제 때문에 자신의 친구이자 제자인 볼로시노프의 이름으로 출간했고 이 과정에서 볼로시노프는 약간의 수정만 했을 뿐이라는 것이다. 로만 야콥슨은 프랑스어 번역본 서문에서 이 책의 저자는 바흐친이라고 단언하고 있다.

Bakhtin, 1986; Clark & Holquist, 1984; Hirschkop, 1986; Morson, 1986; Morson & Emerson, 1990; Voloshinov, 1988.

버밍엄 현대문화연구소
Birmingham Centre for Contemporary Cultural Studies

1964년에 영국 버밍엄 대학에 석사 후 과정 연구소로 설립되었다. CCCS는 영국의 문화 연구 발전에 극히 중요한 역할을 해왔다. (영국 문화 연구를 이끄는 중요한 연구자들 가운데 다수가 이 연구소를 거쳐 갔다.) 초기 1968~1979년까지 리처드 호가트와 스튜어트 홀이 소장을 맡은 기간 동안, 연구소는 오늘날 문화 연구의 전형이 된 많은 연구 주제들과 분석 기술들을 발전시켰다. 홀 체제 아래서 연구 논제들은 (호가트의 《읽고 쓰는 능력의 이용*Uses of Literacy*》(1957)에 연원을 두는) 상이한 계급들의 '생생하게 살아 있는' 문화에 대한 초기의 관심으로부터, 매스 미디어의 중심적 역할과 청년 혹은 하위 문화, 교육, 인종 그리고 젠더라는 상호 연계된 영역들로 발전되어 갔다. 연구소는 처음부터 통합 학문적이어서, 사회학과 문학 비평에 가장 의존했으며 뿐만 아니라 역사(예를 들면, E. P. 톰슨E. P. Thomson, 1963의 영향 아래)에도 상당히 의존하였다. 연구소의 이론적 발전은 부분적으로는 매스 미디어에 대한 미국의 접근 방식에 대한 반응이라고도 볼 수 있다. 알튀세르와 바르트의 구조주의를 비롯하여 당대 유럽의 지적인 자원들을 포괄하는 가운데, 연구소는 미디어에 대해 이데올로기적이며 헤게모니적인 제도로서 접근했다. 따라서 대중 문화는 사회 내의 주변적이고 무력한 집단들의 저항과 협상의 장소로 이해되었다. 연구소 작업의 특징은 그 연구의 협업적 성격에서도 드러난다. 연구소의 작업 보고서 시리즈는 그 연구소 연구원들과 석사 후 과정생들을 위해 출판의 핵심 매체가 되었다. 몇몇 주석자들이 확인한 바에 따르면, 리처드 존슨Richard Johnson과 이후 조지 로레인George Lorrain 체제 아래서는 연구소 연구의 초점이 매체에 대한 텍스트 분석에서 일상생활의 역사로 전환되었다. 1988년 연구소는 석사 후 과정뿐만 아니라 학부 과정까지 제공하면서 문화 연구 학과가 되었다.

[AE]

📖 Turner, 1996.

변증법
dialectics

철학에서 '변증법'이란 용어는 원래 플라톤의 대화편에 나오는 논쟁 스타일을 지칭했다. 플라톤의 대화편의 주연인 소크라테스Socrates는 다른 철학자나 사상가, 각 분야의 전문가들에게 질문을 던졌다. 가장 전형적으로 보자면 '정의'니 '선'과 같은 개념이 뜻하는 바가 무엇인지를 그들에게 물었다. 소크라테스식 문답법*Socratic method*은 대개 개념들에 대한 사람들의 천박하고 조리에 닿지 않는 이해 수준을 폭로하는 형식을 취했다. 그렇지만 이때 소크라테스가 스스로 생각하는 적절하고 조리 있는 정의를 늘 제시한 것은 아니다.

'변증법'이란 용어는 18세기 말과 19세기 초 칸트, 피히테, 헤겔 등의 독일 철학에서 고유한 의미를 부여받았다. 변증법적 논증의 보편적 구조가 정*thesis*, 반*antithesis*, 합*synthesis*으로 되어 있음을 제시한 사람은 피히테였다. 설명하자면, 하나의 주장이 증명될 수 있다. 그런데 그와 상반되고 대안적인 주장에 대해서도 똑같이 좋은 증거가 제시될 수 있다. 이러한 테제와 안티테제 사이의 모순은 전형적으로 그 문제를 보는 다른 관점으로 도약함으로써 해결될 수 있다. 그 최초의 모순은 그가 애초의 주장에 깔려 있는 당연시된 전제를 추론을 통해 알지 못했음을 깨달음으로써 해소된다.

헤겔의 변증법은 더 정교하고 복잡하다. 헤겔 변증법을 대표하는 세 가지 용어는 보편성*universal*, 특수성*particular*, 개별성*individual*이다. 보편성은 순진한 자기 확신 단계이다. 모든 것을 포괄하는 단 하나의 실체가 존재한다(예를 들어, 신생아는 자신의 존재 이외에는 세상에 대해 아는 게 없다). 그런데 여기에서는 아무런 실제 지식이 없다. 지식은 오직 차별화 또는 분리에서만 생겨나기 때문이다. 그 실체는 자신이 아닌 것 (즉 어떤 타자와 마주쳐야) 비로소 자신을 알게 된다. 보편은 비로소 특수화하거나, 분리되거나, 깨진다(신생아의 순수 주체성이 외계 대상과 마주친다). 이 특수화 단계는 뒤이어 인간에게만 해당되는 것이 아닌 풍부한 성장과 자기 발견의 시기를 불러온다. 이런 식으로 헤겔은 인간 역사를 하나의 전체로서 특성화한다. 이 시기는 주체가 자신을 대상 속에서 인식하면서 끝난다. 그러면 변증법의 첫 단계인 보편성이 새로운, 심오한 자의식적 형태로 복원된다. 주체는 자신에게 돌아오는데, 그 여행을 통해 자신에 대해 배운 뒤이다. 괴테의 《빌헬름 마이스터의 편력 시대*Wilhelm Meisters Wanderjahre oder die Entsagenden*》와, 디킨스의 《위대한 유산*Great Expectations*》 등 19세기의 위대한 여러 소설들은 주인공이 낯설고 힘든 세상을 탐험하고 나서 자신을 발견한다는 교양 소설의 구조를 비슷하게 보여 준다.

헤겔의 변증법은 논증 구조일 뿐만 아니라, 바로 우주의 구조이기도 하다. 그것은 거시적으로는 인간 역사의 발전이나 행성의 운행으로부터 식물의 생장과 같은 가장 소박한 차원에 이르기까지 분명하게 나타난다. 마르크스는 이 모델을 사용하여 인간 역사의 발전을 일련의 시대 또는 생산 양식을 통해 설명한다. 역사는 인간성이 원시 공동체의 소박한 보편성을 깨고 나와 계급 사회로 들어가도록 강요되면서 시작한다. 이렇듯 인간이 역사를 만들지만, 자기가 선택한 조건하에 있지는 않다. 다시 말해서 주체적 인간 행동의 산물들과 인간은 소외된 관계로 만난다. 공산주의에서 이런 역사 형식이 끝난다. 그때 인간들은 자신을 사회적 존재로 이해하게 되고 따라서 헤겔적 개인의 자의식을 갖게 될 것이며, 자기들이 선택한 바대로 역사와 사회를 만들 것이다.

20세기 문화 이론에서 프랑크푸르트학파의 철학자 테오도르 아도르노와 프랑스 정신분석학자 자크 라캉은 헤겔에 대하여 각기 독자적이면서도 대단히 유사한 재해석을 시도했다. 헤겔은 변증법의 최종 단계를 알면 절대 진리를 알고 기술할 수 있다고 가정한다. 아도르노와 라캉은 둘 다 절대 진리를 알 수 있다는 이런 권위주의적 가정을 거부한다. 그래서 아도르노는 '부정의 변증법'을 제안한다. 바꿔 말하면 변증법적 과정은 2차 단계에 멈춘다. 세상 안에서 그리고 세상에 대한 우리의 지식에서 우리가 알 수 있는 최상의 것은 모순이고 불일치이다. 하지만 우리는 그로부터 달아날 수 있으리라고 가정할 수 없다. 비슷하게 라캉은 우리가 어머니와의 통합성에서 분리되어 자아와 언어의 공허하고 불완전한 세계로 던져지기 이전의 '상상적' 통일성을 기를 쓰고 회복하기 위해 삶을 보내는 방식을 분석하는 데 몰두한다. 우리 삶은 이런 상실된 통일성의 대체물에 대한 추구이다. 정신분석 '치료'가 통합성을 회복시켜 주리라는(헤겔적 개인의 성취) 생각은 거부된다. [AE]

Adorno, 1973b; Hegel, 1975a; Lacan, 1977a; Mepham & Ruben, 1979; Rosen, 1982.

변증법적 유물론과 사적 유물론
dialectical and historical materialism

사적 유물론은 칼 마르크스와 프리드리히 엥겔스가 발전시킨 사회 변화에 대한 이론이다. 역사는 일련의 시대 또는 생산 양식들로 구분된다. 각 시대는 고유한 경제 구조와 계급 구조로 특징지어진다. 역사 변화는 경제적 생산력의 진보적 증대, 즉 생산력과 기술 발전에 의해 추동되고, 분명한 계급 투쟁과 혁명에서 구체화된다.

변증법적 유물론은 마르크스주의 철학에서 역사 이론을 제외한 다른 국면들, 즉 인식론과 존재론도 포괄한다. 변증법적 유물론은 소련의 교조적 공식 철학이 되었다. 그 개념은 마르크스나 엥겔스가 사용하지 않았다. 플레하노프와 레닌이 엥겔스의 《반듀링론*Anti-Dühring*》(1947)과 《자연 변증법*Dialectics of Nature*》(1973)에 기초하여 일관된 변증법적 유물론 철학을 발전시키기 위해 시작한 것이다. 변증법적 유물론은 유물론이라는 점과 어떤 형태의 회의론도 거부한다는 점이 특징이다. 물질 세계는 정신 세계에 우선한다. 따라서 신체는 의식의 선행 조건이다. 이 물질 세계는 원칙적으로 경험 과학의 작업을 통해 알 수 있다. 아울러 그 철학이 변증법인 것은 현실을 발전하는 것으로 제시하는 점에서 그렇다. 물질 세계는 변화할 뿐만 아니라 현실성은 질적으로 새로운 속성들의 등장으로 특징지어진다고 주장한다. [AE]

Callinicos, 1983; Cohen, 1978; Cornforth, 1971; Ruben, 1979.

보수주의
conservatism

보수주의는 하나의 정치 이데올로기라기보다 정치와 사회에 대한 하나의 태도라고 보는 것이 아마 더 바람직할 것이다. 그 기원은 에드먼드 버크Edmund Burke의 《프랑스 혁명론*Reflections on the Revolution in France*》(1790)으로 거슬러 올라간다. 이 책은 프랑스 혁명이라는 사건에서 영감을 얻어 보수주의적 사고에 깔린 기본 성격을 명료화한 것이다. 말하자면 근대적 보수주의는 프랑스 혁명으로 표현된(상당히 왜곡되긴 했지만) 계몽이라는 합리주의의 이상에 대한 반동으로부터 그 첫 영감을 이끌어 낸 것이라고 이야기할 수 있다. 그 반동이란, (i) 사회 변화에 대한 부정적 태도, (ii) 전통적으로 유지되어 온 태도와 믿음이 도덕적, 정치적으로 정당하다는 신념의 완강한 고수, (iii) 인간 본성에 대한 대체적으로 우울하고 비관적인 관점, 즉 보수주의자들은 완전히 혼자 남겨져 자신의 목적을 추구하는 개인들은 일반적으로 잘해야 비도덕적인, 그리고 최악의 경우 부도덕한 생활 양식으로 퇴락할 것으로 생각하는 경향이 있다(이 점에서 개인을 상당히 낙관적으로 개념화하는 자유주의나 사회주의와 정반대의 입장을 취한다). (iv) 사회가 공동체를 구성하는 관계들의 상호 연관된 구조라고 보는 관점 등이다.

20세기 들어 보수주의에 대한 다수의 중요한(적어도 잘 알려진) 설명들이 등장했다. 마이클 오크숏은 비록 그의 정치 사상이 아리스토텔레스, 토머스 홉스, G. W. F. 헤겔과 같은 철학자들에게 중요하게 빚지고 있고(뒤의 두 사람은 '보수주의적' 경향을 보인다), 또 공동체주의 사상과 공통된 특징을 갖고 있으며, 어쨌거나 그런 딱지*label*가 암시하는 것보다 훨씬 더 복잡함에도 불구하고 보수주의와 관련하여 자주 인용된다. 현대 보수주의 사상의 더 좋은 예로는 레오 스트라우스Leo Strauss와 로저 스크러튼Roger Scruton을 들 수 있다.

최근 독일 철학자 위르겐 하버마스는 포스트모더니즘의 저술들(자크 데리다, 미셸 푸코, 장 프랑수아 료타르 등)과 관련하여 보수주의에 대해 논의한 바 있다. 하버마스는 포스트모던 사상이 계몽(이성과 과학에 대한 계몽주의의 믿음)에 대한 비판을 전개할 때 사드와 니체 같은 부르주아 전통의 '음침한' 사상가들 *darker thinkers*의 저서에서 영감을 얻고 있으며(비록 료타르 같은 사상가는 후기 저서의 경우 자유주의 전통과도 마찬가지로 밀접한 연계를 갖고 있긴 하지만) 결과적으로 보수주의의 부활을 표현하는 것이라고 주장한다. [PS]

Burke, 1982; Oakeshott, 1975; Scruton, 1984.

본질주의
essentialism

무엇이 되는데 그것이 없으면 안 되는, 무엇을 규정하는 본질적인 속성들이 있다고 보는 관점. 본질주의의 한 가지 형태는 이런 속성들을 주어진 정의로 귀속시킨다. 예를 들어, 이런 종류의 본질주의자는 '금'이라는 용어가 규정하는 어떤 본질적 속성(원자의 특수한 무게, 특수한 빛깔, 강도, 전성*malleability*[얇게 펼쳐지는 성질] 등)이 있다는 입장을 취한다. 바꿔 말해서, 순금으로 인정받으려면 어떤 금이든 다 '금'의 정의에 포함된 속성을 갖추어야 한다. 이런 관점이 어떤 대상에 이름 붙이는 행위, 즉 정의에 **선행하여** 이런 속성들이 실제로 존재해야 한다는 생각을 채택하든 안 하든 그것이 진리라는 것이 과연 선험적 진리인지는(료타르가 《논전: 논쟁 중의 어구들》(1988)의 88장에서 행한 본질주의에 대한 비판을 보라) 아마도 열려 있는 질문일 것이다.

이런 형태의 본질주의는, 대상을 관찰 속성들(즉 '명목적 본질')이 감춰진, 구체적 또는 '실제'적 본질을 가져야 한다는 관점과는 차이가 있다는 점도 지적해야 한다. 이 입장은 경험주의 철학자 존 로크에 의해 처음 정교화되었다. 이 관점의 변종이 1980년대에 미국 철학자 사울 크립키가 고유 명사의 특질에 관하여 논의하면서 재생되었다. 단순히 보자면, 크립키의 설명은 언어가 고유 명사들(크립키는 '엄격한 명명자*rigid designator*'라 부르는데, 그에게는 '금'도 고유 명사임을 짚고 넘어가야 한다)을 사용해서 사물들을 성공적으로 지칭하므로, 그것이 지칭하는 것은 반드시, 언어로부터 독립적으로, 그 이름의 준거체를 이루는 속성들을 지녀야 한다는 뜻을 함축한다. 이런 입장은 종종 '사후적*a posteriori* 본질주의'로 불린다. 이는 크립키의 설명에 따르면 때, 필연적으로 선험적*a priori*, 즉 사전적*before the fact*인 것을 명명하는, 따라서 준거를 고정시키는 행위뿐이기 때문이다. 반면, 누군가가 무엇에 이름을 붙일 때 선택하는 특정한 속성들은 지칭되는 대상에 대해 '우연적'일 수 있다. 그리고 명명된 대상이 이런 속성들 전부 혹은 일부를 가지고 있지 않은 것으로 드러날 수도 있다. [PS]

Kripke, 1980.

봉건주의
feudalism

마르크스주의 이론에서 봉건 제도는 서구 유럽 내에서 자본주의에 선행하는 생산 양식(또는 역사적 시대)이다. 봉건 제도는 지방 분권적 권위 구조와 지주제를 특징으로 한다. 봉건 영주는 충성 맹세를 통해 정치적으로 복종하는 봉신들과 연결되었다. 봉신들은 영주에게 충성을 맹세하고 자진하여 군역을 제공하는 것으로 이러한 충성심을 전형적으로 표현했다. 봉신은 자신의 부하들에게 할당된 넓은 토지를 소유함으로써 군대를 운영하였다. (이러한 영주–봉신 관계는 '하위 봉건적 군신 관계'라고 불리는 과정에서, 기사들을 말단으로 하는 몇 단계의 귀족적 위계를 통해 발생하였다.) 봉건 경제의 근저에서 농노는 그들의 영주가 소유하고 있는 땅을 경작하도록 법적으로 묶여 있었다. 자본주의에서의 프롤레타리아트와는 반대로 농노(또는 소작농)는 비록 법적 소유권은 가지지 못했지만 생산 수단에 대한 얼마간의 통제권을 지녔다. 봉건 제도 내에서의 착취는 소작료 지불을 통해서 일어났다. 농노들은 영주에게 그들의 생산물의 일정 비율을 현물, 돈 또는 영주의 땅에서의 노동 등을 통해 양도해야 할 법적 의무를 지녔다. (봉건 제도에 대한 마르크스주의의 모델은 불가피하게 두 개의 가장 중요한 계급인 귀족과 농노 또는 소작인에 초점을 맞추면서 실제의 구조를 과도하게 단순화한다. 실제로 12세기부터 상당수의 농노들은 그들의 자유를 사서 성장하고 있던 도시로 이주할 수 있었다. 따라서 봉건적 권위의 범위가 점점 더 제한되었다.) 봉건 제도의 지배적 문화는, 특히 문화가 기존의 정치적 질서를 정당화하는 이데올로기로서 이해되는 한, 사회적 질서 속에서 자신의 위치를 받아들이고 복종하는 도덕성을 제공하는 교회의 역할에 초점이 맞추어졌다. [AE]

Bloch, 1961; Hindess & Hirst, 1975.

부르주아지
bourgeoisie

많이 사용하지만 매우 자주 빈약하게 이해되는 용어. 자본주의 사회의 지배 계급을 지시한다. 마르크스 이론에서 이 용어는 가장 엄격하게는 '프롤레타리아트'에 대립하는 개념으로 사용되는데, 그로써 생산적 자본의 소유자를 지시한다(즉 상업, 산업, 금융 기업가). 부르주아지를 구분해 주는 것은 그들이 생존하기 위해 스스로의 노동력을 팔 필요가 없다는 점이다. 하지만 이렇듯 대담한 대조는 초기 자본주의의 분석에서는 효과적이었으나, 고도 자본주의 혹은 후기 자본주의의 발전과 더불어 출현한 행정, 경영 계급들의 위상과 역할을 포착하는 데에는 실패한다. 따라서 '부르주아지'는 현대 자본주의의 '중간 계급들'을 가리키는 데 자주 사용된다. 그 계급이 그들의 노동력을 팔아야 하는(노동 계급이 그러하듯이) 것은 사실이지만, 그들의 높은 재정적 대가와 높은 지위는 자본주의의 지속이 어떤 소유 계급 못지 않게 그들의 관심 사항이라는 점을 함축한다. 중간 계급들이 문화 형성에서 맡고 있는 역할은 '부르주아적'이라는 형용사를 자주 경멸적인 용어로 사용하게끔 이끄는 것이다. [AE]

Gay, 1984, 1986; Habermas, 1989a.

부재
absence

기호학에서, 하나의 용어가 기호들의 펼쳐짐 속에 하나의 자리를 잠재적으로 차지할 수 있다면, 그리고 그것을 삭제하는 것이 현전하는 기호들의 의미에 영향을 미친다면, 그 용어는 기호들의 의미 전개상 부재한다고 한다. [AE]

부조리(극)
(theatre of the) absurd

1950년대와 1960년대 유럽과 미국의 몇몇 극작가들의 작업을 지칭하는 용어. 실존주의, 특히 알베르 카뮈Albert Camus의 《시지프스의 신화*Le Mythe Sisyphe*》(1942)의 영향을 받아, 작가들은 만연한 공허, 상실, 당혹감을 표현하려 했다. 희곡들은 연결되지 않는 반복적인 대화와 무의미한 행위 그리고 구성에서의 논리적인 전개의 상실이 특징적이며, 또한 마임과 익살극, 곡예와 같은 전통적인 대중 연극의 요소들을 활용했다. 핵심적인 작품으로는, 결코 나타나지 않는 신비스러운 고도를 기다리는 두 무숙자에 관한 이야기인 사무엘 베케트Samuel Beckett의 〈고도를 기다리며*En attendant Godot*〉(1952)를 포함하여, 전체주의의 비인간적 힘에 직면한 개인성을 탐구한 외젠 이오네스코Eugène Ionesco의 〈코뿔소*Rhinoceros*〉(1959)가 있다. 부조리극에 해당되는 작품을 남긴 극작가로는 에드워드 앨비Edward Albee, 해롤드 핀터Harold Pinter, 장 주네Jean Genet가 있다. 원래 타락하고 비겁한 사제 우부에 관한 꼭두각시 극인 알프레드 자리Alfred Jarry의 〈우부왕*Ubu–Roi*〉(1888)은 부조리극 탄생의 맹아 역할을 했다. [AE]

Esslin, 1980.

분석 철학
analytic philosophy

철학 학파로서의 분석 철학의 전형적인 특징은 언어에 대한 논리적 분석에 관심을 갖는다는 점이다. 이 분석의 목적은 어떻게 언어가 자연 세계를 지도로 그려 내는가에 대한 우리의 이해를 증진시키는 것이다. 기획의 이면에 있는 가정은 언어의 일차적인 사용은 그 세계와 관련한 사실들을 소통하려는 데 있다는 것이다. 이러한 가정은 동시에 언어와 현실 사이의 지시적 관계와 연관된 문제들, ➔ 지시 그리고 어떻게 단어들은 뜻한 바대로 의미하는가에 대한 분석 철학자들의 관심을 설명해 준다. ➔ 의미

이 철학 전통은 특히 영국과 북미에서 영향력을 행사해 왔다. 그 뿌리는 고트롭 프레게Gottlob Frege까지 소급될 수 있으며, 버트런드 러셀과 ➔ 의미 루트비히 비트겐슈타인, 비엔나학파, ➔ 의미, 형이상학 피터 스트로슨Peter Strawson, ➔ 지시 윌러드 밴 오먼 콰인Wilard Van Orman Quine을 거쳐 오늘날 사울 크립키와 ➔ 지시 도널드 데이비슨Donald Davidson의 작업에까지 이른다.

콰인과 데이비슨 그리고 특히 비트겐슈타인의 후기 작업의 결과로서 다음의 가정, 곧 언어의 일차적인 기능은 자연적 세계와 관련하여 지시하거나 소통하는 데 있다는 가정이 문제시되기 시작했다. 실상 데이비슨은 이러한 지시 개념을 최종적으로 한꺼번에 거부한다(Davidson, 1984). 그러나 아직도 원래의 모습을 지닌 분석 철학의 기획을 지지하는 많은 분석 철학자들이 있다(Kripke, 1980). [SH]

분업
division of labour

'분업'은 한 사회 안에서의 직업과 과제의 분화를 뜻한다. 분업에 대한 세 가지 형태 또는 접근을 구분할 수 있다. 경제학에서 분업은 18세기 애덤 스미스가 산업화된 자본주의 경제의 생산성 증대의 근

원으로 제시했다(1976). 장인 경제에서는 한 명의 작업자가 핀 하나를 생산하는 데 하루가 걸렸던 반면, 공장에서 핀의 생산은 열두 개의 다른 과제로 나뉘어 각 작업자는 하나의 과제에만 집중해서 생산이 이루어진다. 칼 마르크스는 분업이 소외를 초래한다(즉, 작업 과정이 노동자들에게는 무의미한 것이 된다)는 점에서 자본주의의 핵심적인 해악으로 보았다(1975). 사회학에서는, 에밀 뒤르켐이 19세기 말경에 쓴 저서에서 분업을 전 산업 사회와 산업 사회를 가르는 핵심적인 차이로 본다(Durkheim, 1984). 그러나 이번에는 사회가 안정된 단위로 결합되는 방식이라는 관점에서이다. 산업 사회에서 분업의 확대에 따라 각 개인은 자기에게 필요한 대부분의 것을 공급받는 데 다른 모든 사람들에게 의존하게 된다. 이와 연관된 바람직하지 않은 현상이 사회 생활의 의미와 도덕 가치의 상실, 즉 아노미이다. 최근에는 페미니스트 이론가들이 성적 분업 문제를 제기했다. 성적 분화는 남자와 여자 사이의 임무와 직업의 배분이 이루어진다는 뜻인데, 공적 경제와 집안 살림살이 경제 안에서 모두 그러하다. 공적 경제 안에서는 어떤 임무와 직업은 주로 여자에게 배당되고(집안 활동에서 보자면 세탁과 취사에 해당하는 것들), 마찬가지로 남자 직업으로 여겨지는 것들(가령 기술직)로부터는 배제되는 '수평적' 분화가 존재한다. 비슷하게 '수직적' 분화도 존재하는데, 여자들의 직업은 남자들의 직업에 비해 전형적으로 하급의 지위와 낮은 보수, 적은 권력을 누리고, 불균형하게도 어느 직업과 업무에서든 늘 더 낮은 직위를 차지할 뿐이다. [AE]

Gorz, 1973; Walby, 1986.

브리콜라주

bricolage

레비스트로스의 구조주의적 인류학으로부터 발전된 매력적인 은유. 프랑스어 '*bricoleur*'는 문자 그대로 다음과 같은 유형의 노동자를 지시한다. 즉 어딘가에서 가져 온 항목들을 새롭게 즉흥적으로 다시 사용함으로써 어떤 기계나 장치들을 수리하고 유지할 수 있는 능력을 가진 노동자들. 따라서 문화 이론에서는, 그리고 특히 하위 문화의 분석에서는 이 용어가 하나의 과정이다. 즉 일정한 요소들이 지배적 문화로부터 차용되어, 예를 들면 그 문화에 도전하거나 그것을 전복하기 위해 반어적인 병치 같은 것을 통해, 그들의 의미를 변형하게 되는 과정을 지시한다. [AE]

Lévi–Strauss, 1966.

비판 이론
critical theory

'비판 이론'은 포괄적인 용어로서 영미 학계에서는 주로 대학 영문과에 뿌리를 두는 텍스트 분석의 한 분파로 여겨져 왔다. 하지만 그 용어 자체는 프랑크푸르트학파(막스 호르크하이머, 테오도르 아도르노, 벤야민, 허버트 마르쿠제Herbert Marcuse 등)에서 처음으로 시작되었다. 이 사상가들의 손안에서 비판 이론은 사회적이고 철학적인 이슈들에 대한 엄격한 비판적 개입을 뜻하게 되었다. 이는 사회과학에서 유래한 연구 방법들과 사회 관계를 개념화하기 위한 마르크스주의의 이론적 틀 사이의 상호적인 풍부화를 도모한 것이었다. 하지만 호르크하이머와 아도르노의 《계몽의 변증법》에서 예시되고 있듯이, 프랑크푸르트학파의 작업은 언제나 마르크스주의의 중심적인 사상에 대하여 의문을 제기하는 경향이 있다(예를 들어, 혁명으로 이끄는 프롤레타리아의 정치화에 대한 확신이라든가 사회 진보의 핵심으로서의 합리성이라는 계몽주의의 이상에 대한 무조건적 긍정과 같은 전통적 마르크스주의의 태도에 대한 의문).

1980년대 이래로 '비판 이론'이라는 용어는 구조주의, 포스트구조주의, 포스트모더니즘(푸코, 데리다, 료타르) 등에 연결된 사상가들의 저서에 힘입은 텍스트 비평을 위한 접근성과 연관성을 갖게 되었다. 어떤 논자들은 비판 이론에서 새로운 역사주의에서 유래한 접근법 또는 정신분석학자인 자크 라캉의 저술에서 유래한 접근법을 적용할 여지를 발견하기도 했다. 이렇게 보자면

'비판 이론'에 대하여 단순하게 또는 명확하게 테두리 지은 정의를 내릴 수 없다는 게 분명하다. 하지만 이런 형태의 비판 이론이 가지는 어떤 유력한 특성들을 더 폭넓게 기술하는 수단으로서 여러 가지 특징들을 제시할 수는 있을 것이다.

프랑스 구조주의의 전례를 따라 텍스트 분석 방법의 한 분파가 1970년대에 발전했다. 이 분파는 페르디낭 드 소쉬르의 언어학에 비춰 문학 텍스트의 명료한 해독에 집중했다. 그래서 하나의 텍스트는 기호들이 구조화된 네트워크로 인식되었다. 즉 텍스트의 의미들은 개별 기호가 지칭하는 것에 의해서가 아니라 (i) 기호들 서로 간의 차이를 통해서, 그리고 (ii) 이항 대립 관계를 통해서 결정된다는 것이었다. 구조주의적 분석은 텍스트에 현재하는 의미의 구조적 경제에 대한 객관적/과학적 기술을 제공하고자 했다. 최근의 비판 이론은 자크 데리다 같은 프랑스 철학자와 폴 드 만Paul de Man 같은 문학 이론가들의 연구에서 촉발된 구조주의로부터 포스트구조주의로의 움직임을 뒤따라 발전했다. 《그라마톨로지》(1976)에서 데리다가 주창한 해체주의 전략은 비판 이론 안에서 시도된 더 최근의 연구들 대다수의 기반을 형성한다. 해체주의는 텍스트 분석을 할 때 위계적으로 조직된 개념 질서를 깨닫고 거기에 의문을 제기하기 위해 의미의 대립 구조들에 질문을 하려는 목적을 갖는다. 이런 맥락에서 아마도 가장 영향을 크게 미친 데리다의 개념이 차연일 것이다. 차연은 언어 안에서 의미의 폐쇄 가능성이 계속해서 지연됨을 나타낸다. 이런 이유로 언어는 (소쉬르 언어학에서 유래한 언어 모델에 따라) 차이의 체계일 뿐만 아니라, '차연의 체계'이기도 하다(Derrida, 1981: 28). 이 차연의 체계는 일시적으로 포박될 수도 있는데, 그 결과 핵심 개념적 질서('객관성'과 '주관성,' '자아'와 '타자' 등)가 생산된다. 비판 이론에서 이런 언어관은 문학과 철학 텍스트들 안에 현전하는 위계를 뚜렷이 드러내는 데 역점을 두고, 이어 차연 가설을 원용하여 그 위계들을 의심하거나 동요시키려고 시도하는 독법을 생산하게 되었다. 그런데 어처구니없게도 이 전략은 너무 흔하게 쓰였고, 그래서 데리다의 차연 개념을 텍스트 안에 현전하는 '숨은' 의미를 풀어내는 열쇠인

양 마구잡이로 적용하는 데 경도된 듯한 비평가들을 보면서, 사람들은 차연 개념이 사실상 일종의 '마법 주문' 형태로 축소되어 버리고 만 것은 아닌가 하고 의심하는 마음까지 갖게 되었다. 그런 비평가들은 비평적 개입 작업이 그저 메타규칙의 발동쯤 되도록 하는 데 만족하는 것 같다.

수많은 비판 이론가들 측에서 에피스테메 상대주의를 공언해 온 것을 떠올릴 때 이런 사실은 무척 아이러니컬하다. 이런 상대주의의 뿌리는 두 가지 주요 영향으로 거슬러 올라갈 수 있다. 첫째, 미셸 푸코의 재발굴에 뿌리를 두고 있다. 그의 권력 담론 분석은 텍스트 내의 의미 구성에서의 권력 관계 중요성을 강조하였다(아마도 이 맥락에서 푸코의 영향을 가장 생산적으로 보여 준 것이 에드워드 사이드의 저작일 것이다. 그리고 사이드의 저작은 현대 문화의 식민주의와 포스트식민주의적 이슈들에 대한 비판적 고찰이 확장되도록 영향을 미쳤다). 둘째, 장 프랑수아 료타르가 《포스트모던의 조건*The Postmodern Condition*》 등의 저서에서 윤리학과 지식의 문제에 대하여 행한 포스트모던 다원주의의 주창은 문학의 비판 이론에도 그 표식을 남겨 놓았다. (이 점은 문학 이론가들이 료타르의 저서, 가령 포스트모더니즘과의 양가적 관계를 뚜렷하게 보여 주는 《논전: 논리 중의 어구들》(1988) 같은 텍스트에 대해서는 그다지 매끄러운 해석 전략을 보여 주고 있지는 못하지만, 여전히 옳다.) 비슷하게 장 보드리야르의 글들은 비판 이론가들의 태도와 생각에 일정한 영향을 미쳤다(여기에 대해서는 크리스토퍼 노리스의 《무비판 이론*Uncritical Theory*》(1992)을 참고할 만하다). 문학 전공 학과에 자리 잡은 학자들이 주로 실행해 왔음에도 불구하고 이런 유형의 비판 이론이 기본적으로 문학 담론이 되는 것은 (정말 그랬는지 여부는 논외로 치더라도) 이 정도에서 멈춘다. 비판 이론에 기반한 문학 담론들은 문학을 다루면서 기존의 문학적 정전에 대해 의문을 제기하는 경향을 내비쳤고, 동시에 지금까지는 일반적으로 철학자들의 관심사로만 여겨왔던 이슈들에 대한 강한 개입을 과시해 왔다. 비판 이론에 주요한 기여를 한 사람들이 데리다와 료타르처럼 철학적 전통 안에서 작업해 온 사상가들이었다는 점을 떠올린다면 누구나 그럴 수 있다고 생각할 만한 부분이다. 그래서 정체성, 의미, 언어와 경험(곧, 리얼리즘 대 반리얼리즘 논쟁)의 관계 등에 관한 문제들이 비판 이론의 실행에 중요한 것처럼 여겨져 왔던 것이다.

최근 들어 다수의 핵심 문제들이 비판 이론 안에서 제기되었는데, 크리스토퍼 노리스Christopher Norris가 가장 눈에 띈다. 비판 이론에 대한 그의 입장은 1980년대 초 처음 지지를 표명한 이래 근본적인 변화를 보여 왔다(《해체론: 이론과 실천*Deconstruction: Theory and Practice*》(1986)을 보라. 이 책의 최근 판은 저자의 환멸감을 길게 뒷받침하는 후기를 싣고 있다). 초기작에서 노리스는 비판 이론이 윤리적 인식론적 상대주의에 대해 가지는 급진적인 가능성에 확신을 보여 주었던 반면, 후기작들(1980년대 말 이후)에서는 비판 이론을 현재의 정치적 윤리적 관심사에 대한 근본적 참여 능력을 상실한 무비판적 상대주의가 구체화된 형태로 간주하였다. 예를 들어, 노리스는 《무비판 이론》에서 걸프 전쟁이 발발하기 직전과 직후 다수의 프랑스어와 영어권 신문들에 실린 걸프 전쟁에 관한 보드리야르의 글을 핵심 사례로 인용하면서 그의 반리얼리즘을 공격한다. 걸프 전쟁은 발발하지 않을 것이고 또, 실제 발발하지도 않았다고 하는 보드리야르의 주장은 노리스가 보기에 이성과 윤리적 책임의 경계를 한참 벗어난 반리얼리즘의 극단적인 사례였던 것이다. 마찬가지로 료타르의 《포스트모던의 조건》에서 제기된 이래 여러 비판 이론가들이 채택한 포스트모더니즘도 때로는 강력하고 때로는 지각 있게 구사된 노리스의 비평과 맞닥뜨려 왔다.

문학적 비판 이론의 교의를 받아들이든 않든, 그것이 문학 전공 분야 안에서 발전했다는 점은 눈여겨봐야 한다. 비판 이론가들이 인간 경험을 '텍스트성'의 견지에서 표현하려고 한다든지, 리얼리즘의 주제가 가령 분석 철학의 전통 안에 있는 철학자들이 제기했던 리얼리즘의 논제에 비판을 한다든지 하는 점들, 그리고 철학 자체에 대한 그들의 어떤 공격은 전통적으로 철학자들의 영역이었던 존재론, 형이상학, 윤리학, 인식론 등과 같은 학문의 '고귀한 지대*high ground*'의 가면을 벗기고 따라서 그에 대한 통제권 획득의 징후를 나타내는 것으로 여겨도 될 만한 일이 되었다. 하지만 아이러니컬하게도 비판 이론에 영향을 준 사람 가운데 한 명인 료타르는 이런 이슈들에 대해서 철학이 어떤 특권적 주장을 하고 있고 해야 한다는 관점을 과거와 현재 내내 유지하고 있다. 료타르는 《논전: 논쟁 중의 어구들》 등에서 '철학자'와 '지식인'을 구별하고 있는데, 가령 이러한 점이 그 충분한 증거가 된다. 이런 점에서 비판 이론은 자신이 내세우는 목표와 철학적/이론적 유산 사이에 아직 해결하지 못한 깊은 긴장을 담고 있음을 확연하게 보여 준다. 따라서 만일 비판 이론 찬동자가 료타르의 예를 따른다든지, 더욱이 영미 철학의 성격으로 경도된다든지 하면, 그 기본 계율과 주장들은 신중하게 재검토되고 아마도 근본적 수정이 이루어져야 할 것이다. [PS]

Derrida, 1976; Harland, 1987; Norris, 1986, 1992.

사용 가치
use-value

사용 가치 개념은 마르크스주의 경제학에서 근본적인 것이다. 마르크스에게 이것은 한 사물의 유용성을 가리키며 그 사물의 내재적이고 자연적인 속성들에 기반을 둔다. 빵은 우리의 배고픔을 해소하기 때문에 사용 가치를 갖는다. 따라서 사용 가치가 사물이 사용되는 특정한 목적이라는 점에서 볼 때, 그 사물에 관해 질적으로 구별되는 독특한 무엇을 가리킨다. 마르크스는 상품들의 사용 가치를 교환 가치와 대립시킨다.

Cunningham-Wood, 1988.

사이버 문화
cyberculture

컴퓨터 테크놀로지를 통해서, 특히 컴퓨터 기반의 커뮤니케이션과 인터넷을 통해서 창조되어 온 문화 공간'cyberia'(Escobar, 1994). 따라서 사이버 문화는 컴퓨터의 전지구적 상호 연결을 통해 창조된 '사이버 공간'에 반응한 결과로서의 실천, 태도, 가치, 사고방식들의 집합에 덧붙여, 인터넷을 통해 접근할 수 있는 정보나 그릇된 정보, 소리, 이미지, 사고들의 방대한 수집이다. 사이버 공간에 대한 해석과 분석은 인간과 여타 형식의 기술 사이의 관계성, 특히 사이보그 형태의 인간 육체의 기술적이고 유전학적인 향상에 대한 관심과 상당히 겹쳐진다(포스트휴머니즘*post-humanism*을 보라). 그런 현상들은 SF에서 널리 그리고 비판적으로 탐구되어 왔다. (〈버닝 크롬*Burning Chrome*〉(1986)이라는 단편 소설에서) '사이버 공간'과 (SF의 특정 장르를 의미하는) '사이버펑크*cyberpunk*'라는 용어를 만들었다는 점에서 윌리엄 깁슨William Gibson의 작품은 특히 중요하다.

인터넷은 원래 1960년대에 미군에 의해 개발되었다. 네트워크에서의 교점들로서 지리적으로 흩어져 있는 많은 컴퓨터들을 연결한다는 사고는 핵무기 공격으로부터 컴퓨터 시스템을 보호하려는 것인데, 이는 파괴될 수 있는 취약 지점들이 하나도 없기 때문이다. 군사적인 사용을 넘어서서 초기의 인터넷은 학문적 도구였다. 인터넷의 원형은 ARPAnet으로, 이는 1969년에 미국 대학 네 군데에 있는 컴퓨터를 연결한 것이다. 인터넷의 가능성에 대한 상업적 관심은, 팀 버너스 리Tim Berners-Lee가 월드 와이드 웹World Wide Web의 발전을 위해 필요한 하이퍼텍스트 소프트웨어를 개발하면서 1980년대 후반과 1990년대 초반에 결정적인 수준에 도달했다. 그리하여 인터넷은 정부 활동과 교육의 영역을 넘어서서, 상업적 활동, 오락, 그리고 사회적 상호작용의 많은 형식에서 점점 더 근본적인 역할을 수행하도록 개발될 수 있었다. 그것은 리좀*rhizome*(이 용어에 대한 들뢰즈와 가타리(1987)의 이론화는 인터넷에 대한 문화 이론의 반응에 지대한 영향을 미쳤다)으로서 독특한 형식을 취한다. 그와 같은 것으로서 인터넷은 서구적 사고를 오랫동안 지배해 왔던 선형적 사고와 탐구의 형식을 회피하는 방식으로 이용자를 초대한다. 사고는 탈중심화되어서, 이용자가 외견상 무정형인 정보의 풍요로운 보고를 거치며, 겹쳐지고 뒤얽힌 경로들을 탐구하고 교섭하는 것을 허용한다.

인터넷은, 대부분의 새로운 테크놀로지들처럼, 애호적 열정과 심각한 걱정이라는 양극단의 반응들을 낳았다. 이 둘 사이의 충돌은 일련의 도덕적, 정치적, 문화적 토론들 속에서 작동해 왔고 지속되고 있다. 적절한 인터넷 사용('네티켓')에 대한 초기의 관심들은, 훨씬 더 광범위하며 때로는 상업적으로 동기 부여된 공중이 이전까지 학문적으로 정련되었던 인터넷으로 침투하기 시작하면서, 이를 테면, 스팸 같은 이메일의 남용(그리고 그것에 대한 순전한 짜증)에 대한 관심들로 지속된다. 한층 더 나아가, 인터넷은 포르노그래피와 폭력의 이미지 접근에 대한 도덕적 공황을 만들어 냈다. 이러한 토론들은 최소한, 플라톤의《국가》10권까지 거슬러 올라가는 모방 예술에 관한 공포를 반영하는데, 가상 세계에는 그러한 가공품들이 상기시키는 바, 위험할 정도로 유혹적인 어떤 것이 있다고 인지되기 때문이다(Plato, 1998).

하지만 인터넷의 정치학은 가장 지속적인 관심사로 남을 것이다. 일상생활 속(상업 활동, 정치적 참여, 또는 사회적 상호 작용의 차원 등)에서 증가하는 인터넷의 중요성은 인터넷에 접근하지 못한다는 의미를 악화시킨다. 따라서 인터넷에 접근하지 못하는 집단과 개인이 중요한 지식의 원천과 사회적 참여에 배제됨에 따라, 정의의 문제가 제기된다. 또 다른 차원에서, 인터넷의 상업적 통제와 정부의 통제에 대한 우려가 제기된다. 인터넷에서 트래픽의 비중은 최근 들어 특정 상업적 제공자들로 하여금 더 빠르지만 더 비싼 '초고속' 인터넷을 지불 능력이 있는 사람들이 이용하도록 (그리하여 잠재적으로 인터넷의 공개성을 훼손하도록) 유도해 왔다. 정부는 시민들의 인터넷 접근을 감시하기 위해(용납하기 힘든 정도의 통제의 주요한 예로서 자주 인용되는 중국 정부의 활동처럼), 그리고 이메일을 감시하기 위해 지속적으로 영향력을 유지해 왔다. 또한 인터넷은 자유화 투쟁과 정체성 정치에 점점 더 중요한 역할을 수행하고 있다. 인터넷은, 더욱 손쉽게 통제되는 (텔레비전과 같은) 매스 미디어를 피해서, 혁명적이고 저항적인 집단들이 그들의 사상과 정보를 알리기 위한 더욱 가치 있는 도구가 되고 있다. 블로깅이 걸프전에 말려든 이라크 사람들(또한 미국 전투 부대원들)의 의견과 경험을 분명하게 드러내 온 역할이 바로 그러한 사례이다.

확실히 말해, 사이버 공간은 사용자가 자신의 정체성을 다른 모습으로 보여 주거나 허구로 창조할 수 있기 때문에, 정체성이 창조적으로 탐색되는 공간이기도 하다(Turkle, 1996, 2005). 사이버 공간에서 내가 누구인가의 문제는 여전히 존재한다. 사용자는 인터넷을 용이하게 하는 바로 그 기술을 가지고 (사이보그 스타일로) 접합되는 것으로 이해될 수 있다. 구현에 대한 전통적인 인식은 사이버 공간의 경험으로 도전받는다. 사이버페미니즘은 (Danna Haraway(1991)의 사이보그에 대한 분석을 따르면) 사이버 공간이 남성과 여성, 기술과 자연 사이의 전통적인 가부장적 이항 대립을 해체하는 방식을 연구해 왔다 (Kennedy, 1999; Plant, 1997을 보라).

사이버 공간이 개인으로서 그리고 구현된 존재로서 우리 자신에 대한 우리의 이해를 변형시키고 있다면, 사이버 공간과 인터넷의 사용은 또한 다른 사람들과 우리가 상호 작용하는 방식을 실제로 변형시키고 있다. 인터넷은 이메일, MSN 메시징, 블로그로부터 'MySpace,' 'Second Life' 그리고 이와 유사한 인터넷 사이트들의 발전에 이르기까지 빠르고 예측 불가능하게 새로운 상호 작용의 형식들을 만들어 내고 있으며, 거기서 '현실'과 '가상'의 우정, 사회적 관계, 그리고 심지어 경제들 사이의 구분이 흐려지기 시작한다 (Gefter, 2006).

* 최근 소셜 네트워크 서비스(Social Network Service; SNS)의 대표적 키워드들이라 할 수 있는 Twitter, Google, iPhone, Facebook을 합성한 신조어 TGIF는 현대인들의 상호 작용의 방식을 근본적으로 변형시키는 새로운 형식들에 대한 사회적 관심을 반영하고 있다.

Bell & Kennedy, 2000; Levy, 2001; Sardar & Ravetz, 1996.

사진
photography

사진은 절대 거짓말하지 않는다는 믿음은 아마 이데올로기의 작용과 관련해 상상할 수 있는 가장 악명 높은 예 가운데 하나일 것이다. 이 믿음은 카메라가 기록한 이미지가 자연적이고 광학적인 과정에 의존하는 것이므로 사진은 세계의 저곳에 실제로 존재하는 것을 표현한다고 가정한다. 문화 연구에서 사진은 문화 연구가 바로 자연적인 것과 인위적인 것 사이의 혼동을 폭로하려는 시도이기 때문에 중요하다. 롤랑 바르트의 사진론이 이 접근법의 핵심에 있다(1973, 1981). 바르트는 하나의 사진 내에 두 개의 메시지가 공존한다는, 그가 '사진의 역설'로 부르는 것을 규명한다. 하나의 메시지는 사진이 내포하는*denote* 것과 관련된다. 이것은 사진의 중립적 지시 대상*referent*, 즉 사진에 찍힌 대상이나 사람이다. 두 번째 메시지는 이 이미지에 부여되는 신화이다. 그것은 대상이 표상되어 관람자에게 종종 알지 못하는 사이에 사회적, 정치적 세계에 대해 일련의 당연시된 가정을 환기시킨다. 이 환기가 주목되지 않는다는 바로 그 점 때문에 사진은 단지 편견을 강화하는 데 기여할 뿐이다. 이에 대해 바르트가 들고 있는 유명한 예는 〈파리 마치*Paris-March*〉에 실린 표지이다. "표지에 한 젊은 흑인이 프랑스 군복을 입고 경례를 하는 모습이 실려 있다. 눈은 위로 향해 있는데 아마 삼색기에 고정되어 있는 것 같다." 신화로서 그것은 보는 사람에게 "프랑스가 위대한 제국이며 프랑스의 아들들 모두는 피부색의 차별 없이 충성스럽게 국가에 봉사한다. 식민주의를 비난하는 험담꾼들에게 이른바 그의 압제자에게 봉사하려는 이 흑인의 열정을 보여 주는 것보다 효과적인 대답은 없다"는 것을 의미한다(Barthes, 1973: 125~126).

사진에 대한 좀더 긍정적인 관점은 1930년대에 기계 복제 시대의 예술 작품을 분석하며 발터 벤야민이 시사한 바 있다(1970b). 사진과 영화를 포함해 기계 복제된 예술은 독창성, 천재, 진정성처럼 파시즘에 유용할 정통 미학의 개념에 도전하는 것처럼 보인다. 사진은 독창적이고 진정한 예술 작품이라는 '아우라'를 전혀 전달하지 않는다. 그래서 관객은 수작업으로 생산된 원작의 관람을 둘러싸고 의례를 따라 일정한 거리를 지키기보다 작품에 더 다가가게 되며 정치적으로 참여한다. 그러나 기계 복제는 예술 작품의 본질을 변화시키기도 하는데 벤야민은 특정 사진 작가들의 작품에 대해 영감 넘치고 자극을 주는 일련의 주석들을 제시한다. 그래서 20세기 초 프랑스 사진 작가 으젠느 아제Eugène Atget의 사진들은 "범죄 장면 같다…… 그것은 증거를 만들기 위해 찍은 것 같다"(Benjamin, 1970b: 228). 따라서 사진은 일상생활의 당연시될지도 모르는 세부적 사항들로 우리의 주의를 이끈다. 그것은 건망증*parapraxis*('프로이트의 말실수*slips*')에 대한 프로이트의 분석이 우리의 주의를 우연으로 이끌어 갑자기 그에 큰 중요성을 부여하는 것과 같다. 그래서 벤야민은 손을 올려 놓는 의례를 통해 치료하는 마술사나 주술사와 화가를 비교한다. 사진 작가나 카메라맨은 환자의 몸을 자르고 들어가는 외과 의사이다(1970b: 235). [AE]

Bolton, 1989; Newhall, 1982; Sontag, 1973.

사회
society

근대적 관점에서 사회란, 인간 집단이 살아가는, 제도의 조직, 관계 양상, 조직체의 형태, 규범 등으로 구성된 상호 관련적인 전체를 뜻한다. 그러나 (동일한 수준의 용이성을 지니며 모든 이론에 적용될 수 있을 만큼) 간단한 정의는 존재하지 않는다. 일반적으로 사회라는 용어를 이해하는 방식은 개인과 사회를 구분하는 방식에 따라 결정된다. 전통적 자유주의적 관점에서(예를 들어, 로크, 밀, 롤스) 사회는, 하나의 상황에서 작동하는 관계 양상으로부터 독립적으로 구성된 인간적 속성과 특성을 가진, 즉 자유로운 인간 주체들의 집합체로 설명된다. 따라서 사회란 개인과 분리되어 있으며, 개인과 사회적 관계의 기반을 이루는 제도 역시 개인적 정체성과 독립적인 것으로 간주된다. 공동체주의자들은 자유주의적 입장과는 대조적으로, 사회적 총체와 우리의 모든 자아 개념은 필연적으로 연관되어 있다고 주장한다. 사회에 대한 전통적 마르크스주의적 정의, 즉 경제 및 제도적 관계의 역사(경제적 하부 구조와 이데올로기적 상부 구조)가 계급 이해와 차별 구조에 결정적인 효과를 미친다는 견해 역시 자유주의적인 개념과 대조적인 것으로 볼 수 있을 것이다.

파시즘 시각을 견지하는 학자들은 개인이 사회와 대립적인 관계에 있을 수 있다는 주장에 반대한다. 파시스트 모델에서 볼 때 개인과 사회가 근본적으로 분리되어 있다는 주장은 '기계론적*mechanistic*'인 태도이다. 기계론적 태도는 인간 관계를 형성하는 유기체적 전체가 집단성과 전통으로 묶여진 통일성에 기반하고 있다는 것에 반대하기 때문이다. 보수주의자들(예를 들어, 에드먼드 버크) 역시 전통들 간의 유기체적 통합이라는 점에서 사회를 논한다. 그리고 사회가 개인들의 집합이라고 보는 자유주의자의 개념에 반대하여 그러한 전통들을 수호함으로써 사회의 생명을 보존해야 한다고 주장한다.

사회학(사회를 연구하는 학문) 내에서도 유사한 대립축이 발견된다. 즉 기능주의에서는 보수주의에서와 마찬가지로 유기체적 모델을 지지한다. 한편 베버주의자들과 상호 작용주의자들은, 사회적 환경을 이해하고 대응하는 개인의 독립적 능력이라는 관점에서 사회를 이해하고자 한다.

Frisby & Sayer, 1985; Welford, 1967.

사회 계약
social contract

사회 계약론은 자유로운 개인들이 공동체 기초적인 정치적, 공민적, 도덕적 원칙을 세울 것을 목적으로 계약을 맺는다고 상정한다. 따라서 계약 이론은 동의 개념을 제시함으로써 이러한 원칙들을 합리화하는 것을 목적으로 한다. 동의를 통해 계약은 어떠한 형태의 권위를 획득하는데, 이 권위는 계약 당사자들 간의 합의에서 생겨나는 것이다. 많은 철학자들이 이 문제를 다루어 왔다. 홉스, 로크, 루소는 모두 사회 계약 이론들을 제시한 반면, 흄, 헤겔, 마르크스는 사회 계약설을 비판하였다. → 자유주의

[PS]

Boucher & Kelly, 1994.

사회 계층
social stratification

사회가 몇 개의 집단들로 나눠지고 이들 사이에 위계가 형성되는 것을 사회 계층이라고 한다. 사회학에서는 전통적으로 세 개의 사회 계층화 유형이 주목된다. 첫째, 카스트 제도에서는 각 계층이 인종적 순수성이라는 관점에서 구별되고 카스트 간 이동이 전혀 불가능하다(그래서 개인은 출생 당시 정해진 카스트 안에서 전 생애를 살아간다). 둘째, 봉건 사회의 특징인 신분제에서도 역시 계층 간 이동이 거의, 혹은 전혀 불가능하다. 신분제는 (지배적 계층인) 토지 소유자와 농노로 구성된다. 셋째, 산업 사회에서의 계층은 경제적으로 규정되는 계급으로 나타난다. 계급적 위계 질서 내에서는 형식적인 사회 이동이 가능하다(그러나 실제로 한 개인이 태어나면서부터 부여 받은 계급을 떠날 수 있는 이동의 정도와 기회는 교육과 같은 사회적, 문화적 자원의 접근이 불균등한 상황에서 제한적일 수 있다). 논쟁이 계속되어 오고 있는바, 첫째는 계급을 정의하는 타당한 범주에 관한 것이다. 마르크스주의 전통에서는 생산 수단의 소유와 통제 여부에 따라 두 개의 주요 계급을 구분한다(마르크스주의에서는 신분제와 카스트를 계급 개념과 이론에 포함시킨다. 이들은 역사적 단계에 따라 계급과 착취 관계가 상이한 형태로 발현된 것으로 이해된다). 다른 사회학적 전통에서 직업을 기준으로 계급을 정의함으로써 사회 계층 문제를 보다 상세하고 포괄적으로 이해할 수 있었다. 그러나 계급을 제외한 여타의 위계 질서들, 즉 권력, 물질적 보수, 지위 등이 반드시 계급 위계 질서라는 단순한 틀 안에 그려질 수 있는지는 여전히 분명하지 않다(그래서 막스 베버가 논했듯이, '신흥 부자들*nouveaux riches*'은 가장 높은 계급 수준의 수입과 재산을 가질 수는 있지만 전통적인 부자*old money*들이 누리는 지위나 존경을 받기는 어려운 것이다). 나아가, 사회 계층화에 대한 경제적 분석이 주류를 이룸으로써, 젠더와 종족과 같은 경제 외적인 요소에 의해 생성된 사회 계층에 대한 이해가 부족할 수 있다.

[AE]

📖 Scott, 1996.

사회 구조
social structure

사회 구조는 사회학과 사회 이론에서 가장 널리 쓰이는 개념들 가운데 하나로서 사회적 행위와 제도들의 규칙적이고 안정적인 패턴을 가리키지만, 그 정의를 내리는 것은 쉽지 않다. '구조'란 전체를 이루는 부분들 사이의 관계를 뜻한다. 그리고 사회 구조에서 전체란 사회를 의미하지만(여기서 '사회' 역시 문제시되는 개념이다), 전체를 이루는 부분 혹은 요소의 의미는 다양한 방식으로 이해될 수 있다. 유기체적인 비유에서, 사회는 하나의 유기체에 비유되고 요소란 전체의 생존과 안정성 유지를 위해 요구되는 기능을 수행하는 제도에 해당된다. 그래서 기능주의적 관점에서 사회 구조란 제도들 간에 맺어진 일련의 관계로 정의된다. 역으로, 요소는 역할이나, 혹은 다양하게 정의된 (혹은 자체 정의된) 사회적 집단들로 이해될 수 있다. 그러나 사회 구조 개념 자체의 타당성에 대해 의문이 제기되기도 한다. 프랑크푸르트 학파 1세대와 같은 비판 이론가들은 사회 구조 개념을 기능주의에서 정의된 그것과 유사한 의미로 사용하였지만, 사회에 대한 가치 중립적인 기술적 개념으로 다루지는 않았다. 그들은 사회가 구조화한다는 것, 이러한 구조들이 자연적인 힘으로 작용하여 개인들의 행위를 제약하고 결정지음으로써 개인과 맞서게 되는 상황을 물화된, 따라서 허위적인 사회의 지표로서 간주하였다. 반대로, 민속 방법론과 같은 일부 미시 사회학 이론가들은 사회 구조가 존재한다는 사실을 부인한다. 그들은 어떠한 사회적 총체가 개인의 현실적 수행 능력으로부터 독립적이거나 이에 우선할 수 있다는 가능성을 배제하는데, 이는 개인들의 사회적 상호 작용을 통해 (개인의 기술과 실천을 서로간에 상호 인정함으로써) 그 총체가 구성된다고 믿기 때문이다. 그리고 특정한 상호 작용들이 질서지어 의미 있는 사건으로 구조화할 수 있지만, 이 질서는 인간 주체들이 독자적으로, 혹은 협력적으로 만들어 내는 것이지 이로부터 독립적인 어떤 메커니즘에 의해 결정되는 것이 아니라고 주장한다. [AE]

Crothers, 1996; Merton, 1968.

사회 생물학
sociobiology

사회 생물학이란 용어가 쓰인 것은 1940년대부터이지만, 대중의 주목을 받게 된 것은 에드워드 O. 윌슨Edward O. Wilson이 집단 생물학*population biology*, 생태학, 척추 동물 및 무척추 동물의 행동학 등의 영역에서 이루어진 최신 연구 결과들을 종합적으로 망라하여 쓴《사회 생물학: 새로운 종합*Sociobiology: The New Synthesis*》(1975)이 발표되면서부터였다. 이 책(과 이 책의 학제적 위치)은 윌슨이 생물학에서 발전되어 온 동물 행동학적 연구 방법론을 인간에 대한 학문 영역으로까지 확장했다는 점에서 대중적 센세이션을 일으켰다. 사회 생물학이 논쟁의 대상이 되는 이유는, 바로 사회학이나 문화인류학에서 당연시되는 문화에 대한 수많은 전제들에 근본적으로 어긋나는 연구 결과들이 사회 생물학에서 제시되기 때문이다.

실제 사회 생물학의 원류는 W. D. 해밀턴W. D. Hamilton의 보고서(1964)에서 제시된 동물의 자기 희생적인 행동에 관한 진화론적 논의에서 찾을 수 있다. 당시 진화론적 생물학이 당면한 문제는 개체적 동물은 자기 고유의 유전자를 다음 세대에까지 물려 주기 위해 엄청난 분투를 벌여야 한다는 사실이었다. 이것을 위해 동물은 재생산 작업을 수행해야 한다. 그러나 실제로 동물 개체들이 동종의 다른 동물들이 생존하고 재생산할 수 있도록 자신을 희생한다는 것을 증명하는 사례들이 무수히 발견된다. 만일 이러한 자기 희생이 특정한 동물의 종에서 유전적으로 결정되는 특질이라면 그 종은 멸종되어 사라져야 할 것이다(세대가 이어지지 않는다는 바로 그 이유 때문에). 해밀턴은 이러한 이타적인 행동을 결정짓는 유전자가 유지되고 번성하는 원인을 혈족 관계*kinship*의 중요성을 부각시킴으로써 설명할 수 있었다. 즉 자기를 희생하는 동물은 그것이 구하는 동물과 가까운 혈족 관계에 있으리라는 것이다. 가까운 혈족 관계에 있다면, 그들은 서로 이타심을 발휘하는 유전자를 포함한 많은 유전자들을 공유할 것이다. 결과적으로 이러한 동물들은 이타적인 행위를 함으로써 자신들의 유전자, 혹은 적어도 자신들을 현재 그러한 종류의 동물로 형성해 낸 유전자들을 보호하는 효과를 낳는다는 것이다(이러한 사고에서 가장 유명하게는 리처드 도킨스의 '이기적인 유전자'설이 도출되었고, 이어 개별적 동물들은 단순히 유전자의 담지체며 도구라는 주장이 제기되었다. 그 외, 이러한 사상이 인간 존재에 적용되었을 때 나타나는, 반인간주의 그리고 적어도 형식적인 면에서 유사한 양상을 보이는 라캉의 구조주의적 정신분석학 연구 — 여기서 인간 주체는 언어의 구조에 의해 결정되는 것으로 설명된다 — 혹은 알튀세르의 구조주의적 마르크스주의 — 여기서 인간 주체는 이데올로기적, 경제적 구도이다 — 의 반인간주의 역시 흥미롭다). 이러한 진화론적 설명에 대한 접근 방식은 생물학에 널리 이용되었는데, 예를 들어 어떠한 방식으로 동물이 짝을 구하며, 재생산의 성공 기회를 최적화하고 먹이를 구하기 위한 전략을 발전시키는가 하는 문제들을 다루기 위해서였다. 그러나 이것이 인간에 적용될 때 나타나는 문제점은, 인간의 삶을 이루는 가장 고귀하고 가치 있는 요소인 도덕과 이타주의를 유전자와 진화적 생존이라는 문제로 환원함으로써 자유로운 인간의 선택 가능성이 배제된다는 점이다. 여기서는 자연이 양육*nurture*(또는 사회화)에 비해 완전히 우월한 것으로 나타난다. 그리고 역사의 흐름을 통해 문화가 발전, 변화하여 인간의 본성이 변할 수 있다는 가능성이 부정되거나 간과될 수 있다. 물론 문화가 인간의 삶에 미치는 영향을 부인하려는 사회 생물학자들은 아마 없을 것이다(특히, 최근 들어 젠더나 성이 문화적, 역사적으로 구성된다는 점을 강하게 주장하는 분석이 자주 발견된다). 사회 생물학이 의도하는 것은, 중요하지만 때로는 다소 불편한 문제, 특히 인간에 대한 생물학적 유전 및 인간이 지니는 생물학적(또는 유전학적) 요소와 문화 및 인공적 요소 간의 관계에 대한 문제를 제기하려는 것이다.

사회 생물학 또는 사회 생물학이 고유하게 가지는, 그것의 민감하고도 독자적인 학문적 관심의 가장 큰 문제는 아마도 사회학(문화인류학과 아마도 문화연구도 여기에 포함될 수 있을 것이다)이 생물학적 차원으로 축소될 (혹은 대치될) 수 있다고 전제한다는 점에 있을 것이다. 사회 생물학은 모든 (자연적, 사회적) 현상을 분석할 수 있는 유일한 방법이 자연과학적인 모델을 사용하여 설명하는 것이라는 식의 천박한 과학 철학의 영향을 받은 듯하다. 그 외에 의미, 해석, 이데올로기와 같은 문제들에 관심을 기울이는 사회학 및 문화학 영역에서 사용되는 대안적인 연구 방법론에 대해서는 무지하거나 그것을 오해하고 비판하여 왔다. 만일 이러한 과학 및 과학적 탐구에 대한 조야한 이해 방식을 대상으로 하는 문화 연구가 이루어진다면, 문화 연구자들은 개미 연구가 인간 사회에 대한 중요한 질문들이 촉발될 수 있게끔 자극한다는 사실을 발견하게 될 것이다. [AE]

Wilson, 1994.

사회 이동
social mobility

사회 이동이란 개인들이 위계적인 사회 집단들 사이를 넘나드는 것으로서 계급 간 이동이 가장 전형적 것이다. 사회적 이동에 관한 연구는 사회 계층 연구의 중요한 보완 연구가 되는데, 위계 내 상이한 수준들을 거치며 자유로운 이동이 이루어진다면 사회적 위계가 반드시 부정적인 것만은 아닐 수 있기 때문이다. 자유로운 이동이 일어난다는 사실은, 지배 계급 혹은 엘리트 집단이 폐쇄적이거나 이기적인 집단만은 아니며, 이와 마찬가지로 보다 낮은 계층에서 태어난 사람이 평생을 상대적으로 작은 권력과 저임금으로 살아갈 운명은 아니라는 점을 암시한다.

그러나 마르크주의 연구에서 사회적 이동이란 지배 집단이 낮은 계급의 가장 우수한 구성원을 영입함으로써 그들이 혁명 전사가 되는 것을 막기 효과적인 위한 수단이라고 설명된다. [AE]

Heath, 1981.

사회적 다윈주의
social Darwinism

찰스 다윈Charles Darwin의 《종의 기원*Origin of Species*》(1859)에 소개된 진화론적 원리에 대한 응용 이론으로서 허버트 스펜서Herbert Spencer(1820~1903)가 개진하였다. 시기적으로 본다면 스펜서의 이론이 실제로 다윈의 저서를 앞선다. 이것은 스펜서가 자신이 세운 가설들을 입증하기 위해 당대의 과학 이론들을 원용했고, 자신의 저서의 권위를 입증하기 위해 다윈의 연구를 인용했기 때문이다. 스펜서의 연구 목표는 다양한 영역의 학문들(당시 발전하고 있었던 사회학과 자연과학적 방법 및 이론)을 인간 사회에 대한 진화론으로 통합하는 것이었다. 그래서 다윈의 진화론 모델이 물리적 사실(자연계)을 다루는 데에 반해, 스펜서의 진화론 개념은, 특히 사회에 대한 과학임을 자임한다는 특징이 있다.

스펜서는 진화적 단계란 자발적으로 진행되는, "모순의 동질성 상태(통합)로부터 일관적인 이질성 상태(다양성)로 변화하는 과정이며 운동의 분산과 물질의 응집 현상을 동반한다"고 주장했다(《구조, 기능, 진화*Structure, Function and Evolution*》, 1971: 92). 이 전제 위에서 그는 사회에 대한 탈정치적 모델을 구성하였는데, 이 모델은 자연화되고 동시에 몰역사적인 것이었다. 즉 그대로 놓아 두면 사회는 일관성과 다양성을 점증적으로 확보하기 위해 '적자생존'의 원칙에 따라 자기를 규제한다는 것이다. 스펜서의 시각은 매우 보수적인 함의가 있다. 위계적 안정성이 사회 구조의 일관성(안정성)을 확보하기 위한 필수 요소로 간주되고 있기 때문이다. 한편, 위계 질서를 위협하는 사회적 무질서는 항상 부정적인 힘이며, 마치 인간 육체에 생기는 질병과 같은 것으로 간주된다. 양자 모두 무질서적인 퇴행 작용이며 일관성 '없는' 이질적 상태를 유발함으로써 진화 과정을 방해한다는 것이다. 인간 육체에 생겨나는 질병의 정의를 내리며, 스펜서는 어떻게 연속적인 단계를 거치면서 "한때 그토록 정확하게 배열되었던 인간 조직이 사라지는가"라고 언급한다. 또한 이 과정에 빗대어져 사회적 무질서 현상이란 "시민들을 계급과 하부 계급으로 묶고 있던 결속의 힘이 느슨해지는 것"으로 묘사된다. '적자생존'은 존재를 위한 경제적, 사회적 투쟁 결과 획득되는 것이며, 사회적 조직과 관련하여 유일하게 옳은 태도는 진보를 향한 진화적 힘이 독자적으로 진행해나갈 수 있도록 방임하는 것이다. 스펜서는 자신의 이론이 경험적으로 증명될 수 있다는 점에서 가장 '과학적'인 철학적 테제라고 주장했다. 이 이론을 다수의 파시즘 옹호자들이 신봉하였는데, 나치의 지도자인 아돌프 히틀러Adolph Hitler가 그 대표적 인물이다.

권위주의의 역사에 대한 질문을 차치하고서라도, 스펜서의 진화론에 대한 비판이 다수 제기되었던 것은 당연한 것으로 보인다. 예를 들어, '적자생존' 원리가 자연에 적용될 수는 있겠지만, 인간 문화 영역에도 적용 가능한지, 설사 이것이 가능하다 하더라도 자연과 동일한 방법으로 적용할 수 있는지 단정지을 수 없다. 또한 최근에 이루어진 경험주의적 고생물학 *paleanteology* 연구들은 자연 생물체들이 반드시 상대적으로 '단순'하고 동질적인 상태에서 '복합'적이고 이질적인 다양성의 상태로 발전하는 것은 아니라는 사실을 알려 준다(스티븐 J. 굴드Stephen J. Gould의 연구를 참조하라. 그는 약 5억 3000만 년 전에 형성된 버제스 셰일 퇴적암층에서 발견된 생물체들이 발현하는 엄청난 정도의 다양성을 제시한 바 있다. 이 증거에 입각하여 굴드는 진화의 역사가, 다양성과 이질성을 증가시켜 나가는 직선적인 과정인 것으로 당연시되어서는 안 된다고 주장한다. 오늘날 존재하는 동물의 내부 기관의 종류는 **'과거'**의 버제스 셰일에서 발견된 동물의 그것보다 적기 때문이다. 흥미롭게도, 특정 생물체가 생존하는 반면 다른 것들이 멸종하게 되는 이유를, 어느 쪽 몸의 기관이 '더 우수한가'라는 관점에서 보는 것은 적절하지 않다고 굴드는 지적한다. 하나의 버제스 생물체가 항상 다른 생물체에 비해 뚜렷하게 유리한 특질을 가지는 것은 아니기 때문이다. 굴드는 우연한 기회가 진화 과정에서 핵심적인 역할을 한다고 주장한다. 역사의 시계 바늘을 거꾸로 돌려 시작점에서 다시 움직이게끔 해보라. 그 시계가 도는 방식이 처음의 그것과 다르게 나타날 것이다. 즉 인간이 존재하지 않을 수도 있는 것이다). [PS]

Appleman, 1970; Gould, 1991; Lacquer, 1988; Spencer, 1971.

사회적 사실
social fact

사회적 사실이란, 특히 뒤르켐의 사회학적 관점에서 볼 때, 개인에게 억압적인 효과를 갖는 사회적인 현상을 말한다. 원래 사회적 사실들은 인간 행동의 결과 나타난 산물이지만, 점차 그것들을 만들어 낸 인간 주체로부터 자율성을 가지게 되고, 마침내 인간들 외부에 존재하며 대립하게 된다. 사회적 사실은 자연물이나 물리적 법칙처럼 객관성을 가진다. 뒤르켐에게 사회학의 목표는 이러한 사실들을 연구하는 것이었다(1982).

[AE]

사회주의
socialism

정치적 신념으로 그 근원은 보통 19세기 중반으로 거슬러 올라간다. 사회주의자들의 유형은 다양하지만(유토피안적 사회주의자, 파비앙 사회주의자, 길드 사회주의자), 이들 모두 인간 사회가 어떤 식으로 조직되어야 하는가에 대해 특정한 원칙을 옹호한다는 점에서 공통점이 있다. 평등이라는 정치적 원리를 중시한다는 점에서 사회주의자들은 개인의 자유와 권리를 우선하는 자유주의와 대립된다. 여기에서도 사회 내에서 형성되는 경제적 관계가 중요시되는 것이다. 사회주의자들은, 특히 자유주의적 자본주의 사회의 개인주의에 반대하는데, 그것은 인간 관계가 시민 사회의 저변에 흐르는 이기적이고 적대적인 원칙에 지배받는 한, (상호성, 협동, 생산 수단의 공공 소유제 등에 기반한) 바람직한 형태의 사회 질서는 이루어질 수 없다고 보기 때문이다. 정의의 문제를 이해하는 데에도 사회주의자들은 자유주의자들과 반대의 입장을 띤다. 개인이 자신의 목표를 추구할 자유를 보장한다는 관점에서가 아니라 사회 내 재화의 배분 구조와 관련한 사회 조직 방식의 문제로서 정의를 파악하는 것이다. 그래서 사회주의는, 평등주의의 원칙을 실현하는 사회를 가장 이상적인 형태의 사회 조직으로 본다는 점에서 공산주의와 상당히 일치한다. 하지만 자신의 자본주의 사회 발전 분석이 과학의 위상을 가지며, 프롤레타리아 혁명이 계급 대립의 불가피한 결과라고 파악한 마르크스의 주장에 이론적인 기반을 두고 있는 공산주의자들에 비하여 사회주의자들은 더 실용주의적이며 덜 대립적인 접근법을 취한다. 그 예로, 사회주의자들은 정치적 과정에서 민주적 절차가 가지는 중요성을 강조한다.

공산주의와 같은 사회주의는 국제주의의 한 형태로 정의될 수 있다. 이러한 경향은 1864년 런던에서 (마르크스에 의해) 조직되었던 1차 사회주의 인터내셔널First Socialist International에 근원을 두고 있다. 그러나 이렇게 발현되었던 국제주의적 통합 정신은 그 후 약 사반 세기 후에 열린 2차 인터내셔널Second International에서 여러 대립적 집단들(사회주의자, 공산주의자, 무정부주의자)로 분산, 붕괴된다. 사회주의의 국제주의적 측면은 다양한 인간주의적 가치를 옹호하는 데서 찾아볼 수 있다. 초국가적 상호주의 건설, 국가를 초월하는 정의 및 인권에 관한 규범 공유 같은 문제와 관련하여, 가치란 보편적인 것이라는 사고가 그러한 예이다. [PS]

Berki, 1975; Crozier, 1987; Forman, 1973.

사회학
sociology

사회학은 사회에 대한 학문이다(사회학이라는 단어는 교제 관계*companionship*을 뜻하는 라틴어*socius*와 연구 또는 이성을 뜻하는 그리스어*logos*의 합성어로서 프랑스 실증주의 철학자 오귀스트 콩트August Comte가 1830년경에 창안하였다). 실제로 사회학에 대한 이렇듯 단순한 정의는 그리 유용한 정보를 알려 주지 않는데, 그 이유는 첫째, 전체 사회를 구성하는 부분을 연구하는 여타 학문 영역이 분명히 존재하기 때문에(경제학, 역사, 지리학, 정치학 등), '사회'의 정확한 의미가 무엇인지 분명하지 않고, 둘째, 사회학이라는 학문의 연구 방식에 대해 아무것도 알려 주는 바가 없기 때문이다. 따라서 사회학의 역사는 곧 '사회란 무엇인가?' 그리고 '사회를 어떻게 연구할 것인가?'라는 문제에 대한 논쟁이 발전해 온 과정이기도 하다.

일반적으로 사회학의 창립자로서 칼 마르크스(1818~1883), 에밀 뒤르켐(1858~1917), 막스 베버(1864~1920) 세 인물을 든다(연구 경향에 따라 게오르그 짐멜(1858~1918)을 포함시키기도 한다). 현대 사회학의 근본적인 접근 방법과 연구 문제 대부분을 이들이 제기했다고 해도 과언이 아니다. 뒤르켐은 사회학을 과학의 일종으로 정의하고 (물리학이나 생물학 등의 자연과학과 유사한 방식으로) 사회를 객관적 실재의 한 형태로 이해하려는 사회학적 전통의 기초를 닦았다. 여기서 사회는 사회를 구성하는 개인들의 실재성을 초월하는 하나의 실재성을 가지는 것으로 보인다. 따라서 사회학적 진술은 개인 심리에 대한 설명으로 분해될 수 없는 것이다. 오히려 순수한 사회학적 진술이란 사회 고유의 수준에 존재하여 일반 사회 성원들은 감지조차 하지 못하는 규칙성과 법칙을 다루는 데 적합한 것이다(이러한 현상과 관련하여 뒤르켐이 자살 현상에 관한 탁월한 사례를 제시한 바 있다. 자살이 지극히 개인적이고 고립된 행위인 데 반하여, 한 사회의 연간 자살율은 대체로 일정하다고 한다. 이것은 개인적 결정이 실제로 개인을 압도하는 사회적 힘에 의해 영향을 받는다는 점을 시사하는 것이다). 뒤르켐의 사회학적 연구는 기능주의로 발전하며, 1960년대까지 미국 사회학의 지배적인 조류를 형성한다. 기능주의에서는 사회를 유기체에 비유하여, → 유기체적 유비론 모든 사회가 공유하는 가장 중요한 성질은 다수의 세대를 거쳐 자기 안정성과 형태를 유지하려는 능력이라고 본다(유기체의 항상성과 유사하다). 그러므로 사회 내 존재하는 다양한 부분과 제도는 그들이 사회가 계속적인 안정성을 유지하는 데 기여한다는 관점에서 설명된다. 이런 점에서 모든 사회적 제도들은 각기 고유한 기능을 한다.

자신을 사회학자라고 표명했던 뒤르켐과 달리 베버는 보다 많은 지적 영역들을 폭넓게 다루었다(법, 역사, 경제학 등). 그러나 그의 사회학적 연구는, 특히 서구 유럽 문명의 합리성 발전이라는 주제에 집중되어 있었다. 그의 관심사는 사회 조직에 관한 보편적인 법칙보다는 유독 서구 유럽에서 자본주의가 형성되는 것을 가능케 한 특정한 조건들을 발견하는 것이었다. 그의 연구는 뒤르켐의 경우보다 더 역사에 민감하다. 나아가 하나의 학제로서의 베버의 사회학은 자연과학보다는 역사적 해석이라는 방법(또는 해석학)에 더 많은 영향을 받았다. 베버는 사회적 행위자를 강조하였고 그들이 특정한 상황에서 갖게 되는 동기와 의미, 그 상황에 반응하는 방식들을 설명코자 하였다. 결과적으로 기능주의적 사회학에서는 개인을 사회 구조의 단순한 도구로 보고, 사회가 시키는 대로 순응적으로 행동하기 때문에 기술이나 인식력을 거의 갖추지 않은 생물체로 환원하는 경향이 있는 반면, 베버는 개인에게 사회적 행위 능력이 있다고 설명한다. 이러한 논지는 알프레드 슈츠Alfred Schutz와 같은 상호작용론자들(슈츠는 후설의 현상학의 영향을 받기도 하였다)과 상징적 상호주의론자들이 계승하였다. 이 사회학파에서는 다른 개인들과 함께 그들에게 반응하고 행위하며, 사회적 환경을 구성하고 이해하는 인간의 능력에 커다란 강조점을 둔다. 이렇다면 사회는 (뒤르켐과 기능주의자들이 주장하듯) 단순히 개인을 억압하기만 하는, 하나의 특별한 객관적 실재가 아닌 상호 주관적인 행위가 만들어 낸 구성물인 것이다(이러한 논지는 민속 방법론*ethnomethodology*에 이르러 이론적 극단에 이르게 된다). 현상학적, 상호 작용론적 사회학파는 적어도 1930년대 이후 계속적으로 발전하여(시카고학파가 한 예이다) 1960년대에 기능주의를 대치하며 대표적인 사회학파로 떠오르게 된다.

사회학의 역사에서 마르크스주의가 차지하는 위치는 다소 주변적이다. 마르크스주의가 하나의 사회학적 이론으로서 영향력을 가지게 된 것은 베버가 마르크스주의에 대응하여 자신의 논리를 전개했기 때문이다. 자본주의 형성 기원의 설명에 대한 베버의 접근(베버는 문화적, 특히 종교적인 요인들에 의해 사회적 변화가 일어났다고 강조한 바 있다)은 마르크스의 유물론에 도전적인 성격을 띤 것이었다. 또한 베버는 사회 계층화의 문제를 다층적인 방식으로 설명하였는데 이는 마르크스가 계급에 절대적인 강조점을 두었던 것과 대비를 이룬다. 이러한 갈등에도 불구하고, 혹은 바로 이러한 갈등이 있었기 때문에, 금세기 전반 서구 유럽 사회에서 마르크스주의의 가장 중요한 발전은 베버 연구와의 결합을 통해서 이루어질 수 있었다. 게오르그 루카치와 프랑크푸르트학파의 연구 작업을 그 예로 들 수 있다. 마르크스주의 사회학이 1960~1970년대 적어도 영어권 사회학의 논쟁에서 주류의 위치를 차지할 수 있었던 것은 프랑스의 구조주의 학자인 알튀세르를 받아들이고 이탈리아의 마르크주의자인 그람시를 재발견한 데에서 힘입은 바가 크다.

1970년대에 들어서면, 적어도 문화 연구의 주요 부분이 사회학으로부터 발전해 온 영국의 상황에서도 알 수 있듯이, 사회학이 하나의 지적 환경으로서 사회, 문화적 삶을 분석하기 위한 개념적, 이론적 도구들을 제공하는 풍부한 지적 원천으로 기능한다. 상호 작용론과 현상학의 발전과 함께, 사회학의 관심이 사회 거대 구조로부터 보통 사람들의 능력 및 일상생활의 중요성을 강조하는 입장으로 전환한다. 마르크스주의의 재출현(페미니즘의 발전과 함께 이루어진)은 권력 관계와 문화를 분석하기 위한 새로운 도구들을 제공하며 새로운 사회학의 발전에 기여하였다. 알튀세르와 그람시의 이데올로기와 헤게모니론은, 문화가 갈등적인 사회 집단들 간에 이루어지는 협상의 결과물이며 장소라는, 새로운 시각에서의 사회학적 인식을 가능하게 했다.

거시 사회학(기능주의와 마르크스주의)과 미시 사회학(현상학과 상호 작용론)을 동시에 포용할 수 있는, 하나의 일관적인 사회학적 접근법을 개발하는 것이 사회학 이론 발전 과정의 주요 관건이 되어 왔다. 위르겐 하버마스의 (객관화된 체계로서의 사회와 생활 세계의 일상적 경험과의 관계에 대한) 연구나 앤서니 기든스가 발전시킨 구조화 이론들은 이러한 문제를 해결하기 위한 중요한 시도라고 할 수 있다. ➔ 행위와 구조 [AE]

📖 Bilton et al., 1996; Bocock et al., 1980; Elias, 1970; Giddens, 1997.

사회화
socialisation

사회화란 개인이 특정한 사회와 문화의 구성원이 되는 방식을 습득하여 온전한 사회적, 문화적 존재로 형성되는 과정을 말한다. 개인은 자신이 속한 문화를 내면화한다. 이 과정이 문화가 작동하는 방식, 특히 문화가 세대를 거치며 재생산되는 방식을 이해하는 데에 절대적으로 중요하지만, 사회화의 정확한 의미에 대해서는 무척 다양한 종류의 이론이 전개되어 왔고, 지금까지도 인간 존재와 인간 사회의 본질에 대한 주요 논쟁의 핵심 문제로 다루어지고 있다.

사회학의 기능주의적 전통 및 문화인류학 관점에서 볼 때, 사회화를 통해 개인은 그/그녀에게 주어진 것으로 부여될 사회적 역할을 수행하도록 길들여진다. 갓 태어난 인간은 아무것도 쓰여지지 않은 석판(혹은 백지 상태)과 같아서 사회가 그 위에 거의 모든 특성들을 새겨 놓을 수 있다고 믿었다. 여기서 특성이란 자연적, 사회적, 초자연적인 세계에 대한 믿음과 우주 철학과 미학적, 요식 문화적 또는 도덕적인 가치관 및 선호도(그렇지 않다면 과연 아이슬란드 사람이 썩은 상어 고기를 먹는 능력을 어떻게 설명할 수 있겠는가?)와 한 개인이 타인을 받아들이고 판단하는 데 기준으로 삼는 도덕적 규범, 개인의 행동 양식들(가장 중요한 것은 젠더와 관련된 요소들)이다. 이러한 점에서 한 개인의 인격이나 자아는 그/그녀가 태어난 특정한 사회의 산물이라고도 할 수 있다.

기능주의에서는, 특히 가족 관계 내에서 이루어지는 '원초적' 사회화에 주목한다. 사회화 그 자체가 아동기 초기의 몇 년 안에 대부분 완성되며 그 완성도와 관련해서는 개인적 편차가 있을 수 있다고 설명되었다. 사회화에 실패하면 그 결과 개인은 사회에 제대로 적응할 수 없으며, 사회에서 인정되는 규범이나 목표를 지키지 못하여 범죄나 여타의 일탈 행위를 범하게 되리라는 것이다. 이 견해는 인간에 대한 '과잉 사회화' 개념으로 유명한 데니스 롱Denis Wrong에게 비판받았다(1980). 이리하여 사회화에 대한 시각이 변하게 되는데, 상징적 상호 작용론의 전통에서 가장 두드러지듯, 개인은 단순히 이 과정의 수동적 수신자가 아니며 그 과정 자체도 결코 완결적이지 않다는 점을 인식하게 되었다. 여기에는 조지 허버트 미드George Herbert Mead와 알프레드 슈츠의 연구들이 원용되었다. 예컨대, 미드는 타자들의 행위와 태도에 응답하는 비자기 의식적인*unselfconscious* 주체로서의 'I'와, 스스로를 하나의 대상으로 자기 이해하는 것으로서의 'Me'를 구분하였다(1934). 가장 중요한 점은, 각 개인은 타인이 자신에 대해 취하는 태도를 능동적으로 종합하여 이렇게 사회적으로 구성된 개념을 통해 스스로를 이해하기 때문에, 사회화란 'Me'를 통해서 이루어진다는 사실이다. 결론적으로 사회화란, 개인이 스스로가 처해 있는 상황 및 자신의 정체성을 이해하고 해석하려는 분투 속에서, 그들이 당면하게 되는 가치관 및 신념들과 협상하고 도전하는 공간이라는 것이다.

그렇다면 사회화가 반드시 완결된 과정으로 이해될 필요는 없다. 사회화 과정에서 발생하는 새롭고 예측 불가능한 상황에서 의미를 발견하기 위한 협상과 투쟁 과정이 개인의 전 생애에 걸쳐 계속될 것이기 때문이다. 가족 관계에서 이루어진 초기 사회화는 공식적인 학교 교육, 동세대인 그리고 동시대인들과의 접촉, 매스 미디어, 하위 문화에의 참여, 직업의 영역으로 이어져서 강화되고 도전 받는다. 사회화가 계속적인 과정이라면 그것의 성패는 쉽게 판단될 수 없다. 상징적 상호 행위주의자들의 사회화 연구에 따르면, 외형적으로 보이는 사회화의 실패가 개인이 사회의 필요와 기대에 부응하지 못했다기보다는 오히려 외부 문화가 개인의 필요를 만족시키는 데에 실패했음을 뜻할 수도 있다고 한다. 윌리스는 문제아 남학생들이 학교에서 이루어지는 사회화에 대한 적극적 저항을 통해 비숙련 노동자로 사회화되는 과정을 보여 준 바 있다(1977).

자연과 문화와의 관계, 그리고 개인이 사회로부터 영향 받는 정도(즉 인간 본성의 유연성) 및 선천적 또는 생물학적으로 결정되는 정도와 같은, 복잡하고 어쩌면 해명 불가능한 문제들이 사회화 분석의 기저를 이루고 있다. [AE]

Berger, 1963.

삶의 기회
life–chances

사회학(특히, 막스 베버에 영향을 받은)에서 사용되는 용어로 사회 집단의 구성원들이 긍정적 가치를 갖는 재화와 보상을 추구하고 부정적 가치를 갖는 재화를 피하기 위해 갖게 되는 기회를 의미한다. 즉 삶의 기회는 단지 경제적 재화(부, 소득, 물질적 소유)만이 아니라 문화적 재화(교육받을 기회, 예술의 소비, 예술에의 참여 등을 포함하는), 건강과 범죄 행위까지를 포괄한다. 전형적으로 삶의 기회는 개인의 경제적 계급과 상관 있는데, 계급 위계의 상층부에 갈수록 높은 수입과 양질의 교육을 얻고 질병과 미숙한 도덕성, 범죄 기소 등을 피할 가능성이 높아진다. [AE]

Dahrendorf, 1979.

상대적 자율성
relative autonomy

하나의 문화 안에서 작동하는 사회적 형식들 혹은 구조들은 그 문화적 전체에 의해 완전히 결정되지 '않으며' 그것으로부터 완전히 독립적이지도 '않다'는 관념(루이 알튀세르의 이데올로기적 국가 기구 개념에 의해 잘 예시되는 관념). [PS]

상징
symbol

다양한 의미를 가진 단어이다. 상징은 인간의 삶에 널리 퍼져 있고, 일상생활에서뿐만 아니라 넓은 범위의 전문화된 담론에서 사용된다. 일반적으로 '상징'이라는 단어는 기호와 관련된 것으로 간주하거나, 공유된 일련의 규범이나 관습을 통해 누군가에게 의미를 전달하는 데 사용하는 일종의 행동으로 간주한다. 따라서 상징은 그것이 다른 것을 지칭하기 때문에 의미를 전달한다. 비록 상징과 상징이 지칭하는 것 사이에 필연적 관계가 없다고 해도 말이다(그래서 상징의 사용과 의미는 둘 다 관습의 문제이다. 이것은 퍼스가 그의 기호학에서 사용한 개념이다). 분석 철학에서, '상징적 논리'는 논증의 구조를 분석하는 수단으로서 자연 언어 안에서 발생하는 용어를 상징으로 대체하는 것('~'는 '아니다'라는 뜻이고 '∨'는 '또는'이라는 뜻이다 등등)을 포함한다. 프로이트식 정신분석에서, 상징들은 억압되어 온 어떤 대상 대신에 사용되는 것이다(이러한 의미에서 상징은 일반적으로 그 지시 대상과 일정한(종종 은유적인) 관계를 갖는다. 비록 프로이트 — 흡연자 — 가 시가는 단지 시가일 뿐이라고 말하지만 정신분석학적 관점에서는 그것이 환자의 꿈 속에서 등장할 때 남근의 은유로서 간주될 수 있다). 퍼스의 기호학에서, 상징은 그것이 지칭하는 것과 어떠한 관계나 유사성도 없는 기호의 한 종류이다. 또한 상징은 역사적인 의미 작용과 이것과 연계된 의미의 다양한 반향을 가질 수 있다(예를 들어, 유럽 문화에서, 십자가의 기호는 기독교적 신앙뿐만 아니라 그 문화와 연결된 제도, 정체성, 전통, 가치에 대한 강력한 상징일 수 있다). [PS]

상징적 상호 작용론
symbolic interactionism

사회학 내에서, 상징적 상호 작용론은 인간 행위자들 사이의 관계에(그리고 그 때문에 마르크스주의나 기능주의에서 발견되는 사회 구조에 대한 넓은 범위의 '거시적' 관심보다는 '미시적' 사회 현상에) 초점을 맞추는 이론적 틀이다. 본질적으로 이것은 유능한 사회적 행위자들이 그들이 살고 있는 사회 세계를 구성하고 파악하는 방식에 관심을 기울인다. 그와 같은 설명들은 전형적으로 참여 관찰이나 비참여 관찰을 통해 일상생활을 상세히 기록하는 것에 근거를 둔다. 상징적 상호 작용론은 20세기 초에 특히 실용주의*pargmatist* 철학자인 조지 허버트 미드의 영향하에서 시카고 대학교에서 발전했다. 비록 상징적 상호 작용론이 1960년대 후반과 1970년대가 되어서야 폭넓게 인정받는 접근 방식이 되었지만, 용어 자체는 1937년 허버트 블루머Herbert Blumer에 의해 만들어졌다.

미드(1934)는 자아*self*, 또는 우리의 개인 정체성과 자의식이 우리가 타자와 맺는 사회적 관계와 독립적으로 존재하지 않는다고 주장했다. 그것은 타자에 대한 우리의 행동, 타자의 반응, 그리고 그 반응에 대한 우리의 예상을 통해(따라서 우리의 사회적 상호 작용을 통해) 생산되고 계속해서 수정된다. 미드는 인간 사이의 커뮤니케이션과 동물 사이의 커뮤니케이션을 비교한다. 동물 사이의 커뮤니케이션에서 한 동물은 자신의 몸짓을 수정하면서 다른 동물의 행동(또는 몸짓) 패턴에 반응한다. 미드가 보기에, 인간 커뮤니케이션에 있어 독특한 점은 인간은 단지 몸짓에만 반응하는 것이 아니라 몸짓과 그 몸짓을 유발하거나 불러일으키는 물체나 사건 사이의 관계에 대해서도 반응한다는 것이다. 무엇보다도, 인간은 기원적 행위자*original actor*의 입장에서 그렇게 한다. 실제로, 인간은 타자가 왜 그렇게 행위하는지를 이해하려 한다. 한 사람이 타자의 위치, 역할, 태도에 감정 이입하는 바로 그만큼, 몸짓은 상징적인 것이 되고 따라서 의미 있는 것이 된다. 그러므로 인간은 '주격 나 I'(자아의 자발적 측면)와 '목적격 나 me'(거칠게 말하면, 타자에게 보여진 자아) 사이의 내적 대화를 통해 타자에게 끼칠 수 있는 몸짓의 효과를 상상한다. 인간 자아는 그러므로 '일반화된 타자*generalized other*'를, 즉 집단의 전형적 태도와 관점을 내면화하면서 구성되고 지속적으로 재구성된다.

블루머는 미드의 철학을 단순화해, 사회적 행위자들이 그들이 포함된 특수한 사회적 상황의 의미를 협상하는 방식에 초점을 맞추면서 상징적 상호 작용론을 사회학적 연구 프로그램으로 제시했다. 예를 들어, 기능주의자들은 사회적 역할과 규범이 (사회적 행동을 구속하고 결정하는 사회적 사실로서 객관성을 가지면서) 개인보다 앞서 존재한다고 주장하는 경향이 있다. 능력 있는 사회적 행위자는 단지 주어진 상황에서 적절한 규칙을 적용할(또는 적절한 역할을 채택할) 능력을 가질 뿐이다. 대조적으로 상호작용론자들은 사회적 행위자들이 해야 하는 작업 — 상황에 대한 이미 존재하는 의미와 의의를 인식하는 작업이 아니라 상황에 대한 공유된 이해를 창조하는 작업, 따라서 채택된 역할과 규범을 공동으로 승인하는 작업 — 을 강조한다. 그러므로 사회는 사회적 행위자들로부터 독립적으로 존재하는 객관적인 것이 아니라 상호 작용을 통해 행위자들에 의해 구성되고 유지되는 것이다.

1960년대에 어빙 고프만Erving Goffman의 작업은 면 대 면 상호 작용에 특히 준거하는 상징적 상호 작용론의 한 형태를 발전시켰다. 그는 이러한 상호 작용의 연약함과 유연함을 조사했다. 당혹스러움*embarrassment*과 같은 현상에 대한 분석은 사회적 상호 작용이 (한 명 또는 그 이상의 참가자가 무능하다고 드러나면서) 무너지는 순간에 초점을 맞춘다. 그렇다면 무능하다는 비난을 피하거나 받아넘기기 위해 궁리하는 것이 사회 생활의 중요한 부분이라 볼 수도 있다(그래서 미드의 내적 대화에서와 마찬가지로, 예를 들어 능력 있는 사회적 행위자가 자신을 비난함으로써 그것이 무능함의 비전형적인 순간이라고 분리하는 것은 중요한 일이다). 고프만은 더 나아가 (더 극단적인 형태이긴 하지만 다시 미드를 따라서) 우리의 '자아'는 각각의 구별되는 사회적 상호 작용 속에서 독특하게 구성된다고 주장한다. 우리의 태도와 행동 패턴은 우리 주위에 있는 사람들에 의거해 만들어진다(그리고 지금은 고전이 된 고프만(1959)의 사례에 따르면, 손님 앞에 섰을 때의 웨이터의 태도는 주방에서 동료들 앞에 있을 때 행동과는 완전히 다르다).

사회화와 일탈(그리고 특히 낙인 이론*labelling theory*)에 대한 중요한 통찰력에도 불구하고, 상징적 상호 작용론은 권력 관계에 대해 완전히 설명할 수 없다는 비판을 받아왔다. [AE]

Becker, 1963; Berger & Luckmann, 1961; Blumer, 1969; Denzin, 1992; Goffman, 1959.

상품
commodity

상품은 생산자가 직접 사용하거나 소비하기 위해서라기보다 교환(또는 시장)을 위해 생산하는 대상(또는 서비스)이다. '상품'은 마르크스 경제학의 가장 기본적인 범주이다. 그것은 이로부터 그의 자본주의 분석이 시작되고, 특히 프롤레타리아트에 대한 착취에서 상품과 상품 교환이 어떤 역할을 수행하는지에 대한 분석이 이루어지기 때문이다. ➔ 상품 물신주의

[AE]

상품 물신주의
commodity fetishism

자본주의 경제(다시 말해, 사적 재산 소유와 시장을 통한 상품 교환에 기반한 경제)에 대한 마르크스의 비판은 대부분 '상품 물신주의' 속에 함축되어 있다. 마르크스는 상품 교환에 있어서 인간들 간의 사회적 관계가 사물들 간의 관계로 나타난다고 논한다(1976: 163~177). 실제로 사물들 간의 이런 관계는 주마등 같은 모습을 띤다. 마치 사물들은 그것들 자체가 낯설고 모호한 군중들인양 우리를 대면한다. 조금 다르게 해석하자면, 문화적 과정을 통해 사물에 부여된 속성(이를테면, 가격 같은)들은 마치 그 사물의 자연스럽거나 내재적인 속성인 것처럼 나타난다.

상품 물신주의는 자본주의 경제에서 생산자들이 서로 시장을 통해서만 접촉할 수 있기 때문에 생겨난다. 그리하여 그들은 서로 실체를 갖는 복합적이고 고유한 인간으로서가 아니라 상품의 생산자로서 관계를 맺게 된다. 이 상품들은 화폐라는 공통된 기준을 통해 다른 상품들과 비교되고 교환될 수 있다. 따라서 생산자와 생산물의 질적 고유성과 독특성은 순전히 양으로 변형됨으로써 가려진다.

그래서 상품 물신주의 이론은 자본주의가 기만적 외관의 근저에 있는

자기의 본질을 감춤으로써 자신을 재생산한다고 주장한다. 질이 양으로 나타나는 것과 마찬가지로 객체는 주체로 나타나고 주체는 객체로 나타난다. 사물은 의인화되고 사람들은 대상화된다. 궁극적으로 시장에서의 교환이 생산의 진정한 본질의 외형이 되고, 인간은 자신을 생산자가 아니라 소비자로 잘못 이해하게 된다. 이는 다시 자본주의에 내재한 착취 과정을 감춘다(잉여가치의 몰수).

상품 물신주의 이론은 루카치와 프랑크푸르트학파가 제기한 물화 *reification*에 대한 설명과 관련하여 서구 마르크스주의 안에서 이데올로기 이론이 발전하는 기초가 되었다. [AE]

Burke & Moore, 1979; Carver, 1975; Dant, 1996.

상호 작용
interaction

상호 작용에서 인간 존재의 행위는 타자의 행동에 대한 반응과 예측 속에서 만들어진다. 상호 작용은 중요하다. 오직 상호 작용을 통해서만 사회적 사건과 상황에 의미가 부여되고, 사회적 현실 그 자체가 구성되고(Berger & Luckmann, 1961), 개인적 정체성이 형성된다(Mead, 1934)고 주장할 수 있기 때문이다. → 상징적 상호 작용론 [AE]

상호 주관성
intersubjectivity

만일 특정한 사람만이 어떤 성질을 인식할 수 있다면 그것은 주관적인 것이다(고통에 대한 어떤 사람의 경험이나 느낌이 주관적이고, 초콜릿으로 인한 어떤 사람의 즐거움이 주관적이듯이). 만일 어떤 성질이 실질적으로 대상 자체에 속해 있고 어떤 관찰자로부터도 독립적이라면, 그리고 적절한 감각을 갖춘 누구라도 그 성질을 인식할 수 있다면, 그것은 객관적인 것이다. (모든 사람이 초콜릿을 즐기지는 않는다. 하지만 모든 사람이 각자 독립적으로 초콜릿의 색깔과 모양 등의 성질을 인식할 수 있다.) 상호 주관성의 개념은 이 두 가지 대립항 사이에 중요한 중간 지대를 열어 준다. 만일 사람들이 어떤 성질의 존재에 대해 합의하고 그에 따라 외부의 객관 세계에 그것이 실존하는 것처럼 인식하게 된다면 그것은 상호 주관적인 것이다. 따라서 문화적 의미는 상호 주관적인 것으로 이해될 수 있다. 특정한 소리가 특정한 언어에서 가지는 의미는 그 소리 안에 내재적으로 존재하는 것이 아니다. 따라서 그것은 객관적이지 않다. 그러나 이는 주관적이지도 않다. (의성어나 의태어의 경우는 좀 다르지만) 내가 어떤 의미를 전달하기 위해 아무 단어나 마음대로 선택할 수 있는 것이 아니기 때문이다. 차라리 어떤 소리가 의미를 가질 수 있는가는 특정한 언어 공동체에 속해 있거나 적어도 해당 언어를 이해하는 청자에게 달려 있다. 그러니까 모든 사회적 사건들이 의미를 가지고 의미 작용을 하는 것은 상호 주관적인 것이라고도 말할 수 있다. [AE]

상호텍스트성
intertextuality

상호텍스트성은 텍스트(소설, 시 또는 역사 문헌 등과 같은)가 자족적이거나 자율적인 실체가 아니라 다른 텍스트들로부터 산출되는 것임을 가리키는 개념으로 줄리아 크리스테바가 주조한 단어이다. 독자가 하나의 텍스트에서 뽑아내는 해독은 주어진 텍스트와 다른 텍스트의 관계에서 비롯된다. 예를 들면, 신문에 실린 정치가의 사진은, 단지 그 사진만이 아니라 그 사람을 찍은 (서로 다른 상황에서) 다른 여러 사진이나 그/그녀가 발언한 내용, 신문 기사와 그/그녀에 대한 코멘트, 심지어 그 정치가를 다룬 만화 등으로 구성된 프레임을 통해 해독될 때 더 많은 의미, 또는 더 나아간 수준의 의미를 산출할 수 있다. 마찬가지로 데이비드 린David Lean의 영화 〈위대한 유산*Great Expectation*〉에 대한 우리의 이해는 원작 소설을 읽었던 경험에 영향을 받게 되고 거꾸로 그 소설에 대한 이해는 그 영화를 본 경험에 의해 틀지어진다. 상호텍스트성은 어떤 텍스트도 지속적인 해독이나 재해독 바깥에 존재할 수 없다는 테제로서 이해될 수 있다. 텍스트에 대한 확정된 해독이란 있을 수 없다. 각각의 읽기는 새로운 텍스트를 창출하는 것이며 그 새로운 텍스트 자체가 원래의 텍스트가 해독되는 전체 프레임의 일부가 되기 때문이다.

[AE]

Barthes, 1974; Kristeva, 1986a.

생산
production

생산의 가장 기초적인 용법과 의미는 경제학에서 찾아볼 수 있다. 경제학에서 생산은 자연 자원이나 이미 제조된 물품들을 노동, 자본과 조합하여 변형시키는 것을 가리킨다. 따라서 생산은 항상 이미 존재하는 무언가를 변형시키는 것이다. 이 개념은 문화적 인공물이나 이벤트의 생산과 경제적 생산 사이의 연계를 가리키기 위해 문화에 유용하게 적용되었는데 이것이 마르크스주의자들에게만 국한된 것은 아니다. 그 경우 문화적 생산은 경제적 생산에 기초하거나 결정되는 것일 수도 있고 문화적 생산이 경제적 생산의 특정 측면을 모방하는 것일 수도 있다. 그런 접근법은 정통 미학에 대한 효과적 도전이 된다. 정통 미학은 예술 작품을 그것이 창조된 사회 경제적 상황에서 고립시키는 경향이 있기 때문이다. 브레히트에 대한 벤야민의 에세이 〈생산자로서의 저자The Author as Producer〉(1937)가 이런 도전을 깔끔하게 예시하고 있다.

Macherey, 1978; Wolff, 1981.

생산 관계
relations of production

마르크스주의에서 생산 관계란 하나의 경제 내에서 생산자 계급과 소유자 계급 사이에 존재하는 사회 관계이다. 마르크스주의 이론에서 모든 사회는 두 개의 주요 계급 간의 갈등에 의해 특징지어진다. 피지배 계급은 자신의 노동력을 행사함으로써 실제로 재화와 용역을 생산하는 계급이다. 지배 계급은 생산 과정에서 이용되는 자원(생산 수단)을 소유하고 통제하며, 따라서 그 자체로서 생산 과정과 생산물의 운명을 통제할 수 있다. 상이한 생산 양식*modes of production* 혹은 역사적 시대는 서로 구별되는 생산 관계 및 기술 수준(혹은 생산력)에 의해 특징지어진다. 생산 관계는 본래 정적이며, 발전하는 생산력에 내재하는 생산의 잠재력이 더 이상 기존의 생산 관계 안에 담길 수 없거나 그 안에서 완전히 이용될 수 없을 때 사회 혁명이 일어난다. → 생산 양식 [AE]

생산 수단
means of production

마르크스주의에서 생산 수단은 생산에 사용되는 모든 물질적 자원을 가리킨다. 어느 사회에서든 주요한 계급 분화는 생산 수단의 소유와 통제 혹은 소유와 통제의 결핍이라는 맥락에서 이해된다. 즉 자본주의에서 부르주아지는 공장과 원자재 및 다른 생산 자원을 소유하며 생산물을 통제하고 처분할 수 있다. 종속적 프롤레타리아트는 오직 부르주아 자본가에게 팔 수 있는 노동력을 가질 뿐이다. [AE]

Culler et al., 1977.

생산 양식
mode of production

마르크스주의에서 역사는 서로 구분된 시대 또는 생산 양식의 일정한 연속으로 이해된다(Marx & Engels, 1970). 마르크스는 여섯 가지의 역사 단계를 규정했다. 원시 공산주의, 고대 노예제 사회, 봉건주의, 자본주의, 사회주의와 공산주의. 각각은 생산력과 생산 관계의 맥락에서 분석할 때 서로 다른 경제적 성격을 갖고 있다. 즉 사회 내의 기술 수준과 생산자와 생산에 소요되는 자원의 소유자 또는 관리자 사이의 관계라는 면에서 서로 다르다. ➜ 생산 수단 그러므로 생산 양식은 생산력과 생산 관계의 내적 관계와 그에 연관된 경제적 착취 구조를 의미한다. 엄격하게 말해 역사적으로 어떤 특정한 사회 구조도 생산 양식이라는 단일한 관점으로 분석될 수 없으며, 자본주의적 생산 양식 내의 구분에 대해서도 풍부한 논쟁이 있어 왔지만(예를 들어, 고도 자본주의와 후기 자본주의 사이의 단절에 관한 논쟁), 기초적인 마르크스주의는 비록 사회 변화에 대한 추상적 모델이기는 해도 이에 관해 매우 강력한 설명을 제공한다.

이는 봉건주의에서 자본주의로의 이행을 참조함으로써 쉽게 설명될 수 있다. 봉건적 기술은 자연 동력(동물의 동력, 풍력, 인간의 힘 등을 포함하는) 자원에 의존한다. 반면 자본주의는 석탄 석유 연료를 태움으로써 기계 동력을 이용했다. 봉건적 기술의 상대적으로 낮은 생산성은 작은 규모로 완벽하게 소모될 수 있으며 주로 농업 생산 방식이다. 자본주의 기술의 더 나은 동력은 단일한 자원이 좀더 많은 노동자를 위한 동력을 제공할 수 있음을 의미한다. 여기서 공장은 이러한 동력을 소모할 수 있는 가장 적절한 방식으로 출현했다. 그러나 공장과 그 조직은 그 자체로 고정적인 생산력의 일부이다. 공장을 가동하기 위해서는 봉건적 생산 관계는 붕괴되어야 한다. 이러한 관계는 봉건 지주와 농노의 관계와 같다. 농노는 토지의 특정한 부분에 묶여 특정한 지주를 위한 서비스를 제공하지 않을 수 없다. 지주는 토지의 생산 비율을 적절히 통제하고 농노로 하여금 지주 자신의 토지에서 일정 기간 일하도록 요구함으로써 농노를 착취할 수 있다. 신기술을 충분히 이용하고자 하는 자본주의, 즉 부르주아 혹은 자본가 계급은 (자유로운 노동 시장의 수요와 동기에 따라) 고용주 사이를 자유롭게 이동할 수 있는 노동력을 필요로 한다. 생산의 자본주의 관계는 그러므로 시장에 집중된다. 노동자는 시장에서 결정한 임금을 얻기 위해 누구든 그를 고용할 의사와 능력이 있는 사람을 위해 일할 자유가 형식적으로는 있다. 자본가는 단지 생산 수단뿐 아니라 공장 내에서 사용된 노동의 결과로 산출된 산물까지도 소유하게 된다. 자본가는 그들이 원하는 대로 이 생산물을 (역시 소비재 시장에 의해 주로 결정되는 가격에 따라) 자유롭게 처분할 수 있다. 종속 계급에 대한 착취는 이제 표면적으로는 공정해 보이는 노동과 상품 시장에서 이루어지는 교환 속으로 감추어진다. 주어진 양의 노동에 대해 합의된 임금으로서 공정하게 주어지는 가치는 생산물을 파는 자본가에게 주어지는 교환 가치보다 적다. (착취는 그러므로 잉여 가치의 전유를 통해 발생한다.)

하나의 생산 양식에서 다른 생산 양식으로의 이행은 폭력적으로 이루어진다(계급 갈등에 대한 명백한 선언이라 할 수 있는 혁명을 통해 이루어진다). 이런 폭력성은 생산력의 동적인 성격과 대조적으로 보수적이거나 완고한 생산 관계의 성격으로 불가피하게 된다. 혁명은 생산력과 생산 관계 사이에 모순이 발생함으로써 일어난다. 이는, 즉 현존하는 생산 관계가 더 이상 생산력의 생산 잠재력을 착취하기에 적절하지 못함을 의미한다. 지배적인 봉건 계급과 봉건적 생산 양식은 산업적 기술을 충분히 이용할 능력이 없었던 것 같다. 부상하는 자본가 계급만이 — 우선 봉건적 생산 관계를 던져 버릴 수 있다면 — 자유롭게 이동하는 노동력의 팽창에 근거하여 내재적 봉건성을 제거하기 위해 산업 기술의 잠재력을 개발할 수 있었다. 따라서 자본주의적 생산 관계는 초기 산업 기술 자체에 어느 정도 내재해 있었다고 볼 수 있으며 이 내재적 자본주의는 봉건적 구 질서의 현실과 모순 관계에 있는 것이다.

토대와 상부 구조의 은유에 기댐으로써(그리고 20세기 마르크스주의의 다양한 형식 속에서 상품 물신주의와 물화의 분석을 통하여) 마르크스주의자들은 생산 양식의 경제적 요소들(경제적 토대)이 사회의 법적·문화적 측면에 대해 결정적 영향을 행사한다고 주장할 수 있었다. 만일 그렇다면 서로 다른 생산 양식들은 단지 서로 다른 경제적 성격뿐 아니라 서로 다른 문화적 성격(그리고 좀더 중요하게는 지배 계급의 지배를 정당화하는 이데올로기적 메커니즘)으로 특징지어진다. [AE]

Balibar, 1970; Cutler et al., 1977; Marx & Engels, 1970; Sweezy et al., 1978.

생산력
forces of production

마르크스주의에서 생산력이란 한 사회에 유효한 생산 능력이다. 그러한 생산력은 물질적 기술(예를 들면, 기계, 연장, 동력원들)과 육체적, 지적 기술, 노동 인구의 크기를 포함한다. 마르크스(1971)는 역사적으로 생산 능력 면에서 생산력은 지속적으로 발전한다고 말했다. 사회적 변화는 발전하는 생산력과 본질적으로 정지 상태인 사회의 경제적, 정치적, 법적 조직(생산 관계들) 사이의 갈등이 커지면서 발생한다. 따라서 새로운 과학 기술의 이용은 현존하는 사회적 질서의 전복을 요구할 것이다. → 생산 양식 [AE]

Balibar, 1970; Cohen, 1978; Cutler et al., 1977.

생태학
ecology

생물체와 환경 사이의 관계에 대한 과학. 생태학을 최초로 제안한 사람들 중의 하나인 독일의 에른스트 해켈Ernst Haeckel은 1866년 생태학을 이렇게 정의했다. 그렇지만 어원으로 보면 이 용어는 가정 *oikos*을 뜻하는 그리스어에서 나온 것이며 농가 안에서 인간이 자연을 경작하는 어떤 것을 내포한다. 그러므로 이 용어의 근대적 사용은 순전히 과학적이고, 철저히 규범적인 의미를 갖는다.

자연과학으로서 생태학은 19세기 중반, 특히 다윈의 진화 이론의 영향하에서 발전한다. 진화론은 종이 임의적인 변화를 통해 환경에 적응하면서 발전한다고 주장한다. 환경 안에서의 변화는 틀에 맞지 않는 개체들을 제거한다. 생존자들은 그들의 성공적인 특성을 후손에게 물려줄 것이다. 생물체가 그의 환경, 그리고 환경 안의 다른 생물체들과 갖는 결정적인 관계는 생태학 연구의 핵심이다. 생태학 연구는 식물 집단의 발전과 계승을 연구한 E. 워밍E. Warming과 A. 쉬머A. Schimmer 등의 작업을 통해 19세기 말에 별개의 과학적 하위 학문으로 발전하기 시작했다. 생태학적 생각이 발전하면서 그 관계에 대한 개념은 부족한 자원에 대한 단순한 경쟁이란 생각에서 '생명의 망' 안의 생물체들의 상호 의존에 대한 인정으로 바뀐다. 1916년 프레데릭 E. 클레멘츠Frederic E. Clements는 식물 집단을 초생물체로 보는 전체론적이지만 매우 논쟁적인 생각을 제안했다. 이 개념은 곧 공격을 받았지만 전체론적 사고 방식은 체계 이론의 영향을 받아 계속된다. 근대 생태학은 기본적으로 생태계 안의 영양 순환 과정에 집중하는 것처럼 보일 수 있다.

이 설명과 분석 모델은 1920년대 시카고학파 사회학 안에서 채택됐다. 식물 생태학에 대한 워밍과 클레멘츠의 작업에 의존하면서 로버트 파크Robert Park, 어니스트 버제스Ernest Burgess 등은 도시 환경 안에서의 부족한 자원에 대한 개인과 집단 사이의 경쟁을 통해, 개인 행위자가 의도하지 않은 사회적 힘과 구조들이 발생된 방식을 설명하려고 했다. 환경의 특화된 응답을 유발하는 선별적 압력을 발생시킨 그런 경쟁은 식물 생태학에서 빌려온 '침입,' '지배,' '천이*succession*'와 같은 개념을 통해 도시의 다른 지역들 사이의 민족적 집단과 하위 문화의 천이를 설명하는 데 사용됐다. 아마도 자연과학 안의 생태학의 발전을 반영하면서 후기 인간 생태학자들은 특히 순수한 경쟁은 사회적 단일체로서의 도시를 붕괴시킬 수 있다는 점에서 초기 시카고학파가 경쟁을 강조한 것에 대해 비판적이었다. 그러므로 후기 연구들은 사회 집단들의 협력, 상호 의존, 기능적 차별화가 경쟁과 함께 집단을 그 환경에 적응시키고, 공동의 문화, 매스 미디어 그리고 도시 정책을 포함하는 공유된 커뮤니케이션 형태들을 통해 도시를 통합하는 역할에 주목했다.

생태학적 생각의 규범적 차원은 그 뿌리를 18세기에, 예를 들어 유럽 부르주아지가 발전시킨 자연에 대한, 특히 정원에 대한 새로운 평가 안에 둘 수 있는 반면에, ㉠ 원예 생태 과학의 정치적 연결은 이미 19세기 중반에 뚜렷이 나타나고 있었다. 바로 생태학이 생물체와 환경 사이의 관계를 성찰하도록 독려하는 동안, 인간과 자연 세계 사이의 가장 적합하고도, 도덕적, 정치적으로 바람직한 관계를 위한 모델을 제안하기 시작했다. 1860년대 초반에 이미 조지 퍼킨스 마시George Perkins Marsh는 미국의 도시화와 산업화에서 비롯된 공해에 반응했고(《인간과 자연*Man and Nature*》에서), 정부가 자연 자원을 관리해야 한다고 주장했다. 1872년에 미국국립공원기구가 설립됐다. 존 뮤어John Muir는 랠프 월도 에머슨Ralph Waldo Emerson(1802~1882)과 헨리 데이비드 소로Henry David Thoreau(1803~1862)의 전통에 기대어 공원 보호를 주장했다(《국립 공원에 대해*On National Parks*》(1901)). 그는 산업화와 당시의 농작법이 야기하는 자연과 자연의 아름다움에 대한 위협을 다시 강조했다. 무정부주의자인 피터 크로포킨Peter Kropokin(《내일의 밭, 공장 그리고 일터*Fields, Factories and Workshops Tomorrow*》(1989))과 사회주의자인 윌리엄 모리스(《무인지대에서 온 뉴스*News from Nowhere*》(1890)) 같은 정치 사상가들은 사회 개혁의 주제들을 인간과 자연의 관계에 연결시켰고 모리스의 경우에는 자연의 아름다움에 대한 감탄과 연결시켰다.

정치적으로 형성된 생태학적 생각은 전후 기간에 다시 등장했다. 환경 위기의 신호가 훨씬 분명히 증가했기 때문이다. 1967년 영국 남부 해안에서의 유조선 토레이 캐니언Torrey Canyon의 좌초, 1984년 인도 보팔에서의 유니언 카바이드Union Carbide사의 화학 약품 누출, 그리고 펜실베이니아 스리 마일 섬(1979)과 체르노빌(1986)의 핵발전소 원자로 용융과 같은 잘 알려진 사건들뿐만 아니라 산성비, 오존층 파괴 그리고 오늘날 아주 두드러진 문제로서 지구 온난화 현상 등에 대한 보다 전반적인 걱정들이 생겼다. 페어필드 오스본Fairfield Osborn(《우리의 수탈당한 지구*Our Plundered Planet*》(1948))과 알도 레오폴드Aldo Leopold(《모래 땅의 사계*A Sand County Almanac*》(1949))가 중요한 선구자들로 인정되고 있으며, 레이첼 카슨Rachel Carson의 《침묵의 봄*Silent Spring*》(1962)은 공중의 경각심을 일깨우는 핵심적인 책으로 자주 인용된다. 그런데 1960년대에 생태학적 생각과 활동은 상당히 확대됐다. 파울 에를리히Paul Ehrlich와 같은 저술가들은 인구 증가의 위험을 경고했고(《인구 폭탄*The Population Bomb*》(1968)), 생태학적 문제들은 히피와 대항 문화적 사고 안의 주제가 됐다(예를 들어 시어도어 로잭Theodor Roszack의 작업에 나타난 것).

1971년 '로마클럽Club of Rome'이 발표한 보고서 〈성장의 한계The Limits to Growth〉는 산업 성장이 제기하는 환경에 대한 위협을 강조했다. 그것은 경제에 대한 생각 안에서 근본적인 변화가 시작되고 있음을 알렸다. 제어되지 않는 경제 성장이 환경에 끼치는 영향은 공해뿐만 아니라 화석 연료 같은 재생 불가능한 자원의 사용(고갈될 때까지)을 통해서도 나타난다는 것이다. 보고서는 인구 통제, 자연 자원의 검소한 사용 그리고 소비 억제를 지지했다. 1987년 환경과 발전에 대한 1987 세계위원회의 보고서인 〈우리 공동의 미래Our Common Future〉('브룬트란트Brundtland 보고서'로 알려져 있다)는 '미래 세대의 몫으로 남은 자원을 침해하지 않는 범위에서 현재의 필요를 충족시키는 발전'이라는 '지속 가능한 발전*sustainable development*'의 개념을 명확히 하고 옹호함으로써 이 생각을 발전시켰다.

환경 문제에 대한 가장 급진적인 접근은 '근본 생태학*deep ecology*'에서 온다. 철학자 아르네 네스Arne Naess가 발전시킨 근본 생태학은 환경에 대한 모든 다른 접근들은 인간 중심적이라고, 다시 말해 암묵적이거나 명시적으로 다른 어떤 창조물들보다 인간에게 더 높은 가치를 주는 것이라고 주장한다. 근본 생태학자들은 자연 환경을 더 이상 인간의 목적을 위한 단순한 자원으로 보지 않도록 하기 위해 다른 동물(그리고 식물)의 이해 관계와 내적인 가치를 인간과 동등하게 놓으려고 분투한다. 1971년 압력 단체인 그린피스가 결성됐다. 환경 문제는 점차 그린피스와 같은 집단들의 활동을 통해, 주류 정치에서는 1980년 당시 페미니즘(특히 페트라 켈리Petra Kelly로 대표된다)과 마르크스주의(루돌프 바로Rudolf Bahro)도 함께 흡수해 서독에서 결성된 녹색당Die Grünen과 함께 더 높은 관심을 받기 시작했다. 그때 로베르트 하베만Robert Havemann과 볼프강 하리히Wolfgang Harich와 같은 동독인들은 특히 로마클럽의 자본주의적 경향에 대한 도전으로 생태 사회주의 모델을 제공했다. 생태학적 문제는 점차 국가 정부의 정당한 관심 거리이자 국제 조약과 국제법의 주제가 됐다. 1992년 리우데자네이루에서 첫 번째 '지구정상회의Earth Summit'가 열렸다. 그것은 구체적인 합의에 이르지는 못했지만, 산업화가 환경에 끼치는 영향을 제한하는 효과가 의문시된다 하더라도 일련의 정상회의와 합의들을 이끌어 냈다. 이산화탄소의 지속적 배출과 재생 불가능한 자원의 고갈에 직면해 결정적으로 근대 생태학적 정치는 개발도상국들과의 관계 속에서 산업 성장이 지속될 수 있는 방법에 대해 산업화된 제1세계와 지구적 정의의 문제들에 근본적인 도전을 한다.

Bahro 1984; Bookchin 1980; Gorz 1980; Naess 1989; Oeslschlager 1995.

생활 세계
life-world

'생활 세계'의 개념은 독일 현상학자 에드문트 후설이 도입한 것으로 인간이 세계에 대해 의식적 혹은 이론적으로 연루되기 전에 갖는 기대와 실용적 기술을 지칭한다. 이런 신념과 능력은 언젠가 의식적으로 얻게 된, 따라서 사회적이고 물리적인 세계에 대한 이론적 반성의 산물이지만, 지금은 당연한 것으로 간주되어 대부분 별다른 주목의 대상이 되지 못한다. 그것은 생활 세계 속에 '가라앉아 있으며*sedimented*' 우리는 유능한 사회적 행위자가 되는 방법을 익히게 되면서 그것들을 얻게 된다. 따라서 알프레드 슈츠에 따르면 생활 세계는 '지식의 창고*stocks of knowledge*'로 구성되거나, 우리로 하여금 사회 세계에 의미를 부여하도록 (그리고 물론 이를 구축하도록) 허용해 주는 기술과 기대로 구성된다. 이 개념은 최근에 와서 하버마스의 사회 이론에 도입되었는데, 여기서 생활 세계는 우리의 통제 안에 의미 있는 일상적 경험으로서, 이는 사회 생활의 체계적이거나 외관상 객관적이며 의미 없고 억압적인 측면과 대립된다. [AE]

Habermas, 1984, 1987; Husserl, 1954; Schutz, 1962.

서사, 내러티브
narrative

언어를 하나의 구조로 조직함으로써 연결되고 질서 있는 방식으로 사건의 설명을 전달하는 것. "이것은……일어났다. 그다음에 이것은" 등, 서사는 시퀀스의 개념을 일깨운다. 서사를 설명하는 다양한 이론들이 있다. 예컨대 제라르 주네트Gérrard Genette의 경우 구조주의 패러다임에 따라 서사를 설명하며 이를 통해 서사 형식의 과학적 설명(이야기학 *narratology*의 분야)을 제공한다. 이런 개념에 따르면 서사는 기술되는 사건들, 그것이 일어나는 역사적 시퀀스, 이야기 속에서 표현되는 일시적 시퀀스, 진술자의 시각과 톤, 진술자와 청중의 관계, 진술 행위 자체 등의 구조화된 관계들로 구성된다. 포스트모더니즘과 포스트구조주의 관련 사상가들 가운데 롤랑 바르트는 구조주의에 의해 지지되어 온 과학적 모델과의 단절을 시도하면서 대신 의미 발생에 있어 독자의 역할을 강조했다. 반면 장 프랑수아 료타르의 《포스트모던의 조건》(1979)에서 포스트모던에 대한 논의는 서사 형식이 메타서사(혹은 거대 서사)에 기대는 방식으로는 극복할 수 없는 다양성과 이질성이 있다는 관점으로 특징지어진다. 즉 하나의 서사 형식을 구성하는 요소는 다른 서사와는 비교할 수 없다는*incommensurable* 것이다. 반면 료타르에게 포스트모던은, 메타서사의 죽음과 유한한 복수 서사로의 대체 — 총체성의 허세를 쫓아버리는 — 를 구체화하는 상태로 이해된다. 마찬가지로 호미 바바 Homi Bhabha 같은 사람은 주로 민족주의와 포스트식민주의와의 연관 속에서 서사와 정체성 이슈 사이의 관계를 언급해 왔다. [PS]

Barthes, 1974; Genette, 1980; Lyotard, 1989; Ricoeur, 1984~1988.

선전
propaganda

선전은 의사 소통을 조종하여(정보의 제공이나 이미저리의 사용 모두를 이용하여) 집단의 태도와 행위를 통제 또는 변화시키려는 의식적 시도이다. T. H. 퀄터T. H. Qualter(1962, 1985)는 선전의 여러 속성을 밝혀낸 바 있다. 그에 따르면 선전은 계획적인 것으로 청중에게 영향을 미치려는 목적이 있다. 또 선전은 폭력을 행사하겠다고 위협하거나 보상을 제공하는 것이 아니라 태도를 변형시켜 행동에 영향을 주려고 한다. 선전은 본질적으로 엘리트주의적이다. 즉 소집단이 다수의 행위에 영향을 미치려 한다. 선전은 구어와 음악, 시각 영상을 포함해 온갖 형태의 상징을 사용한다. 이런 정의를 사용하면 선전을 분석하는 것은 물론 자유 민주주의하에서 선전을 이데올로기로부터 분리하는 것이, 또 선전을 통상적인 뉴스 보고나 정치 논쟁과 분리시키는 것도 무척 힘들어진다. 이데올로기들은 지배 계급의 이해 관계 속에 있는 신념 체계로서 사회 전반에 퍼져 나간다.

하지만 학교 교육의 많은 부분을 이데올로기로 분석하면 효과적이지만(그리고 실상 학생들의 행위와 태도에 영향을 주도록 계획적으로 고안되었지만), 그것을 선전이라고 부르는 것은 적합하거나 효과적으로 보이지 않는다. 나아가 선전은 논란의 여지없는 거짓과는 다르긴 하지만 선전이 사실을 허위화할 수 있고, 단지 사실에 대해 선택적일 수도 있고, 그 사실을 정서적 방식으로 제시할 수도 있다. 선전을 허위로 보는 것은 일상생활에서 '진실' 그 자체가 협상되고 경쟁되는 정도를 최소화하는 것이다. 한 사람에게는 진리가 다른 사람에게는 거짓이 되기도 한다. 그래서 전쟁에서 선전과 선택적 보고가 들어서면 첫번째 사상자는 흔히 진실인 것으로 판명되곤 하지만 평화 시의 뉴스 보고 역시 어느 정도 고도의 선택성을 가진다는 점을 고려해야 한다. 뉴스가 사회에서 일어나는 모든 일을 차별 없이 보고할 수는 없다. 선전의 분석은 그래서 정당한 선택성과 부당한 선택성 사이의 구분의 문제 또는 적어도 부당한 선택이 이데올로기가 아니라 선전이 되도록 만드는 특수 상황에 대한 설명의

문제를 제기한다. [AE]

Foulkes, 1983.

성, 성욕
sexuality

'성'은 아마도 프로이트의 정신분석학에서 가장 심하게 오해되는 개념일 것이다. 성은 흔히 '생식*genital*'이라는 용어와 혼용된다. 프로이트에게 성은 구체성을 초월한 보편적인 개념이다. 반면, 생식은 성을 이루는 하나의 요소에 불과하다. 성 행위 표현의 다양성을 주장하는 입장*pansexualist*에서 정신분석학에 대해 가하는 비판의 기본적인 내용은 프로이트가 모든 것을 성(즉 생식)의 문제로 환원했다는 것이다. 《성욕에 관한 세 편의 에세이*Three Essays on the Theory of Sexuality*》(1905)에서 프로이트는 성을 유아성욕, 다양한 형태의 성도착증, 징후의 기능(즉 주체의 성 생활을 재현하는 것), 대상 선택 시 나타나는 절대적 다양성과 이탈성과 같은 문제들을 포함하는 개념으로 확장하였다. 성은 본능적인 행위로 환원될 수 없는데, 그것은 욕동과 대상 간의 관계가 자의적이기 때문이다. 성은 신경증적 징후의 현상학을 구성할 뿐 아니라 정신분석가가 그 병인을 이해하는 데에 도움을 준다. 신경증의 병인이 성에 있다고 주장함으로써 프로이트는 그의 초기 후계자들인 알프레드 아들러Alfred Adler와 칼 구스타프 융Carl Gustav Jung과 결별하게 된다.

정신분석학에서 성은 유아가 상이한 단계들을 거치며 성장해 나가는 발전적 모델을 통해 설명된다. 구강기*the oral*, 항문기*the anal*, 성기기*the genital*, 남근기*the phallic*가 그것이다. 이 단계들에서 돌발적으로 심리적 장애가 일어나면 개인의 삶의 구조를 형성하는 기능을 하는 리비도의 배분 방식이 결정된다. 원래 신경증은 리비도가 고착된 단계들 가운데 한 지점으로 돌아가려는 퇴행적 반응으로 이해되었다. '현실*reality*'의 요구에 반응하는 능력이 없을 경우, 주체는 필연적으로 퇴행할 수밖에 없다. 성은 유아기 초기부터 자기를 명시적으로 드러내는 것으로 여겨진다. 미성숙한 성적 욕동의 요구가 이른바 오이디푸스 단계*Oedipal Phace*에서 억압되는데, 이때 아이는 어머니와의 **'상상적'** 동일시의 단계로부터 아버지와의 **'상징적'** 동일시의 단계로 이행하게 된다. 그리고 잠복기에 접어든다. 사춘기가 되면, 성이 주체에 대해 또 한 번의 과도한 요구를 표출하는데, 이때 아동기의 리비도적 모체*matrix*를 구성하였던 행위 양식들이 되살아난다.

오이디푸스기를 적절하게 거쳐가는 데에 성공하지 못한, 즉 어머니와의 동일시로부터 아버지와의 동일시로 적절히 이행하지 못한 주체의 경우, 사춘기가 되면 초기 유아기 때 얻은 성적 인상이 정신적 외상의 형태로 나타나며 억압되어 왔던 것이 되살아난다. 그 결과 신경증적 징후가 나타나고 그것이 주체의 성 생활에 작용한다. 신경증의 유형도 단계적 모델으로 구분할 수 있다. 예를 들어, 고착이라는 관점에서 볼 때 히스테리는 구강기, 강박증은 항문기에 관련된다. 라캉은 이러한 생물학적 단계 모델에 의문을 제기했다. 하지만 라캉이 이 모델을 완전히 폐기한 것은 아니다. 즉 라캉의 모델에서도 주체가 일련의 단계들을 거쳐 가는 것으로 묘사되기는 하지만 생물학적 요소가 특별히 개입되지는 않는다. 주체를 '단계들'에 매개하는 요소는 바로 거세 공포이다. 특히 라캉에게 거세는, 상징적 차원을 갖는다. 상징적 거세는 주체와 주체의 욕망의 대상 사이에 존재하는 근본적인 분열로서, 어떠한 대상도 끊임없이 분출하는 주체의 욕동을 완전히 충족시킬 수는 없음을 뜻한다. 오이디푸스 드라마를 통해 주체는 처음으로 자신의 욕망 안에서 소외되는 상징계로 들어선다. 따라서 성적 욕동은 상실한 대상에 대한 복합적 모조품이나 변형물을 추구할 수 있을 뿐이다. 그러므로 성은 본능적 행위의 차원으로 축소될 수 없다. 대신 부재, 금지된 것, 그리고 불가능성과의 변증법적 관계 속에서 발현되는 것이다. [SKS]

Freud, 1977, 1979; Laplanche & Pontalis, 1973.

세계관
worldview

독일어 'Weltanschauung'에서 유래된 말이다. 세계에 대해서, 그리고 자신들이 세계와 맺고 있는 관계에 대해서 화자 집단이 공유한 믿음들의 공통적 집합체를 의미하는 짧은 용어이다. 이 개념과 '언어 게임,' ⓐ 의미 담론 또는 패러다임 개념 사이에는 밀접한 상관 관계가 있다. 따라서 세계관은 한 사람에게 그의 세계관을 구성하는 데 필요한 믿음과 가정을 제공하는 언어 게임, 담론, 패러다임 안에 있는 그 사람의 자리이다. 그러므로 이러한 밀접한 상관 관계로부터, 언어 게임, 담론 또는 패러다임의 변화가 주어지면 그에 상응하는 세계관의 변화도 있으리라는 것을 알 수 있다.

ⓐ 문화 상대주의

[SH]

세련된 약호와 제한된 약호
elaborated and restricted codes

언어 사용 양식을 일컫는 한 쌍의 개념으로, 바질 번스타인Basil Bernstein이 사회 계급과 학문적 성취 사이의 상관 관계를 설명하고자 발전시켰다. 제한된 약호 아래 이루어진 발화는 맥락 의존도가 매우 높다. 그 발화의 의미는 특정 공동체에서 당연시하는 고유의 가치관과 사고방식을 알아야 해석될 수 있을 것이다. 그에 비해 세련된 약호를 사용한 발화는 그것이 기반하고 있는 의미와 가정, 가치들을 분명하게 설명함으로써 어떤 특정 맥락에 대해서도 독립적이고자 한다. 기본적으로 노동 계급 가족에서는 제한된 약호 안에서만 언어 습득이 이루어지는 반면, 학교에서는 세련된 약호를 사용하기 때문에 노동 계급 학생들은 불리한 처지에 놓이게 된다고 한다.

[AE]

소비
consumption

2차 세계 대전 이후 부의 증대와 전통적인 중공업에서 신기술과 서비스 영역으로 중심이 이동하는 경제와 산업 구조의 변화에 따라 적어도 1950년대 서유럽에서 자본주의는 '소비 사회'가 되었다는 생각이 등장했다. 이런 생각에 따라 점차 문화적으로 의미 심장한 행동으로서의 소비에 대한 관심이 늘어나게 되었다. 하지만 중요한 소비 이론들은 19세기 후반부터 찾아볼 수 있다.

그 가운데 톨스타인 베블렌Thorstein Veblen과 게오르그 짐멜은 도시 생활에서 소비의 의미를 처음으로 분명하게 논의하기 시작한 사회 이론가들이다. 베블렌(1953)은 새로운 부르주아 유한 계급의 '과시적 소비'에 대해 언급하면서 계급 정체성이 직업에 의해서가 아니라 독특한 라이프스타일을 구성하고 지위를 나타내는 소비 패턴에 의존한다고 주장했다. 비슷하게 짐멜은 〈대도시와 정신 생활The Metropolis and Mental Life〉(1950b)과 〈패션Fashion〉(1957) 등의 논문에서 모조 개인성*a sham individuality*을 계발하는 데 소비가 사용되는 방식을 분석한다. 닳고 닳은 교묘한 그리고 실제로 향락에 지친 소비를 통해 소비자는 자신을 차별화시키게 된다. 따라서 패션은 패션을 추구하는 소비자들이 같은 사람들과의 동류 의식 속에 자신을 통합시키면서도 대중과 구분 짓는 그런 동화와 차별로, 낯익은 것과 낯선 것의 묘한 상호 작용을 통해 작동된다. 짐멜이 볼 때 패션은 이국적이며, 낯선 것, 새로운 것에 대한 매혹을 나타내지만, 시간의 흐름에 따라 끊임없이 변화하다 보니 과거의 것, 나아가 역설적이게도 한때 스스로 패셔너블한 것으로 여겼던 자신의 자태까지 조소할 기회를 나타내기도 한다.

마르크스주의 사회 이론이 일차적으로 인간을 생산자로 보는 관점에 기반을 두는 한 마르크스주의자들은 전형적으로 소비의 가치에 대하여 위와 비슷하면서도 훨씬 더 강한 회의적 태도를 보인다. 인간을 소비자로 강조하는 것은 정치 경제적 투쟁의 핵심을 이데올로기적으로 흐트러트리게 되고, 아니면 기껏해야 자본주의에서 생산이 불완전한 또는 소외적 본성을 지니고 있음을 드러내는 것이다. 마르크스주의에서 소비에 대해 가장 부단한 관심을 보인 쪽은 아마도 프랑크푸르트학파였을 것이다. 호르크하이머와 아도르노는 문화 산업에 대한 논의를 통해서 적어도 마르크스 당시의 자본주의와 비교할 때 20세기 자본주의는 매우 특이한 생산 양식임을 설명한다 (Horkheimer & Ardorno, 1972). 마르크스에게 19세기 소비자들은 상품을 효용성 (또는 사용 가치)에 따라 자유롭게 선택할 수 있었다. 효용성이 없는 상품은 거부되었고, 따라서 소비자는 고도의 자본주의에 대해 일말의 권력을 가질 수 있었다. 호르크하이머와 아도르노는 후기 자본주의에서 매스 미디어와 광고의 위력에 힘입어 사용 가치가 자본가, 생산자들의 통제력 아래 놓이게 되었다고 주장한다. 단순하게 말하면 소비자는 자본주의가 구매해 주기를 원하는 것을 구매한다. 하지만 문화 산업 모델은 이보다 더 섬세하다. 호르크하이머와 아도르노의 설명에 따르면 소비자는 자본주의 체제의 수동적인 얼간이가 아니다. 고도로 관료화되고 도구화된 사회의 속박 속에서 다소간 즐거움을 갖고 생존하는 가장 효율적인 방법은 제공되는 재화를 차라리 받아들이는 것이다. 그런 소비는 자본주의가 가한 손상에 대한 심오한 인식을 표현하는 데 도움이 될 수 있다. 아도르노는 영화관에 가는 '여점원'을 상정하는데, 그녀는 영화 속 환상적 사건이 자신에게 일어날지도 모른다고 믿기 때문이 아니라, 자신에게 일어날 리는 없지만 영화 속에서라면 용인할 수 있기 때문에 영화관에 간다(Adorno, 1992b: 49~50). 이 삽화는 프랑크푸르트학파 이론의 한쪽 면을 나타내 주는데, 주의 깊은 독자가 아니면 종종 지나쳐 버린다.

소비에 대한 더 최근의 이론은 쇼핑에 담긴 유토피아적 요소를 인식한다. 쇼핑에 대한 하나의 이데올로기가 분석될 수 있다. 거기서 쇼핑 또는 소비는 우리 삶의 불만에 대한 하나의 해결책으로 인지된다. 라캉 식으로 말하자면 쇼핑은 우리에게 전체성을 회복시켜 주겠다고 약속한다. 하지만 프로이트의 꿈의 해석에서 보듯이 소비의 추구는 사회 생활의 실제 문제에 대한 환영적 해결로 해석될 수 있다. 결국 이런 분석은 프랑크푸르트학파의 입장으로 돌아간다. 끊임없는 소비주의의 순환은 단기적인 방안일 뿐 궁극적으로는 문제에 대한 헛된 해결책으로서 배제된다. 이론의 과제는 일차적으로 이런 불만의 원인이 되는 현실의 사회적·심리적 문제들을 밝혀내는 것이다. 자크 아탈리Jacques Attali는 이 주제에 대해 연민을 표한 적이 있다(Attali, 1985). 우리가 음악을 레코드 형태로 구매할 때 우리는 자신의 (일해야만 하는 필요성과 그로부터 받는 압박을 모두 포함한) 노동과 상품을 교환하는 것이다. 그런데 대다수 다른 상품들과 달리 이 교환에서만은 언젠가 그 음악을 즐길 여가 시간을 갖게 되리라는 유토피아적 기대감을 갖고 있다. 결국 우리는 일에서 해방될 미래를 기약하기 위해 일한다. 물론 그 날은 절대로 오지 않고, 음악의 사용 가치는 영원히 실현되지 않고 남는다.

소비에 대한 더 긍정적인 논의는 정치적 저항의 한 형태로서의 소비의 잠재성을 제시한 하위 문화 이론과 관련하여 처음 등장했다. 1950년대 이래로 청년 하위 문화는 자본주의의 산물을 소비하기는 해도 생산자가 기대한 방식과는 전혀 달랐다. 소비자에게는 그런 식으로 상품 자체에서 자신만의 사용 가치를 만들어 내는 능력이 있다고 믿었다. 그래서 미셸 드 세르토Michel de Certeau는 소비를 '2차적 생산'이라고 부른다. 산물은 자본주의가 제공했어도, 그 사용 방식까지는 아니다(de Certeau, 1984). '워크맨'(du Gay et al., 1997) '바비 인형'(Rand, 1995) 같은 당대의 핵심적인 상품들뿐만 아니라 쇼핑 센터가 여러 문화 연구들에서 분석의 초점이 되었다. 쇼핑은 다른 여가 활동들을 하기 위한 수단에 그치지 않고 그 자체로 대단히 대중적인 여가 활동으로 자리잡았다. 레스토랑, 영화관 그리고 그 밖의 다른 여가 시설들을 두루 갖춘 쇼핑 센터는 쇼핑 이외의 다른 유인을 제공하면서 여가 활동의 한 중심이 되고 있다. 그런데 다시 말하지만 집단들마다 쇼핑 센터를 서로 다르게 소비할 것이다. 소년층, 노년층, 실업자, 노숙자 등은 경제력이 없기 때문에 소비주의에서 분명하게 배제됨에도 불구하고, 바람막이가 되어 줄 따뜻한 곳으로, 즐기려고, 또 약속 장소로서 등의 쇼핑 센터의 효용성을 나름대로 찾는다(Morris, 1993).

소비의 정치적, 사회적 중요성에 대한 분석의 이론적 주제들은 대체로 인간의 자율성과 개인성에 대한 이해와 개념화와 연관되어 있다. 가령 신제품의 80%가 소비자들에게 외면당한다는 경험적인 증거는 소비자들이 능동적이고 자율적인 선택을 행사해 왔느냐 아니냐와 같은 논의에서 거의 가치를 갖지 못한다. 짐멜의 의사 개인주의*pseudo-indiridualism*와 심지어 호르크하이머와 아도르노의 문화 산업론조차 그런 통계치와 양립할 수 있다. 하지만 소비에 대한 고찰은 인간이 빽빽한 일상생활의 제한 속에서도 어떻게 자기 표현(이 표현이 풍성한 것이든 빈약한 것이든 간에)의 전망을 찾아내는가에 대해서 많은 점을 시사한다. [AE]

Bocock, 1993; Corrigan, 1997; Falk & Campbell, 1997; Miller, 1995.

소수자
minority

흔히 사회*society* 내에서 다른 집단에 비해 수적으로 열세에 있고 그래서 다수자의 의견 아래 고통받는다고 느끼기 쉬운 집단을 말한다. 그러므로 '소수자'라는 용어는 흔히 낮은 사회적 지위, 또는 자신의 관점이나 관심을 표명했을 때 권력의 결핍 때문에 이해 관계가 주변화되어 버리는 집단을 의미한다. 마찬가지로 소수자의 입장에 선다는 것(특히, 예컨대 인종적 소수자의 맥락에서)은 불평등과 오해의 상태를 유발할 수 있다. → 스테레오타입 하지만 과두정과 같은 예는 다른 사회 집단에 대해 지배적 권력을 행사하지만 수적으로는 소수라는 점을 염두에 둘 필요가 있다.

(자유주의의 가장 유명한 옹호자의 한 사람인) 철학자 존 스튜어트 밀은 현대의 대중 민주주의 사회가 다수의 이름으로 소수자의 권리를 침해할 가능성이 가장 큰 사회라 진단한 바 있다(이를 표현한 밀의 용어가 '다수의 독재*tyranny of the majority*'이다). 밀에 따르면 사회가 최고조의 잠재력을 유지하고자 한다면 소수자의 이해(그리고 특히 그가 개인의 영역이라 주장했던 사상의 자율성에 의해 표현된 소수자

의견의 권리)는 존중받고 보호될 필요가 있다. 밀의 맥락에서 보면, 가장 위대한 문화적 선*good*은 사회 내에서 관점과 라이프스타일의 다양성이 극대화되는 것, 그럼으로써 소수자 의견 표현의 권리가 보호되는 것과 유사하다.

질 들뢰즈와 펠릭스 가타리Félix Guattari는 표상*representation*의 '다수파*majoritarian*' 체계와 '소수파*minoritarian*' 체계, 그리고 이런 체계의 사회적 효과 사이에는 구분이 필요하다고 주장했다. 그들의 관점에서 보면, 소수파가 된다는 것은 사회 질서 내에서 주변화된 이해 관계를 갖는다는 것을 의미한다. 즉 소수파라는 것은 소수자에 속한다는 것과는 다르다. 예컨대 여성은 순전히 수적으로만 보면 다수자일 수 있지만 그들의 이해가 지배적 권력 구조와 사회 내에서 작동하는 의미화 체계 — 한 사회 또는 문화 속에서 여성들을 사회적으로 열등한 위치에 놓는 방식으로 작용하는 — 에 의해 주변화되었다면 소수파인 것이다. [PS]

Deleuze & Guattari, 1988; Mill, 1984.

소외
alienation

마르크스의 초기 저작에서 전개된 이론으로서, 인간이 사회 내지는 그것의 본질적이거나 잠재적인 본성으로부터 소원해지는 현상을 특징짓고 설명하고자 한다. 마르크스는 1844년 《경제학 철학 수고*Economic and Philosophical Manuscripts*》에서 소외(이전에는 철학 혹은 신학 저작들, 특히 헤겔의 저작에서 사용되었던 용어)를 자본주의 아래서의 노동 분업 탓으로 돌렸다(1975). 마르크스에게 인류는 (여타의 모든 다른 동물들과) 단순히 자신의 환경을 변화시킬 수 있는 능력 때문이 아니라 그 변화를 의식적(단순히 본능적이라기보다) 활동을 통해 수행할 수 있는 능력을 통해 여타의 모든 다른 동물들과 구별된다. 더 이상 자연적이지 않으며, 이전 모든 인간들의 노동의 산물 그 자체인 환경에 대한, 결과적으로 의식적인 재개입*re-engagement*은 인간성을 가능케 하고, 환경뿐 아니라 그 인간성 자체를 형성할 수 있는 능력을 부여한다. 요약하면, 생산은 대상화*objectification* 과정으로서 주체적인 인간의 창조성이 생산물에서 객관적인 형태를 취하는 것이다. 이는 다시 주체 편에 새로운 자기 의식을 허용한다. 소외는 이러한 대상성의 타락이다. 그리고 인간성의 자기 이해가 막혀 버리는 것이다.

자본주의 노동 분업은 단순히 공장에서의 노동자의 전문화와 그로 인해 어떤 개인도 전체 산물에 작용하지 못하고 단지 고립된 파편에 작용할 뿐이라는 사실만으로 성격이 확정되지 않는다. 더 나아가 그것은 제작과 판매, 정신 노동과 육체 노동 그리고 노동자와 자본가 사이의 분업에 의해서도 특징지어진다. 이러한 구조적인 특징은 네 가지 소외가 표명되는 것으로 나타난다(Lukes, 1969). 첫 번째로 노동자는 그/그녀가 그 산물의 차후 운명에 아무런 영향을 미칠 수 없는 한 산물로부터 소외된다. 두 번째로 노동자는 생산 행위로부터 소외되어, 그것은 어떤 내적인 만족도 제공하지 못하게 된다. 노동할 수 있는 능력 그 자체는, 그것이 다른 것과 교환될 수 있을 때만 가치를 갖는다는 점에서, 또 다른 상품이 되어 버린다. 세 번째로 노동자는 다른 노동자들과 사회 전체로부터 소외된다. 노동자는 고립된 개인으로 취급되고, 생산 과정에서 미리 주어진 기능을 충족시킬 수 있는 능력으로 평가된다. 따라서 생산은 더 이상 진정하게 협동적이거나 공동체적인 과정이 아니다. 마지막으로 노동자는 인간의 '유적 존재'로부터 소외된다. '유적 존재'는 철학자 루트비히 포이어바흐Ludwig Feuerbach(1804~1872)가 개발하였고, 마르크스가 인간이 자신의 운명을 집단적으로 그리고 자유롭게 결정할 수 있는 잠재력을 지칭하는 것으로 발전시킨 용어이다.

사회학과 사회 심리학에서 소외는 좀더 최근에 현대 생활(특히, 도시 환경과 노동에서)의 주관적 경험에 적용하기 위하여 받아들여졌다. 로버트 블라우너Robert Blauner(1964)는 네 가지 경험적으로 측정 가능한 소외 경험의 형태를 확인했다. 무기력(스스로의 환경에 영향을 미칠 수 없다는 경험), 무의미(생산물에 대한 자신의 기여를 확인할 수 없는 무능력에서 유래하는), 고립(노동 조직에 대한 어떠한 소속감도 결여됨), 자기 소외(작업으로부터 어떤 심리적인 보상도 얻어낼 수 없음)이 그것이다. 이는 마르크스의 분석과 다르다. 좀더 구체적으로는 마르크스의 소외에 대한 설명은 자본주의 구조와 그 구조에 대한 어떤 주관적인 지각과도 관계없는 그 구조 안에서의 노동자의 지위에 대한 분석이었다.

좀 느슨하게 규정되는 소외의 용례는 자기의 땅에서 외지인이나 아웃사이더 혹은 이방인이 되는 일의 은유적 연상을 충분히 활용하여 만들어진 것이다. 이 용례는 현대 사회의 조건에 대한 많은 철학적이며 문화적인 주해에서 발견된다. 소외는 어떤 의미에서는 20세기 경험의 범례라고 할 수 있는 추방의 경험과 쉽사리 연계될 수도 있다. 실로 실존주의는 소외와 불안, 불확실성 사이에 평행선을 이끈다고 할 수 있다. 마찬가지로 소외는 뒤르켐의 아노미 개념이나 혹은 베버가 말하는 현대 개인들의 관료제 철창과의 대면과 관련될 수도 있다. [AE]

Mészaros, 1986; Rotenstreich, 1989.

수사학
rhetoric

설득의 기예. 수사학이란 다른 사람들의 미래의 행위나 그들의 신념의 측면에서 영향을 미치기 위해 언어를 이용하는 것이다. 또한 '수사학'은 설득에 대한 형식적인 연구를 의미한다. 중세 시대에 이것은 문법 연구, 수학 또는 논리학과 같이 그 지위가 학문적인 배움의 한 분야였다. 르네상스에서 수사학은 정치와 법에 관심이 있는 사람들을 위한 실용적인 연구 분야로 간주되었다(에라스무스Erasmus의 《풍요론*De copia*》(1521)에 포함된 수사학 편람). 수사학에 대한 새로운 관심은 전후 시대에 폴 드 만(1919~1983)과 같은 포스트구조주의와 연관된 인물들에 의해 발전하였다. 해체주의*deconstruction*의 한 형태를 발전시킨 드 만은 비평과 철학 텍스트에서의 수사학적 언어에 특히 주의를 기울이면서 언어적 수사구들과 그 기능을 분석하

였다. [PS]

de Man, 1989, 1979.

숭고
sublime

숭고의 의미와 의의는 칸트가 《판단력 비판》(sections 18ff.)에서 가장 훌륭히하게 다루었다. 간단히 말하자면, 인지의 숭고한 순간은 하나의 대상이 정신*mind*에 제시되고 다시 정신은 오직 그 자체 개념화를 허용하지 않는 절대적 크기(예컨대, 압도적으로 큰)의 견지에서만 그 대상을 파악하는 순간이다. "그것이 숭고이며 그것과 비교할 때 다른 모든 것은 작다"(같은 책, section 25). 이러한 숭고한 순간은 인간 정신의 인지적/경험적 능력보다는 미적인 능력과 연관된 것이다. 그것은 하나의 느낌을 구현한다. 칸트의 모델 안에는 대상을 숭고한 것으로 재현하는 양식이 두 가지가 있다. 역동적인 것과 수학적인 것이 그것이다. 수학적인 것은 넓이나 크기의 개념과 관련 있다. 수학적으로 숭고한 것은 우리의 오성이 담을 수 있는 개념을 제공할 수 없는 (거대한 물체와 같이) 너무 엄청난 크기의 어떤 것을 포함한다는 점에서 그렇다. 다른 한편으로 역동적 숭고는 힘이나 장대함에 의해 그러한 크기가 제시되는 것과 연관되는데(예를 들어, 화산, 폭풍, 허리케인 같은 무서운 자연의 힘이 좋은 예가 된다), 이 역시 하나의 개념 안에 담을 수 없다. 이성이 상상(이것은 우리를 둘러싼 세계에 대한 경험적 직관의 구조로서)을 통해 정신에 제공하는 대상을 총체로 제시하도록 요구하므로, 숭고는 궁극적으로 합리성이 요구한 결과이다. 그러나 상상 자체는 자연의 경험적 세계에 묶여 있기 때문에, 숭고에 내포된 절대적 크기에 대한 느낌을 경험적으로 제시하기란 불가능하다. 즉 경험적 수준에서 절대적 크기의 물체를 제시할 수 없는데 경험 세계 자체가 절대적이지 않은 크기의, 상대적인 관계에서만 이해될 수 있기 때문이다. 그러므로 칸트에게 있어서, 숭고의 계기, 그리고 그로부터 발생하는 결과적 느낌은 숭고를 불러일으키는 실제의 대상이 아니라 인간 정신 안에 들어 있다. "그 자신에게만 동등한 것은 바로 크기이다. 따라서 숭고는 자연의 사물에서 찾을 것이 아니라 오로지 우리의 관념*idea* 속에서 찾아야 하는 것이다"(같은 책). 그러므로 숭고는 경험적 준거를 가질 수 없는 관념과 연관된다. 차라리, 숭고한 대상은 관념(절대적 크기라는 관념)의 대상이다.

칸트에게 있어서, 이러한 추론의 고리는 두 가지의 결론에 이른다. 첫 번째, 우리가 스스로를 '자연적 존재'라고 간주할 때, 숭고한 순간은 우리에게 "우리의 육체적 무력함을 인지하도록"(같은 책, section 28) 해준다. 즉 그것은 자연의 크고 무서운 힘의 맥락 안에서 이해될 때 인간 존재의 유한성을 증명한다. 그러나 다른 한편, 숭고한 느낌이 자연 안에 있는 것이 아니라 인간 정신에만 있기 때문에, 그것은 동시에 우리 스스로를 자연으로부터 어느 정도 독립적인 존재로 간주하도록 해주고 그것을 통해 자연에 대한 우리의 우월성을 증명한다. "인간 존재가 (자연의) 지배에 굴복해야만 한다 해도 이것은 우리 자신의 인간성이 변질되지 않도록 해준다"(같은 책). 따라서 숭고의 느낌은 그것에 동반되는 불쾌(즉 자연에 직면했을 때의 무력감)가 "……바로 이 판단이 (그 자체로) 합리적 관념들과 조화로운 관계에 있다"(같은 책, section 27)는 점에서 쾌의 느낌도 불러일으킨다는 사실에 의해 상쇄되는 것이다. 이와 같은 방식으로 숭고의 느낌은 인간의 상상력을 고양시키는 방법으로서 작용한다. 그래서 이성은 칸트에 의해 거대한 것에 대한 절대적 측정 — 숭고 — 과 동일시된다. 게다가, 합리성의 달성이 자유의 달성에 전제 조건이며 그러한 자유는 우리를 문화화되고 도덕적인 존재로 만들기 때문에, 숭고에 대한 칸트의 설명은 자연에 대한 그리고 문화의 목적에 대한 그의 설명과 연결된다.

최근에는 장 프랑수아 료타르 같은 사상가들이 숭고에 대한 칸트의 분석을 포스트모더니즘을 해설하는 수단으로 채택하였다. [PS]

Kant, 1987; Lyotard, 1994.

스타일
style

'스타일'은 많은 의미, 또는 여러 뉘앙스의 의미를 가지고 있다. 스타일이 패션, 또는 옷의 스타일(그것이 멋있는*stylish* 스타일이든 아니든)과 연관되는 것에 대해 생각해 보라. 혹은 음악 연주에 있어서의 스타일, 그래서 멋지게*with style* 연주한다거나 아니면 그냥 다른 스타일과 구분될 수 있는 스타일로 연주한다거나 하는 것 등에 대해 생각해 보라. 이러한 예들은 '스타일'이 특정한 가치가 부여된 채 사용된다는 것을 시사한다. 이런 경우, 스타일은 어떤 선호된 미적 가치를 가리킨다. 그리고 좀더 중립적인 의미에서는 스타일은 여러 요소들(옷, 음악 연주, 글쓰기 등의 구성 요소)의 의미 있는 조합을 가리킨다. 중립적 의미의 스타일에서, 요소의 선택과 그 요소가 조합되는 규칙은 기호적 약호*semiotic codes*로 분석할 수 있다. 이러한 것으로서 스타일은 가치의 표현으로, 그리고 사회적 집단들의 정체성의 표현으로 이해할 수 있다. ➚ 하위 문화 [AE]

스테레오타입
stereotype

스테레오타입이란 어떤 집단이나 개인의 태도, 행위, 기대에 대하여 과도하게 단순화되었으며 일반적으로 가치 부여된 시각을 뜻한다. 대체로 성 차별주의, 인종 차별주의나 여타 형태의 편견적인 문화의 저변에서 작용하는 이러한 견해는 전형적으로 변화를 거부하며, 그 문화의 구성원들이 타문화 구성원들에 대한 태도를 형성하는 데에 중요한 역할을 한다. 문화 연구 영역에서 스테레오타입의 영향이 가장 두드러진 곳은 매스 미디어 생산물 분야이며(드라마나 코미디 혹은 뉴스 보도 제작과 구성 과정에서 여성과 소수 민족이 그려지는 방식), 교육, 직업, 스포츠 부문에서도(개인을 그들이 속한 스테레오타입 집단에 특유한 것으로 간주되는 활동에 배치하는 데에서) 많이 발견된다. [AE]

Macrae et al., 1996; Oakes et al., 1994.

스포츠
sport

서로에 대항해(경쟁 스포츠의 경우) 또는 자연의 도전과 여타 도전에 대항해(등반 같은 비경쟁 스포츠의 경우) 경쟁자의 운동 솜씨를 시험하는 데 사용되는 규칙-지배적 육체 활동. 스포츠의 정확한 정의는 매우 이견이 많아 스포츠 철학에서의 논쟁 주제가 되고(Suits, 1978; Morgan & Meier , 1995를 보라), 국제올림픽위원회와 각 국가 스포츠 연맹들과 같은 조직의 정치적, 경제적 관심사가 된다(어떤 활동이 스포츠로 분류되면 새로 기금을 받을 수 있게 될 뿐 아니라 새로운 경쟁 기회도 가질 수 있기 때문이다).

서구 전통에서 스포츠의 역사는 적어도 고대 올림픽(기원전 776년에 처음 열린)까지 거슬러 올라갈 수 있고 넓은 의미에서 스포츠는 본질적으로 군사기술의 훈련에 기초를 둔 것으로 본다. 현대 스포츠는 17세기 이후에 모습을 갖추기 시작했는데, 특히 1612년에 영국의 코츠월즈Cotswolds에서 올림픽을 되살리려는 시도가 있었다. 초기의 현대 대부분 기간 동안 '스포츠'는 사냥과 낚시를 포함한 필드 스포츠를 가리키는 말로 사용된 것 같다. 실제로 이들 활동에서 현대적인 스포츠 윤리의 개념이 출현한다. '스포츠를 하는 것' 또는 '스포츠할 기회를' 주는 도덕적 함의는 사냥꾼의 사냥물에도 일종의 공정한 기회를 주는 것이다(예를 들어 땅에 내려앉아 있는 새를 쏘지 않는 것). 19세기에는 영국의 국립학교에서 오늘날의 스포츠를 지배하는 경쟁 스포츠와 유사한 것(뿐만 아니라 부분적으로 자기 기숙사에 대한, 나아가 기숙사 스포츠 팀에 대한 생도들의 충성을 모델로 한 응원단의 유형도)이 발전되었다. 그 결과 스포츠와 교육 사이의 연결이 중요하고 지속적인 것이 되었다. 스포츠는 특히 럭비 학교의 토머스 아널드Thomas Arnold의 정신에서 보자면 소년에게 팀 정신과 충성심의 감각을 주입할 뿐만 아니라 과도한 에너지를 배출하도록 하는 것으로 간주되었다. 이 시기에 스포츠는 종교와도 연결되었다. 예를 들어 럭비 학교에 초점을 둔 소설 《톰 브라운의 학창 시절*Tom Brown's School Days*》은 '강건한 기독교*muscular Christianity*'라는 개념을 찬양한다.

19세기 말에는 피에르 드 쿠베르탱Pierre de Coubertin이 올림픽 운동을 성공적으로 되살려 냈다. 쿠베르탱 또한 복합적인 도덕적 의제를 동기로 지니고 있었는데, 이는 쿠베르탱이 특히 아마추어리즘을 강조한 것에서 드러난다. 20세기 스포츠의 역사는 대개 매스 미디어의 스포츠 보도가 스포츠를 다루는 것에 의해 드러난 가능성에도 불구하고 그 아마추어 정신이 쇠퇴해 온 역사이며 그것이 대중 오락의 주요 형태로 발전해 온 역사이다(Whannel, 1992). 또한 20세기에는 특히 민족 정체성의 중요성과 관련하여 스포츠가 점차 정치화되었다(예를 들어 Jarvie & Burnett, 2000을 보라).

사회학에서 스포츠는 오래되었지만 아마도 비교적 주변적인 위치를 차지하고 있다. 스포츠가 계급(Gruneau, 1983), 인종(Jarvie, 1991), 젠더와 섹슈얼리티(Cahn, 1994; Messner, 1993)와 맺는 관계뿐만 아니라 직업으로서 스포츠, 그리고 스포츠와 경제 사이의 관계(Cooke, 1994)에 대한 질문과 같은 사회학적 탐구의 전형적 주제들이 스포츠와 관련하여 연구되었다. 1930년대에 사회적 상호 작용론자들이 스포츠에 대한 좀더 해석적인 접근을 도입하기는 했지만(예를 들어 G. H. 미드의 연구) 초기 연구는 기능주의 이론에 의해 지배되었다. 이 초기의 시기에 마르크스주의자들 또한 스포츠에 대한 다소의 관심을 보여 주었는데 그중에서도 스포츠와 이데올로기 사이의 관계를 들 수 있다. 매우 비판적이기는 하지만 정교한 스포츠 이론에 대한 단서의 예는 프랑크푸르트학파의 이론가 T. W. 아도르노의 연구에서 찾아 볼 수 있다(Morgan 1988). 스포츠 사회학을 위해 E. 더닝E. Dunning이 채택한 노버트 엘리아스Norbert Elias의 '문명화 과정'이라는 개념은 스포츠에 대한 사회 이론의 발전에서 추가적인 핵심 단계이며 초기의 기능주의적 관점으로부터 더 멀리 단절한 것이기도 하다(Elias & Dunning, 1986; Dunning & Rojek, 1992). 엘리아스의 '결합태*figurational*' 사회학은 사회 관계가 출현하는 과정을 탐구한다. 그것은 행위자

agent(행위자와 구조*agency and structure*를 보라)를 무시하는 기능주의의 문제를 교정하지만 개인의 자율성을 과장하지는 않는다. 인간은 자율적 개인이 아니라 타인에게 의존하는 존재로 파악된다. 개인은 그들이 만들고 유지하는, 그러나 또한 그들을 구속하기도 하는 동적인 좌표 속에서 함께 활동하며 서로가 서로를 지향하고 서로에게 의존한다. 이런 접근법은 스포츠의 초기 발전과 폭력의 통제, 프로페셔널리즘의 발전, 축구 훌리건, 스포츠와 세계화의 관계를 탐구하는 데 사용되었다(예를 들어 Dunning, 1999; Dunning & Sheard, 1979를 보라).

스포츠에 대한 문화 연구는 1980년대에 출현했는데, 남성의 스포츠 지배와 젠더와 섹슈얼리티의 구성에서 스포츠의 역할을 탐구하고자 한 페미니스트들이 이를 주도했다(Hargreaves, 1994, 2000, 2006을 보라). J. 하그리브즈J. Hargreaves와 I. 맥도널드I. MacDonald는 문화 연구의 접근법이 그람시의 헤게모니 이론에 이론적인 영감을 받았다고 주장한다. 그래서 스포츠를 문화적, 정치적 투쟁의 장소로서 내재적 가치가 있으면서 동시에 정치적 억압의 원천으로 인식하게 되었다는 것이다(Hargreves & MacDonald, 2002). 따라서 스포츠와 지역 공동체, 지역 정체성에 대한 — 하이랜드Highland 게임*과 신티shinty**에 대한 — 그랜트 자비Grant Jarvie의 연구는 이 전통 속에 자리 잡을 수 있다(Jarvie 2000).

아마도 스포츠에 대해 가장 주목할 만하고 사고를 자극하는 책은 C. L. R. 제임스C. L. R. James의 《경계를 넘어*Beyond a Boundary*》(1987)일 것이다. 제임스의 성장과 성인의 삶에서 크리켓의 중요성은 개인적, 민족적 정체성(제임스가 카리브 제도 출신이라는 점과 영국 문학과 문화를 사랑하는 사람이라는 것 사이에서 발생하는 긴장을 타협시키는)과 정치학, 나아가 미학(예술 형태로서 크리켓에 대한 예외적 장과 함께)에 대한 일련의 성찰에 근간을 제공한다. [AE]

* 하이랜드 게임은 하이랜드 지방의 문화와 전통을 이어가기 위해 스코틀랜드 등지에서 매년 개최되는 행사이다. 스코틀랜드의 상징인 백파이프, 킬트 의상이 등장하고 장대 던지기 등 다양한 경기가 펼쳐진다.

** 신티는 스코틀랜드의 고지대에서 하던 스틱을 이용하여 작은 공을 상대팀 골에 넣는 경기이다.

Coakley & Dunning, 2002; Giulianotti, 2005; Morgan, 1994.

시각 연구
visual studies

텔레비전이나 영화, 광고와 같은 동시대 시각 미디어 산물의 생산과 특별히 소비에 대해 연구하는 새롭게 출현한 학문 분과.

시각 연구는 크게는 문화 연구의 관심과 접근 방식을 시각 예술과 시각 문화 일반에 적용한 것으로 이해할 수 있다. 시각 연구는 그 자체로 약간은 낡은 용어인 '시각 문화'와 밀접히 연결되어 있으며, 실로 동의어로 받아들여질 수 있을 정도이다. 시각 문화는 문화 연구에서의 '도상적 전환'(철학에서의 '언어적 전환'과 유사하게)을 표상한다. 이 전환을 통해 이론가들은(구어적이거나 문학적인) 텍스트로부터 시각 이미지로의 방향 전환을 시도했다. 이 분야의 핵심 이론가로는 발터 벤야민(그리고 특히 그의 기계 복제 시대의 예술 작품에 대한 연구(1970b), 또한 사진(1999a: 507~530)과 19세기 파리 아케이드의 소비주의에 대한 그의 글(1999b)), 미셸 푸코(특히 '응시' 개념에 대한 글(1976)), 롤랑 바르트(1973), 그리고 자크 라캉(그리고 타자에 대한 구상(1977b))이 있다. 그것은 예술 사회학과 미술사 방법과 병행하여 문학 이론과 비판 이론에서 빌려온 방법들을 채택한 것으로 볼 수 있다.

시각 연구의 주제는 미술사와 비교할 때 가장 효과적으로 구성할 수 있을 것이다. 시각 연구는 공개적, 암시적으로 과도하게 과거에 열중하고(따라서 동시대 미술과 뉴 미디어를 무시하는), 고급 혹은 엘리트 문화에만 관심을 가지며 포스트-식민적 가치를 여전히 포함한다는 이유로 미술사에 대한 전통적인 접근 방식을 비판한다. 문화 연구를 따라 정체성 정치 그리고 관람자와 소비자의 사회적 구성에 관한 질문들이 전면에 배치된다. 연구 자료로는 사진, 영화, 텔레비전, 비디오와 인터넷 그리고 이것들의 상업적이며 대중적인 문화 형태(광고, 장난감, 스포츠 그리고 일상의 시각적 하루살이)로의 표현이 포함된다. 미술사의 전범적인 작업이나 1950년 이전에 만들어진 것들에 대한 관심은 거의 표출되지 않는다. 통상 시각 연구의 발전에 핵심 저작으로는 마이클 박산달Michael Baxandal의 《15세기 이탈리아에서의 회화와 경험*Painting and Expierience in Fifteen Century Italy*》(1972)이 이야기되어 왔다. 시각 연구는 아방가르드를 연구하는 가장 적절한 이론적 틀로 이해된다.

학문 분과로서의 시각 연구는 아직도 논란이 많다. 잡지 〈옥토버 *October*〉는 특별 쟁점을 마련하여 시각 연구에 대한 적대감을 표현한 바 있는데(Kraus, 1996을 보라), 이는 학계를 관통하는 긴장을 예시한다. 좀더 보수적인 학교가 자신의 입장을 지키려고 하는 반면, 좀더 진보적인 교육 기관에서는 과정을 도입하고 학생들에게 호소력 있는 연구를 지도하려 한다. 시각 연구의 미래에 관한 논쟁은 특정한 문화 형태에 적합한 연구 방법과 형식에 대한 논쟁이며, 그렇지 않았다면 잊혀졌을 문화 형태의 중요성을 인정해야 하는가와 관련한 논쟁인 한편, 또한 그 논쟁들은 학계의 정치 그리고 새로운 세대를 참여케 할 필요로 인해 생겨난 논쟁이기도 하다.

Elkins, 2003; Holly et al., 1994; Mirzoeff, 1999.

시뮬라크럼
simulacrum

관례적으로 볼 때, 시뮬라크럼은 플라톤의 존재론에 나오는 모방의 모방이다. 모방은 그것이 모방하는 이상적인(이데아적인) 형태보다 열등하며, 시뮬라크럼은 그 형태로부터 한층 더 멀리 있으므로 직접적인 모방보다 더 열등하다. 특히, 하나의 대상을 그린 그림은, 그 그림이 사물의 모방인 데다가 그 사물 자체가 단지 (이상적인) 형태의 모방이기 때문에 대상 자체보다 형태에 관한 내재적 진리를 덜 포함하고 있으므로 바람직하지 않은 것이다.

니체의 뒤를 좇아서 보다 극단적인 종류의 포스트모더니즘과 연관된 몇몇 철학자들은 시뮬라크럼의 중요성을 강조하는 경향을 보인다. 이것은 아마도 그들이 가진 일반적인 미학적 성향과도 관계 있을 것이다. 장 보드리야르는 시뮬라크럼에 특별한 중요성을 부여했고, 질 들뢰즈와 장 프랑수아 료타르 역시 이러한 접근을 취했는데, 그들의 초기 저작들은 특히 그러하다. 일반적으로 합의된 사항은 시뮬라크럼이 단순히 모방의 모방에 불과한 것이 아니라는 것이다. 그것은 어떤 방식으로든 이상적 형태와의 접촉을 회피한다. 플라톤이 형태들의 질서가 우주를 합리적으로 질서화하는 것으로 보았다면, 시뮬라크럼은 개념적 이성과는 통약 불가능한 것을 나타내게 되는 것이다. [RC]

Deleuze, 1990.

시민권
citizenship

법적으로 성문화된 정치적 의의(자신의 사적 이해에 관해 결정할 수 있고, 공공 이해와 관련된 사항들에 참여하며, 시민 사회의 생활에 참여할 수 있는 권리, 의무와 책임, 자유와 같은 것)를 갖는 일정한 사회적 특성을 부여받은 인간 행위자는 일반적으로 시민권이 있다고 본다. 그러한 시민권은 가끔, 오늘날 일반적으로 단지 국가의 성원이 되었다는 사실을 나타내기 위해 취득하는 '형식적 시민권*formal citizenship*'과 대비하여 '실질적 시민권*substantive citizenship*'이라고 불린다. 이러한 의미의 시민권은 무엇보다도 한 개인이 사회 정치체의 일부임을 함축하며, 개인의 권리와 의무 등은 구체적으로, 그리고 그들이 바로 그 사회 정치체의 성원이라는 이유로 소유된다. 따라서 예를 들면, 프랑스 시민에게는 프랑스 법률에 (i) 복종하는 동시에 (ii) 그 법률에 호소할 수 있기 때문에 특정한 정치적 지위(시민권)를 부여한다. 그러나 특정한 권리의 소유가 반드시 책임을 수반하는가는 분명치 않다. 그러한 견해는 예를 들면 자유 지상주의 주창자들이 논박할 수도 있는데, 그들은 권리를 정치적 자유의 문제를 동반하는 근본적 이슈로 인식하는 경향이 있다. 마찬가지로 권리의 법적 성문화가 한 주체가 가질 수 있는 이해들을 만족스럽게 구체화시키는 문제와 통약 가능한가를 장 프랑수아 료타르가 문제를 제기한 바 있다. [PS]

Marshall, 1950; Mead, 1986; Turner, 1986; Turner & Hamilton, 1994.

시민 사회
civil society

철학자 헤겔의 작업 이전에 '시민 사회'라는 용어는 거칠게 말해 의미상 '국가'라는 용어와 같았다(헤겔의 《법 철학 요강*Elements of the Philosophy of Right*》에 대한 앨런 우드Allen Wood의 서문 xviii을 보라). 헤겔은 이 용어를 사용하면서, 개별 시민 행위자들이 자유롭게 재정적인 부 그리고 재화의 소유와 교환을 추구하는 사회적 시장 교환의 영역(시장 경제, 애덤 스미스의 《국부론*Wealth of nations*》과 같은 텍스트에서 유래한 개념)을 암시하려고 했다. 헤겔은 시민 사회를 성원 간의 결합을 상호 애정(사랑의 속박)에 기반한 가족의 영역과 대조했다. 시민 사회는 가족과 대조되어 개인이 사적인 목표를 추구함으로써 주체적 필요를 만족시키는 수단으로 타인을 대면하는 (달리 말하면, 개인 간의 관계는 도구적이다) 계약의 영역으로 정의된다. 따라서 시민 사회에서 개인은 타인으로부터 하여금 그/그녀의 상대적인 독립에서 비롯된 자의식을 얻는다. 하지만 헤겔에게 이러한 독립은 그 안에 공유된 특성들을 포함하고 있다. 그 주체들의 적극적인 목표 추구를 통해서 개인은 상호 의존감도 발전하기 때문이다. 그러므로 시민 사회는 헤겔에게 있어 단지 자신의 자유로운 욕망 추구에 눈먼 개인들의 산물(애덤 스미스의 의미로는 순수한 시장 경제 영역)로서는 이해될 수 없다. 시민 사회와 함께 개인들이 스스로를 유지하기 위한 의무감 '그리고' 서로를 향한 의무감이 양자를 인식하는 이익 공유의 감각을 가져오는 것으로 이해된다(예를 들면, 헤겔이 주장하기를 시민 사회 내에서 개인들은 직업의 안정성에 대한 권리나 교육 그리고 가난과 같은 사회적 고난으로부터 보호받을 권리와 같은 일정한 자격 확보를 주장할 수 있다). 이 때문에 헤겔에 따르면, 시민 사회의 특징은 '보편적인 가족'을 구성하는 것으로서, 즉 공동의 기술이나 직업을 수단으로 연합할 수 있는 개인들의 '결사체'나 집단으로 구성되었다고 볼 수 있다. 헤겔의 설명에 따르면 시민 사회는 국가와 대조되는데, 국가는 궁극적으로 전체의 윤리적 선에 관심을 가지며, 사회 전체의 복지(헤겔의 용어로는 '윤리적 생활')를 이루려는 목적으로 서로 다른 이해(개인과 결사체 모두의)의 경쟁적인 주장을 중재하는 수단으로 작용함으로써, '보편적 가족'의 원리를 그 논리적 성취에 이르도록 한다. 젊은 칼 마르크스는 헤겔의 시민 사회 개념을 이어받았으며, 그것에 대해 다소간 무비판적인 태도를 취했다. 그러나 마르크스는 자신의 후기 저작에서 시민 사회와 국가가 밀접하게 연결되어 있다는 견해를 채택하게 되었다. 즉 시민 사회에서 개인적 결사와 직업들의 외면적 자유는 사실상 그 배후에 놓인 국가 권력 구조가 가면을 쓰고 나타난 것일 뿐이며, 국가는 높은 이윤을 얻어 내기 위해 대다수의 사람들을 착취하려는 목적을 가진 부유한 소수자의 손에 장악되어 있다는 주장이다. 그러므로 마르크스주의적인 관점에서는 시민 사회의 영역이 권력과 이데올로기의 논점과 긴밀하게 연결되어 있다. 최근의 몇몇 연구자들(Keane, 1988)은 헤겔의 견해, 곧 시민 사회는 국가 권력의 영역과 대조되는 개인적인 결사의 영역이라는 견해를 고수하는 경향이 있다. 그러므로 이 용어의 의미는 그것을 재평가하려는 마르크스의 시도로 소진되지는 않았다. [PS]

Hegel, 1991; Keane, 1988; Smith, 1986.

시민적 인간주의
civic humanism

정치적 권위와 권력 문제에 대한 하나의 접근 방식. 고대 그리스 철학자 아리스토텔레스(BC 384~322)의 저작에까지 소급해 추적할 수 있는 시민적 인간주의는 권력과 권위, 시민 행위자 등의 개념과 관련하여 자유주의나 마르크스주의와는 현저하게 구분된다. 시민적 인간주의의 대표자 가운데 가장 유명한 사람은 니콜로 마키아벨리(1469~1527)이다. 물론 여타의 사상가들도 시민적 인간주의 사상을 포용하는 정치 권력에 대한 설명을 제공한 바 있다(예를 들면, 제임스 해링턴(17세기)과 20세기의 '길드 사회주의'의 대표자 G. D. H. 콜G. D. H. Cole, 반면 계몽주의 사상가 장 자크 루소의 《사회 계약론*The Social Contract*》의 몇몇 요소들은 이러한 전통과 공통된 태도를 보여 준다고 할 수 있다). 마키아벨리의 《담론들*The Discourese*》(많은 점에서 그의 《군주론*The Prince*》과는 강한 대조를 보이는 저작)과 (마키아벨리의 영향을 받은) 해링턴의 《오세아나 공화국*The Commonwealth of Oceana*》은 시민적 인간주의의 정치에 대한 태도에 대해 좋은 아이디어를 제공한다. 그들은 투철한 시민적 의무감을 가진 정치적으로 능동적인 시민을 주창한다(마키아벨리는 이러한 감각을 '시민적 덕목*civic virtue*'이라고 이름 붙였다). 시민적 인간주의에 중심이 되는 것은 공동체를 지배하는 입법 기관이 그러한 공동체의 생존을 위해 필수적인 조건들, 곧 시민적 덕목의 재생산을 보증하는 법률에 따라 구성되어야 한다는 주장이다(따라서 해링턴의 교훈은 "좋은 법률이 좋은 사람을 만든다"는 것이다). 따라서 시민적 인간주의는 정당한 국가 간섭의 최소한을 제외하고는 방해받지 않는 선택을 함으로써 자신의 정체성을 표현하는 개인주의의 관점에서, 자유주의와 마찬가지로 정치적 행위자를 포착하지 않는다. 정치적 행위자를 공동체 자체의 기반이 되는 정체성과 통치 원리들의 확장으로 본다. 달리 말하면, 이른바 '공적' 영역과 '사적' 영역 사이에는 아무런 엄격한 구분도 없다. 따라서 시민은 그/그녀가 공동체의 정치적·문화적 생활에서 능동적인 역할을 수행하는 한 자율적인 존재로서 인식된다(여기서는 고대 로마 공화국이 모델이 된다). 마키아벨리와 해링턴은 둘 다 '균형 잡힌' 정치적 입법 기관, 즉 부유한 몇몇 소수(귀족)와 대다수 평민의 이익과 재능이 서로에 맞서 경쟁하고 서로에게 이용되는 기관을 만들고자 했다. 이는 세 가지 상이한 통치 모형(즉 절대 군주정, 귀족정, 민주정 각각 참주정과 과두정 혹은 무정부주의로 타락할 가능성이 있는)이 낳게 될 최악의 정치적 결과를 막기 위한 통치 모형에 도달하기 위해서이다. [PS]

Harrington, 1992; Machiavelli, 1983; Pocock, 1975.

식민주의
colonialism

'식민주의'라는 단어는 한때 편협한 지방색과 몰취미를 뜻하기도 했지만, 20세기에 들어서는 다소간 한정되어 유럽과 북미 세력이 비서구 문화와 국가들에 행한 강제적인 침략과 점유 그리고 지배를 의미하게 되었다. 이렇게 보면 대체로 식민주의는 명확히 19세기와 20세기의 현상이다. 하지만 이 현상의 뿌리는 최소한 18세기 유럽에서 생겨난 자본주의의 개화와 그것을 동반한 자유주의적 개인주의 이데올로기의 발전에까지 소급해서 추적할 수 있다. 식민적 본능 그리고 소유욕으로 가득 찬 개인주의는 손에 손을 맞잡고 함께 협조했다. 이는 《두 개의 통치론*Two Treatises of Government*》(1690년에 초판이 나옴)에서 아메리카 땅을 획득하는 것을 정당화했던 철학자 존 로크에 의해 확인된다. 《두 번째 통치론*Second Treatise*》의 중심적인 관심사였던 '자연 상태'에서의 개인의 자연권 주장, 시민 정부의 수립과 정당화, 그리고 개인 노동을 통한 재산의 획득과 보호는 궁극적으로 '지구의 불균형하고 불균등한 점유'(section 50)뿐만 아니라 '아메리카의 야생의 숲과 개간되지 않은 황무지'(37)를 유럽인의 소유로 귀속시키는 것을 합법화하는 데 사용되었다. 로크는 아메리카를, 원래 영국의 관습법에서 판결된 공유지와 유사하게, (개간되지 않았기 때문에) 사용되지 않은 방대한 구역의 땅으로 보았다. 이에 따라 원주민들은 진정으로 가치 있는 이 땅을 활용할 만한 경쟁력을 갖추지 못한 것으로 그려졌다. 유럽의 1에이커(약 4047m^2)의 땅과 아메리카의 똑같은 크기의 땅이 갖는 차이는 정말 단순하다. 즉 전자가 1년에 5실링의 '이윤'을 산출한다면, 후자는 '한 명의 인디언이 그로부터 얻을 모든 이윤에 값이 매겨져 팔린다고 할 때, 아마도 1페니의 가치도 없을 것이고, 어쩌면 그 천분의 일도 안 될 것이다(43).' 아메리카 원주민 인디언은 돈을 사용하여 교환하는 원리를 채택하는 일에 '인류의 나머지 사람들에 합류하지' 않았기 때문에, 그들이 거주하는 땅은 **'황폐한 상태로 놓여있으며,'**(45) 바야흐로 배타적인 **'재산권'**을 수여할 수 있게 하는 노동을 투여하는 합법적인 점유가 시작되려 하고 있다. 아시아와 유럽 대륙의 '초기 시대들'에도 적용될 '패턴'을 보여 주는 원시적인 아메리카에 대한 로크의 시각은(108), 대응이 되는 비서구 문화와 대비하여 서구 문화가 우월하다는 감정을 드러낸다. 이후 두 세기 동안, 이러한 우월감은 산업적 팽창과 그것이 제공하는 실제적인 힘을 가속화함으로써 더욱 배가되었다. 서구의 지배는 비서구 문화들이 힘이 더 센 서구의 이해에 맞춰 설정된 의제들에 따라 살기를 요구했다. 제국 지배권의 수립은, 비스마르크에 의한 1871년의 제2 제국 수립의 시기로부터 1914년 1차 세계 대전의 발발까지의 유럽과 서구의 성격을 규정해 간 군사주의를 점차 특징적으로 드러내면서, 유럽의 열강들 사이에서 낯선 땅, 특히 새롭게 탐색된 아프리카 대륙에 대해 전적으로 경제적인 혹은 직접적으로 정치적인 감독권을 확보하려는 제국주의 경쟁의 전조가 되었다. 의심할 여지없이 이러한 사태를 낳은 원인은, 제국의 경제 발전이 가져오리라고 간주되는 재정상의 이윤 그리고 그것과 짝을 이룬 중요한 자연 자원들 모두를 안정적으로 확보하려는 자유 시장의 여러 힘들이 부추긴 욕망이었다. 이러한 류의 식민주의적 활동이 일으킨 착취와 고난은, 조셉 콘래드Joseph Conrad가 1902년에 쓴 소설 《암흑의 핵심*Heart of Darkness*》에서, 식민주의자에게 들이닥친 잠재되어 있는 문화적 황폐함을 통해 충분히 효과적으로 그려진다(Conrad, 2000).

유럽 식민 권력이 소멸하는 시초는 1차 세계 대전의 종전, 독일과 오스트리아–헝가리 제국의 붕괴에서 찾을 수 있다. 동시에 1917년 러시아에서 소비에트 공산 정권의 출현은 서구의 산업 모델과 문화적 헤게모니가 더욱 강화되는 결과를 낳기도 했다. 홉스봄이 지적했듯이, 비록 외관상 반자유주의적이고 사유 재산 추구를 거부했지만, 공산주의 체제는 서구 못지않게 산업적인 경제와 사회 모델을 포용했다. 서구 자유주의와 동구 공산주의 사이의 연이은 70년간의 투쟁은 그러므로 서구의 문화–경제적 지배를 확장한다는 공동의 지반 위에서 대립하는 캠프들 간에 벌어진 지배를 위한 투쟁이었다. 특히 '20세기 비서구, 좀더 정확히는 비북서구 세계의 역사'는 '19세기에 스스로 인류의 통치자를 자임하며 수립된 국가들과의 관계에 의해 근본적으로 결정되었다'(Hobsbawn, 1995: 200)는 언급은 바로 이러한 견지에서 나온 것이었다.

2차 세계 대전의 결과로 서구 유럽의 거대 제국들은, 프랑스와 네덜란드 정부의 마지못한 태도에도 불구하고, 단호하게 퇴각했다. 영국은 전쟁 직후의 경제적인 곤궁에 직면하여, 자신이 한때 노예 상태로 묶어 두었던 인도와 아프리카 대륙의 일부분에 대한 권력을 양도했다. 프랑스는 알제리와 여타 영토들로부터 완전히 떠나라는 압력을 받았다. 이러한 형태의 식민주의 종결은 그러나 식민 이야기의 종말을 뜻하는 것은 아니었다. 미국이 공개적으로 유럽 제국들의 무장 해제를 지지했는지는 몰라도, 미국이 그렇게 지지한 것은 이러한 제국의 소멸이, 소련과의 격렬한 투쟁이 부각되는 전후 세계에서 자신의 영향력을 키울 수 있는 기회였기 때문이었다. 이러한 투쟁의 결과는 1989년 소비에트 제국의 붕괴이며, 미국의 세계 지배 시대의 출발이었다. 미국의 지배는, 서구 모델을 뒤쫓으려 애쓰는 엘리트들을 지닌 이른바 제3세계 국가들에게 거대한 자금을 빌려 주는 특징을 가졌다. 이는, 최근 서구 정부들 편에서 상황을 완화하려는 실용주의적 시도가 있었다고는 해도, 남과 북 사이의 간극을 만들어 온 비정상적인 빚을 증대시켜 왔다. 이에 따라 다국적 기업에서 그 조짐을 보였던 글로벌 경제 실천의 전개는 이와 동시에 미국의 경제적이며 문화적인 헤게모니의 급격한 성장을 불러왔다. 따라서 유럽의 식민주의는 최종적으로 미국의 신식민주의에 자리를 내주었다. 19세기적 척도에 따른 서구 권력의 식민 지배적 표출이 아직도 가능하다는 것은 최근 2차 걸프 전쟁과 미국이 주도하고 영국이 지원한 이라크의 사담 후세인 정권 전복에서도 증명된다. 의심할 여지없이 이 사건들은 2001년 9월 11일 뉴욕에서 벌어진 테러리스트의 공격(9·11)으로 인한 서구의 정치적 계급의 불안(혹은 아마도 분노)과 연결되어 있다. 그러나 이라크가 이 테러 공격과 연계되어 있다는 미국 정부의 잇따른 주장과 이라크의 화학 무기가 시민의 안전에 당장 위해를 가할 수 있다는 영국 정부의 (잘못된) 단언은 이 전쟁이 순전히 군사주의와 식민주의의 표출이라는 의심을 확인하는 데 기여했다. 이러한 침략이 정당화될 수 있는 것은 이라크의 자유주의적인 민주화에 있다는 이들 지도자들의 뒤를 이은 언명은 — 심지어 그것이 수천 서구 군인들과 수십만 이라크 시민의 생명이라는 대가를 치러야 할지라도 — 또한 19세기의 제국주의 못지않게 침략적이고 지배적인 문화적 식민주의에 대해 의심을 불러 일으키게 했다.

Hobsbawm, 1987, 1995; Pommeroy, 1970, 1974.

신보수주의
neoconservatism

신보수주의자는 공화당의 조지 W. 부시George W. Bush가 2001년 미국 대통령이 된 이래 미합중국에서 점점 더 큰 힘을 장악해 온 정치적 우파의 한 분파이다. 신보수주의적 사고에 중심적인 영향을 준 사람은 학자 레오 스트라우스이다. 신보수주의의 대부 어빙 크리스톨Irving Kristol에 따르면, "그것은 [……] 음모론적 비평가들이 말하는 '운동'이 아니라 '설득'이다." 이렇게 신보수주의적 태도는 어떤 마음 상태를 표현한다. 크리스톨은 이러한 마음 상태의 **'진정한*echt*'** 미국적 본성을 강조한다. 따라서 그 정당성은 그것이 미국 사회의 문화적·정치적 뿌리와 연결된 방식으로 주장된다. 그들이 종종 그렇게 불리듯이 '네오콘들*Neocons*'은 세금 부담이 최소화된 경제와 그에 따른 구속 받지 않는 자유시장의 지배를 선호한다. 그 결과 그들은 유럽연합의 많은 나라에서 시행되는 대규모의 국가 보건 및 사회복지 체계에 대해 경멸을 표한다. 역설적이지만, 이런 태도가 강하고 능력을 잘 갖춘 국가에 대한 신보수주의적 신념이 불편한 관계에 있는 것 같지는 않다. 이 점이 신보수주의자들의 열렬한 내셔널리즘(또는 '애국주의*patriotism*'), 종교적(기독교적) 보수주의의 이상에 대한 존경 및 국제중재재판소에 대한 반대와 함께, 2003년 이라크 침공과 더불어 벌어졌던 그런 종류의 미국적인 군사개입을 왜 선호하는지 설명해 줄 수도 있다.

Kristol, 1999, 2003; Norton, 2004.

신비평
new criticism

신비평에 가장 중요한 영향을 미친 것은 I. A. 리처즈I. A. Richards의 꼼꼼한 텍스트 중심의 작품 해석이었다. 그러나 신비평 운동의 핵심 구성원은 (영국으로) 귀화한 시인 T. S. 엘리엇T. S. Eliot과 미국 남부 출신의 세 명의 저술가 존 크로우 랜섬John Crowe Ransom, 앨런 테이트Allen Tate, 로버트 펜 워렌Robert Penn Warren이었다. 영국 비평가인 F. R. 리비스F. R. Reavies, 윌리엄 엠슨William Empson의 저작과도 중요한 연결점이 있긴 하지만 이 운동은 주로 북미의 현상이다. 신비평은 문학 형식의 문제를 강조함으로써 언어의 가능성에 대한 시인의 관심을 표현했다. 이는 비평의 관심을 작가의 삶에서 문학 자체로 이전시켜 문학 언어에 세밀하게 집중하는 미학 이론을 낳았고, 그 결과 주석학과 근원 탐색, 문학적 전기로부터 텍스트 분석으로 결정적인 전환이 이루어졌다. 꼼꼼한 독서에 대한 강조가 강단에서의 작업에 잘 들어맞고 이론적으로 고취된 대부분의 해석에서 출발하기는 했지만, 신비평의 지적 전제는 협소하고 보수적인 농경 이념에 확고하게 젖어 있어 맹렬한 공격 대상이 되었다.

텍스트에 집중할 것을 강조하는 신비평의 주장은 예술 작품을 영원하고 자기 충족적인 인공물로 이해한 결과였다. 텍스트의 물질성에 대한 관심에서 텍스트 생산과 관련된 문제를 건드리기도 했으나, 신비평은 주로 문학을 사회적 맥락에서 단절시켜 대부분 종이 위에 쓰인 단어에만 관심을 기울였다. 그 주요 대변자들의 출판물에서 이를 확인할 수 있다. 클리언스 브룩스Cleanth Brooks와 로버트 펜 워렌의 교과서 시리즈, 그 가운데에서도 《시의 이해*Understanding Poetry*》(1938)와 브룩스의 《잘 빚어진 항아리*The Well Wrought Urn*》(1949)가 가장 대표적인 저작들이다. 다른 사람들로는 먼로 비어즐리Monroe Beardsley와 리처드 P. 블랙머Richard P. Blackmur가 있다. 형식에 대한 강조는 예술 생산의 경제적 필요 조건과 관련된 질문을 도입하는 수단으로 출발했으나 복잡한 수사적 표현을 높게 평가하는 부르주아 미학에 이용되어 정치적 참여의 의무마저 대체하고 말았다. 윌리엄 K. 윔샛William K. Wimsatt이 정초한 이론에서 텍스트는 '도상적'인 것으로 정의된다. 즉 문학 언어는 그 자체가 목적으로 간주되며 문학은 역사적으로 지각된 모든 실체와 다양한 세계를 기술하는 것이 된다. 문학이란 인간에 대한 보편적으로 타당한 지각을 표현하는 것이다(《구어 아이콘*The Verbal Icon*》(1958)). 이는 문학이 저자와 역사적 맥락 모두로부터 독립된 심오한 인간의 문제를 표상하는 것이라고 말하는 것과 마찬가지이다. 그리고 비평은 이처럼 기본적인 인간성의 감각에 호소함으로써 예술 작품의 완전한 의미를 이해하고 설명할 수 있다.

꼼꼼한 독해에 대한 강조는 저자의 심리보다 언어의 작용에 초점을 맞추는 비평 이론의 결과이다. 하지만 최선의 경우 그것은 언어 구조에 대한 탐구를 언어 생산의 심리학과 사회학에 대한 좀더 개방된 관심과 결합시킨다. 윌리엄 엠슨의 저작은 신비평과 거리를 두긴 하지만 신비평 운동에 상당한 영향을 미쳤다. 그의 책 가운데 두 권, 신비평이 비평적 실천을 막 출발할 무렵에 씌어진 《모호성의 일곱 유형*Seven Types of Ambiguity*》(1930)과 그 후의 《복잡한 단어의 구조*The Structure of Complex Words*》(1951)는 텍스트–의미의 세부적인 꼼꼼한 주의와 문화적으로 두드러지는 관념에 대한 논의를 함께 결합하고 있다. 그러나 엠슨은 해석할 때 항상 맥락을 고려하였으며 모호성에 대한 그의 저술은 '역설, 아이러니' 등의 관념을 통해 궁극적인 조화를 단정하지는 않으려 애쓰고 있다.

예술에 대한 최근의 접근법, 특히 해체의 노선을 취하는 접근법 역시 세밀한 텍스트 분석에 몰두하여 텍스트의 모순적 계기에 집중한다. 주요한 차이는 신비평이 문학을 복잡한 수사적 표현(역설, 모순 어법, 모호성, 긴장, 아이러니 등과 같은)을 통해 자기 지시적 강조를 함으로써 삶의 복잡성을 드러내는 대상으로 취급한다는 점이다. 특히, 시를 문화적 성취의 최고로 보았는데, 그것은 시의 수사적 유형이 서구 사회와 기독교가 지니고 있는 확고하게 규정된 신념 체계와의 유추를 통해 모순을 화해시키는 표현으로 믿었기 때문이다. 이후에 성적, 인종적 권리를 위해 투쟁하던 사람들은 신비평이 텍스트의 모순적인 의미의 잠재력에 아주 민감했을지라도 그들의 궁극적 결론은 정치적으로 용인될 수 없는 것이라는 점을 들어 반대하였다. 이는 신비평이 채택한 방법이 대체로 (가부장제적이고 부르주아적인) 서구 사회의 구성원으로서 개인적인 존재의 단일하고 전체 포괄적인 진술로 둔갑시켜 버렸기 때문이다. 이와 대조적으로 해체주의적 비평 행위는 특히 정치적으로 동기화된 마르크스주의적, 여성주의적, 포스트식민주의적 비평에 관여할 때 주관성이나 동일성과 같은 중심 개념의 의미가 서로 경쟁하는 층위로서 텍스트의 다원적 해석을 강조한다. 신비평에 대한 반대는 정치적 지평에서뿐만 아니라 언어에 대한 환원적 이해에 대해서도 제기되었다. 모순을 표현하는 수사적 장치 전반에 대한 관심 신비평은 언어의 의미를 통제하는 것이 가능하며, 문학에서 만들어진 역설적 진술은 그것을 설명하고 해소할 수 있는, 충분히 수준 높은 정신을 기다리는 특수한 장점이 있다는 믿음에 집착했다는 것이다. [CK]

Hosek & Parker, 1985; Lentricchia, 1980; Litz et al., 1998.

신학
theology

서구 문화에서 신학은 로마 시대부터 신의 교리에 대한 기독교적 접근 방식으로 지배되어 왔다. 폭넓게 말해서, 이러한 관점은 신을 우주를 창조하고 나사렛 예수를 통해 자신을 인류에게 알린 전지 전능한 존재로 규정한다. 성부와 성신과 성령이라는 삼위일체의 다른 위位들과 함께 예수는 성자로 숭배받는다. 이들은 세 명의 동등한 신이 아니라 세 가지 위들 안에서 드러나는 하나의 신의 본질이라고 여겨진다.

이러한 개략적 설명은 기본적 묘사로서 작용하지만 약간은 잘못된 것이다. 기독교 신학은 결코 모든 신자들이 찬동하는 교조적인 단언들의 단일한 체계인 적이 없었다. 신약 자체에 많은 상이한 접근 방식이 초기 교회를 나누었다는 증거가 있다. 2세기까지 영지주의*Gnosticism**와 연결된 오랜 신학적 경향이 마르키온Marcion을 중심으로 성장한 종파*sect*들로 발전했다. 마르키온은 구약의 신은 예수가 사랑하는 아버지*loving Father*라고 부른 신이 아니라는 관점을 표명했다(그 후 이 관점은 19세기 철학자인 존 스튜어트 밀을 포함한 많은 사상가들에 의해 계속 공유되었다).

다른 분쟁들은 성경을 해석하는 방식들에 집중된다. 오리게네스Origenes(185~254) 같은 사람들은 우화적인 해석들을 옹호한 반면, 테르툴리아누스Tertullianus(155~222) 같은 이들은 성경 텍스트의 직역된 진실이라고 본 것을 강조했다. 이것은 여전히 마르틴 루터Martin Luther와 16세기의 종교 개혁 신학자들에게 중요한 문제였다. 교황과 주교들이 교리적 문제들을 결정할 수 있는 적법한, 신이 준 권리를 행사한다고 단언하는 사람들과 최고의 준거가 되는 문서로서의 성경에 의지하는 사람들 사이의 분쟁을 포함한, 많은 다른 신학적 분쟁들이 종교 개혁 기간 동안 일어났다. 또한 동일한 시기에, 신은 하나의 위라고 단언하며 삼위일체를 부인하는 유니테리언교가 등장했다.

유럽에서 르네상스와 종교 개혁의 결과로서, 성경에 대한 연구가 중대한 전환을 겪었다. 리샤르 시몽Richard Simon의 《구약의 비판적 역사*Histoire critique du Vieux Testament*》(1678)는 성경에 대한 텍스트 비평 과정을 출발시켰고, 이것은 성경의 권위가 점차적으로 무너지는 결과를 초래했다. 이 과정이 18세기 내내 빨라지고 깊어졌기 때문에, 모든 초자연적인 것들을 버리고 높은 이성의 기준에 의해 종교적 문제를 판단하는 자유 신학*liberal theology*이 성장했다.

종교 개혁에 앞서 전개될 한 사태가 현재의 신학적 사고에서 특히 중요하다. 14세기 초반에 신비주의 작가 요하네스 '마이스터' 에크하르트Johannes 'Meister' Eckhart는 디오니시우스 아레오파지트Dionysius Areopagite(또는 사이비 디오니시우스)라 불린 5~6세기의 시리아 수도승의 저술에 의존한 부정 신학*negative theology*을 발전시켰다. 디오니시우스는 신이 인간의 지성에 의한 이해를 넘어선 것이고 따라서 인간의 언어는 신의 본성에 관해 완전히 진실인 그 어떤 것도 표현하기에 부적합하다고 주장했다. 따라서 부정 신학은 신을 단지 '그'가 아닌 것 — "신이 아닌 것, 성령이 아닌 것, 위(位, *Person*)가 아닌 것, 이미지가 아닌 것"(Eckhart) — 을 통해서만 묘사한다.

에크하르트, 얀 반 뤼스브루크Jan Van Ruusbroec, 그리고 그 시기의 다른 신비주의적 신학자들의 저술들에서 명백히 나타나는 언어와 개념성에 관한 의심은 프리드리히 니체(1844~1900)와 마르틴 하이데거(1889~1976)로부터 영감을 받은 동시대의 철학적 사고의 한 경향 안에서 반향을 발견했다. 《기호의 침입*The Trespass of the Sign*》에서 케빈 하트Kevin Hart는, 부정 신학과 동시대의 대륙 철학 사이의 관계를 조사하고 부정 신학은 자크 데리다의 작업과 강한 상관 관계를 가진 일종의 해체적 사고라고 결론짓는다.

니체가 기독교 신학적 전통이 의존해 온 철학적 전제들에 의문을 제기했기 때문만이 아니라 (유명한) 신의 죽음을 공표했기 때문에, 니체의 작업은 20세기 신학에 깊은 영향을 미쳤다. 이러한 결론은 과학이 많은 자연 현상에 대한 새롭고 비신학적인 설명을 제공했다는 사실에 전제를 두고 있다. 신은 더 이상 요구되지 않았으며 종교적 믿음은 최후의 몰락기에 있는 것처럼 보였다. 이에 대응하여, 미국의 폴 반 뷰렌Paul van Buren과 토머스 알티저 Thomas Altizer, 영국의 돈 큐핏Don Cupitt 같은 신학자들은 신의 죽음에 대한 '신학' — 역설적인 기독교적 무신론 — 을 제안했다.

신을 무색하게 만든 19세기의 과학적 진보들 가운데 최고의 것은 찰스 다윈의 자연 도태에 대한 진화론이었다. 《종의 기원》(1859)은 한편으로는 근본주의*fundamentalism*의 상승을 유발하고, 다른 한편으로는 창조주와 창조의 관계에 대한 새로운 설명을 만들어 내는 보다 자유주의적인 사상가들에게 영향을 미치며 기독교적 견해를 양분했다.

다윈에 깊은 영향을 받은 20세기의 가톨릭 신비주의자 테이야르 드 샤르댕Teilhard de Chardin(1881~1955)의 작업은 그 후의 기독교 신학자들의 작업에 중대한 영향을 미쳤다. 그는 "진화는 모든 사실들을 비추는 빛이며 모든 선들이 따라야 하는 곡선이다"라고 주장했다. 테이야르에게 있어서, 세계는 미완성이며 '오메가 지점*Omega point*' — 신이 인류와 자연 안에 완전히 현현하게 될 순간 — 을 향해 전진하는 중이다. 슈베르트 오그덴Schubert Ogden, 존 콥John Cobb 등의 이른바 '과정 신학*process theology*'은, 창조 영성*Creation spirituality*에서의 최근의 발전들이 그렇듯이, 이러한 종류의 접근 방식에 많은 빚을 지고 있다.

후자 경향의 지지자들 중에서 매튜 폭스Matthew Fox는 가장 높은 인지도를 갖고 있었다. 그의 책 《원축복*Original Blessing*》(1983)은 그 제목이 전통적인 기독교 개념인 '원죄'를 암묵적으로 거부하고 있듯이, 기독교 신학을 최초의 '타락'과 회개의 필요성에 대한 강조로부터 예배의 중심 주제로서의 창조에 대한 찬양 쪽으로 이동시키려고 한다. 생태학적 의식*ecological consciousness*, 신종교 운동*New Age thinking*, 켈트 기독교 신앙*Celtic Christianity*, 부정 신학 그리고 비기독교적 신비주의의 다양한 형태들 모두가 폭스의 작업 안에 결합되어 있다. 폭스가 '창조 중심적 전통'이라고 생각한 것도 그 성격상 넓게 보아 페미니스트적이기도 하다. 이것은 아버지로서의 신의 남성적 이미지와 교회 전통의 가부장적 구조를 모두 거부한다.

페미니즘 신학은 사회에서의 남성/여성 역할의 평등화를 향한 정치적, 문화적인 운동들과 나란히 성장해 왔다. 엘리자베스 캐디 스탠턴Elizabeth Cady Stanton의 《여자의 성경*The Woman's Bible*》 이래로 19세기의 마지막 몇 년 동안 기독교 신앙의 남성적 구성과 남성 지배는 아주 세밀한 조사를 받아 왔다. 오늘날 각양각색의 페미니스트적인 전망에서 신학적 관심사의 모든 영역을 망라하는 상당한(그리고 증가하는) 작업이 있다. 앤 로즈Ann Loades는 그녀의 《페미니스트 신학: 독본*Feminist Theology: A Reader*》(1990)의 서론에서 이렇게 쓴다.

> 페미니스트 신학자들은 특히 (종교적) 전통이 작동하는 방식, 그것들이 사용하는 상징 체계, 그 안에서의 역할 특징, 전통이 사회적 억측을 반영하며 그 억측들을 모양 짓고 다시 모양 짓는 방식, 그리고 특히 우리가 신에 대해 젠더와 연관된 방식으로 말하는 것에 관심을 갖는다.

대체로, '신의 죽음,' 생태학적 의식, 페미니즘적 재해석들 그리고 여러 다른 신앙 전통들의 교차 교류는 신성 연구에 대한 태도 안에 나타나는 주요한 변천 요소이다. 이러한 변화들이 결합된 효과를 신학에서 새로운 시대의 여명이라고 말하는 것은 아마도 과장이 아닐 것이다. [KM/GH]

* 영지주의靈智主義란 기독교가 태동하던 1~3세기 경 기독교와 영향을 주고 받으며 전개된 혼합주의적 종교 운동이다. 정통 기독교와 영지주의의 근본적인 차이는 정통파 기독교가 '믿음'을 통해 구원이 가능하다는 견해인 반면 영지주의는 '앎'을 통해 구원이 가능하다는 견해를 가진 것에 있다.

Altizer, 1968, 1977; Cobb, 1977; Cupitt, 1988; Fox, 1983; Loades, 1990; Ogden, 1979, 1996; Stanton, 1990.

신화
myth

'신화'는 미묘하게 연관된 여러 의미가 있는 용어이다. 가장 근본적인 의미에서 신화는 초자연적 존재에 관한 (전형적으로 작자 미상의) 서사이다. 신화의 중요성은 특정한 문화 집단에 의해 공유되고 그 집단을 정의하는 신념과 가치를 표현하고 구체화하는 방식에 있다. 즉 신화는 한 집단(혹은 보편적 세계)의 기원과 세계 속에서 그 집단의 장소, 다른 집단과의 관계를 설명하고 그 집단이 숭배하는 도덕적 가치를 도식화하거나 예증한다. 신화학은 다양한 이론적 접근으로 이루어져 왔다.

정신분석학에서 신화적 주제는 전형적으로 보편적인 심리 갈등(오이디푸스 콤플렉스*Oedipus Complex*가 가장 유명한 예이다)을 표현하는 것으로 간주된다. 신화학만이 아니라 꿈, 종교, 예술에 관한 좀더 확장된 연구를 통해 융은 신화학을 구조화하는 기초적이고 종합적인 형식적 과정으로 원형에 대한 설명을 발전시켰다. 문화인류학에 대한 기능주의적 접근에서 신화는 사회의 재생산과 안정화의 필요성이라는 맥락에서 설명된다. 즉 집단의 규범을 약호화함으로써 신화학은 사회의 결속과 통합성을 강화하는 데 기여한다. 뒤르켐 사회학에서 신화학은 집단 의식, 즉 개인이 그 속에서 사회화되는 규범과 신념들, 그리고 산업 사회 이전과 산업 사회 모두에서 사회를 유지하는 접합제*cemet*로 작용하는 규범과 신념들을 표현하는 것으로 보이기도 한다. 신화에 대한 이런 이해와 유사하게 신화가 집단을 묶어 주고 동기화하는 것으로 보는 시각은 프랑스 마르크스주의 이론가 조르주 소렐Georges Sorel의 《폭력에 대한 성찰*Reflections on Violence*》(1907년에 초판 발행)에서도 발견된다. 소렐은 현대적인 정치 사회적 사건에 대한 설명을 잠재적인 신화(특히, 총파업의 사례 같은 것에서)로 간주한다. 그런 신화는 대중의 정치 행동을 촉발하는 감정을 일깨운다. 이는 혁명적인 방식에서 플라톤이 말하는 황금의 거짓말에 대한 보수적 설명과도 어울린다. 그의 유토피아적인 공화국에서 개인의 영혼에는 금속성 기질이 포함되어 있다는 신화를 통해 사회 내의 신분을 유지하도록 동기 부여된다. 통치자의 영혼에는 황금이 있는 반면, 전사에게는 은, 그리고 장인에게는 철이 섞여 있다. 따라서 집단 사이의 사회적 정치적 관계는 자연적 차이에 대한 허구적 설명으로 표현된다.

레비스트로스의 구조주의 인류학에서는 소쉬르의 기호학에 영향을 받아 신화를 기호 체계로 간주한다. 신화는, 문화가 그를 통해 사회적 존재들 간의 긴장을 반영하는 매체로서도 여전히 중요하지만, 레비스트로스에게 신화를 분석하는 적절한 방법은 신화를 잠재된 심층 구조(소쉬르의 랑그와 유사한)가 표출된 것으로 보는 것이다. 하나의 수준에서 그의 《신화학*Mythology*》 4권은 인류학 문헌으로부터 신화들의 광범한 배열을 충실하고 자세하게 설명한다. 또 다른 수준에서 그의 연구는 하나의 신화로부터 다른 신화로의 변형을 지배하는 규칙을 규정하려 시도한다. 신화에 대한 기호학적 접근은 롤랑 바르트(1973)가 특히 현대 문화에서 광범한 범주의 이미지와 행동을 분석하는 도구로서 시도하였다.

바르트의 분석은 다음과 같다. 하나의 기호는 외시적*denotative* 질서와 함축적*connotative* 질서를 갖는다. 기호는 세계 속의 어떤 것을 지적하거나 지시함으로써 외시 의미를 드러낸다. 즉 가족 사진은 두 성인(어머니와 아버지)과 두 어린이를 외시한다. 함축 의미로서 그 기호는 어떤 문화적으로 특수한 가치를 표현하거나 암시한다. 여기에 연관된 정확한 의미는 기호가 생산되고 해석되는 문화, 그리고 기호가 표현되는 방식에 달려 있다. 즉 가족 사진은 밝은 색과 맑은 날씨를 강조하며 환하게 조명될 수 있다. 이 사진은 여기서 가족 생활과 연관된 만족감과 안정성을 함축한다. 거꾸로 황량한 흑백 사진은 가족 생활의 억압과 세대 간의 긴장을 표현한다. 신화학은 이런 외시 의미 *denotation*와 함축 의미*connotation*의 구조 위에 구축된다. 신화처럼 기호는 추상적 개념에 대한 구체적이고 특정한 표현을 제공하며 이를 통해 우리는 특정한 사회적 경험을 이해한다. 즉 어떤 사진을 볼 때 이는 단지 우리가 지속적으로 인식하고 있는 가치를 일깨울 뿐 아니라 우리가 스스로 주목하지 못하고 의식하지 못하면서 당연하게 여기는 가치나 관념을 불러일으키기도 한다. 가족 사진은 가족 생활의 신화를 불러일으킨다. 이는 아마도 조화로운 이성애 가족의 신화일 수도 있고, 사회적·도덕적 질서에 대한 결혼의 혜택(컬러 사진의 경우)일 수도 있으며, 또 다르게는 가족적 삶의 붕괴의 신화일 수도 있다. 사진은 그것들이 당연시되고 과잉 단순화된 신념들에 대한 지지를 담고 있는 한, 정확하게 신화학으로 작용한다. 그런 신념은 사진에 대한 특정 이해를 이끌며, 사진은 이런 신념의 진실성을 강화한다. 신화적 신념은 복잡한 문화적 과정을 명백하게 자연스럽고 변화 불가능하며 자명한 것으로 변형시킨다. (플라톤의 고귀한 거짓말 — 문화가 자연으로 변하는 — 과의 연관성에 주목할 만하다.) [AE]

실용주의
pragmatism

20세기 전반 미국 사상계에 심대한 영향을 미쳤던 철학 운동. 실용주의와 연관된 주요 사상가들로는 찰스 샌더스 퍼스(1839~1914), 윌리엄 제임스William James(1842~1910), 존 듀이(1859~1952), 조지 허버트 미드(1862~1931), 클레런스 어빙 루이스Clarence Irving Lewis(1883~1964) 등이 있다. 하지만 이 사상가들이 하나의 기본 교의를 공유하며 그 기반 위에서 철저하게 실용주의자로 분류되는 것은 아니다. 오히려 철학적 문제에 대한 공유된 접근법 덕분에 '실용주의'라는 용어가 그들 각각에 잘 적용되는 것이다. 미국에 국한된 운동이었지만 (그 사상가들이 유럽의 철학과 문학에 사숙했다는 점을 고려해 본다면) 실용주의가 영국과 대륙의 철학에 많은 빚을 지고 있다는 것도 놀라운 일은 아니다. 그래서 퍼스와 같은 실용주의자들은 데카르트나 칸트의 저작에서 마주쳤던 지식의 문제를 명료화하는 데 주의를 기울였다. 퍼스의 실용주의 관념에 대한 압축된 설명으로는 아마도 〈실용주의란 무엇인가 What pragmatism is〉라는 에세이에 나오는 실용주의에 대한 설명을 보는 것이 가장 좋을 것이다.

> '개념,' 즉 단어나 다른 표현의 합리적 의미는 삶의 행위에 따라 생각할 수 있는 태도에 독점적으로 놓여 있다. [……] 만일 우리가 개념의 긍정 또는 부정이 함축하는 모든 생각할 수 있는 실험적 현상을 정확하게 정의할 수 있다면 우리는 그로부터 개념의 완전한 정의를 가지게 되고 '그 안에는 절대적으로 그 이상 아무것도 없다.'

다른 말로 하면 퍼스의 관점에서 실용주의는 지식의 표현으로서 개념의 가치를 결정할 수단으로 개념의 구체적 산물을 강조한다. 그래서 퍼스는 〈실용주의의 정의와 기술Definition and Description of Pragmatism〉에서 '합리적 인지와 합리적 목적 사이에는 분리할 수 없는 연계'가 존재한다고 본다. 그래서 퍼스는 실용주의란 "개념의 전체 '의미'가 실제적 결과에서 스스로를 드러낸다는 교의이다. 이 실제적 결과는 개념이 진실이라면 추천되는 행위의 형태를 띨 수도 있고 기대되는 경험의 형태를 띨 수도 있다"라고 요약한다. 다음으로 그는 탐구를 의심의 상태에서 출발하여 신념에서 해소되는 것으로 나아가는 과정으로 봐야 한다고 주장했다. 퍼스에 따르면 신념을 수립하는 가장 좋은 방법은 과학적 명령을 따르는 것이다.

아마도 실용주의와 관련된 사상가들 중 가장 유명한 사람은 윌리엄 제임스일 것이다. 제임스는 퍼스의 친구였고 자신의 관념을 퍼스 사상의 발전과 결합시켜 정립했다. 그래서 두 사람의 지적 발전을 분리시키는 일은 쉽지 않다. 하지만 제임스의 실용주의 개념은 퍼스가 제공한 것과 다르다. 리얼리스트로서 실용주의를 우선 의미 이론으로 정립했던 퍼스가 의미를 실제적이고 구체적인 인간 행위의 영역에 정초하려고 했던 반면 제임스는 다른 곳을 찾았다는 점에서 그렇다. 대조적으로 제임스는 개념과 인간 경험에서 관념의 역할에 대한 설명을 중요하게 보았다. 그는 우리의 신념이 행위에 영향을 미친다고 주장한다. 그래서 그의 실용주의는 관념과 신념이 우리 경험에 관계되는 방식에 집중한다. 또 제임스는 퍼스가 상찬한 리얼리즘에 몰두하는 대신 일종의 명목론*nominalism*을 포용한다. 좀더 중요하게 제임스에게 실용주의는 인간 사고와 행위(심리를 포함해)에 대한 좀더 일반적인 설명을 구축하는 것으로서 그 속에서 실용적 '의미' 이론은 단지 한 부분일 뿐이다.

존 듀이의 저작은 실용주의 주제의 다른 변형을 나타낸다. 제임스처럼 듀이도 심리학적 접근에서 출발했다. 하지만 후에 인간 행위에 대해 좀더 행태주의적이고 사회적인 뉘앙스를 지닌 설명으로 선회했다. 당시 듀이는 자신의 실용주의를 '도구주의*instrumentalism*'라 이름 붙였다. 듀이가 으뜸으로 생각한 철학적 관심사는 교육이었는데, 그는 교육이 사회 내에서 지식과 아이디어를 전승하는 일차적 수단으로서 아주 중요하다고 생각했다. 성숙기의 듀이는 사회를 일종의 교육 제도로 간주했으며, 인간이 실제 삶을 살아가는 영역으로서 삶의 목표에 도달하기 위한 교육적 수단으로 받아들였다. 그다음 듀이는 인간 행위와 사회 영역 사이의 연계를 강조하는 관점을 발전시켰다. 행위는 사회 공간 '안에서' 일어나는 것이 아니다. 사회적인 것 자체가 인간 행동의 본질적 측면이기 때문이다. 데카르트적 주체성 개념, 즉 마음-몸 이원론에 대한 듀이의 비판이 사회 영역에 대한 그의 관점을 명료하게 보여준다. 즉 마음과 몸 사이의 철학적 구분은 사고하는 개인이 그 구분 자체가 사고가 발생하는 사회 구조의 한 부분이라는 사실을 무시하도록 한다는 비판 말이다. 듀이는 이 관계를 '회로*circuit*'라는 용어로 설명했다(그의 1896년 논문 〈행동의 단위: 심리학에서의 반사호 개념The Unit of Behavior: The Reflex Arc Concept in Psychology〉을 보라). 그는 또 지식과 가치 사이의 관계를 설명하는 데도 관심이 있었다. 그의 주장은 능동적인 선택을 하고 그래서 조사하는 것에 가치를 매기는 자기 반성적인 과학적 탐구가 윤리적 행위의 으뜸가는 예라는 것이다.

퍼스와 제임스의 '실용주의'와 듀이의 '도구주의'에 대한 고려로부터 지식과 관련한 실용주의자들의 일차적 질문은 '그것이 작동하는가?'라는 질문이라는 점이 명확해졌다. 듀이의 용어는 그래서 적절하다. 실용주의자들은 무엇이 타당한 지식으로 간주되는가 하는 이슈에 맞닥뜨렸을 때 본질적으로 도구주의자들이라는 것 말이다.

오늘날의 사상가들 중에는 리처드 로티(1931~)가 합리성, 문화적 정체성, 정치의 문제와 관련해 반본질주의를 상찬하는 실용주의의 형태를 채용했다. 이것은 부르주아 자유주의에 대한 격찬과 짝을 이루고 있다. 로티의 접근은 아마 퍼스적이라기보다는 제임스적인 것에 가까울 것이다. 예를 들어, 그는 퍼스 실용주의의 중심 요소인 리얼리즘을 지속적으로 비판했다. 이를테면 로티의 주장 가운데 우리는 언어로부터 도망칠 수 없으므로 우리 사고는 단지 언어와만 관련된다는 것, 다시 말해 우리가 발화할 때 우리는 언어와 독립된 '실재'를 전혀 가리키지 않는다는 주장이 그렇다(철학적 어법을 사용하자면 '사실의 문제*matters of fact*'란 존재하지 않는다). 언어의 '외부'가 있다고 믿는 사람들을 로티는 '표상주의자*representationalists*'로 본다. 그리고 그는 이 입장에 대항해 자신의 '반표상주의'를 옹호한다.

> 지식에 대한 표상주의적 설명을 버림으로써 우리 실용주의자들은 외관–실재 구분을 버리고 대신 한 목적에 봉사하는 신념과 다른 목적에 봉사하는 신념 사이를 구분한다 [……] 우리는 실재가 신념을 진리로 만든다는 관념을 버린다 [……] (1998: 206).

그래서 로티의 관점에서 우리 언어는 정신과 독립된 어떤 영역이 아니므로 문화적으로 자리잡을 수밖에 없으며, 세계에 대한 우리의 지식은 쓸 만하고 우리의 목표에 맞는 문화적 규범에 의존한다. 요약하자면 로티 역시 도구주의를 옹호하는 한에서 스스로를 '실용주의자'로 본다. 유사하게 로티는 문화적 상대주의를 옹호한다. 그의 관점 가운데 한 부분에 대해 실용주의의 유산을 이어받은 다른 사상가인 힐러리 퍼트넘Hilary Putnam이 비판한 바 있다. 퍼트넘은 로티가 언어에 대한 자신의 설명을 뒷받침하기 위해 내세운 주장이 "지독하다*terrible*"고 주장한다. 퍼트넘이 지적하듯이 '사실의 문제' 같은 것을 믿는 것이 도구적으로 우리에게 유용하다면 어떻게 되는가? 그렇다면 로티의 주장은 그런 관념에 대한 진지한 거부를 거의 제기하지 못하게 된다. 로티의 사고 노선을 따르지는 않지만 퍼트넘 역시 실용주의의 선구자들이 처음 요약한 관념의 일부를 발전시키려고 했다. 예를 들어, 퍼트넘은 듀이의 저술을 따라 민주적인 삶의 형태에 대해 교육이 중요하다는 점을 지적했다.[PS]

Gallie, 1975; Mounce, 1977; Putnam, 1995; Rorty, 1982, 1991, 1998; Thayer, 1982.

실증주의
positivism

자연과학이 예를 보여 준 관찰 방법을 통해서만 지식의 타당성이 수립된다고 주장하는 지식 이론. 그래서 실증주의자들은 지식이 전적으로 감각 경험의 문제라고 본다. 실증주의의 뿌리는 적어도 오귀스트 콩트(1798~1857)의 저작에까지 거슬러 올라갈 수 있다. 하지만 17세기 철학자인 프랜시스 베이컨 역시 이 접근법과 연결시켜 인용해 볼 수 있다. 베이컨은 《신기관*Novum Organum*》(1620)에서 지식에 대해 설명하며 경험적 관찰의 중요성을 강조했기 때문이다. 20세기에 들어와 많은 사상가들이 '논리 실증주의'로 명명된 사상을 주장했다. 논리 실증주의는 버트런드 러셀과 고트롭 프레게뿐만 아니라 루트비히 비트겐슈타인의 초기 저작에 뿌리를 두고 있는 접근법이다. A. J. 에이어A. J. Ayer의 《언어, 진리, 논리*Language, Truth and Logic*》가 논리 실증주의의 기본 핵심을 정립한 주요 저작으로 자주 거론된다. 이 책에서 에이어는 모든 진술이 참이거나 거짓 또는 무의미한 진술로 나눠질 수 있다고 주장했다. 달리 말하면 하나의 진술이 과학적 검증 기준에 따른 관찰의 방법에 의해 원칙적으로 증명되거나 증명되지 않는 주장을 담고 있지 않다면 그 진술은 의미 없는 진술이라는 것이다. 이것은 진술/문장의 의미를 명료화하려는 시도로서 철학에서 일종의 '체제 정비적*ground-clearing*'인 시도였다고 할 수 있다. 이를 통해 예를 들어 종교나 형이상학의 이슈와 관련된 것과 같은 많은 질문이 실상은 의미 없는 질문으로 드러났기 때문이다.

실증주의에 대해서는 토머스 쿤, 윌러드 밴 오먼 콰인, 칼 포퍼와 프랑크푸르트학파의 사상가 막스 호르크하이머 등 많은 비판가가 있다. 여러 비판 중에서도 실증주의에 대한 호르크하이머의 공격은 자연과학으로부터 차용된 방법을 지식의 유일한 기준으로 볼 수 없다고 주장한다. 실증주의자들은 과학적 탐구가 사회 문화적 영역 내부에서 수행되는 것이 지식 구성에 기본 요인이라는 사실을 무시하고 있기 때문이다. 호르크하이머는 실증주의자들이 '지식'이라는 용어의 의미를 '방법'과 동일시함으로써 지식을 사회적으로 규정된 도구주의의 틀에 따라 개념화했으며(즉 지식은 주어진 목적에 적합한 수단을 찾는 문제라는 관점), 이것이 스스로의 본질과 구성에 대한 비판적 성찰을 포기하는 현대 산업 문화의 특징이라고 말한다. [PS]

Ayer, 1959, 1967; Hanfling, 1981; Horkheimer, 1992.

실험
experiment

엄격한 방법론적 기준에 따라 이론이 시험되는 상황으로, 경험적 분석을 수반한다. 실험은 자연과학(물리학, 천문학, 생물학 등)과 관련된다. 그러나 실험 모델은 학문의 폭넓은 문화 영역에서 다양한 연구자들과 사상가들이 채택해 왔다. 즉 사회학은 사회에 대한 과학이 되고자 하며 종종 사회적 행동에 대한 다양한 이론들을 정당화하기 위해 실험적 방법에 의존해 왔다. 마찬가지로 철학에서는 실증주의가 실험의 패러다임을 채택한다. 그러나 방법론은 더욱 광범위하게 문화적으로 유통된다. '여론'에 대한 미디어 실험, 또는 광고주나 정당의 시장 여론 조사 모두 과학적 실험 방법을 어느 정도 암묵적으로 인정한다. 이러한 방법론은 그것이 생산해 내는 결과를 훨씬 더 넘어서는 문화적이고 사회적인 의의를 갖게 된다. 예를 들면, 우리가 우리 자신 및 동시대의 사회를 바라보는 방식에 영향을 미치게 된다.

→ 과학 철학

[PS]

아노미
anomie

뒤르켐 사회학의 핵심 용어. 개인이나 집단에게 사회적 상호 행위를 이끌 수 있는 규범이 상실된 현상을 가리킨다. 이 개념은 개인의 행동과 경험이 사회 구조와 갖는 관계를 조명하는 데 쓰인다. 규범은 세속적으로 사회의 개별 구성원들의 목표와 소망을 제한하는 틀을 구성하며, 따라서 그 소망과 목표들을 실현하기 위한 수단들과 긴밀하게 연결되어 있다. 뒤르켐(1952, 1984)의 경우 이러한 연결은 인간 행복의 전제 조건이다. 이러한 틀이 침식되거나 붕괴(예를 들면, 점증하는 개인주의에 의한) 혹은 가용한 수단이 확장(예를 들면, 급속한 경제 성장이나 번영을 통한)되면 수단과 목표가 불일치하게 된다. "기준이 흔들리지만, 새로운 기준은 금방 제공되지 않는다. 공공적 양심이 인간과 사물을 재분류할 시간이 필요하다"(Haralambos, 1985: 238, 뒤르켐의 인용). 이 용어는 R. K. 머튼이 일탈 이론으로 좀더 발전시켰다(1968). 어떤 집단은 광범위한 사회에 긍정적으로 가치 부여된 목표들과 그 특정 집단 내부에서 쓸 수 있는 수단 사이에서 갈등을 느낄 수 있다. 그 결과 광범위한 사회의 지배적인 규범적 틀을 포기하고, 정상적인 목표를 달성하기 위해 절도와 같은 일탈적인 수단을 채택한다. [AE]

Lukes, 1969; Orrù, 1987.

아방가르드
avant-garde

예술 이론과 정치 철학에서 쓰이는 은유적 용어. 프랑스어 '아방가르드' 혹은 영어 '뱅가드'는 말 그대로 군대의 가장 앞선 부분을 지칭한다. 20세기 초부터 이 용어는 은유적으로 엘리트에 의한 정치적 혹은 문화적 리더십을 가리켰다. 이 생각에 내포된 가정은 아방가르드가 추구하는 정치적 혹은 문화적 진보이다. 사회의 대중은 그들이 이러한 진보와 이해 관계가 있다는 것에 대해 다소간 무관심하거나 무지한 편이며, 따라서 아방가르드에 적대적이거나 그것에 저항하려 한다. 문화적 모더니즘의 핵심 측면으로서 아방가르드는 전형적으로 모호하고 혁신적인 기법을 통해 자신을 표현하며, 신중하게 대중 문화나 매스 컬처에 손쉽게 동화되는 것에 저항한다(Adorno, 1984를 보라). 정치 이론에서 아방가르드는 필수적인 지적 엘리트, 곧 그들 스스로 최상의 이익을 보지 못하게 하는(Lukács, 1971을 보라) 이데올로기와 허위 의식에 무방비로 노출된 대중을 이끄는 자로 간주된다. 모더니즘에 대한 그리고 마르크스주의에 대한 늘어나는 질문과 더불어 아방가르드의 타당성에 대한 질문이 제기되고 있다(Bürger, 1984를 보라). [AE]

아이러니
irony

아이러니는 '무지를 가장하기*simulated ignorance*'를 의미하는 그리스어 아이로니아*eironeia*에서 나온 말이다. 하지만 그 정확한 의미는 규정하기 어렵다. 가장 단순한 의미에서 아이러니는 어떤 사람의 말이 그것이 의미하는 바와 반대되는 식의 발화 형식이다(짧다는 말로써 키가 크다는 것을 지시하고 용기 있다는 말로 겁쟁이임을 표현하는 식). 이런 식의 반어적 표현은 아이러니의 미묘함 가운데 일부만 잡아 낼 수 있을 뿐이다. 거짓말쟁이나 사기꾼은 그가 진정 원하는 것과 반대되는 이야기를 한다. 그러나 거짓말쟁이는 아이러니를 사용하지 않는다. 아이러니란 그것을 이해하는 사람이 그 반어적 의미를 인식하고 있어야 성립하기 때문이다. 그러므로 반어적으로 표현하는 목적이 중요하다. 청중을 속이려는 것도 아니면서 왜 반대로 이야기하는가? 두 가지 이유가 있을 수 있다. 첫째는 아이러니가 비웃음이나 비판적 코멘트의 형식이라는 점이다. 겁쟁이를 보고 용기 있다고 말하는 것은 그의 용기 없음을 조소하는 것이다. 아이러니는 말하는 사람이 하나의 뚜렷한 입장에 속하는 것을 막아 준다. 그리고 말하는 대상으로부터 일정한 거리를 유지하도록 해준다. (문학적인 아이러니의 고전적인 예가 조너선 스위프트Jonathan Swift의 《아일랜드 빈민 자녀를 유용하게 쓰기 위한 겸허한 제안*Modest Proposal*》(1729)이다. 여기서 그는 아일랜드 아기들을 먹어치우는 것을 인구 문제의 해결책이라고 옹호한다. 그럼으로써 스스로는 진지한 해결책을 제시하지 않으면서 '아일랜드 문제'에 대한 기존의 해결책들을 조롱한다.) 둘째로 아이러니를 아이러니로 인지하는 것은 내부의 세련된 구성원들을 상대적으로 순진한 외부인들로부터 구별하는 데 기여한다.

아이러니의 두 가지 특별한 의미에 주목해야 한다. '소크라테스식 아이러니'는 소크라테스가 사용했던, 적어도 플라톤의 대화록 초반부에 묘사되어 있는 대로의 논쟁 방식을 지칭한다. 소크라테스는 어떤 주제에 대한 전문가의 입장에 대해 무지와 공감을 동시에 가장한다. 이러한 가장은 그로 하여금 그의 희생자들의 주장과 반박이 모순에 빠지고 지리멸렬에 이를 때까지 그들에게 의문을 제기할 수 있도록 허용해 주었다. '낭만주의적 아이러니'는 특히 19세기 초 독일 철학자와 시인들 — J. C. F. 횔덜린J. C. F. Hölderlin과 프리드리히 슐레겔Friedrich Schlegel을 포함하는 — 에 관련된다. 이 아이러니는 소크라테스식 아이러니 위에 덧칠되어 명백히 양가성, 애매함, 의미의 파편화에 연결된다. 슐레겔의 경우, 아이러니를 통해 "모든 것은 장난스러우면서 진지하고 순진한 듯 열려 있으면서 동시에 깊게 감추어져 있다." 또는 다시 "아이러니는 역설의 형식이다. 역설은 선하면서 동시에 위대한 모든 것이다" (Simpson, 1988: 183). 아이러니는 그것이 인위적인 것임을 드러냄으로써 말과 글의 당연한 의미를 붕괴시킨다. 아이러니를 현대 문학 이론의 반열에 올려 놓은 것은 어떠한 발화나 텍스트의 해석도 궁극적으로 문제적이며 비결정적인 성격을 갖는다는 것을 강조하는 데 있다. 그렇기에 바르트에게 아이러니는 작가가 텍스트의 해석을 통제할 수 없다는 것을 보여 준다는 점에서 '글쓰기의 정수'이다. [AE]

Kierkegaard, 1966.

알레고리
allegory

그려진 인물이나 사건이 좀더 깊은 의미나 가려진 의미 곧 전형적으로 도덕적이거나 정신적 의미를 표상하거나 구현하는 데 활용되는 연극, 시, 그림 혹은 여타의 예술 작품. 따라서 인간 혹은 다른 구체적인 형태에 추상적인 성질들이 부가된다. 클라우디오 몬테베르디Claudio Monteverdi의 오페라 〈오르페우스*Orpheus*〉(1607)를 예로 들면 이 오페라는 한 소프라노가 '음악*La Musica*'으로 소개한다. 알레고리는 중세 도덕극에서 그 토대를 이루는 것이었다. 거기에서는 윌리엄 랭글런드William Langland의 《농부 피어스*Piers Plowman*》(14세기 후반)에서처럼, 선과 악 그리고 유혹이 인간 영혼을 위한 투쟁을 묘사하기 위해 인격화된다. 에드먼드 스펜서Edmund Spenser의 《선녀 여왕*The Faerie Queene*》(1590~1596)에서 여왕은 영광과 엘리자베스 1세 양자 모두의 알레고리이며, 그녀의 기사들은 신성, 절도, 정의와 같은 특수한 덕목에 대한 알레고리이다. 아서 왕이 장엄함의 알레고리인 식이다. 그리고 기타 등등. 존 버니언John Bunyan의 《천로 역정*The Pilgrim's Progress*》(1678; 1684)은 기독교인 남자, 여자, 세계의 현인, 신뢰, 자비와 같은 이름을 가진 인물들과 절망의 늪, 허영의 장날, 유쾌한 산과 같은 알레고리적인 장소로 가득 차 있다. 마찬가지로 그 알레고리적 관계가 불명료하고 꽤나 논쟁거리일지라도 알레고리는 많은 르네상스 그림들과 국가적 상, 거대한 구경거리(Yates, 1975를 보라)들을 해석하는 열쇠를 제공한다. 얀 반 아이크Jan van

Eyck의 〈아르놀피니 부부의 초상*Arnolfini and his Wife*〉(1434)에 나타나는 이미지들의 정확한 해석(그리고 그것들이 정말로 알레고리적 이미지라는 것을 인정하거나 부인하는 것)은 그 그림 전체를 이해하는 데 영향을 미친다. 알브레히트 뒤러Albrecht Dürer의 판화 〈멜랑콜리아 I*Melencolia I*〉(1514)는 알레고리적 이미지 활용의 특정하고도 집중된 사례를 제공한다. 바로크 음악에서 알레고리의 역할은 M. 부코프저M. Bukofzer(1939)가 어떻게 관습적인 의미가 특수한 음악적 형상으로 귀속될 수 있는지를 지적하는 가운데 탐구된 바 있다(그리하여 예를 들면 바흐의 한 칸타타에서 텍스트에 있는 '십자가*cross*' 표시는 음악에서 반음 올린 음과 연결된다. 반음 올림을 의미하는 음악의 샤프*sharp*는 독일어로는 십자가를 뜻하는 Kreuz이다). 발터 벤야민의 《독일 비극의 기원*Origins of German Tragic Drama*》(1977)은 바로크 연극에서 알레고리가 맡고 있는 역할에 대해 광범위한 분석을 제공한다. 알레고리는 그들의 숨겨진 의미들을 최소한의 관계도 갖지 않는, 관습적이며 실로 교환 가능한 이미지라는 견지에서 이해한다. 그리고 거기서 상품 교환과 하나의 유사점을 암시한다. 좀더 특수하게는, 알레고리는 정치 권력의 약호화, 재생산, 노출과 연루되어 있다(우울한 왕자*melancholy prince*의 이미지에서 최소한이기보다는 명백하게). 알레고리는 은밀하게 권력의 권위와 권위의 권력으로 요약된다 (Benjamin, 1977). [AE]

Ⓑ Kelley, 1977.

약호
code

의미화 약호는 한 텍스트가 독해되는 방식을 이끄는 문화적으로 승인된 일련의 규칙이다. 약호는 의미 단위가 선택되고 ⓐ 패러다임(계열체) 선택된 단위들이 의미 있게 결합되는 ⓐ 통합체 물질적 형태를 규정한다. [AE]

언어
language

언어에 접근하는 방식에는 여러 가지가 있다. 상식적 관점에서 언어는 사고의 소통(커뮤니케이션)을 위한 운송 수단으로 간주된다. 따라서 언어를 정의함에 있어 의미와 그것의 전달이라는 요소가 필수적인 것이 된다. 이런 관점은 사고를 행하고 발화의 형태로 언어를 통해 사고를 표현하는 주체를 상정한다. 이런 식으로 볼 때 특정한 언어(들)는 특정한 문화(들)에서 만들어진다고 할 수 있을 것이다. 그러나 그렇다고 해서 사고들이 꼭 문화적으로 특수한 것만은 아닐 것이다(다른 말로 하면, 의미의 문제는 인간 본성에 관한 문제, 심리학, 생리학 등등에 관련된 문제들을 야기할 수 있다). 이런 개념에서 보면 의미는 기본적으로 화자의 의도에 달려 있다. 이 견해에 대해서는 여러 시각에서 의문을 제기할 수 있다. 예를 들면, 포스트모더니즘, 구조주의, 포스트구조주의 등과 관련된 접근에 의문이 제기된다. 이런 관점에서 언어는 언어적으로 독립된 화자가 언어로부터 독립적인 의도를 표현함으로써 의미를 생산하는 것이 아니다. 그보다는 '화자'와 '의도' 같은 말들이 가능한 것은 언어의 존재(여기서 언어는 기호의 체계 또는 존재론적으로 주체의 구성으로부터 독립된 의미론적 과정으로 이해된다) 덕분이다. 다시 말해 화자들은 언어 내에서 구성되는 것으로 간주된다. 따라서 화자가 존재론적으로 언어에 앞서는 것이 아니다. 분석철학의 전통은 언어와 의미에 관한 일련의 설명을 제공해 왔다. 이 설명들은 단순히 그것들의 기초를 구성하는 주체성의 자의식적 모델에 의존하지 않는다. 대신 언어의 논리적이고 구조적인 전제 조건이 그런 주제들에 관한 우리의 이해에서 중요한 것임을 내세운다. 반면 라캉의 정신분석 모델은 무의식의 구성과 언어 사이의 구조적 연결을 상정한다(예를 들면, 그는 무의식이 마치 언어처럼 구조화된다고 주장한다).

언어에 관한 다른 설명들만큼 중요한 것이 표상과 지시의 개념이다. 즉 우리는 다음과 같은 질문, "언어는 세계를 우리에게 표상(재현)하는가? 아니면 그것을 우리를 위해 구축하는가?" 또는 "언어는 '비언어적인' 실체를 성공적으로 지시하는가?" 같은 질문을 던질 수 있다. 그런 질문들은 형이상학, 존재론, 인식론 등의 영역과 관련된 주제들을 포함한다. 예를 들면, 서구 형이상학 전통에 대한 데리다의 설명은, 그 전통이 의미와 의도의 본성에 관한 일련의 전제 조건들을 체현하는 것으로 본다. 그런 전제 조건들은 의미가 화자의 '현존*presence*'의 문제라는 태도, 반면 글쓰기는 의미의 위계에서 구어 다음에 위치하는 것이라는 태도를 포함한다. 즉 화자는 의미를 생산한다. 그러나 화자의 부재 속에서도 의미의 살아 있는 현존을 유지하기 위해 글쓰기가 필요하다. 마찬가지로 주체성이 의미의 근원이라는 관점은 주체의 특정한 존재론(다시 말해 주체는 의미의 발생에 관련해, 그 자체의 힘으로, 행위자가 될 수 있다)을 전제한다. 지식의 본성에 관한 질문들(예를 들면, 인식론적 질문) 또한 언어에 관련된 문제이다. 즉 (i) 비언어적인 경험들을 지시할 수 있는 능력, 혹은 다르게는 (ii) 주어진 공동체 내에서 지식으로 간주되는 것들을 규정하는 규범 또는 관습에 관련된 문제이기도 하다. 규범성과 공동체에 관한 질문들이 전면에 떠오를 경우, 언어에 관한 어떤 설명도 의미의 구축에 포함된 문화적 요인들에 주의를 기울이지 않으면 안 된다.

일반적인 의미의 '언어'(L을 대문자로 쓴 Language)에 관해 이야기하는 것이 가능한가 하는 것에는 의문의 여지가 있다. 많은 이론(예컨대 구조주의)이, 모든 언어에 적용될 수 있는 어떤 특성이 존재한다는 믿음에 적어도 포괄적인 동의를 표하고 있음은 틀림없다. 오직 그런 관점에서만이 구조주의는 언어에 대한 '과학적' 설명임을 주장할 수 있었다. 그러나 이런 의미에서 일반 '언어*Language*'는 형이상학의 문제에 묶여 있는 개념이다. 우리가 일반 언어라는 말을 이런 식으로 사용할 때, 그 말이 가리키는 것은, 하나의 명제에 포함된 특정 지시 대상이 존재하는 방식으로는 표현되거나 드러날 수 없기 때문이다. 또 다른 예로 '보편'이란 말도 그렇다. 이 말의 지시 대상은 보여질 수 없는 전체성이다. 그것을 보여 주고자 하는 바로 그 시도 자체가 그것의 일부일 수밖에 없기 때문이다. 마찬가지로 최소한 우리가 총체성을 언급할 수 있다는 전제하에 일반 언어에 관해 이야기할 수 있다. 그런데 이 총체성을 지시하는 명제 자체가 그것이 언어이기 때문에 그 일부일 수밖에 없다. (러셀의 아포리아에 관련된 문제 ➔ 거대 서사) [PS]

언어 철학
philosophy of language

20세기 초반부에 일어난 '언어적 선회'의 결과 생겨난 철학의 접근법을 이르는 말. 이들 접근법의 공통 핵심은 언어의 분석을 통한 언어의 이해가 철학적, 이론적 연구의 전 영역에 핵심적이라는 것이다. 주요 관심 영역은 다음을 구성하는 데에서 언어가 수행하는 기능이다. (i) 종교, 도덕, 윤리, 예술, 문학, 정치, 과학, 수학, 그리고 나아가 철학의 담론과 관련된 철학적, 이론적 문제들, (ii) 우리 자신, 사회적 물질적 실체들, 그리고 이들 실체와 맺는 관계에 대한 개념이 그것이다.

언어적 선회는 여러 철학 사상의 학파에 명백한 영향을 미쳤다. 분석 철학에서는 전통적으로 세계 위에 언어의 지도를 가능한 한 정확하게 그릴 것을 강조했다. 이를 달성하기 위해 일상 언어 속에 '감춰진' 논리 구조를 엄밀하게 분석하는 데 초점을 맞추었다. 이 철학파의 기본 가정은 언어의 주된 용법은 세계에 대한 사실의 의사 소통이라는 것이었다. 하지만 최근에는 이 가정에 대해 의문이 제기되었다. ➔ 지시, 분석 철학

분석 철학에 대한 보완적 운동은 '일상 언어 철학'이다. 이름이 시사하듯 여기서도 일상 언어에 초점을 맞추었다. 하지만 이 집단의 철학자들은 일상 언어의 심층 논리 구조나 구문 구조를 드러내려고 하기보다 언어가 발화의 실제 사회적 맥락에서 어떻게 사용되는지에 초점을 맞추었다. 그 결과 분석 철학에 반대하여 언어가 단일한, 주된 기능이 있다는 가정으로부터 언어가 많은 기능, 예를 들어 약속, 명령, 질문 같은 기능이 있다는 쪽으로 이동했다(Austin, 1955). 언어의 이런 다양한 용법에 대해 분석하면 철학이 관여하는 문제들을 더 잘 이해할 수 있을 것으로 생각했다.

과학 철학에서는 적어도 이론 형성에 사용되는 언어의 연구와 이해가 자연 세계를 어떻게 아는가를 이해하는 데 결정적이라고 생각한다. 예를 들어, '논리 실증주의자들'은 세계에 대한 진리 주장을 형성하기 위해 과학자들이 채용하는 실험 방법에 언어를 가능한 한 긴밀하게 묶는 것이 중요하다고 생각했다. ➜ 의미 그러면 언어가 세계를 훨씬 더 정확히 반영하게 되리라는 것이다. 반면에 토머스 쿤은 자연 세계의 개념 자체에서 언어가 중요한 역할을 한다고 보았다(1970). 쿤의 입장은 언어가 세계를 반영한다기보다는 실제로 세계를 구성한다는 급진적 함의를 담고 있다.

구조주의를 지지하는 사람들은 W. H. 웰시W. H. Welsh처럼 언어를 비교적 동질적인 사상*affair*으로 보는 경향이 있다. 이런 점에서 언어에 대한 세심한 연구는 결과적으로 특정 사회의 잡다한 사회적 담론의 기저에 있는 구술과 문자 기호들의 메타체계를 드러낼 것이다. 그런 연구의 궁극적 목적은 조사 대상인 특정 문화의 관습과 실천을 더 잘 이해하는 것이다.

포스트구조주의와 포스트모더니즘의 옹호자들은 기저의 '메타체계'라는 관념을 거부했다. 그들은 언어와 그에 상응하는 사회가 수많은 담론으로 구성되며 각 담론은 다른 사회적 담론들과 실제적으로 독립하여 작용하는 것으로 보았다. 이런 관점을 취하면 구조주의자들이 희망했던 특정 문화의 전체적인 이해에 도달할 가능성은 전혀 존재하지 않는다. 게다가 포스트구조주의자들과 포스트모더니스트들은 구조주의자들에 비해 언어가 훨씬 안정성이 적고 사회 구조와 사회를 이루는 개인들의 구성에 훨씬 큰 영향을 미친다고 보았다.

해체의 지지자들은 해체를 하나의 사상적 학파라기보다는 하나의 기술로 간주한다. 언어에 대한 그들의 가정이 포스트구조주의와 많은 부분을 공유하고 있기는 하지만 포스트구조주의자들 모두가 해체를 지지하는 것은 아니다(Said, 1978을 보라). 해체의 주요 주창자인 자크 데리다는 다른 철학자와 이론가들이 지식의 기반으로 취급하는 것들이 단지 사회적 구성물에 불과하다는 것을 드러내는 좀더 — 또는 종종 덜 — 진지한 무기로서 해체를 사용했다.

프랑크푸르트학파, 특히 하버마스는 언어 분석을 통해 아도르노와 호르크하이머가 2차 세계 대전의 도덕적 무도함의 결과로 보았던 비관주의를 극복할 수 있다고 본다. 《계몽의 변증법》(1944)에서 아도르노와 호르크하이머는 인간의 해방을 추구했던 계몽 기획의 잠재력이 어디서 훼손되는지 그 과정을 그렸다. 그들은 실증주의적인 사회 정치적 변화에 별 희망이 없다는 결론에 도달했다. 이 비관주의에 대한 '치료법'을 찾으면서 하버마스는 언어 분석으로 선회한다. 부분적으로 후기 비트겐슈타인의 저작(1953) 그리고 부분적으로는 칼 오토 아펠Karl–Otto Apel(1976)의 저작이 하버마스에게 영감을 주었다. 그가 보여 주려 했던 것은 언어의 가능성 자체가 화자들 사이의 심층적 상호성의 존재를 함축한다는 것이었다. 그는 이 상호성이 새로운 해방적 사회 정치적 기획의 기반을 형성할 수 있다고 생각한다. 그 결과가 하버마스의 '의사 소통 행위 이론'이다(1984, 1987). [SH]

에피스테메
episteme

미셸 푸코의 저서 《말과 사물*The Order of Things*》(1970)에 나오는 용어로서 지식의 형식을 일컫는다. 푸코가 논하기를 근대성에서 특수한 담론 형식들은 과학의 기반을 이루는 기초적이고 제한된 개념들(예를 들어 주체에 대한 특정의 인식론적 개념화)을 제공해 왔다. 이것들이 합쳐져 근대적 에피스테메를 구성한다. [PS]

Foucault, 1970; Harbermas, 1988; Smart, 1984.

엘리트
elite

엘리트는 (문화적 엘리트처럼) 사회 생활의 어떤 영역에서 지도력을 갖거나, 사회 전체적인 지도력을 갖는 소규모 집단이다. 전형적으로 엘리트는 비교적 동질적이고 대체로 폐쇄적인 회원 제도를 가지고 있는 것으로 이해된다. 현대 엘리트 이론은 20세기 초 빌프레도 파레토(1963), 게타노 모스카(1939) 등의 저서를 통해 발전했다. 모든 사회는 불가피하게 우월한 조직화 능력을 갖춘 엘리트와 열등한 대중으로 분화된다고 주장하는 한에서만 보더라도 이 이론은 사회주의와 대립했다. 이론적 수준에서 더 중요한 점은 엘리트 이론이 이번에도 사회주의와 마르크스주의와는 반대로 사회의 지배적 집단의 권력이 경제적 권력에 뿌리를 둘 필요가 없다고 주장했다는 점이다. 계급에 대한 정의가 경제적인 것인 한, 엘리트 이론은 계급 이론과 다른 사회 계층과 위계에 대한 대안적 설명을 제공하였다. 이런 점에 비추어 C. 라이트 밀즈C. Wright Mills(1956)의 저서 《파워 엘리트*The Power Elite*》는 의미심장하다. 밀즈는 현대 미국이 사회의 세 가지 핵심 영역, 즉 산업계, 정계, 군부를 통합한 엘리트에 의해 지배되고 있다고 주장했다. 그 이전의 엘리트 이론들과 달리 밀즈의 관심은 엘리트들을 노출시키고, 그들의 불가피성을 피력하기보다는 그들이 민주주의에 장애가 되는 역효과들을 드러내는 것이었다.

문화 연구에서 엘리트 이론은 대중 사회론을 통해 천부적으로 우월한 엘리트 문화가 존재한다는 가정 속에 가장 큰 영향을 미쳤다. 나쁜 쪽으로 보자면 이런 엘리트 문화는 현대 매스 미디어에 의해 위협받고 침식당하는 것으로 보이고, 좋은 쪽으로 보더라도 매스 미디어가 엘리트 문화에 도움이 되지는 않는다. 그렇게 엘리트 이론은 명시적이든 함축적이든 엘리트 문화의 기준으로 대중 문화를 판단하고 부족한 부분을 찾는다. 그런 까닭에 그것은 대중 문화의 미묘함과 복잡성에 대해서는 너무 무감각하다. [AE]

Bottomore, 1993; Scott, 1990.

여가
Leisure

일을 끝낸 후 남은 시간, 그리고 그 시간에 추구하는 활동들. 전통적으로 여가는 일 또는 노동*labor*과 대립되어 정의되고 이해되었다. 만약 일에 들인 시간이 생존을 확보하기 위한 필요 행위의 기간, 임금을 버는 기간으로 간주된다면 여가는 부분적으로 일에 의해 가능해진 자유의 시간, 그리고 모든 잉여 임금이 소비되는 시간이다. 근대화는 다소간 명시적으로 여가 시간의 증가를 약속했다. 실상 1920년대 영국에서 특정 노동조합은 더 많은 여가 시간이 더 높은 임금보다 더 필요하다고 보았는데 그렇게 강조한 결과 공휴일이 늘어나고 일하는 날이 줄어들었다.

그렇지만 여가에 대한 태도는 복잡하고 모호했다. 일반적으로 여가가 좋은 것으로 간주되더라도 인간을 본질적으로 노동자라고 보는 것(예를 들어 마르크스주의에서 발견되는)은 여가 시간 동안 추구하는 활동에 대한 의심이나 아니면 적어도 매우 규범적인 태도를 발생시키는 경향이 있다. 그래서 늘어난 여가의 약속은 단지 게으름의 약속이 아니라 개인적, 공동체적 발전과 수련*cultivation*을 위한 시간으로 해석된다. 19세기 동안 상당한 양의 여가 시간이 더 이상 지배 계급의 특권이 아니게 되면서 노동 계급의 여가 시간은 사회 질서에 대한 잠재적 위협으로 보이게 되었다. 통제되지 않은 여가 행위는 사회의 정상적 진행을 일거에 붕괴시키고 노동자가 일터에 돌아가는 데 부적합한 상태가 되도록 만들 수 있다. 19세기 영국에서 그리고 실상은 산업화된 세계의 다른 곳에서도 지배 계급은 노동 계급의 여가에 대해 좀더 온정주의적인 태도를 취하고 여가를 개선되고 위협적이지 않은 방향으로 유도하는 자원(영국 북부에서의 브라스 밴드 지원, 스포츠와 여타 행사 지원 등과 같은)을 제공한 것으로 보일 수 있다. 이 이상적인 모습들에 대한 저항은 노동 계급 사이에서 투견과 같은 행위가 지속된 것에서 발견될 수 있다. 빅토리아기의 '합리적 레크리에이션' 운동은 공공 도서관과 박물관, 노동자 문화원들을 후원했다. 여가에 의해 제기된 위협에 대한 우려는 20세기에 들어와서도 지속되었다. 특히 실업자의 강요된 여가와 젊은이에 대한 영향에 관한 우려가 계속되었다. 몇몇 논평자들은 여가의 확대를 잠재적 위협으로 보았지만 미국의 사회학자 알프레드 로이드Alfred Lloyd 같은 사람들은 그것을 민주적 문화의 발전을 위한 전제 조건으로 보았다. 의미심장하게도 1924년에 로린 프루에트Lorine Pruette의 《여성과 여가: 사회적 낭비 연구*Women and Leisure: A Study in Social Waste*》에서는 가사 노동을 절약시켜 주는 기기들의 발전에 힘입어 여성의 여가 시간이 증가했지만 여성이 좀더 가치 있는 행위를 할 수 없게 하는 성적 차별의 지속 때문에 그런 여가가 낭비될 위험에 초점을 맞추었다.

여가 이론가들은 여가에 대한 태도가 복잡함을 드러냈다. 여가에 대한 최초의 주요 사회학적 연구는 톨스타인 베블렌의 《유한계급론*The Theory of Leisure Class*》(1953)이었다. 베블렌은 인간의 존엄성이 노동 능력에 있다는 마르크스주의적 가정의 자명성에 대해 역설적인 언급을 한 것처럼 보인다. 베블렌은 미국 사회의 상류층이 부재 지주나 자본 소유자처럼 '수공업의 본능'과 단절된 게으르고 기생적인 계급이 되었다고 시사한다. 그런 사람들에게 일하는 것은 낮은 지위를 가리키는 것이며 돈보다 지위를 추구하는 것이 더 중요한 것이다. 지위는 소비, 즉 사회 엘리트 사이의 경쟁적 전시를 통해 획득되며 그래서 부자는 과시적 소비(비록 베블렌 자신은 '과시적 여가'라는 용어를 썼지만)에 몰두하는 '유한 계급'이 된다. 지위를 얻기 위한 것이라면 그런 소비는 매우 잘 보여야 하는 것이면서 또 낭비적인 것(예를 들어 카지노 도박)이기도 해야 한다.

20세기 중반 여가에 대한 마르크스주의의 접근은 테오도르 아도르노와 여타 프랑크푸르트학파 구성원들의 손에서 아마 가장 정교하게 구축되었을 것이다. '문화 산업'의 설명에서 아도르노는 후기 자본주의 사회에서 여가 시간이 창조성과 자기 계발의 잠재력을 주는 자유 시간이 아니라 경제 체제 내에서 미묘하게 통제되는 시간이라고 주장한다. 여가에서 노동자는 소비자가 되지만, 광고와 좋은 생활의 이미지를 매스 미디어에서 구매 가능한 상품 가치의 소비자의 평가로서 만들어 전파하는 한, 그들의 소비는 주로 문화 산업에 속박된다. 그래서 19세기의 고도 자본주의에서 소비자가 소비하는 상품의 가치(또는 사용 가치)에 대한 스스로의 평가에 기초하여 자유로운 선택을 했다면 이제 그 선택은 생산자에 의해 매개되거나 만들어진다. 사용 가치뿐 아니라 교환 가치도 후기 자본주의의 생산 과정에서 통제된다.

여가에 대한 좀더 미묘하고 공감적인 접근이 페미니즘과 문화 연구의 부상과 함께 출현했다. 페미니스트들은 이전의 논의를 지배하던, 여성의 여가를 상대적으로 무시하는 스테레오타입적인 관점을 폭로했다. 여가를 임금을 받는 고용과 대립시켰기 때문에 여성의 가사 노동은 여가로 취급된 편이었다. 여성의 여가가 가사 노동과 구분되는 무엇으로 인식되더라도 그것은 여전히 광범위한 공적 공간이 아니라 가정의 맥락에서 파악되는 경향이 있었다. 마르크스주의의 결정론적 접근과 달리 문화 연구 내에서 상품의 소비는 진정으로 창조적인 행위, 노동과는 별개로 자율성과 타당성을 갖는 것으로 보게 되었다. 넓은 포스트모더니즘의 관점으로부터 소비자는 종종 유동하는 파편화된 정체성과 생활 양식을 여가 시간 소비를 통해 구성하고 타협하는 것으로 이해될 수 있다. 특히 버밍엄 현대문화연구소의 연구에서 여가는 또한 지배 이데올로기에 대한 저항의 장소로 간주된다(Hall et al., 1978). ➔ 하위문화 또는 정치적 정체성이 타협되는 장소로, 그리고 노동 장소와는 독립적인 사회적 통합성의 원천으로 여겨진다(Elias & Dunning, 1986).

특히 여행과 관광이 주요 여가 시간 행위인 지구촌 사회에서(Urry, 2002) 오늘날 여가의 풍부함과 복잡성은 이제 이전의 어느 때보다 좀더 용이하게 인식되고 창조적으로 연구되고 있다. [AE]

Adorno, 1991c; Hunnicutt, 1988; Rojek, 1985, 1993, 1995; Wimbush & Talbot, 1988.

여성적 글쓰기
écriture feminine

엘렌 식수와 루스 이리가레이Luce Irigaray를 포함한 다수의 프랑스 페미니스트 이론가들은 지배적 가부장제 문화에 의해 전유되는 데에 저항하는 글쓰기와 읽기의 형식으로서 여성적 글쓰기 개념과 실천을 발전시켰다. 그들은 라캉의 정신분석학에 기반하여, 가부장제 문화는 일련의 대립을 설정한 뒤(남성/여성; 문화/자연; 지성/감성; 능동/수동) 여성에 대한 남성의 지배라는 위계적 사고 방식에 특권을 부여한다고 주장한다. 여성이 수동적이어서 다만 관찰될 따름이지만 이에 비해 남성은 능동적이라고 본다. 따라서 여성성은 오직 남성에 의해 관찰될 때에만 현전한다. 식수에 따르면 결정적으로 여성은 남성의 타자인 반면 남성은 자신에게 돌아오기 위해서만 이 타자에 관심을 갖는다(1987). 다시 말해, 여성에 대한 남성 욕망은 궁극적으로 자기애이다. 그러므로 여성은 자기 자신에게조차 현전하지 못할 만큼 가부장제 문화에서 배제된다. 여성은 자신의 몸과 자신의 욕망으로부터 분리된다. 여성은 남성성을 개념화하고 분명히 나타내도록 고안된 언어 때문에 자신에 대해 그냥 이해하지 못하게 된다. 여성적 글쓰기는 어머니로부터 아이가 분리되기 이전, 따라서 아버지의 법이 부과되기 이전의 신체적 경험으로 돌아가서 호소한다.

식수는 여성성의 다원성을 회복하려고 한다. 모성 관계(m/other, 타자로서의 엄마)는 남성적 주체성 개념을 전복시키도록 돕는다. 식수에 따르면 남성 주체가 통합되고 자율적인 반면, 출산과 양육 경험은 자아를 깨트려 타자와의 진정한 만남을 뒷받침해 준다. 그 관계는 '선물' 경제이다. 거기에서는 아무런 보답을 바라지 않고 모든 것을 준다. 양성애에서 이와 비슷한 관계를 볼 수 있는데, 이는 남성이 왜 스스로의 여성성을 부정하는지 밝혀 준다. 여성에게서 특징적으로 나타나는 양성성은 다름이나 타자와의 상호 작용을 수반하는 남성적 욕망이나 쾌락과 구분되는 희열*jouissance* 또는 환희를 제공한다. 이 희열은 남성 언어로는 기술되지 않는다. 마찬가지로 여성적 글쓰기는 이론화될 수 없다. 여성적 글쓰기는 상징계와 가부장적 법의 부과에 의해 억압했던 것의 복귀를 이루려는 것이기 때문이다. 식수의 글에 보면, 이것은 재담과 말장난의 사용, 그리고 이론/허구 또는 이론/자서전의 대립에서 보듯이 전통적 대립이 붕괴된 데에서 표현된다.

이리가레이는 침묵 속에 억압되거나 간과된 것(몸을 포함하여, 물, 흙, 불, 공기 같은 기본 원소)을 노출시키는 철학적 전통을 독해함으로써(1991) 그리고 가부장적 종교와 신학 바깥에 있는, '아직 강림하지 않은' (다원성과 흐름의) '여성 신'에 대한 탐구를 통해서(1986: 8) 여성적 글쓰기의 가능성을 탐구해 왔다. [AE]

역사
history

역사학자인 E. H. 카E. H. Carr는 1961년 아마도 오늘날까지 영향력을 행사하는 역사학자가 행한 역사에 대한 성찰로서는 가장 유명한 저술인 《역사란 무엇인가?*What is history?*》를 발간했다. 카에 따르면, 역사는 대부분의 사람들이 그러리라고 생각하는 것과는 다르다. 예를 들면 역사는 오로지 문서화한 사실에 근거한 과거에 대한 서사 구성이 아니다. 이러한 견해는 역사학자가 항상 '사실들'의 수집에서 시작하여 그 후에 단지 해석 활동이라는 소용돌이 속으로 뛰어 들어간다는 잘못된 생각을 불러 일으켰다. 카에 따르면, 상식적 견해는 미심쩍은 경험주의의 기미가 있으며, 의심의 여지가 많다. 예를 들면 사실이 하나의 통합된 의미 속에 존재한다는 생각, 즉 X가 두통을 앓고 있다는 사실이 '역사적 사실'과 마찬가지 종류의 것이라는 생각은 결코 확실한 것이 아니다. 물론 카가 말하듯이 역사학자들은 그(혹은 그녀)의 사실에 대해 확신을 가져야 한다. 예를 들면 사건이 일어난 날짜를 정확히 하려는 것은 필수적인 일이다. 그러나 카에 따르면, 한 역사학자에게 단지 의무일 뿐인 것을 잘했다고 상찬하는 것은 무의미하며, 이는 건축가를 좋은 건축 자재를 썼다고 칭찬하는 것이나 마찬가지이고 부조리한 일이다. 하나의 사실 혹은 과거의 사건을 역사적 사실로 만드는 것은 역사학자의 해석이다(이는 해석이 역사를 역사로 만드는 모든 것이라고 말하는 것은 아니다). 수많은 다른 사람들이 그러했듯이 카이사르가 루비콘 강을 건넜을 때, 그것을 역사적 사실로 만든 것은 역사학자의 분석의 문맥 속에서 그 행위에 부여된 의미를 통해서다. 과거의 잘 문서화된 사건은 다음으로 역사가 되기 위해서는 역사적 해석에 잘 맞아떨어질 필요가 있다. 좀더 투박하게 말한다면 해석이 없는 사실은 없다. 카는 이런 점에서 마이클 오크숏(1983: 92)에 동의한다. 오크숏은 "역사적 과거는 [……] 역사적 탐구의 결론이다"라고 주장한다. 카에 따르면, 역사적 분석이 행하는 것은 사실과 해석, 즉 사실과 가치 사이의 균형과 마주하는 것이다(그는 사실/가치 구분을 명확하게 거부한다). 역사가는 진보적 가치를 체현한 한 인격으로서 역사적 분석을 행한다. 역사 속에서 미래의 목표와 열망에 대한 현재의 투사를 반영하는 "방향 감각"(1961: 132)을 찾아내는 진보적 가치 말이다. 우리의 미래의 가능성들은 말하자면 우리에게 역사적 과거를 드러내며, 역사적 과거는 미래와 관련하여 예시적 힘으로 작용한다. 역사 담론에 객관성을 부여하는 식으로 말이다. 보수적 역사학자인 G. R. 엘턴G. R. Elton은 종종 카의 역사 개념의 대안으로 인정 받은 내용을 제시한 바 있다. 엘턴에게 카의 역사 개념은 간단히 말해 위험하다. 엘턴은 역사적 분석을 규정하는 단 하나의 길이란 없다는 것을 시인하지만, 그에게 역사 분석은 순수한 하나의 담론이다. 즉 그것에 부가되는 방법론적인 관심사(예를 들어 심리학적 혹은 해석학적 특성)로 인해 오염되어서는 안 되는 하나의 담론이다. 역사가는 정직성 — 실천의 발전, 그리고 적절한 분석에 이상(카의 미래 지향적 이상과 같은)이 끼어들 여지를 주지 않는 전문가적 기질 — 에 의해 규정된다. 역사 는 그 자체로, 매체 즉 그것을 통해 인간 생활의 가능성에 대한 지식을 얻고 더욱 확장된 경험을 얻을 수 있는 매체가 된다. 무엇보다도 이러한 지식은 우리가 누구이고 우리가 무엇이 되어야 하는지에 관한 '방대하고 보편적인 주장'을 껴안으려는 유혹에 반대한다. 그러한 주장은 단지 신화일 뿐이며, 진정한 역사가는 그러한 신화에 반해서 과거를 그 나름으로 이해하려고 작업하며, 이런 식으로 과거로부터 교훈을 얻어낸다(Elton, 1991).

역사 이론에 대한 좀더 최근의 관심은, 역사가는 항상 그 자신이 집필하는 것의 일부가 되게끔 운명지어졌다는 료타르의 언급(1988)으로 쉽게 요약될 수 있다. 메타역사적인 역사 담론은, 간단히 말해, 일종의 환상이다. 그러한 논점은 헤이든 화이트Hayden White(1978, 19987)의 작업에서 탐색되었다. 분석 철학과 대륙 철학의 영토에서 발전되었고 포스트모더니즘 그리고 포스트구조주의(다소간 바르트와 푸코와 데리다의 저작들)와 연관되어 있는 서사 이론의 영향 아래서, 화이트는 역사 담론이 본질적으로 형상적이며 알레고리적인 것으로 이해되어야 한다고 주장했다. 달리 말하면 역사는 그 어떤 수준에서도 문자 그대로의 혹은 사실적인 구성 요소를 갖는다고 할 수 없다는 것이다. 실로 화이트의 설명에 따르면 역사는 허구적이며, 이런 점에서 그 목표가 사실들의 객관적인 재현인 경험적 학문 분과에 소속될 수 없다. 이러한 시각에서 역사는 결코, 그것과 독립적으로 남아 있는 객관성에 호소할 수 있는 메타언어로 자리 잡을 수 없다. 따라서 역사 서사가 제시하는 것은 발견만큼이나 상상의 발명이다. 이는 결점 없는 역사 서사라는 개념을 훼손하며, 그것을 파열, 파편화, 고립과 같은 개념으로 대체한다. 이런 점에서 화이트의 작업은 푸코의 역사 분석과 동일한 정신을 나누어 갖는다. 화이트의 경우와 마찬가지로 푸코의 작업은 이해 관심과 영향의 다양성을 반영한다. 니체와 조르주 바타이유Georges Bataille, 모리스 블랑쇼Morris Blanchot, 마르틴 하이데거, 아도르노의 저작들은 다양한 방식으로 상이한 발전 단계에서 그의 작업에 영향을 미쳤다. 화이트와 마찬가지로 푸코는 수많은 기성의 탐구 방법과 시각(다소간 실존주의와 마르크스주의 그리고 현상학의 휴머니즘으로 집약되는)의 부족함이라는 논점에서 출발한다. 푸코는 그대신 역사에 대한 자신의 접근 방식을 발전시키기 위해 니체적인 계보학과 권력 개념으로 관심을 돌린다. 푸코의 관심은 그야말로 방대하게 펼쳐진다. 정신 질환 개념의 구축, 훈육과 상벌 체계에 대한 분석, 성과 주체성, 지식 형태와 권력 담론 사이의 연관 관계가 그것이다. 그의 모든 탐구는 그러한 개념의 발전에 대한 근접한 역사적 분석이라는 접근 방식을 포용한다. 그러한 꽤나 엄밀한 역사적 설명은 이러한 논점을 다루는 지식 형태 아래 숨겨진 이해와 전제를 드러낸다. 푸코의 작업을 어떤 학문 분과 영역에 귀속시키도록 범주화하기 어렵게 만드는 것은 부분적으로 푸코의 작업에서 펼쳐진 관심의 폭이 너무 넓기 때문이다. 그의 저작에서 지식에 대한 관심은 정치적이고 역사적인 질문과 더불어 교류한다. 그러나 그의 관심사는 좀더 정확하게는 모든 것이 정치의 영역으로 귀착된다고 설명할 수 있다. 푸코의 지적 발전은 두 단계로 편리하게 요약될 수 있다. 첫 번째로 1960년대 후반 작업은 '고고학적'이며 역사적인 탐구 방식을 전개했다. 이때 푸코는 인간 과학과 이성과 비이성 그리고 근대 에피스테메의 출현의 기원을 드러내려고 노력했다. 두 번째로 푸코의 후기 저작은, 지식 담론 안에 현재하는 권력 관계에 집중함으로써 초기의 좀더 공공연히 역사적인 분석을 보충하는 식으로, 니체적인 역사–계보학적 탐구 방식을 지향한다. 권력의 중요성에 대한 확장된 인식은 '권력의 세련된 그물망'을 알아차리는 것이 정치 투쟁의 내적인 지역성을 드러내며, 그로써 모든 것을 포괄하는 역사 서사의 가능성에 대한 우리의 믿음을 불가능하게 한다는 푸코의 논지의 기초가 된다. 푸코의 사례는 다른 무엇보다도 이제까지는 역사 서사에서 주변화되었던 측면에 대한 관심을 드러냈다. 따라서 예를 들어 에드워드 사이드Edward Said의 오리엔탈리즘에 대한 관심은, 지식 형태란 끈질긴 역사적 분석에 의해서만 드러날 수 있는 권력의 이해가 구체화된 것이라는 푸코의 주장이 발전된 것임을 보여 준다.

Carr, 1987; Foucault, 1970, 1977b, 1980; Jenkins, 1995; Oakeshott, 1983; White, 1978, 1987.

역사주의
historicism

인간의 신념과 생각, 도덕, 삶의 방식 등에 대한 역사적 분석만이 그러한 현상을 설명할 수 있는 유일한 지속적인 수단이라고 주장하는 이론. 따라서 역사주의자는 예컨대 인간의 정체성 구성과 관련하여 역사와 무관한 어떤 필연적 진리가 존재한다는 ➔ 본질주의 믿음을 거부한다. 그리고 생각들은 특정 문화와 문화적 형식에 고유한 역사적 과정의 결과라고 본다. 역사주의는 문화 상대주의를 극찬한다. 역사적 접근과 관계 있는 사색가 가운데 칼 만하임Karl Mannheim은 (인식론적 상대주의와 문화 상대주의를 결합하면서) 역사의 모든 지식은 관계의 문제이며, 관찰자의 관점은 역사적 분석으로부터 배제될 수 없다고 주장했다. 다음으로 미셸 푸코의 작업은 자아가 모든 시대와 문화에 공통적으로 나타나는 자연적으로 만들어진 보편적 구조라기보다는 역사적으로 구성된 것이라는 믿음을 피력한다. 이러한 입장은 인종과 젠더의 문제와 관련된 다양한 양상의 정체성 구성에 대한 논의를 이끌어 냈다.

미국에서 (레이먼드 윌리엄스의 작업뿐만 아니라) 푸코의 작업은 신역사주의를 만들어 내는 데 영향을 미쳤다. 신역사주의는 포스트구조주의, 마르크스주의와 관련 이론의 접목을 출발점으로 갖는다. 신역사주의자들은 의미의 사회적이고 이데올로기적인 효과 그리고 그 구성에 관심을 가진다. 그들은 주로 문학 텍스트들을 해독하며, 전통적인 비평이 갖는 비역사적이고 텍스트에 기반한 접근 방식과는 반대로, 역사적 방법론을 통해 텍스트 생산의 문화적 맥락 속에서 문학적 텍스트들을 해석하고자 한다. 그리고 역사나 지식에 대한 거대 서사들을 발전시키는 것을 일축한다. 이러한 접근 방식을 채택했던 작가 가운데 스티븐 그린블래트Stephen Greenblatt는 《르네상스 시대의 권력 형식과 형식들의 권력*The Forms of Power and the Power of Forms in the Renaissance*》(1980)에서 신역사주의를 처음으로 정교화시켰다. [PS]

Greenblatt, 1980; Hamilton, 1996; Mannheim, 1972; Veeser, 1989.

역할
role

가장 단순하게는, '역할'이란 사회의 성원들이 매일매일의 생활에서 떠맡는 사회적 활동에 대한 유용한 은유이다. 따라서 '딸,' '학생,' '팬,' '파티광*party-goer*'이 되는 것은 모두 역할이다(게다가 참으로 한 사람의 개인이 시계열적으로나 조합적으로 맡을 수 있는 역할이기도 하다).

이러한 은유 뒤에는 적어도 각기 다른 두 가지의 이론적 접근이 놓여 있다. 기능주의 사회학에서, 하나의 역할이란 다소 정밀하게 처방된 한 벌의 행위적 기대라 보며, 이 기대가 효과적으로 역할을 정의한다. 역할은 이렇게 그 역할에 처해 있는 개인이 어떻게 행위해야 하는가를 정의하는 일련의 규범, 규칙 및 가치에 의해 테두리가 둘러진다. 적합하게 행위하지 못하면 어떤 형태의 부정적인 제재를 통해 처벌을 받게 될 것이다. 이런 식으로, '교사'의 역할은 학생 및 동료에 대한 그/그녀의 관계를 관장하는 도덕적 규칙, 또 특정한 가치에 대한 열망(전문 직업으로서의 가르치기의 가치에 대한 신념과 같은 것)과 더불어 교사가 가지고 있어야만 하는 기술적 능숙함 및 기술적 지식의 재고를 관장하는 규칙 등의 견지에서 이해될 것이다. 사회화(사회적이고 문화적인 존재가 되기를 배우는 과정)는 이렇게 개인이 특정한 역할을 떠맡기 위해 준비하는 것으로 이해된다.

이와 대조적으로, 상징적 상호 작용론의 접근에서 역할은 보다 유동적인, 성취와 협상이 요구되는 것 같다. 이러한 접근은 조지 허버트 미드(1934)의 저작에 기초하는데, 미드는 우리가 오직 타자들의 역할을 상상적으로 취해 봄으로써만 우리 자신의 역할을 이해하고 완수하게 된다고 주장했다. 역할, 따라서 부분적으로 우리 자신의 자기(자아) 이해*self-understanding* 또는 자아 정체성은 타자들의 행위에 대한 반응으로, 혹은 그것에 대한 예기 속에서 구성된다. 그렇다면 교사의 역할은 고립적으로 존재하지 않는다. 그것은 오직 학생에게 기대되는 행위와의 관계 속에서, 그리고 그들의 실제 반작용에 반응하는 가운데 축조되는(또는 미드의 용어법으로 하자면 '만들어지는*made*') 것일 뿐이며, 각각의 교사는 그/그녀 자신의 방식으로 이 역할을 성취해 낼 것이다. 역할들은 상호 작용을 통해 지속적으로 변경된다. 따라서 미드는 하나의 역할을 한 개인의 행위와 성벽들을 조명해 주고 지시해 주는 몸짓*gesture*의 한 연쇄로 정의한다. 역할 개념은 이렇게 타자들의 미래의 행위를 예기하고 그것에 반응하기 위해 우리가 어떻게 서로서로의 행위나 몸짓을 읽고 거기에 의미를 부여하는가(그리고 실로 어떻게 우리 자신의 행위의 의미에 관해 생각하는가)를 나타내 준다.

이와 연관된 두 가지 중요한 개념이 '역할 갈등*role conflict*'과 '역할 거리*role distance*'이다. 역할 갈등은 한 개인이 그/그녀가 수행하는 역할 가운데 양립 불가능한 두 가지 요구를 발견할 때, 혹은 두 집단이 한 쪽의 역할에 대해 상이한, 그리고 다시 양립 불가능한 기대를 갖고 있을 때 일어난다. 이런 식으로, 비번일 때의 우정은 근무 중일 때의 규율과 충돌할 수도 있다. 혹은 노동 조합 사무장은 경영자와 노동자가 그/그녀가 무슨 일을 할 수 있는가에 관해 근본적으로 상반된 기대를 갖고 있음을 발견할 수도 있다. 역할 거리는 고프만(1959)의 개념으로, 한 역할 수행자들이 그 역할로부터 분리되어 있는 정도, 그리고 자신들이 특정한 관중을 위해 하나의 역할을 수행한다고 자각하는 가운데 어떤 목적을 성취하기 위해 그 역할을 조작할 수 있는 정도를 가리킨다. ➔ 연극론적 모델 [AE]

Biddle, 1979.

연극론적 모델
dramaturgical model

연극론적 모델은 연극과의 유비*analogy*를 통해 일상생활을 설명하고자 한다. 그래서 이 모델은 사회적 행위자들이 역할을 담당하고, 이 행위자들이 그 역할을 서로에게 제시하는 방식에 사회적 상호 작용의 핵심이 있다는 생각을 강조한다. 고프먼은 웨이터가 레스토랑 홀에서 맡는 역할과 주방에서 맡는 역할이 다르다는 아주 유명한 설명을 한다(Goffman, 1959). 손님 앞에서의 공손하고 순종적인 행태가 동료 종업원 앞에서는 매우 풀어진 그리고 꽤 냉소적인 행태로 바뀐다. 실제 상황에서 이런 접근은 면 대 면의 사회적 상호 작용(또는 '만남')에 초점을 맞추어 기술할 때보다 설명력이 더 떨어질지 모른다. 하지만 그것은 사회적 상호 작용에 있어서 인간 정체성의 본질에 관한 중요한 질문을 던진다. 고프먼에 따르면, 우리는 만남에서 다른 만남으로 옮겨 갈 때, 단지 역할을 바꾸는 데 머물지 않고 자아까지 바꾼다. [AE]

Berger, 1963; Burns, 1992.

영화
cinema

활동 사진은 19세기 박람회장과 보드빌 극장에서 상연된 슬라이드 쇼에서부터 출현했다. 1차 세계 대전이 시작될 무렵, 영화는 몇 분짜리 단편에서부터 90분 내지 그 이상 길이가 되는 상영물로 발전하였다. 전후 시절에 한편으로 전 지구적인 영화 제작의 중심지로서 할리우드가 설립되었으며, 독일 표현주의자들과 S. 에이젠슈테인S. Eisenstein이나 V. 푸도프킨V. Pudovkin과 같은 소비에트 영화 제작자들의 작업을 통해 적지 않이 좀더 세련된 서사 수단이 발전할 수 있었다. 1920년대 후반에 첫 번째 유성 영화가 제작되었으며, 1930년대에는 컬러 영화가 소개되었다. 이 초창기 동안 영화에 대한 글쓰기는 예술 형태로서의 영화의 위상과 그에 따른 영화와 연관된 미감적 경험에 초점을 맞췄으며, 카메라 다루기, 숏의 길이와 성질 그리고 편집 과정(많은 부분 몽타주의 역할에서) 같은 영화적 기술의 발전에 초점을 맞췄다. 그러한 기술적이고 미학적 분석은 영화의 사회적 기능에 대한 성찰로 보완했다. 네오마르크스주의자들인 프랑크푸르트학파는 벤야민과 더불어 영화와 이데올로기의 관계(예를 들면, 문화 산업의 이론화를 통해)와 기계 복제에 토대를 둔 예술 형태들이 전통적인 예술 개념과 미감적 경험에 가한 충격에 초점을 맞췄다.

1940년대와 1950년대 독일 마르크스주의 영화 분석은 지그프리트 크라카우어Siegfried Kracauer(1947)의 작업에서 가장 현저하게 지속되었다. 1951년에 발간된 프랑스 비평지 〈카이에 뒤 시네마*Cahiers du Cinéma*〉는 편집자 앙드레 바쟁André Bazin(1967)의 글쓰기에 상당히 도움을 얻어, 영화 비평에 대한 특유의 접근 방식을 발전시키기 시작했다. 〈카이에 뒤 시네마〉와 연계된 집단들은 영화 감독을 작가로 설명하는 방식을 발전시켰는데, 이는 부분적으로는, 고도로 통제되는 제작 과정의 일부가 되어 버렸을 수도 있는 할리우드 감독들이 어떻게 해서 그들이 구축한 독특한 스타일의 신을 통해 영화를 작가성*authorship*의 기호로 특징지을 수 있었나를 확인함으로써 이루어졌다. 바쟁은 영화의 적극적인 해석자로서의 관객의 역할에 대한 설명을 발전시켰다. 그는 몽타주에 대해 강조하는 에이젠슈테인의 방식을 삼가고 '딥 포커스' 편집으로 명명된 방식을 선호하는 리얼리즘 영화가 표현의 다의성을 위한 더욱 큰 여지를 주며, 그로써 현실적 삶의 다의성을 재생산하는 동시에 관객으로부터 더욱 큰 해석적 노력을 요구한다고 주장했다.

1960년대에 〈카이에 뒤 시네마〉 그룹은 자신들이 감독을 작가로서 찬양하는 것과 관련하여 결정적으로 근본적인 도전에 직면하였다. 이러한 도전은 영화에 구조주의적이며 기호학적인 접근 방식을 적용함으로써 나타났다. 구조주의에서 영화는 하나의 텍스트로 취급된다. 크리스티앙 메츠Christian Metz(1974)의 작업에서 예증되는 구조주의적 비평의 과제는, (통합체로 취급되는) 중요한 영화적 요소들의 의미 있는 조합의 범위를 규정함으로써, 텍스트의 숨겨진 의미와 그것을 떠받치는 문법 구조를 드러내는 것이다. 예를 들면, 웨스턴 영화에 대한 윌 라이트Will Wright(1975)의 분석은, 모든 웨스턴에 공통적인 일련의 이항 대립(사회 내부/사회 외부, 선/악, 강함/약함, 문명/야만)이 다양하게 접합되는 방식을 주로 영웅이 사회와 관련하여 취하는 위치를 통해서 살펴보았다. 1950년대 후반의 웨스턴에서 이러한 대립은 역전되어서, 막강한 사회는 이제 선한 영웅에 대립하는 것으로 설정되었다.

구조주의적 설명이 작가에 대한 선입견과 그에 따른 작가의 의도나 양식을 통한 영화에 대한 해석을 불식시킨 반면, 그 설명들은 여전히 영화로부터 하나의 고정된 의미를 이끌어 낼 수 있다고 가정하는 경향이 있었다. 또한 가장 심하게는 영화를 그것이 생산되는 역사적, 물질적 조건들로부터 고립된 하나의 텍스트로 간주하기도 하였다. 따라서 구조주의 그 자체는 포스트구조주의의 부상 및 그와 연계된 다양한 접근 방식(데리다와 해체주의, 라캉적 정신분석학, 페미니즘 등의 영향을 통해 상당 정도)에 도전을 받게 되었다. 영화는 다른 텍스트들로부터 고립된 하나의 텍스트로 보여지는 것을 중단하고 다른 텍스트들과 다수의 가능한 관계라는 측면에서 접근된다. 따라서 영화의 의미는 텍스트 간의 상호 작용의 결과로 생겨나는 유동적인 것이 되었다. 그 핵심에 있어서 포스트구조주의적 접근 방식은 영화 텍스트를 통한 저자와 관객 양자의 구성 문제를 제기한 것으로 볼 수 있다. 관객의 응시 그리고 이러한 보기로부터 얻어지는 관음증적 쾌락이 이러한 분석에서 결정적인 것이 되었다. 영화는 어떤 바라보는 주체를 전제하거나 구성한다. 메츠의 작업을 예로 들면, 처음에는 이런 관객이 남성으로 상정된다. 여성은 영화 내의 주인공에게나 청중 가운데 남성 관객에게 '보여지는 무엇'으로 제시된다. 따라서 보는 것에서 얻어지는 쾌락은 겉보기에는 남성 판타지 내에 (그러므로 남성 주인공이 한 여성을 발견하고, 정착하기 위해서 어려움을 극복하는 '오이디푸스적 궤적'에) 속박되었다. 로라 멀비Laura Mulvey(1975, 1993)는 이를 더 심도 깊게 탐구했다. 남성의 응시는 여성의 쾌락을 위한 어떤 명백한 여지도 남겨 두지 않는다. 멀비는 주장하기를, 그러므로 여성 관객은 스크린 위의 수동적인 여성의 시점(불쾌의 시점)과 동일시하거나 아니면 남성의 시점을 채택해야 한다는 것이다. 결론적으로 비가부장적인 영화의 가능성은 전통적인 영화 형식에 대하여 급진적인 도전을 할 것이다.

마지막으로 중요한 문화 연구적인 영화 접근 방법의 구성 요소는 민속지학적 연구에서 발견된다. 포스트구조주의는 관객을 영화의 텍스트성의 산물로 환원시켜 관객의 성격이 텍스트로부터 추론될 수 있다고 보는데, 이는 영화를 보러 가는 사람들의 영화에 대한 경험과 태도에 대한 경험적 연구들에 도전 받고 있다. 이와 같이 재키 스테이시Jakie Stacey의 작업은 스스로를 1940년대와 1950년대의 열렬한 영화 관람자였다고 말하는 여성들과의 인터뷰에 기초해 있다. '현실 도피증,' '동일시,' '소비주의'와 같은 범주들을 통해 그녀는 영화 보러 가기의 유토피아적 측면을 탐구한다(영화 텍스트가 청중이 경험하는 실제 사회 문제를 위한 해결책을 제공한다고 하는 점에서뿐만 아니라, 하나의 구축물인 영화 속에서 경험되는 실재적인 쾌락을 인정하는 한에 있어 상당 부분 리처드 V. 다이어Richard V. Dyer(1985)를 따른다). 그러나 그와 관련하여 관객이 영화, 스타, 그리고 여타 영화와 관련된 산물들과의 관계 속에서 가지는 자기 의식을 강조한다. [AE]

Cavell, 1971; Deleuze, 1991; Dyer, 1979; Kracauer, 1960; Metz, 1982.

예술계
artworld

원래 아서 C. 단토(1964)가 만든 미학 용어. 그러나 조지 디키가 예술 제도론 내의 핵심 개념으로 발전시킴. 현대의 어떤 예술 작업, 악명 높은 뒤샹의 작업(특히, 〈샘*The Fountain*〉)이나 개념 미술은, 한편으로 예술 작품으로서의 권리를 주장하지만 겉보기에 전통적인 예술의 속성으로 간주된 그 어떤 특성도 지니고 있지 않은 한에서, 미학에 대한 전통적인 접근에 문제를 제기한다. 제도론은 이러한 문제를, 예술로 간주되는 한 대상에 원래부터 내재하는 (예술적) 속성은 아무것도 없다는 주장으로 해결하려 한다. 차라리 예술의 지위는 예술계에 의해 그 대상에 수여된다. 디키에 따르면, 예술계는 "느슨하게 조직된 그러나 그럼에도 불구하고 연결된 일련의 사람들, 예술가…… 제작자, 미술관 관리자, 미술관에 가는 관중…… 비평가…… 예술 철학자, 그리고 또 다른 사람들"(Dickie, 1974: 35~36)로 규정될 수 있다. 요약하면, 그것은 예술에 대해 관심을 표명하고 실로 특정한 예술품의 현재적 위상을 협상하는 널리 자기 규정된 일군의 집단을 말한다. 제도론에 따르면 원래 예술 작품으로 창조되지 않았던 예술품(현대 예술 개념이 정식화되기 이전에 만들어진 중세의 혹은 고대의 작업)도 오늘의 예술로서의 지위가 허락될 수 있다. 마찬가지로 한때 예술 작품으로 간주되었던 대상도 그 지위를 상실할 수 있다. 아마도 제도론은 미학보다는 문화사회학 내부의 접근으로 적절히 이해될 수 있는 것이 아니냐는 질문이 정당하게 제기될 수 있을 것이다. [AE]

오리엔탈리즘
orientalism

→ 타자

오이디푸스 콤플렉스
Oedipus complex

정신분석학의 핵심 용어. 약 3~5세 때의 어린아이가 어머니와의 2자 관계로부터 권위적 인물인 아버지를 포함하는 3자 관계로 이행하는 것을 이론화하는 데 사용된다. 이런 이행을 제대로 이루지 못하면 성인이 되었을 때 정신 병리의 중요한 원인이 된다. 이 용어는 프로이트가 그리스 신화에서 가져온 것인데, 신화 속에서 오이디푸스는 아버지를 죽이고 어머니와 결혼한다. 프로이트는 부분적으로 자신의 어린 시절 경험에 대한 가정된 회상에 근거하여 (발달 과정) 초기에 어린아이는 어머니와 사랑에 빠져 아버지를 질투하게 된다고 주장한다. (콤플렉스에 관한 초기 이론화에서는 어린아이가 남성으로 가정되었다.) 프로이트는 유아의 성욕에 관한 이론에서 오이디푸스 콤플렉스에 대한 설명을 보완해 준다. 어린아이는 모든 아기가 페니스를 가지고 태어난다고 생각한다. 여성에게 페니스가 존재하지 않는 것은 질투심에 찬 아버지가 가한 처벌로 해석된다. 남자 아이는 그래서 거세의 위협을 인식하여 엄마와의 관계를 끊어 버린다. 반대로 여자 아이는 페니스에 대한 원망을 아기에 대한 욕망으로 전치시킨다. [AE]

Freud, 1910, 1924, 1979.

오점
stigma

오점이란 어떤 사람을 차별하고 불신하는 데 이용되는, 문화적으로 인지되는 특질이다. 오점은 육체적인 것일 수도 있고(신체적 기형), 행태적인 것일 수도 있으며(예컨대, 성적 취향), 사회적인 것일 수도 있다(어떤 집단의 일원이라는 의미에서). 오점을 확인해 내는 것은 개인을 하나의 복합적인 전체로부터 단 하나의 혐오스럽고 경시되는 특징으로 축소시키기 위해 이용되는 것으로, 그 개인과의 모든 사회적 상호 작용은 바로 그 특징에 기초하게 될 것이다. → 스테레오타입

Goffman, 1963; Page, 1984.

욕동
drive

'욕동'은 프로이트의 용어 'Trieb'(독일어 treiben은 몰아댄다는 뜻)를 번역한 것으로 '본능*Instinkt*'을 번역한 것이 아니다. 정신분석학 서적에서 이 두 용어를 혼동하는 경우가 많기 때문에 주의 깊게 구분할 필요가 있다. 라캉은 영미 정신분석학을 비판하면서 '욕동'을 '본능'으로 오역한 데 따른 이론적 난맥상에 초점을 맞춘다. '본능'은 동물의 행태와 더 밀접하다. 즉 그것은 태생적으로 결정된 행동 양식이고, 동물학자들이 동물의 종을 분류하는 데 도움을 준다. 그에 반해 '욕동'은 종의 속성을 덜 따르며 주체 속에서 변덕스러운 형태를 띠고 나타날 수 있다. 본능이 계절적인 반면,

욕동은 주체를 추동하는 '항존적 힘'이다. 그래서 라캉은 욕동을 실재계*the Real*(즉 언제나 그 자리에 돌아와 있는 것)의 수준에 위치시킨다.

프로이트는 《성욕에 관한 세 편의 에세이》(1905)에서 욕동 개념을 소개했다. 욕동은 '원천,' '압력,' '대상,' '목적'을 가진다. 욕동의 원천은 몸의 성감대이다. 압력은 욕동의 강도이다. 목적은 언제나 충족이다. 대상은 목적을 이루기 위해 추구되는 것이다. 본능과 달리, 욕동과 그 대상 사이의 관계는 자의적이다. 라캉은 프로이트가 《쾌락 원칙을 넘어서*Beyond the Pleasure Principle*》(1955)에서 소개한 삶의 욕동과 죽음의 욕동의 구분을 유지하지 않는다. 라캉에 따르면 모든 욕동은 죽음의 욕동에 참가한다. 이는 생물의 삶이 성에 의해 매개되는 역설에서 기인한다. 인간 공동체에서 성은 의미 작용 체계, 즉 표상에 기반하기 때문에 그것은 부재, 즉 기표의 자리에 있는 사물의 죽음을 함축한다. [SKS]

Freud, 1977, 1984, 1991a, 1991b; Jaanus, 1995; Lacan, 1977a; Laplanche & Pontalis, 1988.

우생학
eugenics

이 용어는 19세기 영국 과학자 프랜시스 갤턴 경Sir Francis Galton에 의해 1883년에 만들어졌다. 우생학 이론은 한 개인이나 인종의 신체와 성격 특성이 긍정적인 것을 장려하고 부정적인 것을 좌절시키는 계발 실천을 통해 주조되고 통제될 수 있다고 주장한다. 그러한 실천으로는 운동, 마약 중독이나 성병, 그리고 더 심하게는 불임 등의 다양한 조치를 통한 퇴치 등이 포함된다. (1890년대 막스 노르다우Max Nordau의 동일한 제목이 붙은 논쟁적 저서로부터 대중적 주목을 받았던 관념인) '퇴화'와 함께(Nordau, 1894를 보라), 인간의 완전성에 대한 관념은 우생학 이론의 핵심이다. 우생학은 다양한 영향의 혼합을 반영하는 것으로서, 그 중심에는 사회적 다윈주의가 있다. 우생학의 가장 초기 지지자들은 영국과 미국에서 나왔다. 미국에서 20세기 초창기에 우생학 원리는 주州법으로 고이 간직되었다. 결과적으로 정신 지체나 '도덕적 타락'의 전형이라고 생각된 무수한 사람들에 대한 '처치'는 6만 명을 넘는 이들에 대한 강제 불임을 초래했다. 이러한 끔찍한 예에도 불구하고, 나치 독일은 더욱 끔찍한 일들을 저질렀으며, 나치 이데올로기에 내재된 인종주의를 고려해 볼 때, 인종적 유전학이 공격적 우생학의 발전을 촉진시켰다는 것은 놀랄 만한 일이 아니다. 우생학 정책을 채택한 나치 독일은 정신 질환으로 고통받고 있거나 기형을 갖고 태어나 정신 지체라고 생각되는 50만 명 이상의 사람들에게 대대적인 단종 수술을 감행했다. 나치 우생학에서 가장 악명 높은 인물은 의사 요제프 멩겔레Josef Mengele로, 그는 어린 시절부터 나치 동조 성향을 드러냈으며 뮌헨에서 박사 학위를 받고 우생학에 대한 논문으로 프랑크푸르트에서 의학 박사가 되었다(Gutman & Berenbaum, 1994: 317ff를 보라). 1943년 5월부터 멩겔레는 집시들을, 그리고 이후에는 아우슈비츠 수용소에 감금된 유태인 어린이들을 실험했다. 그는 무장 친위대에서 맹렬히 봉사를 하다가 심각한 부상을 입고 물러난 후 의료진으로 임명되어 아우슈비츠 수용소에 근무하고 있었다. 멩겔레는 최후까지 체포되지 않았으며 1979년 휴가 중에 수영을 하던 중 심장마비로 죽었다. 지나치게 끔찍했던 나치 우생학은 전쟁 이후 빠르게 쇠퇴되어 갔다. 그러나 유전공학 및 임산부 여성에 대한 유전적 질병의 발견과 예방과 같은 최신 의학의 현대적 발전은, 유전학이 초래하는 많은 이슈가 여전히 남아 있음을 의미한다. 하버마스(Habermas, 2003: 115)는 우생학과 유전학이 우리를 유혹하고자 했던 도구주의적 꿈으로 상정된 핵심적인 윤리 문제를 잘 표현하였다. "제1의 인간이 다른 인간과의 차이를 보장하기 위해서, 그의 재량으로, 다른 인간의 자연적 본질을 결정하고, 평등하게 태어난 사람 사이에 존재하는 동등한 자유를 파괴하는 것 아닌가?"

Galton, 1907; Gutman & Berenbaum, 1994; Kevles, 1985; Osborn, 1951.

원예학
horticulture

정원을 가꾸는 예술은 대부분 문화 연구에서 다루어지지 못했다. 그로 인해 중요한 대중적 문화 표현들이 간과되었다는 점에서 이는 유감스러운 일이다. 예술과 건축의 역사가들은 (귀족적이고 가정적인) 정원들을 연구해 왔으며(Uglow, 2004), 최근에는 정원 디자인의 역사를 발견하고, 거트루드 지킬Gertrude Jekyll(1937)과 비타 새크빌 웨스트Vita Sackville-West(지킬에 대한 찬양은 이미 새로울 것이 하나도 없을 만큼 충분히 많다)와 같은 20세기 초 원예가들의 작업들을 재검토하기 위한 활발한 시도들이 있어 왔다. 그러나 가정 정원은 의미의(그래서 어쩌면 개인적 정체성의 구성과 접합의) 풍부한 자원이다. 식물들과 레이아웃의 선택, 그리고 정원의 계획은 단지 우연의 문제가 아니며, 식물, 토양, 기후 등의 자연적 속성에 의해 전적으로 결정되는 것도 아니다. 식물들, 특히 꽃식물들은 풍부한 역사적이고 문화적인 연관을 갖고 있으며, 때로는 이러한 연관이 시골 오두막집의 목가적 신화에 대한 향수적인 갈망이나 야생 정원을 통한 자연과의 조화로운 관계에 대한 갈망일 수도 있다. 따라서 식물의 선택과 배열은 그것에 의미를 부여하는 관습과 코드에 의해 지배되는 것으로 볼 수 있다. 소비의 측면에서 정원 관련 용품점은 쇼핑몰과 흥미로운 유사성을 갖는다. 쇼핑몰이 (레스토랑과 영화관 같은 시설들을 갖추고) 점차 여가의 명소가 되어 가는 것처럼, 정원 관련 용품점은 (옛날 묘목장들이 그러했듯이) 단순히 식물을 사는 장소이기를 멈추고, 독립적인 여가 시설이 되어 가고 있다. 따라서 정원, 주말 농장, 창가의 화단은 현대 문화에 대한 성찰을 위한 풍부한 자원을 제공한다.

Turner, 2005.

원형
archetype

융 학파의 분석적 심리학으로부터 나온 용어. 원형은 모든 문화들에서 상징과 표상을 보편적으로 구조화하는 과정이다(그리고 그 자체가 융이 '집단 무의식'이라고 부른 것의 부분이다. 집단 무의식 자체는 발생적으로 규정된 인간 경험과 이해의 구조화에 대한 설명으로 이해되거나 혹은 좀더 신비적으로는 신성한 것과의 일체 지점으로 이해되어도 좋을 것이다). 엄격하게 말하면 원형은 표상의 내용보다는 차라리 형태를 규정한다. 그러나 그것은 역사와 공간을 가로지르는 신화와 종교, 꿈, 그리고 예술에서 발견되는 방대한 범위의 구체적인 이미지와 상징으로부터 추론된다. 비록 가장 중요한 것이 아마도 아니마*anima*(여성적 원형과 그 자체 남성 내면의 얼굴)와 아니무스*animus*(남성 원형과 여성의 내면 얼굴) 그리고 어둠(미발전된 '동물적' 본능 그리고 인간 됨됨이의 어둡고 부정적인 측면)이 있다 할지라도, 몇몇 원형들은 융이 확인한 바 있다. [AE]

Gray, 1996.

위험
risk

결과를 확실히 알 수 없는 상태. 경제학에서 위험이란 불확실성*uncertainty*과 확연히 구분된다. 불확실성의 조건에서는 행위자가 어떤 일이 벌어질지에 대한 지식이 전혀 없다. 위험의 조건에서는 행위자가 가능한 결과에 대해 알고 있고 어쩌면 각 가능한 결과의 개연성을 계산할 수도 있지만, 어떤 일이 일어날지는 결정할 수 없다(가령 주사위를 던질 때와 같다)(Knight, 1921). 경제학과 심리학 분야에서의 위험에 대한 전통적인 접근법은, 행위자가 위험을 계산하는 방식을 탐구하는 것인데, 특히 이상적으로 이성적 행위자와 현실 행위자가 각자 지닌 계산법의 차이가 준거로 취해졌다. 위험에 대한 혐오는 전형적으로 개인적 선택과 행위를 지배하는 것으로 이해된다. 사람들은 위험 추정에 미숙해서, 예컨대 일어날 법하지 않지만 뉴스 가치가 큰 사건(노상 강도 같은 것)을 일상적인 행동(자동차 운전 같은 일)보다 더 큰 위협으로 느낀다는 사실은 모두들 인정하는 바다. 이러한 해석은 위험이 어느 정도 사회적으로 구성된다는 사실을 알려준다.

사회학과 문화 이론에서는 문화 인류학자 매리 더글러스Mary Douglas의 '순수'와 '위험*danger*' 범주에 관한 연구가 위험의 사회적 구성에 관해 설명한다(Douglas, 1969). '타자'란 허용된 문화적 경계를 붕괴시킬 위협이라는 의미에서, 공포와 매혹의 대상으로, 따라서 위험*danger*과 오염의 대상으로 구성된다. 그러므로 공해라는 위험*danger*을 위험으로서 인지하는 것은 문화적으로 부여된 감각, 즉 도덕적이고 제의적으로 적합한 경계를 뜻하는 정상성에 의해 만들어지는 것이다. 전근대 사회에서 공해*pollution*(불결함)란 이미 사람들로부터 신망을 잃은 누군가에게 향하는 비난이었는데, 말하자면 자연적인 사건에도 사회적이고 정치적으로 유의미한 해석이 부여될 수 있었다. 근대 사회의 세속적인 견해에서는 위험과 관련하여 그 인과적 요인을 추적하기도 하지만 그 '위험에 처한' 희생자들을 비난하는 사태가 생겨나기도 한다(Douglas, 1985, 1992; Douglas & Wildavsky, 1982).

울리히 벡Ulrich Beck의 '위험 사회' 이론은 사회학에서 매우 큰 영향력을 행사해 왔다. 벡(1992)은 전근대 사회와 근대 사회를 구분한다. 위험은 전근대 사회에서는 적절한 범주가 아니었다. 전염병이나 기근과 같은 자연적 재해와 연관되는 운명이 더 적절한 것이었는데, 이는 정확히, 이러한 사건들은 인간의 통제 밖에 있기 때문이다. 위험은 인간의 대처 가능성 및 계산과 위험 측정의 가능성을 의미한다. 따라서 위험 측정의 기술을 획득한 근대 사회는 가능하면 위험을 피하고 완화하고자 한다. 그 예로서 개인을 (실업, 질병, 장애와 같은) 사회적 위험으로부터 보호하기 위해 복지 국가가 출현할 수 있었다. 그러나 '위험 사회'는 전후 시기, 즉 '성찰적 근대'의 단계에 이르러서야 나타날 수 있었다(Beck et al., 1994). 성찰적 모더니즘에서는 새로운 기술의 발전 및 전개에 관한 질문으로부터 이미 존재하는 기술과 연관된 위험들을 관리하는 것으로, 사회의 핵심 관건이 이행한다. 벡의 요점은 산업 사회가 단지 '재화 *goods*'뿐만 아니라, '악재*bads*,' 즉 기술과 관련된 위험과 부담(공해, 핵폐기물, 지구 온난화, 의료 부작용 등)까지도 산출한다는 것이다. 이러한 '악재'는 산업적 활동의 의도하지 않은 결과이다. 더군다나 이러한 위험은 일반적으로 사회의 특정한 집단들에게만 한정되지 않고 사회 구성원 전부에게 가해진다. 스모그는 민주적이라고, 벡은 상기시킨다(Beck, 1992: 36). 이로써 '악재'가 전통적으로 정의된 계급보다는 개인들에 적용되는 현상이 나타난다.

위험 사회는, 첫째 과학 전문가 및 기술적 합리성의 힘에 대한 신뢰의 붕괴로 나타난다. 기든스에 있어 1997년 집권한 영국의 신노동당 정부의 프로젝트는 이 새로운 문화에 정확히 대응하는 것이었다(Giddens, 1998). 둘째 신념의 붕괴를 넘어서, 위험 사회는 전통적인 계급 구조를 해체한다고, 벡은 설명한다. 자신의 사회적 위치에 대한 이해가 증진되면서, 개인들은 상이한 생활양식의 선택이 지닌 위험을 계산하고, 그 생활 양식을 선택한 책임을 스스로 진다. 따라서 정치적 투쟁이 계급 관련 사안으로부터 정체성 관련 사안(민족성, 젠더, 섹슈얼리티 또는 문화 등)으로 이행한다.

벡의 연구는 위험이 사회적 구성물이라는 측면을 간과했다는 비판을 받았다. 그는 현대 사회에서 발생하는 위험이 현실이고 그에 대한 지각은 대체로 정확하다는 전제를 출발점으로 삼고 있다. 이 해석은 푸코의 '통치성 *govermentality*'(Foucault, 1991) 개념을 통해 반박되었다. 이 주장에서 위험이란, 인구 관리를 목적으로 한 정부의 활동을 통해 사회적으로 구성되는 것이다. 푸코의 연구는 17세기 이후 유럽 국가의 정부에서 인구 사회학적인 조사 작업이 수행한 역할에 집중되었다(Foucault, 1977a). 정부는 시민에게 위험 인식과 더불어 그 위험에 대처할 개인적 책임감을 심어 준다. 이 시각은 보건(Rose, 2002; Flynn, 2002), 치안 경비(Ericson & Haggerty, 2002), 사회 정책 구성(Rose, 1996)에 관한 연구에 중요한 영향을 미쳤으며, 서방 정부들이 시민들을 '테러와의 전쟁'에 동원한 시기와 관련해서도 중대한 적합성을 지니는 것으로 고려될 수 있을 것이다. → 테러리즘 [AE]

Beck, 1999a, 1999b; Lupton, 1999; Taylor-Gooby & Zinn, 2006.

유전학
genetics

개체와 인구의 성질과 형태의 유전과 변이에 대한 과학적 연구. 이 과학에서의 진전은 인간의 몸과 인구에 대한, 따라서 인간이 사는 방식에 대한 의학적인, 그리고 다른 기술적인 개입에 중대한 영향을 끼치고 있다. 유전자 의학의 윤리 문제는 보드리야르(2000a), 하버마스(2003), 데리다(2002)와 같은 문화 이론가들의 참여와 함께 광범위하게 토론되고 있다. 유전학에서의 연구를 계속하는 것은 과학 철학에 새로운 질문을, 특히 유전자 그 자체의 본성과 유전자 과학 안에서 설명과 논증이 갖는 형태에 대한 질문들을 야기했다(Graham, 2002).

테크놀로지처럼 유전학과 유전자 기술의 전유, 적용, 이해는 문화에서 사용할 수 있게 되리라는 기대와 해석적 자원에 의해 형성된다. 과학 공동체에서 '유전자'와 '유전학'은 일반인 공동체에서와 반드시 같은 것을 의미하지 않을 것이다(Nelkin & Lindee, 1995). 그리고 문화 이론의 관점에서 보면 어떤 식의 이해가 더 우선돼야 할 것인지는 전혀 자명하지 않다. 유전자 연구에 대한 일반인의 이해는 연구가 일상적 행위 안에 흡수될 수 있는 방식을, 그리고 인간적인 것이 무엇인가에 대한 일반인의 이해를 바꿀 수 있는 방식을 만든다. 그렇지만 마찬가지로 과학자들의 문화적 전제는 그들의 연구를, 따라서 유전자에 대해 발견되는 것과 그 발견이 전달되는 방식을 만드는 것이다. 유전자 기술, 특히 그것이 인간 능력과 인간 본성을 수정할 수 있는 범위가 포스트인간주의자들로부터 폭넓은 관심을 받은 반면, 유전학은 컴퓨터 사용과 같은 다른 테크놀로지에 비해 문화 이론가들에게는 상대적으로 무시됐다. → 사이버문화

유전자 과학에 대한 연구는 페미니즘의 틀 안에서 폭넓고 가장 생산적

으로 진행됐다. 여기에서 핵심 인물은 아마도 샌드라 하딩Sandra Harding과 "강한 객관성*strong objectivity*"(1992, 2003)에 대한 그녀의 설명일 것이다. 그녀는 과학적 행위의 두 가지 극단적 해석을 피하기 위해 분투한다. 과학자들은 늘 그렇듯 과학의 관점을 문화의 영향력에서 벗어난 순수하게 객관적인 활동으로 보려고 한다. 반대로 문화 이론가들은 과학의 결과물이 다른 어떤 문화적 행위(종교 혹은 미술과 문학 같은)보다 객관성이나 진리에 대한 더 강한 권리를 갖는 것이 아니라고 보고, 과학을 하나의 문화적 행위로 축소하기를 원한다. 강한 객관성이라는 하딩의 개념은 과학적 행위가 문화적 맥락에서 만들어지지만 그럼에도 자연 현상의 객관적 분석을 산출하는 교육된 활동이라는 것을 인정한다. 그렇다면 문화적 편견은 나쁜 과학을 낳을 수 있다. 이런 주장을 참고하며 도나 해러웨이Donna Haraway(1997)는 — 그녀 자신이 생물학자로서 교육을 받았다 — 유전학에서의 현대적 연구는 사회의 나머지 부분에 의해 만들어진 문화–종교적 환경을 피할 수 없다고 했다. 그녀는 유전자에 대한 리처드 도킨스Richard Dawkins의 설명(1976)에서 기독교 신학을 연상시키는 무엇인가를 발견한다. 유사하게 미국 생물학자들은 현대의 미국 문화를 크게 특징짓는 성경적 창조에 대한 지배적 믿음과 갈등을 일으키는 것을 피하기 위해 분투하기 때문에 '과학적 창조설'의 문화 안으로 퇴각한다.

B. 스패니어B. Spanier와 폭스 켈러Fox Keller는 유사한 틀 안에서 가부장 문화가 유전자 연구와 그 결과물 제시에 미치는 영향력을 조사했다. 특히 이성애적 생식과 '능동적' 남성과 '수동적' 여성이 필요하다는 전제가 단세포 박테리아인 병원성 대장균의 특정한 형태를 부적합하게 성별 구분하고 수정 과정을 잘못 보게 만든다(Spanier, 1995). 폭스 켈러는 유전학의 역사와 가부장적 추정이 그것에 미친 영향을 다시 조사한다. 예를 들어 그녀는 유전자를 활동하게 유발시키는 메커니즘이 세포핵 안에 있다는, 1960년대에 유전학이 만든 추정은 단지 계란 세포질의 수동성이라는 사전에 형성된 개념에 의존한다고 주장한다(Keller, 2000).

분자 생물학자 로버트 폴락Robert Pollack의 작업도 언급될 수 있다. 왜냐하면 그는 문학 이론이 유전학 안의 설명에 기여할 수 있다고 인정하기 때문이다. 그는 유전자 코드와 문학 텍스트 사이의 비교는 단순한 은유 이상이라고 주장한다. "인간 유전자의 문자는 브리태니커보다 더 많은 정보를 부호화한다. 그리고 유전자와 백과사전은 둘 다 그 정보를 한 줄의 문자 안에 담아 운반한다"(Pollack, 1994: 21). 문학 이론은 따라서 생물학자들이 특히 유전자 배열이 산출할 수 있는 해독의 다양성을 인정하면서 유전자를 이해하기 위해 취하는 접근법을 조직할 수 있다.

폴락의 주장은 유전자가 다른 어떤 자연 현상과 마찬가지로 그 자신을 해석하지 않는다는 것을 분명히 보여 준다. 유전자는 과학자에게나 일반인에게나 이미지로 표상된다. 이 이미지들은 호세 반 데이크Hosé Van Dijck(1998)와 J. 터니J. Turney(1998) 같은 이론가들이 폭넓게 조사한 것이다. 반 데이크는 유전자에 대한 토론을 둘러싼 은유들을 조사한다('코드,' '메시지,' '매체'와 같은). 거기에서 DNA는 커뮤니케이션 체계처럼 재현된다. 그런데 폴락이 이것들을 유전자 연구가 문학 이론을 향해 열린 것으로 간주하는 반면, 반 데이크는 한층 신중하게 이 은유들과 암호 해독이라는 전쟁 사이의 관계를 제시한다(1998:37). 반 데이크는 또한 1960년대 이후 유전자에 대한 재현의 역사를 제공한다. 그녀의 주장에 따르면, 유전자 기술에 의해 제기된 것으로 대중적으로 인식되는 깊은 위협은 유전학이 신체의 온전함이라는 일상적 개념에 제기한 도전으로부터, 그리고 자연과 문화, 과학과 사회, 그리고 사실과 이미지 사이에 존재하는 경계에서 나온 것이다. 그런데 이 분열은 역설적으로 유전적인 결정론이란 전통적 생각의 강화에 반대해 일어난다.

문화 이론가들이 유전자의 재현을 조사했다면 예술가들은 이미 그 재현을 발전시키기 시작했다. 아마도 유전학에 관심 있는 예술가들 중 맨 앞에 있는 사람은 에두아르도 칵Eduardo Kac일 것이다. 칵의 가장 유명한 예술 작품은 '알바Alba'이다. 그것은 유전적으로 변형된(해파리로부터 추출한 유전적 물질을 주사한) 토끼로, 파란 빛에 노출되면 녹색으로 변한다. 다른 '유전자 변형 예술 작품'에서 칵은 코드로서의 DNA의 본성을 조사했다. DNA의 네 가지 기초

(A, C, G, T)를 컴퓨터 코드 ASCII(A=00; C=01; G=10; T=11)에 연결시킴으로써 '나는 생각한다 고로 존재한다'는 말을 DNA 배열로 번역할 수 있었다. 이 배열은 유전적으로 식물을 변형하는 데 사용됐다(Kac, 2007을 보라).

P. 래비노우P. Rabinow(1992)와 S. 프랭클린S. Franklin(1993, 1995, 2003) 같은 문화인류학자들은 유전학이 일상적 행위에 미친 영향을 조사하기 시작했다. 1992년에 이미 래비노우는 유전자 기술이 우리의 사회적 구조 안에 미시적 수준으로 박히게 될 것이며, 그것은 새로운 '생체 사회성*biosociality*'을 낳고 그 안에서 '자연은 실천 행위라고 볼 수 있는 문화를 본떠 만들어질 것이다'라고 주장했다. 실제로 래비노우는 H. J. 라인베르거H. J. Rheinberger(2000) 같은 다른 사상가들과 함께 유전학의 엄청난 잠재력이 인간에게 생물학의 법칙 자체를 바꾸면서 자연과 인간 본성을 재건하게 허용할 것으로 본다. 프랭클린은 자연과 문화 사이의 경계가 융합되고 흐릿해지는 것에 좀더 저항적이다. 그렇지만 그녀는 생물적인 것의 의미가 바뀌었다고 말한다. 그것은 이제 하나의 카테고리로 그 안에서 자연은 생물적인 것과 기술적인 것의 혼합물 안에서 피할 수 없이 현존하거나 갈수록 부재한다(Franklin, 2003).

문화 이론가들은 자연–문화의 이항 대립의 와해, 또는 심지어 해체를 예견하지만 많은 사람들은 그들만큼이나 재유행하는 본질주의의 위협을 우려한다. 본질주의는 유전학의 지식이 인간(또는 다른 어떤 종)의 본질을 규정하는 것으로 간주한다. 이것은 실제로 반 데이크가 식별한, 유전학이 전통적 카테고리 구조들을 와해하고 유전적 결정주의의 생각을 강화한다는 역설에 대한 응답이다. '유전화*genetisation*' 개념은 이 새로운 본질주의를 요약하기 위해 만들어졌다(Hedgecoe, 1998을 보라). 점점 더 많은 행동적 특성들과 존재 방식을 의학적 문제로 (정당하지 않게) 해석하는 '의료화*medicalisation*'라는 좀더 오래된 생각과 ➔ 건강 유사하게 '유전화'는 행동, 인간의 능력과 속성을 유전자적 용어들로 (부적절하게) 해석하는 것이다(Lippman, 1993: 178). 유전자는 '생명의 본질'로 간주되게 된다. 해러웨이는 그 안에서 "겨우 세속화된 기독교적 사실주의의 사례들"을 봤다(Haraway, 1997: 10). 유전화의 매력은 포스트모던 문화의 흐름과 분열 앞에서 고정되고 움직이지 않는 경계선을 재확인하는 것처럼 보인다.

유전학과 문화 이론 사이의 마지막 연결점이 언급될 수 있을 것이다. 유전적 조사들은 갈수록 문화 사회과학의 중요한 방법론적 도구가 돼가고 있다. 유전적 특성을 추적하는 것은 글로 된 문서나 다른 물질적 인공물 안에 기록되지 않고 지나간 인구 이동을, 따라서 역사적 사건을 밝혀내는 수단이다. 예를 들어 최근 몇 년 동안 다양한 유태인 집단의 기원을 다루는 상당한 수의 유전자 연구가 진행됐다. 그중 가장 널리 간행된 것은 아마도 코하님 cohanim(유태교 제사장)에 대한 다양한 연구, 렘바라고 불리는 아프리카의 유태화된 작은 부족의 기원에 대한 연구, 인도의 베네 이스라엘 유태인 공동체에 대한 연구일 것이다(Zolloth, 2003). 사제의 지위는 아버지에서 아들에게로 전달된다. 그러므로 전통이 올바르다면 모든 유태인 사제들은 Y 염색체에 어떤 유전적 유사점을 보여 줘야 한다. 남아프리카의 렘바라는 유태화된 집단에 대한 연구와 인도의 베네 이스라엘 유태인 공동체(그들의 초기 역사가 적절하게 문서화돼 있지 않고 그들의 유태성에 대한 의문이 제기되기 때문에 '새롭게 발견된' 유태인 공동체라고 때때로 묘사되는 집단들)에 대한 연구는 두 집단이 '유태교 제사장 형식의 일배체형*cohen modal haplotype*'으로 알려진 것을 갖고 있으며 따라서 상속된 사제직은 그들의 분자생물학 안에서 증명됐다는 것을 보여 줬다. 연구는 많은 언론뿐만 아니라 역사학자와 인류학자의 관심을 끌었다. 이들은 아프리카계 미국인에 대한 실험의 경우에서처럼 실험된 사람들의 정체성과 유전자 인류학의 윤리적 문제에 대한 인간 관련 유전자 연구가 갖는 영향력에 대해 질문을 제기했었다(Parfitt, 2003a, 2003b).

Burley & Harris, 2002; Condit, 1999; Cooke & Turner, 1999.

유토피아/유토피아주의
utopia/nism

'유토피아'라는 단어는 "어디에도 없는 곳*nowhere*"을 의미한다. '비현실적,' '공상적,' '환영적'이라는 의미로 이 용어가 일상적으로 쓰이는 것은 이상적이고 상상적인 국가를 기술한 토머스 모어 경Sir Thomas More의 《유토피아*Utopia*》(1516)에서 유래하는 것이다. 유토피아주의는 현재 사회보다 '더 나을' 뿐만 아니라 완벽한 사회를 건설할 수 있다는 믿음이다. 따라서 유토피아적 텍스트는 동시대의 사회를 지배하는 분쟁과 불의가 극복되는 미래의 가능한 사회에 대한 전망을 제공하려 한다. 이러한 사회와 그 사회의 근간이 되는 원칙을 묘사하려는 시도는 고대 그리스 철학자 플라톤까지 거슬러 올라갈 수 있다. 플라톤의 《국가》는 철인왕*philosopher–king*(이들은 진정한 지식을 타고난 합리적 존재라고 생각되며 따라서 선*good*에 대한 지식을 소유한다)의 통치가 완벽한 사회적 질서를 이끌어 낼 것이라는 관점을 정당화하려 한다. 플라톤의 설명에 따르면, 문화적 삶의 가장 높은 형태는 객관적 현실과 이성의 질서를 반영하는 인간 본성의 모델에 대한 해명을 통해 실현 가능하다고 간주된다. 이 장르에 속하는 다른 저작은 프랜시스 베이컨의 《신아틀란티스*New Atlantis*》(1624)와 윌리엄 모리스의 《에코토피아 뉴스*News from nowhere*》(1890)를 포함한다.

시민적 인간주의 사상가 제임스 해링턴의 《오세아나 공화국》(1656)도 유토피아 장르가 적용될 수 있는 좋은 사례(비록 해링턴의 사상의 본질을 '유토피아적'이라고 부를 수 있는지는 논쟁의 여지가 있지만)를 제공한다. 해링턴은 한 사회가 시민적 삶을 충족시키는 데 필요한 조건과 정당한 정치적 권위 확립에 채택해야 하는 기본 구조로 '오세아나'라는 상상의 국가를 사용한다. '오세아나'의 중요성은 그것이 유토피아적 요소, 정치적 이론과 알레고리를 조합했다는 것에 있다. '오세아나'의 도시는 올리버 크롬웰Oliver Cromwell 치하의 영국 혁명과 영국 연방의 확립으로 이끌어 간 역사적 전개에 대한 알레고리적 담론이다. 그리고 해링턴의 글은 그가 연방이 채택할 수 있는 가장 좋은 정부의 구성이라고 간주한 것을 유토피아적 형태 안에서 제시한다.

비록 마르크스 자신이 경제적, 사회적 관계에 대한 그의 '과학적' 분석을 초기 '유토피아적' 사회주의자의 작업과 대립시키기는 하지만, 마르크스주의 사상과 사회주의 사상의 어떤 형태는 유토피아적 요소를 담고 있다(예를 들어, M. 바쿠닌M. Bakunin). 20세기에, 유토피아적 장르는 보다 혼란스러운 가능한 미래들을 구상하는 내러티브 형태에 길을 양보한 것처럼 보인다. 예를 들어, 올더스 헉슬리Aldous Huxley의 《멋진 신세계*Brave New World*》(1931)나 조지 오웰George Orwell의 《1984》(1948)가 있다. 마찬가지로, 유토피아적 사상의 기초가 되는 조화로운 사회적 질서 개념은, 특히 포스트모더니즘 주창자들에 의해 비판받아 왔다. [PS]

Davis, 1981; Kelly, 1982; Klumar, 1991.

은유
metaphor

넓은 의미로 볼 때, 하나의 사물이 다른 어떤 것을 가리키는 어휘를 통해 지시되는 수사적 표현을 은유라 한다. 이 말은 이동 또는 이월을 의미하는 그리스어 metaphora에서 유래했다. 아리스토텔레스의 《수사학*Rhetoric*》에서 은유는 변화된 의미, 감각을 새롭게 비추는 의미로 사용되는 단어라고 제시된다. "보통의 단어들은 단지 우리가 이미 알고 있는 의미만을 전달한다. 우리가 무언가 신선한 것을 가장 잘 얻을 수 있는 것은 은유를 통해서이다."

좀더 최근에 역시, 언어의 성장과 발전에서 은유의 지위는 철학과 문학 이론가들로부터 특별한 주목을 받았다. 은유가 실제로 어떤 것이며 어떻게 기능하는지 또 그것이 어떤 것이든 의미론적 혹은 인지적 수준에서 어떻게 기여하는지에 관해, 다소간 기술적으로*technically*, 다양한 설명들이 제시되었다. 예를 들어, 맥스 블랙Max Black의 영향력 있는 분석을 보면 은유적 발화는 두 가지의 '주체' — 일차적 주체와 이차적 주체 — 를 포함하며 일차적 주체(예컨대, '김 선생은')에 일련의 연관된 내포(예컨대, '미친 개다')를 투사함으로써 일차적 주체에 대한 새로운 시각과 이해를 얻을 수 있는 일종의 필터 역할을 하게 된다. 그러니까 해부를 해보면, 은유는 단순한 수식 이상이다. 그것은 단어를 세계에 적용하는 데 있어, 특히 비교에 의한 이해에 있어, 특권화된 특별한 역할을 한다.

흔히 인용되는 니체의 진실에 대한 정의 — '이동하는 은유의 군대' — 가 미친 커다란 영향은 은유성이 좀더 깊이 나아갈 수 있음을 제시한다. 그가 주장하듯 문자 그대로의 진실이 단지 닳아 빠진, 그래서 더 이상 감각적 힘을 상실한 은유 — 그림이 닳아 없어져 단지 금속만 남은 동전이 더 이상 동전일 수 없는 것과 같이 — 라면, 은유는 언어학적 의미의 분리 가능한 한 양식이기보다는 바로 그것의 토대가 된다. 동시에 문자 그대로의 것과 은유적인 것의 구분은 추상적으로 의미론적이기보다는 일시적인 것이다. 전자는 익숙하거나 정상적인 언어 용법과 대체로 등치하고 후자는 익숙하지 않거나 비정상적인 것과 등치한다.

논의의 발전과 함께 은유는 좀더 이론적인 아젠다로 끌어 올려졌다. 그리스어 '진실*aletheia*'을 리얼리티의 엄격한 '재현'이라기보다 '폭로' 또는 '드러냄'으로 해석한 하이데거의 해석은 은유 과정의 창조성이 표피적인 말장난이기보다 진실의 중심에 가깝다는 생각에 힘을 실어 주었다. 야콥슨의 구조주의 언어학에서 은유는 직유와 함께 언어가 기능하는 두 가지 기본 축 가운데 하나이다. 자크 라캉에게 은유 — 하나의 단어를 다른 것으로 대체하는 — 는 프로이트의 응축 개념을 언어화하는 데 중심적이다. 메리 헤시Mary Hesse, 헤이든 화이트, 리처드 로티 같은 사람들이 과학적 가설, 사료 편찬, 그리고 모든 종류의 기술적 서술에서 은유의 핵심적 지위를 확장했던 바, 지적 문화적 과정에서 은유의 중요성은 이들에 의해 더욱 커졌다. 로티의 관점에서 볼 때, 코페르니쿠스Copernicus가 지구가 태양 주위를 돈다고 주장했던 최초의 순간에 그는 단지 새롭고 비정상적인 언술 방식 — 지금은 사실로서보다도 문화적이고 정치적인 여러 가지 이유로 정상적이고 상식적인 것으로 우연히 '고착'되어 버린 하나의 은유 — 을 시도했던 것으로 간주된다.

어떤 사람들에게 은유의 개념적 우선성은 글자 그대로의 의미와 은유적 의미 사이의 구분에 대한 자크 데리다의 명백한 거부, 그리고 걸핏하면 객관성에 대한 모든 주장에서 숨은 책략을 드러내려 하는 해체주의자의 호전적인 시도에 이르러 극점에 달한다. 그러나 다른 사람들은 데리다가 가장 일상적인 언어에서조차 은유성이 드러난다는 사실에서 은유에 대한 일종의 철학적 설명이 필요함을 강조한 것으로 본다.

어떤 경우이든 — 리얼리티를 언어적 혹은 담론적 구성물로 보는 것이 가장 좋다는 견해로 묶여서 취급되기는 하지만 — 모든 주장과 전제들, 모든 문화적 담론 형식들이 은유적인 것으로 읽힐 수 있다는 정도까지 — 다시 말하면 은유가 '모든 것에 퍼져 있다'고 하는 정도까지 — 니체적 입장을 밀어붙이는 사람들이 있다. 그 결과는 다양하고 심각하다. 진실과 이데올로기의 구분이 희미해지는 데서 그치지 않고 과학과 미신, 또는 시뮬라크럼과 (가정된) 현실적 삶의 구분까지 희미해져 버리는 것이다. 그러나 이는 기술적 실천에 대한 은유의 특별한 중요성에 관해서까지도 부정하는 결과를 초래할 수도 있다. 확실히 은유의 정확한 정의가 무엇인지, 또 그것이 글자 그대로의 의미와 구분되는지, 어떻게 구분되는지, 또 그것이 의미를 **'창출'**하는지 아니면 단지 그것을 **'재생'**할 뿐인지에 대해 여전히 의문이 남아 있다(Davidson, 1984a를 보라). 최종적인 대답이 어떤 범주의 것이든 일반적인 담론의 기능에서 은유가 가지는 통합적 역할에 대해 논쟁을 벌일 사람은 많지 않을 것이다.

[GC]

Black, 1979; Cooper, 1986; Davidson, 1984a; Derrida, 1988; Nietzsche, 1995.

음렬주의
serialism

음렬주의는 1923년 경 A. F. W 쇤베르크A. F. W. Schoenberg가 창안한 근대 음악 작곡 기법이다. (적어도 서양 문화권에서) 우리에게 대체로 익숙한 음조 음악*tonal music*에서는 전형적으로 전체 12개 음들 가운데 8개만이 사용되며 특정 음들이 다른 것들에 비해 더 중요시된다(예를 들어, 우리는 음악이 끝날 때 사용되는 특정한 음이 있다는 사실을 알고 있다). 무조*atonality* 방식에서는 12음 모두 사용되고, 관습적으로 주어지는 음악적 기표들의 안전성이 사상된다. 음렬주의에서는 반음계를 이루는 12개 음들이 특정한 질서나 음열을 따라 배치된다. 이것은 어떠한 음도 다른 음들보다 더 중요시되어서는 안 된다는 원칙을 지키기 위해서이다. 특정한 변주를 제외하고는 — 음계를 높은 음에서 낮은 음으로 자리 바꿈하는 연주 방식인 음성 반전*inversion*이나 음계를 후퇴시키는 연주 방식인 역행*retrograde* — 전곡에 걸쳐 이 원칙이 유지된다. 많은 작곡가들이 (특히, 밀턴 바비트Milton Babbitt이나 불레즈) 쇤베르크 음악 이론이 혁신적이기는 하지만, 음조에만 너무 협소하게 집중되어 있다는 점을 지적하며 전면적인 음렬주의*total serialism*를 제안하였다. 여기에서는 음렬 배치 방식이 음조뿐만 아니라 리듬이나 볼륨에까지 확대 적용된다. 쇤베르크의 음렬주의에 대한 직접적인 비판이 두 가지 입장에서 가능하다. 첫째, 쇤베르크의 자신의 음악에서도 종종 드러나듯, 음렬 배치가 음조의 중심축을 벗어날 만큼 충분히 철저하지 못하다는 비판이다. 둘째, 음렬주의에서 음조는 음렬에 의해 매우 효과적으로 제거된다. 하지만 어느 정도의 음조 감각은 긴장과 해소로 특징지어지는 음악 미학적 반응에 필수적이다. 음렬주의는 대부분 예술 음악에 사용되어 왔지만 재즈나 록 음악에서 발견되기도 한다(예컨대, 딥 퍼플Deep Purple의 일부 음악들). [RC/AE]

Adorno, 1973; Forte, 1973.

의례
ritual

의례란 정해져 있고 반복 가능한 패턴을 따라 이루어지면서 공동체적인 가치, 의미 및 믿음을 표현하는 공식적인 행위이다. 의례의 원래적인 용법은 의례가 성스럽고, 초자연적이거나 마술적인 세계와의 얼마간 연결되어 있다고 암시하는 것이다. 실제로, 뒤르켐은 '성'과 '속'의 구별이 의례에 근본적인 것이며, 의례는 이 두 영역 간의 통상적인 경계를 건너는 것을 수반한다고 논했다. 뒤르켐에게 성스러운 것이란 개인이 그 안에서 살아가는 공동체를 표현한다. 의례는 따라서 개인적인 것들을 사회적 전체에 보다 긴밀하게 통합하는 기능을 한다. 이러한 논지를 더 멀리 밀고 가면, 의례는 또한 공동체에 대한 위협들에 대한 반응으로 볼 수도 있다. 의례 활동은 사회 변화에 직면해서나 다른 사회적 불안정기 동안에 강화된다. 문화 연구 안에서 이 의례 개념은 다소간 정밀하게 혹은 은유적으로, 세속 집단(과 특히 하위 문화 집단이나 종족 집단)이 자신들의 정체성을 정의하고 접합해 내며 당대 자본주의에서 외부 압력에 저항하는(그래서 예를 들면, 홀과 T. 제퍼슨T. Jefferson이 편집한 책의 제목은 《의례를 통한 저항*Resistance through Rituals*》(1976)이다) 방식을 탐구하기 위해 이용되어 왔다. [AE]

의미
meaning

철학적으로 볼 때 의미라는 용어의 정의에 대한 이론적 합의는 거의 존재하지 않는 것 같다. 그 의미가 '어디에' 거주하는가에 대해서도 마찬가지다. 실제로 이 개념에 대한 합의가 부족하다 보니 일부 철학자들은 그것의 존재 자체에 대해 의문을 제기하기까지 한다. 이 개념에 대한 합의의 부족을 이해하기 위해서는 이 용어의 역사적 발전 과정을 살펴볼 필요가 있다.

의미에 관한 가장 영향력 있는 이론 가운데 하나는 고대 철학으로부터 유래한 '명목주의*nomenclaturism*'이다. 이는 기본적으로 어떤 이름 또는 용어의 의미는 그것이 지칭하는 사물이라는 생각이다. 이 이론의 기본 가정은 언어학적 기호와 그것이 '가리키는' 지시 대상 사이에 어떤 본질적이고 자연적인 관계가 존재한다는 것이다. 플라톤이 그의 《크라틸루스*Cratylus*》에서 논의한 것이 바로 명목주의이다.

이와 매우 유사한 관점은 오늘날에도 상당한 영향력이 있다. 아마도 현대에 와서 명목주의를 지지했던 가장 잘 알려진 사람이 버트런드 러셀(1918, 1924), 그리고 '초기' 비트겐슈타인(1921)일 것이다. 논리 원자론*logical atomism*으로 알려져 있는 이 관점은 정확히 20세기로 접어들어서부터 시작되었다. 언어에서 문장은 더욱 작은 의미 단위 — 그 의미 단위는 다시 세상사의 어떤 상태와 맺는 직접적인 관계를 통해 의미를 가지게 된다 — 로 구성됨으로써만 의미를 가질 수 있다는 것이 논리 원자론 같은 철학의 중심 관념이다. 이런 관점이 논리 실증주의 — 비엔나학파가 지지한 — 의 선구라 할 수 있다. 이런 철학 이론에 대한 가장 간명한 표현은 A. J. 에이어에 의해 이루어졌다(1946). 논리 실증주의의 핵심은 '증명의 원칙*principle of verification*' 즉 어떤 문장이나 명제의 의미는 그것의 증명 방법에 있다는 규정이다. 다른 말로 하면 문장의 의미는 그것이 참 또는 거짓임을 보여 주는 관찰에 의해 규정된다. 이론의 정의에 따르면 어떤 문장이 이러한 방법에 의해 증명될 수 없다면 그것은 **무의미**한 것이다. 예컨대 전통적 형이상학의 전제는 그것이 증명될 수 있는 조건이 주어져 있지 않기 때문에 아무런 의미도 없는 것이 된다.

논리 원자론에 대립하는 관점이 의미론적 전체론*semantic holism*이다. 이 관점은 프레게(1892)와 소쉬르(1916)의 작업에 뿌리를 두고 있다. 프레게는 분석 철학의 관점으로부터 언어가 리얼리티에 대한 우리의 개념을 구축하는 데 적극적인 역할을 한다는 시각을 열었다. ➔ 지시 마찬가지로 소쉬르는 구조주의의 관점에서 비슷한 견해를 제시한다. 현대 과학 철학에 대해 가장 큰 영향을 미친 사람은 윌러드 밴 오먼 콰인이다(1953). 콰인은 어떤 식으로든 언어의 파편을 통해 표현되는 의미의 이론이 존재할 수 있다는 개념 자체에 도전했다. 대신 언어를 하나의 통일적인 구조로 보아야 하며 그 부분이 가진 의미는 전체에 달려 있다는 것이다. 비슷한 생각을 과학 철학자 피에르 뒤엠Pierre Duhem이 제시했다(1962). 두 사람의 견해는 나중에 '뒤엠–콰인' 가설로 알려지게 되는데, 그것은 물리학자가 실험을 수행할 때 결코 하나의 가설만을 테스트하는 것이 아니라 가설들의 전체 집단을 테스트한다는 것이다.

이런 접근의 더욱 충만한 유형은 토머스 새뮤얼 쿤(1970)에 의해 발전되었다. 쿤은 과학이 일련의 패러다임 — 과학자들은 이 패러다임 내에서 작업하며 이로 인해 세계관을 제공받는다 — 으로 형성된다고 말한다. 이 패러다임은 다시, 과학자들이 참이라고 믿는 이론과 가정으로 형성된다. 이 이론에서 각 용어의 의미는 패러다임 내의 다른 용어들과의 관계에 의해 규정된다. 결과적으로 어떤 용어, 문장, 구문의 의미는 내포적으로 패러다임 내에 귀속된다. 즉 패러다임이 변화하면 그에 속한 용어의 의미도 변한다. 그 결과 서로 다른 과학적 패러다임을 가진 사람들은 서로 다른 세계관을 갖는다. 쿤 이론의 함의는 '통약 불가능성'의 문제로 이끈다.

일상의 언어에 대해 비슷한 견해가 후기 비트겐슈타인(1953)에 의해 뒷받침되었고 그의 '언어–게임' 개념에 포섭되었다. 이 관점에서 어떤 용어의 의미는 그것이 특정 언어 게임 내에서 어떻게 이용되는가에 달려 있다. 비록 어떤 단어들이 음향이나 형태상 똑같은 '가족적 유사성'이 있다 해도 그 의미는 언어 게임에 따라 달라진다. 이론적 차이가 있기는 해도 이 관점은 소쉬르의 작업과 — '의미'가 언어 혹은 비트겐슈타인 식으로는 언어의 일부*part of a language*에 내재하며 의존한다는 모델이란 점에서 — 중요한 유사성을 가진다(Harris, 1988). 비트겐슈타인과 소쉬르의 관점 모두 포스트모더니즘과 포스트구조주의학파에 중요한 영향을 미쳤다.

언어에 대한 전체론적 관점은 자연과학뿐 아니라 사회과학에도 근본적으로 중요한 함의가 있다. 만일 의미가 특정 언어 또는 언어–게임에 내재적인 것이라면 하나의 언어 혹은 언어–게임과 다른 것 사이의 커뮤니케이션은 양자 사이에 어떤 공통의 매개물도 존재하지 않는다는 점에서 문제적인 것이 된다. 만일 언어 혹은 언어–게임이 특정 문화 혹은 문화의 일부와 함께 가는 것이라면 문화 혹은 문화의 부분 간의 커뮤니케이션 역시 마찬가지로 문제일 수밖에 없다. ➔ 문화 상대주의 이렇게 되면 문화 간의 비교라는 가능성은 당연히 사라지게 된다. 이 정의에 따르면 사회과학자는 그가 연구를 위해 사용하는 특정 언어 혹은 언어 게임의 제한 속에 갇혀 버릴 수밖에 없기 때문이다.

콰인의 '급진적 번역*radical translation*' 개념은 이런 문제적 상황으로부터 벗어날 수 있는 적어도 하나의 방법을 약속해 주었고 도널드 데이비슨은 이를 다시 좀더 성공적으로 계승하였다.

아마도 의미에 대한 가장 위험한 도전은 자크 데리다의 저작으로부터 왔다고 할 수 있을 것이다(1976). 의미에 대한 어떤 이론에서도 중심적 가정 가운데 하나는 언어가, 의미가 가능성으로 되기에 충분할 만큼 평형 상태를 유지할 수 있다는 것이다. 소쉬르의 언어 이론에서 그런 가정은 적어도 방법론적인 수준에서는 확실히 참이다. 그의 이론의 중심에는, 어떤 언어에서든 언어학적 기호의 의미 또는 가치는 그 언어 내의 다른 기호들과의 차이에서 비롯된다는 개념이 있다. 만일 랑그와 파롤 사이의 엄격한 구분이 유지될 수 있다면 각 기호들에서 의미는 안정적으로 보존된다. 사실상 데리다가 한 것은 소쉬르가 사용한 이런 구분의 타당성에 대한 도전이었다. 데리다는 소쉬르가 했던 발화*speech*와 글쓰기*writing*의 대립을 해체시킴으로써 ➔ 해체 이 도전을 개시한다. 소쉬르는 글쓰기가 언어의 안정적인 구어적 전통을 근본적으로 위협하는 것으로 본다. 이런 위협을 피하기 위해 그는 이 대립에서 발화*speech*에 특권적 지위를 부여한다. 데리다는 이런 대립의 양극을 뒤집을 뿐 아니라 소쉬르가 대립을 구축하기 위해 사용했던 논리를 채용해 소쉬르가 막으려 했던 언어적 왜곡을 창출하고자 한다. 그 결과 개별 기호들의 의미를 손상하지 않고 유지하기 위해 필수적인 안정성은 사라지게 된다.

적어도 분석 철학자들 사이에서는 일반적으로 '의미'의 개념과 지시의 개념 사이에 밀접한 관련이 있다는 주장이 견지된다. [SH]

의식
consciousness

'의식'과 '정신'은 때로 혼용 가능한 것으로 간주된다. 만일 자의식이 있다면, 의식은 개체(인간 또는 동물)가 자신의 환경과, 자신이 있는 장소, 그리고 그 환경과 맺는 관계를 알고 있음*awareness*을 뜻한다. 인간, 고등 영장류, 그리고 어떤 다른 피조물들, 가령 돌고래 등은 보통 자의식을 지닌 존재로 간주된다. 예컨대, 조너선 글로버Jonathan Glover(1990a: 46~50) 같은 어떤 철학자들은 저급하고 단순한 의식을 가진 동물로부터 시작해서 자의식을 가진 인간에 이르는 의식의 진보 스펙트럼이 존재한다고 추측해 왔다.

의식의 본질 그리고 무엇이 이 속성을 소유할 수 있는가에 관한 입장은 정신의 본질에 대한 관점에 의존한다. 르네 데카르트 같은 이원론자라면 '정신'(마음)과 육체를 두 개의 근본적으로 다른 실체로 볼 것이다. 데카르트에 따르면 육체는 시간과 공간 속에서 형상과 질량 그리고 위치를 가진다. 정신은 그와 다르게, 비록 지속되는 사고를 담고 있다 하더라도, 육체와 어떤 속성도 공유하지 않는다. 이러한 정신과 육체의 근본적인 분리는 그 악명 높은 정신/육체(마음–몸) 문제로 이어졌다. 이는 정신이 사실상 육체에 영향을 미치고 있고 또, 그 역도 사실인 상황에서 그 본질이 전적으로 다른 두 실체가 어떻게 인과적으로 상호 작용할 수 있는가의 문제이다. 데카르트는 오직 인간만이 영혼을 가지고 있다고 보았기 때문에 동물들이 의식을 갖고 있다는 데 결코 동의하려 들지 않았다.

정신에 대한 근대 철학에서 정신/육체 문제에 답하려는 시도는 종종 유물론을 채택하는 쪽으로 나간다. 유물론자들은 정신을 물리적이고 생물학적인 용어로 설명하고자 한다. 행태론자들은 정신이란 어떤 환경적 자극이 주어질 때 다양한 방식으로 행동하는 일련의 성향들일 뿐이라고 주장한다. 대다수 행태론자들은 내적인 심리적 과정에 대한 어떤 설명도 거부한다. 정신–뇌 동일성 이론의 지지자들은 정신은 곧 뇌일 뿐이라는 환원론적 접근을 취한다. 기능주의자들은 정신 현상 또는 심리적 상태가 원인 자극으로서의 다른 정신적 상태와 그로부터 도출되는 행태 사이에 존재하는 인과 관계에 입각해서 이해될 수 있다고 주장한다. 제거론자*eliminativist*들은 가령 신앙과 욕망 같은 심리적 상태에 대한 우리의 상식적 이야기들은 모두 잘못되었다고 주장한다. 사실 폴 처치랜드Paul Churchland 같은 제거론자들은 과학이 궁극적으로 우리가 지금 의식을 설명하기 위해 가지고 있는 것보다 훨씬 더 나은 모델을 만들어 낼 것으로 본다. 이런 새로운 모델에 따라 정신이 무엇이며 그것이 어떻게 작동하는지에 대해 전적으로 다른 관점이 생겨날 것이다. [SH]

Churchland, 1988, 1995; Crane, 1995; Descartes, 1968; Ryle, 1949.

이념형
ideal type

이념형이란 막스 베버의 사회학에서 비롯된 용어이다. 그것은 오해받기 쉬운 용어이다. 베버에게 이념형이란 일반적으로 어떤 사회적 제도나 과정의 추상적 모델이었다. 따라서 이념형이란 사회 제도의 주요 특징들을 확인하고 고립시키고자 시도한다. 이념형은 사회과학자가 찾고 기록해야만 하는 특징들의 종류에 대한 관심을 끌어내면서 경험적 연구를 이끈다. 그리고 경험적 연구에 비추어 수정될 수도 있다. (베버주의적 이념형의 한 가지 예를 보려면 관료제를 참조하라.) 이념형이란 추상적 개념으로 존재한다는 의미에서 '이념적*ideal*'이다. 이념형의 모든 특징들이 반드시 그 유형의 모든(또는 어떠한) 경험적 현현 속에서 드러나지는 않을 것이다. 결정적으로 이념형은 사회 제도의 완벽하거나 바람직한 형태에 대한 설명이라는 의미에서 '이상적'인 것이 아니다. [AE]

이데올로기
ideology

이데올로기 이론이 비판적 사회과학이나 문화 과학에 근본적인 것이라고 말하는 것은 그럴듯해 보일 수 있다. 그러나 이 용어의 정확한 의미는 종종 파악하기 힘들거나 혼란스럽다. 그 가장 흔한 용례는 다소 일관성 있는 일련의 신념(정당이나 정치 분파의 신념, 가치, 기본 원칙을 의미하는 정치적 이데올로기 같은)을 단순히 지칭하는 것일 수도 있다. '이데올로기'는 정치과학의 몇몇 분과에서 이런 의미로 사용된다. 그러나 마르크스주의와 지식사회학에서는 지식과 신념을 발생시키고 유지시키는, 즉 사회가 지식과 신념을 결정하는 방식을 분석하기 위해 훨씬 더 섬세한 의미를 취해 왔다.

이 용어는 18세기 말, 프랑스 철학자 데스튀 드 트라시Destutt de Tracy가 사상들의 과학*logos*을 지칭하기 위해 만들었다. 이러한 과학을 생물학의 하위 학문이라고 여기면서, 인간의 지각 분석에 기반을 두었다. '이데올로그*idéologues*'는 이를 바탕으로 교육적 실천 행위를 개혁하고자 했다. (이 기원은 보기보다 더 중요하다. 그것은 사상들이 어떤 비관념적인 토대에 의존한다는 주장을 제시하기 때문이다. 드 트라시에게 이것은 생물학이다. 사회과학에서 그것은 사회의 물질적, 경제적, 정치적 실천과 구조들일 것이다). '이데올로그'에 대한 나폴레옹의 조소는 이데올로기를 경멸적인 용어로 만들었다.

이데올로기는 마르크스에 의해 중요한 비판적 개념이 되었다. 이데올로기에 대한 마르크스의 접근 방식은 어떤 사회에서나 지배 계급의 사상은 지배적 사상이라는 유명한 말로 소개할 수 있다. 이것은 세계(오직 사회 세계만, 혹은 특히 사회 세계가)에 대한 우리의 이해와 지식이 정치적 이해 관계들로 결정된다는 것을 암시한다. 지배 계급의 이해 관계에는(그러나 피지배 계급의 이해 관계에는 없는) 특정한 신념과 세상을 보는 방식이 있다. 예를 들면, 봉건제에서 왕의 신성한 권리를 믿는 것은 지배 계급의 이해 관계에 속한다. 왕과 귀족의 권위는 신에게 부여받은 것이고, 따라서 의심할 여지가 없었다. 사회 세계를 아주 개인적이고 경쟁적인 것으로 보는 것은 자본주의에서의 부르주아지(산업 소유자와 통제자)의 이해 관계에 속한다. 따라서 마르크스가 보기에 (특히, 계급 구성원 의식 속에서) 진정으로 사회적이고 집단적인 인간 삶의 본성은 감추어지고 자본주의에 대한 프롤레타리아의 효율적인 저항 가능성은 최소화된다. 지배 계급은 커뮤니케이션과 교육의 다양한 형태들(매스 미디어, 교회, 학교와 같은)을 통제함으로써 사회 전체에 그들의 사상을 전파할 수 있다.

마르크스주의적 의미에서 이데올로기는 세상을 바라보는 왜곡된 방식인 반면, 완전히 거짓된 것은 아니다(그리고 이데올로기는 단순히 허위 의식의 동의어가 아니다). 종교가 대중의 아편이라는 마르크스의 말(1975: 244)은 더욱 더 복잡한 생각을 나타낸다. 한 측면에서, 종교는 사회 세계에 대한 피지배 계급의 이해를 왜곡하는데, 특히 현세에서 불공평하게 고통받는 자들에게 천국에서의 보답을 약속한다는 점에서 그러하다. 그러나 아편이라는 은유적인 지칭이 중요한 것은 아편이 우리가 경험한 고통을 무디게 하기 때문만은 아니다. 아편은 꿈을 끌어들이기 때문이다. 따라서 천국이란 진지하게(비록 문자 그대로는 아니라도) 받아들여야 하는 생각이다. 그것은 정의 — 내세에서가 아니라 현세에서 실현되어야만 하는 — 에 대한 이미지를 포함하기 때문이다. 이러한 의미에서 이데올로기는 실제 문제에 대한 기만적 해결책이다(Larrain, 1979). 그러므로 이데올로기 비판의 임무는 기만성을 인지하는 것 — 이데올로기가 실제 문제에 대한 우리의 이해를 전도시키는 방식을 인지하는 것 — 이며 이를 통해 실제 문제를 확인하고 달려드는 것이다.

이데올로기에 대한 마르크스주의 이론은 이데올로기가 왜곡이라는 것을 전제한다. 따라서 이데올로기는 진정한 지식에 맞서 수립될 수 있다. 지식 사회학, 특히 독일의 사회학자 칼 만하임이 전개한 지식 사회학에서, 이데올로기는 계급 및 지배와의 연결 고리를 상실하고, 따라서 진리에 대한 이와 같은 인식에 이의를 제기한다(Mannheim, 1960). 만하임은 마르크스가 사상과 사회의 물질적 토대 사이에 수립하였던 연결 고리를 계속 유지하지만, 그것은 사회의 여러 분파에 속한 사람들이 갖가지 방식으로 세계를 이해할 것이라는 점을 주장하기 위해서이다. 따라서 세상에 대한 부르주아의 이해와 프롤레타리아의 이해 사이의 차이는 지배적이고 보수적인 계급의 관점과 종속적이고 급진적인 계급의 관점 사이의 차이가 아니라, 단지 두 개의 동일하게 타당한 세계관 사이의 차이일 뿐이다. 따라서 만하임에게는 모든 이데올로기의 판단 기준이 되는 단일한 진리는 없다. 각 이데올로기는 생산되는 사회적 환경에 따라 각자의 고유한 진리 기준과 정확성의 기준을 가질 것이다.

이데올로기에 대한 마르크스주의적 설명은 20세기에 두 가지 중요한 수정을 받았다. 첫째, 이탈리아의 이론가 안토니오 그람시의 헤게모니 이론은 이데올로기 이론에서 암시하는 것처럼 사상들이 피지배 계급에게 수동적으로 강요될 수 있다는 문제에 대해 공격했다. 그보다는 헤게모니 이론은 오히려 이데올로기가 모순적인 증거와 삶의 경험에 직면하여 실제로 협상될 수 있다고 제안한다. 두 번째 수정은 프랑스의 구조주의자 알튀세르의 작업에서 나온다. 알튀세르는 사상에 대한 이데올로기 이론에서 강조점을 뒤집는다. 이데올로기는 사람들이 무엇을 생각하는가에 대한 것이어야 할 필요는 없다. 그보다는 오히려 그들이 어떻게 행동하는가 — '체험된 관계' — 에 대한 것이어야 한다. 당연시되는 이데올로기적 실천은 자본주의 내에서의 인간 주체와 주체의 정체성을 구성하고 주체가 작용하도록 허용한다. → 행태 이데올로기

[AE]

Abercrombie et al., 1980; Althusser, 1971; Barrett, 1991; Eagleton, 1991; Hall, 1982.

이데올로기적 국가 기구
ideological state apparatus

프랑스의 구조주의적 마르크스주의자 루이 알튀세르가 개발한 개념. 알튀세르는 그가 전통적인 마르크스주의에 대해 가한 수정선상에서 칼 마르크스와 프리드리히 엥겔스의 사상에서 제안되었던 '이데올로기'라는 용어의 의미를 확장시키고 명료화하려는 시도로 이데올로기적 국가 기구(또는 ISAs)라는 개념을 개발하였다. 알튀세르는 전통 마르크스주의

의 이데올로기에 대한 인식이 본질적으로는 올바르지만, 사회에 대한 마르크스주의적 분석을 떠받드는 구조들을 명료하게 밝혀내는 수단으로서는 너무 제한적이고 치밀함이 부족하다고 주장했다. 전통 모델에서 '이데올로기'라는 용어는 자본주의의 지배적인 사회 질서를 자연적인 것으로 만들고 정당화하는 데 기여하는 추상적이고 환영적인 사고 형태를 지칭하기 위해 일반적으로 사용된다. 따라서 자본주의 사회 내의 규범으로서 기능하는 사상들의 체계는 지배 계급의 이해 관계들의 접합이며, 물질적인 생산 관계의 하부 구조는 자본가의 권력을 정당화하는 데 기여하는 사상의 이데올로기적 상부 구조 안에 직접 반영된다. 알튀세르는 이 설명이 다음과 같은 중요한 점을 결여하고 있다고 주장했다. 비록 이데올로기 이론은 지배 계급의 규칙을 자연스러운 것으로 만들어 주는 사상에 대해 설명하지만, 자본주의가 동시에 지속적인 생존에 필요한 생산 조건을 재생산하려는 방식에는 접근하지 못한다. 알튀세르는 이것이 이데올로기적 국가 기구를 통해서 수행될 수 있다고 주장했다.

마르크스주의에서 억압 기구(경찰, 군대, 감옥 등과 같은)로 구성되었다고 여겼던 국가는 그 외에 생산 조건을 재생산하는 기능을 수행하는 이데올로기적 기구를 갖는다. 그러한 기구들에는 종교 제도, 교육 체계, 법 체계, 정당, 미디어 그리고 가족을 포함한다. 이 기구를 통해 이데올로기는 개인의 주체성을 구성하고 이런 기능으로 이데올로기는 그들에게 자본주의 생산 체계 안의 특정한 역할을 배분한다. 예를 들면, 교육 체계는 다양한 역할이 사회 내에서 개인이 수행하기를 바라는 자본가의 요구를 충족시킨다고 알튀세르는 주장한다. 학생들의 다수는 미래의 공장 근로자로서 요구되는 기본 기술을 갖추고 상당히 이른 나이에 학교를 떠난다. 소수는 더 오랜 기간 동안 교육 체계 속에 남아서 노동자들의 성공적 관리에 필요한 기능을 수행하기 위해 그들에게 알맞은 부가적 기술을 갖추게 된다. 극소수는 국가의 상급 공무원 자리를 얻기 위해 훨씬 더 늦게까지 교육 체계 안에 머문다(그리고 어떤 사람들, 즉 교사나 학자들은 그 체계를 결코 떠나지 못하고 다음 세대를 교육하는 역할을 맡는다). 마찬가지로 가족 구조는 교육 체계가 그 임무를 수행하기 전에 필요한 인간성의 원재료를 제공하는 이데올로기적 국가 기구이다. [PS]

Althusser, 1971.

이름과 필연
naming and necessity

논리학과 철학의 의미론에서 영향력 있는 논쟁의 하나로 문화 및 문학 이론에 큰 함의가 (비록 별 주의는 끌지 못하지만) 있다. 초기의 기술주의적*descriptivist* 이론에 따르면 우리 지식의 많은 부분은 직접적(예컨대, 지각적 앎을 통해)'이라기보다는' — 덜 직접적으로 — 어떤 관련 사실, 속성, 묘사적 특질, 주어진 종류의 대상을 선택하는 기준 등을 통해 알려지는 바에 따라 얻게 된다. 그런 기술*descriptions*은 시간에 따라 과학적 지식의 발전과 함께 또는 새로운 정보가 손에 들어옴에 따라 변화한다. 그렇기에 '황금'은 한때 '왕수에 녹는 노란 말랑말랑한 금속'으로 생각되었지만 지금은 과학적으로 '원자 번호 79에 해당하는 금속 요소'로 정의된다. (이것은 우리에게 '바보의 황금'의 표본 또는 황철광 표본과 진짜 황금의 표본을 구분할 수 있게 한다.) 또 다른 예로 우리가 '아리스토텔레스'라는 이름을 사용할 때 우리는 고대 아테네에 살았다고 알려져 있고 플라톤의 제자이며 어떠어떠한 책들을 썼고 알렉산드로스 대왕의 스승이었다는 등의 역사적 인물을 지칭하는 것이다. 요컨대 지식이란 정의상으로는 우리가 일반적으로 알고자 하는 것의 주요한(틀림없이 '유일하게' 주요한) 원천인 셈이다.

그러나 일부 철학자들 — 그중에서도 사울 크립키 — 은 기술주의 이론에 이의를 제기한다. 그것이 일부 대단히 반직관적*counter-intuitive*이거나 완전히 말도 안 되는 결론을 이끌어 내는 것처럼 보이기 때문이다. 만일 아리스토텔레스(실제로 그 이름을 지니고 태어난 사람)가 사실상 아테네에 살지 '않았고' 플라톤과 공부하지도 '않았고' 알렉산드로스를 가르치지도 '않았고' 그 유명한 철학 저서를 쓰지도 '않았다는' 등의 사실이 발견된다면 어떻게 할 것인가? 만일 누군가 다른 사람이(셰익스피어가 아닌, 예컨대 베이컨이) 《햄릿》과 소네트와 그 밖의 '셰익스피어 전집'을 썼다는 결정적 증거를 찾아낸다면 어떻게 할 것인가? 기술주의 이론에 따르면, 이때 우리는 "아리스토텔레스는 아리스토텔레스가 아니다"거나 "셰익스피어는 셰익스피어가 아니다"라고 결론지어야만 할 것이다. 또 만일 우리 모두가 황금에 대해 잘못 알고 있었다면, 사실 황금이 현재 혹은 과거에 거기에 부여된 '어떤' 요소도 가지고 있지 않다면? 우리는 — 어리석게도 — '황금은 황금이 아니다'라고 말해야 하는가?

(크립키가 주장하기를) 어떤 경우이든 표준적인 기술주의 이론에는 뭔가 적절치 못한 면이 있다. 차라리 우리는 지시라는 것에 대해, 최초의 '세례식' 행사를 통해, 그러니까 누군가가 "이것은 '황금'의 표본이다"라고 선언할 때, 또 아리스토텔레스의 부모가 "우리는 이 아기를 아리스토텔레스라 이름짓겠다"고 자랑스럽게 천명했을 때, 일단 이루어진 그대로 고착된 것이라 생각하는 편이 낫다. 그로부터 어떤 이름이 늘 '그'와 같은 종류의 물질(황금), '바로 그' 사람(아리스토텔레스)을 지시하게 되는 전달의 인과론적 '연쇄'를 통해 — 그들에 대한 우리의 지식 상태가 계속 변해감에도 불구하고 — 그 이름이 이어 내려 간다. 아리스토텔레스의 경우 그 이름은 역사적으로 존재했던 개인 — 개념화의 순간 그의 삶이 시작된 — 에 적용된다.

크립키는 이러한 논의로부터 멀리 나가는 철학적 결론을 유추한다. 사후적으로*a posteriori* 필연적인 진실, 다시 말해서 또 다른 '가능한 세계' — 아리스토텔레스가 전혀 알려지지 않았거나 금이 원소표에 등장하지 않은 — 에서는 견지되지 않았을 수도 있으면서 지금 우리가 실제로 사는 세계에서는 필연성을 획득하고 있는 그런 진실이 존재한다는 주장도 그 가운데 하나이다. 또한 그는 그것이 인식론과 과학 철학의 오래된 다양한 문제 — 특히 자연적인 종류의 용어와 인과론적 설명의 지위에 관한 — 를 해결하는 데 도움이 된다고 생각한다. 문화 이론가는 리얼리티가 '언어에 의해 구축된' 것이라거나 다양한 문화 연관적 의미화 약호와 관습의 산물이라고 하는 표준적인 포스트구조주의/포스트모더니스트의 노선(애매하게 소쉬르에게 빚지고 있는)을 따르기 전에 이런 주제 — 그리고 최근의 '분석적' 언어 철학에서의 논쟁 — 를 숙고해 보는 것이 나을 수도 있다. [CN]

Kripke, 1980; McCulloch, 1989.

이용과 충족
uses and gratifications

매스 미디어의 분석, 특히 매스 미디어와 그 수용자 사이의 관계에 대한 이용과 충족 접근 방식은 수용자 집단의 개인 구성원들이 미디어 프로그램을 보거나 듣는 것을 통해 채우고자 하는 욕구가 있을 것이라는 가정에서 출발한다. 이러한 욕구는 다양할 수 있지만 현실 도피, '교제*company*' 또는 (개인적 가치를 인지하고 미디어 안에 재현된 가치와 비교하는 것을 통해) 자신의 정체성을 구성하고 이해하는 수단을 포함할 것이다. 1940년대에 등장한 이 접근 방식은 대중 사회 이론과 연결된 미디어 소비에 대한 지나치게 수동적인 관점에 도전하는 데도 중요한 역할을 했다. [AE]

이성
reason

이성의 본성에 대한 물음은 적어도 철학만큼이나 오래되었다. 가령 플라톤(BC 약 428~348)은 합리성이 실재의 본질적인 특성이라고 주장했다. 플라톤에 따르면(1998), 두 가지 상이한 영역, 즉 가지적인 것과 감각적인 것이 있다. 감각들의 영역은 현재 좀더 일반적으로 경험 내용*empirical experience*으로 불리게 될 것에 상응한다. 그것은 사물들이 생성하고, 부패하고 그리고 소멸하며, 현상과 의견에 의해 지배되는 영역이다. 이와 달리, 가지적인 것은 이데아의 영역이다. 경험이 제공하는 단순한 의견에 반대되기 때문에, 가지적인 것의 영역은 참된 지식을 산출한다. 바꿔 말해서, 사유의 영역은 감각의 세계와 따로 존재하는 실재를 가리킨다. 다음으로 플라톤은 경험계가 가지적인 것의 영역으로부터 그것이 지니는 어떤 실재를 얻는다고 주장한다. 이 같은 주장은 동일한 정체성을 공유하는 모든 경험적 특수자들이 그것에 논리적으로 앞서는 보편적 이데아의 특수한 사례이기 때문에 그렇다고 진술하는 플라톤의 '이데아론*Theory of Ideas*'과 관련이 있다. 따라서 우리가 세 마리 각기 다른 고양이들을 갖는다면, 각각의 고양이는 자신을 나머지 다른 두 고양이와 분리시키는 특정한 차이가 있기 때문에, 공통점은 그들 각각이 보편적 이데아 '고양이'의 한 사례라는 점이다. 각각의 고양이를 다른 고양이와 연결시켜 주는 것은 '고양이–성*cat–ness*'이라는 공통적인 속성이다. 좀더 추상적인 관념들, 이를 테면 아름다움, 선함 그리고 정의 등의 경우에도 마찬가지라고 플라톤은 논증한다. 이러한 모든 사례는 하나의 보편자를 전제한다. 모든 보편자는 그 자체로 존재한다. '선 그 자체*good in–itself*,' '정의 그 자체*justice in–itself*' 등. 경험 세계에 대한 지식의 종류는 그것에 대해 옳은 의견을 얻는 것(즉 사실이 이러이러한 것처럼 보인다*appears*)에 불과하다. 그에 반해서 참된 지식(사실은 이러이러하다*is*)은 최고의 실재, 즉 형식*forms*과 관련 있고, 다음으로 이것은 선의 이데아*the Idea of the Good*로부터 그 실재를 얻는다. 선의 이데아는 행위, 신념 등이 선하다, 참되다 등으로 판단될 수 있는 측정의 표준을 삶에 제공하는 것이다. 달리 말하면, 개인의 성향이나 심리로부터 독립적이면서 그 또는 그녀가 행하고 행할 수 있는 것에 의미를 부여하는 실재가 존재하는 것이다. 선의 이데아는 가지성의 토대를 점유하고 구성하고 있기 때문에, 그것은 (경험의 영역이 혹독하게 그렇듯이) 변하지 않고 영원히 변함없는 것으로 남는다. 이에 대한 지식은 지식의 최고 형식('변증술*dialectic*')이고, 인간 이성에서 그 최고의 표현을 발견한다. 플라톤에게 선함, 합리성, 행복은 모두 필연적으로 상호 간에 연결되어 있다. 따라서 그는 실재를 객관적이고 합리적인 조건에 의해 결정되는 것이라고 논증한다. 요컨대, 플라톤에게 실재는 본질적으로 합리적이다.

플라톤 시대 이래로 이성의 본질에 대한 많은 철학적 논의가 있어 왔다. 아리스토텔레스(BC 384~322)는 탐구의 개별 학문이 변증술의 보편적 원리에 통합될 수 있다는 견해에 동의하지 않음으로써 자신의 스승 플라톤의 보편적 이데아라는 관념에 이의를 제기했다. 그럼에도 불구하고 아리스토텔레스는 절대적인 지식이 정의定義에 의존한다는 관념에 동의하며 진리가 영원한 것과 관련이 있다고 믿는다. 합리론자 르네 데카르트(1596~1650)는 실재가 우리의 합리적 능력에 의해 설정된 척도에 따라 판단될 수 있다는 플라톤적 주장에 동의한다(Descartes, 1968). 데카르트의 철학은 합리적 내성이라는 토대 위에서 지식에 대한 설명을 구축하는 것이 가능하다는 견해에 뿌리를 두고 있다. → 데카르트주의 이성은 우리에게 지식이 무엇인지를 가늠하는 가장 확실한 수단을 제공하고 그럼으로써 그 정초를 가능케 하는 신이 부여한 '보편적 도구'라고 데카르트는 주장한다. 데카르트가 설명하는 합리성의 본질적 특성은 우리의 합리적 능력이 주관성과 의식에 핵심이라는 것이다. 이러한 견해는 그의 심신 이원론의 토대가 된다. 우리는 본질적으로 사유하고 합리적이며, 정신적 실체라는 견지에서 정의된다. 이와 달리 동물에게는 사유하고 추론하는 능력이 결여되어 있고, 따라서 물질적인 실체로만 이루어진 기계에 불과하다. 데카르트가 해결할 수 없는 문제는 우리가 물질적인 존재이긴 하지만 궁극적으로 정신적 능력이란 견지에서 정의되는 한, 마음과 물질을 연결하는 것이다.

모든 지식을 이성적인 원리에서 추론 가능한 것으로 간주했던 데카르트 같은 합리론자들과 달리, 존 로크(1632~1704)와 데이비드 흄(1711~1776) 같은 경험론적 사상가들은 지식의 원천이 경험이라고 주장했다. 그럼에도 불구하고 로크는 이성이 신적인 기원을 갖는다는 데카르트의 견해에 동의했다. 로크에게 우리의 지식이 타고난 이성적 원리보다는 오히려 감각에서 유래한다는 것이 사실일지 모르지만, 이성과 사유가 원초적인 물질의 상호 작용에서 나올 수 있다는 관념은 그에게 불쾌한 것이었다. 사실상 이성은 신의 존재를 암시하는 보편성과 관련이 있다. 이와 달리 흄은 우리의 이성적 능력이 보편적인 조건보다는 오히려 심리학적인 경향성에서 유래한다는 관념을 우연히 발견한다. 흄에게 자아는 습관들의 다발, 즉 그것들의 구현체와 무관한 생명없는 관습과 실행의 혼합물일 뿐이다. 데카르트의 철학에서 우리의 타고난 이성 능력의 중추적인 담지자인 자아가 흄의 사상에서는 파편화되고 그 정수精髓를 상실한다. 이것 때문에 이성 능력의 의미는 바뀐다. 인과성 개념에 대한 흄의 유명한 분석은 그것이 타고난 원리 또는 객관적인 조건에서 유래할 수 없음을 보여 주려고 했다. 우리는 항상 인과적 조건 속에서 생각하고 살기 위해서 노력해야 하지만, 우리는 인과성의 관념이 지식이나 과학적 추론의 원리에서 추론될 수 있다는 것을 믿도록 기만당해서는 안 된다. 흄에게 원인과 결과에 대한 모든 추론은 그 기원을 감각 인상 및 그것들이 마음에 발생시키는 관념에 두고 있다. 다음으로, 흄에게 있어서 우리의 이성은 보편적 지식의 토대들을 보증하는 데 이바지하기보다는 기껏해야 상식의 테두리에서 너무 멀리 벗어날 가능성을 제한하는 수단이 될 뿐이다. 우리의 이성은 진리를 발생시키는 힘, 즉 그것의 '자연적 효과*natural effect*'를 갖고 있다. 그러나 우리는 습관의 피조물이고, 따라서 우리의 열정과 충동에 의해 지배된다. 결과적으로 우리의 합리성은 우리의 다른 경향성에 의해 전복되기 쉽고, 이로 인해 모든 지식은 확실성보다는 개연성의 문제가 된다고 흄은 주장한다.

심리학적 조건이 우리의 이성 능력의 기초가 된다는 흄의 주장은, (갈릴레오 및 뉴턴과 같은 인물들의 16, 17세기의 연구와 연관된) 과학적 탐구 정신에 대한 그의 충실성에서 비롯되었다. 이러한 점에서 그는 계몽주의 전통의 전형이 된다. 계몽주의와 연관된 사상가들은 자연의 작용이 합리적, 경험적인 과학적 탐구에 복종적인 것과 마찬가지로, 인간 정신과 사회의 활동 역시 동일한 기초 위에서 분석될 수 있다는 견해에 전념하였다. 그러므로 흄은 자신의 《인간 본성론》(1973)의 서두에서 수학과 물리학을 다루는 과학과 같은 지평을 지니게 될, 바로 '인간*MAN*에 대한 과학'을 해명하는 일이 가능하다고 주장한다. 다른 계몽주의 사상가들도 나름의 다양한 방식으로 이러한 기본 노선을 따랐다. 그들은 불의, 잔혹, 편견과 신화라는 비합리성을 종식시킬, 인간 사회에 대한 이성적인 설명을 구축하는 것이 가능하다고 생각했다. 요컨대, 계몽주의는 기술과 과학을 통한 사회적 변형이라는 급진적인 정치적 의제를 제안했다. 임마누엘 칸트(1724~1804)의 철학은 계몽주의 사상가들 사이의 주제적 관심사의 연속성과 그 안에 내재하는 차이를 모두 드러낸다. 칸트는 오로지 경험이란 관념에만 의존하는 사유와 이성에 대한 설명을 구성하는 것이 가능하다는 흄과 경험주의자들에게 동의하지 않는다. 《순수 이성 비판》(1781/1797)에서 칸트는 경험이 지식에 본질적이지만 유일한 원천일 수 없다고 주장한다. 경험주의자들이 주장하듯이 경험이 우리의 모든 관념의 원천이라고 말하는 것은 어떤 경험을 갖기 위해서는 우리가 우선 어떤 방식으로 그것을 인지할 능력을 갖추고 있어야 한다는 사실을 무시하는 것이다. 다시 말해서 모든 특수한 경험은 선험적 조건, 즉 그것에 선행하는 조건을 미리 전제한다. 칸트는 이러한 조건이 선험적임을 주장한다. 그것들은 경험을 초월하는 것이 아니라, 경험에 대한 모든 인간 사유의 조건으로서 지속적으로 현존하는 것이다. 이것은 지식의 객관적인 조건이 존재하지만, 그러한 조건이 외부 세계가 아니라 인간의 주관성이 구성되는 방식에 존재한다는 주장과 같다. 칸트는 이러한 구성을 '선험적 자아*transcendental ego*'라고 부른다. 선험적인 '나*I*'는 하나의 인격체가 아니라, 모든 인간이 현재의 그 또는 그녀이기 위해서는 그것의 요구에 순응해야 하는 하나의 비인격적 구조이다. 그러므로 칸트에게 있어 인간의 오성은 규칙에 의해 지배된다. 이러한 규칙은 사유에 필연적이고 보편적인(즉 모든 인간 주체에 의해 공유되는) 한에서 인간 이성의 기초를 구성한다. 그 때문에 이성은 규칙을 인식하고 따르는 우리의 능력과 연결되어 있는 것으로 이해된다. 그것은 법이 정당성을 갖는 것과 동일한 방식으로 정당성을 갖는다.

G. W. F. 헤겔(1770~1831)은 경험주의에 대한 칸트의 비판을 확장시켰다. 그러나 헤겔에게는 합리성의 기초 조건에 대한 칸트의 분석이, 보편성과 필연성 개념이 그 자체로서 고찰하는 내재적 분석보다 경험을 통한 주체에 의

해 밝혀지는 한, 충분하지 못한 것이었다. 칸트에게 대상에 대한 우리의 지식은 우리가 대상에 부과하는 합리적 조건에 의해 결정된다. 이와 달리 헤겔은 사유와 실재가 역사적 경험의 전개를 통해 밝혀지는 공통적인 논리적 구조를 공유한다고 주장한다. 이것은 가장 유명한(그리고 종종 가장 덜 이해되는) 헤겔 변증법에서 예시된다. 헤겔에게서 변증법은 감각을 통해 물질 세계와 분투하는 의식적 사유의 논리적 전개를 나타낸다. 그러나 이 전개는 물질 세계 자체에 반영된다. 즉 물리적 실재는 변증법의 논리적 명령에 순응한다. 요컨대, 실재는 사유가 그런 만큼이나 논리의 규칙에 순응한다. 헤겔은 그럼으로써 합리성이 주관적이라기보다는 오히려 객관적이라는 견해를 개진한다.

객관적 이성과 주관적 이성 간의 구분은 칸트 이후의 사상사를 이해하는 데 가장 중요한 것 중 하나이다. 호르크하이머와 아도르노의 주장처럼 (Horkheimer & Adorno, 1972; Horkheimer, 1992), 합리성에 대한 과학적 개념의 요구를 충족시키는 계몽주의의 전통은, 이성을 그보다 먼저 존재하는 주관적 욕망의 **도구***instrument*와 다름없게 변질되는 것을 사실상 허용한다. 후자는 '합리적 선택 이론*rational choice theory*'에 의해 요약되는데, 그것은 이성을 단지 개인적 선호에 대한 최대한의 충족으로 간주한다(Green & Shapiro, 1994; Taylor, 1990). 그러한 이성 관념은 개인적 선호를 부양하는 자유 시장 경제의 본래적 능력을 개발하는 것이 개인적 자유의 가장 구체적인 실현에 해당한다는 견해를 승인함으로써 서구에서 최근의 공공 정책에 심대한 영향을 미쳤다. 그러나 이러한 관념의 기저에 있는 자아*self*에 대한 단순하고 원자적인 개념은 그것을 의심스러운 것으로 만든다. 단순한 도구로서의 합리성은 그러한 욕망의 요구에 충분히 봉사하지만, 이것은 역으로 도덕적 공백을 야기한다. 플라톤이나 헤겔에게는 우리의 이성이 판단을 위한 객관적인 기준을 제공하고 그래서 윤리적 논의의 가능성을 근거 짓지만, 바로 그곳에서 도구주의는 이성과 더불어 윤리적 객관성의 종언을 불러온다. 특히 걱정거리는 지배적인 사회적 이해 관계에 봉사할 수 있는 도구적 이성의 잠재성이다. 이렇게 과학은 지배적 권력 관계에 부응하여 전문 지식이라는 각각의 분야를 발전시킨다. 이런 방식으로 이성은 자신의 비판적 잠재력을 버리고, '사회적 과정*social process*'에 중독되는 종속적인 지위에 승복하고 만다. 호르크하이머와 아도르노는 2차 세계 대전 미국 망명 중에 저술한 《계몽의 변증법》에서 계몽주의의 이러한 불길한 약점을 드러내려고 한다. 프리드리히 니체(1844~1900)와 마르퀴 드 사드Marquis de Sade 같은 사상가들은 이러한 논리를 극단으로 밀어 붙임으로써 이성에 대한 계몽주의적 구상의 한계를 비난하는 가운데, 계몽주의의 '어두운*dark*' 부르주아 사상가들로 남게 된다.

호르크하이머와 아도르노만큼 니체는 이성 개념에 대한 최근의 논쟁에 중심 인물 가운데 하나이다. 이성에 관한 니체의 사상은 패러디로 옮아가지 않으면서 요약하기는 어렵다. 한편으로 그는 종종 이성을 단지 자아를 구성하는 관계의 좀더 큰 전체성의 도구로 간주하려는 유혹에 빠진다. 이 때문에 의식 또한 철학적 권위라는 그것의 주각柱脚에서 미끄러지고, '힘에의 의지*will to power*'로 대체되고 만다. 니체 사상의 이러한 측면은 위르겐 하버마스(1929~)에 의해 비판 이성의 종언과 포스트모더니즘 및 포스트구조주의의 개시의 선언을 대표하는 것으로 특징지어졌다. 이에 반대하여, (그 자신 아도르노와 호르크하이머의 제자인) 하버마스는 칸트적 선험주의의 언어학적 판본을 재생시키려고 노력했다. ➔ 프랑크푸르트학파 다른 한편으로, 니체의 저작에서 이러한 견해에 그리 쉽게 순응하지는 않는 '관습의 도덕*morality of custom*'(Nietzche, 1892를 보라)이라는 그만의 관념 형태로 인간의 합리성 기저에 놓여 있는 규범구조의 발전에 대한 엄밀한 설명을 찾아내는 것도 가능하다. 좀더 최근에 하버마스는 합리성과 세속적 사유에 대한 우리의 개념을, 그것이 종교적 전통과 갖는 친밀한 관계를 비판적으로 인정함으로써 다시 사유해 볼 것을 제안했다(Habermas 2003, 2007). 이러한 생각은 이성의 본성과 한계에 대한 이해라는 측면에서 한층 더한 발전을 위한 심오한 함의들을 가질지도 모른다. [PS]

📖 Descartes, 1986; Hegel, 1977; Horkheimer, 1992; Horkheimer & Adorno, 1972; Hume, 1978; Kant, 1964; Sedgwick, 2001.

이항 대립
binary opposition

소쉬르의 언어학과 알프레드 래드클리프 브라운 Alfred Radcliff–Brown(1977)의 문화인류학에 뿌리를 둔 구조주의의 개념으로서, 하나의 항이나 기호가 자신과 상호 배제적인 또 다른 항에 준거하여 어떻게 의미를 발생시키는지를 설명한다. 두 항은, 그 체계 안의 요소가 존재할 수 있는 두 가지 기초 상태를 지시함으로써 (예를 들면, 문화/자연, 어둠/빛, 남성/여성, 탄생/죽음), 하나의 완벽한 체계를 기술하는 것으로 보일 수 있다. 이항 대립의 한 항은 오로지 다른 항과 관련해서만 의미가 있다. 각각의 항은 그것의 대립항이 아님이라는 의미를 갖는다. 따라서 하나의 항은 하나 이상의 이항 대립으로 나타날 수도 있고, 그에 따라 그것의 의미가 수정된다. (예를 들어, 죽음은 '탄생의 반대' 사건으로 이해될 수도 있고, '살아 있지 않은' 상태로 이해될 수도 있다.) 이항 대립은 자연 세계와 사회 세계에 대한 지각과 해석을 구조화한다.

어떤 기호 체계에서건 일정한 이항 대립은 서로를 규정하는 관계에 있다고 볼 수 있다. 어떤 이항 대립은 또 다른 이항 대립으로의 변형에 열려 있으며, 그에 따라 관련된 모든 항들의 의미를 풍부하게 만든다. 따라서 예를 들면 서구 문화에서 탄생과 죽음 사이의 대립은 흰색과 검은색의 대립(예를 들면, 흰색의 세례복과 검은색의 영구차에서 드러나듯)으로 변형될 수도 있다. 달리 말하면 흰색과 검은색이 갖는 관계는 탄생이 죽음과 갖는 관계와 같다. 게다가 이항 대립은 함축적인 가치 평가를 포함할 수도 있는데, 예를 들면 탄생과 흰색은 선과 연관되고 죽음과 검은색은 악과 연관된다. 그러한 일련의 대립에 대한 분석은 이데올로기의 작동에 대해 결정적인 통찰을 제공한다. 남성/여성, 공적/사적, 문화/자연, 이성/감성의 연쇄 대립을 생각해 보라. 따라서 이데올로기는 그러한 이항 대립의 연쇄가, 세계를 구조화하기보다는 반영하는 듯 나타나는 가운데, 당연시되는 바로 그 정도만큼 작동한다. 이데올로기 비판은, 문화적으로 특유한 해석과 선택 그리고 주변 세계로부터 몇몇 요소를 특권화하는 것인, 일련의 이항 대립에 대한 설명을 수반한다.

이항 대립의 이론화가 더 진전되다 보면, 모호한 범주의 위상에 초점을 맞추게 된다. 대립하는 두 항의 특징을 공유하는 어떤 것이 있을 경우 그것은 의심의 대상이 되거나 아니면 중요시된다. 그래서 마법이나 민간 습속에서 머리카락 자르기나 손톱 깎기에 중요성을 부여한 까닭은 그것의 모호한 위상 때문이라고 인류학자들은 주장했다. 한편, 그것들은 몸에서 자라나므로 신체의 일부분이지만, 아무런 느낌도 없고, 고통이나 상처 없이 몸으로부터 쉽게 잘려 나갈 수 있다. 마찬가지로 통과 의례는 인간 발달 단계상 유년기와 성인기 사이의 모호한 단계를 표시한다. 따라서 마술, 의례, 신성시되는 것 등은 이처럼 모호한 범주들과 관련된 것 같다. [AE]

인간주의
humanism

다양한 의미를 가진 단어. 보통은 인간 존재의 최고 가치, 즉 인간이 모든 만물의 척도임을 주창하는 관점. 유럽의 르네상스 시기 동안 고전(즉 고대 그리스와 로마의 문헌)을 공부했던 사람들이 인문주의자(인간주의자)로 간주되었다. 그들은 인간의 가능성과 성취에 대한 낙관주의를 신봉하였다. 20세기 내내 인본주의자(인간주의자)라는 것은 일반적으로 종교적 신념과 제도에 반대되는 태도를 암시한다.

전후 시기 동안 다양한 맥락(예를 들면, 정치학, 윤리학, 언어 철학)에서 인간주의라는 용어를 놓고 학문들 간에 논쟁이 벌어졌다. 이러한 맥락에서 인간주의자는 도덕적이거나 정치적인 선택과 같은 문제와 관련하여 개인 행위의 자율성을 강조하는 인간 본성에 대한 관점을 주창하는 사람, 또는 인간 주체성이 언어 사용에 있어 의미의 원천이라는 관점을 고수하는 사람을 (그 가운데서도 특히) 의미하게 되었다. 이러한 관점에서 인간주의자는 인간됨을 정의하는 본질적인 속성이 있다는 것(즉 자율성, 자유, 의도성, 의미 있는 말을 만들 목적으로 언어를 사용하는 능력, 합리성)을 전제하는 사람이다. 주체성에 대한 그러한 생각은 구조주의와 포스트구조주의에서 파생된 의미 이론에 의존해 비판되어 왔다. 이 학파에 속한 학자들은 니체 같은 사상가들을 좇아서 의미 생산과 그에 따른 주체성의 생산은, 언어의 영역 '바깥'에 존재하면서 그 결과로서 그 의도성을 표현하기 위해 언어를 사용하는 언어 외적 주체의 문제라기보다는, 권력 담론의 관계(푸코)이거나 언어 내에서의 의미의 미끄러짐(데리다)이라고 주장하였다. 그러한 관점은 포스트모더니즘의 주창자들에 의해 옹호되어 왔다. 이 주창자들은 예를 들자면 인간주의를 수반한다고 알려진 정치학이 이러한 분석 형식에 의해 쉽게 손상된다고 주장해 왔다. 그러한 관점은 주체의 특수한 존재론을 옹호하는 것이 어떤 사람을 특수한 종류의 정치학에 연루시킨다는 주장을 사람들이 받아들이려고 하는지 여부에 달려 있다. 확실히 자유주의의 많은 측면은 반인간주의를 주창한다고 해서 그렇게 쉽게 일소되지는 않는다. 예를 들면, 《논전: 논쟁 중의 어구들》에서 철학자 장 프랑수아 료타르가 펼친, 언어에 대한 관습주의적 설명 안에 암시되어 있는 반인간주의는 존 스튜어트 밀의 《자유론*On Liberty*》에서 잘 다듬어진 것과 같은 자유주의적 사고의 몇몇 핵심 원리를 우회하기보다는, 차라리 그것과 호환된다고 말할 수 있다(Sedgwick, 1998을 참조하라).

반인간주의적 태도를 채택한 다른 사상가로는 하이데거(하이데거의 현존재 개념을 주체성에 대한 '인간주의적' 설명과 혼동해서는 안 된다. 실제로 하이데거는 〈인간주의에 대한 편지Letter on Humanism〉(1947)에서 장 폴 사르트르의 실존주의가 갖는 인간주의를 명시적으로 거부하였다)와 루이 알튀세르 등이 있다. 알튀세르는 〈구조적 마르크스주의Structural Marxism〉를 통해 인간이 그들 자신의 운명의 저자라는 마르크스의 주장에 반대하고 정체성, 신념 체계, 의식의 형태들을 구성하는 데 있어 사회적 관계들이 도움이 된다는 관점을 견지했다. → 이데올로기적 국가 기구 [PS]

* 전후 논쟁 이전까지의 휴머니즘은 인문주의, 인본주의, 인간 중심주의 등 다양하게 불렸지만, 그 논쟁 이후 인간주의로 번역할 때 본 뜻이 정확해지므로, 앞 부분에서는 문맥에 따라 인문주의 또는 인본주의로, 뒷부분은 인간주의로 번역 표기했다.

Callinicos, 1976; Davies, 1997; Heidegger, 1996; Sartre, 1990; Sedgwick, 1998.

인식론
epistemology

'지식에 관한 이론'을 뜻하는 철학적 용어. 인식론은 '지식'이라는 용어 자체가 의미하는 바에 대한 분석에 관심을 두며, 이런 질문들과 관계가 있다. (i) 지식의 범위와 한계 즉, 안다는 것은 무엇이라고 할 수 있는가? (ii) 지식의 신뢰성 즉, 어떤 믿음을 유지하고 그 믿음을 '지식'이라고 생각하게 하는 그 정당성의 근거를 구성하는 것은 무엇인가? 그래서 철학자들은 이렇게 묻는다. "무엇이 어떠하다는 것을 아는 것과 믿는 것 사이에 차이가 있는가?" 또는 "지식의 획득은 이성이나 감각에 어느 정도 의존하는가?" 이런 이슈에 대하여 대단히 광범하고 다양한 접근이 이루어져 왔다. 플라톤(BC 428~348)은 우리의 추론 능력*rational capabilities*이 마음에 내재하는 특성이고 지식의 유일한 원천이라고 했다. 이 관점은 '합리주의'의 전범처럼 자리잡고 있다. 그에 비해 경험주의의 대표자들은 인간의 이해와 지식이 감각 경험의 결과일 뿐이라고 주장한다. 그런 까닭에 경험주의에 따르면 우리가 아는 것은 감각 기관을 통해 세상을 지각하는 능력의 결과이다. 이 관점은 기본적으로 로크, 버클리, 흄과 같은 사상가들과 연관된다.

독일 철학자 임마누엘 칸트는 경험주의자들에 반대해서 앎에는 그저 경험으로 환원될 수 없는 필요 조건이 있다고 주장했다. 그래서 칸트는 경험을 가능하게 하는 '선험적' 조건을 설명하였다. 선험적 판단은 경험으로부터 독립적으로 도달될 수 있다. 이런 관점에 따라 우리는 어떤 경험적 지식으로부터 독립된 그리고 그에 앞서 존재하는 지식의 형식(선험적 지식)을 갖는다. 칸트에 따르면 그런 지식(예컨대 시간과 공간에 대한 '순수 직관')이 경험에 대한 어떤 지식도 가질 수 있게 해주는 전제 조건이다. 정신에 대한 로크의 경험주의적 개념화와 비교하면 칸트의 요점을 가장 잘 이해할 수 있다. 로크에 따르면 인간의 정신은 감각 경험에 의해 '쓰여지는' '백지'와 같다. 하지만 이 관점은 만일 정신이 경험을 받아들일 수 있다면 그것은 다시 그 이전의 특별한 경험을 갖게 해주는 어떤 구조의 도움을 받아야 하지 않느냐는 반론에 노출된다. 만일 우리의 정신이 '백지'라면 어떻게 처음 경험을 경험으로 인식할 수 있겠는가? 그러므로 경험을 가질 수 있는 능력은 어떤 특별한 경험으로부터 나올 수 없기 때문에 경험을 가능하게 하는 조건들을 구성하는 선험적 판단이 있어야 한다고 칸트는 주장한다. 칸트는 두 가지 종류의 선험적 지식을 제시한다. 하나는 '분석적*analytic*' 판단에 기반을 둔 것이고, 다른 하나는 '통합적*synthetic*' 판단에 기반을 둔 것이다. 분석적, 선험적 지식은 "모든 삼각형은 세 변을 가진다"와 같은 명제를 포함할 것이다. 이 명제는 그 진리 값을 확립하기 위해 어떤 경험 자료도 필요로 하지 않는, 정의에 따른 진리이다. 따라서 주어 A와 술어 B에서 그 술어가 A 안에 부분으로 포함된다. 그에 반해 통합적 판단에서 술어 B는 주어 A에 외재한다(《순수 이성 비판》 A7/B11). 따라서 통합적 판단은 경험으로부터 독립적으로 갖고 있는, 분석적으로 도출된 개념의 범위를 넘어서는 추론 행위에 관여한다. 즉 그런 판단은 경험적 또는 외재적 세계에 관여한다. 칸트에 있어서, 경험과 관련된 모든 판단은 통합적이고, 어떤 진정한 가치를 갖는 모든 지식은 경험에 관한 지식이다.

우리의 지식이 어디에서 오는가에 관하여 지금까지 열거한 논쟁들에 덧붙여, 철학자들이 앎의 종류를 구별짓는 경향에 대해서도 정리할 가치가 있다. 예를 들면, (i) '무엇임을 알다*knowing that*……'는 증거에 입각해 확립될 수 있는 사실적 지식과 관계가 있다. (ii) '어떻게 하는지를 알다*knowing how*……'는 자전거 타기처럼 무엇을 하는 데 요구되는 지식이다. (iii) '습득 지식*knowledge by acquaintance*'은 개인적 경험이나 기억을 통해 갖게 된 지식을 포함하는 것으로서 첫째 유형과 같은 방식으로 반드시 증명될 수 있는 것은 아니다. (iv) '설명에 따른 지식*knowledge by description*'은 셰익스피어는 〈햄릿〉, 〈리어왕〉 등의 희곡 작가로서 앤 해서웨이와 결혼을 했으며 등과 같이 무엇 또는 누구에 해당하는 연관 사실, 특성 등에 관해 제공받은 정보로부터 형성된 지식이다. 철학자들과 관련된 경우 흔히 그렇듯이 이런 정의의 유용성에 대해서는 적지 않는 이의가 있다.

지식에 관한 다른 전망 가운데 중요한 것으로 프리드리히 니체(1844~

1900)와 그 뒤를 이은 미셸 푸코(1926~1984) 같은 사상가들이 주창한 관점이 있다. 지식의 문제에 대한 니체의 태도에 관해서는 여러 해석이 가능하다(예를 들어, 실용주의의 어떤 중심된 사상과 일면 부합하는 점도 있다). 그 가운데 지식에 대한 한 가지 지배적인 해석은 포스트모더니즘과 포스트구조주의가 연관된 관점들에 영향을 미친 것으로서, 니체의 저서에 대한 푸코의 해석 관점에서 비롯된 것이다. 니체의 경우, '지식'은 권력 관계를 고려하지 않고는 적절하게 분석될 수 없다. 니체의 관점에서 '지식'이라고 생각하는 것은 사실상 욕동과 관심이 결합되어 표현된 것이기 때문이다(사후에 편집 출간된 《권력에의 의지*The Will to Power*》를 보라). 이런 태도는 《도덕의 계보학》(1887)에서 보이듯이 도덕성의 의미에 대한 니체의 해석과 부합한다. 여기에서 니체는 계보학적 유산에 따라 신봉하는 가치들을 밝힘으로써 윤리 체계들을 설명한다. 노예는 희생자이기 때문에 '노예'의 도덕은 '굴종'에 가치를 부여한다. 그에 반해 '귀족'의 도덕성은 강한 것에 가치를 부여한다. 간단히 말해서, 노예와 주인 모두 다소간에 자기의 도덕성에 따라 자신을 확인한다. 푸코는 지식 형식을 분명한 사회적 이익의 표현으로 분석하려고 한 이런 주장을 더 발전시켰다. ➔ 담론, 계보학
그 관점들 나름의 장점과 문제점이 무엇이든, 한 가지는 분명하다. 니체도 그렇고 푸코도, 가령 칸트 같은 다른 사상가들과 같은 방식의 '인식론'을 갖고 있지 않다는 점이다. 실제로 만일 우리가 그들에게 설득된다면, 그것은 곧 사회 관계에 대한 난해한 분석을 위해 인식론을 단념하는 지름길이 될 것이다(비록 지식 형식으로서의 그런 분석들의 지위가 무엇이 되든 그것은 아마도 어색한 이슈가 될 것이다. 특히 푸코의 경우).

하지만 인식론을 그렇게 쉽게 포기할 수 있는지는 분명치가 않다. 따라서 《인간적인, 너무나 인간적인》(1878~1880) 앞부분에서 니체 스스로가 밝히고 있듯이, 무엇의 기원에 대한 분석을 제공한다는 것이 꼭 그것을 남김없이 설명한 것으로 간주되는 건 아니다. 그래서 어떤 담론을 생기게 한 조건 또는 의도가 무엇이든, 담론의 의미를 다만 그런 조건으로 환원시키면 되는 간단한 문제가 아니다. 마찬가지로, 비록 니체가 분명하게 공식적인 '지식 이론'

을 구성하지 않았다고 해서, 그가 인식론의 문제를 제기하려는 열망을 전적으로 포기했던 것은 아니다. 따라서 많은 그의 관찰들은 인식론 연구와 연결된 것이다. 예를 들어, 《도덕의 계보학》에서 독자는 인식론적 탐구 영역 안에 적절하게 자리 잡을 수 있는 정당성에 관한 규범적 논의를 끌어낼 수 있다. 마찬가지로, 푸코가 발전시킨 계보학적 방법은 니체에 대한 대안적인 독해로부터 다양하게 비판될 수 있다(좋은 예가 Krell & Wood, 1988에 실린 피터 듀스의 비판일 것이다). 이런 관점에서 제시된 것 가운데 아마도 가장 중요한 점은 데카르트주의 인식론에 대한 일관된 비판적 태도일 것이다. 권력이 지식의 양식을 구성하는 한, 그것은 아는 자 또한 구성하기 때문이다.

Dancy, 1985; Dancy & Sosa, 1992; Foucault, 1970, 1972, 1977b; Krell & Wood, 1988; Nietzsche, 1968a, 1968b.

인종/인종주의
race/racism

유전적 계승에서 유래하는 것으로 알려진 신체적 속성(예를 들면, 피부색, 얼굴의 이목구비)에 기초하여 사람들을 구별하는, 인간 존재에 대한 하나의 분류 양식. 이 분류 양식이 내장하고 있는 핵심적인 문제는, '인종적'이며 그러므로 '자연적인'(즉, 비문화적인) 차이로 간주되는 것들과 관련된 선별 과정의 무엇이 하나의 '차이'를 특히 '인종적'인 차이라고 정의해 주는가에 관한 문화적 규범의 존재와 분리할 수 없는 방식으로 연결되어 있다는 점이다. '인종'이라 지칭되는 것들 사이의 차별의 기준은, 따라서 현저하게 사회적인 차원을 가지며 예컨대 사회적으로 결정된 권력과 재현의 문제와 관련된 다른 요인의 결과로 확립될 수도 있다. 특히 이런 논점은 에드워드 사이드와 같은 저자들이 제시해 왔다. 사이드는 자신의 책 《오리엔탈리즘 *Orientalism*》(1978)에서 '오리엔탈리즘'이라는 유럽적인 학문 분야에서 윤곽이 잡히는 (주체와 문화라는 양자 모두의 의미에서) '동양적인*oriental*' 것이라는 개념은 사실 '동양적' 주체에 대한 유럽적 개념과 가치를 투사한 것이라고 주장한다. 이렇게 동양적인 것에 대한 '객관적인' 묘사로 알려진 것은 식민화된 주체의 정체성을 개념화함으로써 통제하고자 하는 유럽의 제국주의적 욕망의 표현으로 읽을 수 있다. 마찬가지로, 동양적인 것이 부정적인 용어로(예를 들어, '비합리성'이라는 특징이 귀속됨으로써) 논의될 때, 이것 역시 동양적 주체의 '인종적' 속성과 '문화적' 속성에 대한 정확한 묘사라기보다는 서구의 두려움이 투사된 것으로 해석될 수 있다.

신체적 차이가 단지 신체적일 뿐만 아니라 예컨대 능력, 성벽, 혹은 행위 형식의 일정한 집합이 존재함을 드러내는 부가적인 특성을 추정하고 귀속시키는 것을 타당하게 만들어 준다는 믿음은 인종주의적 태도와 연관되어 있다. 20세기는 인종주의적 정서의 가장 강력하고 혼란스러운 표현과 독일 국가 사회주의German National Socialism라는 형태로 나타나 이런 정서의 실로 파국적인 몇 가지 결과물을 목도해 왔다는 것을 새삼스럽게 독자들에게 상기시킬 필요는 없을 것이다. 인종주의적 태도를 묘사하는 것이 항상 너무 어려운 일인 것만은 아닐 수 있지만, 반유태주의와 같은 인종주의적 현상들을 어떻게 설명할 것인가는 어려운 질문이다. 광대한 수의 지적 영역(심지어 물리학까지 포함하여)을 지적하면서 인종주의가 다양한 시점에서 그 영역 안에서 표현되어 왔다(이러한 맥락에서 독일의 철학자 헤겔은 아프리카 대륙에 대한 정보가 부족해 아프리카 대륙을 절대 정신의 변증법에 있어서 하나의 '미발전된' 단계로 묘사하고 있다)고 틀림없이 주장할 수 있다. 이와 마찬가지 정도로, 사이드가 비판한 '오리엔탈리즘'이라는 학제 역시 타당하게 인종주의의 표명으로 간주될 수 있다. 하지만 나치 이데올로기는, 비록 그 반유태주의가 히틀러의 특정한 유전학 실행가들로부터 지지를 얻었다 할지라도, 지적인 양식良識에 포괄적인 근거를 둘 것을 요구하기에는 너무 임기응변적인 사태였던 것으로 보인다. 에릭 홉스봄이 다음과 같이 관찰한 바 있다.

> 히틀러의 인종주의는…… 새로운 유전 과학의 지지, 혹은 더 정확히 말하면 선택적 교배*selective breeding*와 부적자를 제거함으로써 초인종*human super-race* 창조를 꿈꾸는 응용 유전학의 한 분파('우생학')의 지지를 원했던(그리고 슬프게도 독일에서 이따금 지지를 받았던) 19세기 후반의 포스트다윈적인 잡동사니였다 (Hobsbawm, 1995: 118).

그러므로 비록 히틀러의 인종주의가 그 자체 몇몇 우생학의 실행가들에게 지지를 받았다(또 그럼으로써 '과학적' 양식에 대한 얼마간의 잘못 정초된 주장을 펼쳤다) 하더라도, 이 인종주의의 기원과 그 지적인 정당화는 참으로 얄팍하기 그지없는 것이었다. 홉스봄의 주장에 따르면, 인종주의의 이러한 표명에 보다 근본적인 것은 19세기 후반에서 20세기에 물려준 대중적인 외국인 혐오증 *xenophobia*이었다(여기에 낭만적이고 향수적인 보수주의의 영향력을 덧붙일 수 있을 것이다). 이렇게 나치 인종주의의 문화는 운동 그 자체처럼 하나의 대중 현상이었고, 조작적인 대중 문화 형식에 내재해 있을 위험을 충분히 증명해 준다.

인종주의의 원인이 무엇이든 간에, 인종주의자들은 '유의미한' 신체적 혹은 규범적(즉, 행태적) 차이라 알려진 것을, 특정 집합의 특징은 신체적 차이뿐만 아니라 정체성, 본성 및 '내재적인 가치'라는 선천적인 차이까지 의미한다는 전제에 종속시킨다는 점은 분명하다. ➔ 스테레오타입 그럼으로써 인종주의는 인종 간에 위계적인 구별선을 긋고, 인종 사이에 커다란 심연을 갈라놓으며, 인종적으로 지정된 한 집단을 도덕적 가치, 지능, 혹은 중요성의 척도상에서 다른 집단 위에 위치한 것으로 설정한다. 그러므로 인종주의 이데올로기는 상이한 집단 사이에 그어진 위계적 구별에 기초한 것이다. 그러한 이데올로기들의 관점에서 보면, 인종이란 예컨대 계급이라는 기초보다 개인과 집단 사이의 사회적 분화를 위한 더 근본적인 기초로 받아들여진다. 인종주의는 이렇게 개인과 집단의 본성에 관한 완고하고 자연화된 개념화의 태도를 구현한다(Miles, 1989를 보라). 인종주의란 그러므로 전적으로 이데올로기적으로 구성된 태도라는 견지에서 정의되어야 하는가, 아니면 이에 덧붙여 한 주어진 사회의 규범과 관행이라는 견지에서 정의되어야 하는가 하는 것은 어느 정도 논쟁의 대상이 되는 사안이다. 이 점과 관련하여 인종주의에 대한 많은 논평자들이 예를 들어 미디어 등에서의 표현을 통한 인종적 정체성의 구성이나 상이한 문화 집단에 대한 스테레오타입적인 이미지의 구성과 같은 당대 사회에서의 재현의 역할에 대하여 지적해 왔다(이러한 요인은 현대 사회에서의 인종주의와 매스 미디어 간의 연계라는 문제를 다시 한 번 제기한다).

인종주의의 의미와 중요성은 제도나 이데올로기를 통한 것이든 주어진 한 사회의 규범이나 관행을 통한 것이든 반드시 사람에 대한 적극적인 차별에만 한정되지는 않는다. 인종주의에 종속된 사람들이 가지고 있을 자아감*the sense of self* 역시 마찬가지로 영향을 받을 수 있다. 예를 들어, 유럽 식민주의의 맥락에서 인종적 정체성의 구성과 그 결과들은 사이드에 의해서뿐만 아니라 프란츠 파농Frantz Fanon에 의해서도 연구된 바 있는데, 파농의 책 《검은 피부, 하얀 가면*Black Skin, White Masks*》(1952)은 식민지 주체의 자아상*the self-image*에 미친 식민주의의 해악스러운 영향에 대하여 고찰하였다. [PS]

Banton, 1977; Fanon, 1989; Hartmann & Husband, 1974; Hobsbawm, 1995; Miles, 1989; Said, 1978.

일탈
deviance

'일탈' 개념은 정통 범죄학에 대한 반응으로서 사회학에서 발전한 것으로 볼 수 있다. 범죄학이 범죄 즉, 위법 행위에 대해 연구하는 것이라면, 일탈 사회학은 더 폭넓은 행동을 조명한다. 일탈자의 행태는 일반적으로 받아들여지거나 공감할 수 있는 어떤 행동 규범을 위반한다. 알코올 중독자의 행동이 법을 어기지는 않을 수 있지만, 적당한 수준의 음주라는 사회의 규범적 기대를 벗어날 수 있다.

이런 단순한 정의는 최소한 두 가지 측면에서 문제가 있다. 첫째, 이는 정상적인 것에 대한 기존의 사회적 합의가 있음을 가정한다. 이에 대한 반론에서는 이 합의라는 것이 대부분 일탈에 대한 정의와 추적을 통해 발생한다고 주장할 수 있다. G. A. 코언G. A. Cohen(1980)은 '도덕적 공황*moral panics*'을 분석하면서 이 점을 잘 보여 준다. 도덕적 공황 속에서 개인이나 집단은 사회의 가치와 이익에 대한 위협으로 규정된다. 특히 매스 미디어가 이를 노골적으로 다룬다. 따라서 공중은 명시적 위협에 대해서뿐만 아니라, 위협받는 가치에 대해서도 민감해진다.

앞선 정의가 일탈 현상을 지나치게 단순화한다고 보는 두 번째는 일탈이 그저 어떤 규범을 깸으로써만 발생한다고 가정하는 점이다. 여기에는 다시 두 가지 문제가 있다. 첫째, 규칙과 규범은 복합적이어서 그것을 엄격하게 적용하려면 종종 미묘하고 맥락 의존적인 해석을 할 수밖에 없다. 어떤 환경에서는 모든 규칙이 정당하게 위반될 수 있다. 그렇다면 특정 행위가 일탈적이냐 아니냐에 대해서는 언제나 협상과 토론의 여지가 있다는 말이 된다. 예를 들어, 학생들의 교칙 불복종이 전형적이다. 둘째, 여기에 뒤따르는 측면인데, 어떤 사람이 일탈자가 되는 것은 규범에 대한 최초의 위반이 발생한 이후의 사회 과정을 통해서만이라는 것이다. 많은 사회 구성원들이 규범을 위반하고, 또 아주 자주 그렇게 한다. 이 가운데 오직 몇몇만이 다른 사람들로 하여금 그리고 스스로에 의해서 일탈자로 인식된다. 이 과정은 전형적으로 '낙인찍기*labelling*' 이론으로 설명한다. 일탈은 사람을 어떤 가치 부여적 용어로 기술하게 만든다. 예를 들어, 음주자는 알코올 중독자가 되고, 미식가는 대식가가 된다는 식이다. 부유하고 교육 수준이 높은 계급처럼 어떤 집단 구성원은 그런 낙인찍기에 저항할 수 있는 자원과 힘이 있다. 이는 다시 [서구 사회에서] 하류층과 유색 인종에게서 더 높은 범죄율과 일탈이 나타나는 이유에 대한 부분적 설명이 된다. 훌리건, 도둑, 약물 중독자, 미성년자 강간범과 같은 어떤 딱지가 누구나 알게 붙게 되면, 그 개인은 정상적인 사회로부터 고립된다. 그러면 그 사람은 일탈자 하위 문화 속에서 안식처를 찾게 되고, 따라서 처음 그리고 어쩌다 보니 저지르게 된 일탈적 규칙 위반 행위가 그의 일상적 행태가 된다. 따라서 일탈은 경찰과 법원 같은, 일탈을 제어하려고 존재하는 바로 그 사회적 기구들에 의해 '증폭'된다고 볼 수도 있다. ➔ 하위 문화 [AE]

Aggleton, 1987; Downes & Rock, 1982.

잉여 가치
surplus-value

'잉여 가치'는 마르크스 경제학에서, 특히 착취에 대한 마르크스의 설명에서 사용되는 중심 용어이다. 어떤 역사적 시기(또는 생산 양식)에서라도, 지배 계급은 종속적인 노동 계급으로부터 잉여 가치를 뽑아낼 것이다. 전前자본주의적 사회에서, 이것은 명백히 나타난다(예를 들어, 노예는 생존에 필요한 것 외에는 어떤 다른 보상도 없이 직접 주인을 위해 일한다. 봉건주의에서, 농노가 생산한 것의 일부분은 영주가 직접 전유한다). 자본주의에서의 지위는 더 미묘하다. 노동 가치 이론에 따르면, 재화의 가격은 그것의 생산에 들어간 노동 시간의 양에 의존한다. 이상적으로 보면, 노동자가 노동 시간의 지출에 대해 받는 돈은 그가 생산한 가치와 동등해야 한다. 그래서 만일 당신이 5시간을 일해서 10야드의 아마포를 생산했고, 아마포 10야드가 빵 5개와 동일한 교환 가치를 갖는다면(다시 말해, 같은 가격에 팔린다면), 당신의 임금은 빵 5개를 충분히 살 수 있어야 한다. 마르크스는 자본주의 체계는 노동자의 임금이 그가 생산한 가치보다 일반적으로 항상 더 작게 만들어져 있다고 주장한다. 그 차액이 자본가가 노동자에게 착복하는 잉여 가치이다. 따라서 노동자는 하루의 일부는 자신을 위해 일하고 하루의 또 다른 일부는 자본가를 위해 일한다. 결정적으로 노동자들은 이러한 착취를 일반적으로 인식하지 못한다. 자신들이 관계된 한, 그들이 받는 임금은 자유 노동 시장에서 결정한 '공정한' 임금이 될 것이기 때문이다.

잉여 가치에 대한 더 정확한 분석에 따르면, 자본가는 생산이 일어나기 전에 일정한 자원을 살 필요가 있다. 한편으로 기계, 건물, 원자재(이것을 마르크스는 고정 자본이라 명명한다)가 필요하다. 다른 한편으로는 노동력 또는 가변 자본을 사야만 한다. 마르크스는 고정 자본의 가치가 단순히 완성품으로 이전된다고 주장한다(그러므로 만일 자본가가 코트 제조를 위해 아마포를 산다면, 아마포의 가치는 완성된 코트의 가치 안에 포함되어야 한다). 그래서 잉여 가치는 고정 자본에서는 추출할 수 없다. 이 훌륭한 학술 용어는 마르크스를 자본주의 체계의 최후의 붕괴에 대해 예언하도록 이끌었다. 기술이 더 강력해지면 가변 자본에 대한 고정 자본의 비율이 증가할 것이기 때문이다. 자본가가 가변 자본에서만 잉여 가치를 추출한다면, — 그리고 그것은 자신의 총 자본 지출의 비율을 계속 줄이는 것이다 — 자본가는 노동에 대한 지불을 줄이는 것으로(따라서 프롤레타리아를 빈곤하게 만들면서) 자본주의적 기업의 수익성을 계속 유지(즉 잉여 가치의 수준을 유지)할 수 있다. 20세기의 가장 흥미로운 작업인 마르크스주의는 후기 자본주의가 이러한 운명을 어떻게 피했는지에 문제의 초점을 맞추었다.

[AE]

Mandel, 1972; Marx, 1976.

(자기) 반영성
reflexivity

(자기) 반영성이란 자기 자신을 지시하는 속성이다. 따라서 (자기) 반영적인 문화 이론은 그 자신의 위치와 구성을 하나의 문화적 인공물로서 고려에 넣을 것이다. [AE]

Elders, 1974.

자민족 중심주의
ethnocentrism

공유 기반이 없는 타자와 관계해서도 자신의 문화적 가치와 관행에만 배타적으로 준거하는 경향. 마찬가지로 자기 문화의 관점으로 타문화의 가치 체계와 지배적 관행을 기술하고 판단하는 경향. 그런 태도는 타자에 대한 스테레오타입과 연결되어 있고 인종주의와 편견으로 이어질 수 있다. [PS]

Allport, 1980.

자본
capital

산업 제조 과정에 사용되는 기계, 생산 설비, 빌딩 등을 가장 명백하게 그리고 직각적으로 지칭하는 경제학 개념. 좀더 기술적으로 자본은 생산의 네 가지 요소 가운데 하나다. 생산 요소는, 그 자체를 위해서가 아니라 본래적 가치를 지닌 다른 상품이나 서비스 생산에서 그것이 하는 기능으로 가치 부여하는, 자원이다. 생산의 여타 요소로는 토지(토지 표층이나 바다 혹은 공간과 같은 추출되기 이전의 모든 자연 자원을 포함함), 노동(인간이 생산 작업에 참여할 수 있는 능력), 기업가(생산 과정에서 여타 세 가지 생산 요소를 함께 조직할 수 있는 능력)가 있다. 자본은 이미 일정하게 생산적 노동의 형태로 귀속된 생산 과정에서 쓰이는 자원이나 아이템을 말한다. [AE]

자본주의
capitalism

경제적 생산 과정에서 자본이 행하는 주요한 역할과, (노동을 포함하여) 상품과 서비스의 생산, 분배, 소비가 조직되는 광범위한 시장의 존재를 특징으로 하는 사회 경제적 조직 형태. 자본주의의 발전은 산업화와 가장 손쉽게 연계되며, 따라서 19세기 영국과 미국에서 가장 순수하게 표명된 바 있다. 그러나 산업 생산이나 자유로운 노동 시장 없이 제한된 상품 시장과 소수의 상업 자본가 계급을 특징으로 하는 좀더 제한된 형태의 (상업) 자본주의가 중세 유럽에 존재한 바 있다.

특히, 사회 이론 내부에는 자본주의의 기원과 그것의 주요한 특징에 대한 상이한 설명 모형을 제공하는, 자본주의에 대한 상이한 이론이 존재한다. 마르크스주의에서 자본주의는 생산의 조직과 그 결과 생기는 경제적 계급 사이의 관계라는 견지에서 이론화된다. 따라서 자본주의의 출현은 산업 기술(혹은 생산력)의 발전이라는 견지에서 설명된다. 자본주의 사회는 두 지배적인 계급, 곧 생산 수단을 소유하고 통제하는 부르주아지와 단지 노동 능력만을 지닌 (그러므로 자신의 노동력을 판매하여 생존하는) 프롤레타리아트 사이의 적대를 통해 구조화된다. 표면상으로는 시장 메커니즘을 통하여 노동력을 포함하는 상품의 공정하고 자유로운 교환이 나타난다. 하지만 마르크스의 분석에 따르면 이 표면 아래에는, 자유 시장에서 설정되는 노동 가격이 노동자의 생산물의 가치보다 적은 한에서, 프롤레타리아트에 대한 체계적인 착취가 존재한다. 따라서 부르주아지는 상품을 생산하는 데 필요한 비용과 그것을 팔아서 받는 총 수입의 차이에 해당하는 잉여 가치를 전유하는 것으로 간주된다. 막스 베버의 자본주의 분석은 마르크스의 분석과 많은 부분에서 공통적인 한편, 베버는 자본주의의 표면적인 조직, 곧 교환과 소비의 체계로서의 자본주의를 좀더 크게 강조한다(1964, 1979). 자본주의와 합리화의 연계가 이러한 설명에서 중심적이다. 베버가 본 자본주의 발전의 선제 조건은 복식 부기 *double-entry bookkeeping*의 발전(그리고 자본가의 자원에 대한 합리적인 통제와 예측 가능성)이다.

20세기 초 유럽과 미국의 자본주의는 수많은 핵심 영역에서 발전되었다. 베버의 합리화에 대한 분석은, 좀더 복합적인 생산이 더욱 더 세련된 행정과 통제 형태를 요구함에 따라 점차 증대되는, 자본주의의 점증하는 관료제에 대한 반응이었다. 이는 다시금, 그들의 이해 관계와 충의에 있어 노동 계급 프롤레타리아트와도 그리고 부르주아지와도 구분되는, 화이트 칼라 중간 계급의 부상을 낳았다. 게다가 은행과 여타 금융 조직이, 생산에 대한 매일매일의 통제가 점차 소유권과 분리됨에 따라, 더욱 중요해지게 되었다. 이러한 금융 자본의 특징적인 형태는, 예를 들면 1910년경 오스트리아 마르크스주의자인 루돌프 힐퍼딩Rudolf Hilferding(1981)에 의해 확인되었다. 이러한 발전과 연계되어 자본은 더욱 더 집중되고, 그에 따라 생산은 (독점 자본주의를 이끄는) 소수의 거대 기업에 의해 통제되고 식민지 시장으로 자본주의가 확대되었다. 자본주의적 생산의 조절뿐 아니라 생산 수단의 소유권과 관련해서도 국가의 개입이 점증하면서 자유 시장 자본주의의 '순수한' 모델로부터 더욱 더 멀어지게 되었다. 따라서 조직적 자본주의의 시기가 1차 세계 대전 이후 나타나기 시작했으며, 주요 기업의 다국적 소비와 생산 기지가 늘어나면서 적어도 1970년대까지 복지 국가 자본주의와 케인스주의 경제 정책이 부상하였다. 이 모든 발전은 마르크스가 확인했던 계급 갈등의 기본 선을 흐리게 한 것으로 볼 수 있을 것이다. 프롤레타리아트는 점차 그 내부에서 분화되고, 직장의 안정과 실질 임금의 증대와 더불어 자본주의 체계 속으로 더욱 편입되어 갔다. 마르크스가 예견한 경제 위기는 개입주의적 정부를 통해서 이럭저럭 관리되거나 비켜갈 수 있었다.

전통적인 제조업이 몰락하고 커뮤니케이션이나 지식 기반 산업이 부상하는 등 최근의 기술 발전, 부유한 노동자 계급과 중간 계급의 증대를 포함한 소비주의의 발전, 그리고 국가 개입에서 벗어난 1980년대의 정치적 전환의 전개 등은 현대 사회 조직에 대한 새로운 이론을 요구한다. 따라서 후기 자본주의 이론(Jameson, 1991), 포스트산업 사회 이론(Bell, 1973), 탈조직화된 자본주의(Lash & Urry, 1987), 포스트모더니즘에 대한 다양한 설명은 자본주의 조직 양식으로부터의 다소간 급진적인 단절을 암시한다. [AE]

Bottomore, 1985; Giddens, 1973; Mandel, 1972; Sayer, 1991

자아
self

주체성(주관성), 정체성의 쟁점과 연계되어 있으며, 갖가지 담론적 맥락(예를 들면, 정치학, 자유주의, 개인주의, 인식론, 윤리학)에서 다양하게 사용되고 있는 용어.

자아라는 관념은 "나는 누구인가?" 같은 질문을 하자마자 곧 일깨워지는 관념이다. 처음 볼 때 이 질문은 대답하기 그리 어렵지 않은 것처럼 보일지도 모르며, 당신은 단지 당신 이름을 제시함으로써 그 질문에 대답할 수도 있다. 그러나 만일 당신이 "나는 누구인가?"라는 질문을 "나는 무엇인가?"

라는 물음 역시 뜻하는 것으로 받아들인다면, 당신의 이름을 제시하는 것은 "나는 누구인가?"라는 물음에 적절한 답이 아니다. 일반적으로, 철학자들은 당신은 누구인가라는 질문은 필연적으로 당신은 '무엇'인가에 대한 숙고를 포함한다고 주장해 왔다. 이 질문에 대한 가능한 대답 하나가 여기에 있다. "나는 마음과 몸이다. 나는 생각하며 나는 또한 하나의 물질적 존재로서 세계 내에서 움직인다." 그러나 이런 식으로 답하는 것은 당신이 또한 마음과 몸과 같은 것들이 어떻게 서로 연관되어 있는가에 대해 말할 수 없다면 문제를 해결하지 못한다. 자아의 본성에 대한 고찰은 보통 이와 연관된 수많은 질문들을 수반하는 것이다. 예를 들면, 마음은 '어떻게' 몸에 연결되어 있는가?(다른 식으로 말하자면, 마음과 몸의 관계는 어떤 것인가?) 또, 만일 우리가 우리들 각자는 하나의 마음 더하기 하나의 몸이라는 관점을 견지한다면, 또 다른 쟁점이 제기된다. 말하자면, 어느 것이 먼저인가?

이 쟁점에 대해서 수많은 접근이 가능하다. 플라톤은 《파이돈*Phaedo*》(BC 380년경, 63e 이하를 보라)에서 영혼(마음)과 몸은 별개의 것이라고 논하였다. 더욱이, 그는 영혼이 몸에 선행했음에 틀림없다고 주장했다. 우리들 각자는 무엇인가라는 질문의 본질은 이러한 대비에 존재한다. 우리 각자의 본질적 부분(마음/영혼)은 결코 변하지 않는데, 본질적인 것(따라서 진정한 것)은 그 정의상 결코 변하지 않아야 하기 때문이다. 그와 대조적으로, 물질적인 세계의 영역은 변한다. 《파이돈》에서 소크라테스를 통해 제시되는 플라톤의 논지는 이러하다. (i) 두 가지 종류의 존재가 있다. 보이는 것(물리적 세계)과 보이지 않는 것이 그것들이다. (ii) 경험(보이는 것)의 세계는 변화의 영역이며, 반면에 보이지 않는 것은 변하지 않는다. (iii) 우리는 두 부분 — 몸과 영혼 — 으로 만들어져 있다. (iv) 몸은 보이는 것에 가깝고, 그러므로 변한다. 영혼은 보이지 않는 것에 가깝고, 그러므로 변하지 않는다. (v) 이 두 가지 중에서 영혼은 신성한 것(이것은 변하지 않는다)에 가깝다. 간단히 말해, 우리는 불멸의 영혼을 가지고 있다. (vi) 그러므로 영혼은 확고 불변의 것이다. 이로부터, 자아란 우리 각자의 불멸의 부분이며, 몸은 이 본질이 그 안에서 실증되는 단순한 그릇이라는 결론이 나온다. 이러한 추론의 사슬을 따라가며 플라톤은 우리 각자에 관해 본질적인 것은 사후에도 지속된다(즉 영혼/마음은 불멸한다)고 주장했다.

이러한 관점은 18세기 철학자 데이비드 흄이 《인간 본성론》(1739: 1권, 4부, 6절 참조)에서 물질을 다루는 것과 대조될 수 있다. 흄에 따르면, 내가 '나 자신 *myself* '에 대해 말할 때마다 나는 언제나 어떤 특수한 사고나 느낌의 맥락에서 그렇게 하는 것이다. 사고와 느낌을 넘어서 그 위에 있고 그와 독립적으로 견지될 수 있는 자아란 존재하지 않는다. '나'라는 것은 한 다발*bundle*의 감각 작용*sensations*이다. 그러므로 자아는 감각 작용들, 경험 등을 가질 수 있는 신체 능력의 산물이다. 따라서 흄의 설명에서는, 그러한 감각 작용과 독립적으로 존재하는 자아에 관해서는 아무것도 말할 수 없다. 자아는 죽을 수밖에 없는 존재이다. 더욱이, 자아란 따라서 경험에 **'덧붙여지는'** 어떤 것이다. 그것은 하나의 허구 혹은 환영이다. 다른 식으로 말하자면, 자아는 몸이 느낄 수 있는 감각(작용)과 독립적인 하나의 실체가 아니라 그것에 의해 생산되는 것이다. 이렇게, 흄에게 자아는 이러한 감각 작용에 대한 일종의 **'해석'**이다.

이러한 두 가지 설명이 그것들 각각의 단점이 무엇이든 간에 자아의 본성에 관한 서로 대조적인 존재론적 관점을 제공한다. 자아의 본성(즉 자아란 무엇인가?)에 관해 어떤 주장을 할 때, 우리는 어떤 종류의 존재론에 자신을 기탁하고 있다. 심지어 흄처럼 우리가 자아란 어떤 존재론적 의미에서도 존재하지 않는다고 부인하고 싶어질 때조차 사정은 마찬가지이다. 우리는 실재란 어떠한 것이라고 주장하는 바에 기초하여 자아에 관한 하나의 존재론적 주장을 여전히 하고 있는 것이다.

플라톤의 관점에 있는 중요한 요소는 결코 그에게만 국한되지 않는다. 많은 철학적, 종교적, 윤리적 태도와 사상이 마음과 몸은 서로 구별되는 별개의 종류라는 믿음(아마도 무언중에 견지되는 것일지라도)을 자신들 안에 담고 있다. 마찬가지로, 지식과 관련하여 철학적 관점에서뿐만 아니라 과학의 관점에서 숙고할 때에도 자아의 문제는 중요한 문제이다. 이것은 지식에 대해 말할 때 지식을 가지는 것은 누구 또는 무엇인가, 혹은 누가 또는 무엇이 지식의 주체인가에 관한 문제가 필연적으로 떠오르기 때문이다. 예를 들면, 과학 안에서는 탐구자*enquirer*란 무엇인가에 관한 관념이 반드시 전제되어야만 한다.

17세기의 철학자 르네 데카르트는 우리가 어떤 확실한 지식을 가질 수 있는가 질문하는 당시 회의론자들의 저술들에 답하면서, 우리가 소유하고 있는 적어도 한 가지 확실한 지식의 조각이 존재함을 보여 주려 시도했다. 데카르트는 그가 어린아이 시절부터 받아들여 온 수많은 잘못된 믿음에 낚여 왔다고 주장함으로써 시작한다. 그는 지식의 정초를 건설하는 서막으로서 그의 모든 믿음을 '파괴'하기로 결심한다(이러한 접근법은 의심에서 출발해 나아가기 때문에 종종 '회의적 방법*sceptical method*'으로 알려진다). 그러기 위해서는, 한 사람의 모든 의견을 의문에 붙이는 것, 즉 그것이 거짓이라기보다는 **'확실하지 않다'**는 것을 보여 주는 것으로 충분하다. 한 사람이 자신의 믿음의 진정성에 대해 얼마나 의심하든지 간에 한 가지는 참된 것으로 남는다고 데카르트는 주장한다. 무슨 일이 일어나든 나는 여전히 생각하고 있다는 것이 그것이다. "나는 있다, 나는 존재한다*I am, I exist*는 명제가 내 마음속에서 나에 의해 제출되거나 생각될 때는 언제나 나는 이 명제가 필연적으로 참이라고 결론 내려야만 한다." 이것은 "나는 생각한다, 고로 존재한다*cogito, ergo sum*"라는 구절에서 가장 유명한 형태로 표현된다.

생각하는 이 '나'란 무엇인가? 데카르트는 (i) 인간 몸의 기계적인 구조와 (ii) 인간들이 추구하는 활동, 즉 그들이 걸어다니고, 먹고, 자신의 감각을 통해 지각을 갖는 것 등을 구별한다. 그는 이 활동은 영혼 또는 마음의 작용이라고 주장한다. 몸의 속성은 물리적이다. 그것은 보여질 수 있고, 만져질 수 있으며, 특정한 공간을 차지하고, 옮겨질 수 있다 등. 그렇지만 '자기 이동*self-movement*'은 우리가 몸에 귀속시킬 수 있는 속성이 아니다. 회의적 방법의 교훈에 따라 몸은 의심될 수 있다. 그러나 생각하는 자아는 의심될 수 없다고 데카르트는 논한다. 이렇게, 데카르트는 자신이 마음이지, "인간 신체로 불리는 저 사지의 구조가 아니"라고 주장한다('마음몸 이원론'이라 일컬어지는 관점). 달리 말해, 이 입장은 인간에 관해 본질적인 것은 그들이 사물을 생각하고 있다는 것, 그리고 '마음'이라는 용어로 외시되는 것은 '몸'이라는 용어로 외시되는 것과 본질적으로 다르다는 것을 주장한다. 이러한 것이 그의 지식관의 기초를 형성한다. 확실한(즉 참된) 지식은 '나는 생각한다'로부터, 즉 정신적인 본질로 이해되는 자아로부터 나온다. 이러한 접근법을 비판해 온 사람들 가운데 니체가 있었다. 그는 《선악을 넘어서*Beyond Good and Evil*》(16절)에서 생각하는 것과 자아 사이에는 아무런 필연적인 연결이 없다고 지적했다. 즉 우리는 사유 활동 뒤에 있는 행위자*agency*가 자아라는 것을 완전한 확실성을 가지고서 보여 줄 수가 없다. 니체에게서는 오히려 반대로 자아는 항상 특수한 맥락에 놓인 존재로, 경험의 산물이자 지식의 기초의 근거를 짓는 존재론적 범주라기보다는 인간 문화의 산물로 이해되어야 한다.

20세기에 일어난 철학에서의 '언어학적 전환*linguistic turn*'과 함께, → 언어 철학 또 정신분석학과 같은 지적 발전에 비추어, 예컨대 자아가 언어와 담론의 영역 안에서 구성되는 문제를 제기하는 설명이 제공되어 왔다. 예를 들어, 장 프랑수아 료타르가 보기에는, 언어로부터 분리된 자아 관념이 의미의 본성에 대한 인간 중심적인 관점에서 나오는 것으로, 이러한 인간 중심 관점은 도전 받을 수 있는 시각이다. 이러한 설명에서는 자아가 언어에 대해 독립적인 영역에 있지도 않고, 그들의 태도나 성향 및 의도만으로는 지식의 인식론적 기초를 확보하기에 충분하지도 않다. 오히려 의도, 성향, 이해 관계 같은 것은 언어 안에서 언어를 통해 실현된다. 따라서 료타르는 비트겐슈타인의 '언어 게임' 개념이 너무 제한되어 있다고 비판한다. 예를 들어, 료타르는 비트겐슈타인이 언어 게임과 체스 게임 사이에 유비를 이끌어 낼 때 언어에 대해 독립적인 자아를 특권화하는 의미관 안에 여전히 갇혀 있다고 말한다. 즉 그는 '경기자*player*'가 체스 게임 안에서 말을 움직이지만 게임과 떨어진 채 남아 있다고 전제한다는 것이다. 마찬가지로 자크 데리다는 명제와 같은 것의 의미는 단순히 화자의 의도 문제가 아니라고 주장해 왔다. 데리다에게 있어서는, 비록 "의미는 자신의 장소를 갖는다" 하더라도, 의미의 생산에서 도구적인 역할을 하는 것은 언어와 맥락이다. 또 미셸 푸코의 작업 역시 니체를 쫓아서 권력의 담론 간의 관계라는 견지에서 자아 관념을 재개념화하는 데 집중해 왔다. [PS]

Derrida, 1988; Descartes, 1986; Hernadi, 1995; Lyotard, 1988; Nietzsche, 1968a; Plato, 1975.

자연
nature

'자연'은 여러 의미가 있다. 가장 오래된 의미로는 어떤 것의 본질적 성격 혹은 질이라는 의미이다(Williams, 1976: 219f를 보라). 만일 각각의 개별 사물이 그 자체의 본성이 있다면 자연은 모든 사물의 본질적 성질인 셈이다. 자연은 우주 뒤에 숨은 활동적 또는 동기 부여적 힘이다. 좀 더 온건하게 말한다면 자연은 단지 우주와 그 내용(그 뒤에 숨은 힘이라기보다는)에 등치될 수 있을 것이다. 좀더 제한된 용법으로는 자연은 살아 있는 세계(식물과 동물의)이다. '자연' 개념의 가장 최근 용법에서 자연은 인간 사회와 문화에 반하거나 앞서서, 혹은 그 바깥에, 존재하는 것을 지칭한다. 인간의 문화와 사회는 인공적이고 인간의 발명과 산업에 의해 생산되고 제조되며 변형되어 온 것이다. 자연은 이러한 변형의 과정에 종속된 물질일 수 있다. 하지만 그렇게 변형되기 전에는 인간 사회의 당연한 일부라고 할 수 없다.

문화 연구에 가장 적절한 자연의 개념은 이 마지막 것이다. 만일 자연이 인간 사회에 대립되는 개념이라면 그것은 자연이 사회보다 우월한 것으로 비치기 때문일 수도 있고 더 열등한 것이기 때문일 수도 있다. 17세기 중엽에 영국의 정치 철학자 토머스 홉스는 하다 못해 시민 전쟁을 통해서라도 인간 사회가 붕괴되어 도달하게 되는 상태를 자연 상태(1994)라 묘사했다. 홉스의 자연 상태는 잔인하고 폭력적이며 그래서 정치 철학의 임무는 사회가 자연으로 해체되는 것을 가장 효과적으로 막는 정부의 형태를 그려내는 것이다.

18세기 말과 19세기 초 독일 철학자 칸트(1983)와 헤겔(1948)의 저작에서 그 대안적 관점이 명확하게 제시되었다. 그 두 사람은 인간 역사에 대한 설명을 제공했는데, 이는 최초의 인간(아담과 이브, 노아와 아브라함)이 자연의 안전 상태에서 쫓겨나 이로써 인간으로서의 잠재력을 계발할 수 있게 되었다고 하는, 창세기에 대한 해석을 근거로 하고 있다. 만일 자연이 에덴 동산의 전원 풍경이나 단지 양떼를 모는 유목인 아브라함 같은 것이라면 인간에 대한 어떤 도전도 될 수 없으며 따라서 인간의 자기 이해와 이성의 발전에 아무런 자극도 될 수 없다.

17세기 유럽 계몽주의의 과학과 정치 철학에서 지배적인 자연관은 인간보다 우월한 존재로서의 자연이다. 그것은 질서와 이성(하다 못해 뉴턴 물리학에서 제시되는)의 연원이다. 정치적으로 자연과 자연 질서에 대한 호소는 현존 사회에 대한 도전이며 비평의 의미를 지닌다. 자연은 임의적으로 보이는 것에 대안을 약속하며 절대주의자와 봉건 사회를 지배하던 관습을 무너뜨리기도 한다. 예를 들어, 영국 철학자 존 로크는 자연 상태, 그러나 사회 구성체에 앞서 존재하는 상대적으로 온화한 상태로서의 자연 상태라는 관념에 호소했다(1980). 자연 상태에서 인간은 폭넓은 자유(혹은 자연권)를 즐긴다. 그런 자유는 타인의 폭력적이고 이기적인 행동에 의해 쉽게 침해되거나 제거될 수 있다. 따라서 사회(정부 또는 국가의 형태로서의 사회)는 사람들이 서로를 보호하기 위해 함께 연대함으로써 출현하였다. 따라서 시민의 자연적 자유를 보호하는 것이 모든 합리적이고 수용 가능한 형태의 정부가 가진 임무이다. 봉건 정부는 바로 그것을 실행하는 데 명백히 실패했다.

18세기 말과 19세기의 낭만주의에서 우월한 자연의 개념은 수정되었다. 사회는 이제 (자연에의 호소를 통해 전복되기보다는) 자연으로부터 배워야 하고 그런 연구를 통해 스스로를 개선해야 한다. 계몽주의가 보여 준 이성에 대한 강조와 자연에서 발견한 합리적 질서는 유기체의 다양성과 다산성에 대한 관심으로 대체되었다. 자연은 정치적 가치와 감정의 연원이 되었다. 그것은 선한 것과 순수한 것을 표상한다. 그것은 고귀한 야만*noble savage*의 세계이다. 이런 용법은 오늘날까지 하다 못해 광고 언어에서도 계속 사용되기 때문에 중요하다. 당신이 아침에 먹는 시리얼은 바로 '자연'의 밀에서 나온 것이라는 주장이 그것이다. 엄격하게 말해 밀은 인간 문화(또는 좀더 정확히는 농업)의 산물이다. 그것은 수백 년에 걸친 선택적 종자 개량을 통해 나온 것이다. (자연산 밀은 사실 입에 전혀 맞지 않는 에티오피아산 풀이다.) 오늘날 이와 밀접하게 연관된 의미는 '유기체*organic*'라는 말의 용법에서 찾아진다.

이 마지막으로 굴절된 '자연'의 의미가 아마도 문화 연구에서 가장 중심 용법일 것이다. 그것이 이데올로기 작용에 관해 많은 것을 드러내기 때문이다. 이데올로기는 세계에 대한 우리의 이해를 규정하고, 그리고 결정적으로 그 이해를 형성 왜곡함으로써 우리가 현존 권력 관계에 도전하거나 의문을 제기하지 못하게끔 만들어 버리는 일련의 관념과 개념의 집합이다. 자연은 이데올로기에서 결정적인 역할을 한다. 만일 어떤 사회적, 문화적 관계와 사건이 자연적인 것으로 인식된다면 거기에 대한 어떤 도전도 용납되지 않기 때문이다. 그것은 인간 주체의 산물이나 정치 권력의 행사로 여겨지지 않게 되며 거기에 도전하는 것은 마치 중력의 법칙이나 비가 온다는 사실에 도전하는 것만큼이나 불합리하고 이해될 수 없는 것으로 보이게 된다. 헝가리 철학자 게오르그 루카치는 이러한 사회 경험을 표현하기 위해 "제2의 자연"이라는 구문을 사용했다(1978). 인간 행동의 산물이며 발명품인 것(우리의 사회와 문화), 그러니까 인간의 의미와 의도로 가득찬 것이 실제로는 우리에게 마치 낯선 것이거나 제1의 자연 — 진짜, 자연 — 처럼 의미 없는 것으로 다가오는 것이다. 독일의 마르크스주의 철학자 테오도르 아도르노는 자연과 문화의 이러한 이데올로기적 전도가 문화에 대한 정치 지향적 연구에 제기하는 도전을 이렇게 요약했다. "자연에서 변할 수 없는 것은 그 스스로를 돌보도록 남겨진다. 그것이 변화할 수 있을 때 그것을 변화시키는 것은 우리에게 달려 있다"(Wiggerhaus, 1994: 90). 그것은 문화 이론의 임무가 제2의 자연을 꿰뚫어 보면서 변화 불가능해 보이는 것을 변화시키는 데 있다는 말이다. [AE]

자연 상태
state of nature

자연 상태 개념은 각기 다른 유파에 속하는 수많은 정치 철학가들에 의해 논의되어 왔다(토머스 홉스, 존 로크, 장 자크 루소). 간략히 말해 자연 상태 이론에서는 인간 개인이 시민 사회나 문명이 가하는 제약들을 벗어나 존재하는 것으로 상정한다. 홉스가 《리바이어던*Leviathan*》(1651)에서 자연 상태를 법이나 규칙이 부재하는 삶의 형태, 그래서 "만인에 대한 만인의 투쟁*war of all against all*"이 유발되는 폭력적인 상태로 묘사하였던 것은 유명하다. 자연 상태에서 개인은 자신의 목표를 추구할 수 있는 절대 자유를 누린다. 하지만 불행한 사실은 타인 역시 그러한 절대 자유를 가진다는 점이다. 법의 통치가 없다면, 개인은 스스로를 방어하기 위해 자신의 육체적인 능력을 넘어서는 어떤 보호의 권리도 가지지 못한다. 홉스가 자연 상태 개념을 이용하여 주장한 내용은, 사회 계약의 체결을 통해 절대 군주(그의 책 제목이기도 한 리바이어던)가 제공하는 보호와 개인의 자유를 맞바꾸는 것이 합리적이라는 것이다. 마찬가지로 로크나 루소에게도 자연 상태는 시민 사회의 유대 관계의 모습을 예시하는 개념이었다. 로크는, 자연 상태의 인간은 신이 부여한 권리(즉 자기 보호, 자기 신체에 대한 소유의 권리, 자기 노동의 산물을 소유할 수 있는 권리)를 가진다고 보았다. 재산 소유가 증대함에 따라 개인은 이러한 권리에 법적 보호를 부여해 주는 사회 계약을 맺음으로써 자신의 이해를 보호하려 한다. 그러나 홉스와는 반대로, 로크는 사회 계약의 결과 개인이 자신의 모든 권리를 포기하지는 않는다는 점을 분명히 하였다. 흥미롭게도 로크는 자연 상태가 절대 군주 간의 관계 혹은 국민 국가 간의 관계 속에 여전히 존재한다고 주장한다. 《인간 불평등 기원론*Discourse on Inequality*》(1754)에서 자연 상태에 관해 논할 때, 루소는 당대 문명에 내재하는 사회적 부정의를 해명하기 위해 하나의 발견적 장치를 전개하는 데에 더 관심이 있었다(그는 책의 서두에서 자신의 관심은 지금 그대로의 인간에 있다고 쓰고 있다). 그는 인간이 자연 상태에서 부족적 사회 조직의 상태('고귀한 야만*noble savage*'의 상태)로 이행하고, 이어 재산 제도가 등장함에 따라 정의롭지 못하고 타락한 시민 사회가 출현하는 과정을 제시하였다. 비교적 최근의 자연 상태 이론의 옹호자로는 로버트 노직 Robert Nozick이 있으며, → 자유 지상주의 그 이론의 한 변형을 자신의 정의의 개념적 근거를 두기 위해 근거짓기 위해 '원초적 입장*original position*'이라는 개념을 이용하는 존 롤스가 사용하고 있다. → 자유주의 [PS]

📖 Hobbes, 1994; Locke, 1988; Rousseau, 1984.

자유주의
liberalism

정치 철학의 핵심 용어인 자유주의는 다양한 사상가들과 연관된다(여기에는 로크, 애덤 스미스, 토머스 로버트 맬서스, M. J. A. N. 콩도르세 M. J. A. N. Condorcet, 밀, 롤스, 그리고 좀더 최근 사상가로는 리처드 로티 등이 포함된다). 자유주의의 기원은 적어도 존 로크의 저작에까지 거슬러 올라갈 수 있다. 실제로 존 로크의 저작은 이후 자유주의를 정의하기 위해 사용되는 여러 가지 핵심적인 특성을 보여 준다. 예를 들어, 《통치론*Two Treatises of Government*》(1690)에서 로크는 정치 권력에 대한 분석이 모든 인간이 소유한 기본 속성에 대한 고려를 포함하는 것임을 보여 준다(로크의 경우 정치 권력에 대한 분석은 '자연 상태' — 토머스 홉스(1588~1679)의 저작에서 나온 개념 — 의 인간에 대한 분석을 의미한다). 이런 접근 방식을 취함으로써 로크는 시민 사회 영역 바깥에서 작동하며 시민 사회의 기초를 제공하는 일련의 정치적 권리의 원칙이 있다는 사실을 효과적으로 주장한다. 이런 원칙은 (i) 행동의 자유, (ii) 권리의 평등이다. 즉 자연 상태에서 어떠한 개인도 다른 개인의 기본적 자유를 침해할 권리가 없다. 로크는 신이 인간에게 부여한 공통의 규칙과 기준(《통치론》 2편, section 11)인 이성의 요구로부터 나오는 자연법의 개념에 기대어 이런 주장을 정당화한다. 합리적 관점에서 모든 개인은 자기 보호와 타인에게 입은 고통에 대해 보상을 요구할 수 있는 권리가 있다고 본다. 여기서 인간 개인에 대한 특정한 개념(인간 주체성을 사회적 조직 양식의 제한으로부터 떼어내는 방식으로 개념화된)이 로크의 정치 담론에 기초를 형성하고 있다.

로크의 시각에서 각각의 개인은 자기 본위적이다. 여기서부터 이런 권리들의 불편 부당한 관리를 위해 일정한 규제 장치가 필요하다. 이것이 정부의 존재를 정당화하기 위해 로크가 제기하는 근거의 일부이다. 즉 정부가 자연 상태의 인간들 사이에 제기되는 논쟁들을 중재하는 수단을 구축한다는 것이다(section 13). 정부는 다시 계약을 통해 자발적으로 이루어지는 시민 사회의 구성에 의존한다(section 14). 즉 로크의 관점에서 정부 권력의 정당성은 그 지배하에 있는 사람들의 동의에서 비롯되어야 하는 것이다. 원칙적으로 개인은 만일 시민 사회에 들어가서 시민적 행위자가 되고자 동의한다면 정부 권력에 복종할 수밖에 없다.

로크에게 시민 사회는 궁극적으로 자연 상태에서 작동하는 기본적인 자연법 원칙, 즉 개인은 자신의 몸과 스스로 생산한 산물을 소유할 권리가 있다는 원칙으로부터 나온다. 로크의 주장은 다음과 같이 요약될 수 있다(sections 25~30). (i) 자연 상태의 모든 인간은 자기 보존의 권리를 갖는다. (ii) 지구는 모든 인간의 평등한 소유물이다. (iii) 그 자연적 산물은 원칙적으로 모든 사람에게 속한다. (iv) 그러나 이런 산물은 이용 가능한 것이기 때문에 그것이 전유되고 결과적으로 소유될 수 있는 일정한 수단이 존재해야만 한다. (v) 모든 인간이 가진 하나의 자산이 있으니 그것은 그들의 육체이다. (vi) 당신이 육체를 소유하고 있다면 당신의 노동으로 생산한 산물은 또한 당신 것이다. (vii) 그러므로 만일 당신이 자연 상태에서 어떤 것을 전유한다면 이는 정의상, 당신이 노동한 결과이며 따라서 그것은 당신의 것이다. 로크에 따르면, 일단 마지막 지점에 도달하면 다른 사람들은 당신의 소유, 즉 당신의 노동의 산물을 빼앗을 권리가 없다. 자연 상태에서 이런 방식으로 전유된 물건은 그 과정을 통해 '사적 권리'의 영역이 되기 때문이다. 이런 권리는 신이 부여한 것이다. 신은 만일 사람들이 그로부터 이득을 얻지 못한다면 자연 상태를 인간의 처분에 맡겨 두지 않을 것이다. 여기서 '이성의 법칙,' '자연의 고유한 법'이 따라 나온다. 이것이 사유 재산권의 기초를 이루며 동시에 시민 사회의 기초를 이룬다(section 30). 반면에 로크의 설명에 따르면, 정부의 적절한 기능은 개인의 권리와 재산을 보호하는 것(양자 모두 개인의 육체와 그 노동의 산물이라는 형식으로)이다. 자연 상태에서 전유의 한계는 사용에 따라 결정된다. 즉 사람이 소유할 수 있는 것은 낭비하지 않는 범위 내에서다(예를 들어, 어떤 사람이 자신이 먹을 수 있는 정도 이상의 사과를 소유하면 나머지는 버려지며 낭비된다. 똑같은 지적이 땅에도 적용된다). 그러나 돈(이것은 고갈되지 않는 상품이다)의 발명과 함께 이런 한계가 극복되었다. 예를 들어 어떤 사람이 엄청난 땅을 소유했을 경우 거기서 나는 소출은 현금으로 교환되며 따라서 그냥 낭비되지 않는다. 따라서 그로써 불평등한 소유를 정당화할 수 있게 된다. 다시 말해, 음식이나 의복, 마차 등과 비교할 때 사람들의 삶에 별 유용하지 않은 금이나 은은 단지 사람들의 동의에 의해 그 가치를 갖기 때문에…… 사람들이 지구에 대한 불균형하고 불평등한 소유에 동의하고 있다는 것은 분명하다(section 50). 이에 따라 자유는 평등을 보장하지 않는다. 사실 로크는 자연 상태에서 시민 사회로의 진보가 상품의 소유라는 측면에서 불가피하게 불평등을 가져다 준 것이라고 본다.

로크의 사상은 많은 자유주의 사상가들에게 공통적인 일련의 특성을 보여 준다. 첫째, 자신의 육체를 포함한 물건의 소유를 개인의 기본적인 권리로 보는 생각이 중심이 된다는 점이다. 둘째, 이런 권리는 영원한 것이며 이를 보호하는 것이 좋은 정부의 기능이라는 것이다. 셋째, 반면에 자유는 사람이 자신의 목표를 추구함에 다른 사람의 방해와 간섭을 받지 않을 자유를 의미한다. 넷째, 국가의 기능은 자유에 관한 이와 같은 기본 가정 안에서 성립된다. 즉 국가는 동의(국가의 정당성과 권위는 이로부터 비롯된다)에 기반해야 하며 시민의 권리 보호가 국가의 적절한 기능이다. 다섯째, 그러므로 국가는 개인의 삶에 대해 제한된 역할만을 갖는다. 개인이 준수해야만 하는 특정한 행동 양식을 규정하는 것은 국가의 기능이 아니다. 그보다는 개인의 행동이 다른 사람의 권리를 침해하지 않도록 감독하는 것이 국가의 기능이다. 그러니까 자유주의 전통에 속한 사상가들에게 개인은 모든 다른 정치적 관심사보다 앞선다(예를 들어, 개인의 자유는 평등과 같은 다른 가치보다 앞선다).

이런 특성은 존 스튜어트 밀의 고전 《자유론》(1859)에서도 명백히 드러난다. 이 책에서 밀의 공인된 목적은 "자유와 권위 사이의 사회적 투쟁"이라는 맥락에서 "사회가 개인에게 합법적으로 행사하는 권력의 성격과 한계"를 탐색하는 것이다(1859: 59). 밀에게 있어서 자유의 영역과 권위의 영역 사이, 사상의 개인적 자유와 '집단적 의견'(최악의 경우 다수의 횡포를 통해 표명되는) 사이에는 내적인 정치적 긴장이 존재한다. 밀이 보기에 개인이란 자율성에 수반되는 권리를 가진 자율적 실체이다. "그의 자율성은 권리의 자율성이며 절대적인 것이다"(1859: 69). 개인은 정열, 욕망, 목적뿐 아니라 능력(반성과 선택의 능력과 같은)을 보여 준다. 이런 특성은 함께 어우러져 이해 관계가 있는 개인의 정체성을 드러낸다. 다양한 개인이 한 사회에 존재하는 상황에서 그 사회는 또한 다양한 이해 관계를 포함한다. 밀이 가장 진보적인 것으로 생각하는 사회는 인간의 다양한 가능성을 포함하는 사회, 개인이라는 형식을 통해 그 가능성을 표현하는 그런 형태의 사회이다. 따라서 개인성과 정치적 권위에 대한 밀의 설명은 동시에 문화적 삶의 특정한 개념에 대한 확언을 포함하고 있다. 더욱 '진보적인 문화'는 자유주의적 정치 문화, 예컨대 개인성이 중심적인 기본 가치로 인정되는 그런 정치 문화와 동의어로 간주된다. 인간이 아름답고 고귀한 대상으로 여겨지는 것은 인간을 깎고 다듬어 개인으로 이루어진 획일적 전체를 만들어 내는 것이 아니라 다른 사람의 권리를 존중하는 한계 내에서 인간이 교양을 쌓고 그것을 북돋움으로써 이루어지는 것이다(1859: 127). 로크와 마찬가지로 밀에게도 개인의 권리는 부정적 자유에 대한 규제라는 모델에 따라 수립된다. 다른 말로 하면 자유란 다른 사람의 자유를 침해하지 않는 가정하에 개인의 욕망에 따라 행동하는 자유('……를 향한 자유'와 대립되는 '……로부터의 자유')로 여겨진다. 그런 식으로 개인성의 대한 자유주의적 개념은, 국가 또는 어떤 합의적 압력 — 개인의 기본적 자유 권리를 방해할 수 있는 — 으로부터도 개인이 절대적으로 자유로울 것을 주장하면서도, 개인이 행동할 수 있는 범주는 어디까지인가 하는 규범적 제한을 두게 된다.

좀더 최근에 와서는 존 롤스(《정의론*A Theory of Justice*》, 1972)가 로크와 밀의 사상 아래 깔려 있는 여러 가지 중심 교의를 재규정했다. 이 두 사상가와 마찬가지로 롤스는 정치적 권리가 개인적 이익 — 개인적 행위자에 대한 규범적 모델을 제공할 수 있는 합리적 틀 내에서 규정되는 — 의 보호로부터 비롯되어야 함을 주장하고자 했다. 롤스의 경우 이런 틀은 '원초적 입장 *original position*'의 공리를 통해 규정된다. 롤스는 '원초적 입장'에서 개인들의 집단은 '무지의 베일*veil of ignorance*' 뒤에 위치하며 그들이 살고 있는 사회를 지탱하는 기본 규칙을 선택하도록 요구받는다고 주장한다. 그와 같은 위치에서 이 개인들은 그들이 어떤 사회적 지위를 갖게 될지, 어느 정도의 돈을 소유할지 등등에 대해 알지 못한다. 즉 '원초적 입장'은 개인의 이익이 제거된 합리적 행위자가 가장 바람직한 사회 질서의 형식을 위해 어떤 선택을 할 것인지를 보여 주고자 하는 의도를 가진 발견적 장치로서 기능한다. 롤스의 '원초적 입장'은 로크의 '자연 상태' 이론과 공통 성격을 갖고 있다. 예를 들어, 이 개념은 사회적 위계의 속박을 벗어난 이성적 인간 주체를 묘사하는 것이 가능하며 이들이 개인적 자유를 극대화하는 사회적 질서를 선호할 것임을 상정한다. 이에 덧붙여 롤스는 또한 그런 개인이 잘못 줄을 섰을 경우 당할 수 있는 부조리를 최소화하고 그들이 사회의 맨 바닥에 놓일 가능성을 최소화할 수 있는 그런 사회를 선택하고자 할 것이라는 가정을 덧붙였다(이것이 '최대소화*maximin*' 원칙이다). 그러나 다시 한 번 롤스의 자유주의가 그리는 정치적 주제가 개인적 자유에 관계된 것이며 이를 극대화하고 보호할 수 있는 최선의 길을 그리는 것임은 명백하다. 로크와 밀의 경우와 마찬가지로 개인은 다른 사람의 이익을 침해할 수 없다는 조건으로 허용된 자유를 갖는다.

물론 이 세 사상가의 저작에서 자유주의가 사회 질서의 최선의 모델에 도달하기 위한 특정한 절차적 방법을 규정하는 용어는 분명히 아니다. 즉 로크와 롤스 둘 다 정당화 모델 — 권리와 자유의 원칙을 파생하기 위해 개인을 사회적 맥락에서 제거하는 — 에 의존하는 반면, 밀에게 이런 제거는 불필요하다. 다른 말로 하면, 밀은 개인의 정치 행위의 자유가 갖는 우선성을 논증하려고 '자연 상태' 이론을 필요로 하지 않는다. 실제로 밀의 개인 개념은, 행위자가 개인적 추구를 통해 연루되는 사회적 맥락으로부터 개인성이 그 의미를 얻는 정도만큼 더, 사회적인 성격을 띤다. 그럼에도 불구하고 밀도 개인의 권리가 영구하며 개인의 자유를 최대화하는 조건의 추구가 가장 바람직한 사회 조직 형태와 문화적 삶을 이끈다는 관점을 취한다. 마찬가지로 국가와 관련하여도 자유주의자들은 공통의 합의에 도달하지 못한다. 이미 이야기했듯이 롤스는 그럼에도 불구하고 자유의 극대화는 개인에 대한 위협의 최소화와 양립할 수 있다고 주장한다. 그러므로 롤스의 관점에서 정부에 의한 일정 수준의 부의 재분배는 정당한 것으로 간주된다. 반면, 로크와 같은 사상가에게 재화의 불균등한 분배는 시민 사회에서 인간 행동의 불가피한 결과이며 이를 기정 사실로 받아들여야 한다고 생각한다.

개인적 자유의 중요성을 강조하는 것과 함께 자유주의자들은 삶의 공적 영역과 사적 영역의 엄격한 구분을 이야기한다. 다른 말로 하면 밀과 같은 자유주의자에게 개인이 자신의 목적을 위해 선택한 행동은 그것이 다른 사람의 사적인 권리에 해를 입히지 않는 한 공적 관심사가 될 수 없다. 이런 사고 방식은 정치 담론의 기본 단위로서 개인을 강조하는 자유주의의 특징을 반영한다. 이를 다른 방식으로 표현하면, 자유주의자들은 일반적으로 개인의 존재론 — 개인을 어떤 특정한 문화나 사회의 한계도 초월하는 환원 불가능한 실존적 존재로 보는 형이상학적 개념 — 에 매달린다.

위와 같은 조명에 기대어 볼 때 포스트모더니즘 내부에서 좀더 최근에 발전된 논의에 자유주의 사상을 대립시키는 것은 매력적인 일이다. 예를 들어, 주체에 관한 포스트모던 진영의 비판은, 만일 설득력이 있다면, 주체성에 관한 자유주의적 개념, 그리고 특정한 자유 개념에 대한 자유주의의 가정에 대한 하나의 조종처럼 간주될 수 있다. 그러나 사실은 그렇지 않다. 예를 들어, 미국의 실용주의 사상가 리처드 로티는 스스로를 서슴없이 포스트모더니스트이며 동시에 자유주의자로 규정한다. 포스트모더니즘적 비판에 의해 자유주의적 원칙 가운데 특정한 부분이 삭제되었는가 하면 그도 아니다. 포스트모더니스트 가운데 장 프랑수아 료타르의 저작은, 그가 정치적 자유주의 개념을 비판했음에도 불구하고, 많은 부분 여전히 '자유주의적'인 특성들을 유지했던 예로 꼽힐 수 있다. 즉 료타르가 《논전: 논쟁 중의 어구들》(물론 다른 책들에서도)에서 '장르 담론'의 다양성 추구를 옹호했다는 것은 개인적 실존 양식의 다양성에 대한 자유주의적 옹호와 양립 불가능한 것이 아니다. 차라리 포스트모더니즘과 달리 다양성*multiplicity*을 위한 다양성의 추구를 무비판적으로 내버려 두지 않았던 마르크스주의의 전통을 자유주의에 대립시키는 것이 좀더 적절할 것이다. [PS]

Barry, 1986; Gran, 1987; Gray, 1990; Kukathas, 1989; Kymlicka, 1989; Locke, 1988; Lyotard, 1988; Mill, 1984; Moore, 1993; Mulhall & Swift, 1996; Rawls, 1972; Rorty, 1991; Sandel, 1982, 1984.

자유 지상주의
libertarianism

정치적 주의 주장으로서 자유 지상주의는 자유주의의 극단적 형태로 규정되며 자유주의와 마찬가지로 17세기 정치 철학자 존 로크의 저작에 역사적 뿌리를 두고 있다. 자유 지상주의는 인간의 자유와 자율성, 책임성에 대해 도덕적 정치적으로 존중해야 함을 중요하게 강조한다. 이 자유는 주로 재산을 소유하고 즐기는 권리의 행사를 통해 표현된다. 인간은 자유롭게 재산을 소유하고(남의 재산을 훔치는 것이 아니라면) 재산을 처분할(포기하거나 팔거나 교환하는 것) 수 있어야 한다. 그러므로 자유 지상주의자들은 시민의 삶에 대한 국가의 개입이 제한되어야 한다고 주장한다. 국가는 시민의 기본적 자유를 보호할 의무가 있다(또한 그 의무를 수행하기 위해 경찰력과 법적 기구를 제공할 의무가 있다). 그러나 국가는 그 밖의 어떤 이유로도 시민의 재산을 전유(과세의 형식으로)할 수 없다. 예를 들어, (국가가) 공교육이나 의료 서비스를 제공하는 것은 첫째로 (그런 서비스에 지출하기 위해) 시민의 재산을 불법적으로 전유할 것을 요구하는 것이고, 둘째로 시민 스스로 교육과 의료 서비스를 조직할 자율성과 책임성을 존중하지 않는 것이다. 자유 지상주의에서 시장은 자유로운 사회의 구성을 위한 핵심 역할을 한다. [AE]

Nozick, 1974.

장르
genre

분류 양식의 하나. 장르는 예술적 표현이나 문화적 생산물의 상이한 형식들을 하나로 묶을 수 있게 하는 공유된 특성의 묶음을 의미한다. 예를 들면, 소설의 장르는 소설을 구성하는 기본적 정의에 따르는 모든 텍스트의 무리(즉 허구적인 등장 인물, 서사 구조 등을 포함하는 텍스트)를 나타낸다. 마찬가지로 텔레비전의 경우, '연속극,' '다큐멘터리,' 또는 '시트콤' 등은 모두 특정 장르를 의미한다. 특정 장르를 정의하는 특성의 목록을 모두 제공하기란 매우 어렵다고들 하는데, 그것은 특정 장르에 속하는 어떤 작품이 그 장르의 다른 작품과 정상적으로는 공유하지 않은 특성이 있을 수도 있고 다른 것에 공통 특성이 없을 수도 있기 때문이다. 이러한 의미에서 본다면, '장르'라는 용어는 종종 다양한 예들을 함께 총괄해 놓은 비교적 느슨한 의미로 가장 잘 이해될 수 있다. 더욱이 표면상 한 장르에 속한 작품이 장르 그 자체에 대한 반어적인 관계를 표현할 수도 있다(예를 들어, 연속극 장르를 풍자한 연속극, 즉 시트콤).

철학자들 가운데에서 장 프랑수아 료타르의 '담론의 장르'라는 개념은 아마도 가장 엄격하게 설명한다. 그의 시각에서, 장르는 서로 비교 불가능한 언어적 요소를 함께 연결하는 방식(즉 연결 규칙의 모음)이며, 그 목적으로 특징지어진다. → 담론 [PS]

재산
property

1. 사적 재화의 소유. 땅이나 부는 물론 특허권이나 저작권에서 볼 수 있듯이 관념조차 재산이 될 수 있다. 많은 정치 철학자의 저술에서 재산은 핵심적인 관심 영역 가운데 하나이다. 존 로크와 장 자크 루소 모두 비록 결론은 아주 달랐지만(재산 소유의 기반에 대한 로크의 설명에 대한 논의 ➂ **자유주의, 자연 상태**) 재산의 사적 소유를 시민 사회의 발전과 등치시켰다. 반면 마르크스주의는 재화의 사적 소유의 해소와, 필요에 기반한 재화의 재분배를 옹호한다. 이 사상가들의 저작으로부터 분명한 것은 재산의 소유와, 어떤 권리가 재산 소유권을 (i) 기초짓고 (ii) 동반하는가 하는 논점 모두가 사회 정치적 영역을 이해하는 방식에 중요한 함의를 갖는다는 점이다.

재산 소유권과 연계되었던 중요한 **'이해 관계'**라는 정치적 관념이 있다. 《통치론》의 두 번째 편에서 개개인 모두의 일차적 소유물은 그/그녀 자신의 육체라고 주장함으로써 로크가 이 문제에 대해 우리의 관심을 끈 바 있다. 만일 우리 각각이 스스로의 육체에 대한 정당한 소유자라면 그다음 각 개인은 자신의 육체적 복리와 관련된 이해 관계를 갖게 되며 권리 역시 이로부터 귀속된다. 똑같이 로크에게 노동의 투자는 육체와 연관된 자기 소유의 특성을 확장하는 것이기 때문에 노동은 그래서 노동과 연관된 것에 동일한 특성을 부여한다. 즉 한 사람은 사과 한 알을 줍거나 경작되지 않은 땅 한 뙈기를 갈 수 있고 다른 사람이 이미 그것들을 소유하고 있지 않는 한 이것들은 그에 포함된 노동의 투자 덕분에 그의 것이 된다. 똑같이 그다음으로 로크에 의해 입법 권위가 자산 소유권으로부터 귀속된다. 소유의 보호가 로크에게는 정통 정부의 주요 기능으로 간주되기 때문이다.

로크의 논의를 중상주의적 자본주의 발전을 위한 암묵적이고 '사후적인' 정당화로 읽는 것이 가능하다. 그래서 만일 사유 재산이 소유권의 정당한 형태라고 주장된다면 그다음 정부의 역할은 로크가 주장하듯이 일차적으로 개인의 재산을 빼앗기지 않도록 보호하는 것이며 사회적 중요성의 순위에서 전면에 서는 것은 공공의 이익이 아닌 사적 이익이다. 그런 언명에 따라 정치적 자유가 정의될 수 있다. 그런 관점에 서면 자유는 항상 '……로부터의 자유'를 의미한다. 다른 말로 하면 '자유'는 국가를 포함해 타인의 행위로부터 최소한의 방해만을 받으며 자기 이익을 추구할 수 있는 자유를 의미하는 것으로 받아들여진다. 대조적으로 루소나 마르크스는 재산의 소유가 이해 관계의 산물이지만 로크와 반대로 '선험적으로' 정당한 이해 관계는 아니라고 주장할 것이다. 그래서 루소는 《인간 불평등 기원론*Discourse on Inequality*》에서 재산과 함께 재화의 불평등한 분배가 출현하고 그다음 개인의 탐욕이 덕을 지배하게 되기 때문에 사유 재산의 발명이 인간성 타락의 핵심 요소라고 주장했다. 마르크스에게 사회 내에서 재화의 사적이고 불평등한 분배는 자본주의 생산 양식의 결정적 특성 가운데 하나이며 이런 생산의 형태는 재산을 소유한 소수의 손에 인구의 다수가 착취당하는 것을 통해 작용한다. 실상 이런 관점에서 우리는 사유 재산의 소유에 대한 옹호가 자본주의의 '유일한' 결정적 측면이라고 말할 수도 있다. 이런 권리가 정당성을 부여받지 못한다면 자본주의 생산 양식은 불가능하기 때문이다. 자유주의 사상가들이 옹호하는 관점과는 대조되게 마르크스주의적 접근에서는 재화의 사적 소유가 타인의 자유('……에 대한 자유'로 이해되는)를 침해한다고 간주한다.

현대 기술 사회에서 재산 소유의 문제는 재생산 기술의 등장과 함께 좀 더 복잡한 국면을 취하게 되었다. 예를 들어, 음반 산업에서 대중이 점차 여러 포맷으로 음악을 전송할 수 있는 편리한 운반 도구(음반 회사가 제조한 콤팩트 디스크를 이를테면 개인이 갖고 있는 녹음 가능한 콤팩트 디스크나 MP3 형식으로 녹음하는 것)를 이용할 수 있게 된 것은 음반 저작권의 소유 문제를 대두시킨다. 물론 법적인 면에서 보자면 저작권을 누가 소유하는가, 즉 녹음된 생산품의 법적 소유자는 대개 별 문제가 되지 않는다. 하지만 혹자는 저작권이 끊임없이 위반되고 있다는 사실에 눈을 돌려 이런 위반이 장기적으로 그런 재화의 소유가 지니는 의미를 문제적으로 만들 것이라는 주장을 하고 싶을지 모른다. 하지만 그런 주장이 정당화될 수 있는가는 다른 문제이다. 테크놀로지가 음반이나 아이디어 또는 심지어 디자인의 저작권을 실제로 강요할 수 있는가에 영향을 미치더라도 저작권에 함축되어 있는 재산 관념이 그런 관행에 의해 심각한 도전을 받게 될 것이냐는 여전히 열려 있는 문제이다. 비슷하게 이것이 사실로 밝혀진다 하더라도 좀더 일반적인 의미에서 '재산'이 그 때문에 어떤 식으로든 재정의되리라는 것은 아니다. 아마도 재산 소유를 둘러싸고 로크와 루소, 마르크스와 같은 사상가들이 밝힌(즉 '개인'의 개념과 연관되는 소유권의 문제, 또는 재화의 분배가 정치적 자유와 권력이라는 논점과 맺는 사회적 관계에 대한 문제) 논점은 여전히 재산의 개념과 그것의 문화적 결과에 핵심적이라는 사실을 상기할 필요가 있을 것이다. 예를 들어, "자연에 맡겨진 미국의 야생의 숲과 경작되지 않은 황무지"(《통치론》 2편, section 37)처럼 노동의 투여를 통해 경작하지 않은 토지의 정당한 획득에 대한 로크의 주장이 유럽 이외의 지역에 적용될 때 그런 이론은 다른 문화가 점유하고 있는 토지의 전유에 대한 정당화가 된다는 점은 지적할 만한 가치가 있다.

2. 특징 또는 특성. → 본질주의 [PS]

📖 Locke, 1988; Marx, 1976; Rousseau, 1984.

재생산
reproduction

→ 문화적 재생산]

재즈
jazz

'재즈'라는 말의 기원은 모호하다. 가장 일반적으로 알려져 있기로는 이 말이 정액을 뜻하는 20세기 초 미국 단어 jass에서 유래되었다는 것이다. 재스 음악*jass music*이란 말은 그래서 음악적 능력보다 전염성 강한 리듬과 번드르르한 연기가 더 중요했던 싸구려 술집 따위에서 주로 연주되었던 성적이고 방종한 음악을 가리켰다. 그러나 다른 사람들은 재즈가 북아프리카어나 아랍어(북아프리카와 서아프리카에서 널리 사용되었던)에 기원을 두고 있으며 따라서 노예 제도나 오늘날 재즈라 불리는 음악보다 더 오래된 말이라고 주장한다. 이 경우 재즈를 jass와 관련시키는 주장은 악의적인 것으로 비쳐진다.

재즈 음악은 매우 오래되고 복잡한 역사를 가지고 있으며 그 초기 발전 과정에 연관된 많은 요소들은 아직도 논쟁의 대상이다. 의심할 바 없이 분명한 사실은 초창기 이 음악을 개발한 대부분의 사람들이, 초기에 많은 영향을 미친 '버디' 볼든'Buddy' Bolden, '킹' 올리버'King' Oliver, 루이 암스트롱 Louis Armstrong 등을 포함해 대부분 흑인*Black Americans*이었다는 사실이다. 오늘날 이 음악을 이끄는 사람들도, 초창기만큼의 비중은 아니지만 여전히 흑인이다. 앞의 세 사람은 뉴올리언스 스타일로 연주했는데(물론 이들 모두 나중에는 시카고로 떠났지만), 이는 소규모 그룹, 규칙적인 리듬, 행진곡풍 같은 단순한 멜로디의 집단 즉흥 연주 등을 특징으로 한다. 그룹의 규모가 커지고 청중이 많아지면서 재즈 음악은 '스윙*swing*'으로 진화했는데, 이는 댄스 홀에서 열광적으로 연주되었고 재즈의 청중을 백인 중산층까지 확대시키는 데 기여했으며 약 20년 정도 지속되었다. 듀크 엘링턴Duke Ellington은 오늘날 스윙 작곡의 대가로 알려져 있다. 그러나 카운트 베이시Count Basie 오케스트라는 그저 성공한 정도였고 백인인 폴 화이트먼Paul Whiteman의 대규모 밴드는 더욱 성공적이었다.

점차, 스윙 그룹의 음악인은 새로운 실험을 시작했다. 콜맨 호킨스 Coleman Hawkins, 레스터 영Lester Young, 찰리 크리스천Charlie Christian(재즈 역사에서 흔들리지 않는 지위를 가진 기타리스트의 한 사람) 등은 좀더 복잡한 솔로 스타일을 개발했다. 그리고 좀더 오래 지속될 수 있는 아이디어를 창출할 수 있는 여지가 있는 작은 규모의 밴드를 추구하기 시작했다(재즈의 역사에서 처음 40년간 정도까지 개인적인 연주는 특별히 중요한 비중을 차지하지 않았다는 사실은 쉽게 잊혀지곤 한다). 스윙과 대조적으로 비밥*be-bop* 그룹은 작은 규모 — 전형적으로 셋에서 여섯 정도의 연주자 — 를 지향했고 솔로 연주에 초점을 두었다. 찰리 파커Charlie Parker, 디지 길레스피Dizzy Gillespie, 셀로니우스 몽크Thelonious Monk 등은 비밥의 가장 유명한 개척자들이다. 이들은 재즈를, 테크닉의 기교와 거의 순간적인 반응이 복잡한 화음 구조나 가파른 템포와 얽혀드는 놀라울 정도로 복잡하고 경쟁적인 영역으로 발전시켰다.

비밥이 재즈의 주류로 동화된 이래, 재즈는 많은 수의 다양한 유파로 분화되었다. 아마 가장 중요하게는 '프리 재즈*free jazz*'의 연주자들, 특히 오네트 콜맨Ornette Coleman, 존 콜트레인John Coltrane에 의해 비밥 화음의 활력이 폐기된 것을 들 수 있다. 이들의 재즈는 유럽 아방가르드 음악과의 만남을 통해 오늘날 '자유 즉흥 연주'로 알려져 있는 경향을 발전시켰다. 또 하나 중요한 흐름은 1970년대 많은 음악인들이 전자 악기로 이동한 것인데, 이 시기는 재즈에 있어 경제적으로 메마른 시기였다. 마일즈 데이비스Miles Davis, 허비 행콕Herbie Hancock 등과 같은 연주자들은 이러한 변화에 큰 영향을 미쳤고 퓨전*fusion*, 애시드 재즈*acid jazz*, 그리고 일반적으로 이야기하는 전자 음악 등의 장르로 가는 길을 열어 주면서 음악적 어휘의 혁신을 이루어 냈다. 이러한 역사를 가진 재즈는 서구 대중 음악 전반에 강한 형식적 영향을 미쳤고 그 영향은 지금도 계속되고 있다. 힙합이나 전자 댄스 음악과 같은 가장 대중적인 음악 형식이 모두 이들에 빚지고 있다고 보는 것이 공정할 것이다.

이상의 내용은 관습적인 상식이다. 그러나 역시 논란의 여지가 있다. 재즈에 관한 어떤 중립적인 역사도 존재하지 않는다. 그것은 특히 인종적으로 채색된 역사여서 부정적이든(초기 비평가들이 이를 '부두*voodoo* 음악'이라고 폄하했던 것처럼), 긍정적이든(오늘날에도 흑인 음악인의 본능적으로 육체적이고 정서적인 특성을 백인 클래식 음악인의 이성적인 접근과 대립시키고 싶어하는 원초주의적 비평이 간혹 나오곤 한다) 대단히 잘못된 왜곡을 낳곤 했다. D. 멜처D. Meltzer는 그런 왜곡의 사례를 모아 놓은 유용한 책을 썼다(Meltzer, 1993). 재즈의 인종적 기원을 주제로 한 가장 영향을 많이 미친 연구는 르로이 존스LeRoi Jones의 《우울한 사람들: 백색 아메리카의 흑인 음악가*Blues People: Negro Musician in White America*》(1965)이다(존스는 현재 아미리 바라카Amiri Baraka라는 이름으로 알려져 있다. 따라서 그의 책을 찾으려면 이 두 가지 이름을 모두 동원해야 한다).

재즈 비평의 또 다른 경향은 이를 클래식 전통과 비교하는 것이다. 이런 류로 가장 중요한 연구는 건서 슐러Gunther Schuller의 《초기 재즈*Early Jazz*》(1968)이다. 이 책은 만일 클래식의 분석 기준을 재즈에 적용한다면 이 음악이 좀더 잘 이해되고 감상될 수 있다고 주장한다. 이와는 달리 아도르노가 클래식과 재즈의 비교를 통해 재즈가 대중 오락의 빈곤한 형식임을 보여 준 것은 유명하다. 이에 관해서는 특히 그의 〈청각의 물신적 성격On the Fetish Character of Hearing〉(1978b)을 보라. [RC]

Berlin, 1980; Berliner, 1994; Collier, 1977; Gabbard, 1995; Jost, 1981; Shepherd, 1991; Stearns, 1956; Wilmer, 1992.

저자
author

저자는 창조자로 이해되어 왔다. 텍스트의 독특한 창조자가 있다는 생각 그리고 독서의 과제는 결과적으로 다소간 수동적으로 그/그녀의 의도와 의미들을 발견해 가는 과정이라는 생각은 다양한 방식으로 도전 받아 왔다. 19세기 해석학자들, 특히 빌헬름 딜타이Willhelm Dilthey는, 실제 독서 과정을 비판적으로 검토하고 이에 따라 단지 텍스트로부터 의미를 발견하는 것이 아니라 차라리 구성해야 할 필요성을 제기함으로써, 저자가 그/그녀의 텍스트의 의미에 대해 어떤 특권적인 통찰을 가진다는 가정에 도전했다. 결과적으로 저자의 자기 이해는 단지 많은 다른 해석 가운데 또 다른 하나일 뿐이라는 것이 밝혀졌다. 미학에서 '의도론적 오류*intentional fallacy*'에 대한 비판은, 한 예술 작품의 해석은 저자의 의도들을 발견함으로써 규정할 수 있거나 권위를 가질 수 있다는 주장이 지지될 수 없다는 견해를 견지한다. (바르트는 〈저자의 죽음The Death of the Author〉(1977c)을 포스트구조주의에 입각하여 가장 극적으로 선언한 바 있다.) 이로써 저자의 지위에 대한 도전은 예술 작업 혹은 텍스트의 내재적인 특성에 대한 성찰에로 나아갔으며, 극단적으로는 단일하고 단정적인 혹은 정확한 독서의 존재 가능성을 잠식했다.

아마도 몇몇 텍스트만이 전형적으로 그에게 속하는 저자를 가질 수 있다는 사실이 주의 깊게 확인되어야 할 것이다. 실로 사적이며 기능적인 텍스트, 쇼핑 목록이라든가 시험지, 광고 문안, 많은 대중용 문구는 한 저자를 갖고 있다고 생각되지 않는다. 혹은 저자가 그 작업을 이해하기 위해 중요한 것으로 인지되지 않는다. 마찬가지로 많은 텍스트(민속 음악, 농담, 도시의 신화 같은)는 구어 전통에서 출현했으며, 여기서 다시금 저자에 대한 관습적인 생각은 부적절해진다. 반대로 (기성의 소설가처럼) 저자로 간주되는 누군가에 의해 쓰여진 텍스트(임시 초고, 편지, 일기 같은)는 바로 이러한 저자성 때문에 부가적인 중요성을 획득하는지도 모른다. 또한 역설적으로 협동 작업의 산물에 개인적인 저자성이 주어질 수 있다. 그리하여 영화는 비록 드물게나마 시나리오 작가에게 속하는 경우도 있지만, 감독(혹은 제작자도 가능하다)에게 속하는 것으로 여겨지기도 한다. [AE]

Biriotti & Miller, 1993; Burke, 1992.

전이
transference

프로이트적 모델에서 전이는 감정*affect*이, 적절하게 속한 기표에서 그렇지 않은 기표로 이동하는 것이다. 프로이트는 꿈의 작업에서의 의미론적 왜곡 메커니즘으로서의 감정의 이동성에 대한 주의를 주기 위해 《꿈의 해석*The Interpretution of Dream*》(1900)에서 이 용어를 처음 사용했다. 나중에, 무의식의 모든 형성물(꿈, 농담, 말실수, 징후)에서의 하나의 공통 문법을 만든 그는 피분석자가 분석 과정에서 경험하는 일군의 감정에 적용하기 위해 이 용어를 사용했다. 정신분석가를 그 대상으로 삼는 이 효과는 오이디푸스적 기표에 대한 최초의 반응의 반복이다. 사실, 무의식의 성적인 본성에 대한 증거로 종종 인용되는 것이 바로 이 전이이다. 일반인은 이 현상을 분석가와 사랑에 빠지는 것을 포함하는 것으로 이해한다. 모든 전이들이 긍정적인 것은 아니다. 임상적 상황에서나 병원 밖의 상황에서나 모두, 라캉이 '안다고 가정되는 주체'라고 부르는 것을 겨냥한 과도한 감정은 전이적이다. 그것은 긍정적인 형태와 부정적인 형태를 모두 취할 수 있다. 사실, 적어도 어느 정도 이 둘 사이를 오가지 않는 전이는 없다. (다른 한편, 정신분석가의 피분석자에 대한 감정적 반응은 역전이*counter–transference*라 부른다.)

라캉은 전이를 무의식의 현실 노출이라고 정의했다. 그도 프로이트처럼 이것을 성적인 것으로 이해했다. 라캉에게 있어서, 전이는 지식을 겨냥한 사랑이다. 그러므로 그것의 구조적 필요 조건은 '안다고 가정되는 주체'의 현존이다. 전이에 대한 라캉의 정의는 그 개념에 대한 탈중심화*decentring*로 이해될 수 있다. 그것은 더 이상 임상에만 한정된 것이 아니라 정치, 교육, 오락 등에서의 문화적 관심 현상이 된다. 그렇다면 임상에서의 전이 개념과 비임상적인 전이 개념의 차이는 무엇인가? 프로이트와 라캉은 모두 병원 밖에서의 적당량의 전이는 노력하는 주체에게 활력을 불어넣을 수 있다고 믿은 것 같다. 그러나 임상에서의 전이는 피분석자의 이야기 중단이다. 피분석자는 자유 연상 과정을 막기 위해 분석가와 사랑에 빠진다. 달리 말해, 신경증 환자는 자신의 정신적 외상*trauma*의 세세한 부분을 기억하는 대신에 전이의 보호하에 정신적 외상을 반복하는 것을 선호하는 것이다. 다시 말해, 전이적 사랑은 사랑에 대한 대중적 개념과 구분되어야 한다. 라캉은 신경증 환자들이 사랑을 할 수 없으면서도 전이에는 그토록 쉽게 감응하는 이유가 무엇인지를 물어보는 것을 좋아했다. 대답은 전이가 구조적 반응인 데 비해 사랑은 개인화된 반응 — 신경증 환자는 개인화*individuation*를 결여하고 있다 — 이라는 것이 될 수 있을 것이다. 분석의 종결은 전이의 제거에 달려 있다. 달리 말해, 피분석자는 자신의 행위들의 진정성을 유일하게 인가할 수 있는 존재로서 특정한 부류의 행위자들을 이상화하지 않으면서 일상 생활의 일들을 해나갈 수 있어야 한다. 바로 이것이 피분석자로 하여금 이번에는 자신이 분석가가 되도록 준비시키는 것이다. [SKS]

Breuer & Freud, 1974; Freud, 1991a; Gueguen, 1995; Klotz, 1995; Lacan, 1977; Laplanche & Pontalis 1973.

전체론
holism

진리, 의미, 해석에 대한 맥락주의 이론으로서, 몇몇 철학자들 — 특히 윌러드 밴 오먼 콰인 — 과, 프리드리히 슐라이어마허Friedrich Schleiermaher에서 마르틴 하이데거와 한스 게오르그 가다머Hans Georg Gadamer에 이르는 폭넓은 해석학적 전통에서 활동하는 많은 문화, 문학 이론가들이 지지했다. 이러한 관점에 따르면, 개인적 진술이나 발화의 맥락보다 더 넓은 맥락을 배제한다면 의미를 부여하거나 신념을 해석하는 것이 불가능하다. 이러한 해석적 지평이 얼마나 광범위하게 그려져야만 하는지, 또는 연루될 수 있는 적절한 배경 지식의 범위에 — 원칙적으로 — 어떤 제한이 있는지 의견들은 다양하다. 영미('분석적') 진영에 속한 대부분의 철학자들은 실용주의적 전망을 채택하고 경계선을 긋는 문제에 대해서는 별로 걱정하지 않는 반면, '대륙'의 사상가들은 하이데거를 좇아 바로 그러한 문제를 중점적으로 다루는 심층 해석적 접근 방식을 따른다.

Empson, 1951; Fodor & LePore, 1991; Gadamer, 1975; Heidegger, 1962; Kuhn, 1970; Quine, 1980, 1981; Richards, 1938; Ricoeur, 1981; Rorty, 1991; Winch, 1958.

접합
articulation

구조화되고 위계적인 관계에 있는 두 사회 세력이 함께 결합하는 것. 이 용어는 마르크스주의 특히 알튀세르적 마르크스주의의 생산 양식 분석에서 출현했다. 어떤 역사적 시기에서도 하나의 생산 양식이 지배적이다. 하지만 여타의 생산 양식을 배제하지는 않는다. 차라리 자기 스스로의 필요에 적응하도록 영향력을 행사한다. 실제로 봉건 군주제는 자본주의에서 살아남았다. 하지만 자본주의의 필요에 적응하는 한도 내에서 살아남았음은 물론이다(Anderson, 1979를 보라). 이 개념은 인종, 젠더, 민족주의의 분석에서도 발전되어 왔다. [AE]

정당화
legitimation

막스 베버의 정치 사회학에서 이 용어는 사회의 주체 편에서 그들을 지배하는 지배자의 권리를 인정하는 것을 의미한다. 전후에 정당화의 문제는 사회 정치 문화 논의의 중심 주제가 되었다. 예컨대 장 프랑수아 료타르에게 정당화의 문제는 이론적으로 이중 구속을 받으며 끊임없이 미해결된 주제이다. 이 관점에서 정당화의 문제는 특정한 목적을 위한 적절한 수단과 관련된 문제 범주이며 사회적 문화적 차원에 대한 고려와 분리될 수 없는 것이다. ➜ 담론 료타르는 정당화에 대한 보편적 기준은 존재하지 않으며 그 결과 정치적 수준의 정당화는 목표 지향적인 것이라기보다는 경합하는 목적 사이의 문화적 적대감의 영역이라고 주장한다. 그러나 그는 언어 연구를 위한 비판적 공간을 예비해 두고 있다. 즉 규칙에 대한 열려 있는 철학적 분석의 영역을 예약한다. 료타르적인 모델에서 정치학은 사회가 지향해야 하는 가장 바람직한 상태라는 각도에서가 아니라 문화적 삶의 공간 내에서 경합하는 주장에 관한 것이다. 반면에 하버마스는 '의사 소통 행위'라는 사회적 언어의 합의적 해독을 통해 이런 관점(갈등 혹은 비합의의 정치학을 승인하는)을 반박하려 시도해 왔다. ➜ 합리성 [PS]

Habermas, 1976b, 1984, 1987; Lyotard, 1988; Weber, 1958.

정신분석학
psychoanalysis

정신분석은 주체의 정신적 삶에서 무의식의 역할과 관련된 과학적 탐구 방법이면서 학문 분과이기도 하다. 그것은 일차적으로 분석 상황에서의 전이 맥락에서 피분석자의 자유 연상에 대한 해석에 기반한다. 프로이트는 실험실의 화학 분석 과정에 유비하여 '정신분석'이란 용어를 도입했다. 화학자처럼 분석가는 환자의 증상을 그 구성 부분으로 해체하는 행위에 참여한다.

> 환자의 증상은…… 고도로 복합적인 것으로…… 우리는 증상을 동기화시킨 본능적 충동으로 되돌아가 추적한다…… 그 충동은 그의 증상에 현존하고 있고 그에 대해 환자는 아직까지 인식하지 못하고 있다. 그것은 어떤 결합되어 있어 인식할 수 없는 것을 화학자가 화학적 '원소*element*'라는 기본 원료를 분리해 내는 것과 똑같다(Freud, 2001: 159).

정신분석은 꿈과 건망증*parapraxes* 같은 온갖 종류의 무의식 생산물을 그 범위 안으로 가지고 온다. 프로이트에 따르면 모든 무의식의 구성체는 유사한 일련의 기제(응축, 전이, 극화, 2차적 수정)를 특징으로 한다. 그래서 그 결과는 이른바 '신경증적' 주체에만 국한되는 것이 아니라 '규범적'인 것 역시 구성한다. 이들 기제가 언어의 일차적 구조*topes*, 즉 은유와 환유의 노선을 따라 단순화될 수 있기 때문에 자크 라캉은 언어학자 로만 야콥슨을 따라 무의식이 언어처럼 구조화되어 있다고 이해한다.

정신분석의 정확한 연원이 언제인지를 밝히기는 어렵다. 이는 정신분석의 창시자인 지그문트 프로이트가 자신의 동시대인 19세기 쇼펜하우어와 니체부터 플라톤 같은 고대인에 이르기까지 끝없이 많은 선행자를 발견하는 것을 즐겼기 때문이다. 하지만 정신분석에 대한 대부분의 역사는 프로이트가 비엔나의 내과 의사 요제프 브로이어Josef Breuer와 협력해 펴낸 프로이트의 초기 저작으로부터 시작한다. 프로이트와 브로이어의 협력은 베르타 파펜하임Bertha Pappenheim('안나 OAnna O'라는 가명으로 더 잘 알려진) 사례에 의해 촉진되었다. 이것과 다른 사례에 대한 정신분석적인 탐구의 결과 1895년에 《히스테리 연구*Studies in histeria*》가 출판되었다. 히스테리는 환자에 의해 억압된 정신적 외상의 산물로 정의되었다. 인과적 사건에 부착되어 있는 카텍시스*cathexis*를 추상화하기 위해 환자가 이 외상을 기억하도록 만드는 방식으로 치료가 이루어졌다. 프로이트와 브로이어의 연계는 오래 지속되지 못했는데, 그것은 히스테리의 원인론에서 성욕의 역할에 대해 그들 사이에 견해차가 생겼기 때문이다.

브로이어와 달리 프로이트는 외상이 성적인 본성이 있다고 믿었다. 그 뒤로도 정신분석학의 역사에서 히스테리의 정의를 수정하려는 시도가 여러 차례 있었지만 그것은 프로이트적 영역의 핵심 문제라는 지위를 계속 유지한다(적어도 라캉적 해석에서는 특히 더 그렇다). 하지만 미국의 정신 치료와 분석학계에서는 히스테리를 특히 여성에게서 나타나는 일군의 정신 장애로 하위 분류하고 있고, 그 용어를 별로 사용하지 않는다. 프로이트가 신경증의 성적 원인론을 고집함으로써 '범성주의*pansexualism*'이라는 비난을 받기도 했지만 에로스와 타나토스 사이의 변증법적 대립을 간과해서는 안 된다. 정신분석의 진정한 스캔들은 성이 아니라 죽음이며 대중적 지각에서 전자는 트로이의 목마 기능을 해왔다는 것도 딱 맞는 말일 것이다. 라캉에게 분석의 끝은 '죽음의 죽음*death's death*'를 의미해야 한다. 주체는 상징적 거세의 구조적 불가피성과 타협해야 한다. 상징 체계가 주체를 풍부한 역사적 가능성과 절연한다는 사실은 주체가 정신 질환의 올가미로부터 거리를 두기 위해 반드시 지불해야 할 대가이다.

정신분석 운동 내에서 전이에 대한 저항을 생각해 볼 때 분석적 방법으로 정신병자에게 '도달'할 수 있는가에 대해서도 상당한 논쟁이 벌어졌다. 결과적으로 정신분석은 정신병이 아니라 주로 신경증에 관여했다. 비록 이따금씩 정신병에 대한 이론을 발전시키려는 시도를 하기는 했지만 말이다. 이 노력들 가운데 가장 야심찬 노력이 질 들뢰즈와 펠릭스 가타리 같이 정신분석의 영향을 받은 프랑스 이론가들의 저작에서 출현했다. 정신분석 모델에서의 의견의 불일치는 주로 주체 구성에서의 오이디푸스 콤플렉스와 유아 성욕의 역할과 관련하여 발생한다. 정신분석가들은 오이디푸스기를 과도하게 강조하는 경향이 있는 반면 정신분열증 분석가들*schizoanalysts*은 그것을 급진적으로 폄하하는 경향이 있다. '오이디푸스'라는 용어의 변화하는 운명을 둘러싸고 정신분석학의 전체 역사를 쓰는 것도 가능할 것이다. [SKS]

Deleuze & Guattari, 1984, 1988; Ellenberger, 1970; Freud, 1966; Goux, 1993; Grunbaum, 1984; Henri, 1993; Laplanche, 1988; Lebovici & Widlocher, 1990; Mehlma, 1972; Meltzer, 1987.

정전
canon

이 용어는 전형적으로, 특정 예술 전통(대체로 문학이나 음악)에서 가장 중요한 작업이라고 일반적으로 인정되는 것을 지칭하는 데 사용된다. 이 용어가 처음 쓰인 용례는 4세기까지 소급되는데, 거기서 이 용어는 기독교 성서의 권위 있는 결정판을 지시했다. 정전 개념의 옹호자들은 보편적인 미적 가치가 존재한다는 입장에서 논변을 제기한다(이러한 가치가 전통의 발전과 더불어 시간에 따라 달리 전개될 수 있다 할지라도). 개별 작업은 그러므로 그것들이 바로 이 보편적인 가치를 가장 잘 표현했기 때문에 정전에 포함될 수 있다. 따라서 정전 작품들은 특정 언어의 가장 세련된 표현이며, 한 문화나 한 민족 정체성의 표현으로 간주될 수 있을 것이다. 정전 개념은, 1960년대의 마르크스주의 비평과 페미니스트 비평의 등장과 함께, 그리고 문화에 대한 포스트구조주의적이며 포스트식민주의적인 설명이 부가되면서, 점점 더 많은 비판에 직면하게 된다. 문화적 다원주의와 예술적 생산의 경제적, 정치적 조건에 대해 점차 더 민감해지면서, 정전은 보편적 가치의 표현이라기보다 권력 관계의 표현으로 보이게 된다. 정전은 여러 차원에서 종속 집단을 배제하는 것으로 보여질 수 있다. 첫째, 정전 작품은 일정한 집단(비非백인, 가난한 사람, 여성)을 문화적으로 지배적인 스테레오타입에 따라 재현한다. 둘째, 정전은 그러한 집단에 의해 생산되는 작품을 배제하거나 그러한 집단이 전통적으로 스스로를 표현하기 위해 활용하는 미디어를 인정하려 하지 않는다. 마지막으로 정전 안에서 칭송되는 표현 방식(인간 주체성과 창조성의 본성에 대한 선입견을 포함하여)은 종속 집단의 경험을 구체화하는 데 부적절할 수 있다. [AE]

Eagleton, 1984; Kermode, 1975.

정체성
identity

문화 연구가 개인과 집단이 그들의 정체성이나 자기 이해를 구성하고 교섭하고 방어하는 맥락을 조사하는 한, 정체성 문제는 문화 연구에서 중심적이다. 문화 연구는 정체성에 대한 정통적*orthodox* 설명이라고 불릴 수 있는 것에 문제를 제기하는 정체성 문제에 대한 접근 방식에 크게 의존한다. 정통적 설명은 자아를 자율적인 어떤 것(안정적이고 모든 외적인 영향으로부터 독립적인 것)으로 상정한다. 문화 연구는 정체성이 그것의 바깥에 존재하고 그것과는 상이한 어떤 것(타자)에 대한 반응이라는 입장의 접근 방식에 의존한다.

적어도 17세기 데카르트의 저술에서 정통 유럽 철학은 자아(에고 또는 주체)가 의미와 행위의 자율적인 원천으로 존재한다고 가정되어 왔다. 데카르트 자신은 그가 의심할 수 없는 유일한 것은 그가 존재한다는 것이며, 이러한 존재가 '생각하는 실체'의 형태를 취한다는 점을 발견하였다(Descartes, 1968). 그 자신의 정체성을 확신하고 개별적 인간 존재의 삶을 통틀어 지속하는 자율적 주체에 대한 이와 같은 인식은 비단 철학뿐만 아니라 정치적 사고(특히, 자유주의의 근본적 가정으로서)와 심리학에서 지배적이었다. 그러나 이러한 생각에 대해 18세기, 특히 스코틀랜드의 철학자 데이비드 흄이 문제를 제기했다(Hume, 1978: 251~263). 흄은 자신의 의식 내용물이 자신이 생각하고 있던(직접적으로 지각한 것이든 기억 속에서 환기한 것이든) 모든 것의 이미지(또는 감각 인상)를 포함하고 있음을 관찰하였다. 그럼에도 불구하고 이러한 지각과 기억을 한다고 가정되는 자아의 이미지는 존재하지 않았다. 따라서 흄은 흔히 자아의 '다발 이론*bundle theory*'이라고 알려진 것을 제안했다. 그것은 자아가 감각 인상의 다발에 지나지 않으며 개인이 새로운 경험을 갖게 되거나 낡은 경험을 상기할 때마다 지속적으로 변화하는 것이라는 이론이다.

19세기 후반 에밀 뒤르켐은 자유주의적 개인주의에 대해 근본적으로 도전했다(Durkheim, 1984). 자유주의는 개인의 제일성을 전제하였고, 그에 따라 사회가 개인들(예를 들어, 사회적 계약을 통해 함께 하는)로 구성되었다고 전제했다. 반대로 뒤르켐은 개인이 사회의 산물임(사회가 개인의 산물이 아니고)을 주장했다. 그의 요지는 개인성에 대한 근대적 이해(그리고 근대 사회에서 인간의 자기 이해)는 그 개별 문화의 산물이라는 것이다. 경제적 전문화(또는 분업)가 거의 또는 전혀 이루어지지 않은 전산업 사회에서, 사회의 모든 구성원에게 태도와 가치, 규범 등은 유사했을 것이다. 그러한 사회는 이와 같은 동질성 때문에 순수하게 함께 유지되었다. ➔ 물리적 결속 반대로 고도로 전문화된 산업 사회에서, 개인주의는 사람들이 서로 상이한 경험을 가지고 상이한 삶을 살기 때문에 일어난다. 그래서 그들의 가치와 태도는 상이할 수 있다. 따라서 뒤르켐은 개인의 정체성이 근본적인 것이 아니고 경제적 구성의 산물이라고 주장한다.

조지 허버트 미드의 자아에 대한 분석은 자율적인 에고에 대한 생각에 일단의 대안적인 문제를 상정한다. 미드에게 자아는 타자와의 관계를 통해 구성된다. 미드는 '주격 나*I*'를 '목적격 나*me*'와 구별하면서, "'주격 나'는 타자의 태도에 대한 유기체의 반응이고 '목적격 나'는 인간이 스스로 상정한 타자에 대한 조직화된 태도의 집합"이라고 주장했다(Mead, 1934: 175). 따라서 에고는 동물적 반응과 다를 바 없는 상태로 추락한다. 자아, 즉 자의식은 오히려 타자의 관점의 내면화에 의존한다. '주격 나'는 타자가 자신을 어떻게 보는가를 상상할 수 있는 한에서만 자의식적이 되고 적절히 반응한다. 따라서 자아의 발달은 자아가 마주치는 타자에 달려 있다. 이와 같은 사고 노선은 근본적으로 사회학에서 상징적 상호 작용론적 접근 방식이다. 어빙 고프만의 작업에서 그것은 더욱 심화된다(Goffman, 1959). 고프만은 자아가 개별적 상호 작용 산물이며, 개인의 능력, 태도 그리고 행동하는 방식(그리고 아마도 자기 자신을 생각하는 방식)은 자기 주위의 사람들이 변화함에 따라 변한다고 주장한다. 홀로 있는 경우, 사람은 둘 가운데 하나에 해당하게 된다. 그 하나는 자의식적이지 않고, 그 순간에 자아를 가지지 않는 것이다. 다른 하나는 몇몇의 다소 특정한 타자들에게 자신이 어떻게 보일지를 의식하는 한에서만 자의식적인 경우이다. 따라서 자아는 거의 흄이 제안한 자아만큼이나 유동적이며 어떤 안정성도 없다.

정신분석학은 정체성에 대한 정통적인 관점에 맞서 더욱 심화된 일련의 문제를 제기한다. 프로이트에게 정체성이란 에고와 이드, 슈퍼에고 사이의 관계를 통해 구성된다. 이드는 자아의 본능적인 토대이고, 슈퍼에고는 본질적으로 심리적 발달 과정에서 내면화된 강제적인 도덕적 의식인 반면, 에고는 이드와 슈퍼에고의 조합이나 이 둘로부터 분리된 기구라고 이해될 수 있다. 현재의 맥락에서 후자의 해석은 아마도 훨씬 더 흥미로울 것이다. 그것은 에고가 결코 자아와 동일하지 않다는 것을 시사하기 때문이다. 에릭 에릭슨Erik Erikson의 정신 역동 이론*psycho-dynamic theory*은 이것을 기반으로 발전한다. 에릭슨에게 있어 정체성은 개인의 정체성과 공동 문화의 정체성 사이의 과정이다. 1940년대에 '정체성 위기'라는 말을 만든 사람이 바로 에릭슨이다. 처음에 그 용어는 '개인의 동일성과 역사적 연속성'의 감각을 상실한 사람을 지칭했다(Erikson, 1968: 22). 그처럼 개인은 자신의 자아감에 일관성을 줄 수 있는 문화로부터 분리된다. 이후에 그 용어는 한 개인의 심리 발달의 한 단계로서의 청년기를 특징짓게 되었다.

프로이트에 대한 라캉의 재해석에서 자아나 주체의 의심스러운 정체성은 더욱 심도 깊게 연구된다. 라캉의 자의식은 거울 단계(대략 6개월에서 18개월경에)에서 등장한다. 여기에서 유아는 거울에 반영된 자신을 자신의 반영으로서 인지한다. 따라서 직접적으로 자신을 알게 되는 것이 아니라 거울 이미지를 통해서 알게 된다. 자아는 아이가 엄마로부터 분리될 때 일어나는 분열에 직면하여 통제의 약속으로서 등장한다. 그러나 프로이트에게 있어, 남자 어린이의 정체성은 엄마의 정체성에 달려 있다(어쨌든 영어에서는 (m)other라는 말장난이 허용된다). 어린아이는 어머니와의 근친상간을 금지하는 '안 돼*no*'라는 말이 있는, 아버지에 의한 법의 강요를 통해 언어에 입문한다. 어린이는 최초의 단일체로 다시 돌아가기 위해 어머니를 욕망한다. 이것은 아버지의 금지에 불복종하려는 욕망이고 따라서 억압되어야만 한다. 그래서 라캉은 무의식은 언어처럼 구조화된다고 주장할 수 있다. 사실상 이것은 자아(또는 보다 적절한 말로는 주체)가 언어를 통해 자리잡는다고, 말하자면 그 자신의 단일성의 결여를 늘 억누르는 것으로서 위치를 정한다고 주장하는 것이다. 마르크스주의에 대한 알튀세르의 구조주의적 해석은, 비록 이 경우에는 이데올로기의 산물로서 주체이지만, 주체에 대한 유사한 설명을 제공한다. 교회, 교육, 정치, 가족, 매스 미디어와 같은 사회적 제도는 주체를 '호명하거나' 부르면서 사회 속에서 주체를 다시 자리잡는다.

푸코의 작업 역시 정체성의 문제를 구심으로 해서 해석될 수 있다. 따라서 광기에 대한 초기 작업(1971)에서, 푸코는 어떻게 광기가 상이한 시기에 서로 다르게 인식되었는가를 분석한다(예를 들면, 그 자체의 이성을 가진 형태로서 광기에 대한 르네상스적 관점을 사회로부터 정신병자를 축출한 17세기의 합리주의와 비교하면서). 따라서 광기는 사회적으로 구성된 것이고 특수한 것이며, 그것을 구속하기 위해 역사적으로 다양한 사회적 실천이 존재한다. 그러나 본질적으로 17세기와

18세기에 광기는 타자이기도 하다. 타자와의 비교를 통해 정상인과 이성인은 스스로를 정의하는 것이다. 그러므로 사회에서 지배 집단의 정체성은 그 자신의 타자를 구성하는 것에 달려 있다. 후기 저작에서 푸코는 담론 내에서 자신의 입지를 통한 '자아'의 구성 문제(특히 성과의 관계에서)로 관심을 돌린다(1981). 이때부터 자아는 그 자신에 대해 쓰거나 말하기 위해 요청되는 개념적이고 지적인 능력이라는 말로 이론화될 수도 있었고 자아에 대해, 자아에게 쓰여진 방식으로 이론화될 수도 있었다. 텍스트가 구성되는 방식은 특정한 자아를 독자로 예상하고 위치를 정할 것이다.

라캉, 알튀세르 그리고 푸코의 작업에서 발견되듯이 자아 정체성의 본성에 대한 구조주의와 포스트구조주의의 문제 제기는 정체성의 정치학과 연결될 수도 있을 것이다. 정체성이 단순히 구성되는 것이 아니라 어떤 타자에 달려 있다는 것을 인정하는 것은 지배 과정에서 주변적이거나 억압받는 집단이 그들에게 강제로 강요되어 온 정체성을 의심하거나 다시 만들 수 있는 이론적 공간을 열어 둔다. 따라서 인종적 정체성, 게이와 레즈비언 정체성, 여성 정체성이 정치적 변화 과정 속에 도입된다. ➔ 자아 [AE]

정치경제학
political economy

정부에 대한 경제적 분석. 이 연구 형태에 대한 하나의 좋은 예는 일반적으로 이 분야에서 최초의 저작으로 일컬어지는 애덤 스미스의 《국부론》이다. 스미스는 사회 경제적 힘으로 사회를 설명하고 개인들 사이의 경제적 관계를 정부의 역할에 대한 그 관계의 함의와 관련하여 분석했다. 또 스미스의 분석은 역사에서 드러나는 사회 발전의 일반적 경향에 대한 연구이기도 했다. 그래서 그는 현대 시민 사회의 기원을 계기적인 단계를 통한 진화로 살펴보았으며 그 발전을 경제적, 심리적, 권력 연관적 측면에서 설명했다. 예를 들어, 스미스는 탐욕으로 고취된 특정 개인의 행위(말하자면, 시장에서의 행위를 통해 개인적 부를 추구하는 것)가 다른 실제적, 사회적 효과, 즉 사회의 전체적 부가 더 많이 생산되도록 하는 효과를 낳을 것이라고 주장했다. 스미스는 이것이 부를 증진하기 위해 심리적, 경제적 수준에서 작용하는 '보이지 않는 손'의 작용이라고 말한다. 스미스는 경쟁의 기제와, 상품의 가치가 결정되는 조건에 대해 설명했다. 그는 정부가 한정된 사회적 의무(법과 질서의 제공과 관리, 국방의 제공, 필수적 공공 시설을 구축할 책임)를 지닌다는 관점을 옹호했다. 국가의 주된 목표는 자유 시장 기제를 촉진하는 것이기 때문이다.

스미스의 저작은 정치경제학이 사회 세력에 대한 기술적 분석을 지향하는 것으로 볼 수 있다는 점이 명백하다. 칼 마르크스가 정치경제학(스미스뿐 아니라 리카르도 같은 다른 사람들의 업적도)을 채택하여 자신의 이론을 발전시켰다. 1960년대와 1970년대에 정치경제학의 많은 기본 전제(즉 그것이 전제하는 주체성의 관념, 경험 과학으로서의 지위)가 루이 알튀세르 같은 사상가의 비판을 받았다.

[PS]

McLellan, 1975; Smith, 1986.

제도
institution

사회과학에서의 기술적 용어로서 제도란 정규적이고 지속적으로 반복되는 사회적 실천이다. 이와 같은 의미에서 그 용어는 일상적인 용법에서 보다 더 넓은 적용 범위를 지니는 것으로서, 비단 감옥, 수용 시설, 학교, 병원, 관공서뿐만 아니라 언어, 도덕, 문화적 실천을 포함한다.

[AE]

젠더
gender

'젠더'라는 개념은 일반적으로 '성*sex*'이라는 개념과 반대되는 위치에 놓인다. 성(여성/남성)이 생물학의 문제라면, 젠더(여성성/남성성)는 문화의 문제이다. 따라서 젠더는 생물학적으로 결정되는 것에 반대되는 것으로, 습득된 태도와 행동 양식을 지칭하는 것으로 여겨질 수 있다. 결정적으로 생물학은 젠더를 결정하는 데 고려되지 않을 필요가 있다. 이것은, 한 사람을 남성 또는 여성으로 만드는 것이 보편적인 것이며 자연 법칙에 기반을 둔 것이지만, 여성이 그들의 여성성을 표현하고 남성이 그들의 남성성을 표현하는 바로 그 방식은 저마다의 문화에 따라 다양할 것이라는 점을 시사하는 것이다. 따라서 현대 서구 문화에서 전형적으로 여성과 남성에 속하는 성질(여성은 훨씬 더 감정적인 반면, 남성은 훨씬 더 폭력적이고 공격적인 성향을 갖는다는 것과 같은)은 젠더라고 볼 수 있고, 그것은 변할 수 있다는 사실을 수반한다. 문화인류학의 문헌은 비서구 사회에서 젠더의 상이한 표현에 대한 많은 예를 제공한다(이러한 점에서 마거릿 미드의 작업은 대표적이다). 젠더를 성으로 축소하는 것(젠더의 차이 자체를 생물학적으로 결정되는 것으로 보려고 하는 것)은 가부장제에 대한 이데올로기적 정당화에 있어서 중요한 움직임으로 이해될 수 있을 것이다. [AE]

Butler, 1990; Walby, 1990.

존재론
ontology

1. 형이상학의 한 부분으로서 특정 실체의 존재가 '아니라' 존재 일반의 본질에 대해 연구한다. 따라서 《존재와 시간》에서 마르틴 하이데거가 했던 것과 같은 존재론적 탐구는 '존재의 문제,' 즉 모든 특정 실체의 존재를 위한 가능성의 조건에 관심을 갖는다. 2. 특정 이론에서 가정되는 존재의 기본적 본성에 대한 일련의 가정. 고전적 자유주의 사상은 개

인 주체성에 대한 특정한 관념을 함축하고 있다는 주장이 그 예이다. 즉 고전 자유주의 사상은 개인 주체성이 일련의 특정한 속성으로 구성되어 그 모습을 갖추게 된다고 파악한다는 것이다(때로 이것은 '주체의 존재론'이라 불린다). [PS]

Grossmann, 1992; McCulloch, 1995; Sadler, 1996; Sprigge, 1984.

종교
religion

수많은 상이한 분과 학문의 관점에서 종교를 정의하려는 많은 시도가 있었다. 심리학자들은 종교를 인간 욕망의 투사로(혹은 심지어 일종의 신경증으로) 특징지어 온 한편, 정치 사상가들은 그것을 본능적인 인간적 두려움을 먹이로 삼는 사회 통제의 수단인 것으로 이해해 왔다. 인류학적 정의는 이와 대조적으로 종교를 그 자체의 조건에 따라 기술하려 — 그것을 그 내부로부터 이해하려 — 한다.

에밀 뒤르켐은 성스러운 것*the sacred*과 세속적인 것*the profane* 간의 구별이 모든 종교적 경험의 핵심에 자리한다고 논하였다. 그것은 "인간의 마음이 만들어낸 가장 심원한 구별"이라고 그는 주장했다. 이에 기초하여 그는 종교를 "성스러운 사물, 말하자면 따로 떨어져 있고 금지된 사물과 관계 있는 믿음과 실행의 통일된 체계"로 정의한다.

최근에, 성스러운 것에 대한 뒤르켐의 관념은 그것이 과학적 기준에 의해 정의될 수 없다는 근거에서 부적절한 것으로 보여지게 되었다. 그것에 대한 대안적인 정의는 '성'과 '속'과 같은 특권화된 용어의 사용을 피하면서 보다 기술적記述的으로 되는 경향을 띠어 왔다. 예를 들어, 클리포드 기어츠는 다음과 같은 정의를 제안한 바 있다. "종교는 (i) 하나의 상징 체계로서, (ii) 인간 내부에 강력하고 널리 퍼지며 오래 지속되는 기분*mood*과 동기화를 확립하기 위해 작동하며 이를 위해, (iii) 존재의 일반 질서에 대한 개념을 공식화해 내고, (iv) 이 개념에 하나의 사실성의 분위기*aura*를 입힘으로써, (v) 그 기분과 동기화가 독특하게 리얼리즘적인 것으로 보이게 한다."

종교의 본질을 벗겨내는 것을 목적으로 삼는, 당황할 정도로 줄을 이어 등장하는 주장과 반反주장에 의해 입증되는 정의상의 문제는 종교에 대한 공식화가 시간적으로 또 지리적으로 광범위하고 다양하다는 사정을 반영하는 것이다. 니니안 스마트Ninian Smart가 말한 바 있듯이, "……우리는 사실상 어떤 일괴암적 대상, 다시 말해 종교와 대면하고 있는 것이 아니다. 우리는 '종교들'과 대면하고 있다. 그리고 각각의 종교는 그 자신의 스타일, 그 자신의 내적 동학, 그 자신의 특별한 의미, 자신의 독특함을 갖고 있다." 이러한 다양성을 반영하기 위해서, 그리고 각각의 모든 사례들이 가진 다면적인 본성을 공정하게 다루기 위해서, 스마트는 정의라기보다는 종교에 대한 일종의 해부를 제안한다. "종교란…… 전형적으로 교리, 신화, 윤리적 가르침, 의식儀式, 그리고 사회 제도를 포함하며 갖가지 종류의 종교적 경험에 의해 생기를 띠게 되는 6차원적인 유기체이다"(Smart, 1971: 31).

종교를 정의하는 쟁점과 연관된 또 다른 문제는, 그 기원이 모호한 현상의 본성에 관해서는 명확한 해명이 어렵다는 점이다. 네안데르탈인이 죽은 자를 매장하는 의식을 실행했음을 시사하는 증거가 있으며, 이는 그들이 보이지 않는 영역이나 어떤 종류의 내세*afterlife*를 믿었음을 나타내는 것일 수도 있다. 그러나 그러한 믿음을 '종교적'이라고 칭할 수 있는가 하는 것은 의문의 여지가 있다. 스마트는 모든 것을 포괄하는 믿음의 체계와 연관되어 있는 문화적 실행에 삶이 얽매여 있는 곳에서는 사람들이 자유롭게 종교에 입문하고 탈퇴할 수가 없다고 지적한다. 그러한 상황에서는, 종교 생활과 대비됨으로써 종교 생활이 정의될 수 있게 해주는 세속 생활이 존재하지 않는다.

종교의 발전 역시 논쟁 거리이다. 진화론을 보급해 온 사람들(예를 들면, 루돌프 오토Rudolf Otto)은 종교의 역사를 원시 시대의 다신교가 정제되어 온 과정으로 이해해 왔다. 때로는 그러한 정제가 일신교로 귀결되었고, 때로는 더 고도로 발전된 판본의 다신교로 귀결되었다. 다윈주의 이론에 영향을 받은 E. B. 타일러E. B. Tylor는 모든 종교는 그 뿌리를 애니미즘에 두고 있다고 주장했다. 그의 발전 서사에 따르면, 인간 영혼의 존재에 대한 믿음은 자연적인 대상 또한 영혼을 가지고 있다는 추론에 이르게 되었다. 점차, 자연 현상은 함께 작용하는 것으로 지각되게 되었고, 통제력을 발휘하는 하나의 영향력이 추론되었다. 이렇게 해서, 단일의 신성이 원시적인 산포 상태로부터 출현하였던 것이다. 다른 한편으로는, 빌헬름 슈미트Wilhelm Schmidt는 가장 원시적인 형태의 종교는 일신교적이었으며, 그 뒤에 애니미즘적 요소와 강신술적 요소가 거기에 중첩되었다고 주장한다.

이 주제에 대한 어떤 접근은 종교 현상을 순수히 인간적인 구성물의 특징으로 본다. 이러한 설명에서 종교적 믿음은 인간 존재를 설명하고, 그 문제에 대답하며, 인간의 고통을 설명하려는 욕구에서 자라난다. 레이먼드 퍼스Raymond Firth는 이렇게 쓰고 있다. "도처에서 종교에 대한 신앙은 그 자신과 다른 사람들의 충동, 욕망, 두려움과 행동의 결과로부터 인간을 구원하거나 위로하려는 시도에서 생겨난다."

이러한 인간주의적 관점은 서구 문화에서 기독교가 1000년 이상의 치세 이후 쇠퇴한 결과이다. 말하자면, 종교가 '바깥으로부터' 정의되기 위해서는 먼저 그 속박이 그러한 시각을 가능하게 할 만큼 충분히 느슨해져야만 했던 것이다. 종교적 사고를 넘어서는 길을 열었던 것은 무엇보다도 17세기 서구의 과학이 발흥한 것이다. 인간의 삶과 자연 현상은 근본적으로 다른 방식으로 설명되게 되었다. 변덕스럽고 어떤 경우에는 악의적인 실체들로 제어되는 불가해한 우주*mysterious cosmos*는 고정된 법칙에 따라 작동하며 인간의 이성으로 파악할 수 있는 합리적인 우주*rational universe*로 대체되었다. 일단 이러한 도약이 이루어지자, 종교적 설명은 시대에 뒤떨어진 쓸모 없는 것으로 보이기 시작했다.

포스트신화학적*post-mythological* 패러다임은 과학적 연구에서뿐만 아니라 17세기 합리주의 철학에서도 분명하다. 18세기에 임마누엘 칸트는 계몽된 사고의 새로운 시대에 종교의 역할을 재정의하려 시도했다. 그것은 "오직 이성의 한계 내에" 국한되어야 한다고 그는 주장하였다. 칸트가 보기에, 도덕은 종교를 요구하지 않지만, 그것은 불가피하게 종교를 생산한다. 인간의 능력은 도덕적 선이 행복으로 이르는 것을 보증하기에는 부적합하며, 그렇기 때문에 이성의 명령에 따라 행동하면 이득이 있음을 전 우주적으로 보증할 수 있는 전능한 도덕적 존재*Being*가 존재한다고 가정할 필요가 있다.

오귀스트 콩트와 루트비히 포이어바흐 같은 19세기 사상가는 아예 신을 제거함으로써 칸트적인 종교 비판을 훨씬 더 멀리 가져 가려 하였다. 그들은 '인류교'(인간의 종교*religion of humanity*)를 주창하였다. "신성한 존재란 인간적 존재와 다름 없다"라고 포이어바흐는 단언했다. 칼 마르크스는 인간주의적 논증을 인정하면서도, '종교'라는 생각을 버릴 것을 요구하고 종교가 생산해 온 사회 질서를 전복하는 것을 목표로 하는 행동의 정책을 옹호하였다. 그는 종교를 "인간의 자기 의식이며 자각…… 억압당한 피조물의 한숨…… 인민의 아편"으로 묘사하였다.

이성의 흥기 및 그와 동시에 진행된 종교의 쇠퇴와 나란히, 서구 사상에서는 회의론적(이고 어떤 경우에는 비합리주의적인) 사유의 흐름이 지속되어 왔다. 칸트와 동시대인인 J. G. 하만J. G. Hamann은 계몽주의가 이성에 가치를 부여하는 데에 내재하는 긴장과 모순을 지적하였다. 그는 덴마크 철학자 쇠렌 키에르케고르Søren Kierkegaard의 저작과 프리드리히 니체의 반反칸트주의를 낳은 독일 낭만주의의 계통에 분명한 영향력을 남겼다. 오늘날 미셸 푸코, 장 프랑수아 료타르, 장 보드리야르와 같은 저자들의 작업에 의존하는 이른바 '포스트모던' 사상은 이러한 지적 계보에 많은 것을 빚지고 있다. 그러한 사상가들에 의해 칸트적 전통의 범주와 개념에 겨누어진 의심은 종교적 가능성에 대해 재사유하게끔 해왔다. 그것은 반인간주의를 낳아 왔는데, 이 반인간주의는 전前 인간주의적인 종교적 가치를 재주장하지는 않는다. 하지만 그러면서도 이 반인간주의는, 필리파 베리Philippa Berry에 따르자면 "칸트와 칸트적 전통을 주의 깊게 지켜왔던 세속적인 사고와 종교적인 사고 간의 명백한 구별을 해소시켜 왔다." [KM/GH]

📖 Durkheim, 1975, 1976; Geertz, 1976; Smart, 1960, 1972, 1973; Schmidt, 1935.

종족/종족성
ethnic/ethnicity

공유하는 관행, 규범, 신념 체계에 입각하여 서로를 동일시하는 다른 인종 또는 민족 집단을 지칭하는데, 일반적으로 사용하는 말. 보통 '종족' 집단이라고 부를 때는 한 사회의 다수자들이 고수하는 것과 다른 영역의 태도나 전통을 가지고 있는 소수자임을 암시한다. '종족성'은 자체의 문화적 특수성에 대한 특정 집단의 자의식을 뜻한다. 자명하게도 종족 정체성의 주장은 종종 누가 누구에 관하여 어떤 맥락에서 그것을 주장하느냐에 통합적이기도 하고 아니면 분열적이기도 하다. 어떤 상황(예컨대 소속 공동체에서 중요시하는 부분)에서 종족 정체성의 자의식적 소유는 하나의 통합 경험이 될 수 있다. 다른 경우, '종족성'을 거론하는 것이 인종주의를 드러내는 스테레오타입의 도발적이고 위험한 형식이 될 수도 있다. 따라서 그 이슈는 특정 사회 집단을 '종족적'이라는 범주로 지명함에 있어서 **'누가'** 주도하느냐에 초점을 맞추게 된다. '종족적'이라 규정되는 것과 자신의 '종족성'을 주장하는 것은 두 개의 전혀 다른 일이기 때문이다. 두 경우 모두 관건은 당연히 권력 문제이다. 종족성의 긍정이 사회적 현재 상태 내에서의 정체성 주장으로 여겨질 수 있다는 점에서 그렇다. 반면 이런 식의 규정이 '다수 의견'의 타자에 의해 이루어진다면 한 사회 안에서 더 지배적인 세력과 이해 관계를 가진 권력의 억압적 행사가 될 것이다. [PS]

Foster, 1960.

주체/주체성
subject/ivity

이 용어의 기원은 17세기 사상가 르네 데카르트의 철학에까지 거슬러 올라갈 수 있다. 데카르트는 확실하게 알 수 있는 것은 아무것도 없다고 주장한 당시의 회의주의자들의 논리를 반박하려 했다. 그 관점에 대항해 그는 어떤 생각하는 존재라도 비록 그가 다른 모든 것을 의심한다고 해도 반드시 가지고 있어야만 하는 한 조각의 확실한 지식의 심급으로서 "나는 생각한다, 고로 나는 존재한다*Cogito, ergo sum*"라는 유명한 격언을 발표했다. 따라서 주체는 생각하는 것이며 그것을 규정하는 데 기여하는 몇몇 본질적 속성을 생각*thinking* 속에 소유한다. 마찬가지로, 칸트는 그의 철학에서 모든 생각의 구조적 전제 조건을 의미하기 위해 "선험적 주체"라는 용어를 사용했다(《순수 이성 비판》, '선험적 연역' B를 보라). 칸트의 주장에 따르면, 선험적 주체는 내가 생각하는 과정에 있을 때 모든 나의 재현물에 동반해야 하는 "나는 생각한다"이다. 그것은 내가 가진 모든 생각을 나의 것으로 만드는 것이다. 선험적 주체는 경험적(즉 물질적) 단일체가 아니라 내가 어떤 생각이든 가지는 데 필요한 형이상학적 전제 조건이다. 이러한 의미에서, 주체는 자의식*self-consciousness*의 원천이다. 또한 이 단어는 라캉식의 정신분석학(주체가 '에고'와 대비되는)과 연결되어 있다. 덧붙여, 그것은 구조주의(예를 들어, 주체를 이데올로기의 산물이라고 주장한 알튀세르)와 포스트구조주의(예를 들어, 주체는 권력 관계의 효과라고 주장 — 이 주장은 니체에게서 파생된 것이다 — 한 푸코) 주창자들이 논의하고 비판하였다. 이 두 접근 방식은 주체성(즉 주체가 되는 속성)이 사회적 힘과 관계에 의해 구성된다는 관점을 공유한다. 달리 말하면, 주체성에 대한 모든 구상은 정치적, 사회적, 문화적 요인에 의존한다. 마찬가지로, 료타르 같은 사상가는 주체성이 언어의 형태로부터 독립된 것으로 받아들일 수 없다고 주장한다. 오히려, 주체성은 말하는 방식 안에서 그리고 그 방식에 의해 구성된다. 그러므로 료타르의 관점에서 볼 때 후기 비트겐슈타인이 말한 '언어 게임' — 비트겐슈타인은 언어 게임과 체스 게임 사이의 유사성에 대해 말한다 — 의 개념은 그 안에 인간 행위자들이 의미의 원천이라는 인간 중심적인 전제를 포함하고 있다(즉 언어 게임 외부에 있는 어떤 것이 게임의 장기 말들을 '움직인다'). 이러한 비판은 일반적으로 주체성의 개념을 사회나 언어의 개념에 대립시켜 온 전통적 자유주의의 주창자들이 말하는 관점과 대조된다. 마찬가지로 중요한 것이 '정치적 주체'의 개념, 즉 특정한 정치적 지위가 있고 (당신이 어떤 관점을 가지고 있느냐에 따라) 주어진 사회–정치적 조직 양식과 독립적으로 존재하거나 아니면 그 덕택에 존재하는 일련의 특성을 가지고 있는 단일체의 개념도 마찬가지로 중요하다. → 시민권 → 개인, 자아

Block et al., 1997; Bowie, 1990; Dallmayr, 1981; Farrell, 1994.

지구화
globalisation

지구화라는 개념은 적어도 1960년대 초반 마셜 맥루언이 발원한 '지구촌'의 회원으로 거슬러 올라갈 수 있다. → 매스 미디어 그의 개념에 따라, 지구화란 생산, 제시, 마케팅, 유통, 브랜딩 방식의 표준화 결과로 일어나는 사고와 커뮤니케이션 형식의 동시적 국제화 및 형식화라고 말할 수 있다. 이런 점에서 지구화는 경제 영역과 분명히 관련되어 있다. 초기 발현 시기부터 이러한 특징은 기존 시장 확대에 관심을 둔 거대하고 강력한 국제적 기업을 통해 나타났다. 코카콜라사 같은 회사는 표준화된 생산 방식을 극대화하여 정교하게 적용하는 식으로 전체적인 연속성을 유지하였으며, 동시에 상이한 문화적 환경마다 특수하게 나타나는 시장 요구(언어가 우선적이다)를 충족시켰다. 그 목표는 꼭 필요한 만큼의, 최소한의 유동성을 허용하되 궁극적으로는 엄격하게 관리되는 생산, 유통, 소비의 단일 시스템을 통해 문화적으로 다양한 고객층에 접근하는 것이다. 가장 유명한 사례로 맥도날드 같은 다국적 기업은 이 가능성을 완벽하게 수용하고 활용하였다. 그 즉각적이고 명백한 결과는 지리적으로 광범한 지역에서 생산의 획일화가 이루어진다는 점이다. 뉴욕에서 판매되는 다국적 버거는 다른 대륙에서 판매되는 것과 본질적으로 그리 다르지 않으며, 또 다르리라고 기대되지도 않는다. 이어 발생하는 또 하나의 불가피한 결과는 실천의 표준화이다. 다시 말해 지구화는 한 지역의 상품이 다른 모든 지역의 동일한 표준을 따라야 한다는 점에서 문화적 순응주의와 다양성의 축소를 낳고 있다. 지구화의 또 다른 결과

로서, 공중이 해외 경제 및 문화적 이해 관계가 국내에 미치는 영향력에 대해 좀더 높은 인식 수준을 갖추게 된다. 이것은 단지 일부 산업과 서비스 공급이, 재정적인 이유에서 국내 시장을 떠나 다른 곳에서 제공되는 현상에 한정되지 않는다. 이는 1989년 소련 붕괴 이후 지배적으로 부상한 정치적 수사에서도 명백히 드러난다. 냉전의 종결은 '새로운 세계 질서'의 선언을 가져 왔는데, 이는 자유 시장의 자유주의적 자본주의(특히 미국식 모델)가 승리하여 지구적 경제의 새로운 시대를 주도하게 되리라는 것을 전제로 하는 것이었다. 이리하여 프랜시스 후쿠야마(1992)는 성급하게도 소비에트 체제에 대한 서구 사회 승리의 결과로 보고 역사 자체의 붕괴를 찬양했다. 맥루언의 테제에서 명확하게 드러나듯이, 지구화란 기술적 배경 및 그 결과로 파생되는 사회적 변화를 배제하고는 생각할 수 없다. 21세기의 몇 년간, 인터넷과 다른 온라인 비즈니스 분야의 성장에서 알 수 있듯이 지구적 테크놀로지의 잠재력은 커뮤니케이션의 활성화로 현저하게 두드러지고 있다. 마찬가지로 항공 여행을 포함한 다른 기술들도 지구화 과정에 핵심적인 역할을 하고 있다.

오늘날 지구화를 현대 생활의 불가피한 현실로 수용하는 태도가 일반화되면서, 서구 정치인들은 세계 시장에서 살아남기 위한 필수적인 조건으로 지구화를 강조하고 있다(미국 클린턴 정부의 사례). 이에 따라 정치가 국제 사회의 격전장에서 작동하는 경영 기술에 대처하는 문제로 축소될 수 있다. 이와 함께 모든 국가는 지구적 시장의 경쟁 풍조에 가담하라는 요구를 인식하게 된다. 이는 국가들이 엄격하고 방법론적으로 표준화된 통화 정책을 고수하려 하는 이유를 설명해 준다(1997년 영국의 노동당 정부가 이자율 설정 권한을 잉글랜드 뱅크로 넘긴 사실에 주목하라). 이로 인해 윤리적 언어가 시장의 실용주의적 수사와 섞이고 그것과 타협하는 경향이 나타나는데, 토니 블레어 영국 수상의 2006년 노동당회의 연설은 이것을 확인해 준다(Blair, 2006). 블레어의 연설은 노동당의 가치는 타협할 수 없다는 말로 시작한다. 다시 말해 그것은 '바뀌지 않는다.' 이 가치들은 현재 '민주주의,' '연대,' '사회적 정의,' '선택,' '기회,' '관대,' '존경,' '개혁,' '근대화,' '공동체'와 같은 단어들로 대변된다. 이 단어들은, 청중도 확신하듯이, 노동당 운동의 사회주의 창립자가 옹호해 온 이상을 충실히 내포하고 있다. 그러나 이제 그것은 당대적 의미가 '가치–부가된' 특성을 지니게 되었다. 다시 말해 지구적 시장이 부상함에 따라, '우리의 가치는 새롭게 적용되어야 한다.' 이런 식으로 연설은 우리에게 불변의 가치를 포용하는 동시에 현재 요구에 영원히 발맞추려는 정치적 리더십의 이상을 받아들일 것을 촉구한다. 이 정치인의 자기 이미지는 '미래를 확보하려는……전투에' 참전하였는지를 탐문하는 것으로 그려진다. 연설이 계속됨에 따라 미래의 확보라는 것이 의미하는 바가 점차 분명해진다. 그것은 경제적 현실을 대면하고 그러한 현실이 우리에게 강요하는 '변화'를 포용하는 것이다. 우리가 살고 있는 세계는 갈수록 가변적인 것이 되며, 그것을 이끌어 가는 힘에 대한 저항은 무용해지고 있다. 거기서 상황이 요약되는 방식은 충격적이다. '이 변화하는 사회의 모습은 전통과 무관합니다. 그것은 허약함을 불허하고 과거의 전통을 특별 대우하지 않으므로, 어떤 관습이나 실천도 없습니다.' 따라서 이 연설은 영원한 도덕 원칙을 포용한 세계에 대한 희원의 수사로부터 그러한 원칙이 상실된 세계로 옮겨간다. 연설의 초반에 찬미되었던 불변의 도덕적 교리가 다윈 식의 생존을 위한 투쟁의 맥락에 자리를 잡는다. 지구적 경제의 세계에서는 마치 자연 세계에서와도 같이, 약자, 전통, 관습과 심지어 '실천'까지도 무의미한 것으로 판단되는 것이다. 이처럼 이전 세대를 규정했으며, 역사와 전통을 형성한 실천의 그물로서 현재까지 전해 내려 온 행동 방식이, 이제 미래의 성공을 저해하는 무의미한 것으로 전락한다. 오늘날 유연성*plasticity*이란, 그것 없이는 미래의 경제 정글에서 생존할 희망이 없는, 최고 우선 가치다. 영국의 경쟁국(특히 중국과 인도)을 무시해서는 안 되며, 그들에게 '오로지 패배를 안겨주어야 한다' — 진부한 표현을 생각해 낸다면, 여기에 중도는 없다.

이 연설이 제시하는 지구화의 비전은 도구주의를 찬양한다. 도구주의는 도구와 목적이 깨끗하게 분리될 수 있다고 보는 관점으로, 이 연설은 연설자의 그런 능력을 안심시키듯 확인해 주고 있다. '신노동당은 수단과 목적을 분리하는 일에 제일이며 최고이다.' 만일 우리가 스스로 원하는 바를 안다면 이제 그것을 얻기 위한 옳은 방법을 찾기만 하면 된다고, 도구주의자들은 생각한다. 도구주의의 문제점은 문화 안에 존재하는 가치와 전통 사이의, 미묘하지만 근본적인 상관 관계를 무시한다는 것이다. 실천, 관습, 전통은 가치를 체현하며, 윤리적인 기준에서 독립해 따로 존재하는 중립적 구조가 아니다. 국제적이든 지역적이든 공공 행위에서는 일반적으로, 관습과 실천은 기준을 중시하며, 엄밀히 말해서 가치란 실천 없이는 생각할 수 없는 것도 이 때문이다. 가치를 포함하며 그럼으로써 소통할 수 있는 관습적인 방식이 없다면, 가치는 의미를 잃게 된다. 예를 들어 — '우호적인,' '존경스러운,' '공손한' 혹은 '전문적인' 것이 될 수 있을 — '옳다'고 인정된 방식에 따라 어떤 일인가를 한다면, 이것은 정의를 구성하는 실천과 관습에 가담하는 것을 의미 한다. 즉 이러한 일들을 구체화하고 유의미하게 만드는 관습들에 찬동하는 것이다. 물론 이것들이 절대 불변의 것은 아니다. 그러나 실천과 관습이 변화한다는 사실은 동시에 그들이 보존되고 발전해가는 것을 의미하는 것이다. 올바른 의미에서 지구화란 이렇게 이해되어야 할 터인데, 이것이 견해가 반드시 말살하게 될 문화적 현실에 대해 말할 수 있도록 하기 때문이다.

실천, 전통, 그리고 지구적 경제의 변화(또는 '근대화')의 관계에 대한 지금까지의 설명이 지닌 함의는, 문화적 차원(전통, 관습, 실천의 영역)을 무시하는 것은 상당히 위험하다는 것이다. 하버마스가 지적했듯이(2003), 비서구 사회에서의 가속적인 근대화 과정은 분노와 폭력적인 돌발 행위를 유발했고, 서구의 자기 이해에 대해 중요한 문제를 제기하고 있다. → 9·11 도구주의적 수사에 의해 찬미되는 방법론적 표준화에 대해 좀더 신중한 태도를 제시할 비판적 재검토 작업이 요청된다. [PS]

Featherstone, 1990; Lechner & Boli, 2004; Scholte, 2000.

지시
reference

'지시'라는 용어는 일반적으로 언어적 용어가 언어 외적인 실재와 갖는 관계를 가리키기 위해 이용된다. 가장 전통적이고 가장 직설적인 의미에서 그것은 하나의 이름과 그 대상 또는 지시체*referent* 사이의 관계를 가리킨다. 이렇게, 이 모델에서 이름은 그것이 하나의 언어 속에서 지시하는 대상을 '대리하는*standing for*' 것으로 받아들여진다. (의미에서 '명명주의 *nomenclaturism*'에 대한 논의를 보라). '지시'는 분석 철학의 전통 안에서 작업하는 이들의 일차적인 관심사이다.

이러한 견해는 그 가장 현대적인 모습으로는 '인과적 지시 이론*causal theory of reference*'에서 반영되고 있는데, 이 이론의 생산적인 이론가는 사울 크립키(1980)이다. 이 견해에서 보자면, 일단 하나의 고유 명사 혹은 유의 명칭*kind name*이 하나의 언어 안에서 하나의 대상을 대리하게 되면, 그것은 개별 화자들에 의해 어떻게 이용되거나 오용되는가에 상관없이 자신의 지시적 힘을 보유한다. 이렇게 가정된 지시적 안정성을 통해서 이 이론의 지지자들은 의미론적 전체론*semantic holism*이 ➔ 의미 물리 과학과 사회과학에 대해 가질 수 있는 더 급진적인 함의들을 피할 수 있기를 희망한다. 하지만 그러한 안정성이 이 이론에 의해 보장될 수 있는지는 결코 확실하지 않다. 유의 명칭과 고유 명사를 지시적으로 사용하는 것은 개별 언어 사용자들의 의도 능력들에 불가피하게 의존하는 듯 하기 때문이다(Evans, 1973).

지시의 대안적인 관점이 '기술적 지시 이론*description theory of reference*'이다. 이 이론은 프레게(Frege, 1892)의 저작과 그의 독창적인 "의미*sense*가 지시를 결정한다"는 명제에 그 뿌리를 두고 있다. 이 견해에서 볼 때 하나의 고유 명사나 유의 명칭은 그것과 연관되게 되는 하나 혹은 다수의 일정한 기술에 대한 속기적인*short-hand* 용어이다. 따라서 우리는 먼저 우리가 하나의 대상을 어떤 방식으로 기술할 수 있을 때에라야 그 대상을 지시할 수 있다. 만일 우리가 이 관점을 받아들인다면, 우리는 언어의 한 부분, 즉 고유 명사와 유의 명칭의 속성을 언어의 또 다른 부분, 즉 일정한 기술들에 의해 정의하는 것으로 나타난다. 이렇게 해서, 사실상 우리는 언어와 세계 사이에 하나의 언어적 쐐기를 도입해 온 것이다. 버트런드 러셀(1905, 1910)은 비록 궁극적으로 이 이론을 '논리적 원자론*logical atomism*'의 한 형식으로 뒷받침할 필요가 있다고 생각했음에도 불구하고 이 이론의 조건부 수용을 고집했다. 피터 스트로슨(1966)은 이 이론의 다소 더 강한 판본을 지지한다.

기술 이론의 함의, 즉 우리가 이러저러한 일정한 기술을 통해서 하나의 대상을 지시할 수 있을 뿐이라는 것을 받아들인다면 사실상 우리는 언어를 '통해서' 세계에 도달할 수 있을 뿐이라는 것을 받아들이는 것이다. 다시, 우리가 만일 세계에 관해 말하거나 '생각하기' 위해 기술이 필요하다는 것을 인정한다면, 어떻게 우리가 세계와 세계를 구성하는 '대상들'에 관해 말하거나 생각하는가는 하나의 특수한 언어 안에서 우리에게 가용한 의미에 의존하는 것으로 보인다. 이 이론에 대한 비판자들이 우려하는 점은 여기에서 완전히 만개한 의미론적 전체론을 수용하는 데는 아주 짧은 한 걸음만 필요할 뿐이라는 것이다(Devitt & Sterelny, 1987을 보라). [SH]

지식 사회학과 문화사회학
sociology of knowledge and culture

지식, 과학, 역사에 대한 사회학적 접근은, 그러한 활동과 생산물의 본질 및 가치에 대한 전통적인 평가에 근본적으로 도전한다. 예를 들어, 과학적 지식은 자신이 생산되는 특정한 사회나 문화로부터 독립적인 타당성을 획득하기를 열망한다. 이러한 지식이 논박될 수 있다면(이는 그것이 미래에 개정되거나 개선될 수 있다고 말하는 것이다), 여기에는 그러한 개선이 외부 세계에 대한 더 나은 관찰이나 정보의 축적을 통해 이루어질 것이라는 전제가 있기 때문일 것이다. 그러므로 과학적 지식의 가치는 그것이 외부의 독립적인 세계의 실제 상태와 일치하는 정도에 따라 결정된다. 이와 유사하게, 적어도 18세기 말 칸트의 《판단력 비판》이 출판된 이래 발전해 온 정통 미학에서는, 예술 작품의 가치란 그것이 초역사적인 미학적 가치를 표현하거나 내포하는 정도에 따라 결정된다고 믿었다. 마찬가지로, 예술 작품은 천재가 제작해 내는 생산물이고, 천재는 시대적 한계를 뛰어넘는 존재인 것으로 여겨졌다. 그러므로 예술 작품의 가치와 생산 그 자체가 청중, 예술가의 사회적 조건과는 무관한 것이다. 사회학에서는 이러한 가정을 거부하며, 지식과 문화적 산물은 절대적으로 그들이 생산되는 사회에 의해 규정된다고 설명한다.

'지식 사회학'이라는 용어는 1920년대 독일 철학가인 막스 슐러Max Scheler가 창안했으나, 지식 사회학적 요소들은 칼 마르크스와 에밀 뒤르켐의 저술에 이미 나타나 있다. 토대와 상부 구조에 대한 은유를 이용한 마르크스의 사회 분석이 시사하는 바는(여기서 토대는 사회 내에서 이루어지는 경제적 활동이고 상부 구조는 법적, 문화적 형태들로 이루어져 있다), 문화가 이데올로기의 형태로 계급 투쟁에 관련되는 한, 경제화 과정의 다양한 방식에 따라 상이한 형태의 문화가 형성된다는 사실이다. 뒤르켐은 (문화인류학자인 마르셀 모스와 함께) 소규모의 전前 산업화 사회의 사회 조직 및 분류 체계를 분석함으로써, 우리가 세계를 인식하는 방식(우리의 시간과 공간에 대한 경험에까지 내려가는)은 사회적 경험으로 규정된다는 더욱 급진적인 주장을 하였다(Durkheim, 1976). 그래서 칸트가 그의 지식 이론에서 우리의 시간 및 공간 경험은 보편적인 인간 정신이 경험을 구조화하는 방식에 따라 결정된다고 주장한 반면, 뒤르켐은 인간 정신 그 자체가 사회적으로 구성되므로 다양한 문화에 속한 사람들은 서로 다른 방식으로 세계를 경험하게 되리라고 (혹은 보다 근본적으로, 그들이 완전히 다른 세계에서 살게 될 것이라고) 주장했다. 한편, 마르크주의자인 루카치의 관점에서 볼 때, 칸트가 근본적이고 보편적이라고 생각한 시간과 공간의 경험은 실제로 노동이 분업화하고, 공장의 시공간적 규율이 지배하는 자본주의적 생활 방식의 한 산물일 뿐이다.

카를 만하임(1960)은 마르크스의 이데올로기론을 지식 사회학의 형태로 발전시켰다. 그는 마르크스의 순수 경제적 하부 구조 개념을 확장하여, 각 사회 집단은 세계를 서로 다른 방식으로 경험하며 그 이질적인 견해를 지식으로 받아들일 것이라고 주장했다. 만하임의 연구는, 생산되고 사용되는 사회적 위치로부터 독립적으로 진실한 지식은 존재하지 않는다는 식의 문화 상대주의 성격이 강하다. 토머스 쿤(1970)의 과학 철학이 사회학에 영향을 미치면서 지식 사회학의 상대주의적 경향은 더욱 강세를 띠게 된다. 쿤은 과학적 탐구가 단순히, 혹은 가장 기초적인 출발 지점에서도, 외부 세계에 대한 독립적인 관찰 활동으로 이루어지는 것이 아니라고 주장했다. 대신 세계에 대한 경험을 구조화하는 일련의 전제, 즉 패러다임(세계의 본질, 과학의 본질 및 과학적 지식의 본질에 대한)에 의존하여 이루어지는 것이다. 이로써 패러다임 이론으로부터 벗어나 패러다임 그 자체가 더 넓은 사회적, 문화적 조건에 따라 결정된다는 주장을 하는 단계로 진일보할 수 있었다. 그렇다면, 뉴턴의 절대 시간과 절대 공간 개념은 그의 관찰에 의존하는 것이 아니라, 더 근본적인 신화적, 우주적 신념으로 구성되었다는 주장이 가능할 것이다(더욱 구체적인 예를 든다면, 뉴턴은 실제 스펙트럼에서 단지 다섯 개의 색깔만을 지각할 수 있었다. 하지만 그가 마술적인 숫자 7을 만들기 위해 두 개의 색깔을 덧붙인 이유는 당시 연금술과 숫자에 대한 마술적 의미론의 영향을 받았기 때문이다). 극단적으로 말해, 과학 사회학적 입장에서는 과학이 독립적인 물질 세계에 접근한다는 주장보다는 과학이 물리적 세계를 구성한다는 주장이 옹호될 수 있는 것이다.

과학이 사회학적 공격에 이렇듯 쉽게 무너질 때, 예술은 그보다 더욱 용이한 공격 대상이 된다. 예술의 생산 및 소비 활동은 즉각적으로 정치적, 경제적 관계 속에서 고려될 수 있는 것이다. 17~18세기 유럽에서 예술품 시장이 생겨나기 이전에는 오늘날 예술이라고 간주되는 많은 것들이 투명하고 조화로운 사회적 기능을 하고 있었다(예컨대, 음악은 종교 행사에서 의례적 움직임을 구조화하거나 노동자 집단 내 화목을 유지하는 데에 사용되었다. 시각 예술품은 그 고객의 부와 권력을 더 간접적인 방식으로 보여 주는, 과시적 전시물로 이용되었다). 중류 계층을 위한 예술 시장이 생겨나면서부터 예술은 무용한 것이 되었다. 예술이 다른 상품처럼 도구적 유용성을 가지지 않게 된 것이다. 따라서 현대 미학의 발전은 바로 이 문제를 해결하기 위한 대응책으로 이해되어 왔다. 미적 가치의 속성은, 한편으로는 소비되지 않으면 무용해질 무언가의 소비를 정당화하는 데에, 또 다른 한편으로는 예술품의 경제적 가치를 상승시키는 데에 기여한다(Bourdieu, 1984를 참조하라). 지식 사회학의 관점에서 이 문제를 보다 정교하게 살펴본다면, 예술 작품은 특정한 사회 집단의 가치관과 세계관을 표명하는 것으로 이해된다(이러한 점에서 프랑크푸르트학파의 일원인 이론가 레오 뢰벤탈은 문학을 계급 이데올로기의 표현이라는 관점에서 연구하였고, "특정한 사회적 구조가 개별적인 문학 작품에 표현될 수 있는 정도와 이러한 문학 작품이 사회에서 수행하는 기능"을 설명하는 데에 힘을 기울였다(Lowenthal, 1989: 44). 예컨대, 뢰벤탈은 크누트 함손Knut Hamson*의 소설을 권위주의적 자연 숭배라는 주제와 연관지어 분석한 바 있다).

지식, 문화사회학의 한 극단적인 입장에서는 지식과 예술을 특정한 사회 정치적 구조의 기능적 요소나 결과물로 축소하는 반면, 다른 한편에서는 사회학적 인식을 전통적인 해석 및 비평 영역에 융합하려는, 더 복잡한 접근법을 시도하였다. 이러한 점에서 팀 클라크Tim Clark(1973)와 M. 박산달(Baxandall, 1980)과 같은 예술 사학자(최소한 1930년대 바르부르크연구소Warbourg Institute의 작업으로까지 거슬러 올라가는 해석 전통을 계승함), 또는 트레이틀러(Treitler, 1989)와 톰린슨(Tomlinson, 1984)과 같은 음악학자들이 더욱 풍부하게 예술을 이해하기 위해 사회학 연구를 원용한 사례는 주목할 만하다. 프랑크푸르트학파 내에서 제시된 아도르노의 미학 이론(1984)과 지식 이론(1967)은, 한편으로는 예술과 과학의 자율성과, 다른 한편으로는 이 '사회적 사실'로서의 위상 간에 존재하는 변증법적 긴장에 대한 인식을 탁월한 방식으로 다루고 있다. [AE]

* 노르웨이의 소설가로 1920년 노벨문학상을 수상했다.

Meja & Stehr, 1990; Wolff, 1981.

지위
status

사회적 지위란 사회 내의 특정한 위치와 직업에 대해 공공적으로 부여되는 위광과 명예를 가리킨다. 계급 위계와 엄격히 독립적인, 사회 내 지위 집단의 위계를 확인하는 가능성은 막스 베버(1946c, 1946d)에 의해 인식되었다. 이에 해당하는 고전적인 예가 현대 사회의 성직자와 여타 종교적 직업인의 경우라고 할 수 있는데, 이들의 지위는 그들의 수입 및 정치적 권력과 비례하지 않기 때문이다(그러나 그것은 여론 형성에 미치는 그들의 영향력을 나타내 줄 수는 있을 것이다). 지위 집단은 행위 양식, 신념 체계, 선호도와 소비 패턴 등을 포함하여 서로 구별되는 라이프스타일을 갖고 있을 것으로 생각할 수 있다. 베버에게 카스트 제도는 계급적 위계 질서가 아니라 지위 집단의 위계를 대표하는 것이었다. 중요한 점은 사회적 지위가 사회적 위치에 부여되는 위광이며 개별 구성원의 자기 인식과 반드시 일치하지는 않는다는 사실이다. [AE]

Turner, 1988; Weber, 1978.

지표성
indexicality

지표성은 사회적 행위와 발화의 특성을 지칭한다. 사회적 행위와 발화의 의미는 그것들이 일어나는 특수한 맥락에 의존한다. 이 특성은 사회적 상호 작용 분석에 대한 민속 방법론의 접근 방식에서 가장 중요한 것이다. 예를 들어, '2 × 2 = 4'는 자명하게 의미 있는 발화가 아니다. 초등 수학 수업에서는 의미가 있다. 그것이 '바깥 날씨가 어떠하냐?'와 같은 질문에 대한 대답이라면 아주 당황할 것이다. 사회의 능력 있는 구성원들은 발화 또는 행위에 의미를 주는 맥락 속의 적절한 특성(따라서 '교정하는 지표성 *repairing indexicality*'이라고 불려진다)을 인지할 능력을 갖추고 있다. 따라서 우리는 일반적으로 우리가 수학 수업을 할 때와 그렇지 않을 때를 인지할 수 있다. 그러나 우리가 이 특수한 상황을 어떻게 수학 수업으로 인지하는가를 설명하는 것은 끝이 없는 일이 될 것이다. 간단한 예를 들기 위해 가핑클(민속 방법론의 창시자)은 학생들에게 한 문장을 설명하라고 요구했다. 적절한 의역(또는 '주석')인 듯 보이는 것이 제시되자 가핑클은 학생이 자신의 설명 속에서 사용된 단어들을 설명하지 않았다는 것을 지적했다. 좀더 현명한 학생들은 의심할 바 없이 재빨리 지표성의 교정(즉 특정한 사회적 사건의 의미에 대한 대단히 완벽한 설명을 제공하는 것)이 끝이 없는 일이라는 것을 알아차렸다. 따라서 주목할 만한 것은 사회적으로 능력 있는 구성원들은 그들이 하고 있는 것 또는 그것이 의미하는 것을 완전히 명료하게 설명할 수 없어도 일생의 대부분을 완벽하게 잘 살아간다는 것이다. 그러나 혼동과 '오해'는 한 사람의 기본 추측이 다른 사람들의 그것과 현저하게 어긋나서 지표성을 다르게 교정할 때 일어날 수 있다. (당신은 날씨에 대한 나의 질문을 구구단을 외워 보라는 권유로 잘못 알아들을 수 있다.)

[AE]

Weider, 1974.

진보
progress

질문 회피적인 사전적 정의('전방 이동,' 또는 '시간을 통한 개선')가 시사하는 만큼이나 논쟁적인 개념. 진보의 관념은 2500년도 넘게 이전에 통용되었으나(Nisbet, 1980을 보라) 계몽주의 시기에 가장 지속적인 계기를 획득했다. 전반적인 사물의 능력이 향상되도록 합리화하는 것이든 또는 좀더 초점을 좁혀 과학적 지식의 확장을 말하는 것이든 진보는 명멸하는 예속, 맹목적인 신앙, 그리고 신화와 신비주의로부터 인류가 꾸준히 해방되는 것과 밀접한 관계를 맺게 되었다. 그래서 대표적으로 M. J. A. V. 콩도르세M. J. A. V. Condorcet와 칸트 같은 학자들은 진보를 개인적 수준에서뿐만 아니라 문화적 수준에서 점증하는 반성적 자기 인식의 궤적이라고 주장했다. 그렇다 하더라도 이 주제에 관한 칸트의 저작은 '모든 인간의 자연적 능력이 계발될 수 있는 유일한 상태'를 가져 올 '자연의 숨겨진 계획'이라는 외견상 모순된 언급을 한다.

긴장은 아주 다루기 어려운 것으로 알려져 있다. 한편으로 가로막을 수 없는 역사적 진화의 문제로 취급되어 인간 행위자의 개입력으로 가장 강력하게 확립된 진보의 관념은 사회 사상의 경향에서 마침내 운명적으로 섭리의 수용하는 것을 뒤바꾸기 시작했다. 그러면 어떻게 진보를 **'양적으로 측정*quantify*'**할 수 있는가? 발전, 문명, 기술 진보 같은 이데올로기적으로 충전된 관념들과의 밀접한 관계는 진보를 두드러지게 해체 가능하게 만든다. 그것은 (실제적인 것은 이성적인 것이고 이성적인 것은 실제적이므로) 문화적·사회적 삶의 모든 부문에서 인간 이성의 점진적 승리를 드러내는 것을 철학의 과업으로 설정하는 헤겔적 버전에서만 두드러진 것은 아니다. 보편적 이성의 균열 없는 전개라는 헤겔의 추상적이고 낙관적인 진단을 전복하는 마르크스는 유물론적 진보의 개념, 즉 이제까지 억압되었던 인간 잠재력의 실현과 자연 환경에 대한 통제를 통한 해방이라는 개념을 제기했다. 그가 《포이어바흐에 관한 테제*These on Feuerbach*》에서 했던 유명한 진술처럼 "이제까지 철학자들은 다양한 방식으로 세계를 해석해 왔다. 하지만 중요한 것은 그것을 변화시키는 것이다." 그러나 역사에서의 능동적 참여에 대한 마르크스의 온갖 강조에도 불구하고 두 틀 모두에서 핵심적인 것은 역사 과정의 객관적 직선성이다. 이것은 목적론으로서의 진보이다. 즉 주어진, 보편적으로 속죄의*redemptive* 목적을 향한 다소간 역동적인 여정이다.

그것은 포스트모던 이론가들이 '메타서사'로 보는 대표적인 예이다. 그에 대한 불신에서 그들은 대문자로 쓰여진 진보의 관념을 모두 버리는 것으로 나아간다. 이것은 최근의 역사, 즉 일반적인 사회적 개선이 어떤 실제적 의미에서든 진행 중이라는 관념 자체와 단호하게 모순되는 역사에 대한 호소에 기반하고 있다. 두 사람의 이름만 들자면 료타르와 Z. 바우만Z.

Bauman은 20세기의 잔학 행위와 과도함을(예를 들어, 아우슈비츠, 수용소 군도Gulag Archipelago, 핵 건설) 이성과 덕의 해방적 승리라고 계몽주의가 예견한 거들먹거리는 오만과 연결시켰다. 그들 이전의 아도르노와 호르크하이머처럼 (비록 그들이 유지하고 있는 마르크스주의와의 인척 관계는 없어졌지만) 그들은 최근의 야만성에서 예시된 '도구적' 이성의 결실을 보편적 이성에 대한 모더니티의 물화와 그에 동시적인 비합리적인 것, 환상적인 것, 퇴보적인 것의 소멸로 거슬러 올라가 추적한다. 과학적 또는 기술적 진전이 그 자체로 좋은 사회를 만드는 것은 아니다. 실상 과학에 지식의 최고 원천이라는 가치를 부여하면 전문적인 훈련을 받지 않은 집단을 규율화하고 표준화하고 침묵시키기는 쉬울 것이지만 근대적인 의미의 '진보'라 보기 어렵다.

이것이 진보의 근본적인 질문을 해결하는 것인지 새롭게 묻는 것인지는 또 다른 문제이다. 진보가 구조적으로 보장된다는 생각의 순진함이나 위험이 그것을 공동의 인간 행위자의 탓으로 두는 대안적 설명마저 매장시키는 것인가? 과학이나 의학의 역사를 보면서 우리가 정말로 실질적 진전이 발생했다는 점을 부정할 수 있는가? 노예제의 종말이 단지 문화적으로 결정되고 관리된 가치에 불과한가? 호르헤 루이스 보르헤스Jorge Luis Borges는 "우리는 현재 존재하는 진보를 믿기를 중지했다"고 지적한다. 그것은 함축성 있는 모순이다. 진보에 대해 얘기하기가 참 어렵고 인기 없는 일이 되었지만 진보라는 개념 없이 규범적 사회 이론 — '기존 세기의 말'에서이든 아니든 — 을 펼쳐갈 수 있으리라고 보기는 어렵다. 또 진보 개념에 대한 이론적 공격이 명백한 문화적, 수사적 함의를 완전히 없애는 데 기여하리라고 보기도 어렵다. [GC]

Adorno & Horkheimer, 1972; Bauman, 1989; Kant, 1970, 1971; Lyotard, 1989; Nisbet, 1980.

진화
evolution

종, 사회 집단 혹은 사회 형태가 변화를 겪는 장기간의 과정. 초기 진화 이론가로는 18세기 인물인 슈발리에 드 라마르크Chevalier de Lamarck와 에라스무스 다윈Erasmus Darwin이 포함됐다. 라마르크의 진화 개념은 생명체의 진화는 사용과 비사용의 원칙에 따라 일어난다고 주장한다. 그 원칙은 한 개체에서 그의 자식에게 전달하는 특별한 성질의 배양을 허용한다. 라마르크의 용불용설은 상당히 간단하다. 개체가 특별한 신체적 속성을 사용할수록 그 속성은 발전한다. 그래서 한 동물이 포식자를 피하기 위해 많이 뛰어야만 한다면, 그리고 먹히는 것을 피하는 데 성공한다면 아마도 더 긴 근육질의 다리를 발전시킬 것이다. 그 동물의 자식은 이 새롭게 비대한 다리의 특징에 대한 강화된 경향을 타고난다. 시간이 흐름에 따라 그 동물의 후손들의 이후 세대들은 서서히 이 경향을 항상 더 크게 발전시키게 되고 결국 후손들은 근육질의 긴 다리를 갖고 태어나게 된다. 여기에서 우리는 인간의 완전함이 의지와 규율의 행동을 통해 가능하다고 생각하려 하는 사람들에게 라마르크의 진화론이 호소력을 갖게 된 이유를 알 수 있다. 진화의 근대적 개념은 찰스 다윈(1809~1882, 에라스무스 다윈의 손자)이 저서 《종의 기원》(1859)에서 만들었다. 진화에 대한 다윈의 설명에서 중요한 것은 '자연적 선택'의 개념이다. 이 개념은 토머스 맬서스Thomas Malthus(1766~1834)의 《인구론*Essay on the Principle of Population*》(1797)에 큰 영향을 받았다. 그 책은 도시의 인구 증가율은 항상 식량의 가능한 증가율을 앞지른다고 주장했다. 전염병, 기아 그리고 전쟁은 인구에 대한 자연적 억제 방법처럼 작동한다. 그래서 인구는 상술된 자연적 제약을 오랫동안 결코 뛰어넘을 수 없었다. 다윈은 이 생각을 자연 속 종의 생존에 적용했다. 자연 세계는 '생존 투쟁'에 의해 지배된다고 그는 주장한다. 그 안에서 동물들은 제한된 자원을 위해 서로 경쟁한다. 진화적 변화는 환경 안에 현존하는 힘에 의해 생명체 안에서 유발된다. 그런 환경의 힘들은 물리적 조건과 다른 생명체의 영향을 모두 포함한다. 그래서 한 생물체는 환경과 상호 작용한다. 환경은 스스로를 재생산하기 위해 생존 투쟁하는 생물과 타협한다. 모든 생물체의 재생산은 무작위적인 돌연변이의 발생을 포함한다. 이 무작위성의 개념은 다윈의 이론에서 결정적이며 특별한 뉘앙스의 의미를 갖고 있다. 생명체에 적용될 때 다윈이 의미한 것과 같은 무작위성은 매우 제한된 의미로 사용된다. 그것은 한 생물체에서 상상 가능한 변이가 가능하다는 것을 내포하지 않는다. 어떤 종의 새가 갑자기 아가미를 갖는 유전자적 변이를 발전시키거나 사람이 갑자기 부리를 키우는 경향을 갖는 정도의 무작위성은 없다. 그러나 돌연변이는 동물들의 세대 사이에서 자연적으로 일어나는 변이가 사전에 예측될 수 없다는 의미에서 '무작위적'이다. 가능한 것들 중의 한 방식이 아니라 특정한 방식으로 변하게 되어 있는 내적 성향은 존재하지 않기 때문이다. 그래서 변이는 다른 방식이 아닌 그 방식으로 변해야 하는 일종의 내재된 경향을 나타내지 않듯이 환경 조건에 대한 하나의 '응답'으로 이해될 수도 없다. 돌연변이(기본 재료)가 환경 조건에 직면할 때 자연적 선택이 작동한다. 단지 개체가 가진 변이는 그 특별한 조건에서 생존하는 능력을 강화하기 위해 발생하기 때문에 환경 조건은 생존을 위해 무작위적으로 발생된 개체를 선택하는 효과를 갖는다. 조건이 충분히 바뀌면(예를 들어 환경이 더 더워지거나 추워지면 한 종이 다른 종의 거주 지역을 침범한다), 한때 유용했던 변이는 치명적이 된다. 생존 투쟁이 일어나는 것은 긴 시간에 걸쳐 생명체가 사용 가능한 모든 환경을 이용하면서 발전하기 때문이다. 다윈 자신의 은유를 사용하자면 세상은 몸통 전체에 1만 개의 쐐기가 박혀 있는 통나무로 간주될 수 있다. 각각의 쐐기는 하나의 종을 표상한다. 새로운 종이 떠오르면 생존하기 위해 그것은 나머지 쐐기들 사이의 어딘가의 사용 가능한 틈 안에 자신을 집어넣으면서 다른 것을 나오게 만들어야 한다. 통나무 위의 각각 사용 가능한 위치는 생물이 살기 적합한 장소를 표상한다. 그렇기 때문에 다양성은 자연적 선택의 메커니즘 안에 포함되어 있다고 볼 수 있다. 그래서 생명의 모든 다양성은 하나의 원초적 형태의 다채로운 결과물이라고 설명될 수 있다. 따라서 생명의 나무는 기본이 되는 통일된 간단한 형태에서 출발해서 다양하게 밖으로 가지를 치는 나무와 유사하게 보이는 것으로 시각화될 수 있다. 그러나 이것이 내포하지 않는 한 가지는 다윈주의에 대한 대중적 이해와 오랫동안 연결돼 있는 어떤 것이다. 즉 어떤 목적론적 필연성도 진화에는 포함되어 있지 않다. 결과적으로 오늘날 존재하는 대로의 생명 형태는 어떤 목적의 결과물로서 등장한 것이 전혀 아니다. 다른 방식으로 생각해 보면, 인간으로서 우리가 매우 높이 평가를 하는 자의식은 종의 발전의 내재적 속성으로 간주되어서는 결코 안 된다. 생명을 위한 조건이 우주 어디에선가 등장한 것은 사실일 수 있다. 그러나 그렇다고 해서 '우리'와 같은 생명이 거기에 존재하거나 존재할 것이라고 추정할 수는 없다. 이러한 점이 내포하는 것처럼 다윈 진화론의 중요한 영향 중 하나는 지난 200년 동안 유럽의 사회적 변화를 특징짓는 그것의 세속화를 통한 문화적 중요성에 의해 가장 잘 평가된다. 따라서 이 이론의 사회적이고 문화적인 호소력이 과소평가되어서는 안 된다. 이 관련성에 대한 증인은 바로 사회적 다윈주의의 사례이다. 아마도 더 흥미로운 것은 존 듀이와 같은 실용주의 사상가와 최근 철학의 다른 면(Dennett, 1996을 보라)에 대한 다윈주의 진화론의 영향일 것이다. 다른 사람들은 진화론을 사용하거나 비판하려고 애썼다. 그래서 우파 자유주의 사상가 F. A. 하이에크F. A. Hayek는 경제 변화를 진화적 과정의 수사학적 용어를 이용해 설명하려 했다(Hayek, 1973). 그것은 시장 경제에 대한 최소한의 국가 개입을 정당화한다. 이에 맞서 생명의 창조론적 설명을 선호하는 종교 지지자들은 진화를 반대하고 진화 과학은 신에 대한 믿음에 자리를 남겨둘 때 가능하다는 관점을 옹호한다. 후자는 생명체가 (신적인) 디자이너의 존재를 증명하는 것이라는 관점을 지지한다. 그런 접근 방법은 설득력 있는 증거를 갖고 있지 않고 신학적이고 목적론적인 관심사를 과학적 관심사와 위험하게 뒤섞는다(우생학의 역사는 그것에 대한 의구심을 유발할 수 있을 것이다).

Darwin, 1976; Dawkins, 1991; Dennett, 1996; Dewey, 1997; Gould, 1980; Laszlo, 1987.

집합 의식
conscience collective

개인의 현실성 위에 중첩된 사회의 현실성을 지칭하는 뒤르켐 사회학의 용어. 개인의 의식과 도덕적 양심은 사회 구성원들에게 사회적으로 바람직한 규범에 입각하여 생각하고, 판단하고, 행동하도록 강제하는 규범적 질서에서 비롯된다. [AE]

징후, 증상
symptom

이 '징후'라는 용어는 정신분석학의 기원이 프로이트의 진료 행위에서 비롯되었다는 사실을 가장 잘 보여 준다. '환자'와 '신경증' 같은 다른 용어들이 '피분석자*analysand*,' '정신 장애*disorder*' 등과 같은 신조어에 길을 내준 것에 비해, 징후라는 개념은 계속해서 예전처럼 적절한 것으로 받아들여진다. 피분석자에게 정신분석학이나 다른 정신 치료 방식을 찾게 하는 것이 바로 징후가 일으키는 불편함 — 특히, 전환성 히스테리*conversion histeria*나 강박 신경증*obsessive-compulsive neurosis*에서와 같은 병리적 경향을 띨 때 — 이다. 달리 말하면, 징후에 대한 1차적인 해석은 피분석자 스스로 한다. 일반의보다는 정신분석의를 찾기로 결정하는 것은 일반적으로 바로 환자 자신이다. 징후에 대한 담론 안에서 의학적 하위 텍스트*subtext*가 강조되는 것은 징후가 자주 환자의 생명 기능을 방해한다는 사실에서 비롯된다. 고전적인 정신분석적 징후는 정신적 성 불능이었음에 틀림없다. 프로이트에게 있어서, 오이디푸스적 고착으로 발생한 정신적 성 불능은 문명화된 사랑의 지표이다. 동물과는 달리, 인간은 대상의 선택에 제한이 있다. 이러한 제한의 양식은 구조적(근친상간 금지)이며 동시에 징후적(주체의 성적 욕동*drive*이 갖는 역사적 특수성)이다. 주체는 대상 선택에 제한이 있을 뿐만 아니라, 대상에 대한 바로 그 선택은 오이디푸스기의 리비도적 모체와 변증법적 관계에서 이루어진다. 그러므로 주체는 대상 선택에 있어서 거의 자동 인형처럼 행동한다. 자신의 욕망의 주인 기표*master signifier*(목소리의 음색, 이름, 고개 돌리기, 또는 그처럼 리비도화된 다른 특색)와 만나게 될 때, 주체는 전이적 경외심 속에서 어린 시절의 성적 환상의 시나리오를 반복한다. 이러한 반복의 방향이나 구조가 징후이다. 성관계 바깥에서조차 징후는 주체의 성생활을 구성한다. 그것은 대체물이 리비도화될 수 있다는 생각을 상징하는 것이다. 그러므로 사랑의 최초 대상은 항상 이미 잃어버린 것이다.

욕동처럼, 징후도 네 가지의 특색이나 축을 갖는다. 상상계, 상징계, 실재계 그리고 '징환*sinthome*'이 그것이다. 징후의 상상적 측면은 무의식 내에서의 서로 충돌하는 요구의 응축으로서, 타협으로서 표명된다. 징후의 상징 요소는 의미와 인지에 대한 해석학적 요구를 구성한다. 피분석자는 단지 자신의 장점 때문에 사랑받기를 원하는 것이 아니다. 그는 자신의 징후보다는 자신의 특이한 성격 때문에 더욱 사랑받기를 원한다. 징후의 실재계는 그것의 '희열*jouissance*'을 구성한다. '희열'은 '쾌락*plaisir*'이 아니다. 그것은 즐거움의 대상이 아니라 고통의 대상이다. 그러나 피분석자가 징후를 길들이는 경향이 있기 때문에, 다량의 쾌락이 이 고통에서 생성한다. 징후가 외상*trauma*이나 몸의 고통을 통해 주체에게 가해질 때도, 징후의 실재계는 자신의 고유한 만족을 위해 그것을 강탈할 준비가 충분히 되어 있을 뿐이다. 마지막으로, 라캉의 신조어인 '징환'은 징후를 그 기저를 이루는 성적 환상과 합병시키는 것인데, 피분석자에게 정체감을 준다. 라캉적인 분석의 궤도는 피분석자를 그의 징후 너머로 '성적 환상을 가로지르도록' 준비시킨다. 피분석자는 자신의 고통의 징후적인 집요함을 자신의 존재에 대한 근본적인 질문으로 제기할 준비가 되어 있어야 한다. 분석이 끝날 수 있는 때는 바로 분석의 주체가 나르시시즘을 급진적으로 포기하며 자신의 '주체적 궁핍'을 떠맡을 수 있을 때이다. 징후는 따라서 "왜 아무것도 있을 수 없을 때 무언가가 있는가?"라는 질문에 대한 라캉의 대답이다. [SKS]

Breuer & Freud, 1974; Freud, 1977, 1979; Zizek, 1989, 1992

차이/차연
difference/différance

차이: 언어학자 페르디낭 드 소쉬르가 주창한 구조주의의 관점에서 볼 때 차이는 기호가 의미를 갖는 기반을 구성한다. 여기서 차이는 언어의 요소들이 랑그(어떤 화자가 말을 할 수 있으려면 언제나 미리 존재해야 하는 근본적인 의미 구조)를 구성하는 기호 체계 안에 위치했을 때 그 언어 요소들 사이의 구조적으로 연관된 음성적 차이를 뜻한다. 따라서 이 모델에서 의미는 차이의 체계로 간주된다.

차연: 프랑스 철학자 자크 데리다의 저서에서 '차연'은 마찬가지로 언어에서 의미가 생성되는 조건을 구성한다. 하지만 소쉬르의 차이에서는 구조로서의 의미 개념이 고착된 것인 반면, 데리다의 신조어는 의미 생성의 조건인 의미의 끊임없는 운동을 포착하기 위한 것이다. 즉 의미는 '차별적'인 동시에 '지연'된다. 차연*différance*은 발음상으로는 '차이'와 구분되지 않는다. 따라서 기호의 의미가 자기 현시 상태에 도달하지 못하도록 하는 의미론적 미끄러짐(말보다 글에서만 분명하게 나타나는)을 지칭함으로써 소쉬르의 차이 개념을 보완한다. 달리 말하면, 이 관점에서 의미란 주어진 시점에서 언어 내에 전적으로 현전하지 않고, 불완전하게 남아 있는 의미 작용의 연쇄로서 인식된다. 이렇게 데리다가 말하는 차연은 하나의 단어나 하나의 개념을 의미하는 것이 아

니라 단어와 개념의 기능화 조건으로 간주되어야 한다. 이 개념은 문학 분야의 비판 이론 연구자들이 전개해 왔다. 하지만 차연에 대한 데리다 자신의 설명은 그가 줄곧 작업해 온 서구 형이상학 전통에 대한 분석 맥락 안에 있다. 그래서 다양한 텍스트들에서 의미의 경제를 해독하는 수단, 즉 일종의 메타 개념으로 차연을 사용하고자 하는 시도는 데리다 자신의 정신을 정면으로 거스르는 것이다. [PS]

Derrida, 1973, 1987.

참여 관찰
participant observation

참여 관찰이란 사회과학의 경험적 연구 방법 가운데 하나이다. 참여 관찰에서는 연구자가 자신이 속해 있는(전형적으로는 연구 기간 동안만) 공동체나 문화 행위를 연구한다. 이런 접근법은 통제된 실험적 접근법에 비해 풍부한 질적 자료들을 산출할 수 있다. 하지만 이 방법의 많은 문제점도 잘 밝혀져 있다. 첫 번째로 관찰자의 존재가 이 집단 내의 정상적 사회 행위를 왜곡할 수 있다. 그래서 연구 대상 집단이 연구자가 그러기를 바란다고 생각하는 방향으로 행위하게 될 수 있다. 두 번째로 집단 내에서 연구자가 차지하는 역할이 중요하다. 부적절한 역할을 차지하면 연구자가 집단 내의 중요 행위자나 의사 결정자에게서 고립되어 집단의 작동 방식에 대한 왜곡된 관점을 가지게 될 수 있다. 어떤 경우에든 참여 관찰은 객관성이 결여되고 관찰자가 관찰 과정에서 무의식적으로 부과하는 가치의 가정에 너무 취약하다는 비판을 자주 받았다. 반대로 역할을 잘 선택하면 관찰 작업이 용이해진다. 로널드 프랑켄버그Ronald Frankenburg는 웨일즈의 농촌 공동체를 연구하면서 '이방인'의 역할을 떠맡았다(1957). 그 결과 그는 독립성을 희생하지 않으면서도 공동체의 행위에 쉽게 접근할 수 있었다(그가 축구 클럽의 총무가 될 만큼). 프랑켄버그는 이 역할이 그가 공동체에 들어가기 이전부터 존재했고, 그

래서 공동체의 구조를 파괴하지 않았다는 점이 중요하다고 주장한다. → 민속지학

Spradley, 1980.

청년 문화
youth culture

청년 문화라는 생각은 젊은 사람, 특히 10대와 20대 초반에 있는 젊은 사람들의 문화가 그들 부모의 문화와 구별된다는 사실을 인식하게 됨에 따라 1950년대와 1960년대의 사회학에서 등장한다. 청년은 지배적 문화 내에서 통용되는 것과 다른 가치, 태도, 행위 패턴을 가질 것이다. 청년 문화는 다음과 같은 일정한 조건에서 출현하는 것으로 보인다. 첫째, 젊은이들이 충분히 큰 동기 집단*cohort*을 형성해야 한다. 둘째, 급속한 사회적 변화, 예를 들면 전통적인 직업들을 없애거나 순전히 실업을 야기하는 산업계 내의 변화 때문에 젊은이가 성인 세계에 통합되어 들어가는 것이 중단될 수 있다. 마지막으로, 사회에서 증가하는 다원주의는 새로운 생각과 라이프스타일에 대한 자극을 제공할 것이다. 그러나 청년 문화라는 생각은 청년 문화가 대체로 동질적이라고 가정한다는 비판을 받게 되었다. 이것은 특히 계급, 성 그리고 종족적 분할에 따라 일어나는 청년 문화의 파편화에 대해 인식하는 청년 하위 문화*youth subcultures* 이론에 의해 도전을 받았다. 하위 문화적 설명이 젊은이의 일상생활의 이국적이고 주변적인 면을 지나치게 크게 강조하는 것으로 보임에 따라, 청년 문화 이론으로 원상 복귀하는 움직임이 이제 감지될 수도 있다. → 대항 문화 [AE]

Clerke, 1982; Frith, 1984.

체계 이론
systems theory

다양한 형태의 체계 이론이 20세기 내내 사회에 대한 분석에서 사용되어 왔는데, 기능주의는 아마 이 이론의 가장 오래 지속되고 가장 영향력 있는 형태일 것이다. 일반적으로, 체계는 상호 관련된 부분의 모임으로 이해될 수 있다. 체계는 경계에 의해 외부 환경과 구분된다. 환경은 체계보다 더 복잡하다. 그러므로 체계는 특히 그것이 부분들 사이의 어떤 관계는 배제하고 다른 관계들은 강요하는 한, 그것이 드러내는 질서의 정도 *degree of order*에 의해 특징지어진다. (예를 들어, 의미 있는 문장은 그 의미가 언어의 규칙으로 결정되기 때문에, 비교적 간단한 문제이다. 내가 그 문장을 말할 때, 내 주위에서 나는 교통 소음, 다른 사람들의 소리, 새의 노래, 빗소리 등은 훨씬 더 복잡하고 겉보기에 아주 혼란스럽다.) 내적 질서를 유지하고 외부 환경에서의 자신의 생존과 재생산을 위해 필요한 자원을 끌어들이면서, 체계는 그 자신과 자신의 외부 환경 사이의 이 경계를 유지한다. (따라서 동물의 신체는 하나의 체계로 이해될 수 있다. 그것의 피부는 그것과 외부 세계 사이의 경계이다. 동물은 그 세계로부터 자양분을 끌어들이고 살아 있는 유기체로서 자신을 유지할 수 있어야 한다. 동물이 죽을 때, 경계는 무너지며 유기체는 환경 속으로 썩어 들어간다.) 어떤 체계도 안정과 생명력을 유지하려면 일련의 추상적 조건을 만족시켜야 한다고 주장할 수 있다. 이것은 외부 환경에 대한 적응, 내적 통합, 그리고 하나의 전체로서의 체계의 목표를 실현하기 위한 동기화를 포함한다.

사회는 수많은 상이한 수준에서 체계로 취급될 수 있다. 예를 들어, 두 사람 사이의 상호 작용은 체계로 이해될 수 있다. 이 상호 작용은 목적이 있을 것이다. 엄격히 말해 체계는 사람들을 조절하는 것이 아니라 그들의 행위를 조절한다. 다른 사람들 및 다른 부적합한 사건과 행위는 체계로부터 제외될 것이다. 체계에 일관성과 완전성을 제공하는 다양한 규칙이 체계를 이끌 것이다. 그러므로 예를 들어 시장은 두 사람의 행동뿐만 아니라 잠재적으로는 많은 사람들의 행위를 함께 조절하는 하나의 체계이다. 체계 이론에서 시장은 사람들 사이의 의미 있는 교환으로 이해되는 것이 아니라 (그래서 체계 이론가들은 시장에 연루된 사람들의 사회적 배경이나 동기에는 관심이 없다) 단지 사고 파는 행위의 조절로 이해된다. 더 높은 수준의 사회, 예를 들어 민족 국가나 나라와 같은 수준의 사회도 비슷하게 체계로서 이해될 수 있을 것이다. 그러므로 체계 이론가들은 당대 사회의 특수한 한 측면, 즉 그 사회가 자신들의 구성원을 구속하고 통제하는 권력을 가진 존재로서 그들과 맞서는 방식에 반응하는 것이다. (요점은 단지 시장에 대한 우리의 경험을 이론적으로 지워 버리면서 시장을 하나의 체계로 볼 수 있다는 것이 아니라 시장이 점점 더 순수한 체계가 되어 간다는 것이다. 이때 요지는 시장이, 관료제처럼, 점점 더 행위자의 사고 파는 능력만을 인정할 뿐이라고 하는 것이 될 것이다. 돈만이 우리의 행위를 함께 조절하는 데 있어서 중요하다. 따라서 시장은 객관적 법칙의 힘을 띠고 우리는 우리가 그것을 좋아하든 싫어하든 그것에 복종할 수밖에 없다. 시장이 단지 또 하나의 문화적 관습의 집합일 뿐이라는 것을 우리가 깨달을 수 있다는 사실에도 불구하고 말이다.) 현대 사회는 이러한 높은 수준의 체계화가 특징이 될 수 있다고 주장된다. 즉 사회적 행위는 점점 더 사회 구성원의 이해(또는 심지어 경험)를 벗어난 일련의 규칙이나 관습에 의해 조절된다. 니클라우스 루만(그는 사회과학 내에서 체계 이론을 되살리기 위해 많은 일을 했다) 같은 몇몇 사람들에게 있어서, 이는 좋은 일이다. 개인에게서 책임의 부담을 덜어 주기 때문이다. 위르겐 하버마스와 같은 이들에게는 그것이 사회를, 거기에 구성된 사람들의 통제력으로부터 빼앗아가 버린다는 점에서 위협이 될 수 있다(1984, 1987). [AE]

Habermas, 1984, 1987; Luhmann, 1982; Parsons, 1951.

초현실주의
surrealism

초현실주의는 급진적 사회 예술 운동으로 간주할 수 있다. 예술과 문학에 대한 초현실주의자들의 관심은 겉으로 보이는 현실의 질서 뒤편에 놓인 놀라운 '객관적 우연성*objective chance*'을 드러냄으로써 일상 생활을 변화시키려는 욕망으로 유발되었다. 1930년대에, 이 집단은 프랑스 공산당과 제휴하려고 했으나 실패했다.

'초현실주의자*surréaliste*'라는 용어는 1917년에 기욤 아폴리네르Guillaume Apolinaire가 자신의 희곡 〈티레시아스의 유방*Les Mamelles de Tiresias*〉을 설명하며 처음으로 사용했다. 1922년 〈리테라튀르*Littérature*〉와 연계된, 앙드레 브르통André Breton, 루이 아라공Louis Aragon, 폴 엘뤼아르Paul Eluard가 포함된 시인 집단이 이 용어를 채택하였다. 브르통은 초현실주의자들의 리더가 되었고 그 집단은 모던 예술에서 가장 잘 조직된 운동이 되었다. 초현실주의는 상당 부분 다다에서 유래했지만, 무의식과 특히 꿈에 대한 프로이트의 작업에 보다 많이 의존했다. 이지도르 뒤카스Isidore Ducasse*가 아름다움이란 "수술대 위에서 재봉틀과 우산이 만나는 것"(《말도로르의 노래*Les Chants de Maldoror*》(1866))이라고 한 것은 초현실주의에 있어서 전형적인 것이 무엇인지에 대해 잘 요약한다.

초현실주의 작업의 세 가지 요소를 지적하면 다음과 같다. 첫 번째, '진정한 사고 과정'에 접근하기 위한 '순수한 심리적 자동 기계'에 대한 강조(브르통이 《선언*Manifesto*》 안에서 한 말)는 매체의 자동 기술법*automatic writing*과 유사한 진정한 자동 심상법*automatic imagery*을 낳았다. 두 번째, 꿈에 대한 관심은 살바도르 달리Salvador Dali와 르네 마그리트René Magritte의 그림을 낳았다. 이들의 그림 안에서는 특히 정확한 세부 묘사를 하는 리얼리즘적 기법을 이용하는 그림 스타일을 통해 환영적인 꿈의 공간이 창조되었다. 세 번째, 관련 없는 물체들의 병렬이 몽타주와 콜라주를 사용해 이루어졌다. 그러므로 초현실주의는 많은 다른 모더니즘 예술의 특징인 극단의 지적 통제와 형식주의를 부수는 데 기여했다.

초현실주의는 마그리트(벨기에), 후안 미로Joan Miró와 달리(스페인), 그리고 막스 에른스트Max Ernst(독일) 같은 주요 초현실주의자들의 국적이 암시하듯이 프랑스라는 진원지를 뛰어넘어 영향을 미쳤다. 많은 다른 예술가들이 초현실주의 단계를 거쳤다. 2차 세계 대전 동안 미국으로 이민 온 초현실주의자들의 존재는 추상 표현주의를 발생시킨 형성 조건 가운데 하나였다. 코미디(예를 들어, 〈군스*the Goons*〉와 〈몬티 파이튼*Monty Python*〉), 1960년대 팝 음악과 팝 아트에 미친 영향은 초현실주의가 지속적인 영향력을 갖고 있다는 것을 보여 준다. [AE]

* 우루과이 출신의 시인으로 로트레아몽이라는 필명으로 더 알려져 있다.

Gascoyne, 1970, Lynton, 1980; Spector, 1997

최하층
underclass

'최하층'은 종종 모호하게 사용되는 용어로서 간헐적으로 사회 사상과 정치 사상에서 유행하는 것으로, 자본주의 사회에서 계급 위계의 바닥에 있는 구조화된 집단을 가리킨다. 북미 도시의 '신노동 계급'의 존재는 S. M. 밀러S. M. Miller(1965)가 제안하였다. 이 계급은 종족적 소수 집단(푸에르토리코인, 멕시코인, 아프리카계 미국인들을 포함)으로 구성되어 있었으며 노조 대표 없이 저소득 서비스 직종에 종사했고 오랜 실업 기간에 시달렸다(그래서 보다 풍요하고 안정적이며 대부분이 백인인 '구노동 계급'과 비교되었다). 이 개념을 더 한층 이론화한다면 최하층의 전형적인 구성원으로서의 종족적 소수 집단과 나란히 여성이 여기에 포함될 것이다. [AE]

추상 표현주의
abstract expressionism

원래 바실리 칸딘스키Wassily Kandinsky의 1910년에서 1914년 사이의 작업을 묘사하는 데 사용된 용어. → 표현주의 그러나 1950년대에 들어서 잭슨 폴록Jacson Pollock, 마크 로드코Mark Rothko, 윌렘 드 쿠닝Willem de Kooning과 여타 뉴욕 화파의 아방가르드 화가를 지칭하기 위해 광범위하게 사용되기 시작했다. 개별 작가마다 양식은 상당히 달랐지만, 그들은 몇몇 공통의 철학(실존주의의 영향을 받은)적 요소를 가지고 있었다. 그들은 그림 그리기와 창조의 물리적 행위를 강조하기 위해서, 전통적인 양식 내지는 기법 그리고 완결된 산물에 우선성을 부여하기를 거부했다. 해롤드 로젠버그Harold Rosenberg는 좀더 적절한 명칭으로 '액션 페인팅*action painting*'이라는 용어를 제시한 바 있다. 폴록의 회화는 물감을 캔버스 위에 뿌리고, 붓고, 떨어뜨림으로써 복합적이고 생명력 있는 패턴을 창출하는 식으로 만들어졌는데, 이들이야말로 가장 대표적인 추상 표현주의 작업이다. 이와는 달리 마크 로드코의 거대한 캔버스는 전형적으로 억눌린 색의 면을 겹치게 하는 방식으로 구성되었다. [AE]

Ⓜ Polcari, 1991; Shapiro & Shapiro, 1990.

춤, 댄스
dance

춤은 사회과학과 문화 연구에서 줄곧 간과되었던 영역이라 할 수 있다. 그렇지만 춤은 사회 전반에 걸쳐 또 매우 많은 사회에서 중요한 활동이다. 양극단의 한 쪽 끝에는 엘리트주의적 고전 발레가 있다. 고급 문화 안에서 발레의 보수주의는 아방가르드 '모던 댄스'의 도전을 받는다. 그런 활동은 (비록 20세기 들어 정치적 주제를 가지고 생산된 무수한 발레가 있기는 하지만) 사회적이고 문화적인 관심과 단절된 미학적 자율성을 열망하는 것처럼 보일지 모르지만, 모던 댄스는 몸과, 현대 문화에서 몸의 동작과 표현을 지배하는 관습에 대한 근본적인 탐구로 보일 수 있다. 볼룸 댄스, 탭 댄스 그리고 여러 가지 다양한 춤 형식을 단지 폭넓게 향유되는 여가 활동으로만 외면해서는 안 된다. 포크 댄스는 춤이 공동체의 가치와 정체성, 외압에 대한 저항을 표상할 수 있음을 나타낸다. 비록 상업적으로 구성되어 관광 산업에 활용될 수도 있지만 말이다.

안젤라 맥로비는 춤이 청년 하위 문화의 풍부하고 중요한 부분일 뿐만 아니라 특히 젊은 여성 문화의 한 부분임을 지적했다. 그래서 문화 연구에서 춤이 외면된 것은 하위 문화에서의 여성적 관여에 대한 일반적 외면의 징후로 여겨진다. 맥로비는 아주 다양한 수준에서 춤에 접근할 수 있음을 지적한다. 춤은 여가 활동, 확산된 성적 쾌감의 근원, 운동 형식 등이 된다. 역으로 춤은 우아함과 아름다움을 강조함으로써 여성 신체와 움직임에 대한 통제의 한 형식이 될 수도 있다. 하지만 무희 자신이 통제력을 행사하는 한 방법이 되기도 한다. 맥로비에 따르면, 춤은 여성성의 사적 문화가 공적 공간으로 확장되는 것일 수 있다. 춤은 무희가 통제 바깥, 즉 통제력의 도달 범위 바깥에 있음으로써 하나의 회피 형식이 되고 꿈꾸는 기회가 된다. 춤은 "자아와 몸을 극적으로 부정함으로써 극적으로 전시한다"(McRobbie, 1991: 144). [AE]

Foster, 1996; Thomas, 1993.

커뮤니케이션
communication

둘 이상의 당사자 사이의 정보 교환으로서의 커뮤니케이션은 여러 측면에서 문화 연구의 가장 기본적인 관심 사항이다. 커뮤니케이션을 분석하는 접근법은 아주 많다.

구조주의와 기호학에서 커뮤니케이션은 어떤 메시지의 유의미성을 결정하는 약호 또는 규칙과 관습, 즉 의미 요소(또는 기호)의 선택과 조합이란 측면으로 분석한다. 이 접근법은 다시 텍스트(쓰여지거나 말로 된 텍스트 또는 의복과 사회적 행동처럼 의미와 중요성을 담고 있는 것)와 그 텍스트를 생산하고 읽는 과정, 뿐만 아니라 기호가 텍스트 바깥의 세상을 지칭할 수 있는(그럴 수 있다면) 방법의 문제에 대한 관심으로 나아간다. 해석학에서는 읽고 해석하는 과정을 덜 체계적으로 다룬다. 여기서는 보통 사람들과 독자들이 자기 앞의 특정 의미 단위와 그 단위가 의미를 갖도록 맥락을 제공하는 더 넓은 전체(또는 지평) 사이의 관계(중요한 것은 여기서 단위의 의미가 맥락의 의미를 다시 수정한다는 점이다)에 대해 작업함으로써 해석을 발전시키는 능력에 강조점을 둔다. 사회학에서 커뮤니케이션에 대한 분석은 사회 구성원이 지닌 사회적 기술과 능력을 강조하는 사회학 연구자들이 등장하면서 부각된다. 그래서 상징적 상호 작용론자와 민속방법론자는 능숙한 상호 작용, 즉 커뮤니케이션 능력의 실행을 통해서 의미 있고 안정된 사회적 실재가 창조되고 유지되는 방법에 관심을 보인다.

커뮤니케이션에 대한 사회학적 관심에서 제기된 커뮤니케이션 연구의 더 넓은 함의는 커뮤니케이션과 공동체 사이의 어원적 연결에서 찾아볼 수 있다. 아리스토텔레스에 따르면 국가는 그 안의 다양한 관점이 커뮤니케이션함으로써 통합된 공동체이다. 커뮤니케이션은 공동체를 통합시키는 것이다. 따라서 공동체의 정치적, 도덕적 가치는 거기에서 이루어질 수 있는 커뮤니케이션으로 분석할 수 있다. 그래서 과학 철학자 찰스 샌더스 퍼스는 모든 참여자 사이에 자유롭고 개방적인 커뮤니케이션이 이루어지는 이상적인 과학적 공동체를 구상했다. 따라서 개방적인 커뮤니케이션(또는 민주적인 참여)은 좋은 과학의 전제 조건으로 제시된다. 위르겐 하버마스는 이 아이디어를 자신의 '이상적 대화 상황' 개념으로 발전시켰다(McCarthy, 1978: 306~310). 이것 역시 완전한 커뮤니케이션에 대한 구상이다. 여기서는 참여자 모두가 다른 사람들이 하는 말의 진정성과 사실적 정확성, 의미, 나아가 그가 그 말을 할 수 있는 도덕적 자격에 대해 질문할 수 있다. 실제 커뮤니케이션은 이런 이상에 미치지 못할 것이다. 정치적 이데올로기적 구조들이 그것을 왜곡하고, 특정 집단이나 개인이 참여나 이해를 방해할 것이기 때문이다. 그 부족 정도에 따라 특정 사회의 정의를 측량할 수 있다. [AE]

Habermas, 1970a, 1970b; Williams, 1962.

퀴어 이론
queer theory

1970년대 초 이래로 게이, 레즈비언, 그리고 양성적*bisexual* 경험에 대한 연구에 꾸준하고 의미 있는 발전이 이루어져 왔다. '퀴어 이론'이라는 용어는 그러한 연구의 몸체를 아우르기 위해 유용하게 채택되는 용어이지만, 그것은 어떤 단순한 방법론적 혹은 분과 학문적 단위체로도 규정할 수가 없다. 퀴어 이론은, 예를 들면 역사학(David, 1997), 문학 비평(Sedgwick, 1994, 1997), 사회학, 철학(Butler, 1990, 1992), 예술사, 음악학(Brett, Thomas & Wood, 1994), 문화 연구(Doty, 1993; Morton, 1997)에서 출현하고 있는, 성의 문제를 중심적인 사안으로, 그것을 통해 다른 사회적, 정치적, 문화적 현상을 이해할 수 있는 핵심 범주로 설정하려 하는 일련의 작업을 가리킨다. 그러므로 퀴어 이론은 성 정체성이 당대 및 과거의 사회에서 구성되어 온 과정을 탐구하는 것으로 볼 수 있다. 따라서 성은 (의학적인 사실은 말할 것도 없고) 단순히 자연적인 사실로서보다는 지속적으로 협상과 확산을 겪고 있는 의미 있는 활동이나 성취로서 제시되어야 한다(LeVay, 1996을 보라). 정체성의 그런 의미 있는 구성은 대안적인 경험과 라이프스타일에 대한 적극적인 포용과 접합 및 그것에 대한 억압, 주변화, 억제라는 이 양자에 대한 연구를 수반할 것이다. 어떤 퀴어의 역사에도 결정적으로 중요한 것은, 그렇지 않다면 은폐되고 부인될 게이와 레즈비언 주역과 활동의 현전을 복구하는 것이 될 것이다. 퀴어 이론은 불가피하게 억압과 동성애 공포증과 대결하면서 게이와 레즈비언 집단 정치의 증식과 방어에 연결된다. 한편, 그 연구들은 세분되고 확장되는 가운데, 정상으로 가정되고 지배적이기도 한 이성애 범주의 정치적 본성과 그 정합성에 대해서까지 근본적인 질문을 제기한다(Richardson, 1996).

[AE]

Abelove, Barale, & Halperin, 1993; Weeks, 1989.

타자
other

헤겔의 저작에까지 거슬러 올라갈 수 있는 개념. 인식론, 문화적 정체성의 문제, 정신분석학 등 다양한 영역에서 사용된다. 특히, 라캉의 저작, 사르트르의 실존주의, 데리다의 해체, 그리고 식민 유럽의 오리엔탈 문화 연구에 대한 에드워드 사이드의 분석, 즉《오리엔탈리즘 *Orientalism*》(부분적으로 미셸 푸코의 사상에서 영감을 받은)에서 이 관념이 자주 등장한다. 그래서 이 용어는 상당히 모호하다. 아마도 사이드가 문화 이론의 맥락에서 이 관념에 대한 가장 대표적인 현대적 용법을 제시했을 것이다. 여기서 타자는 개념에 대한 문화적 투사의 한 형태를 가리키는 것 같다. 이 투사는 타자를 종속시키는 권력 관계를 통해 문화적 주체의 정체성을 구성한다. '오리엔탈'에 대한 지식을 주장하면서 오리엔탈리즘은 자신, 즉 유럽의 타자를 구성해 냈다. '오리엔탈'한 특징(비합리적, 문명화되지 않은 등)으로 거론되는 것을 기술하면서 오리엔탈리즘은 진정하게 '오리엔탈'한 정체성이 아니라 그 설명을 구조화하는 대립을 통해 유럽의 정체성에 대한 정의를 제공했다. 그래서 '비합리적' 타자는 '합리적' 자아를 전제한다(또한 자아에 의해 전제된다). 오리엔탈리즘의 담론에서 타자의 구성은 자기 정체성을 주장하는 것이며 오리엔탈한 타자에 대한 유럽의 설명이라는 논점은 그래서 권력의 문제라는 형

식을 취한다. [PS]

Said, 1978a.

태도
attitude

상대적으로 안정적인 일련의 믿음과 평가의 집합. 그러한 믿음은 직접적인 경험이나 사회화를 통해서 발전한다. 대상과 사회 집단에 대해 강하게 견지되는 믿음과 가치 판단이 직접적인 경험과 독립하여 존재할 수 있다는 사실은, 태도 연구를 스테레오타입화하기와 편견에 대해 이해하는 데 있어 중심적인 적합성을 갖도록 만든다. 설문지를 통해 태도를 이끌어 내는 일은 위험천만하다. 응답자는 그들이 기대하리라고 감지하는 것에 따라 답변을 함으로써 사회적으로 받아들여지지 않을 반응을 회피할 수 있기 때문이다. [AE]

테러리즘
terrorism

정치적, 이념적, 경제적 혹은 종교적 목표를 달성하려는 의도로 일반 사람들(또는 국가 혹은 민족 집단)에게 테러에 대한 감각을 만들어 내고자 민간인에게 감행되는 폭력 행위.

테러리즘은 보통 참여 규칙을 공유하는, 전투원 사이의 폭력 행위인 전쟁과 구별된다. 누구나 알고 있듯이 극단적인 테러리스트의 폭력은 인간 살상을 포함한다. 그 훼손이나 파괴로 직접 피해를 입는 재산이나 자연 자원에 대한 행위도 테러리즘에 포함된다. 테러리스트의 행위는 몇 가지 본질적인 특성이 있다. 테러리즘은 국가 혹은 국제적이다. 또한 특정 국가에 반대하는 테러리스트가 일으킬 수도 있지만 국가가 감행할 수도 있다. 테러리즘에는 폭력 행위를 하는 **행위자**(혹은 행위자들)가 존재해야 한다. 테러 행위는 테러 행위가 성립되는 **목표**가 반드시 있어서 이를 성취하려는 의도로 행동한 것이어야 한다. 이런 식으로 공격자 입장에서는 그 목표가 가해 의도나 부수 행위를 정당화한다. 그 목표가 테러 행위에 **이해 가능성**을 부여하는 것이다. 엄격히 말해 아무런 '의미 없는' 테러리즘 행위 같은 것은 있을 수 없다. 모든 테러리스트 폭력은 원칙적으로 이해 가능하다. 그럼에도 불구하고 그 같은 폭력을 유발한 신념이 오류와 환영에 빠졌다고 말하지 않을 수 없는데, 바로 여기가 테러리스트 폭력의 순수한 '의미 없음'이 존재하는 지점이다. 테러리즘 행위에는 결코 고립된 단일의 **희생자**가 아니라, 의도된 희생자들이 있어야 한다. (그 희생자들에게 발생한 사건에 대해 슬퍼할 살아있는 가족, 친지, 친구가 없다면) 살인 행위가 원칙적으로 단독 희생자에게 연관된 것으로 생각할 수 있지만, 테러 행위는 광범위한 효과를 전제로 한다. 간단하게는, 목격자에게 미치는 감정적인 효과가 있다. 또한 한편으로는 한계가 없다는 것(반사회적인 폭력 과잉)과 관련된 일종의 공포가, 다른 한편으로는 (상존하는 폭력의 위험성에 대한) 무력감이 유발된다. 따라서 그러한 종류의 효과가 그 기록을 보고 들은 사건의 목격자를 참여자로 변화시키는 것이다. 따라서 테러 행위는 자신이 원하는 효과를 중심 목표인 본의 아닌 참여자 주변에 생겨난 공포에 대한 불가피한 해석적 문맥을 형성시킴으로써 달성한다. 이리하여 테러 희생자는 직접적인 결과로서 죽거나 육체적 또는 감정적 상처를 얻은 이들로 한정되지 않고 (테러리스트의 관점에서 본다면) 테러리스트의 목표 달성을 위해서 그 사실을 알아야 할 필요가 있는 '그들'까지도 포함하는 것이다. 이런 점에서 테러리즘은 언제나 도구주의의 형태를 띤다. 다시 말해 목표가 수단을 정당화한다. 현대의 국제 테러리즘은 여러 방식으로 미디어와 커뮤니케이션 시스템을 참조하지 않고는 생각할 수 없다. 커뮤니케이션 네트워크가 효율적이고 (특히 시각적으로) 명백하게 표상적일수록 테러리스트 폭력의 잠재적 효과는 더욱 강력해지는데, 이는 유포의 용이성이 클수록 잠재적 희생자(목격자)의 수가 많아지기 때문이다.

각자 미묘하게 구별되며 다이내믹한, 20세기 이래 테러리즘 행위의 격전

지대가 다수 제시될 수 있다. 1920년대 긴장을 해소하려는 정치가들의 시도에도 불구하고, (웨일즈에 이어) 영국의 두 번째로 오래된 식민지인 아일랜드에 대한 영국의 개입은 계속적인 폭력을 유발했고, 1960년대부터 40년 동안 북아일랜드 지역에서는 테러리즘 행위가 일어났다. 마찬가지로 레바논에서의 테러리스트 갈등은 레바논의 국가 붕괴를 야기했고, 이스라엘의 팔레스타인 점령으로 인해 이스라엘에서도 테러리스트 폭력이 일어나고 있다. 또한 테러 발발은 이탈리아, 독일, 스페인, 러시아의 특징적인 전후 역사를 드러낸다. 최악의 사례로서 2001년 9월 11일에 일어난 알 카에다의 미국 공격은 국제 테러리즘의 전형인 과도한 폭력을 집약적으로 보여 준다. ➂ 9·11 이 같은 수많은 사례들에서 테러리즘은 그것이 집중적으로 겨냥하는 정치 시스템에 결정적인 충격 효과를 낳았다고 볼 수 있다. 그 결과 중의 하나는, 특히 자유 민주주의 형태의 정부에서는, 법적 영역이 개인의 권리와 안전과 관련되는 것을 근거로 그 영역에 한계를 설정하는 것으로 나타난다. 따라서 법적 시스템의 자율성이, 자유 민주주의가 그토록 중시하는 가치인 법 앞의 자유가 위협받는 결과와 타협하게 되는 것이다. 따라서 법적인 것과 행정적인 것 사이의 긴장이 종종 발생한다. 테러리스트들이 서구 열강을 제국주의적 식민자라고 보는 맥락에서 행정부의 권력을 강화하는 입법은 자유의 수사를 훼손하는 것이 될 수 있다(이를테면 알 카에다의 경우, Bin Laden, 1989를 보라). 2001년 9월 11일 공격의 또 다른 결과는 국민 정부의 행정 권력들 사이의 국제 협력이 증가했다는 점이다. 최악의 것으로, 미국의 G. W. 부시 대통령은 '테러와의 전쟁'을 선언했다(Bush, 2001a). 그 결과는 현재 너무나 광범해서 요약하기조차 힘들다. 그러나 주요하게 드러난 사건 중에서, 알 카에다가 머물고 있다고 해서 그 대응 행위로 아프가니스탄에 군사 행위를 가한 것, 관타나모와 쿠바에 있는 무슬림 수백 명을 전쟁 포로로 규정해 재판 없이 투옥시킨 점은 지적되어 마땅하다. 2003년 3월 이라크 침공, 그리고 이라크 지도자인 사담 후세인의 몰락과 이어 행해진 처형 역시 '테러와의 전쟁'이라는 수사와 직접 연결될 수 있다. 즉 이라크가 9·11 공격에 가담했다는 (잘못된) 주장이 그 침공을 정당화하는 데에 사용된 것이다. 이론적으로 진지하게 논한다면, '테러와의 전쟁'이란 말은 성 토마스 아퀴나스 시대 이후 절대적으로 주권 국가들 간의 관계로 설정한 전쟁 개념을 혼란스럽게 하는 것이다. 테러와의 전투라는 의미로 적용되는 '전쟁' 개념은 전통적으로 이론화된 개념과 다르다. 예를 들어 특수한 전장에 나선 전투원들은, 전쟁에서 하듯 (적어도 일반적인 규칙에 따라) 관습화된 행동이나 복장 규약을 따르지 않는다. 물론 행동 규약이란 필연적으로 윤리적 규약이다. 따라서 이러한 규약의 혼란은 곧 윤리적 혼란을 낳는다.

Borradori, 2003; Dror, 1983; Elshtain, 2003; Primoraz, 2004; Sterba, 2003; Walzer, 2004.

테일러주의
Taylorism

20세기 초에 F. W. 테일러F. W. Taylor(1964)의 저술과 연계되어 발달한 과학적 관리 운동은 작업장에 합리적 행정 업무를 가져다 주려 했다. 과학적 관리는 공업화된 대량 생산의 효율성을 증가시키려 한다. 테일러는 작업의 재조직을 위해 세 가지 원칙을 제안했다. (i) 가능한 가장 단순한 행동(그리고 가능하다면 단일한 반복 작업)으로 업무를 줄이고 육체 노동이 요구한 기술을 감소시키는 극도의 노동 분업이다. (ii) 관리자가 (작업 반장이나 숙련 노동자보다는) 작업장의 완전한 통제권을 갖는다. 그리고 이것은 관리를 단순한 소유권과는 구분되는 기술로 인정받게 만든다. (iii) 시간 동작 연구는 작업장 안에서의 비용과 움직임의 효율성을 통제하는 데 사용될 것이다.

테일러주의는 포드주의의 중요한 구성 요소이다. 포드주의는 이탈리아 마르크스주의자인 그람시가 실업가인 헨리 포드Henry Ford의 저술을 지칭하기 위해 만든 말이다. 포드주의는 과학적 관리를 생산 과정의 극단적인 기계화와 병합한다. 게다가 포드는 고임금을 지지했다. 과학적으로 관리된 작업장의 규율에 복종한 것에 대해 일단 보상을 받은 노동력은 (이 정책을 모든 생산자들이 채택한다면) 대량 생산된 상품을 위한 시장을 조성할 것이다. 프롤레타리아트는 이를 통해 자본주의에 통합된다. 그 안에서 그들은 자본주의의 진보로부터 어느 정도 이익을 볼 것이다.

1970년대 후반에 신지식에 기반을 둔 기술(컴퓨터 기술이나 마이크로 전자 기술과 같은)에 테일러주의를 적용할 수 없게 된 것은 부분적으로는 포드주의에서 일어난 위기에 책임이 있다. 이 위기는 '포스트포드주의'에 대한 기대를 이끌어 냈는데, 포스트포드주의에서 생산은 노동력 내에서의 직능 전문화와 더 큰 유연성 및 책임성의 복귀에 기반을 두게 된다. [AE]

테크놀로지
technology

'테크놀로지'라는 단어는 '예술*art*'과 '기술*craft*'을 동시에 의미하는 고대 그리스어의 '테크네*tekhne*'라는 단어에서 유래했다. 그러나 근대의 어법에서, '테크놀로지'의 의미는 '기술'이라는 말이 갖는 도구적 측면을 띠는 경향이 있었다. '테크놀로지'라는 단어의 사용은 분리되어 있지만 연계된 두 영역으로 나뉠 수 있다. 우선, '테크놀로지'는 인간의 실천 행위의 망과 관련되어 있다. 이 실천 행위의 망 속에서는 (원)재료의 조작이 그 재료에 기능적이고 유용한 형태를 주고자 하는 관점에서 이루어진다. 이러한 의미에서, 테크놀로지는 우선적으로 기술*technique*의 문제이며, 테크놀로지의 이용은 재료가 그 뒤 계속해서 사용되는 방식에 관해 어떤 목적이나 설계의 관념을 전제한다. 두 번째, 이러한 조작 과정의 최종 산물도 '테크놀로지'라 불린다. 그래서 우리가 컴퓨터나 항공기 같은 한 '부분*piece*의 테크놀로지'에 대해 이야기할 때, 우리는 그것을 발생시킨 재료의 조작에 대해 이야기하는 것이 아니라, 각각의 경우에, 그 본성상, 우리가 세상에서 만날 수 있는 다른 유형의 대상(예를 들어, 바위와 돌, 식물, 동물 등)과 성질이 다르다고 생각되는 어떤 것에 대해 이야기하는 것이다. 그러므로 '테크놀로지'는 인간의 실천 행위의 망과 그 실천 행위의 산물 모두를 지칭한다.

근대 후반에, 테크놀로지의 특정한 형태의 등장이 산업 시대와 후기 산업 시대의 역사에 선을 그은 사회적, 정치적 변환의 주요 요소라고 주장하는 것은 그럴 만한 이유가 있다. 그래서 18세기 후반에 비롯된 영국의 산업적 생산 형태의 등장과 함께, 인구의 분산과 집중(도심에서의 인구 집중 증가), 그리고 부의 배분과 집중(자본가 계급의 태동)에서의 변화가 동반되었다. 마찬가지로, 대의체의 정치적 구성에서의 발전(예를 들어, 19세기 말에 의회 구성원을 선출하는 참정권자들의 폭이 넓어졌다) 역시 동반되었다. 역사적 그림을 채우려 시도하지 않더라도, 테크놀로지의 발전과 이러한 사회적, 정치적 발전 사이에 어떤 연계가 가능할 것인가는 분명하다. 우선, 테크놀로지를 통해 대량 생산이 가능하기 때문에, 산업 테크놀로지의 발전은 더 싼 가격에 더 좋은 상품을 생산할 능력을 증가시킨다. 경제적 측면에서 볼 때, 이것은 생산과 소비 수준 모두에서 회전율 증가를 함축한다. 상인 자본주의자의 견지에서 말하자면, 당신이 더 많은 품목의 생산물을 효율적으로(즉 값싸게) 만들수록 더 싸게 그것을 팔 수 있고, 당신이 그것을 더 싸게 팔수록 당신은 더 많이 팔 수 있다. 다시, 재화의 효율적인 대량 생산은 한정된 지역에서의 노동력 집중을 요구하며, 이것은 뒤에 '농촌'(즉 비산업화된)이라고 생각되는 지역 안에서 얻을 수 있는 것보다 더 많은 재정적 항목을 노동에 제공함으로써 달성된다. 농촌 사회 형태에서 지배적이었던 몇몇 사회적 관계가 더 이상 적용되지 않게 되는 한, 이러한 인구의 이동과 집중이 중요한 사회적 효과를 낳게 될 것이라는 점은 분명하다. 이렇게 하여 노동을 하고 일자리를 얻을 기회의 유연성이 증가할 것이다. 마찬가지로 새로운 사회적 적대가 (예를 들어, 생산 체계를 소유한 사람들과 그들을 위해 일하는 이들 사이에서) 생길 수 있다. 그리고 마르크스주의가 제공한 설명에 따르면, 개인은 대량 생산이 만들어 낸 노동 분업으로 계급 분리가 전개됨에 따라 자의식을 발전시킬 것이다. 상인 계급 내에서의 부의 발달은 아마도 그 부가 구체적 정치 권력의 형태로 실현되기를 바라는 욕망이 증가할 것이라는 점에서, 이러한 사회적 가지 치기는 연쇄 효과를 일으킬 수 있다. 마찬가지로, 자본가를 위해 일하는 사람들도 그들의 이익이 정치적 수단을 통해 표현되기를 바란다고 예상할 수 있다.

예를 들어, 사회적 관계에 대한 마르크스의 분석에 의해 대표되는 접근 방식과 더불어, 앞의 접근 방식에 함축되어 있는 테크놀로지의 의미에 대한 이해 방식은 종종 포스트모더니즘이라는 항목으로 분류되고 더 최근의 지식계의 전개 상황과 관련 사상가의 작업 안에서도 나타난다. 이러한 예 가운데 하나는 장 프랑수아 료타르의 《포스트모던의 조건》(1979)이다. 이 책에서 료타르는 테크놀로지가 지식의 형태를 결정하는 영향력을 갖는다고 주장한다. 달리 말하면, 테크놀로지의 사회적, 문화적인 효과는 산업 테크놀로지적 형태에 대한 경제적인 지배력을 통해 일정한 이해 관계를 갖게 된 계급의 사회 역사적 발달 같은 문제에 한정되는 게 아니라고 주장한다. 오히려 료타르에 따르면, 우리가 생각하고 분류하고 경험을 측정하는 방식도 테크놀로지의 힘으로 조종되는 변화에 종속된다. 간단히 말해, 료타르의 설명에 따르면 지식이 무엇인가에 관한 질문은 현대 테크놀로지의 도래에 의해 그 자체가 변형되어야 하는 문제이다. ➂ 인식론 이것은 테크놀로지가 당대의 문화 안에서 지식으로 여겨지는 것이 무엇인가를 평가하기 위한 일차적 기준으로 작용하기 때문이다. "이러한 방식으로 번역될 수 없는 구성된 지식체 안의 모든 것이 폐기될 것이다. [……] 새로운 연구 방향은 그 결과가 컴퓨터 언어로 번역될 가능성으로 결정되는 것"(1979: 4)인 만큼, 테크놀로지는 이러한 의미에서 지식을 변환시킨다. 그래서 료타르의 관점에 따르면, 포스트모던한 시대는 '컴퓨터의 헤게모니'를 입증하는 시대이다. 현실에 관한 권리를 주장하는 명제를 '번역 가능성*translatability*'이라는 기준으로 지식이라고 여겨지는 것을 가리키는 데 사용한 것이 바로 이 헤게모니이기 때문이다. 그 결과 가운데 하나는 인간 주체성의 지상 제일권이 현대적 테크놀로지의 기계적 경향으로 대체된다는 것이다. 이러한 대체는 생각하는 주체를 지식에 비해 이차적인 현상으로 만든다. 이것은 주체성이, 지식으로 여겨지는 것이 무엇인지를 결정하는 데 기초가 되는 근본적인 원칙으로 더 이상 간주될 수 없기 때문이다. 내부 지향된 주체성 개념(예를 들어, 데카르트의 '코기토cogito'가 대표적이다 ➜ 자아)의 관점에서 말하면, 테크놀로지가 명령하는 조건 아래서 지식은 외부화된다. 이런 식으로 변형된 지식은 시장의 교환 가치 및 외적인 힘의 작용과 연계한다. 료타르의 설명에서 주목할 것은 물질적 힘(테크놀로지의 형태를 띤)이 사회적 규범 관계를 변형시키는 능력이 있을 뿐만 아니라 우리가 자신과 스스로의 능력에 대해 생각하는 방식을 급진적으로 변화시킬 수 있다는 주장이다. 이것이 얼마나 '급진적'인 통찰인가는 일정한 논쟁의 주제가 될 것이다. 예를 들어, 만일 '지식'이 정당화*justification*(즉 "정당화할 수 있는 신념")라는 용어로 가장 잘 정의된다면, 료타르가 언급한 테크놀로지적 과정을 통해 변형된 것은 '지식'이라는 고유 명사로 묘사되는 것이 아니라, 오히려 정당화가 무엇인가를 규정하는 데 기여하는 기준과 실천 행위이다. 달리 말하면, 지식으로 여겨지는 것이 이제는 테크놀로지 용어로 번역될 수 있는가로 판단해야 함을 인정한다 해도, 한 걸음 더 나아가 그러한 사실이 반드시 지식 '자체'가 변형되었다고 주장할 수 있는 자격을 우리에게 주지는 않는다. '정당화할 수 있는 신념'이라는 지식의 정의는 변하지 않았고 정당화를 구성하는 기준만 변했기 때문이다.

료타르가 그러했듯이, 장 보드리야르의 포스트모던 개념의 여러 측면들 역시 테크놀로지 발전의 자국을 좇아서 다듬어진다. 따라서 보드리야르의 주장에서도 다시, 테크놀로지는 경험과 지식에 대한 우리의 개념을 변형시킬 수 있는 것으로 간주된다. 보드리야르의 관점에서는, 재현 과정을 통해 사건의 의미에 대한 우리의 이해에 영향을 미치는 테크놀로지의 힘이 강조된다. 가장 유명한 것(또는 같은 맥락에서 당신의 공감이 어느 쪽에 있는가에 따라서는 악명 높은 것)은 보드리야르가 걸프 전쟁은 매스 미디어의 테크놀로지를 통해 연출된 무대 공연으로 '현실'에서는 결코 일어나지 않았다고 주장한 것이다. 다른 말로 하면, 무엇이 '사건'을 구성하는가의 문제를 보드리야르는 테크놀로지의 재현 기능에 의해 결정되는 것의 문제로 간주한다. 그의 관점이 다양한 반응을 불러일으킨 것은 이해할 만하다.

위에서 언급된 것과 같은 설명은 사회 역사적 사건에 대한 개연성 있는 설명으로서 그 장점이 무엇이든지 간에 테크놀로지가 무엇인가에 대한 더 명확한 이해를 우리에게 반드시 주지는 않는다. 마찬가지로, 테크놀로지가 무엇인가를 이해하지 못했다면, 테크놀로지의 사회적이거나 문화적인 의미에 대한 설득력 있는 설명을 할 수 있다고 주장하는 것에 약간은 문제가 생긴다. 이 문제에 대한 가능한 접근 방식을 독일 철학자 마르틴 하이데거가 제공했다. 그가 1953년에 쓴 〈테크놀로지에 대한 문제The Question Concerning Technology〉(1996)에서 그는 테크놀로지에 대한 순전히 도구적인 이해는 환원론적인 것이라는 것을 보여 주려 한다. 그것이 환원론적인 이유는 테크놀로지를 단지 도구적인 용어로만 논의한다면 우리는 우리의 설명에서 테크놀로지가 전제하는 것을 빠뜨리게 되며 그에 따라 테크놀로지가 무엇인가에 관련된 본질적인 것을 빠뜨리게 되기 때문이다. 따라서 하이데거는 테크놀로지에 전제된 것으로써 테크놀로지를 설명하지 않는다면 그것의 '본질'을 모르는 것이라고 주장한다. 마찬가지로 하이데거는 "테크놀로지의 본질이 결코 테크놀로지적인 것이 아니"라는 것을 보여 주고자 한다(1996: 311). 다시 말해, 테크놀로지로 전제된 것(즉 그것이 현재의 형태이기 위해 그것에 본질적인 것)은 테크놀로지적 용어로 설명될 수 없다. 반대로 테크놀로지에 대한 현대적 관점은 하이데거에 의해 '도구적'이고 '인류학적'인 것으로 간주된다. 간단히 말해, 이것은 테크놀로지가 일반적으로 목적에 대한 수단으로 간주된다는 것을 의미한다. 그리고 이것은 인간의 욕망과 의도가 그것에 대한 철저한 정의를 구성한다는 것을 함축한다. 하이데거에 따르면, 이러한 관점은 그것이 유지되는 한 올바르다. 그러나 이 관점은 충분히 길게 유지되지 않는다. 그것은 '수단'과 '목적' 같은 개념을 문제없는 방식으로 정의할 수 있다고 전제하기 때문이다. "도구성이 통치하는 곳이면 어디에서나 인과성이 통치한다"(1996: 313). 그러므로 '인과성'에 대한 그럴듯한 설명을 제공하지 않는다면, 테크놀로지란 무엇인가라는 질문을 충분히 깊게 다루었다고 말할 수 없다.

하이데거의 설명에 따르면, 인과성은 그것의 '4중적인' 본성으로 가장 명료하게 밝힐 수 있다. (1) 사물로부터 만들어져 나오는 질료, (2) 재료에 부과되는 형태, (3) 사물의 목적, (4) 이러한 변형을 일으키는 것(작인). 하이데거는 이 네 요소 사이의 관계를 내재적인 것으로 보는 것이 가장 중요하다고 주장한다. 다시 말해, 동인 (4)는 (1)~(3)의 '바깥'에, 또는 (1)~(3)과 독립해 있지 않다. 그보다는 오히려 이들 각각은 '나오게 함*bringing-forth*'의 양식이다. 즉 세계 안에 숨겨져 있던 것을 드러나게 만드는 과정이다. 더욱이 '나오게 함'은 그 자체가 "폭로*revealing*에 기반을 둔"(1996: 318) 것이고 폭로는 사물이 어떤지를 드러내고 보여 주는 것을 포함한다. "테크놀로지는 [……] 단순한 수단이 아니다. 테크놀로지는 폭로의 방식이다. 우리가 이것에 주의하면, 테크놀로지의 본질에 대한 또 다른 전체 영역이 우리에게 열릴 것이다. 그것은 폭로의, 즉 진실의 영역이다"(1996: 318). 무엇보다도, 단순한 '제조'로서가 '아니라' 폭로의 '양식'으로서의 테크놀로지가 갖는 능력 때문에 테크놀로지는 '나오게 함'이다. 현대 테크놀로지 안에 포함된 '나오게 함'은 '최소의 비용으로 최대의 이익'을 달성하고자 하는 목표를 가지고 자연에 질서를 강제하기 위해 자연을 '징집하는*set upon*' '도발'이다(1996: 321). 자연은, 간단히 말해, 현대 테크놀로지에 의해 단순한 자원, 에너지의 저장소로 개념화된다. 그러나 이것조차도 '단순한 인간의 행위'가 아니다(1996: 324). 하나의 산맥이 산맥 자체와는 다른 힘들에 의해 형성되고 중첩되는 것과 동일한 방식으로, 인간들은 하이데거가 'Gestell'(틀 짓기)이라고 부른 것에 의해 이러한 '도발'에 내몰린다. "틀 짓기*enframing*는 인간을 징집하는 요구*setting-upon*의 모음을 의미한다"(1996: 325). 현대 테크놀로지에 있어서, 인간들은 그 스스로 '징집되고' 그럼으로써 순수하게 인류학적인 용어로는 설명될 수 없는 방식으로 세계를 범한다*bestellen*. 비록 테크놀로지로서 발생하는 틀 짓기 과정이 인간 행위의 영역 안에서 일어난다 해도 틀 짓기는 "오로지 인간 '**안에서**'만, 또는 한정적으로*definitely* 인간을 '**통해서**'만 일어나지" 않는다(1996: 329). 이것은 인간이 존재 조건으로서 그들 자신이 징집되고 그래서 테크놀로지의 기초가 되는 틀 짓기를 통해 이 조건들에 대응하도록 도전 받기 때문이다. 이렇게, 테크놀로지의 본질은 틀 짓기 과정에서 폭로되며, 틀 짓기 자체는 존재 조건과 관계를 맺고 따라서 그 조건을 폭로하는 양식임이 밝혀진다. 이러한 관계의 양식은 "인간으로 하여금 현재적인*actual* 모든 곳이 [……] 상설 저장고(즉 자원)가 되는 이러한 폭로의 길을 걷도록 한다"(1996: 329). 이러한 의미에서, 일단 테크놀로지의 본질을 구성하는 틀 짓기가 테크놀로지가 구현하는 폭로의 경로에 인간을 올려 놓으면, 인간이 어떻게 자신의 존재 조건과 만나는가에 관해서는 하나의 결정성*determinacy*이 존재한다. 모든 폭로 양식의 기초가 되는 이 과정을 하이데거는 '운명*Geschick*'이라 부른다. 인간은 운명의 영역 안에 존재하지만 결코 그것에 강제되지는 않는다. 운명은 그 안에서 인간 행위가 가능해지는 '자유 공간'이기 때문이다. 그 자체로 그것은 "자유의 왕국"이다(1996: 330). 따라서 테크놀로지는 이미 자유의 영역 안에 항상 있다. 바로 이 점을 생각해 볼 때, 그것을 가지고 "맹목적으로 밀어붙이는 어리석은 강박 충동"이라는 의미에서든 "아니면, 같은 이야기이지만 그것에 맞서 무력하게 반항하고 그것을 악마의 작품이라고 저주하기 위해서든," 우리의 존재가 테크놀로지에 의해 '강제된다'고 말하는 것은 납득될 수 없다(1996: 330).

하이데거의 관점에서 본다면, 우리는 테크놀로지에 '찬성'하는 입장도 '반대'하는 입장도 취할 수 없다. 그러나 테크놀로지로 제시되는 위험은 그것이 세계를 규제하고자(즉 세계를 지배하고자) 추구하는 과정에서 다른 모든 가능한 폭로 양식들을 파괴하는 데 이를 수 있다는 사실에 있다. 이러한 지배는 인류와 다른 모든 존재들을 테크놀로지적 목적들을 위한 단순한 자원의 지위로 축소시킬 수 있다. 그렇지만 틀 짓기의 테크놀로지적 양식은 그것의 역사적 발전을 일으킨 바로 그 조건을 결코 완전히 파괴할 수 없다. 그리고 하이데거에게 테크놀로지는 세계와 교전할 수 있는 상이한 사유 양식들이 접합되는 하나의 공간이 남아야만 한다는 것을 의미한다. 무엇보다도 우선, 존재*Being*와 교전하기 위한 대화의 시적 형태를 정식화해 내는 것 — 그의 작업의 많은 부분에 스며들어 있는 주제 — 을 의미한다.

테크놀로지에 대한 다른 설명 가운데, 프랑크푸르트학파 관련 사상가는 테크놀로지의 융성과 합리성의 현대적 형태의 발전 사이의 관계를 언급했다. 이 가운데서도 중요한 것은 막스 호르크하이머의 '도구적 합리성' 개념과 이에 수반된 그의 실증주의 비판이다. 호르크하이머에 따르면, 현대성은 그것의 합목적적이고 도구적인 면을 강조하는 이성 개념에 정향된 조절*modulation*로 그 특징을 잡을 수 있다. 간단히 말해, 근대적 문화에서 '이성'이 의미하는 것은 도구적 이성의 '수단과 목적' 합리성의 권역 밖에 떨어지는 더 넓은 범위의 사안에 대한 어떤 비판적 반성의 과정보다도 주어진 목적이나 목표의 달성에 우선권을 주는 사유 형식이다. 도구주의는 이렇게 특정한 목적이 정당화될 수 있는가 하는 질문에 대한 반성적이고 비판적인 참여라기보다는 목적을, 좇아 행동해야 할 '주어진 것'으로 보는 사유 형식이다. 호르크하이머는 철학에서 이것은 과학의 방법론과 동격이 되고자 하는 '실증주의'의 발전으로 귀결되었다고 주장한다. 과학에 필적하려고 하는 실증주의는 무엇이 정당화로 간주될 수 있는가의 중재를 근대 도구적 이성의 헤게모니에 떠맡겨 버리는 데 만족하기 때문에 지식의 문제에 대해서는 수동적이고 무비판적인 목소리를 낼 뿐이라고 호르크하이머는 주장한다. [PS]

📖 Heidegger, 1996; Horkheimer, 1992; Lyotard, 1989.

텍스트
text

'텍스트' 개념은, 특히 기호학에 있어서, 기호로 구성된 존재라고 이해되는, 의미 있는 하나의 구조이다. 텍스트의 의미는 그 기호의 선택과 조합을 지배하는 규칙(또는 약호)으로 결정된다. 기호의 이 의미 있는 조합을 지배하는 규칙은 관습적이어서 텍스트의 독자는 텍스트를 해석(또는 해독)하기 위해 일정한 기술과 능력을 필요로 할 것이다. 다른 사회적, 문화적 배경을 가진 독자들은 다른 사회적으로 요구된 기술과 기대를 가지며 따라서 동일한 텍스트를 대단히 다른 방식으로 읽을 수 있다.

전형적인 텍스트는 물질적 존재를 갖지만 반드시 문자로 된 메시지(문장, 메모, 보고서 또는 소설과 같은)인 것만은 아니다. 따라서 사진, 노래, 광고(문자 기호와 함께 사진적 기호나 다른 시각적 기호를 조합하는), 비디오 또는 복장은 모두 텍스트로 이해될 수 있을 것이다. [AE]

텔레비전
television

주사선과 같은 현대 텔레비전 방송 기술에 있어서 결정적인 발전은 1920년대에 이루어졌다. 그리고 공개적인 방송의 초창기 실험들은 1930년대에 이루어졌다. 전후 시기에 텔레비전은 대중 오락의 지배적인 형태(1950년대에 미국에서, 그리고 1960년대에 영국에서 라디오와 영화를 대체하면서)인 지금의 중심적 위치로 빠르게 발전했다. 그러나 텔레비전에 대한 문화적, 경제적, 사회학적 이론화는 1970년대까지 성숙하지 못했다. 아마도 더 정확히 말한다면, 매스 미디어에 대한 더 일반적인 이론과 분리된, 별개의 매체로서 텔레비전에 대한 이론화는 1970년대까지 이루어지지 않았다고 볼 수 있다. 이 시기에 텔레비전에 대한 주요 연구는 레이먼드 윌리엄스(1974), 스튜어트 홀(1973), 글래스고 대학 미디어 그룹Glasgow University Media Group(1976)에서 발표했다.

텔레비전에 대한 관심은 문화적 변환과 커뮤니케이션의 민주적 형태에 대한 레이먼드 윌리엄스의 초기부터 계속된 작업의 연장처럼 보일 수 있다. 매스 미디어에 대한 마르크스주의 분석에서 지배적인 접근 방식은 매스 미디어를 이데올로기의 도구 — 특히, 매스 미디어가 정치적으로 해방적인 문화적 실천에 가하는 위협을 고려할 때 — 로 취급하는 것이었다. 이러한 관심을 공유하면서 윌리엄스는 마르크스주의적 문화 이론의 보다 미묘한 의견 중의 하나를 개발한다. 텔레비전에 대해 윌리엄스가 분석한 세 가지 요소에서 발견할 수 있다. 첫 번째, 그는 문화적 현상으로서의 텔레비전을 사회의 물질적 조건에 대한 설명과 관련시키고자 한다. 테크놀로지의 발전이 문화적 상부 구조를 결정한다는 모든 단순한 토대–상부 구조 모델을 거부하면서, 그는 텔레비전 성장의 사회적 전제 조건을 그가 '유동적 사생활 중심주의 *mobile privatism*'라고 부른 것에서 발견한다. 텔레비전 기술은 가정 내 소비에 적합하게 되어 상업적으로 이용되었을 뿐이다. 이러한 사생활 중심주의는 어느 정도(특히, 영국 내에서) 공영 방송 서비스의 지배와 텔레비전에 대한 국가의 통제에 의해 상쇄되었다. 결정적으로 윌리엄스는 텔레비전의 공적인 모습에서(특히 미국이 지배하는 지구적 텔레비전 문화에 대한 그것의 가능한 응수들 중에서) 커뮤니케이션의 더욱 더 지역적이고 민주적인 형태를 위한 잠재력을 발견한다. 윌리엄스의 두 번째 관심은 텔레비전의 경험과 내용의 구조에 대한 것이다. 프로그램은 연속된 흐름 속에서 배열되는데, 이것은 별개 단위의 연속과는 반대되는 것이다. 프로그램이 휴식 시간 동안 단지 피상적이고 일시적인 인상만을 만들기 때문에, 이 구조는 수용자를 수동적인 상태로 이끄는 것처럼 보일 수 있다. 마지막으로, 윌리엄스는 수용자 연구의 지배적인 모델에 의문을 제기하기 시작한다. 이 모델은 텔레비전이 그 수용자에게 행사한다고 가정되는 고립된 효과(예를 들어, 폭력 유발)에 대한 투박한 조사를 수반한다. 그럼으로써 텔레비전이 생산되고 소비되는 복잡한 제도적 구조를 무시한다.

이와 비슷하게, 스튜어트 홀은 텔레비전이 수용자에게 행사하는 영향을 설명할 수 있는 단순한 인과적 모델이 있다는 가정에 의문을 제기한다. 홀은 텔레비전이 전달한다*communicate*고 가정되는 (이데올로기적) 메시지에 관심을 갖는다. 메시지의 생산(또는 약호화 작용*encoding*)과 해석(또는 해독 작용*decoding*) 과정의 복잡함을 식별함으로써, 홀은 텔레비전 프로그램의 제작자는 수용자가 프로그램에 대해 만들게 되는 의미를 결정할 수 없다고 주장한다. 메시지는 일련의 문화적 선입관과 당연시되는 지식, 생산 관계와 테크놀로지(예를 들어, 이것은 일상생활에서 재료가 선택되고 전송을 위해 변형되는 방식에 영향을 미칠 것이다)의 맥락 안에서 부호화될 것이다. 이러한 기본 틀은 수용자의 것과 일치할 수도 있고 하지 않을 수도 있다. 그러므로 수용자들은 세 가지의 넓은 범주 가운데 하나에 응답하는 것으로 이해될 수 있다. '지배–헤게모니적 입장 *dominant–hegemonic position*'은 메시지(예를 들어 뉴스나 시사 문제 프로그램)를 그것이 부호화된 것과 동일한 이데올로기적 기본 틀 안에서 부호화한다. '협상된 입장*negotiated position*'은 시청자의 직접 경험에 비추어 메시지를 부분적으로(그리고 모순되게) 재해석한다. 마지막으로 '대항적 입장*oppositional position*'은 시청자가 지배적 기본 틀을 꿰뚫어 본다는 것, 예를 들어 국가 이익에 대한 호소를 계급 이익의 상승이라고 인식하면서 본다. 뉴스와 시사 문제 프로그램인 〈네이션와이드*Nationwid*〉에 대한 D. 몰리D. Morley의 분석(1980)은 이러한 유형학의 유용성에 대한 경험적 조사를 제공했을 뿐 아니라 해석 입장과 계급, 교육, 연령 같은 다른 사회적 변인 사이의 관계에 대한 더 깊은 조사를 가능하게 했다.

글래스고 대학 미디어 그룹은 영국 텔레비전 뉴스에 대한 일련의 경험적이고 기호학적인 연구를 발표했다. 비디오 녹화된 프로그램에 대한 광범위한 분석은 체계적인 이데올로기적 편향성을 보여 준다. 예를 들어, 산업적 쟁의 행위에 대한 보도는 국내에서 일어나는 산업적 쟁의 행위의 현재 수준과 본성을 왜곡하는 것이라는 것이 증명되었다. 산업 전체, 또는 특정 산업에 있어서, 텔레비전의 보도 수준은 발생하는 파업의 성격이나 수와 일치하지 않았다. 파업 행위에 대한 보도 가치는 오히려 파업이 일반인에게 미치는 불편함으로 결정되었다. 더욱 더, 보도와 해설은 자본주의의 이익과 중간 계급(이러한 프로그램의 제작자들은 이 중간 계급으로부터 불균형적으로 많이 충원된다)을 전제한다. 이 연구는 나중에 비판을 받긴 했지만, 이론적 전제와 방법론에 관해서는 그 뒤의 연구뿐만 아니라 적어도 영국에서의 뉴스 방송 관행에 영향을 미쳤던 것으로 보인다.

홀의 연구가, 그리고 그보다 적은 범위에서 글래스고 그룹이 텍스트로서의 텔레비전 분석이라는 쟁점을 제기하기 시작했을 때, 그들은 뉴스 보도에 초점을 맞추었다. 그 뒤의 연구자들은 고려 대상이 되는 프로그램의 범위(연속극과 시트콤을 포함해)를 넓혔다. 게다가 미디어가 (광고의 목적으로) 특정 프로그램에 대한 시청자의 수와 유형에 전형적으로 초점을 맞춘 연구에 돈을 대는 동안, 사회학적 연구와 문화 연구는 텔레비전 프로그램이 해석되고 사용되는 방식의 다양함을 조사한다. 이엔 앙Ien Ang(1985)은 연속극 〈댈러스*Dallas*〉의 소비를 조사했다. 이 프로그램은 '감정적 리얼리즘*emotional realism*'이라고 이해된다. 이 감정적 리얼리즘 안에서 묘사된 상황은 수용자의 생활 경험과 일치하지 않더라도 표현된 감정은 일치하게 된다. 앙은 〈댈러스〉를 소비함으로써 얻는 다양한 쾌락을 강조하는데, 여기에는 예를 들어 현실과 허구의 경계를 유동적으로 만드는 '현실 도피주의'가 포함된다(그럼으로써 쾌락은 〈댈러스〉를 일상생활로부터의 단순한 도주라기보다는 일상생활의 단조로움의 일부분으로 받아들이는 데에 있을 수 있다). 다른 페미니즘 이론가들은 정신분석학적 이론에 호소하며 이 작업을, 더 나아가 텔레비전 소비와 젠더화된 정체성*gendered identity*의 구성 사이의 관계에 대한 질문을 발전시켰다. 텔레비전을 대중 문화의 전형으로 간주하며 피스크(1987, 1989)는 다시 소비의 쾌락에 초점을 맞추고 상업적 생산물로서의 프로그램과 '사람들'에 의한 프로그램의 해석(그리고 따라서 문화적 생산) 사이의 필연적인 분리를 확인한다. '사람들'은 다양한 일련의 충성심*allegiance*을 갖고 있기 때문에, 프로그램은 제작자들이 금지하지 않은 방식으로 다양하게 해석되고 이용될 것이다. 그러므로 대중 문화의 소비는 지배적인 권력 집단에 대한 불경하고 기분 좋은 반대에 해당된다. (이 결론에 대한 반박은 테리 이글턴에게 발견할 수 있다(1991). 텔레비전 프로그램의 이데올로기적 내용을 지나치게 강조하는 접근 방식에 대해 비판적인 동시에, 그는 사영화된*privatized* 텔레비전 소비가 야기하는 정치적 수동성이라는 점에서 텔레비전이 이데올로기적 효과를 갖는다고 주장한다.)

보드리야르의 작업은 텔레비전에 대한 포스트모더니즘 이론의 발전에 중심적이었다. 보드리야르의 접근 방식(하이퍼리얼리티*hyperreality*와 시뮬레이션 이론)의 핵심에는 현실과 허구 사이의 대립을 훼손하려는 시도가 있다. 미디어 테크놀로지의 현재 수준은 이미 존재하는 현실을 재생산하는 것이 아니라 실재*the real*를 생산하는 데 이르렀다고 간주된다. 이제 시뮬레이션이 실제적 영향력을 갖는 한에서는, 우리가 경험하는 세계는 여러 미디어(텔레비전, 영화,

비디오, 대중 음악 등등)의 상호 작용을 통해 생산된다. 따라서 보드리야르는 걸프 전쟁은 일어나지 않았다는 악명 높은 주장을 할 수 있었다(1991). 이 수사적 화려함 뒤에는 걸프 전쟁이 단지 텔레비전 카메라의 시선 아래에서 수행되었을 뿐만 아니라 그 카메라들을 위해 수행되었다는 주장이 있다. 전쟁은 구경거리(카메라를 장착한 유도 미사일의 경우에 가장 명백히 드러난다)가 된다. 비록 그 결과로 죽음과 파괴로 남을 구경거리라 하더라도 말이다. 따라서 전쟁의 본성 자체가 텔레비전 때문에 변하는 것처럼 보인다. [AE]

Morley, 1992; Stevenson, 1995.

토대와 상부 구조
base and superstructure

마르크스주의에서 경제와 사회의 나머지 영역 사이의 관계를 지시하기 위해 사용하는 (건축에서 나온) 은유. 한 건물의 상부 구조의 크기와 형태가 그 기초 토대의 깊이와 외적 연장*extension*에 의존하듯이, 인간 사회 생활의 비경제적인 영역의 특성은 경제 활동의 본성에 의존할 것이라는 것이다. 마르크스주의에 따르면, 경제적 토대는 생산력과 생산 관계(거칠게 요약한다면 테크놀로지의 활용 그리고 생산 작업을 수행하는 사람과 생산 과정을 통제하는 이들 사이의 관계)가 조합되어 구성된다. 따라서 자본주의적 토대는 산업 생산 기술 그리고 노동과 상품 시장을 포함한다. 봉건제 경제의 토대는 전근대적 생산과 농노제를 포함한다. 상부 구조는 가장 단순하게는 사회의 여타 영역 모두를 지칭하는 것으로 규정된다. 그러나 특수하게는 국가와 법, 가족, 그리고 종교나 예술 혹은 매스 미디어와 같은 문화적 혹은 이데올로기적 영역들을 포함한다.

토대와 상부 구조 모델은 두 가지 질문에 노출되어 있다. 이 질문에 대한 반응은 마르크스주의 사회 이론을 해석하는 세부적인 방식에 달려 있다. 첫 번째의 좀더 화급한 질문은 결정주의적 특성에 초점을 맞춘다. 토대를 상부 구조에 연결시키는 설명 기제는 계급 갈등과 권력의 표출에 중점을 둔다. 주어진 생산 제력의 착취와 증진은 한 계급의 이해에 묶이게 된다(예를 들면, 초기 산업 생산과 부르주아지). 지배 계급의 경제력(국가에서의 정치 권력으로 표출되는)은 그 계급으로 하여금 상부 구조 제도의 형성과 발전에 영향을 행사하도록 해서, 그 제도로 하여금 생산력의 착취를 위한 최상의 조건을 제공하게 한다. 따라서 법적인 체계는 생산 관계의 세밀한 고안(자본주의를 위한 자유로운 노동 세력을 허락함으로써)을 촉진시킨다. 반면 다른 상부 구조적 제도는 현존의 경제적, 정치적 질서를 (자연스럽고, 신이 수여한 것 혹은 정의로운 것으로) 정당화하는 경향이 있으며, 새로운 사회의 성원에 대한 사회화를 수행한다. 엄격한 결정주의적 모형은 상부 구조에게 토대로부터 조금의 자율성도 부여하지 않는다. 이는 대체로 마르크스주의 사회과학으로 하여금 엄격하고 결정주의적인 법칙을 산출하도록 이끈다. 그리고 이 법칙들은 경제에 대한 지식을 통해 구조와 사회의 역사적 발전에 대한 예측을 용이하게 한다. 좀더 유연한 모형은 상부 구조적 제도들이 토대로부터 다소간 자율성을 가질 것이라고 제안한다. 그리고 그 제도가 지배 계급의 즉각적인 혹은 공공연한 이해로부터 독립적으로 발전할 수 있을 것이라고 주장한다. 인과론적 관계는 이 경우, 상부 구조적 발전이 경제 발전에 영향을 행사할 수 있는 활동 범위를 제공하는 가운데, 필시 일방적일 필요가 없게 된다. 경제적 토대는 이 경우 단지 최종 심급에서만 결정적일 수 있거나, 상부 구조가 형태를 취할 수 있는 광범위한 한계를 설정하게 된다.

두 번째 질문은 토대와 상부 구조 사이의 경계에 대한 정확한 정의를 요청한다. 이는 쉽게 주어지지 않는다. 법 체계의 모호한 위상 때문이다. 피상적으로 법 체계는 상부 구조에 한정된다. 그러나 노동법 혹은 다양한 형식의 상법은 대부분의 경우 생산 관계를 규정하는 데 기여한다. 그러한 경우 그것은 경제적 토대의 일부인 것이다. 생산 관계가 비非법적인 용어들로 규정될 수 있는지 아닌지는 명확하지 않다. 그러나 이 모호성은 심사숙고되지 않은 은유에 지나친 이론적 비중을 두는 일의 위험을 두드러지게 한다. 토대 상부 구조 모형은 유용한 이미지이다. 그러나 그것이 경제와 사회의 나머지 부분

사이의 관계에 대한 엄밀한 이론화의 대체물이 될 수는 없다. [AE]

통계학
statistics

수치 자료의 수집, 분류 및 양적 해석에 관여하는 수학의 한 분과. 통계 분석의 목적은 둘 혹은 그 이상의 변수 간의 관계를 논증하는 것, 다시 말해 하나의 속성 혹은 특성이 변화하면 또 다른 것도 변화한다는 것을 논증하는 것이다. 그러므로 예를 들면 통계학은 수입이 낮은 집단의 사람들이 건강 상태가 더 나쁘다는 것을 논증할 수도 있다. 아마도 사회과학에서 통계 분석을 이용한 것 중 가장 유명한 것은 프랑스 사회학자 에밀 뒤르켐이 자살 통계를 이용한 것일 것이다. 자살에 관해 유럽의 여러 다른 정부들이 수집해 온 통계를 검토함으로써 뒤르켐은 자살률(말하자면 인구 수당 자살자의 수)이 다른 사회적 요인의 변화(와 특히 각 사회 내에서 느껴지는 연대성*solidarity*의 정도)에 반응하여 예상이 가능하게 변이한다고 논할 수 있었다(Durkheim, 1952). 뒤르켐은 이렇게 사회가 개인에 대해 갖는 영향력을 논증하고자 통계학을 이용했다. 가장 개인적인 것으로 보이는 행위, 즉 자살하겠다는 개인의 결정은 통계적 법칙에 따르면 사회적 힘에 대한 반응인 것으로 나타난다.

통계학의 두 가지 분과는 기술 통계학*descriptive statistics*과 추론 통계학*inferential statistics*이다. 전자는 모집단 전체의 속성, 혹은 모집단 내의 하위 집단의 속성을 기술하는 데 관심을 둔다. 사회 통계는 이런 형식을 취하며, 모집단의 연령 구조, 직업 구조와 여타 형태의 사회 계층*social stratification*, 사망률(또는 기대수명), 출생률, 건강, 혼인 유형, 종교적 신앙, 소비의 유형, 사회 이동*social mobility*, 지리적 이동과 이주 등에 대한 편찬으로 구성될 것이다. 그와 같은 통계는 복잡한 현대 사회를 이해하고 운영하는 데 중요한 역할을 수행한다. 비록 정부의 통계 수집이 근대 자본주의 사회의 특징인 만큼이나 산업 문명 이전 문명의 특징이기도 하다 해도 말이다. 기술 통계가 주어진 자료들을 이용한다면, 추론 통계는 모집단의 작은(그러나 대표적인) 표본에 관한 자료에서 모집단 전체의 특징들로 외삽 추정해 나간다. 추론 통계 분석은 사회과학 방법론의 핵심 부분이다. 여론 조사는 가장 친숙한 형태의 추론 통계다. 예를 들어 투표 의향이나 소비자 선호에 관한 것처럼, 모집단의 작지만 주의 깊게 선택된 표본의 응답은 모집단 전체에게 주어질 응답을 대변하는 것으로 간주된다.

통계 분석의 중요성은 사회적 과정에 대한(그리고 많은 자연 과정에 대해서도) 지식은 오직 '**개연적으로만***probably*' 참인 것으로 확립된다는(그래서 확실하게 확립될 수 없다는) 인식에 근거한다. 따라서 예컨대 흡연을 폐암과 연결시키는 통계는 특정 사람이 담배를 피운다면 확실히 폐암에 걸릴 것이라고 논증할 수 없다. 그보다는, 그 통계는 만약 사람들이 담배를 피운다면 그들이 폐암에 걸릴 가능성이 증가한다(또 정확하게 양화 가능할 정도로 증가한다)고 논증한다. 아마도 학교에서 이루어지는 비효과적인 수학 교육 때문에, 통계적 논의의 유의미성에 대한 일반인들의 이해도는 종종 열악하다. 그 때문에 예컨대 흡연과 폐암을 통계적으로 연결시키는 논의는 하루에 스무 개비의 담배를 피웠지만 평생 단 하루도 아프지 않았던 할아버지를 예로 듦으로써 대중적인 방식으로 논박당한다. 논점은, 만약 흡연자의 80%가 폐암에 걸린다면 20%는 그렇지 않다는 것, 그리고 당신의 할아버지는 운 좋게도 그 20%에 속했다는 것이다. 올바르게 이해된다면 통계는 불확실성의 조건에서 보다 효율적인 결정이 이루어질 수 있게 해주며, 특히 위험*risk*이 정확하게 산정되게 해준다.

이론가들은 전형적으로 자료와 사회 현상에 대한 질적 분석(과 따라서 의미의 문제)에 더 관심이 많다는 바로 그 이유 때문에 통계 분석은 문화 이론가의 중요한 방법론적 도구는 아닐지 몰라도, 위에서 지적한 것처럼 다른 사회과학(예를 들면 사회학, 경제학, 그리고 심리학)에서는 통계가 중요하다. 또한 통계는 중요한 사회 현상의 하나이기도 하며 따라서 모든 복합 사회 문화의 중요한 한 부분이다. 통계는 그래서 잠재적으로 문화 이론이 연구하는 주제의 일부가 된다(예를 들면 의학 통계의 역사와 중요성에 관한 푸코의 연구를 보라)(Foucault, 1980: 166~182).

마지막으로, 스탈린이 말한 것으로 알려진 경구 하나를 기억해 두자. 한 사람의 죽음은 비극이다. 수백만 명의 죽음은 통계다. [AE]

통과 의례
rites de passage

'통과 의례'라는 용어는 문화인류학에서 나왔으며, 생애의 한 단계에서 또 다른 단계로의 이행을 표지하는 공적인 예식 혹은 의례를 가리킨다. 통과 의례는 개인의 집합체에 대한 완전한 복종과, 따라서 의례의 요건에 대한 정확한 집행을 전제하는 경향이 있다. 전형적인 한 예는 아동기에서 성인기로의 이행과 연관된 예식이 될 것이다. 그러한 예식은 쉽사리 전산업적 사회와 연관되지만, 그것은 예컨대 세례식이나 고등학교 무도회, 졸업식과 장례식 등의 형태로 현재의 사회에서도 의미 있고 중요한 역할을 계속 수행하고 있다. [AE]

통시성
diachronic

→ 공시성/통시성

통합체
syntagm

기호학에서, 이것은 계열체*paradigm*로부터 하나의 의미 있는 전체를 구성해 내는 기호의 조합이다. 하나의 통합체를 형성하기 위해, 일련의 규칙과 약호들이 잠재적으로 의미 있는 단위들이 조합될 수 있는 올바르고 따라서 의미 있는 방식을 결정할 것이다. 예를 들어, 하나의 통합체로 간주할 때 유럽의 도로 표지는 색깔이 있는 일련의 기하학적 형태들(빨간 삼각형, 파란 원과 같은)과 일련의 실루엣이나 보다 추상적인 형태(화살, 자동차의 실루엣)의 조합이다. [AE]

파롤
parole

소쉬르 언어학에서 '파롤'이란 실제 언어나 언어 사용의 잠재적으로 무한한 층위(문어, 구어, 시, 보고문 같은)를 가리킨다. 파롤은 언어의 기저 구조 또는 랑그와 대비된다. [AE]

파시즘
fascism

파시즘은 동질적인 정치적 독트린이 아니라, 수많은 문화로부터 파생된 것으로서 서로 관계가 없고 때로는 모순적이기도 한 사고의 집합이다. 파시스트 이데올로기는 정의되는 것을 거부하며 대신에 오로지 역사적 상황에 따라 통합되는 반동적인 추동력의 집합을 통괄하는 용어로서 스스로를 드러낸다. 그럼에도 불구하고 부정의 방법*via negativa*을 이용해서 파시즘 내에서 활동 중인 주요 성향에 대한 상당히 일관성 있는 인상에 접근할 수도 있다. 즉 파시즘은 자유주의에 맞서 전체주의 국가를 지지하고 사회주의적 원칙을 주장한다. 반면에 공산주의와 반대로 파시즘은 국민의 신분*nationhood*, 인종적 순수성, 엘리트 사고의 중요성 등을 강조한다. 이와 같은 특징적 기준과 함께, 파시스트 정권들은 그러한 주장을 정당화하기 위한, 국가적 지도자 개인과 국민적 의지의 동일시, 군국주의, 그리고 자연법에 대한 모호한 소구를 특징으로 한다. '파시스트'라는 용어는, 훨씬 더 일반적으로는, 앞에서 말한 특징 중 어떤 것을 나타낸다고 여겨지는 제도나 권력을 의미하는 경멸적인 용어로 쓰이기도 한다. 이러한 사실은 파시즘을 파생시킨 이데올로기의 불명확한 성격을 밝히는 데 기여할 수 있다.

에른스트 놀테Ernst Nolte는 파시스트 현상을 설명하는 여섯 가지의 상이한 이론을 확인하였다. 첫째, 파시즘을 세속적인 사회의 결과로 보는 기독교적 설명, 둘째, 구 질서의 거부를 비난하는 보수주의적 접근, 셋째, 파시즘의 뿌리가 전체주의적 정치에 있다고 보는 자유주의 이론, 넷째, 파시즘을 공격적 민족주의와 동일시하는 민족주의 이론, 다섯째, 근대 산업 자본주의의 모순적 성격에 강조점을 두는 마르크스주의적 해석, 그리고 마지막으로 사회적 추세와는 상관없는 특정 시대의 파시즘의 독특성을 강조하는 놀테 자신의 '초당파적*non-partisan*' 이론 등이 그것이다. 많은 이론가들은 파시즘의 등장을 근대 산업 사회가 만들어 낸 소외의 직접적 결과라고 보는 반면, 오히려 파시스트적 사고가 사회적 조건과는 무관하다는 점을 강조하는 이론가들도 있다. 마르틴 키첸Martin Kitchen은 이 상반된 접근을 각각 '타율' 이론과 '자율' 이론으로 명명하고, 파시스트적 충동에 대해 적절히 이해하려면 두 이론 유형 모두를 고려해야만 한다고 주장한다. 그럼에도 불구하고 파시즘의 정확한 기원과 성격에 대한 합의는 여전히 이루어지지 않은 채 남아 있다. 마르크스주의 비판가들은 파시즘을 자본주의의 방탕함과 동일시하는 반면, 자유주의 이론가들은 파시스트 나치 독일과 스탈린주의 국가 공산주의 사이에 별다른 구별을 하지 않는다.

파시즘이 현대 사회에서 어느 정도 유력한 세력으로 남아 있는가는 논쟁의 원천이다. 한나 아렌트Hannah Arendt와 칼 프리드리히Carl Friedrich 같은 저명한 학자들은 파시즘이 특정한 문화적, 역사적 맥락 속에 뿌리내리고 있다고 주장했지만, 오늘날 학계에서는 종종 현대 사회 내에서 파시스트 이데올로기가 지속적으로 영향을 미치고 있음을 강조한다. 이것은 서구 민주주의 내에 영국국민당British National Party과 이탈리아국민연합Italian National Alliance과 같은 파시스트 정당이 존재한다는 사실과 함께, 나치에 의한 유태인 대학살의 혹독함을 부정하고 파시즘의 불쾌하고 인종 차별적인 성격을 경시하면서 유럽에 퍼지고 있는 수정주의적 역사학의 증가가 증명될 수 있을 것이다. 그러나 주류 학계에서는 파시즘의 근본적인 성격에 대해 다음과 같이 합의하고 있다. 파시즘은 내적으로 일관성이 없고 모호하며 불완전한 편견의 집합으로, 그것을 자진해서 받아들이는 모든 문화의 도덕적이고 합리적 속성을 타락시키키고 파괴하는 능력이 있다는 것이 역사적으로 입증됨으로써만 식별된다. [CW]

Laqueur, 1988.

팝 아트
pop art

의도적으로 도발적인 이 용어는 '고급' 예술과 '대중' 문화를 결합시킨 것이다. 팝 아트의 가장 유명한 작품은 아마 로이 리히텐슈타인의 유명한 〈왬*Wham!*〉(1963)과 마릴린 먼로의 실크 스크린 복제품 같은 앤디 워홀Andy Warhol의 다양한 이미지들일 것이다.

팝 아트에는 수많은 유파가 있다. 그것들은 예술가가 대중 문화에서 찾아 낸 이미지를 사용하는 방식에 기초하여 분류될 수 있다. 데이비드 호크니David Hockney 같은 몇몇 예술가들은 새로운 형식의 영감의 원천으로서 대중 문화에 가장 큰 관심을 갖고 있으며 그의 화폭의 다수는 주제가 있는 작품이기보다 형식에 관한 에세이들이다. 다른 한편, 대다수 팝 아트는 단순히 광고 등의 이미지를 전경에 배치하는 것을 통해 일정한 비판의 요소를 담고 있다. 팝 아트에서 가장 명백하게 정치화된 용법을 만든 사람들은 콜라주에 관심을 가졌던 미국 예술가들이었다.

팝 아트의 형식적 함의와 정치적 함의 모두 상당했지만 그 스타일 역시 — 매우 의도적으로 — 철학적 문제를 지적한다. 팝 아트는 복제에 기초하고 있다. 팝 아트가 의미를 잃어버리지 않으려면 복제가 어느 정도에서 그쳐야 하는가? 워홀의 수프 통조림들은 분명 가짜이며 이 점이 형식적 수준과 주제적 수준 모두에서 그것의 해석에 중요하다. 하지만 팝 아트의 많은 생산품들은 그것들이 제조되었다는 것을 그리 명확히 드러내지 않으며 이로부터 일부 포스트모더니즘 유파의 비평가들은 정밀한 형식적 복제가 실상 가장 급진적인 비판을 구성한다고 주장한다. → 시뮬라크럼 [RC]

Livingstone, 1991.

패러다임, 계열체
paradigm

(i) 기호학에서 패러다임이란[기호학에서는 흔히 계열체라는 말로 번역한다] 메시지가 구성되는 의미 있는 단위를 가리킨다. 예를 들어, 알파벳의 글자들은 단어가 구성될 수 있는 패러다임이다. (그래서 A, a, B, b는 로마어의 패러다임 가운데 일부이지만 ¥과 $는 그렇지 않다.) 패러다임 내에서 단위들은 서로 구별될 수 있는 한 의미를 지니며 상호 변환될 수 있는 잠재력을 지니고 있다. → 통합체

(ii) 과학 철학에서의 용어. 토머스 쿤이 《과학 혁명의 구조*The Structure of Scientific Revolution*》(1962)에서 설명한 바에 따르면, 패러다임이란 다양한 과학 영역 내부에서 연구와 조사 행위가 이루어지도록 하는 작용 이론*working theories* 또는 '세계관'이다. 쿤에게 패러다임은 뉴턴의 《프린키피아》나 찰스 리엘Charles Lyell의 《지리학 원리*Principles of Geology*》 같은 과학사의 핵심 저작에서 예시되듯이 하나의 개념적 '성취'로 생각할 수도 있다. 이것은 그 후 특정 과학 분과 내에서 현상에 대한 문제를 제기하거나 탐구할 수 있도록 지도 원리를 마련해 준다. 따라서 그것은 과학자들이 실제 과학 실천 행위에 참여

할 수 있도록 해주는 작용 모델이다. 패러다임이 출현했음을 알려 주는 성취는 두 가지 핵심적 특징이 있다. 첫째, 그것은 "경쟁하는 과학 행위 양식에서 분리된 한 무리의 지속적 추종자들을 끌어들인다." 둘째, 모델 자체는 완결된 것이 아니며 "충분히 개방적이어서 새로 그 모델을 채택한 실천가 집단이 풀 수 있도록 온갖 종류의 문제들을 남겨 둔다"(Kuhn, 1962: 10).

따라서 한 패러다임은 경쟁하는 다른 이론들과의 투쟁에서 성공을 거둔 것이지만 다룰 만한 사실을 모두 소진시킨 것은 아니다. 일단 한 패러다임이 수립되면 그것이 포괄하는 영역과 그 실천가들이 더욱 확고하게 규정되고 탐구의 필요가 있는 미래의 문제들이 명확하게 제정된다. 그 경우 '정상 과학'이 진행된다. 한 패러다임은 그것이 규정한 분과 내에서 부딪친 현상이 그 분과 내에 잘 맞지 않을 때 또는 충분히 중요하거나 숫자가 많아 무시할 수 없을 때 위기에 도달한다. "기존 규칙의 실패가 새로운 규칙 추구의 서곡이 된다"(Kuhn, 1962: 68). 이 위기는 이론의 해체로 발전하지만 비정상적 현상을 설명할 새롭고 더욱 적합한 이론이 나올 때까지는 계속 작동한다(1962: 77). 그런 위기의 물결 속에서 한 패러다임이 다른 패러다임으로 대치됨으로써 "합법적인 문제와 표준의 개념에 대한 과학 공동체 내부에서의" 전환이 이루어진다(1962: 108).

쿤에 따르면 가장 중요한 것은 그런 패러다임 전환이 누적적 과정, 다시 말해 동일한 문제가 연구의 대상으로 계속 다듬어지고 발전되는 것(과학 철학자 칼 포퍼가 발전시킨 관점)이 아니라는 점이다. 패러다임의 변화는 분과 내에서 중요하다고 생각되는 이슈의 상당한 변경을 함축한다. 새로운 패러다임이 받아들여지는 것은 비정상적 현상을 더 잘 설명할 수 있고 중요하게는 상당수의 추종자를 확보할 수 있기 때문이다. 따라서 특정 분과의 역사 속에서 발생한 그런 변화 또는 혁명이 곧 진보, 순수하게 객관적인 용어로 이해되는 진보를 의미하는 것은 아니다. 오히려 이들 변화는 사회학적 본성을 드러낸다. 이런 의미에서 과학 자체는 문화적 실천이 된다. 과학의 주제와 지침이 되는 문제가 해석의 문제와 절연되어 외부 세계에 준거한 어떤 객관적 표준에 따른다기보다 과학적 해석자 자신의 공동체 내부에 존재하는 힘에 의해 결정되기 때문이다.

[PS]

Kuhn, 1970.

펑크
punk

펑크는 팝 음악과 청년 하위 문화에 대한 하나의 접근이었으며 적어도 영국에서는 1976년 여름(인터뷰어 빌 그런디Bill Grundy가 펑크 밴드 섹스 피스톨스로 하여금 오후 생방송 지역 뉴스 프로그램 중에 극도로 무례한 말을 하도록 부추겼을 때는 말할 것도 없고)에 대중의 상당한 주목을 끌 정도로 강력했다. 음악으로서 펑크는 기본으로의 회귀를 표상한다. 그것은 핑크 플로이드Pink Floyd와 예스Yes 같은 '허세적 록*pomp rock*' 밴드에서 보이는 것과 같은 위선과 지배적인 중산 계급 정서에 저항하는 것이다. 1976년의 완고한 시대에 음악가라는 것은 특권이 아니었다. 기타는 대형 편의점 같은 데서 산 싸구려였고 코드 세 개만 있으면 일반적으로 충분하다고 여겼다. 몇 개의 곡만 내고 전설이 되어 버리는 밴드들이 속출했다. 하위 문화로서 펑크는 1970년대 전반에 걸친 청년 실업의 증가에 대한 반응이었다. 문화적으로 펑크에 영향을 준 것은 다양했는데, 그중에는 1960년대 모드족의 옷과 라스타파리안주의*Rastafarianism*,* 뉴욕 록, 그리고 심지어 글램 록*glam rock*도 있다. 헵디지는 펑크 스타일이 근본적으로 다른 문화의 단편을 함께 엮지만 이들 요소로부터 어떤 새롭고 응집력 있는 의미를 생성시키려는 시도는 하지 않는 것으로 해석한다(1979). 역설적으로 펑크의 의미는 의미의 거부와 전복에 있다. 안전핀이 이 스타일의 상징이 되었고 그 태도는 섹스 피스톨스Sex Pistols의 가사 "나는 뭘 원하는지 모르지만 그걸 어떻게 가질지는 알고 있네"에서 유용하게 요약될 수 있다. (좀더 어두운 측면은 〈게리 길모어의 눈을 통해 보다*Looking through Gary Gilmore's Eyes*〉라는 성가에서 표출되었다. 게리 길모어는 형 집행을 요구한 사형수였다.)

아쉽게도 펑크는 급속하게 약호화되어 주류 문화에 포섭되었다. 1976년 말에 가면 패션 디자이너 잔드라 로즈Zandra Rhodes가 펑크 의상의 요소를 이용하면서 그것이 "충격적으로 멋지다*chic to shock*"고 선언했다. 하지만 대중 문화와 고급 문화에 대한 영향력은 여전히 광범위하다(하나의 자의적인 예를 들자면 데릭 저먼Derek Jarman의 영화에서 발견할 수 있다). [AE]

* 1930년대 라스타파리안주의는 아프리카에서 자메이카로 끌려와 어려운 생활을 하던 흑인들 사이에 널리 퍼졌다. 이후 일종의 흑인 문화 운동이 되었다.

Hebdige, 1979; Laing, 1985.

페미니즘
feminism

페미니즘의 핵심은 서구 문화에서 여성이 남성에게 종속되어 있다는 믿음이다. 페미니즘은 이러한 종속에서 여성을 자유롭게 하고, 가부장제가 제거되고 여성의 욕망과 목적을 완전히 포괄하는 문화가 창조되도록 사회를 재건하고자 한다. 상이한 종류의 많은 페미니즘 이론이 있지만 모두 이러한 목표를 공통으로 갖고 있다. 그러나 그와 같이 재건된 사회가 어떤 모습을 띨 것인가, 그리고 그것을 달성하기 위해 어떤 전략을 전개해야 할 것인가에 대해서는 시각이 저마다 다르다.

영미 전통에서 최초로 온전한 기록이 남아 있는 페미니스트 이론가는 1792년에 소책자 《여성 권리의 옹호*A Vindication of the Rights of Woman*》에서 여성의 사회적 종속 이론을 제시한 메리 울스톤크래프트Mary Wollstonecraft이다. 울스톤크래프트는 서구 페미니즘의 핵심이 되어 온 정치적 행동주의를 탄생시켰다.

처음에 페미니즘은 여성과 남성의 정치적, 경제적 평등에 주로 관심을 가졌다. 19세기에 성적 불평등의 불법성에 대한 목록을 작성한 정치적 출판물, 예컨대 1869년 존 스튜어트 밀과 해리어트 테일러 밀Harriet Taylor Mill이 공동 저술한 《여성의 종속*The Subjection of Women*》, 그리고 (1903년 창설된) '여성의 사회 정치 연합'(Women's Social and Political Union: WSPU) 같은 여성 참정권 단체의 활동가 조직과 행보를 같이 했다. 20세기에는 어머니들을 위한 국가 복지, 평등 교육, 평등 임금 등의 이슈에 초점을 맞춘 경제적 평등을 위한 시민권 운동과 단체 캠페인이 확산되었다. 이와 같은 초기 페미니즘의 이슈들은 모든 페미니스트에게 지속적으로 우선적 이슈가 되었고, 이후의 페미니스트 이론이 여성 해방을 위한 필요 조건으로서 경제적, 정치적 평등의 중요성을 강조하는 데 대단히 중대한 버팀목이 되었다. 이러한 이슈들은 특히 시민권 운동에 뿌리를 두고 평등한 기회와 평등한 권리가 완전한 사회 평등의 관건이라는 입장의 자유주의적 페미니즘에서 두드러진다.

초기 페미니즘은 남성과의 정치적, 경제적 평등을 강조한 반면, 2차 세계 대전 이후의 10여 년 사이에 시작된 페미니즘은 억압의 문화적 성격에 대한 훨씬 더 전면적이고 정교하고 이해하고자 하였다. 이 때문에 '2기' 페미니스트는 문화적 제도가 여성의 종속을 지지하고 영속시키는 방식을 살핀다. 특히, 페미니스트들은 남성 가치를 보편성으로 상정하는 것을 거부한다. 대신 가부장제로부터 여성이 완전히 해방되려면 여성이 자신의 가치와 정체성을 창조하는 데 있어서 스스로의 경험에 의지해야 한다고 주장한다.

페미니즘이 발전함에 따라, 상이한 이론 영역이 억압의 상이한 측면에 집중하였다. 마르크스주의 페미니즘은 모든 억압은 사회적, 경제적 구조의 산물이라고 주장한다. 급진적 페미니즘은 성적 억압을 여성의 성에 대한 남성의 조작에서 발견한다. 정신분석학적 페미니즘은 성 차별주의 문화가 여성의 종속을 구성한다고 본다. 사회주의적 페미니즘은 이러한 성찰 가운데 많은 것들을 가부장제 사회에서의 여성에 대한 체계적 억압과 착취 이론으로 묶는다. 가부장제 사회에서 여성의 출산 임무는 자본주의에 봉사하기 위해 쓰여진다.

더욱이 이론가들의 주장에 따르면, 여성 억압은 바로 우리의 문화적 규범의 구조 속에 깊게 뿌리내리고 있다. 성*sexes*의 추정된 대립에 입각한 이항 대립의 존재는 독특한 모습이다. 이러한 이항 대립은 다양한 경우에서 여성성을 손상시키는 데 작용한다. 예를 들면, 정치에서 공적인 것(남성)과 사적인 것(여성) 사이의 구별은 사회적으로 중요하고 권위 있는 자리에 여성을 배제시키는 데 기여한다. 엘렌 식수는 《새로 태어난 여성*The Newly Born Woman*》(1987)에서, 언어에서 성으로 나누어진 이항 대립은 문법과 구문론의 본질적인 부분이며, 따라서 지식의 가능성에 영향을 미친다고 주장했다. 캐롤 길리건Carol Gilligan은 《다른 목소리로*In A Difference Voice*》(1982)를 통해, 윤리학에서 전통적으로 여성의 영역인 보살핌*care*은 정의*justice*라는 남성적 생각과 대조되어 가치 폄하된다고 주장하였다.

최근에 서구 페미니즘은 해방을 위한 여성의 투쟁의 보편적 표현이라기보다는, 그것 자체가 특별한 문화적 전통의 산물이며 백인 유럽/미국인에 해당하는 것임을 깨닫게 되었다. 흑인 여성과 유색 여성에게 자유를 위한 투쟁은 성적 이슈 못지 않게 인종적이다. 그들은 억압에 맞선 공동 투쟁을 지지함과 동시에 서구 페미니즘 전통의 자민족 중심주의를 비판한다.

부분적으로 자민족 중심주의 혐의에 대한 반작용으로서 이른바 '3기' 페미니즘은 여성이란 정확히 무엇인가 또는 누구인가, 여성 운동은 누구를 대표한다고 주장하는가와 같은 문제를 둘러싼 어려움을 극복하고자 한다. 3기 페미니즘은 포스트구조주의와 공동으로 단일한 집단적 정체성 개념을 포기한다. 대신에 각 여성들 고유의 이슈와 관심사를 이해하기 위한 수단으로서 모호성과 차이에 대한 생각을 제공한다. 이러한 전개는 페미니즘 내에서 논쟁적인 이슈이다. 그것에 대한 비판가들은 정체성 개념은 그 자체가 억압의 분석에 근본적인 것이라고 주장한다. 정체성 개념의 해체는 저항과 변화의 가능성을 침해하고 따라서 페미니즘의 정치적 참여를 손상시킨다. [JO]

편견
prejudice

1. 예를 들어, 특정 사회 집단에 대한 공격적이고 부정적인 태도. 그래서 인종주의는 지목된 인종 집단을 열등한 것으로 판단하는 편향성을 보이는 편견의 형태 중 하나이다. → 스테레오타입 다른 태도들도 편견을 구현하고 있는 것으로 간주될 수 있다. 이를테면 여성에 대한 태도가 그렇다. 편견의 기능 방식과, 표상의 체계(매스 미디어를 통해 스테레오타입화된 이미지가 확산되는)와 권력의 문제 양자에 대한 편견의 관계라는 논점이 제기되었다.

2. H. G. 가다머의 해석학에서 채용된 용어. 가다머에 따르면 '편견'은 해석 행위의 전제 조건이며 모든 해석자가 텍스트의 이해를 달성하는 데 필요한 전제 조건으로 지니게 되는 전제들로 구성된다. [PS]

Banton, 1977; Fanon, 1989; Hartmann & Husband, 1974; Miles, 1989; Said, 1978.

포드주의/포스트포드주의
Fordism/post-Fordism

이것은 20세기 산업 생산 체계의 조직에 있어서 하나의 중요한 발전이다. 명칭이 내포하고 있듯이, 포드주의는 미국 공장주이자 자동차 제조업자인 헨리 포드의 이름에서 유래된 것이다. 포드는 경제적 효율성의 정도를 극대화할 수 있도록 한 장소, 즉 공장에서 제조에 필요한 모든 자원과 재료를 집중시키고, '생산 라인'에 있는 각각의 노동자들에게 전문화된 임무를 할당하는 생산 체계를 발전시켰다. 이 같은 조직 양식에서 생산된 제품은 대량 소비를 목적으로 대량 생산되고 반드시 표준화된 형식을 취했다.

'포스트포드주의'라는 용어는 이와 같은 대량 생산 모델에서 벗어나 분산된 생산의 장으로 이동한 것을 말한다. 따라서 대규모 공장은 보다 작은 산업 단위로 대체된다. 이것은 자동차 같은 상품 생산의 경우에 더욱 명백한데, 이 경우는 대부분 한 생산품의 각 부분이 서로 다른 장소에서 만들어져 그 밖의 다른 장소에서 조립된다. 포스트포드주의는 종종 근대 과학 기술이 등장하여 낡고 굼뜬 제조업 형식을 대체한 것과 관련이 있다. 이러한 전환의 의의는 약간의 논란의 여지가 있다. 포스트포드주의 모델이 여전히 초기 포드주의 모델과 같은 전략을 사용하고 교환 가치와 마찬가지로 기본적으로 상품에 기반을 둔 가치 개념에 의존하는 한, 두 가지 생산 형식 사이의 관계가 그렇다. 포스트포드주의 양상은 문화적, 사회적 삶을 위한 과학 기술의 함의를 포함하면서 포스트모더니즘과 결부되어 왔다. 포스트모더니티에 대한 데이비드 하비의 설명에 따르면, 포스트모던 시대는 정확히 대규모 생산의 중심지에서 벗어난 이와 같은 이동을 의미한다. 따라서 포스트포드주의/포스트모더니즘은 더 유연한 시장에 대처하기 위해 지역화된 노동력을 사용하고 조직하는 전 지구적 자본주의 문화로의 역사적 전개라고 특징지을 수 있다. ➔ 테일러주의 [PS]

Amin, 1995; Boyer & Durand, 1997; Harvey, 1989.

포스트구조주의
post–structuralism

문학 비평, 문화 연구, 정치 이론, 사회학, 민속지학, 역사 기술*historiography*, 정신분석학 등의 다양한 영역에서 벌어졌던 사상 운동. 1950년대와 1960년대에 주로 프랑스 이론가들이 채용했던 초기 구조주의 패러다임에서 자라났으며 어느 정도는 그에 대항하는 것이기도 했다. 구조주의는 그보다 약 40년 전에 페르디낭 드 소쉬르가 고안한 이론 언어학의 프로그램에서 방법론적 축을 도출했다. 구조주의 사상가들은 그의 저작을 재발견해 그의 아이디어를 광범위한 사회 문화 현상에 적용하기 시작했다. 이 현상은 모두 시스템적인*systemic* 특성, 즉 언어와 유사한 특성을 드러내 보여 소쉬르의 구조적 공시적 접근으로부터 도출한 서술과 분석 방법을 따르는 것으로 생각되었기 때문이다. 그래서 위에서 언급한 분과들 각각은 서사, 신화, 의례, 사회적 관행, 이데올로기, 사례사*case history*, 신념의 문화적 유형 등에 대해 기존의 단지 '경험적'이거나 임기응변적이었던 수많은 처리 방식과 단절하여 기저 구조, 즉 의미 작용의 심층 논리에 초점을 맞추고자 했다. 그것은 통합된 일반 기호학이라는 소쉬르의 거대한 꿈을 충족시키게끔 약속하는 것이었다. 모든 신화학에 대한 구조주의자의 열쇠는 경험적으로는 처리할 수 없을 만큼 거대한 범위의 문화 현상이 어떻게 단지 한 줌의 용어와 개념, 구분, 논리 작용만을 요구하는 이론의 지경 내부로 들어올 수 있는가에 대한 설명일 것이다. 그 가운데 가장 중요한 것은 소쉬르의 주요 구분인 기표와 기의, 랑그와 파롤, 그리고 언어 기호론적 연구의 양면적(통시적, 공시적) 축 사이의 구분이었다. 구조주의는 그 구분을 넘어 인간주의 담론의 '자율적' 주체와 같이 순진해 보였던 관념이 전혀 끼어들 여지가 없는 지점까지 밀고 이 분석을 나가고자 했다. 이전까지 주체는 다양한 구조 또는 '주체 지위'의 외부나 너머에 존재하며 특정 문화적 국면에서 언어와 사고의 한계를 나타내는 것으로 간주되었다.

그래서 구조주의자들의 사고는 이론적 반인간주의의 유파와 보조를 함께한다. 반인간주의는 대개 현상학과 실존주의 같은 이전의 '주체 중심적' 사상 운동에 정면으로 대항하는 것으로 스스로를 정의한다. 따라서 여러 가지 점에서 구조주의와 포스트구조주의 사이에는 분명한 연속성이 존재한다. 실상 이론가들 사이에서는 접두사 '포스트'를 어떻게 해석해야 할지에 대해 많은 논쟁이 있었다. 즉 그것을 강한 의미('구조주의 패러다임을 교체하고 대치하는')로 해석할지 아니면 단순히 연대기적 순서의 문제('구조주의적 접근을 새로운 방향으로 발전시키고 확장한')로 해석할지에 대해서 말이다. 포스트구조주의 역시 주요 이론적 영감을 소쉬르의 언어학 프로그램에서 발견한다. 비록 이 프로그램이 텍스트, 기호론적 체계, 문화적 약호, 이데올로기적 구조, 사회적 관행 등을 분석할 때 '과학적' 기반을 제공해 줄 수 있다는 모든 관념을 경시하거나 철저하게 거부하기는 하지만 말이다. 그 주장은 이제 그저 '메타언어적' 환상의 일종, 이론이 어쨌든 그것이 해석하거나 설명하려는 모든 것의 외부나 그 위에 비판적 입점을 획득할 수 있다고 주장하는 낡은(전형적으로 구조주의적이지만 마르크스주의적이기도 한) 오류의 한 예로 간주된다. 반대로 포스트구조주의자들은 다음과 같이 주장한다. 텍스트와 주석, 언어와 메타언어, 이데올로기적 신념 체계와 이데올로기가 허위 의식의 산물 또는 — 루이 알튀세르 같은 구조주의 마르크스주의자의 언어를 따르자면 — '상상적' 오인의 한 형태임을 폭로하는 것으로 주장하는 여타 (이론적) 담론 양식 사이에 확고한 방법론적 선을 그을 방법은 존재하지 않는다. 그런 관념은 이론이 다양한 종류의 자연화된 '상식적' 지식과 결정적인 '인식론적 단절'을 성취할 수 있다는 잘못된 믿음을 통해 확립되었다. 이 지식은 철저하게 진실한 것으로 통용되어 왔지만 실제로는 기존(예를 들어, 부르주아 인간주의적) 사회 정치 질서의 문화적 가치를 약호화하는 것일 뿐이다. 하지만 분석자의 것도 포함해 일단 '모든' 주체 지위가 끝없는 전치의 과정에 사로잡힌다는 것을 깨닫게 되고 나면 그 입장을 더 이상 유지할 수도 없다. 그리고 그런 전치는 언어의 불안정성, 기표와 기의 사이의 '자의적' 관계, 그리고 순수하고 자기 현시적인 발화자의 의도를 한 번도 순간에 포착하기가 불가능하기 때문에 생기는 것이다.

그래서 '포스트구조주의'에서 '포스트'는 아마 — '포스트모더니즘,' '포스트마르크스주의,' 그리고 좀더 최근에는 '포스트페미니즘'과 같은 여타의 그런 구성물들과의 유비에 의해 — 정치적 해방과 비판의 기획과 좀더 직접적으로 연결되어 있던 이전의 입장으로부터의 광범위한 후퇴 운동을 표시하는 것으로 이해하는 것이 바람직할 것이다. 하지만 포스트구조주의는 실제로 독특한 종류의 급진적 정치를 주장한다. 그것은 구조주의자, 마르크스주의자, 페미니스트 등 예전 스타일의 '계몽적' 지식과 진리 관념을 전제하는 어떤 이론으로도 포착할 수 없는, 언어나 담론 속에서 다양하게 위치가 달라지는 '과정 속의 주체*subject-in-process*'에 대한 상상이다. 여기서 적어도 문예이론가 사이에서 가장 영향력 있는 것은 롤랑 바르트의 저작에서 볼 수 있는 일련의 변화하는 헌신이다. 바르트는 초기의 고도로 구조주의적인 단계(《신화학*Mythologies*》(1957)과 "서사의 구조적 분석The Strutural Analysis of Narratives"(1977b)과 같은 텍스트)로부터 이론적 엄밀성에 대한 주장을 모두 거부하고 대신 손에 잡히는 원천들 — 문학, 언어학, 구조주의, 정신분석, 마르크스주의, 광범위한 텍스트 상호적 암시 — 모두에 자유롭고 변덕스럽게 의존하면서 그것 모두를 완전한 능란함과 아이러니로 다루며 어떤 종류의 정통적인 방법론에도 몰입하지 않는 후기 저술 스타일(예를 들어, 《S/Z》(1970)와 《텍스트의 즐거움*The Pleasure of the Text*》(1973))로 나아갔다. 《신화학》에서 바르트는 소쉬르가 도출한 고도로 체계적인 구조주의 방법을, 그때까지 가장 확실하게 적용한 사례를 보여 주었다. 그가 분석했던 소재는 광고 이미지에서 프랑스의 유행 요리, '영화에서의 로망스'에서 제트기 비행사의 신화, '아인슈타인의 뇌'(과학적 천재라는 근대 이데올로기에 의해 창조된 물신 사물)에서 자연적 스포츠 이벤트로 통용되는 문화적 고안의 대표적인 예로서 권투의 스펙터클에까지 걸쳐 있는 후기 부르주아 '신화'의 다양한 항목이었다. 10년 후 그는 후회하며 회고했다. 이제 이 방법은 필요한 분석 도구를 집어내 그들 앞에 나타나는 거의 모든 것을 탈신화화하기를 배운 사람이라면 누구나 적용할 수 있는 방법이 되었다고. 그래서 우리는 앞으로 나아가 '메타언어적' 분석이라는 허구의 관념을 거부해야 한다. 대신 관련된 신화를 창조적인 텍스트 변형 과정을 통해 실제로 '다시 쓰기*rewriting*'함으로써 후기 에세이의 한 제목에서처럼 '대상 자체를 변화'시킬 독해를 생산해야 한다. 그렇게 하지 않는다면 언제나 급진적 아이디어가 정착하여 새로운 정통으로 되기 시작하거나, 한때 도전적이고 전복적으로 보였던 이론들('고전적' 구조주의처럼)이 안전하게 포장된 학문적 형식 속에서 오랫동안 재활용되는 단계 — 바르트에게는 혐오스러운 — 가 오게 될 것이다.

후기 저작에서 바르트는 이 진단을 포스트구조주의의 특정 측면에 적용했다(이때까지 포스트구조주의는 아직 광범위한 인기를 누리지 못하고 있었다). 이로부터 (자크 라캉의 정신분석 이론으로부터 파생된) 포스트구조주의의 으뜸 원리가 도출되었다. 예를 들어 무의식은 '언어처럼 구조로 되어 있고,' 무의식의 작동은 그 정의에 의해 의식적 사고가 파악할 수 없는 것이다. 또 인간 주체는 두 영역 사이에서 돌이킬 수 없이 분리되어 있는데, 그 두 영역이란 허구적('상상적') 자아 동일시라는 반영적*specular* 영역과 상징적 영역으로서 상징적 영역에서 주체의 '정체성'은 기껏해야 담론적으로 생산된 일련의 변환하는 주체 지위로 구성된다. 그 후 포스트구조주의는 미셸 푸코의 회의론적 지식의 계보학에 많은 영향을 받았다. 푸코는 '진리'가 항상 그리고 어디에서나 기득권 관심의 산물이어서 상이한 '권력 지식' 체제가 다양한 규율 기술이나 주관적으로 내재화된 감시와 통제 양식을 낳는다고 주장했다. 이 아이디어들은 자율적인 자유와 선택의 환상을 배양함으로써 스스로의 권력 의지를 감추는 인간주의적 담론의 개념이나 가치와 급진적 단절점으로 제시된다.

그래서 포스트구조주의는 잠재적으로 해방적인 공간, 젠더나 계급 결연 같은 낡은 '본질주의적' 관념에 따라 더 이상 정의될 수 없는 '복수의,' '탈중심화된,' 여러 개의 또는 끊임없이 탈안정화된 주체 지위의 공간을 가능하게 해준다는 주장이 나타난다. 에르네스토 라클라우와 샹탈 무페 같은 몇몇 이론가들에게는 포스트구조주의가 현재의 사회적 관심의 범위가 상당히 넓고 다양하다는 것을 인정하는 정치 — '포스트마르크스주의' 정치임을 공언하는 — 로 향하는 길을 가리킨다. 이런 관점에서 고전적 마르크스주의처럼 어떤 특권적 이론이 역사의 진리를 얘기할 수 있다거나, 사회 경제적 요인이나 계급 요인을 가장 중요한 단일 이슈로 삼아 우선성의 척도에 따라 그 이해 관심에 순서 매길 수 있다고 가정하는 것은 단순한 '메타서사적' 환상의 형태에 지나지 않는다. 오히려 포스트구조주의의 용어를 빌리자면 우리는 주체가 여러 개의 광범위한 지위, 담론, 투쟁 지점 등에 걸쳐 '분산'되어 있고, 이런 저런 억압된 계급이나 이익 집단을 위해 얘기한다는 주장은 정당화할 수 없다고 생각해야만 한다. 결국 '전체화하는' 거대 이론은 전혀 존재하지 않는다는 것이다. 하지만 모든 '선택'이 실상 주체가 기존의 담론 범위 안에 특수하게 삽입되는 양식의 산물에 불과하다면 누군가가 이성적이거나 원칙에 따른 선택을, 어떻게 할 수 있는지 설명하려고 할 때 여전히 문제가 발생한다.

이 문제는 주체가 자기 동일적이지 않다는, 즉 주체성은 항상 진행하는 과정에 있거나, 다시 — 라캉을 따라 — 자아가 기표의 끝없는 '우회'에서 벗어나 마침내 '상상적' 풍부성과 현전이라는 바라던 상태를 달성할 지점이 결코 오지 않는다는 인식에서도 전혀 풀리지 않는다. 이것은 여전히 결정론적 독단, 즉 주체가 언어 속에서 또는 언어에 의해 구성된다는 이론으로 작용하기 때문이다. 이는 몇몇 포스트구조주의자가 그에 대해 기표의 '자유 유희'나 주체가 한 상황에서 다른 상황으로 존재함에 따라 그만큼 많은 지위나 '수행적' 역할을 채용할 가능성을 찬양함으로써 모호한 유토피아적인 조작을 가하려고 아무리 욕망하더라도 마찬가지이다. 후기 저작에서 바르트가 억압적(자연화된 또는 리얼리즘적인) 규범과의 단절을 성취하고, 그래서 부르주아 '고전적 리얼리즘'라는 냉혹한 온정주의적 법칙에 의해 더 이상 정체성과 젠더가 고정되지 않는 새로운 체제를 예고하는 (것으로 생각하는 것은) 특정 '아방가르드' 문학 텍스트에서 예시되는 바로 그 쓰기의 행위이다. 그런 아이디어는 푸코와 라캉 같은 이론가가 전달하는 어두운 메시지와 비교하면 자극적 호소력이 있다. 그럼에도 불구하고 그것은 동일한 비판에 직면한다. 즉 라캉의 말을 따르면 주체는 단순한 언어나 담론의 '장난감*plaything*'으로 남으며, 유사하게 실재도 다양하게 의미화하는 약호와 관습에서 생겨나는 선택적 구성물에 지나지 않게 된다는 것이다.

포스트구조주의적 접근으로 본 역사 기술과 사회과학의 결과는 소설, 이야기, 다양한 종류의 상상적 시나리오 등의 가공적 담론과 과거와 현재 사건을 진실하게 설명하고자 하는 서사 사이에서 결정적으로 중요한 구분이 흐려진다는 것이다. 그런 영역 혼란은 장 보드리야르 같은 포스트모더니즘 사상가의 저술에서 훨씬 더 나아간다. 그는 대개 같은 전제 위에서 이제 우리가 편재적인 매스 미디어 시뮬레이션의 세계에 거주하며, 그곳에서는 '외관 뒤의' 실재라는 관념 자체가(진리, 비판, 이데올로기, 허위 의식 등의 관념과 함께) 지나간 시대의 순진한 계몽적 신념으로 전락해 버렸다고 주장한다. 이것은 모두 — 포스트구조주의자들이 아마 행복하게 인정하듯이 — 소쉬르의 원래 기획, 엄밀한 과학적 원리에 기반한 구조 언어학의 기획과는 매우 거리가 먼 것이다. 그들의 좀더 급진적인 주장이 세심한 검사에 견딜 수 있을지는 여전히 다양한 유파의 이론가들 사이에서 격렬하게 논란이 되는 주제이다. [CN]

Attridge et al., 1987; Barthes, 1975; Belsey, 1980; Harari, 1980; Harland, 1987; Sturrock, 1979; Young, 1981.

포스트모더니즘
postmodernism

앤서니 기든스는 "포스트모던이란 말에 조금이라도 의미가 있다면 문학, 미술, 조형 예술, 건축 내부의 스타일이나 운동을 가리키는 것으로 놔두는 것이 가장 좋다. 그것은 근대성의 본질에 대한 '미학적 반성'의 측면에 관여한다"(1990: 45)고 주장한다. 또 기든스는 그것을 니체와 하이데거, 그리고 합리적 비판이라는 계몽주의 기획의 포기와 연결시킨다. 하지만 기든스는 포스트모더니스트들이 계몽의 이상보다 더 나은 것을 가지고 있는 것은 아니라고 덧붙인다. 한편, 데이비드 하비는 《포스트모더니티의 조건*The Condition of Postmodernity*》에서 포스트모더니즘을 사회 경제적 용어로 분석하고자 했다. 하비는 포스트모던이 시장의 발전에서 탈중화심되고 다양화된 단계, 즉 공장이라는 한 장소에 집중된 포드적 생산 원리가 생산의 유연성을 높이기 위해 다양한 원천을 조정하는(즉 한 최종 생산품의 부품이 한 군데 이상의 장소에서 만들어진 후 다른 곳으로 실려가 조립되는) 제조 형태에 의해 대치된 단계를 의미한다고 주장한다. 이전의 포드주의 노동 시장에서와 달리 이 단계에서는 유동적이고 처분 가능한 노동력이 생산된다. 따라서 하비에게 포스트모더니즘은 마르크스가 자본주의 사회 논리의 특징으로 진단했던 사회 과정을 확장한 것이다. 결과적으로 이런 관점에서 포스트모더니즘은 적어도 그 철학적 외양으로 볼 때 자본주의 변호론의 한 형태로 간주해도 무방할 것이다.

따라서 포스트모더니즘과 관련해 한 가지는 확실하다. 말하자면 이 단어는 아주 다양한 의미로 사용되고 있어 간략한 정의를 내리기가 쉽지 않다는 것이다. 예를 들어, 건축에서 포스트모더니즘은 모더니스트의 취향을 뒷받침했던 이전의 완고한 관습, 이를테면 르 코르뷔지에의 기능주의에서 찾아볼 수 있는 관습에서 벗어난 좀더 절충적이고 유희적이며 비기능적인 미학을 의미했다. 반면 '포스트모던'한 소설은 기존의 관습적 형식 자체에 대한 갱신을 추구하는 서사 형태의 실험주의를 구현하는 것으로 기술될 수 있다. 여기서는 모더니즘으로 회귀하는 아방가르드주의의 이름으로 이루어졌던 관습을 보유하는 동시에 전환하는 방법이 동원된다. 장 보드리야르, 자크 데리다, 미셸 푸코, 루스 이리가레이 등이 포스트모더니즘과 자주 연결되는 저술가이다.

아마 무엇이 포스트모더니즘을 구성하는가에 대한 가장 통합적인 설명은 《포스트모던의 조건: 지식에 대한 보고서》에서 철학자 장 프랑수아 료타르가, 특히 그 책의 마지막에 포함된 에세이 "질문에 대답하기: 포스트모더니즘이란 무엇인가?Answering the Question: What is Posrmodernism?"에서 가장 간명하게 제시했을 것이다. 《포스트모던의 조건》에서 료타르는 포스트모더니티와 관련하여 거대 서사(예를 들어, 마르크스주의의 서사)가 붕괴하고 '작은 서사'로 대치된 것을 강조한다. 테크놀로지의 발전으로 무엇이 지식을 구성하는지에 대한 관념이 변형되어 이런 변화가 발생했다는 것이다. 이 책에서 제시된 관점은 포스트모더니티의 인식론 다시 말해 실재에 대한 적합하고 '객관적인' 설명을 제공할 능력의 위기라는 맥락에서 파악된 포스트모던에 초점을 맞춘다.

"질문에 대답하기: 포스트모더니즘이란 무엇인가?"라는 에세이에서 료타르는 포스트모던을 명료화하는 수단으로 (《판단력 비판》에서 제시된) 칸트의 숭고 관념을 분석한다. 칸트는 숭고란 관람자가 개념화를 거부하는 무언가에 부딪쳤을 때 환기하는 감정이라고 본다. 유사하게 료타르는 포스트모던

이 숭고한 감정을 표현할 새로운 방식을 제출하려는 표현 양식이라고 주장한다. 다른 말로 하면 포스트모더니즘은 새로운 전략으로 경험을 기술하고 해석하려는 과정에서 전통적 관습의 한계를 극복하려고 하는 아방가르드 미학 담론이다. 의미심장하게도 료타르는 포스트모던을 역사적 진보로 이해해서는 안 된다고 주장한다. 과거의 모더니즘으로부터 현재가 절연된 것이 아니라는 것이다. 오히려 모더니즘 자체는 이미 포스트모던한 일련의 관심사에 대한 반응이다. 료타르에 따르면 모더니즘은 잃어버린 통합성의 감각에 대한 향수적 동경을 구현하며 이를 좇아 파편화의 미학을 구축한다. 대조적으로 포스트모더니즘은 이 통합성의 결핍에서 시작하지만 그것을 애도하는 대신 찬양한다. 이 주장은 료타르가 모더니스트의 '단편*fragment*'(즉 비록 획득할 수는 없지만 더 큰 전체의 한 부분으로 파악되는 예술 작품)을 포스트모던한 '에세이'(기도한다는*essaying forth* 의미로 파악된 것. 이는 총체를 구축하거나 애도하는 것 모두를 혐오하는 실험주의의 정신에 기초한 것으로, 에세이의 특징에 대한 묘사는 "형식으로서의 에세이The Essay as Form"에서 아도르노의 분석과 강한 유사성을 지니고 있다)와 비교하는 데서 가장 명백하게 드러난다.

좀더 뒤에 료타르는 포스트모더니즘에 대한 이전의 해설로부터 떠나갔다. 한편으로 그는 그것을 모더니티 기획의 '다시 쓰기*rewriting*'라는 용어로 재정의하고자 했다(《비인간*The Inhuman*》에 수록된 에세이들을 보라). 다른 한편, 《논전: 논쟁 중의 어구들》과 같은 저작에서는 적어도 《포스트모던의 조건》에서 볼 수 있었던 것에 비해 포스트모더니즘이 좀 덜 긍정적인(그리고 확실히 더 신중한) 관점에서 고려될 수 있다는 힌트를 얻을 수 있다. "종국이라는 쓰레기 더미에서 남은 것을 찾아 헤매는 노인…… 특정 인간성을 위한 목표"(《*The Differend: Phases in Dispute*》, section 182).

이탈리아 철학자 지아니 바티모Gianni Vattimo도 《모더니티의 종말*The End of Modernity*》에 실린 "철학에서의 허무주의와 포스트모던Nihilism and the Postmodern in Philosophy"이라는 에세이에서 포스트모던에 대한 설명을 제시한 바 있다. 기든스의 관점과는 반대로 바티모는 포스트모더니즘을 예술이 아니라 명확하게 철학에 관련을 지었다. 기든스에게서처럼 두 사상가, 즉 니체와 하이데거가 포스트모더니티의 개막을 알렸다. 바티모는 그의 입장을 설명하는 수단으로 하이데거의 비틈*Verwindung*이라는 관념에 눈을 돌린다. '비틈'이라는 말은 극복*Überwindung*(즉 이성을 사용하여 모순을 비판적으로 극복하는 것)도, 초월적 비판을 근거 짓는 수단으로서 이해의 일차적 규칙과 이성의 원리 속에 '선험적인' 조합 양식을 수립하려고 하는 칸트적인 결합*Verbindung*도 표상하지 않는다. 오히려 '비틈'은 의미의 '비틀기*twisting*'로서 객관성에 대한 모든 주장을 혐오하는 상대주의적 비판의 길을 열어 주는 것이다. 그와 함께 이것은 바티모가 포스트모더니즘에서 '포스트–'를 설명할 수 있게 해준다. 그것은 초월적 비판의 가능성을 전제하지 않기 때문이다. 흥미롭게도 바티모가 '비틈'이라는 용어로 얘기한 최초의 철학자로 간주하는 사람은 하이데거가 아니라 니체이다. 실상 바티모에게 포스트모더니티는 니체의 저작과 함께 태어났다(Vattimo, 1988: 164). 바티모는 니체의 책 《인간적인, 너무나 인간적인》에 눈을 돌려 이 저작이 모더니티를 끊임없는 대치의 과정으로 정의한다고 주장한다. 그 속에서 '전통'과 같은 관념을 통해 표현되는 낡은 것은 새로운 것을 위해 버려지고 새로운 것은 다시 쇠퇴하여 계속 더 새로운 형태에 의해 대치된다. 그런 맥락 속에서 모던은 결코 극복될 수 없다. 왜냐하면 각각의 극복은 단지 새로운 것이라는 물신의 또 다른 반복에 불과하기 때문이다. 이런 진단을 제공하면서 니체의 텍스트는 예를 들어 칸트적인 초월주의에 기대 모더니티로부터의 탈출로를 상상하기를 거부한다. 오히려 니체의 설명은 "모던 자체의 타고난 경향"(p.166)을 해소하여 모던을 급진화하고자 한다. 이것은 다음과 같은 추론의 연쇄를 통해 달성된다. (i) '화학적 환원'(Nietzsche, 1986: section 1ff.을 보라. 거기에서 니체는 '도덕적, 종교적 센세이션의 화학'의 구성에 대해 쓴다) 전략을 통해 니체가 모레스*mores*(지배적인 윤리적 행위의 형태들)를 비판한다. 그것은 (ii) 이 환원(즉 진리)을 위한 존재론적 근거와 방법론적 기반이 마찬가지로 그런 정밀한 조사 과정에서 해소될 수밖에 없다는 깨달음을 낳는다. 그리고 (iii) 결과적으로 진리는 역사적 우연성의 산물로 간주된다. 그래서 진리

(그리고 결과적으로 진리의 언어)는 생존을 위한 필요와 같은 힘에 (a) 종속되고 (b) 그 힘에 의해 주조되며 실재를 알 수 있다는 지지할 수 없는 신념과 같은 관념에 의존하고 있다는 것을 깨닫게 된다. 이로부터 그다음 (iv) 진리는 언어(실재를 기술하는 수단으로서가 아니라 세계에 대응하는 도구로서의 언어)의 은유적 기능에 뿌리를 두고 있다는 결론이 도출된다. 이런 맥락 속에서 진리는 해소되고 그 자신의 형이상학으로 살해되어 유명한 표현에서 나타나는 바와 같이 신은 죽었다(진리에 대한 기독교 형이상학적 요구는 기독교 신앙*Christianity* 자체로 전환하여 스스로의 이상에 맞게 살 수 없게 되었음을 발견한다). 바티모에게 이 허무주의적 결론은 모더니티로부터의 탈출로를 제공하며 포스트모더니티의 탄생을 의미한다. 즉 진리와 존재의 개념을 지식에 기반하려는 관심이 '외관*appearance*'의 역사적 분석과, 우리 지식의 형태에서 우연성의 지배를 강조하는 관심으로 대치된 것이다. 니체 사상 가운데 바티모의 설명과 일치하지 않는 측면이 많이 있다는 점은 지적할 가치가 있다. 예를 들어, 후기의 니체는 모더니티를 '극복'되어야만 할 타락한 형태로 진단하며 유사하게 모던 '허무주의'를 '타락' 또는 문화적 쇠퇴의 징후로 비판한다. [PS]

Giddens, 1990; Harvey, 1989; Hassan, 1987; Jenks, 1991; Lyotard, 1988, 1989, 1991; Vattimo, 1988.

포스트산업 사회
post-industrial society

소규모, 작업장 기반의 장인 생산 경제에 근거를 둔 '포스트산업 국가'의 아이디어는 19세기 말 공상적 사회주의자 윌리엄 모리스의 추종자들이 처음 제안한 바 있다. 그러나 '포스트산업 사회'의 현대적 용법은 1960년대 초반 다니엘 벨Daniel Bell(1973)과 알랭 투렌Alain Touraine(1968)에 의해 거의 동시에 제시되었다. '포스트산업 사회' 개념은 전후 자본주의에 발생했던 변화를 요약하려는 것이었다. 포스트산업 사회는 자본주의가 봉건주의와 다르듯이 산업 자본주의와 구분되는 새로운 사회 형태이다. 포스트산업 사회에서는 이론적 지식이 사회 변화와 정책 형성의 원천이 된다. 이 사회에서는 교육 수준이 고도로 높아지고 많은 자원이 고등교육과 상업적인 연구 개발 등 이론적 지식의 생산에 투여된다. 그래서 경제는 재화와 원료의 생산에서 서비스의 생산으로 전환한다. 지배적인 산업은 컴퓨터와 항공 산업처럼 이론적 지식에 의존하는 산업들이다. 여기에 동반하여 구 노동 계급이 쇠퇴하고 '화이트 칼라' 또는 비육체 노동 계급이 상승한다. 전문적, 기술적인 새로운 계급(또는 '지식 계급')이 지배적이 된다. 벨과 투렌은 포스트산업 사회를 어느 만큼 열광적으로 포용하느냐라는 점에서 서로 차이를 보인다. 벨에게 그것은 긍정적 발전이다. 즉 포스트산업 사회에서는 사회적 통합성이 증가하고 정치 갈등이 감소한다. 반면 투렌은 포스트산업 사회가 전통적 대학 교육의 인간주의적 가치에 둔감한 기술 관료적 엘리트가 지배하는 사회가 될 위험성이 있다고 본다. [AE]

Kumar, 1978.

포스트식민주의
post-colonialism

일반적으로 2차 세계 대전 직후 세계적으로 광범위하게 발생한 문화 변화를 가리키는 데 사용되는 용어. 이 용어에는 역사적 뉘앙스와 이론적 뉘앙스가 모두 담겨 있다. 한편으로 '포스트식민주의'는 이 시기에 독특했던 무언가를 의미하며, 이를 구성했던 문화적, 경제적, 사회적 사건들은 유럽 제국주의의 쇠퇴를 가리킨다. 다른 한편, '포스트식민성 *postcoloniality*' 이론은 광범위한 형이상학적, 윤리적, 방법론적, 정치적 관심사에 관여한다. 문화적 정체성과 젠더의 본성, 민족성*nationlity*, 인종, 종족 개념에 대한 조사, 제국주의하에서의 주체성*subjectivity*의 구성, 그리고 언어와 권력의 문제 등이 이 관점에서 다뤘던 쟁점이다. 프란츠 파농(1925~1961)이 그런 논점에 주의를 기울였던 가장 초기 저술가 가운데 한 명이었다. 파농은 식민화된 주체의 억압된 의식을 분석하려고 했다. 그는 제국주의가 '내면화 *internalization*'의 과정을 촉발시키며 그 결과 제국주의에 종속된 사람들은 경제적, 정치적, 사회적 열등성을 경험하게 된다고 주장했다. 그리고 이런 경험은 '외부적'인 면에만 국한되지 않고 그들 자신의 정체성에 대한 감각에까지 영향을 미친다. 그래서 물질적 열등성은 인종적, 문화적으로 열등하다는 느낌을 만들어 낸다. 그다음 파농은 이 과정에서 언어의 역할을 보여 주려 했다. 그는 식민화가 언어를 통해서도 발생한다고 주장한다. 크레올이 프랑스 지배하에 있을 때 크레올어는 프랑스어에 비해 '열등한' 것으로 간주되며 식민화된 주체는 제국주의 통치자의 언어를 사용하도록 강요됨으로써 스스로의 언어 능력과 정체성 면에서 종속을 경험한다(이런 사례는 유럽 내에서도 드물지 않게 찾아볼 수 있다. 16세기 이래 영국의 지배가 확장되면서 아일랜드와 웨일즈 문화가 비슷한 식민의 경험을 겪었던 것이다).

파농의 저작에 영향받은 저술가들은 서구의 문화적 지배라는 맥락에서 제공되었던 문화와 인간성*humanity*(예를 들어, 민족*nationhood* 문제)에 대한 정의를 그대로 적용할 수 있는가 하는 질문을 제기하거나(예를 들어, Bhabha, 1990을 보라) 유럽의 담론에 내재해 있는 문화적 편견을 밝혔다(오리엔탈리즘에 대한 에드워드 사이드의 저작을 보라). 마찬가지로 이른바 '제3세계'나 포스트식민적 문화의 정체성을 받치고 있는 내밀한 문화적 다양성의 관념을 강조하기 위해 '잡종성*hybridity*'이나 디아스포라*diaspora* 같은 관념이 발전되었다(예를 들어, 스튜어트 홀이나 호미 바바의 저술을 보라). 이런 맥락 속에서 서구와 비서구 문화 사이의 구분을 분석하고 서구 문화의 위계적 우월성에 의문을 제기하는 수단으로 종종 담론과 서사 이론이 전개되었다. 이들 이론 중 일부는 마르크스주의나 포스트모더니즘과 포스트구조주의 사상에서 파생된 것이다. 그러나 사이드 같은 이론가들은 뒤의 두 운동에 기반한 사상들이 '포스트식민적' 주체의 경험을 제대로 설명할 수 없다고 비판하기도 했다. 그것은 이들 사상에 함축되어 있는 반리얼리즘 때문이다(그리고 어쩌면 포스트모더니즘과 포스트구조주의에 고유한 사상이 상당 부분 서구 학계에서 생산된 것이라는 비판도 가능할 것이다).

그런 이론이나 나아가 하나의 역사적 시기를 정의하기 위해 '포스트식민주의'라는 용어를 사용하는 것이 논쟁적이라는 점도 지적할 가치가 있다. 이는 그 단어가 식민지 확장의 결과 지난 200~300년 동안 서구 문화가 획득한 지배력을 내적으로 전제하고 있다는 것을 함축하기 때문만은 아니다. '포스트식민적'이라는 규정은 다른 말로 하면 식민주의가 '포스트식민적' 주체와 그들 문화의 정체성에 대한 정의를 제공함으로써 지속적으로 영향력을 발휘하고 있다는 신념을 간직하는 것이다. 마찬가지로 전후 시기가 식민적 형태로부터 정말 멀어졌는지도 의심스럽다. 유럽의 민족 국가라는 정치 형태에 뿌리를 둔 식민 제국주의는 근대 자본주의와 결합되어 대두했다가 이제 그 지배력을 잃어 버렸을지도 모른다. 그러나 일부 비평가들이 후기 자본주의 내부 발전의 특징으로 묘사했던 세계화 속에서 서구의 문화적, 경제적 권력은 여전히 지배력을 간직하고 있는 것이다(포스트모더니즘 항목에서 데이비드 하비의 저작에 대한 논의를 보라). [PS]

Bhabha, 1990, 1994; Fanon, 1989; Said, 1978a, 1993.

포스트인간주의
post-humanism

테크놀로지가 신체를 갖춘 인간적 실존에 미칠 영향에 대한 전형적으로 열성적인 탐구는 철학, 문화 이론, SF 문학에서 표명된다. 포스트인간주의는 인공 두뇌, 유전자 변형, 최근의 나노 기술 등과 같은 테크놀로지를 통해 이루어지는 인간의 신체와 정신의 확장에 일차적인 초점을 맞춘다.

포스트인간주의라는 용어는 르네상스 이후 서구 사상을 특징지어 온 인간주의적 철학을 넘어서는 입장을 분명히 하는 것으로 이해될 수 있다. 인간주의는 변하지 않는 타고난 인간 본질이 존재하고, 그것은 역사와 문화를 넘어 모든 인간이 공유하는 것이라고 전제한다. (프랑스 철학자 르네 데카르트(1596~1650)는 그런 인간주의적 관점의 예로 자주 거론된다.) 그런 입장이 인간성의 개선이나 진보는 있을 수 없다는 주장으로 이어지지는 않았다 하더라도, 인간주의는 전형적으로 그런 진보가 미리 결정된 목표, 즉 완전한 인간성의 정수를 지향한다고 가정한다. 이러한 인간주의의 보다 역사적인 차원은 19세기에, 특히 인간적 본성이 역사적 진행과 발전 과정에 있다고 인식한 헤겔과 마르크스 같은 철학자에 의해 광범위하게 탐구되었다. 특히 마르크스는 인간 본성이 인간의 테크놀로지 사용과 연계되어 있고, ➔ 생산력 테크놀로지 자체가 더 정교해짐에 따라 변화되었다고 인식했으며, 따라서 본질적인 인간성 같은 것은 없다고 주장하기 시작한다. 몰역사적 인간주의에 대한 이런 도전은 다윈의 진화론에 의해 보완되었다. 진화론은 인간이 단지 또 하나의 종*species*일 뿐이지, 신이 창조한 존재 또는 어쨌거나 다른 종들의 진화를 이룩하게 한 자연 선택의 힘이 닿지 않는 예외적인 존재가 아님을 제시했다. 그래서 1923년에 영국 생화학자 J. S. B. 할데인J. S. B. Haldane(1924)은 이미 유전적 향상, 그리고 다른 형태의 기술적 향상이 인간성에 가한 긍정적 결과를 탐구하기 시작했다.

포스트인간주의에서 볼 때, 인간주의는 인간 존재의 본성에 관한 하나의 철학적 입장일 뿐만 아니라 '인간됨*humanness*'을 기본적인 규범적 가치로 전제하고 있음을 나타낸다. 그 '인간됨'은 인간의 자율성에 대한 긍정적 가치 부여를 전제한다(이는 18세기 철학자 임마누엘 칸트의 도덕 철학에 가장 근본적으로 명시되어 있고, UN 인권 선언 같은 정치적이고 도덕적인 문건에 새겨져 있다). 인간주의적 관점에서 볼 때, 자율성이야말로 인간 존엄의 고유한 근원이다. 이 개념은 예를 들어 루이 알튀세르(1918~1990) 같은 구조주의 사상가에 의해 이미 도전 받아왔다. 알튀세르가 볼 때, 개인의 자율성에 집중하는 것은 인간 행위가 사회적이고 문화적인 구조에 실제로는 종속되어 있음을 은폐하는 이데올로기이다. 인간 개인은 기껏해야 그런 구조의 담지자일 뿐이다. 인간의 행위는 많건 적건 간에 그런 구조에 의해 결정(또는 중층결정)된다.

포스트인간주의 관점의 특징은 테크놀로지를 강조하고, 미래의 인간(혹은 포스트인간) 본성의 예측 불가능성과 개방성을 강조하는 데에서 찾아볼 수 있다. 보드리야르는 포스트인간주의 사상에 중대한 어떤 것을 예견하는 표시로서 [포스트]현대*[post]modern*인들이 그들을 둘러싼 기술에 매우 종속되어 있어서 마치 '풍선 속의 소년' 같은 처지에 놓여 있다고 주장한다(Baudrillard 2000b: 34). '풍선 속의 소년'은 면역 체계가 너무 약해 그가 들어가 살고 있는 인위적이고 엄격하게 통제된 살균 환경 바깥, 즉 NASA에서 디자인한 '텐트' 바깥에서는 생존할 수 없다. 아마도 포스트인간주의적 사고에서 핵심적인 움직임은 환경에 대한 테크놀로지의 통제(이는 마르크스의 사상을 발전시킨 것으로 보인다)로부터, 테크놀로지가 인간 신체 자체 속으로 밀고 들어올 가능성 그리하여 인간의 본질이 내파될 가능성 쪽으로 주의를 옮긴 것일 것이다.

20세기는 인간의 미래를 둘러싼, 따라서 포스트인간이나 트랜스인간*transhuman*을 둘러싼, 가끔은 아주 주변화되기도 했지만, 지속적인 논쟁을 목격했다. 트랜스인간이란 용어는 포스트인간과 다소 비슷한 의미로 받아들여지지만 그럴싸한 중의적 개념을 나타낸다. 즉 초월*transcendence*과 인간성*humanity* 개념의 결합을 지칭하기도 하고, 이행적 인간성*transitional humanity*을 나타내기도 한다(후자는 미래주의 학회 업윙거스Upwingers의 설립자인 F. W. 에스판디어리F. W. Esfandiary(별칭 FM 2030[1989])에 의해 주어진 의미이다). 과학자(가령 로버트 에팅거Robert Ettinger(1972)와 저온학*cryonics*과 연관된 다른 사람들), 유토피아 사상가(가령 엔트로피와 반대되는 의미인 '엑스트로피 연구소'를 세운 맥스 모어Max More(2003)), 소설가, 영화인들이 모두 포스트인간에 대한 이론과 대중적 인식을 발전시키는 데 기여했다. 1998년 닉 보스트롬Nick Bostrom과 데이비드 피어스David Pearce에 의해 세계트랜스인간학회A World Transhumanist Association가 설립되었다.

문화 이론 안에서는 도나 해러웨이의 '사이보그 선언Cyborg Manifesto'이 중심 텍스트이다. 해러웨이는 페미니즘적 관점의 작업을 통해 자신이 인간주의적 사고 속에서 확인하는 세 가지 핵심적 이항 대립에 도전한다. 동물에 대립되는 것으로서의 인간, 기계에 대립되는 것으로서의 유기체, 그리고 비육체적인 것에 대립된 것으로서의 육체적인 것이 그것이다. 포스트인간 안에서는 이런 구분이 희미해질 것이고, 각 쌍들의 첫 번째 요소에 주어진 가부장적 특권은 훼손될 것이다. 따라서 포스트인간적 페미니즘의 과제는 이전에는 분리된 구성 요소의 인터페이스를 허용할 약호를 찾아내는 것이며, 이 인터페이스는 기계–유기체 공생 상태*a machine–organism symbiosis*, 즉 "일종의 분해되고 재조립된, 탈현대적인 집합적이고 개인적인 자아"로서의 사이보그(Haraway, 1991: 163)로 귀착될 것이다. 캐서린 헤일스Katherine Hayles는 이렇게 말한다. "포스트인간에게 있어선 육체적 실존과 컴퓨터 시뮬레이션, 인공 두뇌 메커니즘과 생물학적 유기체, 로봇 기술과 인간적 목표 사이에 본질적 차이 또는 절대적 경계는 없다"(1999: 3).

포스트인간주의에 대한 도덕적 논쟁은 유전 공학의 잠재력이 증가함에 따라 더 격렬해져 왔다. 이 논쟁은 존엄성이라는 인간주의적 주제를 상정하여, 인간 존재의 유전자 변형이나 여타 다른 변형이 낳을 결과가 수용 가능한 정도의 존엄성을 지닌 존재를 남길 것인지, 그리고 실로 이 존엄성은 어디에 존재할 수 있는지에 대해 중점적으로 질문하는 것처럼 보일 수 있다. 어떤 사상가들은 인간 개인 또는 인간 종의 유전자(그리고 다른) 변형이라는 발상에 저항한다. 그 전형적인 근거는 그런 변형이 인간 존엄성을 침해하고 따라서 더 나아가 '인간됨'의 기본 가치를 침해하리라는 것이다. 그래서 위르겐 하버마스는 특정 능력이나 잠재력을 증진시키기 위해 유전적으로 변형된 인간 존재는 자기 삶의 목적에 대한 합리적 선택이 부인될 것이라고 주장했다. 그런 증진은 어떤 사람을 교육시키는 바로 그 과정이 그들이 교육받고 있는 목표와 목적에 대해 반성하고 필요하다면 거부할 수 있는 능력을 그들에게 부여하는 정상적인 교육과 대조를 이룬다. 유전자적으로 변형된 개인은 그러한 선택이 부인된다(Habermas, 2003). 아마도 포스트인간에 대한 가장 유명하고 널리 읽힌 반대자는 프란시스 후쿠야마(2002)일 것이다. 그는 유전자 변형이 모든 인간성에 공통된 따라서 공동체 내의 모든 인간에게 공통된 존엄과 권리의 근본을 이루는, 그 알 수 없는 'X 요인'을 침해하리라고 본다. 이런 침해로 인해 어떤 집단이나 개인은 유전적으로 열등하거나 우월한 것으로 결정됨으로써 새로운 형태의 차별과 억압이 유발될 것이다.

이런 보수주의는 누구보다 앞서 닉 보스트롬과 J. 휴즈J. Hughes에 의해 도전받아 왔다. 보스트롬(2005b)은 가능한 모든 존재 양식이 받아들여지고 존중받을 수 있는 공간을 명료화할 더 넓은 존엄성 관념을 탐구하고자 시도해 왔다. 휴즈(2004)는 각 개인이 자기 신체를 자기가 원하는 대로 조형할 수 있는 권리와 함께, 누구나 안전한 포스트인간적 테크놀로지를 이용하게 되는 사회를 전망한다. 따라서 국가는 새로운 테크놀로지의 안전성과 효율성을 보장하고, 그런 테크놀로지들이 정치 엘리트나 경제 권력자의 전유물이 되지 않도록 보증하는 역할을 부여받게 된다. [AE]

Badmington, 2000; Bostrom, 2005a.

표상, 재현, 대표
representation

1. 어떤 이론에서, 언어의 한 기능(즉 표상은 (a) 사고를 언어로 표상하는 것, (b) 경험적 체험 세계의 언어적 표상 등으로 이해된다). 2. 사회적 용어에서, 이 단어는 (a) 정치적 의미(제도체나 압력 집단을 통한, 정치적 주체의 이해 관계의 대표 — 민주주의 과정에 대한 근대적인, 자유주의적인 개념화와 분리될 수 없게 연결되어 있는 관념 — 를 뜻하는 의미에서)와 (b) 더 미묘한 의미를 갖는다. 이 후자의 의미는 재현의 실천과 규범을 연계시켜 왔으며, 예를 들면 매스 미디어에서 특정한 사회적 집단들의 이미지를 제시하기 위해 이용될 수도 있다. 2b의 의미에서, 재현은 재현되는 집단이나 개인의 이해 관계를 대표하는 것을 반드시 의미하지는 않는다. 한 집단은 그들을 스테레오타입화해 이해될 수도 있는 방식으로 재현될 수 있다. 따라서 이 맥락에서 '재현'은 오현 *misrepresentation*으로, 즉 정체성의 '제시*presentation*' 혹은 구성으로 특징지어질 수 있다. 정체성의 그러한 구성은 이데올로기와 권력의 문제에, 그리고 그러한 이미지들이 창조되는 절차 속에 함축되어 있는 담론의 형태에 긴밀하게 연관되어 있다. 이렇게 젠더,

인종, 성 등의 쟁점과 관련되어 있는 개념의 구성은 재현의 문제이다. 의미 2b는 많은 방식으로 의미 2a 및 1b와 연관되어 있는 문제이다. 정치적 주체의 대표(2a)라는 견지에서 볼 때, 인종이나 종족의 문제를 둘러싼 담론의 구성에 관여된 것들과 같은 쟁점이 정치적 쟁점으로서 개념화될 수 있는 한, 재현 양식의 구성은 정치 과정 내에서 중요한 역할을 할 수도 있는 것이다. 마찬가지로, 언어는 단순히 '현실'을 반영하기보다는 그것을 구성하는 데에 한 역할을 할 수도 있다는 관점(1b)은 이러한 맥락에서 중요한 것이다. 만일 우리가 언어란 경험의 세계를 단지 '반영'하기만 하는 것이 아니라 그것을 건설하기도 한다는 점을 확신할 수 있다면, 사회적 경험의 세계에서 그것이 수행하는 역할에 대해서도 똑같은 확신이 주어져야만 할 것이기 때문이다. 재현의 역할이라는 문제는 지식의 담론이라는 맥락에서도 역시 제기될 수 있다(오리엔탈리즘에 대한 에드워드 사이드의 설명을 참조하라). [PS]

Haldane & Wright, 1993.

표현주의
expressionism

감정 상태의 직접적 표현이나 소통을 자연의 재현보다 우선시하는, 왜곡과 과장의 사용을 의미하는 예술 이론에 붙여진 명칭이다. 본래 시각 예술, 특히 20세기 회화에 적용되는 말이지만, 음악, 연극, 시, 영화로까지 적용 범위가 확장되어 왔다.

표현주의 운동이 그 자체로서 존재했던 것은 아니다. 시대와 관계없이 M. 그뤼네발트M. Grünewald(1470~1528)와 엘 그레코El Greco(1541~1614)의 그림들을 지칭하는 용어로 사용되어 왔다. 사실 그뤼네발트의 작품에 대한 관심은 표현주의의 근대적 개발 덕분에 다시 살아났다. 근대에 출현한 주요 인물들로는 반 고흐Van Gogh(네덜란드), 폴 고갱Paul Gauguin(프랑스), 제임스 앙소르James Ensor(벨기에), 에드바르드 뭉크(노르웨이)가 있다(이러한 점은 그 자체로 전 유럽에 대한 표현주의의 영향력을 보여 준다). 반 고흐의 그림은 색채와 선을 고의적으로 과장하고 있으며, 고흐가 이에 대해 자신의 편지에 쓴 설명을 보면 표현주의적 사고를 매우 잘 나타내고 있다. 그는 자신의 작품 〈밤의 카페*The Night Café*〉에 대해 쓴 글에서, "스스로를 파멸시키거나 미쳐가거나 죄를 범할 수 있는 장소로서의 카페에 대한 생각을 표현"하고, "빨강과 초록색을 통해 인간의 무서운 열정을 표현하려고 했다"고 밝히고 있다(Chipp, 1968: 36~37). 뭉크의 〈절규*The Scream*〉(1893)는 아마도 가장 잘 알려진 표현주의적 이미지일 것이다. 구름을 '실제 피'처럼 그려 놓은 것과 같은 과장된 색채와 과장된 원근법, 중심 인물의 해골 같은 얼굴은 뭉크의 말처럼 '자연 속에 흐르는 절규'를 표현하는 데 기여하고 있다. 〈절규〉는 '생명의 프리즈*Frieze of Life*'라는 큰 제목을 달고 있는 연작 가운데 일부이며, 소외, 성적 질투, 증오 등을 비롯한 감정적 극단을 탐구한다.

야수파 화가들은, 특히 색을 그것의 전통적인 재현 기능으로부터 해방시켜 사용한 반 고흐와 고갱의 작업에 영향을 받았다. 그래서 앙리 마티스Henri Matise는 색의 일차적 기능은 표현을 돕는 것이라고 주장하였다. 그러나 야수파의 그림에는 독일 표현주의의 훨씬 더 어두운 주제들과는 반대되는 감각적인 아름다움이 있다. 독일의 경우, 1905년에 설립된 다리파Die Brücke와 1911년에 설립된 청기사파Die Blaue Reiter라는 두 집단이 표현주의 발전의 주요한 추진 세력이 된다. '다리파'의 구성원은 어떤 명백한 실제적인 목표보다는 그들이 리얼리즘과 인상주의에 반대한다는 점, 그리고 미래의 예술에 대한 믿음(그들 자신의 예술에서 이 믿음은 '다리'라는 그들의 명칭으로 표현된다)을 갖는다는 점으로 규정되었다. 대부분의 회원들은 적절한 전문 훈련을 받지 못한 사람들이었고, 그들의 작품은 극단적이거나 거친 대비, 그리고 조야하거나 단순한 형식을 특징으로 했다. 그러나 그들은 특정한 회화적 기술을, 아주 특히 목판화(목판화는 그 자체가 민속적이고 원시적인 예술 형식에 대한, 많은 표현주의에서 전형적으로 나타나는 관심을 대변한다)를 부활시켰다. 청기사파에는 러시아의 바실리 칸딘스키, 독일의 프란츠 마르크Franz Marc와 아우구스트 마케August Macke, 스위스 출신의 파울 클레Paul Klee 등이 속해 있다. 이 집단은 다리파와 비교해 볼 때, 훨씬 더 국제적이었으며, 더욱 외면적인 세계로 시선을 돌리고 있었다. 그들의 전시회에는 다리파 회원들과 앙리 루소Henri Rousseau(루소는 르 두아니에Le Douanier란 애칭을 갖고 있다), 파블로 피카소Pablo Picasso, 조르주 브라크Georges Braque, 앙드레 드랭André Derain, 로베르 들로네Robert Delaunay, 모리스 드 블라밍크Maurice de Vlaminck 등의 작품이 포함되었다. 이 단체는 1912년에 이 단체의 이름이 된 칸딘스키의 삽화 〈청기사*Le Cavalier bleu*〉를 표지에 실은 연감을 발간했다. 특히, 쇤베르크의 악보도 연감에 수록되었다. 단체의 목적은 단지 미약하게 다시 한 번 정의된 반면, 인상주의에 대한 공통된 반응과 정신적 차원의 상징적 표현에 대한 관심이 표현되었다. 칸딘스키는 루돌프 슈타이너Rudolph Steiner의 신지학*theosophy*에 영향을 받았다. 그래서 표현주의는 미래파와 현저히 대비되면서 현대 과학과 기술의 발전으로부터 등을 돌리는 것처럼 보일 수 있다.

음악에서 표현주의는 19세기 말과 20세기 초에 일어났던 음조*tonality*의 확장 및 궁극적 해방과 밀접하게 연관되어 있다. 쇤베르크의 무조 음악 작품들은 조화로운 언어의 극단적인 부조화라는 면에서뿐만 아니라 공식적인 음악 구조에 대한 도전이라는 점에서 음악에서의 표현주의적 기법을 대표한다. 따라서 음악에서의 전통적인 음조 언어와 구조의 붕괴는, 회화에서의 색과 구도에 대한 전통적인 접근법의 붕괴에 상응한다. 쇤베르크의 음악 드라마 〈기대*Erwartung*〉는 음악적 주제나 모티프의 반복이 없고 음악적 분석의 여지가 없다. 그것의 주제는 모호한 꿈 시퀀스로서 한 여자가 그녀의 살해된 애인을 발견하는 것이다. 표현주의는 쇤베르크의 제자 알반 베르크Alban Berg 작품의 주요 특색이라고 볼 수도 있고, 리하르트 슈트라우스Richard Strauss의 초기 작품(O. 빌데O. Wilde의 희곡에 바탕을 둔 오페라 〈살로메*Salome*〉(1905)와 〈엘렉트라*Elektra*〉(1909)를 포함한다)에서도 볼 수 있다.

문학과 드라마에서 〈땅의 영*Erdgeist*〉(1895)과 〈판도라의 상자*Die Büchse der Pandora*〉(1904)(이 두 작품 모두 베르크의 오페라 〈룰루*Lulu*〉의 기초로 사용되었다)을 포함한 프랑크 베데킨트Frank Wedekind의 희곡들, 그리고 〈죽음의 춤*The Dance of Death*〉(1901), 〈유령 소나타*The Ghost Sonata*〉(1907), 〈다마스쿠스*Damascus*〉(1898~1901) 같은 스웨덴 극작가 아우구스트 스트린드베리August Strindberg의 후기 희곡은 표현주의의 직접적인 선구자라고 볼 수 있다. 표현주의는 1914년과 1930년 사이에 번창했음에도 불구하고, 다시 이 용어는 더 이전 시대로 거슬러 올라가 J. M. R. 렌츠J. M. R. Lenz(1751~1792)와 게오르그 뷔흐너Georg Büchner(1813~1837)의 작품에 적용될 수 있다. 뷔흐너의 희곡 〈보이첵*Woyzeck*〉은 베르크의 표현주의 오페라 〈보첵*Wozzeck*〉(1921)의 대본이 되었다. 회화와 음악에서처럼 표현주의 드라마는 전통 형식의 붕괴를 특징으로 한다. 예를 들면, 서사 전개가 에피소드의 연속(부분적으로 중세 드라마로부터 파생된 구조), 이름보다는 역할에 의해 표현되는 캐릭터, 그로테스크하고 풍자적인 요소, 감탄조와 생략적인 스타일 등으로 대체된다. 남녀 사이의 갈등에 관심을 갖는 화가이자 작가인 오스카 코코슈카Oskar Kokoschka의 작품 〈살인자, 여인의 희망*Mörder, Hoffnung der Frauen*〉(1910)은 일반적으로 최초의 표현주의 연극으로 간주된다. 그 밖의 주요 표현주의 작가들로는 에른스트 톨러Ernst Toller(특히, 그의 작품은 1차 세계 대전에서의 그의 경험에 영향을 받았다), 라인하르트 조르게Reinhard Sorge(〈거지*Der Bettler*〉(1912)) 등이 있다. 표현주의는 독일 시인인 게오르그 트라클Georg Trakl과 고트프리트 벤Gottfried Benn의 시의 한 측면이었다.

1918년과 나치가 등장한 1933년 사이에 독일에서는 특히 표현주의 영화가 번성하였다. 로베르트 비네Robert Wiene의 〈칼리가리 박사의 밀실*Das Cabinett des Dr Caligari*〉(1919)이 일반적으로 최초의 표현주의 영화로 인정된다. 공포 영화로서 이 작품은 불안하고 부자연스러운 세트, 강렬히 대비되는 조명 등과 같이 표현주의에 전형적인 양식적 특성을 도입하였다.

프리드리히 무르나우Friedrich Murnau의 〈노스페라투*Nosferatu*〉가 그랬듯이, 프리츠 랑Fritz Lang의 초기 영화들은 표현주의를 지속적으로 발전시켜 나갔다. [AE]

Behr et al., 1993; Dube, 1997; Pascal, 1973; Willett, 1970.

프락시스
praxis

엄밀하게 말하자면 '프락시스'는 그리스어에 어원을 두고 있는 것으로 '실천'이라는 말의 독일어이다. 따라서 영어에서 이 말을 사용하는 것은 일종의 허세에 가까울 수 있다. 이론적 정밀성을 가지고 사용될 때 그것은 젊은 마르크스가 '실천'에 귀속시켰던 정확한 의미를 가리킨다. 두 가지 핵심 의미를 유용하게 찾아 낼 수 있다. 가장 단순하고 극적인 의미에서 프락시스는 혁명적 실천을 시사한다. 그런 점에서 그것은 이론과 실천의 융합이며 따라서 철학자들이 세계를 해석하기를 그치고(Marx, 1975: 423), 프롤레타리아트가 세계 내에서의 자신들의 위치를 이해하고 그것을 변형시킬 수 있도록 해주는 세계에 대한 (유물론적) 설명을 발전시키는 지점이다. 두 번째의 좀더 복잡한 의미에서 프락시스는 인간의 본질과 인간 역사에 대한 초기 마르크스의 설명을 가리킨다. 인간의 핵심 본질은 환경을 의식적으로 변형할 수 있는 능력으로 제시된다. 따라서 인간은 그들이 구축하여 지속적으로 재구축하고 변화시키는 세계 속에서 산다. 인간이 스스로를 이해할 수 있게 되는 것은 세계와의 이런 실천적 개입*engagement*, 즉 프락시스를 통해서이다. 하지만 계급 사회에서 인간은 그가 생산하는 것으로부터 소외되어 그 근본적 본질을 이해하지 못한다. 노동은 충족이라기보다 부담이다.

[AE]

프랑크푸르트학파
Frankfurt School

'프랑크푸르트학파'라는 용어는 프랑크푸르트사회연구소에 소속되었거나 관련되었던 철학자, 문화 비평가, 사회과학자의 작업을 지칭한다. (이 학파와 가장 깊게 연관된 인물로는 막스 호르크하이머, 테오도르 아도르노, 허버트 마르쿠제, 에리히 프롬, 발터 벤야민 등이고, 이 학파의 전후 '2세대'로는 위르겐 하버마스가 있다.) 이 연구소는 1924년에 설립되었지만, 연구소의 주요 성향인 마르크스주의에 대한 독특한 접근 방식을 전개하기 시작한 것은 1930년에 철학자 막스 호르크하이머가 연구소장이 되었을 때였다. 프랑크푸르트학파의 접근 방식은 20세기 자본주의 조건에 적절한 헤겔 마르크스주의를 발전시키려는 시도를 특징으로 볼 수 있다. 따라서 프랑크푸르트학파에 대한 주요 영향은 헝가리의 마르크스주의자 게오르그 루카치의 작업에서 발견되는데, 특히 그의 저서 《역사와 계급 의식》(1923)이 칸트와 헤겔의 독일 철학 전통에 기반을 둔 마르크스에 대한 해석을 제공했다는 점에서 그렇다. 또한 사회학자 막스 베버의 작업의 중요성(특히, 관료제와 행정이 현대 기업과 정부에서 수행하는 역할이 점차 증대한다는 그의 분석에서)을 인정함으로써 자본주의에 대한 마르크스의 설명을 수정하고자 했다는 점에서도 그렇다. 여기에다 프랑크푸르트학파는 정신분석학에 대한 관심을 갖고 마르크스와 프로이트의 작업을 융합시키려는 기획을 첨가했다. 전반적으로 프랑크푸르트학파는, 특히 호르크하이머의 지도 아래 다학문적 연구 프로젝트를 추구하였으며, 그 속에서 경험적 사회과학 연구를 지향했고 그 결과는 마르크스주의 이론을 통해 분석되었다.

호르크하이머는 프랑크푸르트학파의 접근 방식을 '비판 이론'이라고 특징지었다. 그는 비판 이론과 그가 전통 이론이라고 부른 것(1972a)을 서로 구별지었다. 후자는 17세기 초반부터 서구의 과학적 연구를 지배해 왔던 것으로서(계몽주의) 과학자들은 자신이 연구 대상으로부터 독립되어 있다고 가정했다. 올바른 과학적 방법론은 과학자에게 세상을 정말로 존재하는 그대로 관찰하고 기술할 수 있게 하고 그것을 설명할 수 있는 가정과 법칙을 만들어 낼 수 있게 할 것이다. 호르크하이머에 따르면 이것은 과학자(그리고 전체적인 과학 제도)가 사회적이고 역사적인 세력의 산물이라는 사실을 간과한 것이었다. 과학자는 그가 살고 있는 사회와 문화에서 독립되어 있지 않다. 과학자들은 그 문화가 만든다. 따라서 호르크하이머는 과학자가 세상을 보는 바로 그 방식, 그리고 그가 보이는 것에 의미를 부여하는 방식은 사회에 맞는 조건으로 될 것이라고 했다. 덧붙여 최소한 사회과학자에게는 과학자가 관찰하는 대상 역시 그 자체가 역사적 변화의 산물이다. 비판 이론은 이 점을 인정하고 그것을 경험적 연구와 분석에 대한 접근에 통합시킨다. 결정적으로 비판 이론가는 그가 세상을 보는 방식이 특히 사회의 정치적이고 이데올로기적인 구조들에 의해 조건지어진다는 것을 알고 있다. 따라서 비판 이론은 자기 반영적이다. 그 연구는 겉으로는 관찰자와 무관한 '저 너머에' 있는 사회뿐만 아니라 사회가 사회의 인식을 모양 짓고 왜곡하는 방식까지도 포함한다. 따라서 비판 이론은 '이데올로기 비판'의 형식이다. 즉 그것은 (지식 사회학에서 발견되는 것처럼) 단순히 지식의 사회적 조건화에 대한 분석뿐만 아니라 그러한 조건화 속에 내재한 권력 구조를 인식한다는 말이다. 따라서 지식은 정치적으로 불평등하고 계급으로 나누어진 사회의 재생산에서 중요한 역할을 수행하는 것으로 간주된다.

이러한 접근 방식의 복잡성은 루카치의 작업과 비교해 볼 때 명확해진다. 그 역시 과학과 철학적 탐구에서 앎의 주체와 앎의 대상 양자 모두의 역사적 전개와 조건화에 대해서 알고 있었다. 그러나 루카치는 그가 프롤레타리아트 속에서, 더 정확히는 공산당의 전위 속에서 이데올로기적 왜곡으로부터 궁극적으로 자유로운 관점을 발견하였다고 믿었다. 프랑크푸르트학파는 경험적이고 정치적인 이유로 결코 그러한 가정을 하지 않았다. 경험적으로 1930년대 후반경 프랑크푸르트학파의 구성원 대부분은 선진 자본주의에서 노동 계급의 혁명적 잠재력에 대한 일말의 희망마저 포기하였다. 노동 계급은 다른 계급과 마찬가지로 자본주의에 고도로 통합된 것처럼 비쳤다. 관료제에 대한 베버의 설명을 발전시켜 사회 내의 모든 집단들이 똑같이 정부와 기업의 행정 체제 속에 종속되어 있으며, 계급들은 권력이 아니라 물질적 풍요로 구별하게 되었다고 주장하였다. 따라서 프롤레타리아트는 자본주의에 대한 특권적 전망을 대변하지 않았다. 덧붙여 루카치가 옹호했던 역사에 대한 발전적 관점(마르크스의 사적 유물론으로부터 도출한) 역시 폐기되었다. 프랑크푸르트학파에 따르면 역사는 인간의 점진적 해방이 아니라 모든 인간이 기술적이고 행정적인 통제의 망으로 조이는 것이다. 정치적으로 프랑크푸르트학파는 진리를 내세우는 행위를, 그것들이 계몽주의 과학의 것이든 정치적 지도자의 것이든, 권위주의와 연결시켰다. (절대적) 진리의 지식을 주장하는 이들은, 그들이 스탈린주의자이든, 나치이든, 서구 민주주의의 관료적 행정가이든, 그들의 위치가 사회적으로 조건지어진다는 것을 간과하거나 그것을 극복했다고 주장하기 때문에, 정치적으로 위험하다. 사실상 이것은 호르크하이머와 아도르노의 공저 《계몽의 변증법》(1972)(이 책은 전쟁 때 미국에서 망명 생활하는 동안 쓴 것이다)의 주요 명제였다. 계몽 운동은 신화와 미신을 일소하는 비판적 작업으로서 등장하였다. 그것이 발전함에 따라 이러한 비판적 능력은 무뎌지고 그래서 자기 비판적이기를 멈추면서 그것은 그 자신의 원리를 절대적인 것으로 만든다(따라서 그것은 무조건 받아들여지는 새로운 신화가 된다). 계몽 운동은 독단적이 되어 가면서 그 자체가 권위주의가 된다(그리고 나치의 인종 청소 수용소의 잔인하지만 효율적인 행정 속에서 그 자신의 모습을 명백히 발견한다).

특히, 계몽 운동에 대한 최근의 포스트모더니즘 비판과 비교해 볼 때, 호르크하이머와 아도르노는 계몽주의를 단순히 포기한 것이 아니라는 점을 언급할 가치가 있다. 아도르노가 썼듯이 문제는 계몽 운동(즉 비판적 자기 성찰)이 너무 과도한 것이 아니라 너무 적었다는 것이다. 따라서 프랑크푸르트학파의 입장은 독단적인 진리 주장에 대한 자아 비판적 회피라는 한 쪽과, 문화적 상대주의라는, 그들이 보기에는 마찬가지로 바람직하지 않은 입장에 빠지지 않고 정치적으로 참여하고자 하는 욕망이라는 다른 한 쪽 사이에서 미묘한(때때로 혼란스러운) 균형을 취하는 것이다. 상대주의자는 지식뿐만 아니라 도덕적 선과 정치적 정의에 대한 판단도 문화적인 조건이 만들어진다고 주장하면서, 그가 살고 있는 정치 체제에 도전할 수 없는 채로 남아 있게 된다(Adorno, 1967). (프랑크푸르트학파에게, 이에 대한 최고 사례는 나치즘에 대한 마르틴 하이데거의 굴복이다.) 이 문제는 철학자 아도르노의 작업을 통해 가장 극적으로 규명되었다. '부정의 변증법'(1973b) 또는 비동일성*non-identity*의 사상에 대한 아도르노의 인식은 헤겔의 변증법을 재가공한 것이다. 헤겔 변증법은 세 단계를 갖고 있고, 그것의 마지막 단계는 절대적 진리의 달성이다. 아도르노는 앞선 단계들에 모든 사고와 성찰을 남겨둔 채, 이 마지막 단계를 포기한다. 여기에 진리에 대한, 따라서 안전과 안정성이라는 마지막 단계에 대한 동경이 있다. 그러나 그것은 파편화되거나 특수화된 또는 모순적인 조건에 대한 반작용에 불과하다. 이러한 조건을 표현하고 다루기 위하여 아도르노는 모순 논법을 사용한다. 아도르노에게 있어 당대의 현실을 포착할 수 있는 유일한 길은 늘 모순적인 두 가지 명제 속에서 그것을 기술하고, 양자가 진리인 동시에 거짓이 되도록 유지하는 것이다. 예를 들면, 이 시대 사회는 (베버가 주장하듯이) 인간 행동의 산물이자 그 구성원들이 이해한 것이며, 게다가 (프랑스 사회학자 뒤르켐이 주장하듯이) 자연적이고 객관적인 것으로서 그 구성원들에 맞선 어떤 것이기도 하다. 따라서 아도르노는 진리를 비판적으로 또는 '부정적으로' 접근하는 것처럼 보일 수도 있다. 이 시대의 사고와 사회 속에 있는 모순을 확인함으로써 그는 자신이 이해하는 한계를 (따라서 그의 이해가 모순적이고 '거짓'의 사회에 의해 조건지어지는 지점을) 확인한다. 그의 엄격한 시각은 철학자 F. H. 브래들리F. H. Bradley에게 빌려 온 다음과 같은 경구로 표현된다. "모든 것이 나쁠 때, 최악의 것을 아는 것이 좋다"(1978a).

문화에 대한 이론가로서 프랑크푸르트학파는 풍부하고 다채로운 유산을 남겼다. 예를 들면, 레오 뢰벤탈Leo Löwenthal(1989)의 문학 사회학이 있다. 뢰벤탈은 문학에 대한 마르크스주의적 해석을 발전시키는 데 관심을 가져서 어떻게 경제 구조와 계급 구조가 문학 작품의 형식과 내용에 표현되는가를 설명했다. 호르크하이머(1972b)와 음악, 문학, 대중 문화 등에 대한 광범위한 저술을 남긴 아도르노(1991a, 1991b, 1992a, 1992b)는 마르크스주의 예술 사회학을 훨씬 더 정통한 미학과 통합시키고자 하였다. 결정적으로 그들은 예술(그리고 특히 모더니스트의 아방가르드 예술)을 현대 자본주의에 남은 몇 안 되는 저항의 원천 가운데 하나로 (따라서 비판 이론이 배울 수 있는 것으로써, 예술은 정치적 통찰력의 원천이다) 보았다. 이것을 설명하기 위해서는, 모순 논법으로 생각하려는 아도르노의 시도 가운데 하나를 다시 한 번 살펴볼 필요가 있다. 즉 예술은 사회적 사실*social fact*인 동시에 자율적인 것이다. 말하자면, 한편으로 아도르노와 호르크하이머는 예술에 대한 사회학적 설명의 타당성, 즉 그것을 사회적이고 경제적인 세력의 산물이라고 보는 것을 인정했다(그리고 특히 예술을 위한 부르주아 시장의 부흥이 그것의 발전에 가져온 영향력에 주목한다). 다른 한편으로 예술은 여전히 미적 가치를 가진다고 주장한다. 요점은 예술이 사용하는 바로 그 재료가 — 페인트나 소리와 같은 물리적 재료이건, 또는 예술가가 이전 세대로부터 물려받은 형식과 장르이건 — 그것에 부착되어 있는 사회적 역사를 갖는다는 것이다. 그것들은 침전된 사회적 내용물을 갖는다. 사회학자들이 주장하듯이 정확히 그것들은 사회적으로 조건지어지기 때문이다. 하지만 예술가는, 역설적으로 예술 시장의 작용 덕분에, 다른 경제적 생산자가 갖지 못하는 자유를 갖는다. 예술 작품은 쓸모 있는 것을 의미하는 것이 아니다. 다른 상품처럼 이윤(또는 잉여 가치)을 만들기 위해서만 생산되는 것이 아니다. 차라리 예술가들은 순전히 예술적인 문제를 추구하고 예술적 목적에서 창조할 자유를 갖는다. 이것이 핵심이다. 예술가는 자본주의 내의 다른 생산자처럼 생산자이고, 또한 다른 생산자와 마찬가지로, 그가 속한 사회에서 주어진 재료를 갖고 작업하는 반면, 그러한 재료를 갖고 놀 독특한 자유를 갖기 때문이다. 따라서 예술가들은 재료들을 사용하는 당연시되고 이데올로기적인 방식에 따라 세상을 보는 방식에서 벗어날 수 있다. 이처럼 아도르노와 호르크하이머에게 아방가르드 예술이 중요시되는 것은 그것이 세상에 대한 우리의 일상적인 이해의 환영을 깨뜨리기 때문이다. (혁신하고 창안하는 좋은 예술은 좋은 정치이기도 하다.) 호르크하이머가 지적했듯이, 예술은 사회적 삶을 지배하고 무디게 하는 일상적인 커뮤니케이션의 형식들에서 벗어나며, 그 결과 자연스러운 것(즉 당연시되는 것)이 부자연스러운 것으로 된다(즉 의심스럽고 문화적인 것으로 드러난다)(1972b: 279). 그러나 호르크하이머와 아도르노 모두 기꺼이 현대 예술의 가장 큰 문제는 다수의 대중이 그것을 멀리하는 것, 그것은 현대 예술이 그들에게 무언가를 말하는 데 실패했다는 점을 인정한다. 이러한 점에서 대중 문화는 고급 예술보다 우월하다. 다시 독자는 해결책보다는 모순을 갖고 남겨진다. 그리고 특히 호르크하이머와 아도르노에게는 정치적 무능력이 남겨진다. 그들은 현대 사회에서 잘못된 것이 무엇인가를 이론화할 수 있고, 그것이 고급 문화로 표현되는 것을 볼 수 있을지라도, 궁극적으로는 어떤 대중적 정치 운동에도 이러한 지식을 적용하거나 전달할 수 없다. ➡ 문화 산업 [AE]

Arato & Gebhardt, 1978; Bronner & Kellner, 1989; Connerton, 1976; Jay, 1973; Wiggershaus, 1994.

프롤레타리아트
proletariat

'프롤레타리아트'라는 용어는 마르크스주의 이론에서 사용되면서 인기를 얻었다. 거기에서 이 말은 자본주의 내의 종속 계급을 가리킨다. 프롤레타리아트는 노동할 수 있는 능력만을 지닌 도시 인구의 일부로 구성된다. 그래서 그들은 지속적 생존을 위해 필요한 다른 온갖 상품을 구입하기 위해 이 노동력을 팔도록 강요된다. 좀 덜 형식적으로 이 용어는 자주 노동 계급과 동의어로 사용된다. 엄밀하게 말하자면 온갖 형태의 육체노동에 점유되어 있는 사람들로 구성되는 노동 계급은 단지 프롤레타리아트의 한 부분일 뿐이다. 충분한 생산적 자산 또는 자본을 소유하여 삶을 위해 노동하지 않고도 살기에 충분할 만큼의 수입을 얻는 사람은 극소수의 비육체 중간 계급뿐이기 때문이다. [AE]

McCarthy, 1978; Perkins, 1993.

프롤레타리아트 독재
dictatorship of the proletariat

마르크스 레닌주의에서 프롤레타리아트 독재는 자본주의를 전복시킨 혁명 직후 그러면서 아직 공산주의가 성취되기 전 단계에 발생한다. 그 개념은 국가 권력이 앞서 지배 계급이었던 부르주아지의 수

중에서 공산주의로의 이행을 담당할 새로운 지배층인 프롤레타리아트에게 옮아감을 뜻한다. 엄밀하게 말해서 공산주의에서는 국가가 소멸될 것이다(선행 단계인 사회주의 시기 동안 쇠퇴할 것이기 때문이다). '독재'라는 용어는 다소간 오해의 여지가 있다. 레닌은 차르 체제의 잔존하고 있던 제도적 속박을 끊어 버리고자 노동자평의회에 기반한 직접 참여 민주주의를 구상했다(1992). [AE]

Draper, 1987; Ehrenberg, 1992.

하위 문화
subculture

'하위 문화'의 개념은, 가장 단순히 본다면, 사회 안의 소수(또는 하위) 집단의 가치, 신념, 태도 그리고 라이프스타일을 가리킨다. 이 집단의 문화는 비록 연관이 있다 하더라도 지배 집단의 문화와는 다르다. 이것은 비록 지금 청년 문화(모드족*mods*, 폭주족*rockers*, 스킨헤드*skinheads*, 펑크*punks*)와 상당 부분 연결되어 있지만, 종족, 젠더, 성적 집단에도 적용될 수 있다. 이 개념은 사실 일탈의 사회학(예를 들어, '비행 청소년,' 범죄자, 마약 중독자들의 문화를 연구하는)에서의 작업을 통해 크게 발전했다. 노동 계급 비행 청소년의 행동에 대한 초기의 설명은 젊은이가 부모가 가진 노동 계급 가치(거침과 남성성, 멍청함에 반대되는 것으로서의 교활함, 위험의 감수 등과 같은)에 대해 과다하게 순응하고 이러한 과다 순응을 통해 중간 계급 문화의 지배적 규범을 위반하기에 이른다고 보았다(Miller, 1958).

'하위 문화'의 개념은 중요하다. 그것은 바로 사회 안에서의 문화의 다양성을 인식하도록 하기 때문이다. 청년 문화라는 더 오래된 개념이 젊은이 사이에 단일하고 동질적인 문화가 있다고 가정하려 하는 데 비해, 하위 문화적 접근 방식은 이 문화가 특히 계급의 선을 따라 분화되는 것을 강조한다. '대항 문화'의 개념이 그러하듯, '하위 문화'는 지배 문화에 대한 어떤 저항의 형태를 전제하려는 경향을 갖는다. 그러나 '대항 문화'는 자신의 위치에 대한 지적인 정당화와 설명을 제공할 수 있는 집단을 점점 더 지칭하게 된다. 하위 문화는 주로 옷 입는 스타일과 행동 패턴(또는 의례*rituals*)의 의의*significance*를 이용함으로써 반대 입장을 표명한다. (기호학적 접근 방식은 하위 문화의 옷과 행동을 해독하기 때문에 대단히 영향력이 컸다. 스킨헤드의 멜빵 달린 옷, 짧게 자른 머리카락, 닥터 마틴 신발은 상상으로 그린 과거 공업 시대에 대한 촌평으로서, 그리고 스킨헤드들이 재정적으로도 문화적으로도 참여할 수 없는 지배적 중간 계급 문화와 대면할 때의 무력과 타협하려는 시도로 이해된다.) 그 결과로 하위 문화는 지배적 부모 문화의 모순적인 요구가 해소되거나 저항 받을 수 있는, 그리고 집단이 자신의 고유한 정체성을 표현하고 발전시킬 수 있는 문화적 공간을 협상하는 것처럼 보일 수 있다. 따라서 하위 문화적 접근 방식은 — 일탈에 대한 초기의 연구들에 동반되던 하위 문화적 활동에 대한 모호하거나 명백한 비난과는 대조적으로 — 하위 문화가 문화적 변이와 다양성의 중요한 원천이라고 시사하면서 하위 문화의 입장에 공감하는 것을 특징이라고 볼 수 있다.

1960년대의 모드족은 하위 문화와 그 분석에 대한 산뜻한 해설을 제공한다. 모드족은 패션과 소비*consumption*에 대한 관심, 그리고 쾌락주의적 라이프스타일이 특징이다. 전형적으로 모드족은 낮은 직급의 비육체 노동(사무직) 일에 종사했다. 모드족은 이렇게 자신의 시간을 상당 부분 1960년대의 증가된 소비주의 및 경제적인 면에서 전통적 육체 노동과 공장 일에서부터 비육체 노동의 서비스 산업으로 넘어간 전환에 반응한다. 게다가 모드족은 소비주의를 극한까지 밀어붙였다. 대단히 많은 다른 하위 문화들과는 달리, 모드족은 깔끔한 옷차림을 요구하는 부모 문화를 멀리해서가 아니라 바로 그 자신이 너무나 깔끔하기 때문에 거북스러운 사람이다. 모드족이 직면한 문제는 일자리를 갖는다는 것(자기 부정과 자기 규율의 노동 윤리와 전통적으로 연계된)이 쾌락주의적인 라이프스타일에 필요한 돈을 대기 위해서 필요한 것이면서 동시에 그 라이프스타일과 충돌하는 것(자기 규율은 쾌락주의의 대립물이므로)이라는 것이다. 따라서 모드족은 각성제를 사용함으로써 소비주의와 일이라는 모순된 요구에 순응한다.

하위 문화적 접근 방식이 문화 연구 내에서 발전함에 따라 그 접근 방식에 대한 몇 가지 비판이 제기되었다. 하위 문화적 접근 방식은 그것이 연구하는 하위 문화들 안에서 지나치게 선별적인 것처럼 보였다. 결정적으로 하위 문화적 접근 방식의 작업 가운데 상당수가 하위 문화에 대한 여성의 참여 그리고 더욱 중요하게는 독특한 여성 하위 문화에 대한 인식을 배제하면서 남성적 활동에 초점을 맞추었다. 비슷하게, 하위 문화적 접근 방식은 지나치게 노동 계급의 하위 문화들에 관심을 기울였고 하위 문화를 저항(과 정치적으로 진보적인 가치)의 원천으로 낭만화하기에 이르렀다. 더구나 하위 문화에 대한 과도한 강조는 문화 연구가 전체로서의 청년에 대해 가지고 있는 그림을 왜곡하는 데 기여할 수 있다. 청년 문화 개념은 중요한 것으로 남는다. 하위 문화에 대한 강조는 대다수의 젊은이와 관련된 더욱 평범한 형태를 무시하고 화려한 것만 강조하게 만들 수 있다. 이 대다수의 젊은이는 저항하는 하위 문화가 아니라 청년 문화(또는 청년 문화들)에 속하는 것으로 보는 것이 더 적절할 수 있다. 순응적인 청년 문화(또는 '팝*pop*'조차도)와 급진적 하위 문화 사이의 노골적인 대립은 이 두 문화가 합류하는 지점을 인식하는 데 실패하기 때문에, 그 자체가 적절한 것이 아니다. ➔ 펑크 [AE]

Clarke, 1982; Hall & Jefferson, 1976; Hebdige, 1979; McRobbie, 1991, 1994; Mungham & Pearson, 1976; Willis, 1990.

합리성
rationality

통상적으로 이성의 소유를 의미하는 단어. 합리성이라는 관념은 서구 문화의 전통에서 중심적인 테마이며, 문화적 자기 정의*self-definition*의 목적을 위해서, 또 타자*others*의 정체성을 정의하기 위해서 이용되어 왔다. 합리성은 어떻게 이해되어 왔는가, 그것은 무엇에 존재하는가

하는 물음, 그리고 그에 대한 분석이 수반하는 주요한 문제들이 서구 전통 내에서 이루어진 자아, 사회, 문화의 본성에 대한 많은 토론의 기초를 형성해 왔다.

17세기 철학자 르네 데카르트의 사유(《제1 철학에 대한 성찰*Meditations on First Philosophy*》(1641))에서 합리성은 인간 마음의 속성이며 비모순의 법칙("하나의 사물은 동시에 존재하면서 존재하지 않을 수는 없다"라고 진술하는 원리)과 같이 자명한 진리의 형태로 보여진다. 데카르트의 합리주의는 광범위한 종류의 '합리주의적' 접근(예를 들면 플라톤(BC 428~348년경), B. 스피노자B. Spinza(1632~1677), G. W. 라이프니츠(1646~1716))와 공통적으로, 존재의 본성에 대한 지식을 얻는 것은 이성의 사용을 통해 가능하며 존재와 우리의 앎 사이에는 체계적인 관계가 있다고 주장했다. 따라서 이러한 개념화에서 합리성은 객관성에 속하며, 역사나 사회의 구성과 관계 있는 것 같은 우연적인 요인과는 상관없이 소유된다. 이러한 관점에 있어서는, 합리성이란 '보편적'이고 '비문화적'인 현상이다.

이러한 관점에 대한 하나의 비판은 경험주의자들에 의해 개시되었는데, 이들은 인간의 주관성(주체성)*subjectivity*과 앎을 정초함에 있어서의 경험의 역할에 강조점을 두었다. 데이비드 흄(1711~1776)은 악명 높게도 "이성은 열정의 노예이며 오직 그러해야만 한다"라고 주장할 정도로 나아가기까지 했다(*Treatise of Human Nature*, Ⅲ(iii): 3). 흄에게 자아란 일차적으로 합리적인 것이 아니며, 인간의 지식은 합리적 원리가 아니라 '관습이나 습관'의 힘에 거주하는 것이었다. 다른 말로 하자면, 이성이란 초월적인 것이 아니라 문화적으로 자리잡혀 있고 인간적인 욕망과 성벽에 연계되어 있다. 이러한 견해에 대응하여, 임마누엘 칸트(1724~1804)는 앎이 가능하기 위해서는 반드시 정립되어야 하는 구조에 대한 심문을 통해 합리성의 본성과 한계에 대한 비판을 제시하려 하였다. 칸트는 경험적인 주체를 의미하기보다는 경험이 가능하기 위해서는 반드시 현존해야만 하는 주관성의 근본적인 특질을 지적하려는 시도인 '선험적(초월적) 주체' 이론을 공식화하였다. 이러한 관점에서 볼 때, 주관성은 본질적으로 우리가 세계에 대한 지식을 가지려면 반드시 따라야만 하는 일련의 규칙으로 구성되어 있으며, 이 규칙들이 우리의 합리성의 기초를 형성한다. 주관성에 대한 이러한 개념화는 따라서 규범적이다. 그러나 그것이 과학적이고 합리적인 탐구의 범위와 경계를 그려 주는 한 그것은 또한 합리적인 것이기도 하다.

프리드리히 니체(1844~1900)에게, 칸트의 형이상학 비판은 충분히 나아가지 못한 것이었으며, 주관성과 이성의 왕국 그 자체로까지 확장이 요구되는 것이었다. 많은 인기를 누리며 확산된 '니체적인' 독해에 의하면, 합리성은 인간성을 그 자체로서 정의하는 것이 아니라 인간들에게 생존할 수 있게 해주는 욕구와 충동의 산물인 하나의 도구이거나, 아니면 권력과 연관되어 있다. 달리 말하자면, 이성이란 특수한 종의 동물이 생산하는 것으로 읽을 수 있으며, '진리'와 '실재' 같은 개념의 문화적 구성에서 그것이 수행하는 역할이라는 견지에서도 읽을 수 있는 것이다. 20세기는 이성을 광범위한 비판에 종속시킴으로써 "이성을 그것의 감각에게로 데려오라"는 니체의 명령(《인간적인, 너무나 인간적인》(1878)을 끝맺는 한 시에서의 명령)을 따르는 비판들이 발전하는 것을 목도해 왔다. 합리성과 주관성에 대한 비판은 각양각색의 시각으로부터 나오고 있다. 예를 들어, 아도르노와 호르크하이머 같은 프랑크푸르트 학파의 이론가는 근대 합리성이 계몽주의의 영향을 통해서, 또 현대 사회의 합리화가 증가한 결과로서 일차적으로 도구적인 기능의 형식을 취해 왔으며, 그럼으로써 비판적 반성이라는 자신의 고유한 문화적 역할을 방기한다고 주장한다. 이와 마찬가지로, 다양한 비판이 포스트구조주의 및 공동체주의와 연관된 인물에 의해 제공되어 왔는데, 포스트구조주의와 공동체주의는 주관성과 합리성에 대한 탈역사화된 개념화를 더욱 역사적으로 자각되어 있거나 언어학에 토대를 둔 개념화로 대체하고 있다(예를 들면, 비록 그의 분석에 그 자체의 문제가 없지는 않지만 푸코에 의해서, 또 료타르에 의해서 이런 대체가 이루어져 왔다). → 자아

이 후자의 사상가들의 합리적 주체에 대한 완전히 만개한 비판과는 대조적으로, 위르겐 하버마스는 최근 수년 동안 행위자 사이의 사회적 상호 작용이 가진 규범적이고 언어적인 측면을 고려에 넣는 합리성 이론을 개발하려 해

왔다. 하버마스는 분석 철학(J. L. 오스틴의 화행 이론*speech–act theory*의 개념)과 후기 비트겐슈타인의 작업에 의존하면서 합리성에 대한 자신의 개념화를 다듬어 내는데, 그가 공식화하는 합리성의 개념화는 합리성을 그것의 발전 근저에 깔려 있는 물질적이고 역사적인 요인이라는 견지에서 이해할 것을 주장하면서도 '의사 소통 행위*communicative action*'라는 모습으로 비판적이고 합리적인 담론을 위한 공간을 보존한다. 이러한 관념은 도구적 합리성의 그것과 대조될 수 있다. 후자가 오직 주어진 목적을 획득하기 위한 수단에 대한 계산만을 포함한다면(따라서, 과학에서는 계산에 토대를 둔 합리성이 문제 해결의 수단으로서 이용된다), 이에 반해 의사 소통 행위는 사회적 행위자들 사이의 상호 작용에 버팀대를 받쳐 주는, 결속력 있는 '합의적 규범*consensual norms*'에 의존한다. 하버마스의 개념화에 따르면, 이러한 행위의 영역은 문화적 삶에 있어서의 근본적인 구성 요소를 이룬다. 그것은 우리의 규범과 가치 체계의 타당성에 관한 질문이 제기될 수 있는 영역이며, 따라서 합리성과 정당화의 비도구적인 형식에 관련된 영역이다. [PS]

Descartes, 1968; Habermas, 1984; Hume, 1990; Nietzsche, 1986; Skirbekk, 1993.

합리화
rationalisation

합리화는 독일의 사회학자 막스 베버와 가장 쉽게 연관지어지는 용어이다. 베버의 저작에서 합리화는 수많은 의미가 있지만, 그것은 주로 자본주의의 지구적 지배의 발흥을 설명하기 위해 이용된다. 자본주의 사회는 그 경제적, 기술적 조직에서뿐만 아니라 과학, 법률, 종교, 예술, 통치에서도 독특하게 합리적인 것으로 보여진다. 각각의 경우에서 합리화는 도구적 합리성*instrumental rationality*의 정련精鍊으로 구성된다. 말하자면, 그 각각의 사회 제도는 그것이 전통적인 관행이나 관습적인 실행, 혹은 연루된 사회적 행위자의 인성이나 가치에서 나오는 어떤 장애와도 상관없이 주어진 목적을 달성하기에 가장 효율적인 수단을 결정하는 규칙에 따라 구조화되어 있다면 합리적이다. 권력 행사를 위한 가장 합리적인 형식으로서의 관료제에 대한 베버의 분석은 관료제가 개인의 자유와 민주주의적인 책임을 질식시키는 '철창*iron cage*'이 되는 것으로 보기 때문에 합리성의 더 어두운 측면을 드러내 보여 준다. 합리성에 대한 베버의 설명은, 합리성이 외적이고 구속적인 힘으로서 인간 행위자들과 대면하게 되는 한, 소외에 대한 마르크스의 분석과 많은 공통점이 있다. 헝가리 마르크스주의자 루카치의 작업과 프랑크푸르트학파의 작업은 바로 이 점에서 마르크스주의 사회학과 베버주의 사회학의 상호 관련성을 탐구한다. [AE]

Brubaker, 1984.

해석학
hermeneutics

텍스트의 해석과 분석 이론. 해석학의 뿌리가 된 것은 성경과 법률에 대한 해석 행위이다. 그러나 근대 해석학은 일반적으로 프리드리히 슐라이어마허(1768~1834)의 작업에서부터 시작되었다고 여겨진다. 슐라이어마허는 무엇보다도, 첫째 해석학은 해석의 기술이며, 둘째 텍스트의 의미는 텍스트가 원래 겨냥했던 최초 독자와의 관계에서 결정되는 문제이고, 셋째 한 텍스트의 부분의 의미가 전체에 의존하고 있고, 그 역 또한 성립하기 때문에 해석은 순환의 과정이며, 넷째 (해석에서 이성의 우선성과 이해의 명료성을 내세웠던 계몽주의와 연관된 관점과는 반대로) 오해는 텍스트 이해의 전제 조건이라고 주장했다. 빌헬름 딜타이(1833~1911)의 연구에서 가장 영향력 있는 부분은 인간 과학과 자연과학을 구별하는 기초로서 '이해'와 '설명' 사이의 차이를 가정한 것이었다. 이러한 견해는 의미를 저자의 의도와 동일시한 슐라이어마허의 또 다른 생각과 함께 마르틴 하이데거(1889~1976)와 한스 게오르그 가다머(1900~2002)의 후기 작업에서 다루어졌다.

하이데거의 현존재*Dasein* 개념은 해석과 의미에서 주체의 역할에 대해, 그리고 실제로는 전통적인 인간주의적 주체 개념에 넌지시 문제를 제기하는 것이다. 예를 들면, 현존재는 자기 자신의 존재에 대해 질문을 던질 수 있는 것이다. 다음으로 하이데거는 현존재를 해석적 이해의 시간적 구조를 구성하는 것으로, 따라서 늘 해석 활동에 개입하는 것이라고 생각한다. 이런 이유 때문에 의미와 해석은 현존재의 세계–내–존재에 아주 중요한 것이며 외부적 관점('해석학적 순환')을 통해서는 올바로 기술될 수 없다. 이러한 관점에서 볼 때 모든 해석은 항상 이미 '이해된' 것과 관계가 있다. 따라서 칸트적 의미에서 초월적 주체, 즉 이해의 '형식'과 해석적인 '내용' 사이를 구별하는 원리에 따라 의미를 확립하는 기능을 하는 주체는 없다. 그렇지만 리처드 로티와 같은 비평가들이 주장했던 것처럼 하이데거가 여지없는 반리얼리스트*anti-realist*(《존재와 시간》의 저술 단계에서든 또는 더 후기에서든)인지는 명확하지 않다.

하이데거의 제자인 가다머는 '철학적 해석학'이라는 이름을 내건 해석학 이론의 아마도 최근 가장 유명한 대표자이다. 가다머는 이해는 해석 활동을 통해 이루어진다는 주장을 하이데거에게서 취한다. 이러한 주장에서 해석은 '선소유,' '선견,' '예상'에 기반을 둔다. 가다머의 가장 주된 주장은 해석이 계몽주의 모델에서처럼 자유롭고 합리적인 기준을 바탕으로 진행되는 것이 아니라 사실상 '편견'에 기반을 두고 있다는 것(슐라이어마허로부터 파생된 관점)이다. 그러나 가다머는 슐라이어마허와는 반대로 텍스트의 의미가 최초의, 또는 의도된 의미에 의존하지 않고, 언어, 규범, 전통과 같은 요소에 의존한다고 생각하는데, 이 요소 속에서 그리고 이 요소를 통해 주체성*subjectivity*이 구성된다. 가다머에 따르면, 전통을 만들게 되는 상호 주체적 조건은 해석이 시작되는 관점을 제공하지만(따라서 우리는 늘 '편견'으로 시작한다), 해석을 완전히 결정하지는 않는다. 가다머의 관점에서 볼 때, 이것은 해석이 독자와 텍스트 사이의 상호 관계의 형식을 취하는 활동이기 때문이다. 우리가 편견을 갖고 해석을 시작한다 하더라도 텍스트는 자신에게 강제되는 독해를 거부함으로써 우리의 선입견을 변화시키는 능력을 갖고 있다. 우리는 해석 활동을 통해서 타자와 만나게 되고, 그것은 해석자의 선입견을 재구조화하여 그들의 이해의 기초를 마련할 수 있을 것이다. 따라서 해석은 무제한으로 열린 과정이다.

가다머의 비판자 가운데 한 사람인 위르겐 하버마스는 해석학적 분석의 범위에는 사실상 한계가 있다는 주장을 해왔다. 하버마스는 그것이 일상 언어의 측면에서만 해석을 고려하는 이론이며, 모든 형태의 사회적 삶과 그 산물들이 일상 언어의 문제인 것은 아니라고 지적하였다. 오히려 그것은 이와 같은 언어와는 무관한 조건에 의해 구성될 수도 있다. [PS]

Gadamer, 1975; Habermas, 1971; Heidegger, 1962; Hirsch, 1967; Llewelyn, 1985.

해체
deconstruction

용어 자체가 암시하듯이, 해체는 구조주의에서 성장했다. 자크 데리다가 '해체'라는 용어를 만들어 냈으며, 그가 이 철학적이고 비판적인 운동의 가장 중요한 대표자이다. 데리다가 널리 영향을 미친 자신의 저서 《그라마톨로지》(1967)에서 해체 기획을 설명하고 있듯이, 그 목표는 의미가 구축되는 전제를 노출시켜 의미 구조를 붕괴시키고 객관성과 언어적 자율성 개념이 구성된 것임을 폭로하는 것이다. 데리다가 늘 주장하듯이 해체는 명료하게 규정된 방법론으로 간주되어선 안 된다. 그 주된 이유는 해체가 언어의 구조화 원리를 파악하고 설명할 수 있는 통제적 지성(특히 구조주의에서 매우 지배적 역할을 행하는 이항 대립 체계)이 존재한다는 생각을 거부하기 때문이다. 이런 의미에서 해체는 구조주의의 발전으로서 구조주의의 야심찬 목표들이 오로지 언어와 사회, 역사, 인지에 대한 환원론적 이해의 기반 위에서만 조망될 수 있는 것이라는 점을 인정한다.

해체는 모든 방법론이 지닌 실패의 잠재력을 알고 있기 때문에, 고도의 자기 비판적 자세를 취한다. 우선 해체는 어느 특정 시점에서든 의미의 생산이 아이디어의 자발적 표현과 거리가 멀고, 그 대신 언어에 깊이 아로새겨져 있는 관습과 선입견들에 관여되어 있음을 지적한다. 의미는 자율적인 정신이 낳은 표현이다. 이런 입장에서 데리다는 '현전' 개념에 대해 특별한 언술이 가지는 의미의 전 영역에 걸친 통제를 암시한다며 공격했다. 1960년대 말 해체론이 정립될 때, 그 주요 관심사는 언어와 표상에 대한 비판을 명료화하는 것이었다. 일군의 동시대 지식인, 대표적으로 롤랑 바르트와 미셸 푸코 역시 '저자의 죽음'(언어적 의미의 생산에 대한 주체의 통제력 상실을 논의하면서 내세운 경구)을 거론하면서 언어가 사상을 표현하는 중립적인 형식이라는 관점을 뒤엎었다.

미국판 해체론은 문학 텍스트의 실제 분석을 지향했다. 대표자인 폴 드 만은 언어의 수사학적 차원에 초점을 맞추었고, 제프리 하트만Geoffrey Hartman과 J. 힐리스 밀러J. Hillis Miller 등과 더불어 '예일학파'를 구성하여 문학 비평 실천으로서의 해체를 정립시켜, 1970년대와 1980년대에 꽃을 피웠다.

말하기와 글쓰기 사이의 우선 순위를 역전시킨 데리다의 주장은 자생적인 언어 행위가 있을 수 없음을 보여 주었다. 그는 무엇이든 말해지는 것은 무엇이 말해질 수 있는가 하는 구조적 가능성에 의해 미리 조건지어진다고 강조한다. 그는 언어가 자기 규제적 원리를 갖추고 있음을 제시하기 위해 산포*dissemination*라는 용어를 사용한다. 하지만 그렇다고 언어가 로고스와 동일시될 수 있는 것도 아니며 언어적 안정성을 보장하는 형이상학적 층위도 없다. 오히려 언어는 질서를 혼란시키는 부정적 힘에 의해 영향을 받는다. 논리적 불일치를 드러냄으로써 해체는 이데올로기적 공모를 지적하고 텍스트에 명시된 주장을 붕괴시킨다. 해체적 비평 실천은 텍스트 자체에 표상된 권력 관계 텍스트에 대한 어떤 반응을 미리 조건화하는 것으로서의 권력 관계를 모두 확인하고자 한다. 다시 말해서 해체는 언어라는 표상 매체의 구조적 논리와 그 이데올로기적 외양을 감추는 수단으로서 특별한 종류의 텍스트와 연관된 해석 전통을 분석함으로써 예술 작품을 연구한다.

해체는 텍스트와 컨텍스트 간의 어떤 범주적 구별을 거부하기 때문에, 자주 탈정치적이라는 혐의를 받는다. 하지만 바바라 존슨Barbara Johnson 같은 비평가는 마르크스주의와 페미니즘에 관여함으로써 정치적 참여가 불가피한 연구자로서 해체가 계급, 젠더, 인종 등의 이슈와 맺는 관계를 재고해야 한다고 주장한다. 가야트리 스피박Gayatri Spivak 같은 탁월한 비평가들은 마르크스주의적 페미니스트 해체론자를 자임하고 있다. 이런 조류에 속하는 연구자는 문화적 규정과 구별(가령 남성과 여성 간의, 흑인과 백인 간의, 중심과 주변 간의 규정과 구별)을 분석할 때 이데올로기 비판을 목표로 추구한다. 비록 모든 언어를 특징짓는 의미 놀이가 이데올로기 비판의 언어에도 적용된다 할지라도, 이것이 어떤 종류의 개입을 못하게 하는 것으로 이해하기보다는 차라리 권위주의적 방식으로 이루어진 주장이 특히 언어의 자기 해체적 잠재성으로 균열하기 쉽다는 경고로 이해해야 할 것이다. [CK]

de Man, 1979; Derrida, 1976; Holub, 1992; Johnson, 1980; Norris, 1987; Ryan, 1982.

행위 이론
action theory

사회 이론에서는 항상 행위*action*와 행태*behaviour*를 구분한다. 행태가 행위 주체의 순수하게 물리적인(혹은 본능적인) 움직임인 반면, 행위는 항상 의도적이고 유의미하며, 좀더 구체적으로 사회적 행위는 타자의 행위와 행태를 향해 있다. 베버는 행위의 네 가지 이념형을 구분했다(1978). 전통적*traditional* 행위는 그들이 항상 그렇게 행해 왔기 때문에 행해진다. 그리고 실로 행태보다 조금은 나은 한계 행위를 제시한다. 영향*affectual* 행위는 정서의 표현 행위이다. 좀더 중요한 것으로 목표 합리적*zweckrational*(도구적) 행위는 하나의 목표를 성취하기 위해 가장 효과적인 수단을 선택하는 행위이다. (목표 자체는 그것을 추구하고 성취한 결과가 얼마나 바람직한가 하는 견지에서 평가될 수 있다.) 도구적 행위는, 우리가 세계에서의 도구적 혹은 인과적 관계에 대한 행위 주체의 견해를 인정하고 공유할 때, 이해 가능하다. 가치 합리적인 *wertrational* 행위에서, 행위는 긍정적으로 가치 부여된 그리하여 당연시되는 목표의 성취를 향한다. 그런 행위는, 특유의 가치가 행위 주체에 대해 가지는 중요성을 인정하는 것을 통해 이해된다.

베버의 설명에 대해서는 크게 두 가지 반응을 확인할 수 있다. 한편, 행위의 유의미성 내지는 공동체 내부나 사회적 상호 행위 과정 내부에서의 의미 생성에 강조점을 둘 수 있다. 슈츠가 보기에 행위 동기를 행위에 기인하는 것으로 돌리는 것(따라서 목표와 수단 그리고 가치에 대한 해명)은 법칙보다는 예외에 속한다(1962, 1964). 평범한 사회적 상호 행위는 타인의 행위 그리고 누군가의 행위에 대한 타인의 반응 행위에 대한 당연시된 반응에 뿌리를 박고 있다. (결과적으로 대부분의 행위는 무반성적이고 습관적인 행태이다.) 이런 당연시된 생활 세계가 무너져 내릴 때, 예를 들면 행위 동기가 한 사람의 행위를 방어하기 위해서거나 타인의 행위를 지도하기 위해 회고적으로(지나간 행위들의 직접적인 동기를 설명하는 '모티프*because motives* 때문'으로써) 아니면 전망을 통해(다가올 행위의 목표를 효과적으로 설명하는 '위하여 모티프*in-order-to motives*'로써), 부여될 수 있다. 행위의 의미는 궁극적으로 원래의 행위 주체의 의도에 의심 없이 호소하는 것보다는 참여한 모든 행위 주체에 의해 이루어지는 타협에 토대를 둔다. 이러한 접근은 민속 방법론이 발전시켰다.

다른 한편으로 실증주의 전통에서는 개인 행위 주체의 행위들이 그것을 뒤덮는 사회 질서에 종속된다. 따라서 파슨스(1937, 1951)의 경우, 사회적 행위의 복합성은 — 거기에서는 아무도 타인이 어떻게 반작용할지를 결코 확실하게 예측할 수 없을 것이라는 정도로만 (의도나 동기, 목표에 관한) 해석의 폭이 주어진다 — 복합성을 줄이고 예측 가능성을 증진시키기 위해 몇몇 선행하는 사회적 메커니즘의 존재를 필요로 한다. 따라서 상호 작용하는 행위 주체들은 사회 안에서 제도화되고 사회화 과정에서 개인 행위 주체에 의해 내화된 규범에 호소한다. 규범은 단지 각각의 행위 주체와 그 잠재 목표에 대한 평가로 추구되는 규칙을 약호화하지 않는다. 차라리 그들의 행위를 지도하는 데 기여한다. 파슨스의 체계에서는 따라서 개인의 사회적 행위는 전체로서의 사회 체계에 통합된다. 슈츠의 행위 주체가 행위를 필수적인 것으로 이해하기 위해 적극적으로 문화적 자원을 활용하는 반면, 파슨스의 행위 주체는 다소간 수동적으로 행동을 규정하는 규칙을 따른다. [AE]

Harbermas, 1984; Joas, 1996.

행위와 구조
agency and structure

사회 이론의 중심 문제는 개인의 명백히 자율적인 행위와 그 위를 덮고 있는 안정적인 사회 질서 사이의 관계이다. 뒤르켐은 자살에 대한 연구에서, 자살 행위는 전형적으로 사회로부터 유리되어 발생하는 것이 틀림없으며 결코 반복될 수 없는 행위이지만, 특정 사회에서 일어나는 자살의 빈도는 해당 연도부터 다음 연도를 매우 정확히 예측 가능하다는 사실을 관찰하며, 도표상으로 이 문제를 제시한 바 있다(1952). 이 문제는 구조가 개인의 행위를 결정하는지 아닌지(혹은 어떻게 결정하는지), 그리고 그러한 구조가 어떻게 창출되는지에 관한 질문의 방식으로 보여질 수 있다. 이 문제에 대한 가장 성공적이며 일반적으로 받아들여지는 해결책은 애덤 스미스의 자유 시장에 대한 설명에서 볼 수 있듯 경제학에 있을지도 모른다. 각각 타인과 상관없이 행위하는 많은 개인 행위 주체의 자기 이해에 따른 행위는 수요와 공급의 조화로 이끌어진다. 피상적으로 볼 때 시장은 마치 꼭두각시 조종자의 행위와 유사한 일종의 '보이지 않는 손'의 지도 결과인 것처럼 보인다. 하지만 스미스의 가격 메커니즘에 대한 분석은 이러한 환영을 일소한다. (경제학에서 스미스의 성공적인 분석은 몇몇 정치 철학자를 잘못된 길로 이끌었다. 특히, 사회 계약론의 전통에서 그 분석을 그것의 실제 범위를 넘어 적용케 함으로써).

사회 이론에서 행위와 사회 구조 사이의 긴장을 해소하기 위한 시도는 다양한 접근을 포괄해 왔다. 한 극단에서 구조 기능주의자(뒤르켐에서 유래한 전통을 따르는)와 구조적 마르크스주의자는, 사회적 행위 주체를 해롤드 가핑클이 지칭한 바 '판단 불능자*judgemental dopes*'나 그들이 사회화 과정에서 내면화한 규칙을 수동적으로 따르는 구조의 담지자로 환원시켜, 개인의 자유를 경시하는 경향이 있다. 또 다른 극단에서 민속 방법론자는 사회 구조의 현실성을 전면적으로 부정한다. 혹은 방법론적 개인주의자는 사회 구조의 현실성을 기껏해야, 궁극적으로 다중적인 개인의 행위를 위해 일종의 편법을 제공하는 하나의 발견적 수단으로, 그리고 실상 개인에게 어떠한 규정력도 갖지 못하는 것으로 인정할 뿐이다. 이러한 극단적인 접근들 사이에서 다양한 시도가 이루어졌다. 이들은 사회 구조를 서로 경쟁하는 인간 행위 주체의 행위 결과 침전된 산물로 이해하려 한다. 그리하여 그것은 그 행위를 통해 적극적으로 (의식적으로건 아니건) 재생산되고 유지됨이 틀림없다. 또한 그것은 그 안에서 행위가 이해되고 의미가 주어지며 추구되는 조건에 경계를 설정한다. 이런 견지에서 행위와 구조 사이의 긴장은 하버마스의 체계와 생활 세계에 대한 분석(1987)과 앤서니 기든스의 구조화 이론(1984)에서도 발견될 수 있다.

[AE]

Callinicos, 1983; Giddens, 1979; Sztompka, 1993.

행태 이데올로기
behavioural ideology

V. N. 볼로시노프의 생각에 따르면, 행태 이데올로기는 공식 이데올로기와 구별된다. 후자는 법, 윤리, 종교, 과학 그리고 예술과 같은 '안정적이며 정식화된' 언어 체계로 구성되는 반면(1976: 88와 1973: 91을 보라), 행태 이데올로기는 이와는 달리 그러한 체계 내부에 귀속되지 않는 언어적 표현과 내적 언어 경험으로 구성된다. 이는 볼로시노프가 가능하게 한 매우 포괄적인 정의로, 그는 이데올로기를 기호와 동일시하였으며, 여기서 말이란 기호의 한 사례에 지나지 않는 것이다(1973: 10). 볼로시노프가 이러한 이데올로기 유형에 부여한 명칭은, 이 이데올로기가 "우리의 모든 행태와 행위의 사례에 의미를 부여한다"는 그의 견해에 연결된다(1973: 91).

두 이데올로기 유형 사이의 관계에 대한 몇 가지 요점은 볼로시노프에 의해(1973: 19~20, 91~93) 일상의 실제적인 생활 속에서의 언어와 정련된 이론적 정식에서의 언어 사이의 관계에 대한 개요에 해당하게끔, 촉진되거나 함축되었다. 공식 이데올로기는, 이데올로기 체계가 행태 이데올로기에 현재하는 생각의 정화이므로, 행태 이데올로기에 기초하여 세워진다. 그러나 행태 이데올로기는, 흔히 공식 이데올로기가 설립한 그것의 '톤'을 견지하면서, 그리고 이데올로기 투쟁의 사례에서는 부분적으로 그것이 변화시키고 전위시키려는 이데올로기 체계의 '행태'와 '실천'을 통합하는 가운데, 공식 이데올로기와의 상호 영향 관계에 처한다. 행태 이데올로기는, 부상하는 사회 변화의 주목할 만한 측면을 숨김없이 기록할 수 있는 능력에 의해 드러나듯이, 둘 가운데 좀더 민감한 편에 속한다. 그리고 한 번 형성되었더라도 공식 이데올로기는 자신의 지속적인 생명력과 존속을 행태 이데올로기로부터 그리고 그 안에서 나온 갱신된 해석에 의존한다. 행태 이데올로기는 이러한 해석을 '특정한 사회적 상황' 속으로 끌어들이며, 의미 있게 여겨지도록 만든다. 덧붙인다면, 행태 이데올로기는 사회의 경제적 토대를 그것의 공식적 이데올로기와 연결시키고, 그리고 나서는 상부 구조와 연결시킨다(1973: 14, 18~19). 그 자체로 마르크스주의에는 관심 대상이다. 그리고 볼로시노프가 지적하듯이 행태 이데올로기에 대한 그의 개념은, 언어적인 상호 작용에 대한 강조를 통해서, 몇몇 마르크스주의자들이 '사회 심리' 개념을 채택하여 전통적으로 제공할 수 있었던 것보다 토대와 상부 구조에 사이의 변천하는 관계에 대한 좀더 유물론적인 설명을 약속한다.

행태 이데올로기 내부에서 볼로시노프는, 각각 프로이트의 의식과 무의식 개념에 '상응하는' 공식적인 의식과 비공식적인 의식을 구별한다(1976, 9장). 공식적인 의식은 한 사회의 공식적인 이데올로기와 밀접하게 수렴하는 반면, 비공식적 유형은 그것과 매우 다르거나 그것과 '모순된다.' 덧붙이자면 후자의 유형은 쉽게 소통되지 않는다. 그럼에도 불구하고 공식적인 의식처럼 비공식적 의식이 사회 의식의 한 유형을 구성할지도 모른다고 함축하면서,

볼로시노프는 이러한 개념이, 프로이트가 이른바 개인적이고 '심리적'이라고 간주했던 사람들에게 영향을 미치는 갈등에 대한 이데올로기적이고 거시 사회적인 설명을 가능케 한다고 제안한다. 개념은 사회적 변화에 대한 성찰을 위해서도 사용된다. 그 사회적 변화와 연관하여 볼로시노프는 두 가지 모순적인 형태의 의식으로 특징지어지는 행태 이데올로기 내부에 비공식적인 의식이 현존하는 것이, 공식 이데올로기와 하나의 계급 또는 계급의 몇몇 집단의 해체를 나타낼 수도 있다고 상정한다. 볼로시노프가 이와 같은 의견이 연결되어 있다고 여기는 한에 있어서, 행태 이데올로기는 사회적이고 역사적인 변화를 지지하거나 그에 맞서는 압력과 심리학을 연결시키는 기획에서, 중심적인 매개 역할을 담당할 수 있는 것처럼 나타난다. 그러나 그러한 기획이 실현되면 심리학에 이득을 줄 수도 있지만 반면, 볼로시노프의 사유에 나타나는 논박 가능한 약점은 정신분석학이 다루려는 일종의 심리학적 질환이 오로지 한 사회의 행태 이데올로기가 모순으로 표식될 때만 발견된다는 함축에 있다는 것이다.

볼로시노프의 이데올로기 개념이 지닌 넓은 폭과 이데올로기와 기호를 동일시하는 그의 생각은 비판을 받아 왔다(Rossi–Landi, 1990: 238~247; Ponzio, 1993: 83~84). 그러나 테리 이글턴Terry Eagleton(1991: 47~50)의 지적에 따르면, 볼로시노프는 이데올로기 개념을 그것의 일상적인 한계를 넘어 확장하는 동시에 행태 이데올로기 개념을 정립했으며, 이로써 이론가들에게 이데올로기 체계와 독트린이, 스스로를 실현하기 위해 필수적인, 실천적인 행위로 전환하는 사태를 설명할 수 있게 하는 개념적 수단을 제공하였다. [RW]

행태주의
behaviourism

학문은 근육이나 선적*glandular* 반응과 같은 공적으로 측정 가능한 현상에 관심을 가지는 한 진정으로 과학적일 수 있다고 주장하는 심리 접근법. 따라서 이 접근 방식은 인간에 대한 이원론적인 설명(여기서 인간은 몸 내부의 마음 혹은 영혼 같은 것으로 이해된다)에 내재하는 문제점에 대한 반응이며, 다른 인간 존재의 정신적 상태의 지식에 대한 어떤 주장의 위상을 갖고 있는 반응이라고도 볼 수 있다.

심리학에 행태주의를 도입한 것은 통상 1910년대의 J. B. 왓슨J. B. Watson으로 알려져 있다. 왓슨은 심리학자에게 가해지는 요구 곧, 자신의 정신적 상태를 분류하고 구별할 수 있도록 훈련되어야 한다는 요구를 비웃는 가운데, 심리학의 기술인 내성에 반대하였다. 그는 I. P. 파블로프I. P .Pavlov가 (만일 개에게 밥을 주기 전 벨소리를 듣게 하면, 나중에는 벨소리만으로 침을 흘리게 하는 것이 가능하다는 것을 논증함으로써) 동물의 반사 활동과 관련하여 행한 연구의 영향을 받았다. 이로부터 왓슨은 인간 행위를 설명하는 데 있어 정신 상태에 호소하는 것이 불필요하다는 주장을 할 수 있었다. 여기서 설명은 실증주의적 노선을 따라서, 외적 자극과 주체의 그것에 대한 관찰 가능한 반응 사이의 법칙 같은 연계를 확인함으로써 진전될 수 있었다. 그러므로 '배고픔' 같은 정신 상태는 우리가 그러한 상태에 놓인 한 사람이나 동물에게 기대하는 행태의 견지에서 이해되거나 조작될 수 있다. (거칠게 말해 '배고프다는 것'은 음식을 찾는 행위 속에서 표명되거나, 행태주의의 엄격한 형태들 안에서 소진된다.) 주체의 행태는 그 경우 (내적으로 그리고 사적으로 경험된) 정신적 상태(의도들, 목적들 혹은 정서들)에 의존하지 않고, 차라리 특정한 자극이 직면하게 된 '새로움'이나 빈도에 의존한다. 이러한 노선을 따라 왓슨은 인간 행태에는 내재적인 것(또는 발생적으로 결정된 것)이 거의 없다는 취지의 엄격한 환경주의적 입장을 채택하였다. 인간은 그들의 환경을 통해 제공되는 자극들에 반응하면서 배운다.

왓슨은 1920년 (이혼 스캔들을 겪은 후) 학계에서 은퇴하도록 압력을 받았지만, 행태주의는 에드워드 거스리Edward Guthrie, 클락 헐Clark Hull, B. F. 스키너와 같은 사람들에 의해 상당히 발전되어, 1960년대까지는 미국 심리학에서 지배적인 세력이 되었다. 거스리는, 비록 빈도를 행태의 중요한 규정 인자에서 빼버렸음에도 불구하고, 왓슨의 행태주의 개념에 매우 가깝게 남아 있다. 헐은 인간 행태에 대한 체계적이며 수학적으로 표현된 설명을 열망하였다. 스키너의 행태주의는 왓슨으로부터, 특히 반사 개념에 주어진 중심성으로부터 물러나서, 행태가 환경에 가하는 효과에 초점을 맞추고자 하였다. 스키너의 경우 행태와 관련하여 중요한 것은 그것이 동물의 환경에 적응하려고 애를 쓴다는 사실이다. 예를 들면, 실험실의 동물은 스위치의 위치를 변경하여 음식을 먹을 수 있게끔 한다. 결정적으로 스키너는 동물의 행태가 음식을 얻으려는 목적이나 의도로는 설명될 수 없다는 것이다. 오히려 행위의 의도나 목적은 미래에 대한 어떤 기대 속에 존재하는 것이 아니라, 행위가 과거 행태의 결과이기 때문에 존재한다. 따라서 동물(인간을 포함하여)은 하나의 목적이 있기 때문에 행위하는 것이 아니라 오히려 과거의 결과 때문에 행위한다고 주장된다.

스키너는 '방법론적 행태주의'와 그 자신의 '급진적 행태주의'(다시금 왓슨과의 단절을 보여 주는)를 구분한다. 방법론적 행태주의자는 단순히 정신적 사건이 공적으로 관찰 불가능하다는 사실, 따라서 공적으로 논증 가능한 과학적 설명에서는 정당화될 수 없다는 사실을 인정할 뿐이다. 급진적 행태주의자는 정신적 사건의 존재와 역할을 인정한다. 그리고 그것들이 공적 행태를 좌우하는 (자극 반응) 조절과 같은 형식을 통해 결정되며, 공공연한 행태에 대한 발견 가능한 인과적 관계 속에 존재한다고 주장하면서, 정신적 사건의 사적 은밀성과 (단지 회피하기보다는) 타협하려고 시도한다. 따라서 스키너의 행태주의는 실험실 동물의 조건화된 행태에 적용하였던 바로 그 설명틀 내에 수학적이며 논리적인 추론과 내성조차도 포용하려고 시도한다.

행태주의를 둘러싼 논쟁의 여지는 단순히 그것이 인간에 대해 과도하게 기계주의적 설명인 것처럼 비춰진다는 것, 그리고 가정된 인간 자유의 존엄성에 대해 그것이 도전하고 있다는 것에 근거하는 것만은 아니다. 최소한 왓슨과 스키너의 손으로 행태주의가 세속적인 사회 생활에 실제적으로 적용이 의도되었다는 점 또한 논쟁거리이다. 이것의 극단적인 전망은 스키너의 소설 《월든 투*Waldon Two*》(1976)에서 나타나는데, 여기서는 행태주의적 기술을 사용하여 사람들을 상호 협동과 사랑과 심지어 창조성 속에 조건지어지도록 하는 공동체를 그리고 있다. 좀더 세속적으로 행태주의 심리학은 개인에게 성공적으로 공포증과 신경증을 극복하도록 하는 행태 치료 요법과 다양한 기술들 배후에 놓여 있다. [AE]

Skinner, 1973, 1974; Zuriff, 1985.

허위 의식
false consciousness

마르크스주의에서 허위 의식은 계급이 그 자신의 실제적 이익이 되는 정치적 행동과 충성의 진로를 인지하는 데 실패할 때 발생한다. 그와 같은 계급은 이데올로기의 지배 아래 있다. 계급 의식 [AE]

헤게모니
hegemony

'헤게모니'라는 말은 지도자, 안내자, 또는 통치자를 뜻하는 그리스어 헤게몬*hegemon*에서 파생되었다. 일반적인 용법으로 이것은 다른 나라에 대한 한 나라의 통치나 영향, 그리고 일군의 요소가 조직되는 원리를 지칭한다. 20세기 마르크스주의에서 이 용어는 이탈리아의 이론가 안토니오 그람시(1891~1937)가 당대 자본주의 안에서 지배 계급의 통치를 설명하기 위해 개발하였다. 그람시는 지배 계급이 단지 폭력이나 무력만 사용해서 지배를 유지할 수 없다고 주장한다. 노동 조합 및 다른 압력 집단의 등장, (투표권을 포함한) 시민권의 확장 그리고 학력의 향상으로 인해, 통치는 동의를 기반으로 이루어져야만 한다. 따라서 지배 계급에 호의적인 지식인은 그 계급의 지배에 대한 사상과 정당화를 일관되고 설득력 있게 제시하는 작업을 해야 했다. 이러한 작업은 매스 미디어, 교회, 학교, 가족과 같은 기구를 통한 사상의 제시라는 모습을 띈다. 그러나 정치적 통치의 이러한 헤게모니적 고려가 동의를 수반한다는 바로 그 이유 때문에, 사상이 종속 계급에게 단순히 강제될 수는 없다. 한편으로 지배 계급은 종속 계급의 이익과 욕구를 용인해야만 한다. 또 다른 한편으로 종속 계급은 헤게모니를 수동적으로 승인하지 않을 것이다. 지배 계급의 사상은 종속 계급의 일상적 경험에 맞게 협상되고 수정되어야만 한다. (따라서 종속 계급의 구성원들은 이중 의식을 가질 수 있다. 그들은 하나는 헤게모니에 토대를 두고 있고, 다른 하나는 일상적 경험에 토대를 둔 모순적이거나 양립 불가능한 신념을 동시에 지닐 것이다.) 헤게모니 이론은 영국 문화 연구의 발전에서(특히, 버밍엄 현대문화연구소의 작업에서) 매우 중요한 위치를 차지한다. 그것은 종속 집단이 정치적, 경제적 지배에 능동적으로 반응하고 저항하는 방식에 대한 분석을 용이하게 했다. 그렇다면 종속 집단은 단지 지배 계급과 그것의 이데올로기를 수동적으로 따르는 얼간이로 간주되지 않아도 된다. [AE]

Bocock, 1986; Fontata, 1993; Gramsci, 1971; Sassoon, 1987.

현상학
phenomenology

현상학은 독일 철학자 에드문트 후설(1859~1938)의 저작에서 파생된 철학적, 사회학적 탐구와 예술 연구에 대한 일군의 접근법을 가리킨다. 후설 자신의 저작까지 포함하여(후설의 저작은 그의 생애를 통해 지속적으로 변화, 발전되었다) 현상학으로 불리는 접근법은 매우 다양해 현상학에 대해 정밀하면서도 전체를 포괄할 수 있는 정의를 내리기란 쉽지 않다. 하지만 마르틴 하이데거, 모리스 메를로퐁티, 장 폴 사르트르, 알프레드 슈츠 등 그 추종자의 반응까지 포함하여 후설의 기획이 지닌 특유성을 얘기해 볼 수는 있다.

그 이름이 시사하듯 현상학은 인간의 기본 경험을 기술하는 데 관심이 있다(그래서 그리스어로 '외관'을 뜻하는 단어에서 파생된 말인 현상*phenomena*에 관심을 가진다). 그 요점은 자연과학과 여타의 모든 지식 주장이 전제하는 것, 그래서 이들 지식 주장이 가능하도록 만드는 것의 탐구이다. 현상학은 순진한 관찰자 즉, 모든 전제와 문화적으로 부과된 기대를 벗겨낸 사람에게 세계가 어떤 식으로 나타날 것인가를 기술하고자 한다. 이를 잘 드러내 주는 것이 '사물 자체*Zu den Sachen*'로 회귀한다는(Husserl, 1962: 74f) 현상학의 슬로건이다. 따라서 현상학적 탐구는 '괄호 치기'의 방법을 통해 진행된다. 괄호 치기는 신념의 유예를 포함한다. 예를 들어 과학자는 색채를 관찰하면서 그것이 일정한 주파수를 가진 빛의 파동이라는 가정하에 관찰한다. 그러나 이런 가정은 교육받지 않은 관찰자에게는 불가능한 것이다. 그래서 그것은 현상학자의 기술에서는 아무런 역할도 하지 못한다. 보다 급진적으로 후설은 그가 '자연적 태도'라고 부르는 것도 유예했다. 일상의 경험 속에서 우리는 경험에 대한 가정을 당연시한다. 특히, 저 바깥에는 경험되는 진정한 대상이 있고 우리는 그 경험을 하는 통합된 자아라는 것이 그런 가정들이다. 이 가정들 또한 경험 속에 주어져 있지 않다. 중요한 것은 후설이 실제 세계가 존재하지 않는다고 주장하지는 않았다는 점이다. 오히려 괄호 치기는 우리가 실제 세계를 경험하기 위해 (반드시) 가져야 할 가정으로 우리의 주의를 끈다.

이는 후설의 주장 가운데 다른 하나의 중심성을 인식함으로써 명료해진다. 그는 모든 의식이 의도적이라고 주장한다. 이는 우리가 그냥 의식적인 적은 한 번도 없고 항상 무언가에 대해 의식하고 있다는 것을 의미한다. 그래서 나는 오아시스를 보고, 책상을 만지며, 봉급 인상을 바란다. 우리가 의식하는 대상이 꼭 존재할 필요는 없다는 점을 주목하라. (그래서 봉급 인상은 절대로 이루어지지 않을 수 있고 오아시스는 신기루일 수도 있다.) 후설의 요점은 경험을 물질적 대상과의 인과 관계로만 설명할 수는 없다는 것이다. 오히려 대상은 관찰자가 대상과 갖는 의미 있는 관계 때문에 그 상태로(말하자면, 실제 오아시스나 신기루로) 존재한다. 후설에게 대상은 관찰자의 기대를 충족시키며 대상을 마주치면서 우리는 일군의 기대를 가지게 되고 그 기대가 대상에 대한 우리의 관계를 구조 짓는다. 후설에 의존하고 있는 로만 잉가르덴Roman Ingarden의 미학에서 문학 작품은 순수한 의도적 대상으로 취급된다(1973). 예술 작품에 대한 진정한 미적 태도를 기술하는 것과 관련해서 그는 예술 작품을 그것의 물질적 하부와 동일시하는 모든 주장을 거부한다. 작품은 그에 대한 갖가지 해석과 독립된 지속적인 동일성을 지니고 있다. 따라서 감상의 적절한 대상은 예술 작품의 내용이며 그 속에서 독자는 저자가 불확정적으로 남겨 놓은 것들을 상상적으로 재구성하면서 '구체화한다.'

후설의 추종자들은 전형적으로 그의 관념론에 도전한다. 후설의 현상학은 주로 현실에서 유리된*disembodied* 관찰자의 경험에 집중한다. 대조적으로 하이데거와 그를 뒤이은 사르트르는 현실 속의 행위자의 경험으로부터 시작하는데, 그 행위자는 실제의 물질적이고 우연적인 세계의 문제에 실질적으로 참여하고 있다. 따라서, 예를 들어 후설은 필연적이고 보편적인 본질로서 경험의 '의미'를 발견하고자 애쓴다. 대조적으로 하이데거에게 그런 의미는 세계 속에서 우리가 실질적 문제를 추구하는 가운데 역사적으로 발전하는 것이다. 하이데거가 즐겨 쓰는 예를 사용해 보자면 '망치'의 의미는 인간이 망치를 어떻게 사용하느냐에 달려 있다. 그 경우 경험의 의미는 현상학적 기술을 통해 발견되어야 할 보편적인 것이 아니라 오히려 인간이 다양한 목적을 추구하는 가운데 세계에 귀속시키는 것이다. 하이데거가 우아하게 정리하듯이 "나무는 목재의 숲이고 산은 바위의 채석장이다. 강은 수력이고 바람은 '항해의 바람'이다"(1962: 40~41). 유사하게 메를로퐁티는 의미가 육체를 통해 귀속되며, 따라서 육체에 대한 신념은 괄호 칠 수 없다고 본다(1962: 147).

사회과학에서는 알프레드 슈츠(1899~1959)로부터 현상학적 사회학이 발전했다. 다시 한 번 슈츠는 후설의 기획이 지닌 관념론을 거부하고 인간 경험이 상호 주관적으로 구성된 사회 세계 또는 생활 세계 속에서 발생하는 대로 기술하려고 한다(1962). 슈츠에게 '자연적 태도'는 능력 있는 사회적 행위자가 사회적 세계와 그 속에서 그들이 마주치는 사람들에 대해 세우는 당연시된 가정이 된다. 그런 행위자들은 다른 인간의 존재를 당연시하고 '관점의 상호성'을 가정한다. 따라서 사회적 행위자는 '가용한 지식 축적물'을 가진 존재로서(일련의 기술, 가정, '전형화'의 형태로 — 이것은 행위자들이 서로 행위를 지향하는 데 이용하는 라벨과 개념이 된다), 그는 이 지식 축적물을 통해 사회적 실체를 인식하고 그에 반응하며 나아가 무의식적일 수는 있지만 능동적으로 그것을 구성하기도 한다. [AE]

Bell, 1990; Schutz & Luckmann, 1974.

현장 연구
field work

현장 연구는 문화인류학과 연결된 현장 연구에서처럼 일반적으로 사회적 활동이나 문화에 참여함으로써(참여 관찰), 또는 단순히 그 문화를 가까이에서 관찰함으로써('현지 관찰'), 경험적인 사회적 또는 문화적 자료를 수집하는 것이라고 대체로 이해될 수 있다. 레비스트로스는 문화인류학자들이 현장 연구 작업 동안 특정 문화 속에 장기간에 걸쳐 밀접하게 참여하는 것을 자칭 정신분석학자가 스스로 경험한 정신분석에 비유하였다. 그것은 사람이 자신의 고유한 문화로부터 유산을 물려받았다는 당연시되는 가정을 폭로한다. 그렇지 않다면 그것은 당신을 다른 문화에 대해 둔하게 만들 수 있을 것이다. [AE]

Lareau & Shultz, 1996.

형이상학
metaphysics

형이상학은 전통적으로 단순한 겉모습 너머의 리얼리티에 대한 연구로 간주되어 왔다. 이런 연구의 세 가지 목적은 (i) 세계가 '진정' 무엇과 같은가, (ii) 왜 세계는 존재하는가 그리고 (iii) 인간으로서 이 세상에서 우리의 장소는 어디인가 하는 것을 발견하는 취지를 갖는다. 좀 더 최근에 와서 형이상학자들은 두 번째의 문제를 거의 답변 불가능한 것으로 간주하는 현대 물리학에 발맞추어 그들의 연구를 첫 번째와 세 번째에 주로 한정하는 경향이 있다.

형이상학이 세 가지 문제 모두에 응답하려 시도해 온 결과 전통적 형이상학은 체계 구축을 지향하는 경향이 있었다. 그들은 세 가지의 질문에 대해 하나의 일반적이고 완결된 답을 통합적으로 제시하는 리얼리티의 모델을 구축함으로써 리얼리티의 진정한 성격을 설명하려 시도했다. 아마도 이런 방법론을 채용한 가장 거대한 예는 헤겔의 경우일 것이다. 그는 우주란 스스로를 인지해 가는 과정에 있는 하나의 물질('Mind' 또는 'Geist')이라고 주장했다. 이런 방법론을 채용한 또 다른 철학자의 예로 G. W. 라이프니츠G. W. Leibniz 그리고 그보다는 약간 제한된 정도로 채용한 비숍 버클리를 들 수 있다. 이런 스타일의 형이상학은 철학자들에게 관념론과 합리주의적 경향에 동조하도록 이끄는 경향이 있다. 합리주의자들은 이성의 힘과 지성의 능력*faculties of intellect*이 리얼리티의 '진정한' 성격을 발견할 수 있는 유일하게 믿을 만한 도구라고 간주한다. 이런 접근은 체계 구축의 개념을 보완한다. 훌륭한 체계를 구축하는 열쇠는 이런 힘과 능력을 우주에 관한 일반적이고 정확히 일관성 있는 이론 — 통합적인 방식으로 형이상학의 세 가지 질문에 대답할 수 있는 — 을 구축하는 데 사용하는 것이기 때문이다.

아마도 관념론적 형이상학의 전통에 대한 가장 강력한 도전은 임마누엘 칸트의 작업으로부터 '선험적 관념론*transcendental idealism*'의 형식으로 제기되었다고 할 수 있다. 칸트는 전통적 형이상학자들의 접근은 너무나 많은 것을 이루려 시도했기 때문에 아무것도 하지 못했다고 주장한다. 그의 관점은 비록 단순한 외양을 넘는 세계가 존재한다 하더라도 우리는 세계가 그 자체로 어떤 것인지 결코 알 수 없다는 것이다. 우리가 그 세계를 어떻게 아는가 하는 것은 이성적 존재로서 우리가 거기에 부여하는 바에 의해 한정되기 때문이다. 우리가 세계에 부여하는 것은 칸트가 '범주*categories*'라고 부르는 것으로 세계에 대한 우리의 사고 조건이다. 그러한 범주의 예로서 '시간'과 '공간,' '원인'과 '결과' 등의 개념이 있다. 즉 어떤 의미에서 그것에 관한 우리의 사고 방식으로부터 독립적인 세계가 있다고 해도 그것은 영원히 우리의 손에 닿지 않으며 결과적으로 우리는 우리에게 보여지는 바의 세계를 탐색하는 것에 만족할 수밖에 없다. 이런 점을 감안하면 형이상학의 문제를 처음으로 인식론의 문제로 공고히 끌어올린 것은 칸트의 영향이다.

형이상학에서 가장 최근의 논의는 형이상학적 리얼리즘을 지지하는 사람들과 다소간 극단적인 방식으로 다양하게 반리얼리즘을 지지하는 사람들 사이의 논쟁에 집중되는 경향이 있다. 형이상학적 리얼리즘의 지지자는 전통적으로 합리론과 관념론 모두에 반대해 온 사람들 — 예를 들면, 경험주의 *empiricism*의 지지자 — 의 관심을 반영하고 또 역사적으로 거기에 뿌리를 두고 있다. 형이상학적 리얼리스트는 우리가 알 수 있는 '정신으로부터 독립적인' 물질적/물리적 실재가 존재한다고 보고 있다. 즉 나무, 고양이, 돌과 같은 것들이 있는 것처럼 보일 뿐 아니라 실제 의식으로부터 독립된 세계 속에 그것이 '실재'한다는 것이다(van Inwagen, 1993).

형이상학적 리얼리즘에 대한 반대자는 반리얼리스트로 알려져 왔다. 그러나 여기서 정확히 반리얼리스트가 반대하는 것이 무엇이며 그들이 모두 똑같은 대상을 반대하고 있는지를 구분하는 것이 중요하다. 실제로 어떤 반리얼리스트는 단지 직설적인 리얼리티의 개념에 반대할 뿐 꼭 리얼리티 그 자체를 반대하지는 않는다. 그런가 하면 리얼리티의 개념 일체를 부정하는 사람도 있다. 후자의 집단에는 리처드 로티(1972)나 넬슨 굿맨(1978) 같은 분석철학자, → 분석 철학 장 보드리야르(1988) 같은 포스트모더니스트도 → 포스트모더니즘 포함된다. 전자의 집단에는 그들의 작업이 칸트의 영향 아래 있음을 주장하는 힐러리 퍼트넘(1981)과 토머스 새뮤얼 쿤(1970) 같은 철학자들이 포함되는데, 그들은 개념으로서의 리얼리티를 아예 던져 버리기보다는 리얼리티의 도달에 연관되는 문제들에 주목하고자 하는 것으로 보인다.

일부 철학자는 형이상학적 기획 모두를 부정해 왔다. 분석 철학 가운데에는 형이상학자가 아무런 의미 있는 것도 말하지 못한다고 주장하는 논리 실증주의자도 있다(Ayer, 1946). 이는 그들이 우리로 하여금 어떤 형이상학적 진술이 옳은지 그른지를 ➔ 의미 판단할 수 있게끔 해주는 조건을 이야기 할 수 없기 때문이다. 좀더 최근에는 자크 데리다가 말한 '현존의 형이상학 *metaphysics of presence*'에 대한 반대가 제기되어 왔다. 데리다는 다양한 방식으로 해석되어 왔다. 데리다의 입장에 대해 텍스트 밖의 어떤 것이든 그 존재를 부정하는 것으로 해석하는 입장이 있는가 하면, 다소 덜 급진적으로, 단지 어떤 특정한 해석적 틀 바깥에 존재하는 리얼리티에 관해 이야기할 가망성이 없음을 보여 주는 것 정도로 해석하는 입장도 있다(Norris, 1987, 6장). [SH]

Kim & Sosa, 1994; Walsh, 1963.

홀로코스트
holocaust

2차 세계 대전의 마지막 3년 동안 나치가 행한 대량 살상으로, 약 530만~600만 명의 유태인이 사망한 것으로 추정된다. 이들은 1942~1945년 사이에 죽음의 수용소에서 체계적으로 죽임을 당했다. 이 수용소 중에서 폴란드의 아우슈비츠Auschwitz(1940년 5월 설립)는 가장 크고 악명 높아, 이 참혹한 사건의 상징이 되었다. 벨센Belsen, 트레블린카Treblinka, 소비보Sobibor 등지에도 수용소가 있다. 아우슈비츠 그 자체는 오로지 몰살을 위한 시설만은 아니었다. 그것은 한 제도 안에 세 가지 용도를 편의적으로 연계하고 있었다. 노예–노동 수용소, 집단 수용소, 죽음의 수용소(마지막 것은 아우슈비츠–비르크나우에 세워졌다). 사실 아우슈비츠 단지는 천연 자원이 풍부한 대규모 공업 지역에 입지한 40개 이상의 수용소로 구성되었다. 1940년 5월에서부터 1942년 초까지 아우슈비츠의 인구는 3만 6000명을 겨우 넘어서는 수준이었고, 그들 중 1/3은 러시아인 전쟁 포로였다. 이 전쟁 포로 집단은 석탄 광산, 주물 공장, 공장 등에 복역하며 독일의 전쟁 수행을 위해 활용되었다. 그러나 1942년 나치 홀로코스트의 첫 번째 유태인 희생자가 된 약 110만 명이 당국에 의해 'Sonderbehandlung'('특별 취급,' 즉 제거) 대상으로 선별되며 아우슈비츠로 이송되었고, 곧장 특수 제작된 가스실로 직행해 그곳에서 죽었다. 아우슈비츠-비르크나우 그 자체는 철도 플랫폼, 특수 제작된 가스실과 부속 화장장(이들 중 일부는 하루에 8000구의 시체를 태울 수 있었다), 화장 매입 구덩이, 하수 공장, 죄수에게 의료 실험을 행하는 막사 등의 연계 건축물로 이루어졌다. 교통망 조직, 공장에서 특수 설계된 용광로(트로프 앤드 존스사 Topf and Sons는 많은 수용소에 용광로를 설치하였다)에서부터 (종종 훌륭한 의사가 행한) 희생자의 선별 작업에 이르기까지, 죽음의 수용소의 계획과 설계는 산업적 규모로 이루어진 것이었다. 과학적, 공업적, 관료적 기술들이 살인 디자인과 조화를 이루었다. 광적인 사망률은 1942~1944년 사이에 끊임없이, 희생자들이 기차에 실려 수용소로 실려 간 사실에서 드러난다. 희생자 가운데 누구도 등록된 바 없다. "이들은 도착하자마자 흔적을 남기지 않고 죽어갔다. 이름도, 기록도, 정확한 정보도 없이"(Gutman & Berenbaum, 1994: 7). 안타깝게도 이러한 공식 증거 기록의 부재로 인해, 홀로코스트를 부인하는 자들은 증거가 없으므로 대량 살육은 행해진 바 없다고 단언하였다. 그러나 거대한 양의 반대 증거가, 글, 수용소 자체의 잔여 흔적, 홀로코스트 생존자, 나치 가해자, 그리고 다른 목격자의 증언 형태로 존재한다. 홀로코스트 희생자는 옷, 음식, 약물, 돈, 머리카락, 심지어 금니까지도 박탈당했고 그것은 유용하게 활용되었다. 희생자의 머리카락(그 중 일부가 1945년 소비에트 부대가 아우슈비츠에 도착했을 때 발견되었다. '평균 무게 20kg(44파운드)짜리 인간 머리카락을 넣은 부대 293개, 평균 무게 88kg(193.6파운드)짜리 인간 머리카락을 넣은 부대 12개'(Strzelecki in Gutman & Berenbaum, 1994: 260))은 다양한 방식으로 활용되었다. 그것들은 헛간, 펠트, 직물, 밧줄, 심지어 스타킹을 만드는 데 쓰였다. 재와 뼈는 수용소에 뿌려져서 비료로 사용되었다. 이런 점에서 아우슈비츠와 여타 다른 수용소가 수익을 목적으로 운영되었다는 점은 의심할 여지가 없다.

홀로코스트는 너무나 끔찍한 사건이어서 그 의미를 이루 말로 표현하기는 어렵다. 아도르노(1973b)에 따르면 아우슈비츠 이후에, 희생자의 운명을 조롱하고 그럼으로써 그것과 타협하려는 것이 아니라면, 긍정적인 언어적 의미로서의 초월이란 불가능한 것이 되었다. 히틀러의 유산은 우리에게 그러한 일이 재발하지 않도록 금지하는 '새로운 정언 명령'을 부과한다. 이러한 요청과 관련해서, 그리고 (유고슬라비아, 르완다, 혹은 여타 다른 곳에서 벌어진) 최근의 사건을 목도하며, 현대 휴머니티는 실패했다고 단연코 말할 수 있을 것이다. 한나 아렌트(1906~1975)에게 죽음의 수용소는 전체주의적 정신이 품은 무한의 에고이즘과 '악의 평범성*banality of evil*'(Arendt, 1965)을 모두 드러내는 것이다. 전체주의적 에고이즘이란 '아무것도 진실하지 않다, 모든 것이 허용된다'라고 주장했던 19세기의 니힐리즘이 '모든 것이 가능하다'라는 신념으로 변질되었음을 의미한다. '평범함'이라는 단어가 암시하듯이, 아렌트의 시각에서 악이란 생각 없음*thoughtlessness*의 상태에서 범해지는 것이다. 사형 집행인은 희생자와 마찬가지로, 행위자가 되기를 그치고 단지 하도록 정해진 특정한 사회적 역할을 수행할 뿐이다. 료타르(1988)에게 아우슈비츠는 '분쟁*differend*'을 보여 주는 최고의 사례다. 즉 악행이, 악행이 실제로 행해졌다는 것을 공표할 수단이 차단된 사람에게 행해진 것이다. 수백만 명이 나치의 대략 학살에 의해 죽었지만 그 몰살 증거가 제거됨으로써, 희생자들의 정당한 지위가 부정되는 악행이 계속 범해지고 있다. 그 의미를 이해하고자 한다면 프리모 레비Primo Levi, 타데우슈 브롭스키Tadeusz Borowski, 샤를로트 델보Charlotte Delbo 등의 생존자가 쓴 글을 읽어야 할 터인데, 이는 단지 이들이 살해 증언을 대표하기 때문이 아니라 홀로코스트에 관한 일들을 소통하는 능력을 지녀 그것을 '공유할 수 있는 경험'으로 만들어 주기 때문이다(Langer, in Guttman & Berenbaum, 1994: 604). [PS]

Borowski, 1967; Delbo, 1995; Gutman & Berenbaum, 1994; Levi, 1998.

화행
speech act

화행이란 하나의 말이 발화될 때 수행되는 행위를 뜻한다. 화행 이론*speech act theory*은 영국의 철학자인 J. L. 오스틴J. L. Austin(1911~1960)의 연구에서 시작되어 철학, 언어학, 문학 이론 그리고 심지어 심리학 연구자에 의해 계승, 발전되어 왔다. 오스틴은 각기 다른 기능을 수행하는 말들을 다양한 범주로 구분하였다. 그리하여 발화하는 행위란 다양한 유형의 말의 개별적 기능이라는 관점에서 하나하나 분석될 수 있는 복잡한 문제라고 주장하였다. 오스틴의 분석은 가능한 한 직접적이고 사전적인 의미로 쓰이는 일상적 언어에 집중되어 있다.

오스틴 이론의 개요를 소개하자면, 그는 무엇인가를 언명하는 의미 있는 문장이나 명제는 모두 사건의 상태에 대한 기술('술정문*constatives*')이고 따라서 참이거나 거짓이라고 주장하는 언어관(예를 들어, 전형적인 실증주의 입장)에 반대한다. 오스틴의 주장의 요지는 일부 언어는 참도 거짓도 아닌 의미를 표현한다는 것이다. 그는 이러한 유형의 언어를 '수행적 발화*performative utterances*'라고 명했다. 수행문*performatives*은 사람들이 약속을 하거나, 다른 사람들에게 경고하거나, 선언 같은 행위를 발화한다(예를 들어 "나는 너에게 돈을 줄 것임을 약속한다," "조심해!," "나는 이 배를…… 라고 명한다" 등). 수행문은 진리 조건에 결부되는 것이 아니라 관습적이다(즉, 그것은 적절한 것이거나 아니면 부적절한 것이다). 그러나 오스틴은 술정문/수행문의 구별에만 만족하지 않았다. 오히려 술정문이 수행문적 지위에 속하거나 그 역인 경우가 존재함을 보여 줌으로써 양자간의 구분을 복잡하게 만든다. 이러한 모델에서는, 어떤 사실 진술적인 발화도 "나는 이로써 ……라고 주장한다"의 형식으로 재진술될 수 있는 한, 모든 발화가 화행인 것으로 서술될 수 있다(즉 모든 언어 사용은 화행이라 볼 수 있다).

존 설John Searle은 화행의 상이한 형식에 고유한 특수 규칙을 명기함으로써 오스틴의 이론을 한층 더 발전시켰다. 이러한 관점에서 보면, 하나의 약속은 반드시 어떤 형태로든지 미래의 행위를 포함한다는 특징이 있다. 게다가 약속은 약속하는 사람이 어떤 경우에는 행하지 않을 무언가에 관한 것이어야 하며, 그 약속에 묶일 것임을 자임하는 약속자의 의도에 대한 고려를 포함해야 한다. 화행 이론에 영향을 받은 탁월한 학자 가운데 한 명이 독일의 철학자이자 비판 이론가인 위르겐 하버마스이다. 그는 자신의 '의사 소통 행위*communicative action*' 이론을 명료히 하는 수단으로서 수행성 개념을 활용하였다. 화행 개념은 의미와 관련된 문제를 구조주의의 유산에 의지하는 이론(즉 포스트구조주의)과 대립적인 방식으로 접근할 수 있는 길을 열어 주었다는 점에서 중요하다. 이로부터 료타르와 같은 학자들과 대치되는 입장에서, 인간 실존에 필수적인 조건이 기능하고 재생산되기 위해서는 공동체적 합의의 규범적 모델이 근본적이라고 주장했던 하버마스에게 있어 수행성의 개념이 호소력을 지닐 수 있었던 이유를 설명할 수 있다. [PS]

Austin, 1975; Searle, 1969.

환유
metonymy

일부 또는 하나의 요소를 이용해 전체를 표현하는 커뮤니케이션 형식. 가장 단순하게는 우리가 소 대가리나 왕관을 말함으로써 군주를 가리키는 경우를 들 수 있다. 그러나 우리는 환유를 통해 많은 복잡한 텍스트를 이해한다. 예를 들어, 뉴스 보도에서 한 가난한 소농의 사진은 모든 농민을 가리키거나 어떤 커뮤니티, 민족 또는 대륙의 구성원을 의미할 수 있다. 그런 식으로 환유는 바르트가 정의한 바 신화학에서 일정한 역할을 수행할 수 있다. 하나의 요소가 전체를 표현하는 해석적 이동을 수행하는 과정에서 우리는 의도하지 않게 정치적으로나 사실적으로 의문의 여지가 있는 — 그러나 당연한 것으로(그래서 명백히 자연스러운 것으로) 받아들여지는 — 가정을 이끌어 낸다. 그런 식으로 한 소농의 모습은 모든 아프리카인

이 기후 재난으로 인해 가난해진 피해자라는 무언의 믿음을 강화할 수 있다. [AE]

Abelove, H., Barale, M. A., & Halperin, D. M. (eds.) (1993). *The Lesbian and Gay Studies Reader.* New York: Routledge.

Abercrombie, N., Hill, S., & Turner, B. S. (1980). *The Dominant Ideology Thesis.* London: Allen & Unwin.

Adorno, T. W. (1967) (1955). *Prisms.* London: Spearman.

—— (1973a) (1948). *The Philosophy of Modern Music.* London: Sheed & Ward.

—— (1973b) (1966). *Negative Dialectics.* London: Routledge, & Kegan Paul.

—— (1978a) (1951). *Minima Moralia: Reflections from Damaged Life.* London: New Left Books.

—— (1978b) (1938). "On the Fetish Character in Music and the Regression of Listening," Arato, A. & Gebhardt E. (eds.). *The Essential Frankfurt School Reader.* Oxford: Blackwell.

—— (1982) (1956). *Against Epistemology,* Willis Domingo (tr.). Oxford: Blackwell.

—— (1984) (1970). *Aesthetic Theory.* London: Routledge, & Kegan Paul.

—— (1991a). *The Culture Industry: Selected Essays on Mass Culture,* J. M. Bernstein (ed.). London: Routledge.

—— (1991b) (1957~1963). *Notes to Literature,* volume 1. New York: Columbia University Press.

—— (1991c) "Free Time," in his *The Culture Industry: Selected Essays on Mass Culture.* London: Routledge.

—— (1992a) (1965~1974). *Notes to Literature,* volume 2. New York: Columbia University Press.

—— (1992b) (1963). *Quasi una fantasia: Essays on Modern Music.* London: Verso.

—— (1994) (1941). "On Popular Music," J. Storey (ed.). *Cultural Theory and Popular Culture: A Reader.* London: Edward Arnold.

—— (2006) (1949). *Philosophy of New Music.* Minneapolis, MN: University of Minneasota Press.

Adorno, T. W., Frenkel-Brunswik, E., Levinson, D. J., & Sanford, R. N. (1950). *The Authoritarian Personality.* New York: Harper.

Aggleton, P. (1987). *Deviance.* London: Routledge.

Allport, G. (1980). *The Nature of Prejudice,* Reading. MA: Addison-Wesley.

Althusser, L. (1969) (1959). *For Marx,* Ben Brewster (tr.). London: New Left Books.

—— (1971). *Lenin and Philosophy and Other Essays.* London: New Left Books.

Althusser, L. & Balibar, E. (1970). *Reading Capital.* London: New Left Books.

Altizer, T. (1968). *Radical Theology and the Death of God.* Harmondsworth: Penguin.

—— (1977). *The Self-Embodiment of God.* New York: Harper, & Row.

Amin, A. (ed.) (1995). *Post-Fordism: A Reader.* Oxford: Blackwell.

Amin, S. (1973). *Neo-colonialism in West Africa*, Francis McDonagh (tr.). Harmondsworth: Penguin.

Anderson, P. (1979). *Lineages of the Absolutist State.* London: Verso.

Ang, I. (1985). *Watching 'Dallas': Soap Opera and the Melodramatic Imagination.* London: Methuen.

Ansell-Person, K. (1991). *Nietzsche contra Rousseau: A Study of Nietzsche's Moral and Political Thought.* Cambridge: Cambridge University Press.

Antoun, R. T. (2001). *Understanding Fundamentalism: Christian, Islamic, and Jewish Movements.* Walnut Creek, CA: AltaMira Press.

Anyon, J. (1980). "Social Class and the Hidden Curriculum of Work." *Journal of Education*, 162: 67~92.

Apel, K. -O. (1976). "The Transcendental Conception of Language Communication and the Idia of a First Philosophy," H. Parret (ed.). *The History of Linguistic Thought and Contemporary Linguistic.* Berlin and New York: De Gruyter.

—— (1981). *Charles S. Peirce: From Progmatism to Pragmaticism*, John Michael Krois, Amherst (tr.). MA: University of Massachusetts Press.

Appleman, P. (ed.) (1970). *Darwin.* London: W. W. Norton & Co.

Arato, A. & Gebhardt, E. (eds.) (1978). *The Essential Frankfurt School Reader.* Oxford: Blackwell.

Arendt, H. (1965). *Eichmann in Jerusalem: A Report on the Banality of Evil.* New York: Viking.

—— (1966) (1951). *The Origins of Totalitarianism.* New York: Harcourt & Brace.

Armstrong, D. (1983). *Political Anatomy of the Body: Medical Knowledge in Britain in the Twentieth Century.* Cambridge: Cambridge University Press.

Arnold, M. (1993). *Culture and Anarchy and other Writings*, Stefan Collini (ed.). Cambridge: Cambridge University Press.

Atkinson, J. M. & Heritage, J. (eds.) (1984). *Structures of Social Action: Studies in Conversation Analysis.* Cambridge: Cambridge University Press.

Attali, J. (1985). *Noise: The Political Economy of Music.* Manchester: Manchester University Press.

Attridge, D., Bennington, G., & Young, R. (eds.) (1987). *Post-Structuralism and the Question of History.* Cambridge: Cambridge Universty Press.

Austin, J. L. (1975) (1955). *How to Do Things With Words*, (2nd edn.). Oxford: Oxford University Press.

Avineri, S. & De-Shalit, A. (eds.) (1992). *Communitarianism and Individualism.* Oxford: Oxford University Press.

Ayer, A. J. (ed.) (1959). *Logical Positivism.* London: Allen & Unwin; Glencoe, IL: Free Press.

—— (1967) (1946). *Language, Truth and Logic*, (2nd edn.). London: Victor Gollancz.

Bachelard, G. (1964) (1938). *The Psychoanalysis of Fire.* London: Routledge, & Kegan Paul.

—— (1969) (1975). *The Poetics of Space*. Boston, MA: Beacon Press.

Badcock, C. R. (1975). *Lévi-Strauss: Structuralism and Sociological Theory*. London: Hutchinson.

Badmington, N. (ed.) (2000). *Posthumanism*. Basingstoke: Macmillan.

Bahro, R. (1982). *Socialism and Survival*. London: Heretic.

—— (1984). *From Red to Green*. London: Verso.

Bakhtin, M. (1981). *The Dialogic Imagination: Four Essays by M. M. Bakhtin*. M. Holoquist (ed.), Caryl Emerson, & Michael Holquist (trs.). Austin, TX: University of Texas Press.

—— (1984). *Rabelais and His World*. Hélène Iswolsky (tr.). Bloomington, IN: Indiana University Press.

—— (1986). *Speech Genres and Other Late Essays*, C. Emerson, & M. Holquist (ed.), Vern McGee (tr.). Austin, TX: University of Texas Press.

Balibar, E. (1970). "The Basic Concepts of Historical Materialism," L. Althusser & E. Balibar, *Reading Capital*. London: New Left Books.

Bantock, G. (1975). "Towards a Theory of Popular Culture," M. Golby, J. Greenwald, & R. West (eds.), *Curriculum Design*. London: Croom Helm; Milton Keynes, Open University Press.

Banton, M. (1977). *The Idea of Race*. London: Tavistock Publication.

Barber, Benjamin. (2002). "Democracy and Terror in the Era of Jihad versus McWorld," *World in Collision*. Basingstoke: Macmillan.

Barker, M. (1989). *Comics: Ideology, Power and the Critics*. Manchester: Manchester University Press.

Barrett, M. (1980). *Women's Oppression Today: Problems in Marxist Feminist Analysis*. London: New Left Books.

—— (1991). *The Politics of Truth: From Marx to Foucault*. Cambridge: Polity Press.

Barry, N. P. (1986). *On Classical Liberalism and Libertarianism*. Basingstoke, Macmillan.

—— (1989). *An Introduction to Modern Political Theory*, (2nd edn.). Basingstoke, Macmillan.

Barthes, R. (1967a) (1953). *Writing Degree Zero*. New York: Hill & Wang.

—— (1967b) (1964). *Elements of Semiology*. New York: Hill & Wang.

—— (1973) (1957). *Mythologies*. St Albans: Paladin.

—— (1974) (1970). *S/Z*. New York: Hill & Wang.

—— (1975) (1973). *The Pleasure of the Text*. New York: Hill & Wang.

—— (1977a). *Image, Music, Text*. Stephen Heath (tr.). London: Fontana.

—— (1977b). "Introduction to the Structural Analysis of Narratives," in *Image, Music, Text*. London: Fontana.

—— (1977c). "The Death of the Author," in *Image, Music, Text*. London: Fontana.

—— (1977d). "From Work to Text," in *Image, Music, Text*. London: Fontana.

—— (1977e) (1975). *Barthes, R. by Barthes, R.* New York: Hill & Wang.

—— (1978) (1977). *A Lover's Discourse: Fragments*. New York: Hill & Wang.

—— (1981) (1980). *Camera Lucida: Reflections on Photography*. New York: Hill & Wang.

—— (1987) (1966). *Criticism and Truth*. Minneapolis, MN: University of Minnesota Press.

Baudrillard, J. (1983). *Simulations*, Paul Fross, Paul Patton, & Philip Beitchman (trs.). New York:

Semiotext(e).
—— (1988). *Selected Writings*, Mark Poster (ed.). Cambridge: Polity Press.
—— (1990a). *Revenge of the Crystal: Selected Writings on the Modern Object and its Destiny, 1968~1983*. London: Pluto Press.
—— (1990b). "Mass Media Culture," in *Revenge of the Crystal: Selected Writings on the Modern Object and its Destiny, 1968~1983*. London: Pluto Press.
—— (1990c). *Fatal Strategies*. London: Pluto Press.
—— (1991). "The Reality Gulf," *Guardian*, 11 January.
—— (1993). *Symbolic Exchange and Death*. London: Sage.
—— (2000a). *The Vital Illusion*. New York: Columbia University Press.
—— (2000b). "Prophylaxis and Virulence," N. Baddington (ed.), *Post-humanism*. London: Palgrave Macmillan.
Bauman, Z. (1989). *Modernity and the Holocaust*. Cambridge: Polity Press.
Baxandall, M. (1972). *Painting and Experience in Fifteenth Century Italy: A Primer in the History of Pictorial Style*. Oxford: Clarendon Press.
—— (1980). *The Limewood Sculptors of Renaissance Germany*. New Haven, CT: Yale University Press.
Bazin, A. (1967). *What is Cinema?*. Berkeley, CA: University of California Press.
Beck, U. (1922). *Risk Society: Toward a New Modernity*. London: Sage.
—— (1999a). *Globalisation*. Cambridge: Polity Press.
—— (1999b). *World Risk Society*. Cambridge: Polity Press.
Beck, U., Giddens, A., & Lash, S. (1994). *Reflexive Modernization*. Cambridge: Polity Press.
Becker, H. (1961). *Boys in White: Student Culture in Medical School*. Chicago, IL: University of Chicago Press.
—— (1963). *Outsiders: Studies in the Sociology of Deviance*. New York: Free Press.
—— (1982). *Art Worlds*. Berkely, CA: University of California Press.
Becker, H., Geer, B., & Hughes, E. C. (1968). *Making the Grade: The Academic Side of College Life*. New York: Wiley.
Beetham, D. (1996). *Bureaucracy*, (2nd edn.). Buckingham: Open University Press.
Behr, S., Fanning, D., & Jarman, D. (eds.) (1993). *Expressionism Reassessed*. Manchester: Manchester University Press.
Bell, D. (1960). *The End of Ideology*. Glencoe, IL: Free Press.
—— (1973). *The Coming of Post-Industrial Society: A Venture in Social Forecasting*. New York: Basic Books.
—— (1976). *The Cultural Contradictions of Capitalism*. London: Heinemann.
—— (1990). *Husserl*. London: Routledge.
—— (1993). *Communitarianism and its Critics*. Oxford: Clarendon Press.
Bell, D. & Kennedy, B. M. (eds.) (2000). *The Cybercultures Reader*. London: Routledge.
Bell, M. (1988). *F. R. Leavis*. London: Routledge.
Belsey, C. (1980). *Critical Practice*. London: Methuen.
Bendix, R. (1960). *Max Weber: An Intellectual Portrait*. Garden City, NY: Doubleday.

Benedict, R. (1935). *Patterns of Culture*. London: Routledge & Kegan Paul.

—— (1989). *Chrysanthemum and the Sword*. New York: Houghton Mifflin.

Benhamin, W. (1970a). *Illuminations*, H. Arendy (ed.). London: Jonathan Cape.

—— (1970b) (1936). "The Work of Art in the Age of Mechanical Reproduction," in *Illuminations*. London: Jonathan Cape.

—— (1970c) (1940). "Theses on the Philosophy of History," in *Illuminations*. London: Jonathan Cape.

—— (1973a). *Charles Baudelaire: A Lyric Poet in the Era of High Capitalism*. London: New Left Books.

—— (1973b). *Understanding Brecht*. London: New Left Books.

—— (1977) (1928). *The Origin of German Tragic Drama*, John Osborne (tr.). London: New Left Books.

—— (1978) (1937). "Author as Producer," A. Arato & E. Gebhardy (eds.), *The Essential Frankfurt School Reader*. Oxford: Blackwell.

—— (1979). *One-Way Street and Other Writings*. London: New Left Books.

—— (1996). *Selected Writings: Volume 1, 1913~1926*. Cambridge, MA: Belknap Press.

—— (1999a). *Selected Writings: Volume 2, 1927~1934*. Cambridge, MA: Belknap Press.

—— (1999b). *The Arcades Project*. Cambridge, MA: Belknap Press.

—— (2002). *Selected Writings: Volume 3, 1935~1938*. Cambridge, MA: Belknap Press.

—— (2003). *Selected Writings: Volume 4, 1938~1940*. Cambridge, MA: Belknap Press.

Bennett, J. (1966). *Kant's Analytic*. London: Cambridge University Press.

—— (1974). *Kant's Dialectic*. London: Cambridge University Press.

Bennett, T., Martin, G., Mercer, C., & Woollacott, J. (eds.) (1981). *Culture, Ideology and Social Process*. London: Batsford in association with the Open University Press.

Bennington, G. (1988). *Lyotard: Writing the Event*. New York: Columbia University Press.

Berger, J. (1972). *Ways of Seeing*. Harmondsworth: Penguin.

Berger, P. L. (1963). *Invitation to Sociology*. Harmondsworth: Penguin.

Berger, P. L. & Luckmann, T. (1961). *The Social Construction of Reality: A Treatise in the Sociology of Knowlege*. London: Allen Lane.

Berkeley, G. (1975). *Phillosophical Works: Including the Works on Vision*. London: Dent.

Berki, R. N. (1975). *Socialism*. London: Dent.

Berlin, E. A. (1980). *Ragtime: A Musical and Cultural History*. London: University of California Press.

Berlin, I. (ed.) (1979). *The Age of Enlightenment*. Oxford: Oxford University Press.

Berliner, P. F. (1994). *Thinking in jazz: The Infinite Art of Improvisation*. Chicago, IL: University of Chicago Press.

Berman, M. (1983). *All This is Solid Melts into Air: The Experience of Modernity*. London: Verso.

Bernstein, B. (1977). *Class, Codes and Control, volume 1, Theoretical Studies Towards a Sociology of Language*. London: Routledge & Kegan Paul.

—— (1996). *Pedagogy, Symbolic Control and Identity: Theory, Research, Critique*. London: Taylor & Francis.

Bernstein, R. J. (1983). *Beyond Objectivism and Relativism: Science, Hermeneutics, and Praxis.* Oxford: Blackwell.

Bhabha, H. K. (ed.) (1990). *Nation and Narration.* London: Routledge.

Bhaskar, R. (1975). *A Realist Theory of Science.* Hemel Hempstead: Harvester.

Biddle, B. J. (1979). *Role Thory: Expectations, Identities and Behaviours.* New York: Academic Press.

Bilton, T., Jones, P., Skinner, D., Stansworth, M., & Webster, A. (1996). *Introductory Sociology,* (3rd edn.). Basingstoke: Macmillan.

Binford, S. R. & Binford, L. R. (1968). *New Perspectives in Archaeology.* Chicago, IL: Aldine Press.

Bin Laden, O. (1998). "Jihad Against Jews and Crusaders," World Islamic Front Statement, 23 February 1998 (www.fas.org/irp/world/para/docs/980223-fatwa.htm).

Biriotti, M. & Miller, N. (eds.) (1993). *What is an Author?.* Manchester: Manchester University Press.

Black, M. (1979). "More about Metaphor," A. Ortony (ed.), *Metaphor and Thought.* Cambridge: Cambridge University Press.

Blair, T. (2006). 'Valedictory Address to the Labour Party Conference Kegan Paul.

Block, N., Flanagan, O., & Guzeldere, G. (eds.) (1997). *The Nature of Consciousness: Philosophical Debates.* Cambridge, MA: MIT Press.

Blumer, H. (1969). *Symbolic Interactionism: Perspective and Method.* Englewood Cliffs, NJ: Prentice-Hall

Blumer, M. (1984). *The Chicago School of Sociology: Institutionalization, Diversity, and the Rise of Sociological Research.* Chicago, IL: University of Chicago Press.

Bocock, R. (1986). *Hegemony.* London: Tavistock.

—— (1993). *Consumption.* London: Routledge.

Bocock, R., Hamilton, P., Thompson, K., & Walton, A. (eds.) (1980). *An Introduction to Sociology.* London: Fontana in association with the Open University Press.

Bogue, R. (1989). *Deleuze and Guattari.* London and New York: Routledge.

Bolton, R. (ed.) (1989). *The Contest of Meaning: Critical Histories of Photography.* Cambridge, MA: MIT Press.

Bookchin, M. (1980). *Towards an Ecological Society.* Montreal: Black Rose Books.

Boorse, C. (1975). "On the Distinction between Disease and Illness," *Philosophy and Public Affairs*, 5: 49~68.

—— (1977). "Health as a Theoretical Concept," *Philosophy of Science*, 44: 542~573.

Borowski, T. (1967) (1959). *This Way for the Gas Ladies and Gentlemen*, B. Vedder (tr.). New York: Penguin.

Borradori, G. (ed.) (2003). *Philosophy in a Time of Terror.* Chicago, IL: University of Chicago Press.

Bostdorff, D. M. (2003). "George W. Bush's Post-September 11 Rhetoric of Covenant Renewal: Upholding the Faith of the Greatest Generation," *Quarterly journal of Speech*, vol. 89, no. 4.

Bostrom, N. (2005a). "A History of Transhumanist Thought," *Journal of Evolution and*

Technology, 14 (http://jetpress.org/volume14/freitas.html).
—— (2005b). "In Defence of Posthuman Dignity," *Bioethics*, 19 (3), 202~214.
Bottomore, T. (ed.) (1983). *A Dictionary of Marxist Thought*. Oxford: Blackwell.
—— (1985). *Theories of Modern Capitalism*. London: Routledge.
—— (1993). *Eiltes and Society*, (2nd edn.). London: Routledge.
Boucher, D. & Kelly, P. (eds.) (1994). *The Social Contract from Hobbes to Rawls*. London: Routledge.
Boundas, C. V. & Olkowski, D. (eds.) (1994). *Gilles Deleuze and the Theater of Philosophy*. New York: Routledge.
Bourdieu, P. (1973). "Cultural Reproduction and Social Reproduction," R. Brown (ed.), *Knowledge, Education and Cultural Change*. London: Tavistock.
—— (1984) (1979). *Distinction: A Social Critique of the Judgement of Taste*. London: Routledge & Kegan Paul.
—— (1993). *The Field of Cultural Production*. Cambridge: Polity Press.
Bowie, A. (1990). *Aesthetics and Subjectivity: From Kant to Nietzsche*. Manchester: Manchester University Press.
Bowles, S. & Gintis, H. (1976). *Schooling in Capitalist America*. New York: Basic Books.
Boyer, R. & Durand, J. -P. (1997). *After Fordism*, Sybil Hyacinth Mair (tr.). Basingstoke: Macmillan.
Bradbury, M. & McFarlane, J. (eds.) (1976). *Modernism: 1890~1930*. Harmondsworth: Penguin.
Brasher, B. E. (ed.) (2001). *Encyclopedia of Fundamentalism*. London: Routledge.
Braudel, F. (1972) (1949). *The Mediterranean and the Mediterranean World in the Age of Philip II*. London: Collins.
—— (1958). "History and the Social Science," in *On History*. London: Weidenfeld & Nicolson.
Braverman, H. (1974). *Labour and Monopoly Capitalism: The Degradation of Work in the Twentieth Century*. New York: Monthly Review Press.
Breckenridge, C. & Van der Veer, P. (eds.) (1993). *Orientalism and the Post-colonial Predicament*. Philadelphia, PA: University of Philadelphia Press.
Brett, P., Thomas, G., & Wood, E. (eds.) (1994). *Queering the Pitch: The New Gay and Lesbian Musicology*. New York: Routledge.
Breuer, J. & Freud, S. (1974) (1895). *Studies on Hysteria*, A. Richards (ed.), James Strachey (tr.). Harmondworth, Pelican Books.
Bronner, S. E. & Kellner, D. M. (eds.) (1989). *Critical Theory and Society: A Reader*. London: Routldge.
Brooks, C. (1938). *Understanding Poetry: An Anthology for College Students*. New York: Henry Holt.
—— (1949). *The Well Wrought Urn: Studies in the Structure of Poetry*. London: Dennis Dobson.
Bruce, S. (2000). *Fundamentalism*. Cambridge: Polity Press.
Brundtland, G. H. et al. (1987). *Our Common Future: World Commission on Environment and Development*. Oxford: Oxford University Press.
Buck-Morss, S. (1991). *The Dialectics of Seeing: Walter Benjamin and the Arcades Project*.

Cambridge, MA: MIT Press.
Bukofzer, M. (1939). "Allegory in Baroque Music," *Journal of the Warburg Institute*, 3: 1~21.
Bullough, E. (1957). *Aesthetics: Lectures and Essays*. Palo Alto, CA: Stanford University Press.
Bourdieu, P. (1977). *Reproduction in Education, Society and Culture*, Richard Nice (tr.). London: Sage Publications.
Bürger, P. (1984). *Theory of the Avant-Garde*. Minneapolis, MN: University of Minnesota Press.
Burke, E. (1982) (1790). *Reflections on the Revolution in France*. Harmondsworth: Penguin.
Burke, J. & Moore, S. (1979). "Reification and Commodity Fetishism Revisited," *Canadian Journal of Political and Social Theory*, 3(1): 71~86.
Burke, P. (1990). *The French Historical Revolution: The Annales School, 1929~1989*. Cambridge: Polity Press.
Burke, S. (1992). *The Death and Return of Author: Criticism and Subjectivity in Barthes, Foucault and Derrida*. Edinburgh: Edinburgh University Press.
Burley, J. & Harris, J. (2002). *A Companion to Genethics*. Oxford: Blackwell.
Burns, T. (1992). *Erving Goffman*. London: Routledge.
Bury, M. & Gabe, J. (eds.) (2006). *The Sociology of Health and Illness: a Reader*, (2nd edn.). London: Routledge.
Bush, G. W. (2001a). "Statement by the President in His Address to the Nation, 11 September 2001" (www.whitehouse.gov/news/releases/2001/09/20010911-16.html).
—— (2001b). "Address to a Joint Session of Congress and the American People, 20 September 2001" (www.whitehouse.gov/news/releases/2001/09/20010920-8.html).
Butler, J. (1990). *Gender Trouble: Feminism and the Subversion of Identity*. London: Routledge.
Cage, J. M. (1966). *Silence*. Cambridge, MA: MIT Press.
Cahn, S. (1994). *Coming on Strong: Gender and Sexuality in Twentieth Century Women's Sport*. New York: Free Press.
Callinicos, A. (1976). *Althusser's Marxism*. London: Pluto Press.
—— (1983). *Marxism and Philosophy*. Oxford: Clarendon Press.
Camus, A. (1990) (1942). *The Myth of Sisyphus*, Justin O'Brien (tr.). Harmondsworth: Penguin.
Canguilhem, G. (1978) (1966). *On the Normal and the Pathological*. Dordrecht: Reidal.
Carr, E. H. (1987) (1961). *What is History?*. Harmondsworth: Penguin.
Carson, R. (1972) (1962). *Silent Spring*. Harmondsworth: Penguin.
Carver, T. (1975). "Marx's Commondity Festishism," *Inquiry*, 18(1): 39~63.
—— (ed.) (1991). *The Cambridge Companion to Marx*. Cambridge: Cambridge University Press.
Castells, M. (1989). *The Informational City*. Oxford: Blackwell.
Cavell, S. (1971). *The World Viewed: Reflections on the Ontology of Film*. New York: Viking.
Chadwick, R. F. & Cazeux, C. (eds.) (1992). *Immauel Kant: Critical Assessments*. London and New York: Routledge.
Chalmers, A. F. (1982). *What is This Thing Called Science?* (2nd edn.). Milton Keynes: Open University Press.
—— (1990). *Science and its Fabrication*. Milton Keynesx: Open University Press.
Chancy, D. (1996). *Lifestyle*. London: Rouledge.

Charon, R. (2004). "Narrative and Medicine," *New England Journal of Medicine*, 350: 862~864.
Childe, V. G. (1927). *The Dawn of European Civilization*. London: Kegan Paul.
—— (1956) (1936) *Man Makes Himself*, (3rd edn.). London: Watts & Co.
—— (1964) (1941) *What Happened in History?*. Harmondsworth: Penguin.
Chipp, H. B. (1968). *Theories of Modern Art: A Source Book by Artists and Critics*. Beerkeley, CA: University of California Press.
Chomsky, N. (1957). *Syntactic Structure*. The Hague: Mouton.
—— (1966). *Cartesian Linguistics*. New York: Harper & Row.
—— (1972). *Studies on Semantics and Generative Grammar*. The Hague: Mouton.
—— (1973). *For Reasons of State*. New York: Pantheon.
—— (1978). *Language and Politics*. Montreal: Black Rose Books.
—— (2002). *9/11*. New York: Seven Stories Press.
Christie, R. & Jahoda, M. (eds.) (1954). *Studies in the Scope and Method of "The Authoritarian Personality."* Glencoe, IL: Free Press.
Churchland, P. (1988). *Matter and Consciousness: A Contemporary Introduction to the Philosophy of Mind*. Cambridge, MA: MIT Press.
—— (1995). *The Engine of Reason, the Seat of the Soul: A Philosophy Journey into the Brain*. Cambridge, MA: MIT Press.
Cixous, H. (1981) (1975). "The Laugh of the Medusa," E. Marks & I. de Courtivron (eds.). *New French Feminism*. Brighton: Harvester.
—— (1987). *The Newly Born Woman*. Manchester: Manchester University Press.
Clark, D. L. (1968). *Analytical Archaeology*. London: Menthuen.
Clark, J. J. (1997). *Oriental Enlightenment: The Encounter Between Asian and Western Thought*. London: Routledge.
Clark, K. & Holquist, M. (1984). *Mikhail Bakhtin*. Cambridge, MA: Belknap Press of Harvard University Press.
Clark, T. J. (1973). *The Absolute Bourgeois: Artists and Politics in France 1848~1851*. London: Thames & Hudson.
Clarke, G. (1982). *Defending Ski-Jumpers: A Critique of Theories of Youth Subcultures*, Stencilled Paper 71, Centre for Contemporary Cultural Studies, Birmingham University.
Clarke, K. (1956). *The Nude*. New York: Pantheon.
Clarke, S. (1981). *The Foundations of Structuralism. A Critique of Lévi-Strauss. and the Structuralist Movement*. Brighton: Harvester.
Clement, C. (1983) (1981). *The Lives and Legends of Jacques Lacan*, Arthur Goldhammer (tr.). New York: Columbia University Press.
Coakley, J. & Dunning, E. (eds.) (2002). *Handbook of Sports Studies*. London: Sage.
Cobb, J. (1978). *Karl Marx's Theory of History*. Oxford: Clarendon Press.
Cohen, I. J. (1989). *Structuration Theory: Anthony Giddens and the Constitution of Social Life*. London: Macmillan.
Cohen, P. (1980). "Subcultural Conflict and Working-Class Community," S. Hall, D. Hobson, A. Lowe, & P. Willis (eds.), *Culture, Media, Language*. London: Hutchinson.

Cohen, S. (1980). *Folk Devils and Moral Panics*, (2nd edn.). Oxford: Martin Robertson.

Collier, G. (1977). *Jazz*. Cambridge: Cambridge University Press.

Collini, S. (1988). *Arnold.* Oxford and New York: Oxford University Press.

Collins, R. (1975). *Conflict Sociology: Toward an Explanatory Science.* New York: Academic Press.

Condit, C. (1999). *The Meanings of the Gene. Public Debates about Human Heredity.* Madison, WI: University of Wisconsin Press.

Connetron, P. (ed.) (1976). *Critical Sociology.* Harmondsworth: Penguin.

Conrad, Joseph. (2000) (1902). *Heart of Darkness.* London: Penguin.

Cook, D. (1996). *The Culture Industry Revisited: Theodor W. Adorno on Mass Culture.* Lanham, MD: Rowman & Littlefield.

Cooke, A. (1994). *The Economies of Leisure and Sport.* London: Routledge.

Cooke, B. & Turner, F. (1999). *Biopoetics: Evolutionary Explorations in the Arts.* Lexington, KY: Icus Books.

Cooper, D. E. (1986). *Metaphor.* Oxford: Blackwell.

—— (1992). *A Companion to Aesthetics.* Oxford: Blackwell.

—— (1997). *Aesthetics: The Classic Reading.* Oxford: Blackwell.

Cornforth, M. (1971). *Dialectical Materialism.* London: Lawrence & Wishart.

Corrigan, P. (1997). *The Sociology of Consumption.* London: Sage.

Coser, L. A. (1956). *The Functions of Social Conflict.* New York: Free Press.

Crane, T. (1995). *The Mechanical Mind: A Philosophical Introduction to Minds, Machine and Mental Representation.* London: Penguin.

Cranston, M. (1994). *The Romantic Movement.* Oxford: Blackwell.

Crothers, C. (1996). *Social Structure.* London: Routledge.

Crouch, D. & Ward, C. (1997). *The Allotment: Its Landscape and Culture.* Nottingham: Five Leaves.

Crozier, B. (1987). *Socialism: Dream and Reality.* London: Sherwood Press.

Cudd, A. E. & Andreasen, R. O. (eds.) (2005). *Feminist Theory: A Philosophical Anthology.* Oxford: Blackwell.

Culler, J. (1975). *Structuralist Poetics: Structuralism, Linguistics and the Study of Literature.* London: Routledge & Kegan Paul.

—— (1983). *Roland Barthes.* New York: Oxford University Press.

—— (1986). *Ferdinand de Saussure.* Ithaca, NY: Cornell University Press.

Cunningham-Wood, J. (ed.) (1988). *Karl Marx's Economics: Critical Assessments*, volume 2, *Marx's Capital.* London: Croom Helm.

Cupitt, D. (1979). *Explorations in Theology.* London: SCM Press.

—— (1988) *The New Christian Ethics.* London: SCM Press.

Curtis, W. J. R. (1992). *Le Corbusier: Ideas and Forms.* London: Phaidon Press.

Cutler, A., Hindess, B., Hirst, P. Q., & Hussain, A. (1977). *Marx's Capital and Capitalism Today*, volume 1. London: Routledge & Kegan Paul.

Dahl, R. A. (1956). *A Preface to Democratic Theory.* Chicago, IL: University of Chicago Press.

Dahrendorf, R. (1979). *Life Chances*. London: Weidenfeld & Nicolson.

Dallmayr, F. R. (1981). *Twilight of Subjectivity: Contributions to a Post-Individualist Theory of Politics*. Amherst, MA: University of Massachusetts Press.

Dancy, J. (1985). *An Introduction to Contemporary Epistemology*. Oxford: Blackwell.

Dancy, J. & Sosa, E. (1992). *A Companion to Epistemology*. Oxford: Blackwell.

Dant, T. (1996). "Fetishism and the Social Value of Objects," *Sociological Review*, 44(3): 495~516.

Danto, A. C. (1964). "The Artworld," *Journal of Philosophy*, 61: 571~584.

—— (1981) *The Transfiguration of the Commonplace*. Cambridge, MA: Harvard University Press.

Darwin, C. (1976) (1859). *The Origin of Species*. J. W. Burrow (ed.). Harmondsworth: Penguin.

David, H. (1997). *On Queer Street: A Social History of British Homosexuality 1895~1995*. London: HarperCollins.

Davidson, D. (1984a) (1977). *Inquiries into Truth and Interpretation*. Oxford: Clarendon Press.

—— (1984b) (1973). "Radical Interpretation," in *Inquiries into Truth and Interpretation*. Oxford: Clarendon Press.

—— (1984c). "Belief as the Basis of Meaning," in *Inquiries into Truth and Interpretation*. Oxford: Clarendon Press.

—— (1991). "Truth and Meaning," in *Inquiries into Truth and Interpretation*. Oxford: Clarendon Press.

—— (1993). "A Coherence Theory of Truth and Knowledge," E. Lepore (ed.), *Truth and Interpretation*. Oxford: Blackwell.

—— (ed.). *Truth and Interpretation*. Oxford: Blackwell, pp.307~319.

Davies, T. (1997). *Humanism*. London and New York: Routledge.

Davis, J. C. (1981). *Utopia and the Ideal Society: A Study of English Utopian Writing, 1516~1700*. Cambridge: Cambridge University Press.

Dawkins, R. (1976). *The Selfish Gene*. Oxford: Oxford University Press.

—— (1991). *The Blind Watchmaker*. London: Penguin.

Day, G. (1996). *Re-reading Leavis: Culture and Literary Criticism*. Basingstoke: Macmillan.

De Certeau, M. (1984). *The Practice of Everyday Life*. Berkeley, CA: University of California Press.

Delbo, Charlotte. (1995) (1965). *Aushwitz and After*, R. Lamont (trs.). New Haven, CT: Yale University Press.

Deleuze, G. (1983) (1962). *Nietzsche and Philosophy*, Hugh Tomlinson (tr.). London: Athlone Press.

—— (1990a) (1969). *The Logic of Sense*, Mark Lester with Charles Stivale (trs.). London: Athlone Press.

—— (1990b). "The Simulacrum and Ancient Philosophy," *in The Logic of Sense*. London: Athlone Press.

—— (1991). *Cinema, 2 volumes*. Minneapolis, MN: University of Minnesota Press.

Deleuze, G. & Guattari, F. (1977) (1972). *Anti-Oedipus: Capitalism and Schizophrenia*, Robert

Hurley, Mark Seem, & Helen R. Lane (trs.). New York: Viking Press.
—— (1987) (1980). *A Thousand Plateaus: Capitalism and Schizophrenia*, Brian Massumi (tr.). Minneapolis, MN: University of Minnesota Press.
De Man, P. (1979). *Allegories of Reading: Figural Language in Rousseau, Nietzsche, Rilke, and Proust*. New Haven, CT: Yale University Press.
—— (1989). *Blindness and Insight: Essays on the Rhetoric of Contemporary Criticism*. London: Routledge.
Dennett, D. (1996). *Darwin's Dangerous Idea*. London: Penguin.
Denzin, N. K. (1992). *Symbolic Interactionism and Cultural Studies*. Oxford: Blackwell.
Derrida, J. (1973). *'Speech and Phenomena' and Other Essays on Husserl's Theory of Signs*, David B. Allison (tr.). Evanston, IL: Northwestern University Press.
—— (1976) (1967). *Of Grammatology*, G. Spivak (tr.). Baltimore, MD: Johns Hopkins University Press.
—— (1978) (1967). *Writing and Difference*, Alen Bass (tr.). London: Routledge & Kegan Paul.
—— (1979). *Spurs: Nietzsche's Styles*, Barbara Harlow (tr.). Chicago, IL: University of Chicago Press.
—— (1981). *Dissemination*, Barbara johnson (tr.). Chicago, IL: University of Chicago Press.
—— (1982). *Margins of Philosophy*, Alen Bass (tr.). Chicago, IL: University of Chicago Press.
—— (1987). *The Truth in Painting*. Chicago, IL: University of Chicago Press.
—— (1988a). *The Ear of the Other: Otobiography, Transference, Translation Texts and Discussions with Jacques Derrida*, C. McDonald (ed.), Peggy Kamuf (tr.). Lincoln, NE and London: University of Nebraska Press.
—— (1988b). *Limited Inc*. Evanston, IL: Northwestern University Press.
—— (1992). *Given Time. I. Counterfeit Money*, Peggy Kamuf (tr.). Chicago, IL and London: University of Chicago Press.
—— (1994). *Specters of Marx: The State of Debt, the Work of Mourning, and the New International*, Peggy Kamuf (tr.). New York and London: Routledge.
—— (1996). *Archive Fever: A Freudian Impression*, Eric Prenowitz (tr.). Chicago, IL and London: University of Chicago Press.
—— (2002). "The Aforementioned So-called Human Genome," E. Rottenberg (ed.), in *Negotiations. Stanford*, CA: Stanford University Press.
Descartes, R. (1968) (1637 and 1641). *Discourse on Method and the Meditations*. Harmondsworth: Penguin.
—— (1986) (1641). *Meditations on First Philosophy*, J. Cottingham (tr.). Cambridge: Cambridge University Press.
Devitt, M. & Sterelny, K. (1987). *Language and Reality*. Oxford: Blackwell.
Dewey, J. (1974). *John Dewey on Education: Selected Writings*, R. D. Archambault (ed.). Chicago, IL: Chicago University Press.
—— (1997) (1910). *The Influence of Darwin in Philosophy*. New York: Prometheus Books.
Dews, P. (1988). " Nietzsche and the Critique of *Ursprungsphilosophie*," D. E. Krell & D. Wood (eds.), *Exceedingly Nietzsche*. London: Routledge.

Dickie, G. (1974). *Art and the Aesthetic: An Institutional Analysis*. Ithaca, NY: Cornell University Press.

—— (1984). *The Art Circle: A Theory of Art*. New York: Havens.

Dijck, Hose van (1998). *Imagenation. Popular Images of Genetics*. London: Macmillan.

Diprose, R. (1994). *The Bodies of Women: Ethics, Embodiment and Sexual Difference*. London: Routledge.

Doty, A. (ed.) (1993). *Making Things Perfectly Queer: Interpreting Mass Culture*. Minneapolis, MN: University of Monnesota Press.

Douglas, M. (1969). *Purity and Danger*. London: Routledge, & Kegan Paul.

—— (1973). *Natural Symbols: Expolrations in Cosmology*. Harmondsworth: Penguin.

—— (1985). *Risk Acceptability According to the Social Sciences*. New York: Sage.

—— (1992). *Risk and Blame*. London: Routledge.

Douglas, M. & Wildavsky, A. (1982). *Understanding Deviance*. Oxford: Clarendon Press.

Draper, H. (1987). *The 'Dictatorship of the Proletariat' from Marx to Lenin*. New York: Monthly Review Press.

Dreyfus, H. & Hall, H. (eds.) (1992). *Heidegger: A Critical Reader*. Oxford: Blackwell.

Dror, Y. (1983) (1968). *Public Policymaking Reexamined*. New Brunswick, NJ: Transaction Books.

Du Gay, P., Hall, S., Janes, L., Mackay, H., & Negus, K. (1997). *Doing Cultural Studies: The Story of the Sony Walkman*. London: Sage.

Dube, W. D. (ed.) (1977). *German Expressionism: Art and Society 1909~1923*. London: Thames, & Hudson.

Duhem, P. (1962). *The Aim and Structure of Physical Theory*, Philip P. Wiener (tr.). New York: Atheneum.

Dummett, M. (1973). *Frege: Philosolhy of Language*. London: Duckworth.

Dunning, E. (1999). *Sport Matters: Sociological Studies of Sport, Violence and Civilization*. London: Routledge.

Dunning, E. & Rojek, C. (eds.) (1992). *Sport and Leisure in the Civilising Process: Critique and Counter-critique*. Basingstoke: Macmillan.

Dunning, E. & Sheard, K. (1979). *Barbarians, Gentlemen and Players: A Sociological Study of the Development of Rugby Football*. Oxford: Martin Robertson.

Durkheim, E. (1952) (1897). *Suicide: A Study in Sociology*, John A. Spaulding & George Simson, (trs.). London: Routledge & Kegan Paul.

—— (1975). *Emile Durkheim on Religion*. W. S. F. Pickering (ed.). London: Routledge & Kegan Paul.

—— (1976) (1912). *The Elementary Forms of the Religious Life: A Study in Religious Sociology*. London: Allen & Unwin.

—— (1982) (1895). *The Rules of Sociological Method*. London: Macmilan.

—— (1984) (1893). *The Division of Labour in Society*, W. D. Halls (tr.). Basingstoke: Macmillan.

Durkheim, E. & Mauss, M. (1963) (1903). *Primitive Classification*. Chicago, IL: University of Chicago Press.

Dworkin, R. (2005). "Terror and the Attack on Civil Liberties," in *The Philosophical Challenge of September 11*, (ed.). T. Rockmore, J. Margolis, & A. T. Marsoonian. Oxford: Blackwell.
Dyer, R. (1979). *Stars*. London: British Film Institute.
—— (1985). "Entertainment and Utopia," in B. Nichols (ed.). *Movies and Method*, volume 2. Berkeley, Los Angeles, CA, & London: University of California Press.
Eaglecton, T. (1983). *Literary Theory: An Introduction*. Oxford: Blackwell.
—— (1984). *The Function of Criticism*. London: Verso.
—— (1999). *The Ideology of the Aesthetic*. Oxford: Blackwell.
Eatwell, R. (1996). *Fascism: A History*. London: Vintage.
Eco, U. (1976). *A Theory of Semiotics*. Bloomington, IN: Indiana University Press.
—— (1986). *Faith in Fakes: Travels in Hyperreality*. London: Minerva.
Edgell, S. (1993). *Class*. London: Routledge.
Ehrenberg, J. (1992). *The Dicctatorshi of the Proletariat: Marxism's Theory of Socialist Democray*. New York: Routledge.
Elders, F. (ed.) (1974). *Reflexive Water: Basic Coucerns of Mankind*. London: Souvenir Press.
Eldridge, J. & Eldridge, L. (1994). *Raymond Williams: Making Connections*. London: Routledge.
Elias, N. (1970). *What is Sociology?*. London: Hutchinson.
Elias, N. & Dunning, E. (1986). *Quest for Excitement: Sport and Leisure in the Civilizing Process*. Oxford: Basil Blackwell.
Elkins, J. (2003). *Visual Studis: A Skeptical Introduction*. London: Routledge.
Ellenbeger, H. (1970). *The Discovery of the Unconscions: The History and Evolution of Dynamic Psychiatry*. London: Allen Lane, The Penguin Press.
Elshtain, J. (2003). *Just War Against Terrorism*. New York: Basic Books.
Elton, G. R. (1991). *Return to Essentials*. Cambridge: Cambridge University Press.
Empson, William (1951). *The Structure of Complex Words*. London: Chatto & Windus.
—— (1953) (1930). *Seven Types of Ambiguity*. London: Chatto & Windus.
Engels, F. (1947) (1876~1878). *Anti-Dühring*. Moscow: Progress Publishers.
—— (1973) (1873~1883) *Dialectis of Nature*, C. Dutt (tr.). New York: International Publishers.
Erikson, E. (1968). *Identity: Youth and Crisis*. London: Faber & Faber.
Ericson, R. & Haggerty, K. (2002). "The Policing of Risk," in T. Baker & J. Simons (eds.). *Embracing Risk*. Chicago, IL: University of Chicago Press.
Escobar, A. (1994). "Welcome to Cyberia: Notes towards an Anthropology of Cyberculture," *Current Anthropology*. 35(3): 211~231.
Ettinger, R. C. W. (1972). *Man into Superman: The Startling Potential of Human Evolution-and How to Be Part of It*. New York: St Martin's Press.
Evans, G. (1973). "The Causal Theory of Names," *Proceedings of the Aristotelian Society*, 47: 187~208.
Evans-Pritchard, E. E. (1951). *Kinship and Marriage Among the Nuer*. Oxford: Clarendon Press.
Falk, P. & Campbell, C. (eds.) (1997). *The Shopping Experience*. London: Sage.
Fanon, F. (1989) (1952). *Black Skin, White Masks*, Charles Lamm Markmann (tr.). New York: Grove Press.

Farrell, F. B. (1994). *Subjectivity, Realism, and Postmodernism: The Recovery of the World.* Cmbridge & New York: Cambridge University Press.

Featherstone, M. (ed.) (1990). *Global Culture: Nationalism, Globalisation and Modernity.* London: Sage.

Feldstein, R., Fink, B., & Jaanus, M. (eds.) (1995). *Reading Seminar XI: Lacan's Four Fundamental Concepts of Psychoanalysis.* Albany, NY: SUNY Press.

Feyerabend, P. (1975). *Against Method.* London: Verso.

Fine, B. (1977). "Labelling Theory: An Investigation into the Sociological Critique of Deviance," *Economy and Society.* 6(2): 166~193.

Fink, B. (1995). "The Real Cause of Repetition," in R. Feldstein, B. Fink, & M. Jaanus (eds.). *Reading Seminar. XI: Lacan's Four Fundamental Concepts of Psychoanalysis.* Albany, NY: SUNY Press.

Finnegan, R. (1989). *Hidden Musicians.* Cambridge: Cambridge University Press.

Fiske, J. (1987) *Television Culture.* London: Methuen.

—— (1989). *Understanding Popular Culture.* Boston, MA: Unwin Hyman.

Flemming, R. & Duckworth, W. (eds.) (1989). *John Cage at Seventy-Five.* Lewisburg, PA: Bucknell University Press.

Fletchet, J. (1966). *Situational Ethics.* London: SCM Press.

Flynn, R. (2002). "Clinical Governance and Governmentality," *Health, Risk & Society*, 4(2): 155 ~173

FM 2030, (1989). *Are You a Transhuman: Monitoring and Stimulating your Personal Rate of Growth in a Rapidly Changing World.* New York, NY; Warner Books.

Fodor, J. & LePore, E. (1991). *Holism: A Shopper's Guide.* Oxford: Blackwell.

Fontana, B. (1993). *Hegemony and Power, Minneapolis.* MN: University of Minnesota Press.

Forman, J. D. (1973). *Socialism: Its Theoretical Roots and Present Day Development.* New York: New Viewpoints.

Forrester, J. (1990). *The Seduction of Psychoanalysis: Freud, Lacan and Derrida.* Cambridge: Cambridge University Press.

Forte, A. (1973). *The Structure of Atonal Music.* New Haven, CT: Yale University Prass.

Foster, G. (1960). *Culture and Conquest.* New York: Wener-Gren Foundation for Anthropological Research.

Foster, S. L. (ed.) (1996). *Corporealities: Dancing Knowledge, Culture and Power.* London: Routledge.

Foucault, M. (1970) (1966). *The Order of Things: An Archaeology of the Human Sciences.* London: Tavistock.

—— (1971) (1961). *Madness and Civilization: A History of Insanity in the Age of Reason.* London: Tavistock.

—— (1972) (1969). *The Archaeology of Knowledge*, A. M. Sheridan Smith (tr.). New York: Pantheon Books.

—— (1976) (1963). *The Birth of the Clinic.* London: Tavistock.

—— (1977a) (1975). *Discipline and Punish: The Birth of the Prison.* Harmondsworth: Penguin.

—— (1977b). "Nietzsche, Genealogy, History," in D. F. Bouchard (ed.). *Language, Counter-Memory, Practice*. Oxford: Blackwell.

—— (1980). *Power-Knowledge: Selected Interviews and Other Writings 1972~1977* (ed.). Colin Gordon. Hassocks: Harvester Wheatsheaf.

Foulkes, A. P. (1983). *Original Blessing*. London: Bear/Mountain.

Frank, A. W. (1995). *The Wounded Story Teller*. Chicago, IL: Chicago University Press.

Frankenburg, R. (1957). *Village on the Border*. London: Cohen and West.

Franklin, S. (1993). "Essentialism, Which Essentialism? Some Implications of Reproductive and Genetic Technoscience," in J. Dececco (ed.). *Issues in Biological Essentialism Versus Social Contructionsism in Gay and Lesbian Identities*. London: Harrington Park Press.

—— (1995). "Science as Culture, Culture of Science," *Annual Review of Anthropology*, 24: 163~184.

—— (2003). "Re-thinking Nature-Culture. Anthropology and the New Genetic," *Anthropological Theory*, 3(1): 68.

Frege, G. (1953) (1884). *The Foundations of Arithmetic*, (2nd revised edn.), J. L. Austin (tr.). Oxford: Blackwell.

—— (1984). *Collected Paper on Mathematics, Logic and Philosophy*, B. McGuinness (ed.). Oxford: Clarendon Press.

—— (1993) (1892). "On Sense and Reference," in A. W. Moore (ed.). *Meaning and Reference*, Max Black (ed.). Oxford: Blackwell.

Freidson, E. (1970). *The Profession of Medicine: A Study of the Sociology of Applied Knowledge*. New York: Dodd, Mead & Co.

Freud, S. (1908). "On the Sexual Theories of Children," in *The Standard Edition of the Coplete Psychological Works of Sigmund Freud*, Volume 9, J. Strachey (tr.). London: Hogarth Press and Institute of Psychoanalysis.

—— (1910). "A Special Type of Choice of Object Made by Men," in *The Standard Edition of the Complete Psychological Works of Sigmund Freud*, Volume 11, J. Strachey (tr.). London: Hogarth Press and Institute of Psychoanalysis.

—— (1924). "The Dissolution of the Oedipus Complex," in *The Standard Edition of the Complete Psychological Works of Sigmund Freud*, Volume 11, J. Strachey (tr.). London: Hogarth Press and Institute of Psychoanalysis.

—— (1955). "Beyond the Pleasure Principle," in *The Standard Edition of the Complete Psychological Works of Sigmund Freud*, Volume 18, J. Strachey (tr.). London: Hogarth Press.

—— (1966). *The Standard Edition of the Complete Psychological Works of Sigmund Freud*, J. Strachey (ed.). London: Hogarth Press.

—— (1977) (1905). *On Sexuality: Three Essays on the Theory of Sexuality and Other Works*, A. Richards (ed.), James Strachey (tr.). London: Penguin.

—— (1979) (1909). "My Views on the Part Played by Sexuality in the Aetiology of the Neuroses," in *On Psychology*, A. Richards (ed.), James Strachey (tr.). Harmondsworth: Pelican Books.

—— (1984) (1920). "Beyond the Pleasure Principle," in On *Metapsychology*, A. Rechards (ed.), J.

Strachey (tr.). London: Penguin.

—— (1991a) (1900). *The Interpretation of Dreams*, A. Richards (ed.), James Strachey (tr.). London: Penguin.

—— (1991b) (1915). "Instincts and their vicissitudes," in *On Metapsychology: The Theory of Psychoanalysis*, A. Richards (ed.), James Strachey (tr.). London: Penguin.

—— (2001) (1919). "Lines of Advance in Psycho-Analytic Therapy," in his *An Infantile Neurosis and Other Works*, (The Standard Edition of the Compelet Psychological Works of Sigmund Freud, Volum XVII (1917~1919)). London: Vintage.

Fried, M. (1992) (1965). "Three Ameriand Painters," in C. Harrison & P. Wood (eds.). *Art in Theory 1900~1990: An Anthology of Changing Ideas*. Oxford: Blackwell.

Friedman. M. (1953). *Essays in Positive Economics*. Chicago. IL: University of Chicago Press.

Frisby, D. (1988). *Fragments of Modernity*. Cambridge: Polity Press.

—— (ed.) (1994). *Georg Simmel: Critical Assessments*. London: Routledge.

Frisby, D. & Sayer, D. (1985). *Society*. London: Tavistock Publications.

Frith, S. (1981). *Sound Effects*. New York: Pantheon.

—— (1984). *Sociology of Youth*. Country of Lancashire: Causeway Books.

—— (1992). "The Cultural Study of Popular Music," in L. Grossberg, C. Nelson, & S. Frith (eds.). *Performing Rites: On the Valu of Popular Music*. Oxford: Oxford Unniversity Press.

Fukuyama, F. (1992). *The End of History*. London: Hamish Hamilton.

—— (2002). *Our Posthuman Future: Consequences of the Biotechnology Revolution*. London: Profile Books.

Gabbard, K. (ed.) (1995). *Jazz Among the Discourses*. London: Duke University Press.

Gadamer, H. -G. (1975) (1962). *Truth and Method*, Garrett Barden, & John Cumming (trs.). London; Sheed & Ward.

Gallie, W. B. (1975). *Peirce and Pragmatism*. Westport, CT: Greenwood Press.

Galton, F. (1907) (1883). *Enquiries into Human Faculty and its Development*. New York: Dutton.

Gans, H. J. (1968). "Urbanism and Suburbanism as Ways of Life," in R. Pahl (ed.). *Readings in Urban Sociology*. Oxford: Pergamon.

Garfinkel, H. (1967). *Studies in Ethnomethodology*. Englewood Cliffs, NJ: Prentice-Hall.

Gay, P. (1984). *The Bourgeois Experience: Victoria to Freud*, Volume 1, Education of the Senses. Oxford: Oxford Universtiy Press.

—— (1986). *The Bourgeois Experience: Victoria to Freud*, Volume 2, *The Tender Passion*. Oxford: Oxford Universtiy Press.

—— (1988a). *The Enlightenment: An Interpretation*, 2 volumes. London: Weidenfeld & Nicolson.

—— (1988b). *Freud: A Life for Our Time*. London: Macmillan.

Geertz, C. (1973). *The Interpretation of Cultures*. New York: Basic Books.

—— (1976). *The Religion of Java*. Chicago, IL: University of Chicago Press.

Gefter, A. (2006). "This is Your Space," *New Scientist*, 16 September, 46~48.

Gelb, I. J. (1963). *The Study of Writing*, (2nd edn.). Chicago, IL: University of Chicago Press.

Gellner, E. (1983). *Nations and Nationalism*. Oxford: Blackwell.

Gettier, E. L. (1963). "Is Justified True Belief Knowledge?" *Analysis*, Vol. 23.

Gibson, W. (1984). *Neuromancer*. London: Grafton.

—— (1986). *Burning Chrome*. London: Gollancz.

Giddens, A. (1973). *The Class Structure of the Advanced Societies*. London: Hutchinson.

—— (1977). *Studies in Social and Political Theory*. London: Hutchinson.

—— (1978). *Durkheim*. London: Fontana.

—— (1979). "Agency, Structure," in *Central Problems in Social Theory*. London: Macmillan.

—— (1984). *The Constitution of Society: Outline of the Theory of Structuration*. Cambridge: Polity Press.

—— (1990). *The Consequences of Modernity*. Cambridge: Polity Press.

—— (1991). *Modernity and Self-Identity*. Cambridge: Polity Press.

—— (1997). *Sociology*, (3rd edn.). Cambridge: Polity Press.

—— (1998). *The Third Way*. Cambridge: Polity Press.

Giddens, A. & Held, D. (eds.) (1982). *Classes, Power and Conflict: Classical and Contemporary Debates*. Basingstocke: Macmillan.

Gillian, H., Gillis, S., & Munford, R. (eds.) (2004). *Third Wave Feminism: A Critical Exploration*. Basingstoke: Palgrave Macmillan.

Gillies, D. (1993). *Philosophy of Science in the Twentieth Century: Four Central Themes*. Oxford: Blackwell.

Gilligan, C. (1982). *In a Different Voice: Psychological Theory and Women's Development*. Cambridge, MA: Harvard University Press.

Gillis, J. R. (1974). *Youth and History*. New York: Academic Press.

Gilloch, G. (1996). *Myth and Metropolis: Walter Benjamin and the City*. Cambridge: Polity Press.

Giner, S. (1976). *Mass Society*. London: Martin Robertson.

Giroux, H. (1983). *Theory and Resistance in Education*. London: Heinemann.

Giulianotti, R. (2005). *Sport: A Critical Sociolgy*. Oxford: Polity.

Gruneau, R. (1983). *Class, Sport, and Social Development*. Amherst, MA: University of Massachusetts Press.

Gjertsen, D. (1989). *Science and Philosophy: Past and Present*. Harmondsworth: Penguin.

Glasgow University Media Group (1976). *Bad News*. London: Routledge & Kegan Paul.

Glover, J. (1990a). *Causing Death and Saving Lives*. Harmondsworth: Penguin.

Glover, J. (ed.) (1990b). *Utilitarianism and its Critics*. New York and London: Macmillan.

Goffman, E. (1956). "Embarrassment and Social Organization," *American Journal of Sociology*, 62: 264~271.

—— (1959). *The Presentation of Self in Everyday Life*. Harmondsworth: Penguin.

—— (1961). *Asylums: Essays on the Social Situation of Mental Patients and Other Inmates*. New York: Doubleday.

—— (1963). *Stigma: Notes on the Management of Spoiled Identity*. New York: Prentice Hall.

—— (1974). *Frame Analysis*. New York: Harper & Row.

Golding, P. & Murdock, G. (1991). "Culture, Communications and Political Economy," in J. Curran & M. Gurevitch (eds.). *Mass Media and Society*. London: Arnold.

Goldman, A. (1986). *Epistemology and Cognition*. Cambridge, MA: Harvard University Press.

Goodman, N. (1976). *Languages of Art*, (2nd edn.). Indianapolis, IN: Hackett.
—— (1978). *Ways of Worldmaking.* Indianapolis, IN: Hackett.
Goodwin, R. (2006). *What's Wrong with Terrorism?.* Cambridge: Polity Press.
Gorz, A. (ed.) (1973). *The Division of Labour: The Labour Process and Class Struggle in Modern Capitalism*. Hassocks: Harvester.
Gorz, A. (1980). *Ecology as Politics*. London: Pluto.
Gould, S. J. (1991). *Wonderful Life*. London: Penguin.
—— (1980). *Ever Since Darwin*. Harmondsworth: Penguin.
Goux, J. -J. (1993). *Oedipus, Philosopher*, Catharine Porter (tr.). Standford, CA: Stanford University Press.
Gove, W. (1980). *The Labelling of Deviance*. Beverly Hills, CA: Sage.
Graham, G. (1997). *Philosophy of the Arts: And Introduction to Aesthetics*. London: Routledge.
—— (2002). *Genes: A Philosophical Inquiry*. London: Routledge.
Gramsci, A. (1971) (1929~1935). *Selections from Prison Notebooks*. London: Lawrence & Wishart.
Grant, R. W. (1987). *John Locker's Liberalism*. Chicago, IL: University of Chicago Press.
Gravett, P. (2006). *Great British Comics*. London: Aurum Press.
Gray, J. (1990). *Liberalisms: Essays in Political Philosophy*. London: Routledge.
Gray, R. M. (1996). *Archetypal Explorations: Towards an Archetypal Sociology*. London: Routledge.
Grayling, A. C. (1988). *Wittgenstein*. Oxford: Oxford University Press.
Green, D. & Shapiro, I. (1994). *Pathologies of Rational Choice Theory*. New Haven, CT: Yale University Press.
Greenberg, C. (1992) (1961). "Modernist Painting," in C. Harrison and P. Wood (eds.), *Art in Theory 1900~1990: An Anthology of Changing Ideas*. Oxford: Blackwell.
Greenblatt, S. (1980). *The Forms of Power and the Power of Forms in the Renaissance*. Norman, OK: University of Oklahoma Press.
Grossberg, L., Gray, N., & Treichler, P. A. (eds.) (1992). *Cultural Studies*. New York: Routledge.
Grossmann, R. (1992). *The Existence of the World: An Introduction to Ontology*. London: Routledge.
Grosz, E. (1989). *Sexual Subversions. Three French Feminists: Julia Kristeva, Luce Irigaray, Michele Le Doeuff.* Sydney: Allen & Unwin.
—— (1994). *Volatile Bodies: Toward a Corporeal Feminism*. Blommington and Indianapolis, IN: Indiana University Press.
Grunbaum, A. (1984). *The Foundations of Psychoanalysis: A Philosophical Critique*. Berkeley, CA: University of California Press.
Gueguen, P. -G. (1995). "Transference as Deception," in R. Feldstein et al. (eds.), *Reading Seminar XI: Lacan's Four Fundamental Concepts of Psychoanalysis*. Albany, NY: SUNY Press.
Gutrnan, Y. & Berenbaum, M. (eds.) (1994). *Anatomy of the Auschwitz Death Camp. Bloomington and Indianapolis*, IN: Indianaa University Press.

Habermas, J. (1970a). "On Systematically Distorted Communication," *Inquiry*, 13: 205~218.
—— (1970a). "Towards a Theory of Communicative Competence," *Inquiry*, 13: 360~375.
—— (1971) (1968). *Knowledge and Human Interests*. Boston, MA: Beacon Press.
—— (1976a) (1971). *Theory and Practice*. Boston, MA: Beacon Press.
—— (1976b) (1973). *Legitimation Crisis*. London: Heinemann.
—— (1979) (1976). *Communication and the Evolution of Society*. Boston, MA: Beacon Press.
—— (1983). "Modernity—An Incomplete Project," in H. Foster (ed.), *Post-modern Culture*. London: Pluto Press.
—— (1984) (1981). *Reason and the Rationalisation of Society*, Volume 1 of *The Theory of Communicative Action*. Cambridge: Polity Press.
—— (1987) (1981). *Lifeworld and System: A Critique of Functionalist Reason*, Volume 2 of *The Theory of Communicative Action*. Cambridge: Polity Press.
—— (1988) (1985). *The Philosophical Discourse of Modernity*. Cambridge, MA: MIT Press.
—— (1989a) (1962). *The Structural Transformation of the Public Sphere: An Inquiry into Category of Bourgeois Society*. Cambridge: Polity Press.
—— (1989b) (1985). *The New Conservatism: Cultural Criticism and the Historian's Debate*. Cambridge, MA: MIT Press.
—— (1990). *Moral Consciousness and Communicative Action*. Cambridge, MA: MIT Press.
—— (2003). *The Future of Human Nature*. Oxford: Polity.
—— (2007). *The Dialectic of Secularism: On Reason and Religion*. San Francisco, CA: Ignatius Press.
Hahn, L. E. (ed.) (1990). *The Philosophy of Paul Ricoeur*. Oxford: Blackwell.
Haldane, J. & Wright, C. (eds.) (1993). *Reality, Representation, and Projection*. New York: Oxford University Press.
Haldane, J. B. S. (1924). *Daedalus: or, Science and the Future*. London: Kegan Paul, Trench, Trubner.
Hall, S. (1973). "Encoding and Decoding in Television Discourse," CCCS stencilled paper (see Hall (1980)).
—— (1975). "Television as a Medium and Its Relation to Culture," CCCS stencilled paper no. 34.
—— (1980). "Encoding/Decoding," in S. Hall, D. Hobson, A. Lowe and P. Willis. (eds.), *Culture, Media, Language*, London: Hutchinson.
—— (1982). "The Rediscovery of 'Ideology': The Return of the 'Repressed' in Media Studies," in M. Gurevitch, T. Bennett, J. Curran and J. Woollacott (eds.), *Culture, Society and the Media*, London: Methuen.
—— (1985). "The Toad in the Garden: Thatcherism amongst the Theorists," in C. Nelson and L. Grossberg (eds.), *Marxism and the Interpretation of Culture*. Urbana, IL: University of Illinois Press.
—— (1990). "Cultural Identity and Diaspora," in J. Rutherford (ed.), *Identity, Community, Culture, Difference*. London: Lawrence & Wishart.
—— (1996). *Critical Dialogues in Cultural Studies*. London: Routledge.
Hall, S. & Jefferson, T. (eds.) (1976). *Resistance Through Rituals: Youth Subcultures in Post-War*

Britain. London: Hutchinson.

Hall, S. & Whannel, P. (1964). *The Popular Arts*. London: Hutchinson.

Hall, S. Critcher, C., Jefferson, T., Clarke, J. and Rovers, B. (eds.) (1978). *Policing the Crisis: Mugging, the State and Law and Order*. London: Macmillan.

Hall, S., Hobson, D., Lowe, A. & Willis, P. (eds.) (1992). *Culture, Media, Language: Working Papers in Cultural Studies, 1972~79*. London: Hutchinson.

Halsey, A. H., Heath, S. & Ridge, J. M. (1980). *Origins and Destinations: Family, Class and Education in Modern Britain*. Oxford: Clarendon Press.

Hamilton, P. (1996). *Historicism*. New York: Routledge.

Hamilton, P. & Turner, B. S. (eds.) (1994). *Citizenship: Critical Concepts*. London: Routledge.

Hamilton, W. D. (1964). "The Genetic Evolution of Social Behaviour," *Journal of Theoretical Biology*, 7: 1~52.

Hampton, J. (1997). *Political Philosophy*. Boulder, CO: Westview Press.

Hanfling, O. (ed.) (1981). *Essential Readings in Logical Positivism*. Oxford: Blackwell.

Haralambos, M. (1985). *Sociology: Themes and Perspectives*. (2nd edn.). London: Bell & Hyman.

Harari, J. V. (ed.) (1980). *Textual Strategies: Perspectives in Post-Structuralist Criticism*. London: Methuen.

Haraway, D. (1991). "A Cyborg Manifesto: Science, Technology, and Socialist-Feminism in the Late Twentieth Century," in *Simians, Cyborgs and Women: The Reinvention of Nature*. New York: Routledge, 149~181.

—— (1997). *Modest_Witness@Second_Millennium. FemaleMan_Meets_Oncomouse. Feminism and Technoscience*. New York: Routledge.

Harding, S. (1992). *Whose Science? Whose Knowledge? Thinking from Women's Lives*. Ithaca, NY: Cornell University Press.

—— (2003). "A World of Sciences," in S. Harding and R. Figueroa (eds.). *Science and Other Cultures: Issues in Philosophies of Science and Technology*. London: Routledge.

Hargreaves, J. (1994). *Sporting Females: Critical Issues in the History and Sociology of Women's Sport*. London: Routledge.

—— (2000). *Heroines of Sport: The Politics of Difference and Identity*. London: Routledge.

—— (2006). *Physical Culture, Power and the Body*. London: Routledge.

Hargreaves, J. & MacDonald, I. (2002). "Cultural Studies and the Sociology of Sport," in J. Coakley and E. Dunning (eds.), *Handbook of Sports Studies*. London: Sage.

Harker, D. (1985). *Fakesong: The Manufacture of British Folksong, 1700 to the Present Day*. Milton Keynes: Open University Press.

Harland, R. (1987). *Superstructuralism*. London: Methuen.

Harré, R. (1970). *The Principle of Scientific Thinking*. London: Macmillan.

Harrington, J. (1992) (1656). *Commonwealth of Oceana*. J. G. A. Pocock (ed.). Cambridge: Cambridge University Press.

Harris, R. (1987). *Reading Saussure: A Critical Commentary on the Cours de Linguistique Générale*. London: Duckworth.

—— (1988). *Language, Saussure and Wittgenstein: How to Play Games with Words*. London:

Routledge.
—— (1995). *Signs of Writing*. London: Routledge.
Harrison, C. (1991). *Essays on Art and Language*. Oxford: Blackwell.
Hartmann, P. & Husband, C. (1974). *Racism and the Mass Media*. London: Davis-Poynter.
Harvey, D. (1989). *The Condition of Postmodernity: An Enquiry into the Orgins of Cultural Change*. Oxford: Blackwell.
Hassan, I. (1987). *The Postmodern Turn: Essays in Postmodern Theory and Culture*. Colombus, OH: Ohio State University Press.
Hauser, A. (1962). *A Social History of Art*, volume 2, *Renaissance, Mannerism and Baroque*. London: Routledge & Kegan Paul.
Hayes, F. A. (1973). *Law Legislation and Liberty–Rules and Order*. Chicago, IL: University of Chicago Press.
Hayles, N. K. (1999). *How We Became Posthuman: Virtual Bodies in Cybernetics, Literature, and Informatics*. Chicago, IL: Chicago University Press.
Heath, A. (1981). *Social Mobility*. London: Fontana.
Hebdige, D. (1979). *Subculture: The Meaning of Style*. London: Methuen.
Hechter, M., Nedel, L. & Michael, R. (eds.) (1993). *The Origin of Values*. New York: de Gruyter.
Hedgecoe, A. (1998). "Geneticization, Medicalisation and Polemics," *Medicine, Health Care and Philosophy*, 1(3): 235~243.
Hedges, I. (1983). *Language of Revolt: Dada and Surrealist Literature and Film*. Durham, NC: Duke University Press.
Hegel, G. W. F. (1931) (1807). *The Phenomenology of Mind*. J. B. Bailley (tr.). London: Allen & Unwin.
—— (1942) (1821). *The Philosophy of Right*. T. M. Knox (tr.). Oxford: Clarendon Press.
—— (1948). *Early Theological Writings*. T. M. Knox (tr.). Chicago, IL: University of Chicago Press.
—— (1970) (1817). *Philosophy of Nature*. A. V. Miller (tr.). Oxford: Clarendon Press.
—— (1971) (1817). *Philosophy of Mind*. W. Wallace and A. V. Miller (tr.). Oxford: Clarendon Press.
—— (1975a) (1817). *Hegel's Logic*. W. Wallace (tr.). Oxford: Clarendon Press.
—— (1975b). *Hegel's Aesthetics*. 2 volumes. T. M. Knox (tr.). Oxford: Clarendon Press.
—— (1977) (1807). *The Phenomenology of Spirit*. A. V. Miller (tr.). Oxford: Clarendon Press.
—— (1988a). *Introduction to the Philosophy of History*. L. Rauch (tr.). Indianapolis, IN: Hackett.
—— (1988b) (1827). *Lectures on the Philosophy of Religion*. Berkeley, CA: University of California Press.
—— (1991) (1821). *Elements of the Philosophy of Right*. Allen Wood (ed.). H. B. Nisbett (tr.). Cambridge: Cambridge University Press.
Heidegger, M. (1962) (1927). *Being and Time*. John MacQuarrie and Edward Robinson(tr.). Oxford: Blackwell.
—— (1993) (1951). "Building, Dwelling, Thinking," in D. F. Krell (ed.), *Basic Writings*. London: Routledge.

—— (1996). *Basic Writings: Martin Heidegger.* David Farrell Krell (ed.). London: Routledge.

Held, D. (1980). *Introduction to Critical Theory: Horkheimer to Habermas.* London: Hutchinson.

Held, D. & Thompson, J. (eds.) (1990). *Social Theory of Modern Societies: Anothony Giddens and his Critics.* Cambridge: Cambridge University Press.

Henri, M. (1993) (1985). *The Genealogy of Psychoanalysis.* Douglas Brick (tr.). Stanford, CA: Stanford University Press.

Heritage, J. (1984). *Garfinkel and Ethnomethodology.* Cambridge: Polity Press.

Hernadi, P. (1995). *Cultural Transactions: Nature, Self, Society.* Ithaca, NY and London: Cornell University Press.

Hilbert, R. A. & Collins, R. (1992). *The Classical Roots of Ethnomethodology: Durkheim, Weber and Garfinkel.* Chapel Hill, NC: University of North Carolina Press.

Hilferding, R. (1981) (1910). *Finance Capital: A Study of the Latest Phase of Capitalist Development.* London: Verso.

Hill, C. (1975). *The World Turned Upside Down: Radical Ideas During the English Revolution.* Harmondsworth: Penguin.

Hindess, B. & Hirst, P. Q. (1975). *Pre-Capitalist Modes of Production.* London: Routledge & Kegan Paul.

Hirsch, E. D. (1967). *Validity in Interpretaion.* New Haven, CT: Yale University Press.

Hirschkop, K. (1986). "A Response to the Forum on Mikhail Bakhtin," in G.S. Morson (ed.), *Bakhtin: Essays and Dialogues on His Work.* Chicago, IL: University of Chicago Press.

Hitchcock, H. -R. & Johnson, P. (1966). *The International Style.* New York: W.W. Norton.

Hobbes, T. (1994) (1651). *Leviathan.* R. Tuck (ed.). Cambridge: Cambridge University Press.

Hobsbawm, Eric. (1995). *Age of Extremes.* London: Abacus.

Hodder, I. (1986). *Reading the Past: Current Approaches to Interpretation in Archaeology.* Cambridge: Cambridge University Press.

—— (1992). *Theory and Practice in Archaeology.* London: Routledge.

Hoggart, R. (1957). *Uses of Literacy.* London: Chatto & Windus.

—— (1988). *Life and Times.* 3 volumes. London: Chatto & Windus.

Holdcraft, D. (1991). *Saussure: Signs, System and Arbitrariness.* Cambridge: Cambridge University Press.

Hollingdale, R. J. (1973). *Nietzsche.* London: Routledge & Kegan Paul.

Hollis, M. & Lukes, S. (eds.) (1982). *Rationality and Relativism.* Oxford: Blackwell.

Holly, M. A., Moxey, K. & Bryson, N. (eds.) (1994). *Visual Culture: Images and Interpretations.* Middletown, CT: Wesleyan University Press.

Holquist, M. (1990). *Dialogism: Bakhtin and His World.* London: Routledge.

Holub, R. C. (1992). *Crossing Borders: Reception Theory, Poststructuralism, Deconstruction.* Madison, WI: University of Wisconsin Press.

Honderich, T. (1993). *How Free Are You?: The Determinism Problem.* Oxford: Oxford University Press.

Honour, H. (1979). *Romanticism.* London: Allen Lane.

Hookway, C. (1985). *Peirce.* London: Routledge & Kegan Paul.

Horkheimer, M. (1972a) (1937). "Traditional and Critical Theory," in *Critical Theory: Selected Essays*. New York: Herder & Herder.

—— (1972b) (1941). "Art and Mass Culture," in *Critical Theory: selected Essays*. New York: Herder & Herder.

—— (1992) (1947). *Eclipse of Reason*. New York: Continuum.

Horkheimer, M. & Adorno, T. W. (1972) (1947). *Dialectic of Enlightenment*. London: Allen Lane.

—— (2002) (1947). *Dialectic of Enlightenment: Philosophical Fragments*. E. Jephcott (tr.). Stanford, CA: Stanford University Press.

Hobsbawm, E. (1987). *The Age of Empire*. 1875~1914. London: Weidenfeld and Nicolson.

Hosek, C. & Parker, P. (eds.) (1985). *Lyric Poetry: Beyond New Criticism*. Ithaca, NY: Cornell University Press.

Howie, G., Gillis, S. & Munford, R. (eds.) (2004). *Third Wave Feminism: a Critical Exploration*. Basingstoke: Palgrave Macmillan.

Hughes, J. (2004). *Citizen Cyborg: Why Democratic Societies Must Respond to the Redesigned Human of the Future*. Cambridge, MA: Westview Press.

Hume, D. (1978). *Enquiries Concerning Human Understanding and Concerning the Principles of Morals*. Oxford: Clarendon Press.

—— (1985) (1757). "Of the Standard of Taste," in *Essays: Moral, Political and Literary*. E. F. Miller (ed.). Indianapolis, IN: Liberty Press.

—— (1990) (1739). *A Treatise of Human Nature*. P. H. Nidditch(ed.). Oxford: Clarendon Press.

Hunnicutt, B. K. (1988). *Work without End: Abandoning Shorter Hours for the Right to Work*. Philadelphia, PA: Temple University Press.

Hunt, J. D. (1976). *The Figure in the Landscape: Poetry, Painting and Gardening during the Eighteenth Century*. Baltimore, MD: Johns Hopkins University Press.

Hunt J. D. & Willis, P. (eds.) (1988). *The Genius of the Place: The English Landscape Garden 1620~1820*. Cambridge, MA: MIT Press.

Huntington, S. (1998). *The Clash of Civilizations and the Remaking of World Order*. New York: Touchstone.

Husserl, E. (1954) (1938). *The Crisis of European Sciences and Transcendental Phenomenology*. Evanston, IL: Northwestern University Press.

—— (1962) (1913). *Ideas*. New York: Collier.

Hylton, P. (1990). *Russell, Idealism, and the Emergence of Analytic Philosophy*. Oxford: Clarendon Press.

Illich, I. (1971). *Deschooling Society*. London: Calder & Boyars.

—— (1976). *Limits to Medicine: Medical Nemesis, the Expropriation of Health*. London: Calder & Boyars.

Ingarden, R. (1973). *The Literary Work of Art*. Evanston, IL : Northwestern University Press.

Inglis, F. (1993). *Cultural Studies*. Oxford: Blackwell.

Ingold, T. (ed.) (1996). *Key Debates in Anthropology*. London: Routledge.

Innis, H. A. (1950). *Empire and Communications*. Oxford: Oxford University Press.

—— (1951). *The Bias of Communication*. Toronto: Toronto University Press.

Innis, R. E. (ed.) (1986). *Semiotics: An Introductory Reader*. London: Hutchinson.

Inwood, M. (1992). *A Hegel Dictionary*. Oxford: Blackwell.

Irigaray, L. (1985a) (1974). *Speculum of the Other Woman*. Ithaca, NY: Cornell University Press.

—— (1985b) (1977). *This Sex Which is Not One*. Ithaca, NY: Cornell University Press.

—— (1986). *Divine Women*. Sydney: Local Consumption.

—— (1991) (1980). *Marine Lover of Friedrich Nietzsche*. New York: Columbia University Press.

—— (1992) (1990). *Culture of Difference*. New York: Routledge.

—— (1993a) (1984). *An Ethics of Sexual Difference*. Ithaca, NY: Cornell University Press.

—— (1993b) (1990). *Je, tu, nous. Towards a Culture of Difference*. London: Routledge.

Jaanus, M. (1995). "The Démentage of the drive," in R. Feldstein, B. Fink and M. Jaanus (eds.), *Reading Seminar XI: Lacan's Four Fundamental Concepts of Psychoanalysis*. Albany, NY: SUNY Press.

Jakobson, R. (1971~1985). *Selected Writings*, Volumes 1~6. The Hague and Berlin: Mouton.

—— (1987). "Linguistics and Poetics," in *Language and Literature*. K. Pomorska and S. Rudy (ed.). Cambridge, MA: Harvard University Press.

—— (1990). *On Language*. Cambridge, MA: Harvard University Press.

James, A., Hockey, J. L. & Dawson, A. H. (eds.) (1997). *After Writing Culture: Epistemology and Praxis in Contemporary Anthropolgy*. London: Routledge.

James, C. L. R. (1987) (1963). *Beyond a Boundary*. London: Serpent's Tail.

Jameson, F. (1971). *Marxism and Form*. Princeton, NJ: Princeton University Press.

—— (1972). *The Prison-House of Language: A Critical Account of Structuralism and Russian Formalism*. Princeton, NJ: Princeton University Press.

—— (1991). *Postmodernism, or, The Cultural Logic of Late Capitalism*. London: Verso.

Jarvie, G. (1991). *Sport, Racism and Ethnicity*. Sussex: Falmer Press.

—— (2000). "Highland Game," in G. Jarvie and J. Burnett. (eds.), *Sport, Scotland and the Scot*. East Linton: Tuckwell Press.

Jarvie, G. & Burnett, J. (eds.) (2000). *Sport, Scotland and the Scots*. East Linton: Tuckwell Press.

Jay, M. (1973). *The Dialectical Imagination*. Boston, MA: Little Brown and Company.

—— (1984). *Adorno*. London: Fontana.

Jekyll, G. (1937). *A Gardener's Testament. A Selection of Articles and Notes*. London: Country Life.

Jenger, J. (1996). *Le Corbusier: Architect of a New Age*. London: Thames & Hudson.

Jenkins, K. (1995). *On "What is History?": From Carr and Elton to Rorty and White*. (6th edn.). London: Academy Editions.

Jenks, C. (1991). *The language of Postmodern Architecture*. (6th edn.). London: Academy Editions.

—— (1993a). *Culture*. London: Routledge.

—— (ed.) (1993b). *Cultural Reproduction*. London: Routledge.

Joas, H. (1996). *The Creativity of Action*. Cambridge: Polity Press.

Johnson, B. (1980). *The Critical Difference: Essays in the Contemporary Rhetoric of Reading*. Baltimore, MD: Johns Hopkins University Press.

Johnson, L. (1979). *The Cultural Critics: From Matthew Arnold to Raymond Williams*. London, Boston, MA, and Henley: Routledge & Kegan Paul.

Jones, E. (1964). *The Life and Work of Sigmund Freud*. London: Penguin.

Jones, L. (Baraka, A.) (1965). *Blues People: Negro Music in White America*. London: MacGibbon & Lee.

Jost, E. (1981). *Free Jazz*. New York: Da Capo Press.

Jung, G. G. (1959). *The Collected Works of G. G. Jung*, volume 91. *Archetypes and the Collective Unconscious*. London: Routledge & Kegan Paul.

—— (1993) (1917). *Psychology of the Unconscious: A Study of the Transformations and Symbolism of the Libido*. London: Routledge.

Kac, E. (ed.) (2007). *Signs of Life: Bio Art and Beyond*. Cambridge, MA: MIT Press.

Kant, I. (1964) (1781). *Critique of Pure Reason*, Norman Kemp Smith (tr.). London: Macmillan.

—— (1970). *Political Writings*, H. Reiss (ed.). Cambridge: Cambridge University Press.

—— (1976) (1788). *Critique of Practical Reason, and Other Writings in Moral Philosophy*, Lewis White Beck (ed.). and (tr.). New York: Garland.

—— (1983) (1786). "Speculative Beginning of Human History," in *Perpectual Peace and Other Essays*, T. Humphrey (tr.). Indianapolis, IN: Hackett.

—— (1987) (1790). *The Critique of Judgement*. W. S. Pluhar (tr.) Indianapolis, IN: Hackett; (1952). Oxford: Oxford University Press.

Kaplan, E. Ann & Sprinker, M. (1993). *The Althusserian Legacy*. London: Verso.

Kaufmann, W. (1974). *Nietzsche: Philosopher, Psychologist, Antichrist*. Princeton, NJ: Princeton University Press.

Keane, J. (ed.) (1988). *Civil Society and the State: New European Perspectives*. London: Verso.

Kearney, R. & Rainwater, M. (eds.) (1996). *The Continental Philosophy Reader*. London: Routledge.

Keller, E. Fox (2000). *The Century of the Gene*. Cambridge, MA: Harvard University Press.

Kelley, T. M. (1997). *Reinventing Allegory*. Cambridge: Cambridge University Press.

Kellner, D. (1989). *Jean Baudrillard: From Marxism to Postmodernism and Beyond*. Cambridge: Polity Press.

Kelly, A. (1982). *Mikhail Bakunin: A Study in the Psychology and Politics of Utopianism*. Oxford: Clarendon Press.

Kennedy, B. (1999). "Post-feminist Futures in Film Noir," in M. Aaron (ed.), *The Body's Perilous Pleasures: Dangerous Desires and Contemporary Culture*. Edinburgh: Edinburgh University Press.

Kenny, A. (ed.) (1994). *The Wittgenstein Reader*. Oxford: Blackwell.

Kermode, F. (1975). *The Classic*. London: Faber & Faber.

Kevels, D. J. (1985). *In the Name of Genetics: Genetics and the Use of Human Heredity*. New York: Knopf.

Kierkegaard, S. (1966) (1841). *The Concept of Irony*. London: Collins.

Kim, J. & Sosa, E. (1994). *A Companion to Metaphysics*. Oxford: Blackwell.

Klein, R. (1992/1993) "Notes on the Foundations," *Journal of the Centre for Freudian Analysis and Research*. Winter.

Klotz, J. -P. (1995). "The Passionate Dimensions of Difference," in R. Feldstein et al. (eds.), *Reading Seminar XI: Lacan's Four Fundamental Concepts of Psychoanalysis*. Albany, NY: SUNY Press.

Knight, F. H. (1921). *Risk, Uncertainty, and Profit*. New York: Houghton Mifflin.

Kolakowski, L. (1972). *Positivist Philosophy*. London: Penguin.

—— (1978). *Main Currents of Marxism*, 3 voulumes. Oxford: Oxford University Press.

Kolb, D. (1990). *Postmodern Sophistications: Philosophy, Architecture and Tradition*. Chicago, IL: University of Chicago Press.

Korner, S. (1995). *Kant*, Harmondsworth: Penguin.

Kracauer, S. (1947). *From Caligari to Hitler*. Princeton, NJ: Princeton University Press.

Kracauer, S. (1960). *Theory of Film: The Redemption of Physical Reality*. London: Oxford University Press.

Kraus, R. (1996). "Welcome to the Cultural Revolution," *October*, 77: 83~96.

Krell, D. F. & Wood, D. (1988). *Exceedingly Nietzsche: Aspects of Contemporary Nietzschean Interpretation*. London: Routledge.

Kripke, S. (1980). *Naming and Necessity*. Oxford: Blackwell.

Kristeva, J. (1969). *Séméiotiké: Recherches pour une sémanlyse*. Paris: Seuil.

—— (1982) (1980). *Powers of Horror: An Essay on Abjection*. New York: Columbia University Press.

—— (1984) (1974). *Revolution in Poetic Language*. New York: Columbia University Press.

—— (1986a). "Word, Dialogue and Novel," in T. Moi (ed.), *The Kristeva Reader*. Oxford: Blackwell.

—— (1986b) "The System and the Speaking Subject," in T. Moi (ed.), T*he Kristeva Reader*. Oxford: Blackwell.

—— (1987) (1983). *Tales of Love*. New York: Columbia University Press.

—— (1989). *Black Sun*. New York: Coulumbia University Press.

—— (1991) (1988). *Strangers to Ourselves*. New York: Columbia University Press.

Kristol, I. (1999). *Neoconservatism: The Autobiography of an Idea*. Chicago, IL: Ivan R. Dee Inc.

—— (2003). "The Neoconservative Persuasion," in *The Weekly Standard*, Volume 008, Issue 47, 2003.

Kuhn, T. S. (1970) (1962). *The Structure of Scientific Revolutions*. (2nd edn.). London and Chicago, IL: The University of Chicago Press.

Kukathas, C. (1989). *Hayek and Modern Liberalism*. Oxford: Clarendon Press.

Kumar, K. (1978). *Prophecy and Progress*. Harmondsworth: Penguin.

—— (1991). *Utopianism*. Milton Keynes: Open University Press.

Kruzweil, E. (1980). *The Age of Structuralism: Lévi-Strauss to Foucault*. New York: Columbia University Press.

Kymlicka, W. (1989). *Liberalism, Community and Culture*. Oxford: Clarendon Press.

Lacan, J. (1977a) (1973). *Four Fundamental Concepts of Psychoanalysis*. London: Hogarth.

—— (1977b) (1966). *Écrits: A Selection*. Alan Sheridan (tr.), Jacques-Alain Miller (ed.). London:

Routledge.
—— (1979). "Tuché and Automation," in *The Four Fundamental Concepts of Psychoanalysis*. Jacques-Alain Miller(ed.), A. Strachey (tr.). London: Penguin.
Laclau, E. & Mouffe, C. (1985). *Hegemony and Socialist Strategy*. London: Verson.
Ladurie, E. Le Roy (1980) (1978). *Montaillou: Cathars and Catholics in a French Village 1294~1324*. Harmondsworth: Penguin.
Laing, D. (1985). *One Chord Wonders: The Power and Meaning in Punk Rock*. Milton Keynes: Open University Press.
Langer, S. K. (1942). *Philosophy in a New Key: A Study of the Symbolism of Reason, Rite and Art*. Cambridge, MA: Harvard University Press.
Laplanche J. & Pontalis, J. -B. (1973). "Instinct (or drive)," in *The Language of Psychoanalyis*. Donald Nicholson-Smith (tr.). London: Karnac Books and the Institute of Psychoanalysis. pp.214~217.
—— (1988) (1967). *The Language of Psychoanalysis*. Donald Nicholson-Smith (tr.). London: Karnac Books and the Institute of Psychoanalysis.
Laqueur, W. (ed.) (1988). Fascism: A Reader's *Guide*. London: Wildwood House.
Lareau, A. & Shultz, J. (eds.) (1996). *Journeys through Ethnography: Realistic Accounts of Fieldwork*. Boulder, CO: Westview Press.
Larrain, J. (1979). *The Concept of Ideology*. London: Hutchinson.
Lasdun, S. (1991). *The English Park: Royal, Private and Public*. London: Deutsch.
Lash, S. & Urry, J. (1987). *The End of Organised Capitalism*. Cambridge: Polity.
Laszlo, E. (1987). *Evolution: The Grand Synthesis*. London: New Science Library.
de Laszlo, V. S. (ed.) (1992). *The Basic Writings of C. G. Jung*. London: Routledge.
Lavers, A. (1982). *Roland Barthes: Structuralism and After*. London: Methuen.
Lavie, S. & Swedenburg, T. (eds.) (1996). *Displacement, Diaspora, and Geographies of Identity*. Durham, NC: Duke University Press.
Leach, E. (1970). *Lévi-Strauss*. London: Fontana.
—— (1982). *Social Anthropology*. Glasgow: Fontana.
Leach, N. (ed.) (1997). *Rethinking Architecture: A Reader in Cultural Theory*. London: Routledge.
Leavis, F. R. (1972). *Nor Shall My Sword: Discourses on Pluralism, Compassion and Social Hope*. London: Chatto & Windus.
—— (1977). *The Living Principle: 'English' as a Discipline of Thought*. London: Chatto & Windus.
—— (1979) (1933). *For Continuity*. London: Norwood Editions.
—— (1986). *Valuation and Criticism and Other Essays*. G. Singh (ed.). Cambridge: Cambridge University Press.
Leavis, F. R. & Thompson, D. (1933). *Culture and Environment*. London: Chatto & Windus.
Lebovici, S. & Widlocher, D. (eds.) (1990). *Psychoanalysis in France*. New York: International Universities Press.
Lechner, F. J. & Boli, J. (eds.) (2004). *The Globalization Reader*. (2nd edn.). Oxford: Blackwell.
Lechte, J. (1990). *Julia Kristeva*. London: Routledge.

Le Corbusier (1954) (1948). *The Modulor: A Harmonious Measure to the Human Scale Universally Applicable to Architecture and Mechanics.* London: Faber & Faber.

—— (1958) (1955). *Modulor II.* London: Faber & Faber.

—— (1967) (1933). *The Radiant City: Elements of a Doctrine of Urbanism to be used as the Basis of our Machine-Age Civilization.* London: Faber & Faber.

—— (1987a) (1923). *Towards a New Architecture.* London: Architectural Press.

—— (1987b) (1924). *The City of Tomorrow and Its Planning.* London: Architectural Press.

Lecourt, D. (1975) (1969). *Marxism and Epistemology: Bachelard, Canguilhem and Foucault.* London: New Left Books.

Le Doeuff, M. (1982). "Utopias: Scholarly," *Social Research*, 49(2).

—— (1986) (1980). *The Philosophical Imaginary.* Stanford, CA: Stanford University Press.

—— (1989). *Hipparchia's Choice: An Essay Concerning Women, Philosophy etc.* Oxford: Blackwell.

Lee, D. (1992). *Competing Discourses: Perspective and Ideology in Language.* London: Longman.

Leech, K. (1973). *Youth-Quake: The Growth of a Counter-Culture Through Two Decades.* London: Sheldon Press.

Lefebvre, H. (1982). *The Sociology of Marx.* New York: Columbia University Press.

Le Huray, P. & Day, J. (eds.) (1987). *Music and Aesthetics in the Eighteenth and Early-Nineteenth Centuries.* Cambridge: Cambridge University Press.

Leibniz, G. W. (1973). *Philosophical Writings.* London: Dent.

Lemert, E. (1952). *Social Psychology.* New York: McGraw-Hill.

Lenin, V. I. (1992) (1917). *The State and Revolution.* Harmondsworth: Penguin.

Lentricchia, F. (1980). *After the New Criticism.* London: Athlone Press.

Leupin, A. (ed.) (1991). *Lacan and the Human Sciences.* Lincoln, NE and London: University of Nebraska Press.

LeVay, S. (1996). *Queer Science: The Use and Abuse of Research into Homosexuality.* Cambridge, MA: MIT Press.

Levi, P. (1988). *The Drowned and the Saved.* Raymond Rosenthal (tr.). London: Abacus.

Lévi-Strauss, C. (1966) (1962). *The Savage Mind.* London: Weidenfeld & Nicolson.

—— (1968a) (1958). *Structural Anthropology.* Harmondsworth: Penguin.

—— (1968b). "The Structural Study of Myth," in *Structural Anthropology.* Harmondsworth: Penguin.

—— (1969) (1949). *The Elementary Structures of Kinship.* London: Eyre and Spottiswoode.

—— (1970) (1964). *The Raw and the Cooked: Introduction to a Science of Mythology.* Volume 1. London: Jonathan Cape.

—— (1973) (1967). *From Honey to Ashes: Introduction to a Science of Mythology.* Volume 2. London: Jonathan Cape.

—— (1975) (1955). *Tristes Tropiques.* New York: Atheneum.

—— (1977) (1973). *Structural Anthropology.* Volume 2. Harmondsworth: Penguin.

—— (1978) (1968). *The Origin of Table Manners: Introduction to a Science of Mythology.*

Volume 3. London: Jonathan Cape.

—— (1981) (1971). *The Naked Man: Introduction to a Science of Mythology*. Volume 4. London: Jonathan Cape.

Lévy, P. (2001). *Cyberculture*. Minneapolis, MN: University of Minnesota Press.

Lipietz, A. (1987). *Mirages and Miracles: The Crises of Global Fordism*. London: Verso.

Lippman, A. (1993). "Prenatal Genetic Testing and Geneticization: Mother Matters for All," in *Fetal Diagnosis and Therapy*, 8: 175~88.

Lipton, P. (1991). *Inference to the Best Explanation*. London: Routledge.

Litz, W. A., Menand, L. & Rainey, L. (2000). *The Cambridge History of Literary Criticism*. Volume 7. *Modernism and New Criticism*. Cambridge: Cambridge University Press.

Livingstone, M. (ed.) (1991). *Pop Art*. London: Royal Academy of the Arts.

Llewelyn, J. (1985). *Beyond Metaphysics? The Hermeneutic Circle in Contemporary Continental Philosophy*. Atlantic Highlands, NJ: Humanities Press.

Lloyd, A. L. (1967). *Folk Song in England*. London: Lawrence & Wishart.

Loades, A. (1990). *Feminist Theology: A Reader*. London: SPCK.

Locke, J. (1964) (1693). *John Locke on Education*. P. Gay (ed.). New York: Teachers' College Press.

—— (1975) (1690). *An Essay Concerning Human Understanding*. Oxford: Clarendon Press.

—— (1980) (1690). *Second Treatise of Government*. C. B. Macpherson (ed.). Indianapolis, IN: Hackett.

—— (1988) (1690). *Two Treatises of Government*. P. Laslett (ed.). Cambridge: Cambridge University Press.

Lodge, D. (ed.) (1972). *20th Century Literary Criticism: A Reader*. London: Longman.

—— (1990). *After Bakhtin: Essays on Fiction and Criticism*. London: Routledge.

Loos, A. (1996) (1908). "Ornament and Crime," in L. Münz and G. Künstler, *Adolf Loos: Pioneer of Modern Architecture*. London: Thames & Hudson.

Lovejoy, O. A. (1948). *Essays in the History of Ideas*. Baltimore, MD: Johns Hopkins University Press.

Lowenthal, L. (1978) (1937). "Knut Hamsun," in A. Arato and E. Gebhardt (eds.). *The Essential Frankfurt School Reader*. Oxford: Blackwell.

—— (1989) (1932) "On Sociology of Literature," in S. E. Bronner and D. M. Kellner (eds.). *Critical Theory and Society: A Reader*. London: Routledge.

Lucie-Smith, E. (1995). *Artoday*. London: Phaidon.

Luhmann, N. (1982). *The Differentiation of Society*. New York: Columbia University Press.

Lukács, G. (1963) (1958). *The Meaning of Contemporary Realism*. London: Merlin Press.

—— (1971) (1923). *History and Class Consciousness: Studies in Marxist Dialectics*. R. Livingstone (tr.). London: Merlin Press.

—— (1978) (1916). *The Theory of the Novel*. London: Merlin Press.

—— (1983) (1937). *The Historical Novel*. Lincoln, NE and London: University of Nebraska Press.

Lukes, S. (1969). "Alienation and Anomie," in P. Laslett and W. G. Runciman (eds.), *Philosophy, Politics and Society*. Oxford: Blackwell.

—— (1973a). *Emile Durkheim*. London: Allen Lane.

—— (1973b). *Individualism*. Oxford: Blackwell.

Lunn, E. (1982). *Marxism and Modernism: An Historical Study of Lukács, Brecht, Benjamin and Adorno*. Berkeley, CA: University of California Press.

Lupton, D. (1999). *Risk*. London: Routledge and Kegan Paul.

—— (2003). *Medicine as Culture: Illness, Disease and the Body in Western Societies*. (2nd edn.), London: Sage Publications.

Lynon, H. (1980). *The Story of Modern Art*. London: Phaidon.

Lyons, J. (1977). *Chomsky*. London: Fontana.

Lyotard, J. -F. (1988) (1983). *The Differend: Phrases in Dispute*. Georges Van Den Abeele (tr.). Manchester: Manchester University Press.

—— (1989) (1979). *The Postmodern Condition: A Report on Knowledge*. Geoff Bennington (tr.). Manchester: Manchester University Press.

—— (1991). *The Inhuman: Reflections on Time*. Geoffrey Bennington and Rachel Bowlby (tr.). Cambridge: Polity Press.

—— (1993). *Political Writings*. Bill Readings and Kevin Paul Geiman (tr.). London: UCL Press.

—— (1994). *Lessons on the Analytic of the Sublime: Kant's Critique of Judgment*. [sections] 23~29. Elizabeth Rottenberg (tr.). Stanford, CA: Stanford University Press.

Macherey, P. (1978) (1966). *A Theory of Literary Production*. London: Routledge.

—— (1995). *The Object of Literature*. Cambridge: Cambridge University Press.

Machiavelli, N. (1983) (1531). *The Discourses*. B. Crick (ed.). Leslie J. Walker with revisions by Brian Richardson (tr.). Harmondsworth: Penguin.

Maclntyre, A. (1981). *After Virtue*. London: Duckworth.

—— (1988). *Whose Justice? Which Rationality?*. London: Duckworth.

MacPherson, C. B. (1962). *The Political Theory of Possessive Individualism: Hobbes to Locke*. Oxford: Oxford University Press.

Macrae, C. N., Stanger, C., & Hewstone, M. (eds.) (1996). *Stereotypes and Stereotyping*. London: Guilford Press.

Magnus, B. & Higgins, K. M. (eds.) (1996). *The Cambridge Companion to Nietzsche*. Cambridge: Cambridge University Press.

Malinowski, B. (1922). *Argonauts of the Western Pacific*. London: Routledge & Kegan Paul.

Mandel, E. (1972). *Marxist Economic Theory*. London: Merlin.

Mannheim, K. (1960) (1929). *Ideology and Utopia: An Introduction to the Sociology of Knowledge*. London: Routledge & Kegan Paul.

—— (1972) (1924). "Historicism," in *Essays on the Sociology of Knowledge*. Paul Kecskemeti (tr.). London: Routledge & Kegan Paul.

Marcuse, H. (1972). *An Essay on Liberation*. Harmondsworth: Penguin.

Margolis, J. (1991). *The Truth About Relativism*. Oxford: Blackwell.

Margolis, J., Marsoobian, A. T., & Rockmore, T. (eds.) (2005). *The Philosophical Challenge of September 11*. Oxford: Blackwell.

Marini, M. (1992). *Jacques Lacan: The French Context*. Anne Tomiche (tr.). New Brunswick, NJ:

Rutgers University Press.

Marshall, T. H. (1950). *Citizenship and Social Class, and Other Essays.* Cambridge: Cambridge University Press.

Marx, K. (1968) (1852). "The Eighteenth Brumaire of Louis Bonaparte," in *Karl Marx and Frederick Engels: Selected Works.* London: Lawrence & Wishart.

—— (1971) (1859). *A Contribution to the Critique of Political Economy.* London: Lawrence & Wishart.

—— (1973) (1857~1858). *Grundrisse.* Harmondsworth: Penguin.

—— (1975). *Early Writings.* R. Livingstone and G. Benton (tr.), introduction by L. Colletti. Harmondsworth: Penguin.

—— (1976) (1867). *Capital: A Critique of Political Economy.* Volume 1. B. Fowkes (tr.). Harmondsworth: Penguin.

Marx, K. & Engels, F. (1970) (1845~1846). *The German Ideology.* London: Lawrence & Wishart.

—— (1985) (1848). *The Communist Manifesto.* Harmondsworth: Penguin.

Mauss, M. (1966) (1925). *The Gift: Forms a nd Functions of Exchange in Archaic Societies.* London: Routledge & Kegan Paul.

Maynard, P. & Feagin, S. (eds.) (1997). *Aesthetics: An Oxford Reader.* Oxford: Oxford University Press.

McCarthy, Timothy. (1978). *Marx and the Proletariat: A Study in Social Theory.* Westport, CT: Greenwood Press.

McCarthy, Thomas. (1978). *The Critical Theory of Jürgen Habermans.* London: Hutchinson.

McCloud, S. (1993). *Understanding Comics.* Northampton, MA: Tundra Publishing.

McCulloch, G. (1989). *The Game of the Name: Introducing Logic, Language and Mind.* Oxford: Clarendon Press.

—— (1995). *The Mind and Its World.* London: Routledge.

McLellan, D. (1973). *Karl Marx: His Life and Works.* New York: Harper & Row.

—— (1975). *Karl Marx.* New York: Viking.

McLuhan, M. (1994). *Understanding Media: The Extension of Man.* London: Routledge.

McQuail, D. (1994). *Mass Communication Theory: An Introduction.* (3rd edn.). London: Sage.

McRobbie, A. (1981). "Settling Accounts with Subcultures: A Feminist Critique," in T. Bennett, G. Martin, C. Mercer, and J. Woollacott (eds.), *Culture, Ideology and Social Process: A Reader.* London: Open University Press.

—— (1989). "Jackie: An Ideology of Adolescent Femininity," in B. Waites, T. Bennett and G. Martin (eds.), *Popular Culture: Past and Present.* London: Routledge.

—— (1991). *Feminism and Youth Culture from Jackie to Just Seventeen.* London: Macmillan.

—— (1994). *Postmodernism and Popular Culture.* London: Routledge.

Mead, G. H. (1934). *Mind, Self and Society.* Chicago, IL: Chicago University Press.

Mead, L. (1986). *Beyond Entitlement: The Social Obligations of Citizenship.* New York: Free Press.

Mead, M. (1928). *Coming of Age in Samoa: A Psychological Study of Primitive Youth for Western Civilization.* New York: Morrow.

Meadows, D. H. et al. (1972). *The Limits to Growth: A Report for the Club of Rome's Project on the Predicament of Mankind.* London: Earth Island.

Meek, R. L. (1973). *Studies in the Labour Theory of Value.* (2nd edn.). London: Lawrence & Wishart.

Mehlman, J. (ed.) (1972). *French Freud: Structural Studies in Psychoanalysis.* YFS no. 48.

Meja, V. & Stehr, N. (eds.) (1990). *Knowledge and Politics: The Sociology of Knowledge Dispute.* London: Routledge.

Meltzer, D. (ed.) (1993). *Reading Jazz.* San Francisco, CA: Mercury House.

Meltzer, F. (1987). *The Trials of Psychoanalysis.* Chicago, IL and London: The University of Chicago Press.

Mepham, J. & Ruben, D. -K. (eds.) (1979). *Issues in Marxist Philosophy.* Volume 1. Dialectics and Method. Brighton, Harvester.

Merleau-Ponty, M. (1962) (1945). *Phenomenology of Perception.* London: Routledge & Kegan Paul.

Merrell, F. (1993). *Sign, Intertextuality, World.* Bloomington and Indianapolis, IN: Indiana University Press.

Merton, R. K. (1968) (1949). *Social Theory and Social Structure.* New York: Free Press.

Messner, M. (1992). *Power at Play: Sport and the Problem of Masculinity.* Boston, MA: Beacon Press.

Mészáros, I. (1986). *Marx's Theory of Alienation.* (4th edn.). London: Merlin Press.

Metz, C. (1974) (1971/1972). *Film Language: A Semiotics of the Cinema.* New York: Oxford University Press.

—— (1982). *Psychoanalysis and the Cinema: The Imaginary Signifier.* London: Macmillan.

Meynell, H. (1975). "Science, the Truth, and Thomas Kuhn," *Mind*, 84: 79~93.

Mies, M. (1986). *Patriarchy and Accumulation on a World Scale: Women in the International Division of Labour.* London: Zed Books.

Milbank, J. (1990). *Theology and Social Theory: Beyond Secular Reason.* Oxford: Basil Blackwell.

Miles, R. (1989). *Racism.* London: Routledge.

Mill, J. S. (1984) (1859). *On Liberty.* Harmondsworth: Penguin.

—— (1988). *The Subjection of Women.* S. M. Okuri (ed.). Indianapolis, IN: Hackett.

Miller, D. (ed.) (1995). *Acknowledging Consumption: A Review of New Studies.* London: Routledge.

Miller, F. (1986). *Batman: The Dark Knight Returns.* London: Titan Books.

Miller, J. -A. (1988). "Another Lacan," Ralph Chipman (tr.). *Lacan Study Notes: Hystoria 6/9.* Paris/New York, Published by the New York Lacan Study Group.

Miller, S. M. (1965). "The 'New' Working Class," in A. B. Shostak & W. Gomberg (eds.). *Blue-Collar World.* Englewood Cliffs, NJ: Prentice-Hall.

Miller, W. (1958). "Lower Class Culture as a Generating Milieu of Gang Delinquency," *Journal of Social Issues*, 14: 5~19.

Mills, C. W. (1956). *The Power Elite.* London: Oxford University Press.

Milner, A. (1994). *Contemporary Cultural Theory*. London: UCL Press.

Minson, G. (1985). *Genealogies of Morals: Nietzsche, Foucault, Donzelot and the Eccentricity of Ethics*. Basingstoke: Macmillan.

Mirzoeff, N. (1999). *An Introduction to Visual Culture*. London: Routledge.

Moerman, M. (1988). *Talking Culture: Ethnography and Conversation Analysis*. Philadelpjhia, PA: University of Pennsylvania Press.

Moi, T. (ed.) (1986). *The Kristeva Reader*. Oxford: Blackwell.

Mommsen, W. J. (1974). *The Age of Bureaucracy: Perspectives on the Political Sociology of Max Weber*. Oxford: Blackwell.

More, M. (2003). *Principles of Extropy, Version 3.11* (http://www.extropy.org/principles.htm)

Moore, A. & Gibbons, D. (1987). *Watchmen*. London: Titan Books.

Moore, R. (2004). *Education and Society: Issues and Explanations in the Sociology of Education*. Oxford: Polity.

Moreno, A. O. P. (1974). *Jung, Gods and Modern Man*. London: Sheldon Press.

Morgan, W. J. (1994). *Leftist Theories of Sport*. Urban, IL: University of Illinois Press.

—— (1988). "Adorno on Sport: The Case of the Fractured Dialectic," *Theory and Society*, 17(6): 813~838.

Morgan, W. J. & Meier, K. V. (1995). *Philoshphic Inquiry in Sport*. Campaign, IL: Stripes.

Moriarty, M. (1991). *Roland Barthes*. Cambridge: Polity Press.

Morley, D. (1980). *The 'Nationwide' Audience*. London: British Film Institute.

—— (1992). *Television, Audiences and Cultural Studies*. London: Routldge.

Morris, B. (1991). *Western Conceptions of the Individual*. New York: St. Martin's Press.

Morris, M. (1988). "Feminism, Reading, Postmodermism," in J. Storey (ed.). *Cultural Theory and Popular Culture*. Hemel Hempstead: Prentice-Hall.

—— (1993). "Things to do with Shopping Centres," in S. During (ed.). *The Cultureal Studies Reader*. London: Routledge.

Morrow, G. R. (1973). *The Ethical and Economic Theories of Adam Smith*. Clifton, NJ: A. A. Kelly.

Morson, G. S. (1986). "Dialogue, Monologue, and The Social: A Reply to Ken Hirschkop," G. S. Morson (ed.), in *Bakhtin: Essays and Dialogues on His Work*. Chicago, IL: University of Chicago Press.

Morson, G. S. & Emerson, C. (1990). *Mikhail Bakhtin: Creation of a Prosaics*. Stanford, CA: Stanford University Press.

Morton, D. (ed.) (1997). *A LesBiGay Cultural Studies Reader*. London: Westview Press.

Mosca, G. (1939). *The Ruling Class*. New York: McGraw-Hill.

Mosser, M. & Teyssot, G. (eds.) (1991). *The History of Garden Desige: The Western Tradition from the Recaissance to the Present Day*. London: Thames & Hudson.

Mounce, H. O. (1997). *The Two Pragmatisms: From Peirce to Rorty*. London & New York: Routledge.

Mulhall, S. (1996). *Heidegger and Being and Time*. London: Routledge.

Mulhall, S. & Swift, A. (1996). *Liberals and Communitarians*. Oxford: Blackwell.

Mulhern, F. (1979). *The Moment of Scrutiny.* London: NLB.
—— (1995). "Culture and Authority," *Critical Quarterly*, 37(1): 77~89.
Mulvey, L. (1975). "Visual Pleawure and Narrative Cinema," *Screen*, 16(3): 6~18.
—— (1993). "Afterthoughts on 'Visual Pleasure and Narrative Cinema,' inspired by King Vidor's *Duel in the Sun* (1946)," in A. Easthope (ed.). *Contemporary Filme Theory.* London & New York: Longman.
Mungham, G. & Pearson, G. (eds.) (1976). *Working Class Youth Cultures.* London: Routledge & Kegan Paul.
Murdock, G. & Golding, P. (1977). "Capitalism, Communication and Class Relations," in J. Curran, M. Gurevitch & J. Woolacott (eds.). *Mass Communication and Society.* London: Edward Arnold in association with the Open University Press.
Murphey, M. G. (1993). *The Development of Peirce's Philosophy.* Indianapolis, IN: Hackett.
Nìss, A. (1989). *Ecology, Community and Lifestyle: Outline of an Ecosophy.* David Rothenberg (tr. & revised). Cambridge: Cambridge University Press.
Neighbour, O. W., Griffiths, P., & Perle, G. (1983). *The New Grove Second Viennese School: Schoenberg, Webern, Berg.* London: Macmillan.
Nelkin, D. & Lindee, S. (1995). *DNA Mystique. The Gene as a Cultural Icon.* New York: Freeman.
Neocleous, M. (1997). *Fascism.* Philadelphia, PA: Open University Press.
Newby, H. (1988). *The Countryside on Question.* London: Hutchinson.
Newhall, B. (1982) (1937). *The History of Photography.* New York: Museum of Modern Art.
Nietzsche, F. W. (1968a). *The Birth of Tragedy* (1872), *Beyond Good and Evil* (1886), *On the Geneaology of Moral* (1887), all in *Basic Writings of Nietzsche.* Walter Kaufmann (ed. & tr.). New York: Basic Books.
—— (1968b). *The Will to Power.* Walter Kaufmann & R. J. Hollingdale (tr.). New York: Viking.
—— (1974). *The Gay Science.* Walter Kaufmann (tr.). New York: Vintage.
—— (1983). (1881). *Daybreak.* R. J. Hollingdale (tr.). Cambridge: Cambridge University Press.
—— (1983) (1873~1876). *Untimely Meditations.* R. J. Hollingdale (tr.). Cambridge: Cambridge University Press.
—— (1986). (1878~1880). *Human, All-Too-Human* (tr.). R. J. Hollingdale. Cambidge: Cambridge University Press.
—— (1995). *Thus Spoke Zarathustra* (1883~1892), *Twilight of the Idols* (1889), *The Antichrist* (1888 / 1895), all in *The Portable Nietzsche.* Walter Kaufmann (ed. & tr.). New York: Penguin.
Nisbert, R. (1980). *History of the Idea of Progress.* London: Heinemann.
Nomberg-Przytyk, S. (1985). *Auschwitz: True Tales from a Grotesque Land.* Rosalyn Hirsch (tr.). Chapel Hill, NC: University of North Carolina Press.
Nordau, M. (1894). *Degeneration.* London: Heinemann.
Norman, R. (1980). *Hegel, Marx and Dialectic.* Hassocks, Harvester.
Norris, C. (1985). *The Contest of Faculties: Philosophy and Theory after Deconstruction.* London: Methuen.

—— (1986). *Deconstruction: Theory and Practice* (re-edn.). London: Routledge.
—— (1987). *Derrida*. London: Fontana.
—— (1992). *Uncritical Theory: Postmodernism, Intellecruals and the Gulf War*. London: Laurence & Wishart.
Norton, A. (2004). *Leo Strauss and the Politics of American Empire*. New Haven, CT: Yale University Press.
Nozick, R. (1974). *Anarchy, State and Utopia*. Oxford: Blackwell.
Oakes, P. J., Haslam, S. A., & Turner, J. C. (1994). *Stereotyping and Social Reality*. Oxford: Blackwell.
Oakeshott, M. (1975). *On Human Conduct*. Oxford: Blackwell.
—— (1983). *On History and Other Essays*. Oxford: Blackwell.
Oakley, A. (1984). *The Captured Womb: A History of the Medical Care of Pregnant Women*. Oxford: Blackwell.
O'Connor, A. (1989). *Raymond Williams: Writing, Culture, Politics*. Oxford: Blackwell.
Oelschlager, M. (ed.) (1995). *Postmodern Environmental Ethics*. Albany, NY: SUNY Press.
Ogden, S. (1979). *Faith and Freedom: Toward a Theology of Liberation*. Belfast, Ontario: Christian Journals Ltd.
—— (1996). *Doing Theology Today*. Valley Forge, PA: Trinity Press International.
Orrù, M. (1987). *Anomie: History and Meanings*. London: Allen & Unwin.
Osborn, F. (1951). *Preface to Eugenics*. New York: Harper.
Outhwaite, W. (1994). *Habermas: A Critical Introduction*. Oxford: Polity.
Page, R. M. (1984). *Stigma*. London: Routledge & Kegan Paul.
Pahl, R. (ed.) (1968). *Readings in Urban Sociology*. Oxford: Pergamon.
Pakenham, Thomas (1997). *The Scramble for Africa: 1876～1912*. London: Weidenfeld & Nicolson.
Palisca, C. V. (1991). *Baroque Music* (3rd edn.). Englewood Cliffs, NJ: Prentice-Hall.
Pareto, V. (1963). *The Mind and Society*. New York: Dover.
Parfitt, T. (2003a). "Comstructing Black Jews: Genetics Tests and the Lemba – the 'Black Jews' of South Africa," *Developing World Biothics* 4 (2): 112～118.
—— (2003b). "Place, Priestly Status and Purity: The Impact of Genetics Research on an Indian Jewish Community," *Developing World Bioethics* 4(2): 178～185.
Parsons, T. (1937). *The Structure of Social Action*. New York: McGraw-Hill.
—— (1951). *The Social System*. Glencoe, IL: Free Press.
—— (1975). "The Sick Role and the Role of the Physician Reconsidered," *The Milbank Memorial Fund Quarterly. Health and Society*, 53(3): 257～278.
Pascal, R. (1973). *From Naturalism to Expressionism: German Literature and Society 1880～1918*. London: Weidenfeld & Nicolson.
Patton, P. (ed.) (1993). *Nietzsche, Feminism and Political Theory*. London & New York: Routledge.
Pearce, F. (1989). *The Radical Durkhein*. London: Unwin Hyman.
Pears, D. (1985). *Wittgenstein*. London: Fontana.

Pearson, R. E. & Uricchio, W. (eds.) (1991). *The Many Lives of the Batman*. New York: Routledge.

Peck, J. (ed.) (1987). *The Chomsky Reade*. New York: Pantheon.

Peirce, C. S. (1931~1958). *Collected Papers of Charles Sanders Peirce*, 8 volumes, C. Hartshorn & P. Weiss (volumes 1~6), A. W. Burks (volumes 7~8) (ed.). Cambridge, MA: Harvard University Press.

—— (1982). "Definition and Description of Pragmatism" and "The Fixation of Belief," in H. S. Thayer (ed.), *Pragmatism: The Classic Writings*. Indianapolis, IN: Hackett.

—— (1986). "Logic as Semiotic: The Theory of Signs," in R. E. Innis (ed.), *Semiotics: An Introductory Reader*. London: Hutchinson.

—— (1998) (1905). "What is Pragmatism," in his *The Essential Peirce*, volume 2(1893~1913). Bloomington & Indianapolis, IN: Indiana University Press.

Perkins, S. (1993). *Marxism and the Proletariat: A Lukácsian Perspective*. London: Pluto.

Pettit, P. (1975). *The Concept of Structuralism: A Critical Analysis*. Dublin: Gill & Macmillan.

Plamenatz, J. (1958). *The English Utilitarians*. Oxford: Blackwell.

Plant, S. (1997). *Zeros and Ones: Digital Women and the New Technoculture*. London: Fourth Estate.

Plato (1975). *Phaedo*. David Gallop (tr.). Oxford: Clarendon Press.

—— (1998). *Republic*. Oxford: Oxford University Press.

Plekhanov, G. V. (1974) (1912). *Art and Society, and Other Papers in Historical Materialism*. New York: Oriole.

Pocock, J. G. A. (1975). *The Machiavellian Moment: Florentine Political Thought and the Atlantic Republican Tradition*. Princeton, NJ & London: Princeton University Press.

Poe, E. A. (1982). "The Man of the Crowd," in *The Complete Tales and Poems of Edgar Allan Poe*. Harmondsworth: Penguin.

Pollack, R. F. (1994). *Signs of Life: the Language and Meaning of DNA*. London: Penguin.

Pollock, John L. (1987). *Contemporary Theories of Knowledge*. London: Hutchinson.

Pommeroy, William J. (1970). *American Neo-colonialism*. New York: International Publishers.

—— (1974). *An America Made Tragedy: Neo-colonialism and Dictatorship in the Philippines*. New York: International Publishers.

Ponzio, A. (1993). *Signs, Dialogue and Ideology*. Amsterdam: John Benjamins.

Popper, K. (1959). *The Logic of Scientific Discovery*. London: Hutchinson.

—— (1963). *Conjectures and Refutations*. New York: Harper & Row.

—— (1972). "Conjectural Knowledge: My Solution to the Problem of Induction," in *Objective Knowledge*. Oxford: Oxford University Press.

Porter, R. (1996). "What is Disease?" in his (ed.) *Cabridge Illustrated History of Medicine*. Cambridge: Cambridge University Press.

—— (1997). *The Greatest Benefit to Mankind: A Medical History of Humanity from Antiquity to the Present*. London: HarperCollins.

Praz, M. (1970). *The Romantic Agony*. London: Oxford University Press.

Priest, S. (1990). *The British Empiricists: Hobbes to Ayer*. London: Penguin.

Primoraz, I. (ed.) (2004). *Terrorism: The Philosophical Issues*. Basingstoke: Macmillan.

Purdy, M. & Banks, D. (eds.) (2001). *The Sociology and Politics of Health: a Reader.* London: Routledge.

Putnam, H. (1981). *Reason, Truth and History.* Cambridge: Cambridge University Press.

—— (1995). *Pragmatism: An Open Question.* Oxford & Cambridge, MA: Blackwell.

Qualter, T. H. (1962). *Propaganda and Psychological Warfare.* New York: Random House.

—— (1985). *Opinion Control in the Democracies.* London: Macmillan.

Quine, W. V. O. (1960). *Word and Object.* Cambridge, MA: MIT Press.

—— (1980) (1953). "Two Dogmas of Empiricism," in *From a Logical Point of View* (2nd edn.). Cambridge, MA & London: Harvard University Press.

—— (1991). "Two Dogmas in Retrospect," *Canadian Journal of Philosophy*, 21(3): 265~274.

Rabinow, P. (1992). "Artificiality and Enlightenment: From Sociobiology to Biosociality," in J. C. Kwinter (ed.). *Incorporations.* New York: Zone.

Radcliffe-Brown, A. R. (1952). *Structure and Function in Primitive Society.* New York: Free Press.

—— (1977). *The Social Anthropolgy of Radcliffe-Brown.* A. Kuper (ed.). London: Routledge & Kegan Paul.

Ragland-Sullivan, E. (1986). *Jacques Lacan and the Philosophy of Psychoanalysis.* London & Canberra: Croon Helm.

Rand, E. (1995). *Barbie's Queer Accessories.* London: Duke University Press.

Raphael, D. D. (1985). *Adam Smith.* Oxford: Oxford University Press.

Rawls, J. (1972). *A Theory of Justice.* Oxford: Clarendon Press.

Readings, B. (1991). *Introducing Lyotard: Art and Politics.* London & New York: Routledge.

Renfrew, C. (2003). *Figuring It Out: The Parallel Vision of Artists and Archaeologists.* London: Thames & Hudson.

Renfrew, C. & Bahn, P. (2004). *Archaeology: Theories, Methods and Practice* (4th edn.). London: Thames & Hudson.

Rheinberger, H. -J. (2000). "Beyond Nature and Culture: Modes of Reasoning in the Age of Molecular Biology and Medicine," in M. Lock, A. Young & A. Cambrosio (eds.). *Living and Working with the New Medical Technologies: Intersection of Enquiry.* Cambridge: Cambridge University Press.

Ricardo, D. (1951) (1817). *Principles of Political Economy.* Cambridge: Cambridge University Press.

Rice, P. & Waugh, P. (1989). *Modern Literary Theory: A Reader.* London: Edward Arnold.

Richards, I. A. (1938). *Interpretation in Teaching.* New York: Harcourt Brace.

Richardson, D. (ed.) (1996). *Theorising Heterosexuality: Telling it Straight.* Buckingham: Open University Press.

Richter, H. (1965). *Dada: Art and Anti-Art.* London, Thames & Hudson.

Ricoeur, P. (1981). *Hermeneutics and the Human Sciences.* J. B. Thompson (ed. & tr.). Cambridge: Cambridge University Press.

—— (1984~1988) (1983~1985). *Time and Narrative.* Kathleen McLaughlin & David Pellaner (tr.), 3 vols, Chicago, IL & Lodon: University of Chicago Press.

Robbins, D. (2006). *On Bourdieu, Education and Society*. Oxford: Bardwell Press.

Rockmore, T. (1992). *Irrationalism: Lukács and the Marxist View of Reason*. Philadelphia, PA, Temple University Press.

Rojek, C. (1985). *Capitalism and Leisure Theory*. London: Routledge.

—— (ed.) (1995). *Decentring Leisure: Rethinking Leisure Theory*. London: Sage.

—— (1993). "After Popular Culture: Hyperreality and Leisure," *Leisure Studies* 12: 277~289.

Rorty, R. (1972). "The World Well Lost," *Journal of Philosophy*, 69: 649~665.

—— (1978). "Philosophy as a Kind of Writing: An Essay on Derrida," *New Literary History*, 10(1): 141~160.

—— (1982). *Consequences of Pragmatism: Essays, 1972~1980*. Brighton: Harvester.

—— (1991). *Objectivity, Relativesm and Truth: Philosophical Papers*. Cambridge: Cambridge University Press.

—— (1993). *Truth and Progress*. Cambridge: Cambridge University Press.

Rose, G. (1978). *The Melancholy Science: An Introduction to the Thought of Theodor W. Adorno*. London: Macmillan.

—— (1993). "Architecture to Philosophy — the Post-Modern Complicity," in *Judaism and Modernity: Philosophical Essays*. Oxford: Blackwell.

Rose, N. (1996). "Refiguring the Territory of Government," *Economy and Society*, 25(3): 327~356.

—— (2002). "At Risk of Madness," in T. Baker & J. Simon (eds.). *Embracing Risk*. Chicago, IL: University of Chicago Press.

Rosen, C. & Zerner, H. (1984). *Romanticism and Realism: The Mythology of Nineteenth Century Arth*. London: Faber & Faber.

Rosen, M. (1982). *Hegel's Dialectic and Its Criticism*. Cambridge: Cambridge University Press.

Rosselson, L. (1979). "Pop Music: Mobilizer or Opiate," in C. Gardner (ed.). *Media, Politics and Culture*. London: Macmillan.

Rossi-Landi, F. (1990). *Marxism and Ideology*. Oxford: Clarendon Press.

Roszak, T. (1971) (1968). *The Making of a Counter Culture: Reflections on the Technocratic Society and its Youthful Opposition*. London: Faber & Faver.

Rotenstreich, N. (1989). *Alienation: The Concept and its Reception*. Leiden: Brill.

Roudinesco, E. (1990). *Jacques Lacan and Co.: A Hisory of Psychoanalysis in France 1925~1985*. Jeffrey Mehlman (tr.). Chicago. IL: University of Chicago Press.

Rousseau, J. -J. (1984) (1754). *A Dicourse on Inequality*. Maurice Cranston (tr.). Harmondsworth: Penguin.

—— (1991) (1762). *Emile, or On Education*. London: Penguin.

Ruben, D. (1979). *Marxism and Materialism*. Brighton: Harvester.

Russell, B. (1905). "On Demoting," *Mind*, 14: 479~493.

—— (1924). "Logical Atomism," in R. C. March (ed.) (1988). *Logic and Knowledge*. London: Hyman.

—— (1946). *History of Western Philosophy*. London: Allen & Unwin.

—— (1988) (1912). *The Problems of Philosophy*. Oxford: Oxford University Press.

—— (1988) (1918). "The Philosophy of Logical Atomism," in R. C. Marsh (ed.). *Logic and Knowledge*. London: Hyman.

Russell, B. & Whitehead, A. N. (1910). *Principia Mathenmetica*. Cambridge: Cambridge University Press.

Ruthven, M. (2004). *Fundamentalism: The Search for Meaning*. Oxford: Oxford University Press.

—— (2002). *A Fury for God*. London: Granta Books.

Ryan, M. (1982). *Marxism and Deconstruction: A Critical Articulation*. Baltimore, MD: Johns Hopkins University Press.

Ryle, G. (1949). *The Concept of Mind*. London: Hutchinson.

Sabin, R. (1993). *Adult Comics: An Introduction*. London: Routledge.

Sacks, H. (1992). *Lectures on Conversation*, 2 volumes. Oxford: Blackwell.

Sadler, T. (1996). *Heidegger and Aristotle: The Question of Being*. London and Atlantic Highlands, NJ: Athlone.

Said, E. (1978a). *Orientalism*. New York: Random House.

—— (1978b). "The Problem of Textuality: Two Exemplary Positions," *Critical Inquiry*, 4: 673~714.

Said, E. W. (1993). *Culture and Imperialism*. London: Chatto & Windus.

Sandel, M. J. (1982). *Liberalism and the Limits of Justice*. Cambridge: Cambridge University Press.

—— (ed.) (1984). *Liberalism and its Critics*. Oxford: Blackwell.

Sardar, Z. & Ravets, J. R. (1996). *Cyberfutures: Culture and Politics on the Information Superhighway*. London: Pluto Press.

Sartre, J. -P. (1958) (1943). *Being and Nothingness*. London: Methuen.

—— (1990) (1946). *Existentialism and Humanism*. Philip Mairet (tr.). London: Methuen.

Sassoon, A. S. (1987). *Gramsci's Politics* (2nd edn.). London: Hutchinson.

Saul, J. M. (2003). *Feminism: Issues and Arguments*. Oxford: Oxford University Press.

Saunders, P. (1981). *Social Theory and the Urban Question*. London: Hutchinson.

de Saussure, F. (1983) (1916). *Course in General Linguistics*. C. Bally & A. Sechehaye (ed.), Roy Harris (tr.). London: Duckworth.

Sayer, D. (1991). *Capitalism and Modernity: An Excursus on Max Weber*. London: Routledge.

Scarre, G. (1996). *Utilitarianism*. London & New York: Routledge.

Scheler, M. (1980) (1926). *Problems of a Sociology of Knowledge*. London: Routledge & Kagan Paul.

Schiffrin, D. (1993). *Approaches to Discourse*. Oxford: Blackwell.

Schmidt, W. (1935). *The Origin and Growth of Religion*. London: Methuen.

Schneiderman, S. (1983). *Jacques Lacan: The Death of an Intellectual Hero*. Cambridge, MA & London: Harvard University Press.

Scholte, J. A. (2000). *Globalisation: A Critical Introduction*. Basingstoke: Macmillan.

Schuller, G. (1968). *Early Jazz: Its Roots and Musical Development*. New York: Oxford University Press.

—— (1989). *The Swing Era: The Development of Jazz 1930~1945*. New York: Oxford University

Press.
Schutz, A. (1962). *Collected Papers*, volume 1. The Hague: Martinus Hijhoff.
—— (1964). *Collected Papers*, volume 2. The Hague: Martinus Nijhoff.
—— (1967) (1932). *The Phenomenology of the Social World.* London: Heinemann.
Schutz, A. & Luckmann, T. (1974). *The Structures of the Lifeworld.* London: Heinemann.
Scott, J. (1990). *The Sociology of Elites*, 3 volumes, Aldershot: Edward Elgar.
—— (1996). *Stratification and Power: Structure of Class, Status and Command.* Cambridge: Polity Press.
Scruton, R. (1984). *The Meaning of Conservatism.* London: Macmillan.
Searle, J. (1969). *Speech Acts.* Cambridge: Cambridge University Press.
Sedgwick, E. K. (1994). *Epistemology of the Closet.* London: Penguin.
Sedgwick, P. (ed.) (1995). *Nietzsche: A Critical Reader.* Oxford: Blackwell.
—— (1998). "Politics as Antogonism and Diversity: Mill and Lyotard," in G. Day (ed.). *Varieties of Victorianism.* Basingstoke: Macmillan.
—— (2001). *Descartes to Derrida: An Introduction to European Philosophy.* Oxford: Blackwell.
—— (2007). *Nietzsche's Economy: Modernity, Normativity and Futurity.* Basingstoke: Macmillan.
Seedhouse, D. (2001). *Health: The Foundation of Achievement* (2nd edn.). Chichester: John Wiley & Sons.
Sen, A. (2005). "Critical Imprisonments," in *The Philosophical Challenge of September 11*, (ed.) J. Margolis, A. T. Marsoonian, & T. Rockmore. Oxford: Blackwell.
Sen, A. & Williams, B. (eds.) (1982). *Urilitarianism and Beyond.* Cambridge: Cambridge University Press.
Shanks, M. & Tilley, C. (1992). *Re-constructing Archaeology: Theory and Practice* (2nd ed.). London: Routledge.
Shepherd, J. (1991). *Music as Social Text.* Cambridge: Polity Press.
Shepherd, J. et al. (1977). *Whose Music? A Sociology of Musical Languages.* London: Latimer New Dimensions.
Shiach, M. (1991). *Hélène Cixous: A Politics of Writing.* Longon: Routledge.
Shope, R. A. (1983). *The Analysis of Knowing.* Princeton, NJ: Princeton University Press.
Silverman, H. J. & Welton, D. (eds.) (1988). *Postmodernism and Continental Philosophy.* Albany, NY: State University of New York Press.
Silverman, K. (1983). *The Subject of Semiotics.* Oxford: Oxford University Press.
Simmel, G. (1950a). *The Sociology of Georg Simmel.* Kurt H. Wolff (ed. & tr.). Glencoe, IL: Free Press.
—— (1950b) (1903). "The Metropolis and Mental Life," in *The Sociology of Georg Simmel.* Glencoe, IL: Free Press.
—— (1950c) (1908). "The Stranger," in *The Sociology of Georg Sommel.* Glencoe, IL: Free Press.
—— (1957) (1904). "Fashion," *American Journal of Sociology*, 62(6): 541~558.
—— (1959a). *Georg Simmel 1858~1918: A Collection of Essays with Translations and a Biblography*, Kurt H. Wolff (ed.). Columbus, OH: Ohio University Press.

—— (1959b) (1908). "How is Society Possible?," in *Georg Simmel 1858~1918: A Collection of Essays with Translations and a Bibliography*. Columbus, OH: Ohio University Press.

—— (1968) (1911). "On the Concept and Tragedy of Culture," in *Conflict in Modern Culture and Other Essays*. New York: Teachers College.

—— (1978) (1907). *The Philosophy of Money*. London: Routledge & Kegan Paul.

—— (1997). *Essays on Culture: Selected Writings*. D. Frisby & M. Featherstone (ed.). London: Sage.

Simpson, D. (ed.) (1988). *The Origins of Modern Critical Thought: German Aesthetic and Literary Criticisa from Lessing to Hegel*. Cambridge: Cambridge University Press.

Singer, P. (1993). *Practical Ethics*. Cambridge & New York: Cambridge University Press.

Skinner, B. F. (1973). *Beyond Freedon and Dignity*. Harmondsworth: Penguin.

—— (1974). *About Begaviourism*. London: Jonathan Cape.

—— (1976). *Waldon Two*. London: Macmillan.

Skirbekk, G. (1993). *Rationality and Modernity: Essays in Philosophical Pramatics*. Oslo: Scandinavian University Press.

Smart, N. (1960). *A Dialogue of Religions*. London: SCM Press.

—— (1971). *The Religious Experience of Mankind*. London: Fontana.

—— (1972). *The Concept of Worship*. London: Macmillan.

—— (1973). *The Phenomenon of Religion*. New York: Herder & Herder.

Smith, A. (1976) (1776). *The Wealth of Nations*. R. H. Campbell, A. S. Skinner & W. B. Todd (ed.). Oxford: Clarendon Press.

—— (1986). *The Essential Adam Smith* (ed.). Robert L. Heilbroner. Oxford: Oxford University Press.

Smith, G. (ed.) (1988). *On Walter Benjamin: Critical Essays and Recollections*. Cambridge, MA: MIT Press.

Smith, S. (1984). *Reading Althusser: An Essay on Structural Marxism*. Ithaca, NY: Cornell University Press.

Smithson, P. (1975). "The Slow Growth of Another Sensibility; Architecture as Townbuilding," in J. Gowan (ed.), *A Continuing Experiment: Learnign and Teaching at the Architectural Association*. London: Architectural Press.

Soja, E. (1989). *Postmodern Geographies*. London: Verso.

Solomon, R. C. (1983). *In The Spirit of Hegel*. New York, Oxford University Press.

Sontag, S. (1973). *On Photography*. New York: Farrar, Straus & Giroux.

—— (1979). *Illness as Metaphor*. London: Allen Lane.

—— (1989) *AIDS and its Metaphor*. London: Allen Lane.

Sorel, G. (1972) (1907). *Reflections on Violence*. London: Macmillan.

Spanier, B. (1995). *Im/Partial Science: Gender Ideology in Molecular Biology*. Indiana, IN: Indiana University Press.

Spector, J. (1997). *Surrealist Art and Writing 1919~1939: The Gold of Time*. Cambridge: Cambridge University Press.

Spencer, H. (1971). *Structure, Function and Evolution* (ed.). Stanislav Andrewski. London:

Thomas Nelson & Sons.
Spiegelman, A. (1987). *Maus: A Survivor's Tale*. Harmondsworth: Penguin.
—— (1992). *Maus II: A Survivor's Tale: And Here My Troubles Began*. Harmondsworth: Penguin.
Spivak, G. (1987). *In Other Worlds: Essays in Cultural Politics*. New York: Methuen.
Spradley, J. P. (1980). *Participant Obsevation*. New York: Holt, Rienhart & Winston.
Sprigge, T. L. S. (1984). *Theories of Existence*. Harmondsworth: Penguin.
Squires, J. (ed.) (1993). *Principled Positions: Postmodernism and the Rediscoverty of Value*. London: Lawrence & Wishart.
Stacey, J. (1994). *Star Gazing: Hollywood, Cinema and Female Spectatorship*. London: Routledge.
Stanley, L. & Roland, F. (1988). *Doing Feminist Ethnography in Rochdale*. Manchester: Manchester University Press.
Stanton, E. C. (1990). *The Woman's Bible*. Seattle, WA: Coalition on Women & Religion.
Stanworth, M. D. (1983). *Gender and Schooling: A Study of Sexual Divisions in the Classroom*. London: Hutchinson Education.
Starr, P. (1982). *The Social Transformation of American Medicine*. New York: Basic Books.
Stearns, M. W. (1956). *The Story of Jazz*. London: Oxford University Press.
Sterba, J. (ed.) (2003). *Terrorism and International Justice*. Oxford: Oxford University Press.
Sternhell, Z., Sznajder, M., & Asheri, M. (1994). *The Birth of Fascist Ideology: From Cultural Rebellion to Political Revolution*. David Maisel (tr.). Princeton, NJ: Princeton University Press.
Stevens, A. (1994). *Jung*. Oxford: Oxford University Press.
Stevenson, N. (1995). *Understanding Media Cultures: Social Theory and Mass Communication*. London: Sage.
Storey, J. (1996). *Cultural Studies and the Study of Popular Culture: Theories and Methods*. Edinburugh: Edinburgh University Press.
—— (ed.) (1997). *Cultural Theory and Popular Culture: A Reader*. London: Routledge.
Strathern, M. (ed.) (1995). *Shifting Contests: Transformations in Anthropological Knowledge*. London: Routledge.
Strauss, L. (1965) (1949). *Natural Right and History*. Chicago, IL: University of Chicago Press.
Strawson, P. (1959). *Individuals: Ans Essay in Discriptive Metaphysics*. London: Methuen.
Strawson, P. F. (1966). *The Bounds of Sense: An Essay on Kant's Critique of Pure Reason*. London: Methuen.
Strianti, D. (1995). *An Intoduction to Theories of Popular Culture*. London: Routledge.
Stroud, B. (1984). *The Significance of Philosophical Scepticisma*. Oxford: Clarendon Press.
Sturrock, J. (ed.) (1979). *Structuralism and Since: From Lévi-Strauss to Derrida*. Oxford: Oxford University Press.
Suits, B. (1978). *The Grasshopper: Games, Life and Utopia*. Edinburgh: Scottish Academic Press.
Sweezy, P. M. et al. (1978). *The Transition from Feudalism to Capitalism*. London: Verso.
Swift, J. (1996) (1729). "A Modest Proposal for Preventing the Children of Ireland form being a Burden to their Parents or Country," in *A Modest Proposal and other Satires*. New York:

Dover.

Swiss, T., Sloop, J. M., & Harmon, A. (eds.) (1997). *Mapping the Beat*. Malden, MA: Blackwell.

Sztompka, P. (ed.) (1993). *Agency and Structure: Reorienting Social Theory*. Readindg: Gordon & Breach.

Tarski, A. (1949) (1944). "The Semantic Conception of Truth and the Foundations of Semantics," in H. Feigl & W. Sellars (eds.). *Readings in Philosophical Analysis*. New York: Appleton-Century-Crofts.

Taylor, A. J. P. (1967). *Germany's First Bid for Colonies, 1884~1885: A Move in Bismarck's European Policy*. Hamden, CO: Archon.

Taylor, C. (1975). *Hegel*. Cambridge: Cambridge University Press.

—— (1990). *Sources of the Self.* Cambridge: Cambridge University Press.

—— (1997). *Philosophical Arguments*. Cambridge, MA: Harvard University Press.

Taylor, F. W. (1964) (1947). *Scientific Management*. New York: Harper.

Taylor, T. D. (1997). *Global Pop: World Music, World Markets*. New York: Routledge.

Taylor-Gooby, P. & Zinn, J. O. (2006). "Current Directions in Risk Research: New Developments in Psychologe and Sociology," *Risk Analysis*, 26(2): 397~411.

Thayer, H. S. (1982). *Meaning and Action: a Critical History of Pragmatism*. Indianapolis, IN: Hackett.

Thomas. H. (ed.) (1993). *Dance, Gender and Culture*. Basingstoke: Macmillan.

Thomason, B. C. (1982). *Making Sense of Reification: Alfred Schutz and Constructionist Theory*. London: Macmillan.

Thomson, E. P. (1963). *The Making of the English Working Class*. London: Gollancz.

Thomson, P. & Sacks, G. (eds.) (1993). *The Cambridge Companion to Brecht*. Cambridge: Cambridge University Press.

Tiles, M. (1984). *Bachelard: Science and Objectivity*. Cambridge: Cambridge University Press.

Tivey, L. (ed.) (1981). *The Nation-State: The Formation of Modern Politics*. Oxford: Martin Robertson.

Tomlinson, G. (1984). "The Web of Culture: A Context for Musicology," *Nineteenth Century Music*, 7: 350~362.

Touraine, A. (1971) (1968). *The Post-Industrial Society*. New York: Random House.

Townsend, P. (ed.) (1982). *Inequalities in Health: the Black Report*. Harmondsworth: Penguin.

Treichler, P. (ed.) (1992). *Cultural Studies*. London: Routledge.

Treitler, L. (1989). *Music and the Historical Imagination*. Cambridge, MA: Harvard University Press.

Turkle, S. (1996). *Life on the Screen: Identity in the Age of the Internet*. London: Weiderfeld & Nicolson.

—— (2005). *The Second Self: Computers and the Human Spirit*. Cambridge, MA: MIT Press.

Turner, B. S. (1981). *For Weber: Essays on the Sociology of Fate*. London: Routledge & Kegan Paul.

—— (1984). *The Body and Society: Explorations in Social Theory*. Oxford: Blackwell.

—— (1986). *Citizenship and Capitalism: The Debate Over Reformism*. London: Allen & Unwin.

—— (1988). *Status*. Minneapolis, MN: University of Minnesota Press.

Turner, B. S. & Hamilton, P. (eds.) (1994). *Citizenship: Critical Concepts*. London: Routedge.

Turner, G. (1996). *British Cultural Studies* (2nd edn.). London: Routledge.

Turner, R. (ed.) (1974). *Ethnomethology*. Harmondsworth: Penguin.

Turner, T. (2005). *Garden History: Philosophy and Design 2000 BC~2000 AD*. London: Spon.

Turney, J. (1998). *Frankenstein's Footsteps. Science, Genetics and Popular Culture*. New Haven, CT & London: Yale University Press.

Uglow, J. (2004). *A Little History of British Gardening*. London: Chatto & Windus.

Urry, J. (2002). *The Tourist Gaze: Leisure and Travel in Contemporary Societies*. London: Sage.

Van Inwagen, P. (1993). *Metaphysics*. Oxford: Oxford University Press.

Van Pelt, R. J. & Dwork, D. (1996). *Auschwitz: 1210 to the Present*. London & New Haven, CT: Yale University Press.

Vattimo, G. (1988). *The End of Modernity: Nihilism and Hermeneutics in Postmedern Culture*. Jon R. Snyder (tr.). Cambridge: Polity Press.

Vaughan Williams, R. (1963). *National Music and Othe Essays*. Oxford: Oxford University Press.

Veblen, R. (1953) (1899). *The Theory of the Leisure Class*. New York: Mentor Books.

Veerse, H. A. (ed.) (1989). *The New Historicism*. London & New York: Routledge.

Venturi, R., Scott Brown, D. & Izenour, S. (1977). *Learning from Las Vegas: The Forgotten Symbolism of Architectural Form*. Cambridge, MA: MIT Press.

Voloshinov, V. N. (1973). *Marxism and the Philosophy of Language*. New York & London: Seminar Press.

—— (1976). *Freudianism: A Marxist Critique*. New York: Academic Press.

—— (1988). "Discourse in Life and Discourse in Poetry," in A. Shukman (ed.), *Bakhtin School Papers*. Oxford: RTP.

Waites, B., Bennett, T., & Martin, G. (eds.) (1989). *Popular Culture: Past and Present*. London: Routledge in association with the Open University Press.

Walby, S. (1986). *Patriarchy at Work*. Cambridge: Polity Press.

—— (1990). *Theorising Patriarchy*. Oxford: Blackwell.

Walsh, W. H. (1963). *Metaphysics*. London: Hutchinson.

Walzer, M. (1983). *Spheres of Justice*. New York: Basic Books.

—— (1985). *Spheres of Justice: a Defence of Pluralism and Equality*. Oxford: Basil Blackwell.

—— (2004). *Arguing About War*. Yale, CT: Yale University Press.

Watkin, D. (1977). *Morality and Architecture: The Development of a Theme in Architectural History and Theory from the Gothinc Revival to the Modern Movement*. Oxford: Clarendon Press.

—— (1992). *A History of Western Architecture*. London: Laurence King.

Waugh, L. (1976). *Roman Jakobson's Science of language*. Bloomington, IN: P. de Ridder.

Weber, M. (1930) (1904~1905). *The Protestant Ethic and the Spirit of Capitalism*. London: George Allen & Unwin.

—— (1946a). *From Max Weber: Essays in Sociology*. H. H. Gerth & C. W. Mills (ed.). London: Routledge & Kegan Paul.

—— (1946b) (1921). "Bureaucracy," in *From Max Weber: Essays in Sociology*. London: Routledge & Kegan Paul.

—— (1946c) (1921). "Class, Status, Party," In *From Max Weber: Essays in Sociology*. London: Routledge & Kegan Paul.

—— (1946d) (1921). "India: The Brahman and the Castes," in *From Max Weber: Essays in Sociology*, London: Routledge & Kegan Paul.

—— (1958) (1922). "Three Types of Legitimate Rule," H. H. Gerth (tr.). Berkeley Publications in *Society and Institutions*, vol. VI: 1~11.

—— (1964) (1922). *The Theory of Social and Economic Organisation*. A. M. Henderson & T. Parsons (tr.). New York: Free Press.

—— (1978) (1921). *Economy and Society*. Guenther Roth & Claus Wittich (ed.). Berkeley, Los Angeles, CA & London: University of California Press.

—— (1979) (1923). *General Economic History*. New Brunswick, NJL Transaction Books.

—— (1994) (1895). "The Freidberg Address," in *Political Writings*. Cambridge: Cambridge University Press.

Weber, R. P. (1990). *Basic Content Analysis* (2nd edn.). Newbury Park, CA: Sage.

Weber, S. M. (1985). "The Intersection: Marxism and the Philosophy of Language," *Diacritics*, 15(4): 94~112.

Weeks, J. (1989). *Sexuality*. London: Routledge.

Weider, D. L. (1974). "Telling the Code," in R. Turner (ed.). *Ethnomethodology*. Harmondsworth: Penguin.

Welford, A. T. et al. (eds.) (1967). *Society: Problems and Methods of Study*. London: Routledge & Kegan Paul.

Wellek, R. (1986). *A History of Modern Criticism*, 6 volumes. New Haven, CT: Yale University Press.

West, D. (1996). *An Introduction to Continental Philosophy*. Cambridge: Polity Press.

Whannel, G. (1992). *Fields of Vision: Television Sport and Cultural Formation*. London: Routledge.

White, H. (1987). *The Content of the Form: Narrative Discourse and Historical Representation*. Baltimore, MD & London: Johns Hopkins University Press.

—— (1987). *Tropics of Discourse*. Baltimore, Johns Hopkins University Press.

White, S. K. (1988). *The Recent Work of Jürgen Habermas: Reason, Justice and Modernity*. Cambridge: Cambridge University Press.

Whiteley, S. (ed.) (1997). *Sexing the Groove: Popular Music and Gender*. London: Routledge.

Whitford, F. (1984). *Bauhaus*. London: Thames & Hudson.

Whitford, M. (1991). *Luce Irigaray: Philosophy in the Feminie*. London: Routledge.

Wiggershaus, R. (1994) (1986). *The Frankfurt School: Its History, Theories and Political Significance*. Cambridge: Polity Press.

Wilcox, H. (ed.) (1990). *The Body and the Text: Hélène Cixous, Reading and Teaching*. Hemel Hempstead: Harvester.

Willet, J. (1970). *Expressionism*. London: Weidenfeld & Nicolson.

—— (1984). *Brecht in Context: Comparative Approaches*. London: Methuen.
WIlliams, R. (1958). *Culture and Society 1780~1950*. London: Chatto & Windus.
—— (1961). *The Long Revolution*. London: Chatto & Windus.
—— (1962). *Communications*. Harmondsworth: Penguin.
—— (1968). *Drama from Ibsen to Brecht* (re-edn.). London: Chatto & Windus.
—— (1973). *The Country and the City*. London: Chatto & Windus.
—— (1974). *Television: Technology and Cultural Form*. London: Fontana.
—— (1976). *Keywords*. London: Fontana.
—— (1977). *Marxism and Literature*. Oxford: Oxford University Press.
—— (1983). *Keywords*. (2nd edn.). London: Fontana.
—— (1986). *Culture*. London: Fontana.
Willis, P. (1977). *Learning to Labour: How Working Class Kids Get Working Class Jobs*. London: Saxon House.
—— (1978). *Profane Culture*. London: Routledge & Kegan Paul.
—— (1990). *Common Culture*. Milton Keynes: Open University Press.
Wilmer, V. (1992). *As Serious as Your Life: The Story of the New Jazz*. London: Serpent's Tail.
Wilson, E. (1991). *The Sphinx in the City*. London: Virago.
Wilson, E. O. (1975). *Sociobiolgy: The New Synthesis*. Cambridge, MA: Harvard University Press.
—— (1994). *Naturalist*. London: Allen Lane.
Wimbush, E. & Talbot, M. (1988). *Relative Freedoms: Women and Leisure*. Milton Keynes: Open University Press.
Wimsatt, W. K. (1967). *The Verbal Icon: Studies in the Meaning of Poetry*. Lexington, KY: Kentucky University Press.
Winch, P. (1958). *The Idea of a Social Science and Its Relation to Philosophy*. London: Routledge & Kegan Paul.
Winckelmann, J. J. (2001). *Essays on the Philosophy and History of Art*. C. Bowman (ed.). Bristol: Thoemmes.
Wirth, L. (1938). "Urbanism as a Way of Life," *American Journal of Sociology*, 44: 1~24.
Wittgenstein, L. (1991) (1921). *Tractatus Logico-Philosophicus*, D. F. Pears & B. F. McGuinness (tr.). London: Routledge & Kegan Paul.
—— (1967) (1953). *Philosophical Investigations*. G. E. M. Anscombe (tr.). Oxford: Blackwell.
—— (1956). *Remarks on the Foundations of Mathematics*. G. E. M. Anscombe (tr.). Oxford: Blackwell.
—— (1958). *Philosophical Investigations*, (2nd edn.) G. E. M. Anscombe (tr.). Oxford: Blackwell.
Wolfe, T. (1989). *From Bauhaus to Our House*. London: Cardinal.
Wolff, J. (1981). *The Social Production of Art*. London: Macmillan.
Wollstonecraft, M. (1992) (1792). *Vindication of the Rights of Woman*. M. Brody (ed.). Harmondworth: Penguin.
Wood, J. C. (ed.) (1984). *Adam Smith: Critical Assessments*. London: Croom Helm.
Woolhouse, R. S. (1988). *The Empiricists*. Oxford: Oxford University Press.

Wright, E. O. (1985). *Classes*. London: Verso.

Wright, W. (1975). *Six Guns and Society: A Structural Study of the Western*. Berkeley, CA: University of California Press.

Wrong, D. (1980) (1961). "The Oversocialised Conception of Man in Modern Sociology," in R. Bocock, P. Hamilton, K. Thompson, & A. Walton (eds.), *An Introduction to Sociology*. London: Fontana in association with the Open University Press.

Wu, D. (ed.) (1994). *Romanticism: An Anthology*. Oxford: Blackwell.

Yates, F. A. (1975). *Astraea: The Imperial Theme in the Sixteenth Century*. London: Routledge & Kegan Paul.

Yinger, J. M. (1982). *Countercultures: The Promise and Peril of a World Turned Upside Down*. New York: Free Press.

Young, I. M. (1990). *Justice and the Politics of Difference*. Princeton, NJ: Princeton University Press.

Young, M. (1958). *The Rise of Meritocracy*. London: Thames & Hudson.

Young, R. E. (ed.) (1981). *Untying the Text: A Post-Structuralist Reader*. London: Routledge & Kegan Paul.

Young-Eisendrath, P. & Dawson, T. (eds.) (1997). *The Cambridge Companion to Jung*. Cambridge: Cambridge University Press.

Zizek, S. (1989). *The Sublime Object of Ideology*. London and New York: Verso.

—— (1992). *Enjoy Your Sympton! Jacques Lacan in Hollywood and Out*. New York & London: Routledge.

Zolloth, L. (2003). "Yearning for the Long Lost Home: The Lemba and the Jewish Narrative of Genetic Return," *Developing World Bioethics*, 4(2): 127~132.

Zuriff, G. E. (1985). *Behaviourism: A Conceptual Reconstruction*. New York: Columbia University Press.

인명

용어